예술경영

예술경영

초판 1쇄 발행 2002. 8. 31.
초판 5쇄 발행 2008. 8. 26.
개정2판 1쇄 발행 2010. 3. 22.
개정2판 10쇄 발행 2018. 3. 21.
개정3판 1쇄 발행 2020. 2. 20.
개정3판 5쇄 발행 2023. 4. 10.

지은이 용호성

발행인 고세규
편집 박보람 디자인 조명이 마케팅 정성준 홍보 김소영
발행처 김영사
등록 1979년 5월 17일(제406-2003-036호)
주소 경기도 파주시 문발로 197(문발동) 우편번호 10881
전화 마케팅부 031)955-3100, 편집부 031)955-3200 | 팩스 031)955-3111

값은 뒤표지에 있습니다.
ISBN 978-89-349-8565-5 93600

홈페이지 www.gimmyoung.com 블로그 blog.naver.com/gybook
인스타그램 instagram.com/gimmyoung 이메일 bestbook@gimmyoung.com

좋은 독자가 좋은 책을 만듭니다.
김영사는 독자 여러분의 의견에 항상 귀 기울이고 있습니다.

이 도서의 국립중앙도서관 출판예정도서목록(CIP)은 서지정보유통지원시스템 홈페이지(http://seoji.nl.go.kr)와 국가자료공동목록시스템(http://www.nl.go.kr/kolisnet)에서 이용하실 수 있습니다.(CIP제어번호 : CIP2020003626)

예술경영

현대 예술의 매개자 예술경영인을 위한 종합 입문서

전면 개정판

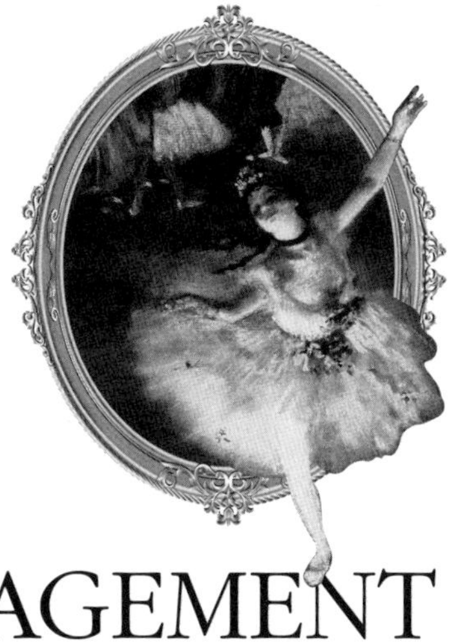

ARTS MANAGEMENT

| **용호성** 지음 |

김영사

2010년에 《예술경영》 개정판을 출간하고 10년이 지났다. 그동안 예술경영 현장과 대학에서 많은 독자들이 꾸준히 찾아준 덕분에 학술서로는 드물게 10쇄까지 인쇄할 수 있었다. 하지만 다른 분야와 마찬가지로 예술경영을 둘러싼 환경은 급속히 변해왔고, 기존의 틀로는 설명하기 어려운 새로운 양상이 나타나기 시작했다. 소셜미디어의 발전에 따른 디지털 마케팅의 보편화를 비롯하여 크고 작은 변화 속에 예술경영 현장이 새롭게 변모해왔다. 이에 따라 달라진 환경에 맞춰 기존의 책을 수정·보완할 필요성을 느끼게 되었다.

개인적으로는 정책기획 업무를 주로 맡았던 이전과 달리 전작을 출판한 이후에는 상당 기간 동안 예술 현장에서 직접 공연과 전시를 기획하는 일을 했다. 그 실무경험이 이번 책을 쓰는 과정에서 많은 도움이 되었다. 국립국악원 기획운영단장으로 일하며 연간 400여 개의 공연을 기획하고, 주영한국문화원장으로 일하며 연간 200여 개의 공연, 전시, 영화, 축제, 교육 프로그램을 기획했다. 그 과정에서 예술경영의 전략과 방법론을 다양하게 적용해볼 수 있었다. 이를 통해 이번 개정판을 위한 주요 실마리를 얻을 수 있었고, 몇 가지 사례는 본문 내용에 반영하기도 했다. 조직의 미션에 맞게 프로그램을 설정하고, 내·외부 환경을 분석하고, 사업 자원을 확보하고, 세부 실행계획을 수립하고, 일정에 맞춰 추진하고, 평가하고, 이 가운데 예기치 못하게 발생하는 온갖 변수에 대처해가는 과정은 그 무엇과도 바꿀 수 없는 소중한 배움의 기회였다. 그 배움의 결과를 담은 이 책이 또 다른 현장에서 예술경영을 실천하는 누군가의 시행착오를 조금이라도 줄여줄 수 있다면 개인적으로 큰 기쁨이 될 것 같다.

이번에 새롭게 출간한《예술경영》전면개정판은 기존의 틀을 유지하면서 일부 차례를 재구성하였고 전작에서 본격적으로 다루지 못했던 항목 몇 가지를 추가했다. 1장 '예술경영의 의의'에서는 예술경영의 개념을 좀 더 간결하게 정리했다. 역사 부분에서는 일부 장르에 편중되었던 내용의 균형을 맞췄고, 아울러 2010년 이후의 변화 내용도 반영했다. 2장 '예술상품과 예술시장'은 새로 추가한 장이다. 전작의 6장 마케팅에서 부분적으로만 다루었던 관련 내용을 체계적으로 재구성하여 예술경영의 이해를 위한 서론 성격으로 앞부분에 배치했다. 3장 '예술조직'에서는 전작의 내용을 살리면서 부분적으로 최신의 내용을 반영했다. 4장 '예술조직의 인력자원 관리'에서는 예술가에 관한 내용을 전면적으로 보완하여 재정리했다. 5장 '예산관리와 재원 조성'에서는 전작에서 미처 다루지 못했던 예산관리에 관한 절을 추가했다. 아울러 개인으로부터의 재원 조성 환경을 획기적으로 변화시킨 크라우드펀딩에 관하여 상세히 소개했다. 6장 '기획'에서는 각 분야별 기획 과정을 상당 부분 다듬었으며, 전시 분야 전문인력, 즉 큐레이터의 역할과 축제기획 과정 등 전작에서 아쉬웠던 부분을 집중 보강했다. 7장 '예술상품의 마케팅'에서는 디지털마케팅이 더 이상 한 분야에 머물지 않고 전체 마케팅의 양상을 바꾸고 있는 점에 착안하여, 기존에 별도로 다루었던 인터넷 마케팅 부분을 삭제하고 대신 전체 내용에 디지털마케팅 관점을 반영하여 정리했다.

그리고 이 책이 대학이나 스터디그룹의 교재로 많이 활용되고 있는 점을 고려하여 매 장과 절마다 마무리에 '심층 연구 및 토론 과제'를 추가했다. 토론 과제는 앞부분에서 읽은 내용 중 핵심 부분을 다시 한번 정리하면서 실무 현장에 적용해보는 데 도움이 될 수 있도록 구성했다. 또한 장별 추천도서의 내용을 보강하는 과정에서 본문 내용이 설명하는 주제나 소재가 현실 상황에서 어떻게 드러나는가를 좀 더 생생한 모습으로 경험할 수 있도록 관련 내용을 다룬 영화를 함께 소개했다.

마지막으로 이번에 개정판을 기획하게 된 에피소드 하나를 소개하려고 한다. 몇 년 전 우연찮게 한 예술경영 스터디그룹에서 《예술경영》을 교재로 삼아 공부하는 걸 알게 되었다. 반가운 마음에 모임을 이끄는 분께 티타임을 제안했는데, 약속장소에 가보니 100여 명이 참석해 있었다. 미팅 공지에 애써 시간을 내어 참석을 신청한 분들이었다. 그중에는 전공자도 있었고 비전공자도 있었지만, 예술경영에 대한 관심과 열정은 한결같았다. 가볍게 생각했던 모임은 어느새 예술경영에 대한 소개와 질의응답에 커리어 상담까지 이어지는 자리로 발전했다. 이 모임은 20여 년간 대학 강의를 해오며 느꼈던 것과는 또 다른 책임감을 새삼 인식하게 해주었다. 내가 쓴 책이 수많은 후학에게 읽히며 스터디 교재로까지 활용되고 있는 것을 실감하고 나니 이전에 냈던 책이 부끄럽게만 느껴졌다. 그래서 곧바로 개정판 작업에 착수했다. 다행히 김영사에서도 10여 년간 달라진 환경을 반영하여 개정판을 내는 것을 환영해주었다. 이전에 내 책을 담당했던 편집자는 이제 회사를 이끄는 대표의 자리에 올라 있었다. 2001년 이후 지금까지 20여 년간 꾸준하게 예술경영 분야의 여러 저서와 번역서를 출간할 수 있도록 도와준 김영사와 고세규 대표께 깊은 감사의 뜻을 전한다. 아울러 책이 잘 출간될 수 있도록 여러 차원의 격려와 협조를 아끼지 않은 담당 편집자에게도 감사드린다. 마지막으로 그동안 부족한 책을 읽어준 독자에게, 그리고 앞으로 이 책을 다시 읽어줄 독자에게, 늘 고마운 마음을 갖고 있다는 걸 전해드리고 싶다.

2020년 2월

용호성

예술경영과 처음 인연을 맺은 지 벌써 20년이 되었다. 그동안 예술 경영 현장은 많이 변했다. 변하는 모습을 지켜보며 때로는 변화의 현장에 직접 참여하면서 예술경영이 국내 학계와 현장에 도입되는 과정을 함께해 왔다. 그중에서도 2002년 김영사와 함께 《예술경영》을 출간했던 일은 가장 보람된 성과 중 하나였다. 국내 도서로는 처음으로 출간된 예술경영 교과서였기에 개인적으로 의미가 깊었다. 이 책은 국내에서 대표적인 예술경영 텍스트북으로 자리 잡았지만 세월이 흐르면서 변화한 환경에 맞춰 개정판 출간의 필요성을 느꼈다. 2007년부터 다시 집필을 시작했지만 여러 가지 여건으로 인해 쉽게 마무리되지 못했다. 결국 3년여의 세월이 다시 흐르고 나서야 비로소 개정판을 출간하게 되었다. 이번 개정판 작업은 공저자였던 김주호 서울시향 대표께서 불가피한 사정으로 빠지게 되셔서 단독으로 준비해 출간했다.

《예술경영》 개정판은 내용만 보면 새로 쓴 책이라고 해도 과언이 아닐 만큼 전면적인 수정과 보완을 시도했다. 특히 초판의 2장 '예술경영의 기초이론'과 5장 '예술경영의 여러 분야'를 새롭게 재편하여 '예술경영의 의의와 역사' 그리고 예술경영의 두 가지 주요 자원이라고 할 수 있는 '조직'과 '인력'으로 나누어 정리했다. 초판이 주로 공연예술 분야에 치중했던 점을 보완하여 시각예술 분야를 포괄했으며, 아울러 기획 부분을 별도의 장으로 독립시켜 공연기획 외에 전시기획, 축제기획, 예술교육 프로그램 기획 등을 함께 다루었다. 장마다 심화학습을 위해 읽어볼 만한 책도 소개했다. 이처럼 다양한 내용을 포함하다 보니 불가피하게 분량도 초판의 거의 두 배 가깝게 늘어나게 되었다.

주요 내용으로는 먼저 예술경영에 대한 개념적 정리에서 시작하여, 유럽과 미국 그리고 국내에서 예술경영이 어떤 역사적 맥락 속에 발전해왔는지 서술했다. 특히 고대 그리스에서 시작하여 시대별 사회경제 환경 변화와 함께 예술경영의 역할 발전을 주목했고, 국내의 경우에도 해방 후의 역사를 시대별로 고찰했다. 아울러 이 책은 예술경영의 분야를 크게 예술경영 자원과 예술경영 과정으로 구분했다. 이 중 자원 부분은 다시 조직, 인력, 재정으로 나누어 체계적으로 접근할 수 있게 했고, 과정 부분은 다양한 예술 프로그램 기획과 예술상품의 마케팅으로 구분하여 정리했다.

이처럼 이 책은 여러 분야로 세분화되고 있는 예술경영에 대해 나름의 논리를 바탕으로 학문적인 체계화를 시도한 것이 특징이다. 동시에 학문으로의 예술경영과 현장 기술로의 예술경영에 대한 접근을 접목하여 통합적으로 볼 수 있도록 했다. 세부적인 측면에서는 가급적 예술경영을 처음 접하는 사람들도 부담 없이 읽을 수 있도록 지나치게 철학적이거나 이론적인 내용은 포함시키지 않았으며, 그 대신 국내 예술 현장에서 쉽게 만날 수 있는 사례를 풍부하게 제시했다. 아울러 예술경영이 어떤 맥락에서 시작하여 어떤 내용을 다루는지에 관한 기초적인 사항을 전반적으로 포괄함으로써 입문자를 위한 개론서 역할에 충실하고자 노력했다.

예술가는 예술작품을 창작하지만 예술경영인은 예술상품을 제작하고, 예술소비자는 예술시장에서 예술상품을 만날 수 있게 돕는다. 이러한 예술경영을 발전시키기 위해 1960년대 중반부터 출발한 현대적 예술경영은 경영학에 상당 부분 빚을 지고 있지만, 이제는 국내외를 막론하고 예술경영의 독자적인 방법론과 경험이 어느 정도 축적되고 있다. 예술경영에는 일반 기업경영에서는 만나기 힘든 예술적 가치가 개입한다. 단순히 경제적 가치만으로는 설명되지 않는 무엇이 예술경영에서는 실질적 가치로 작용한다. 더 나아가 예술 그 자체가 갖고 있는 창의적이고 유연한 가치가 이제는 예술경영을 넘어서 문화경영의 이름으로 기업 현장에 스며들고 있다. 또한 미국이나 서구와는 전혀 다른 맥락 속에서 엄청난 속도로 변화와 성장을 거듭하고 있는 국내 예술경영이 이제는 세계 예술 현장과 맞닿아 거의 동시적으로 움직이게 되었다. 에든버러페스티벌프린지The Edinburgh Festival Fringe에서 공연 한 번 한 것이 온갖 언론매체를 장식하던 게 불과 몇 년 전인데 이제는 우리가 제작한 작품이 브로드웨이 무대에 오르는 상황이 되었으며, 세계시장을 대상으로 한 예술상품 제작이 새로운 추세가 되고 있다.

이 같은 국내 예술경영 현장을 일반 경영이론이나 외국의 예술경영 방법론만으로 재단하고 검토하는 데는 분명 한계가 있다. 따라서 이 책은 가능한 범위 내에서 국내 예술경영 현장에 적합한 이론 틀을 확립하려 했다. 따라서 앞으로도 이 책이 기초적인 학술서인 동시에 현장에서 일하는 사람들이 하루하루 느끼는 경험들을 정리하는 데 도움이 되기를 기대한다. 나아가 예술경영이 예술상품의 공급과 수요를 매개하듯, 이 책이 예술경영에 관심을 갖는 사람들과 예술경영이라는 학문적 체계가 만날 수 있는 매개체가 되기를 기대한다. 전문 예술경영인으로 성장하고자 하는 누군가에게 이 책이 작으나마 도움을 줄 수 있다면 무척 기쁘겠다. 척박한 국내 출판 현실에도 불구하고 부족한 필자를 믿고 지난 10여 년간 열 권이 넘는 예술경영 시리즈를 꾸준히 발간해주신 김영사에 감사드린다. 아울러 이 책을 위해 관련자료를 제공해주신 국립중앙극장과 서울발레시어터와 문화리서치 피오관계자께도 감사드린다.

2010년 3월

용호성

경영이 기업의 상품을 가장 효율적으로 소비자와 만날 수 있도록 도모하는 것이라면, 예술경영은 예술가나 예술행위가 관객과 그렇게 만날 수 있도록 하는 일이다. 예술가는 곧 예술의 생산주체이며 관객은 소비자이므로 경영과 예술경영은 같은 이치의 활동이라고 해도 무방할 것이다. 그러나 예술경영에는 일반 기업경영과 근본적으로 다른 점이 있다. 기업경영이 궁극적으로 경제적 목표를 추구하는 것이라면 예술경영은 경제적 가치를 수단으로 예술의 본질적 가치를 확고히 하는 데 더 우선적인 초점이 맞춰지는 것이다. 따라서 예술경영이 단지 예술을 상품화한다거나 예술의 경제적 가치만을 부각시키고자 하는 것이라는 식의 오해는 예술경영의 근본적인 개념과는 거리가 있다. 기업경영인과 예술경영인의 입장도 다소 차이가 있다. 전자가 생산주체의 입장에서 스스로를 관리한다면 후자는 예술가와 관객 사이에서 매개자 역할을 하는 점이 다르다고 할 수 있다.

이 책은 예술경영을 이론화함으로써 그 학문적인 체계의 발판을 마련하고자 저술되었다. 이를 위해 예술경영의 탄생 배경과 이제까지의 이론화 과정 그리고 다양한 실무 분야의 내용을 포괄적으로 다루었다. 예술경영은 그 탄생은 물론 지금까지 이론화 과정의 대부분을 경영학 방법론에 의존해왔다. 하지만 그 중심소재인 예술은 정서적 산물로서 정형성이나 표준화가 불가능한 속성을 내포한다. 따라서 예술 현장의 고유한 상황을 무시한 채 일반적인 사회과학 방식으로만 설명하려는 시도에는 무리가 있을 수 있다. 이제까지의 예술경영학 학술서가 예술가나 예술경영 실무자에게 커다란 공감을 얻지 못한 것은 바로 이러한 이유 때문이다. 이 책에서는 예술경영을 이론화하고자 하는 노력의 첫 번째 시도로 우선, 기존에 이 분야에 도입된 경영학의 여러 이론을 현실적인 예술경영의 사례와 접목시켰다. 이러한 작업은 향후 예술경영인의 경쟁력 향상에 도움이 될 것으로 믿는다.

문화예술은 타 분야에 비해 국가 간의 교류가 빠르고 자연스러운 측면이 있다. 이것은 예술경영의 조류가 급속히 세계화된다는 것을 의미한다. 우리 경제가 세계화의 보편적 추세를 따라잡지 못해 그 교훈을 톡톡히 치른 지 아직 얼마 되지 않았다. 예술경영 분야만큼은 그 흐름을 놓치지 않기를 바라면서 이 책을 세계를 겨냥하고 있는 예술경영인, 예술경영 전공자, 그리고 예술가에게 권한다.

2002년 7월

김주호 · 용호성

7장

마케팅 · 517

ARTS
MANAGEMENT

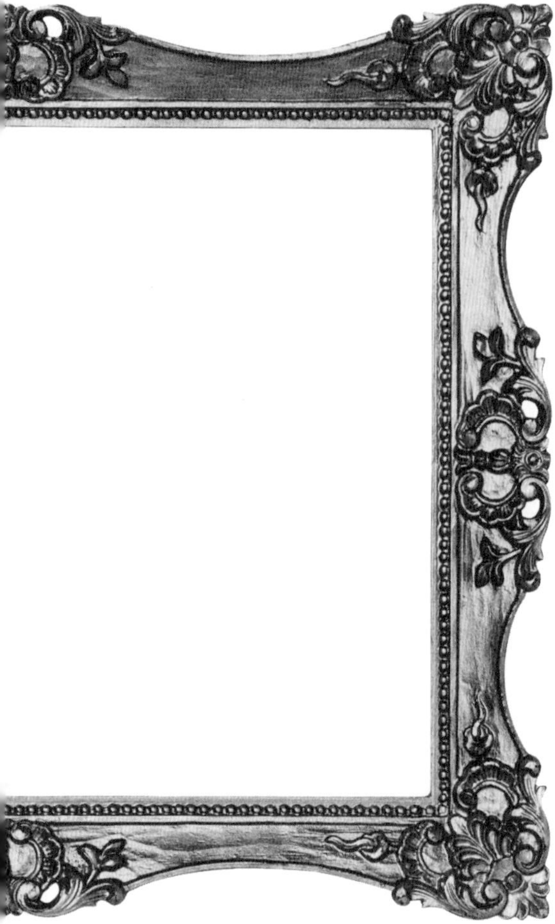

1장 — 예술경영의 의의

1. 예술경영의 개념

예술경영은 '예술'과 '경영'을 접목하여 만들어진 분야다. 하지만 예술과 경영은 서로 전혀 다른 맥락과 논리로 움직이는 별개의 세계다. 예술 세계는 심미적 가치를 높이 평가하지만, 경영 세계는 효율적 가치를 높이 평가한다. 예술 세계는 주관적 만족이 주요 변수지만, 경영 세계는 객관적 결과가 주요 변수다. 이처럼 서로 다른 예술과 경영이라는 두 세계가 함께 어울릴 수 있도록 매개하고 연결하고 묶어내는 일이 바로 예술경영이다. 하지만 그렇다고 해서 예술경영이 예술 자체를 경영의 잣대로 만들어 가는 것을 의미하지 않는다. 예술은 그 자체의 논리와 방향이 있기 때문이다. 예술경영은 단순히 매출을 늘리거나 수익을 창출하기보다는 더 많은 사람이 더 나은 예술작품을 더 자주 접할 수 있도록 돕는 역할을 한다. 그런 의미에서 예술경영이란 예술을 경영하는 것이라기보다는 예술을 위한 경영을 하는 것으로 이해할 수 있다. 즉, 예술경영이란 다양한 자원을 효율적으로 활용하여 예술작품이 관객에게 전달될 수 있도록 매개하는 활동을 말한다.

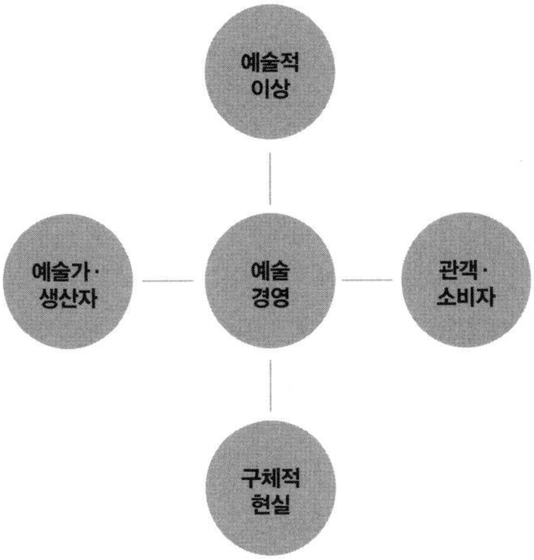

〈도표 1-1〉 예술경영의 두 가지 맥락

1) 매개로서의 예술경영

예술경영의 성격을 가장 적절하게 표현하는 단어를 하나만 고른다면 '매개'라고 할 수 있다. 매개적 성격을 위 〈도표 1-1〉처럼 두 가지 맥락에서 접근해보자.

수평적으로 보면 예술시장을 통한 예술상품의 흐름을 알 수 있다. 생산자(공급자)인 예술가가 고유의 창작 과정을 거쳐 만든 예술작품이 하나의 상품으로서 소비자(수요자)에게 전달되도록 매개하는 과정이 곧 예술경영인 것이다. 여기서 예술상품의 생산과 소비를 원활하게 연결하는 매개 활동은 기본적으로 시장을 통해 일어난다. 그러나 예술상품의 시장은 가격을 조건으로 하여 거래가 이루어지는 장소만이 아니라 예술상품이 예술 생산자에서 예술 소비자로 전달되어 소비되는 포괄적인 유통의 장을 의미한다. 즉, 예술가가 완성한 예술작품이 공연장이나 박물관·미술관 같은 전문화된 문화공간을 통해 하나의 상품으로 소비되는 전반적인 과정을 포괄한다.

수직적으로 보면 예술상품이 만들어지는 맥락을 알 수 있다. 이는 예술가가 갖고 있는 예술적 이상이 구체적 현실의 조건 위에서 최선의 상태로 구현될 수 있도록 예술적 이상과 구체적 현실을 매개하는 것이다. 예술가는 오랜 수련 과정을 거쳐 터득한 미학적 감성과 예술적 기법으로 자신이 지향하는 이상과 꿈, 즉 자신만의 예술세계를 구현하고자 한다. 그러나 안타깝게도 현실적 한계를 고려하지 않거나, 현실에서 부딪히는 여러 문제에 대처할 능력을 갖추지 못한 경우가 많다. 그로 인해 자신의 잠재역량을 펼칠 수 없는 구체적 현실 속에서 소비자와의 교감을 이루지 못한 채 실패하고 잊히는 수많은 예술가가 존재해왔다. 모차르트나 반 고흐의 사례에서 보듯이 위대한 예술가가 생전에는 세상과 능숙하게 소통하지 못해 온갖 어려움을 겪었던 사례가 얼마나 많은가. 자신만의 세계에서 살아가는 예술가가 복잡다단한 현실을 고려하면서 자신의 예술적 이상을 구현하기란 쉽지 않다. 예술경영은 예술가의 이러한 현실적 한계를 해결하여 예술가의 이상이 현실에 뿌리내리고 성장해 열매를 맺도록, 그리하여 그 열매가 수요자에게 원활하게 전달되어 향유되도록 매개하는 역할을 한다. 말하자면, 예술가의 비현실적인 측면을 현실적인 맥락에서 뒷받침하는 것이 곧 예술경영이다.

예술경영에서 이런 매개적 역할이 부각되는 이유는 현대예술의 분업화와 관련이 깊다. 특히 공연예술은 창작자와 재현자 혹은 공연자의 역할이 세분화되어 있고, 무대기술 역시 세부 업무가 나뉘어 있다. 개인 예술가 중심의 생산이 이루어지는 문학이나 미술 분야 역시 출판기획자, 큐레이터 등 중간 매개 역할이 확대되면서 분업이 심화되었고, 이는 역설적으로 각 분업화된 역할을 하나로 묶어주는 매개자로서의 예술경영인을 필요로 하게 되었다. 현대예술은 과거와 달리 복잡한 창작과 전달 과정을 거치며 생산과 소비가 이루어진다. 어떤 예술상품이든 창작 과정에서 다양한 주체의 활동이 개입한다. 일견 한 명의 예술가만이 직접적인 창작자인 것 같지만 자세히 살펴보면 창작을 맡는 예술가 외에도 다양한 형태의 예술가가 창작 과정에 관여하는 것을 알 수 있다. 클래식 음악의 경우 작곡가가 창작자의 역할을 하지만, 연주자도 작품의 재현자로서 자신만의 기량과 감성으로 예술작품을 해석하여 관객에게 전달하는 역할을 한다. 창작 자체에는 참여하지 않지만 창작된 작품에 기량과 감성을 더해 자신만의 색깔을 입히는 것이다. 오케스트라의 지휘자 역시 재현자인 연주자들을 이끌며 나름의 시각으로 곡을 해석하여 새로운 작품으로 재창조한다.

연극의 창작 과정은 더욱 복잡하다. 창작의 시작은 희곡작가의 몫이지만 그것만으로는 완성된 예술작품으로 관객을 만나지 못한다. 연출가가 무대에서 배우를 통해 재현할 때 비로소 희곡이 연극이라는 예술로 전환된다. 연극의 배우는 오케스트라의 연주자와 유사한 역할을 하지만, 정해진 악보의 범위 안에서 해석을 시도하는 연주자에 비하면 신체와 목소리를 사용해 훨씬 더 큰 자율성을 갖고 능동적 표현을 할 수 있다. 또한 연출가는 배우와 무대를 활용하여 클래식 음악의 지휘자보다 한층 적극적인 재창조의 역할을 한다. 그리고 연출가 외에도 음향, 조명, 무대디자인 등 다양한 무대 기술진이 제작 과정에 적극적으로 참여한다. 무용의 경우 기본적인 무용 대본의 창작자가 별도로 있는 작품도 있지만, 안무가가 곧 창작자인 작품이 훨씬 많다. 나아가 안무가 없이 무용수가 직접 안무를 하며 창작자와 재현자 역할을 함께 하는 경우도 드물지 않다. 현대예술에서는 이러한 창작자와 재현자 그리고 작품 활동에 함께 참여하는 여러 조력자뿐 아니라 예술상품의 소비자, 즉 수용자의 역할도 부각된다. 과거에는 예술가가 창작한 예술작품을 수동적이고 소극적인 태도로 향유한다고 여겼지만, 이제는 소비자가 적극적인 수용자로서 작품을 해석하며 창조적으로 소비한다는 인식이 자리 잡았다.

이처럼 예술상품은 생산자에게서 소비자로 전달되어 수용되고 감상되는 전 과정에서 다양한 주체가 나름의 역할을 맡는다. 예술경영인은 그 과정에서 주요한 조정자이자 해석자이자 매개자 역할을 한다. 오케스트라가 훌륭히 연주하려면 지휘자와 단원을 고용하여 악단을 경영해야 하고, 공연장을 확보해야 하며, 티켓을 판매하여 관객을 모아야 한다. 연극작품이 무대에 오르려면 희곡작품을 확보하고, 연출가와 배우와 무대 기술진을 구성하며, 작품이 올라갈 극장을 선택해야 한다. 이런 역할을 종합적으로 수행하며 매개하는 것이 바로 예술경영인이다.

2) 예술경영과 관련 용어

'예술경영'이라는 용어는 1990년대 중반부터 국내에서 본격적으로 사용되기 시작했다.• 미국, 영국 등 해외 대학에서 예술경영 관련 학위 과정을 이수하고 귀국하여 예술 현장에서 일하던 사람들이 이 단어를 즐겨 활용했다. 비슷한 시기에 단국대학교, 중앙대학교, 한국예술종합학교 무용원 등에 관련 전공 과정이 만들어지면서 '예술경영'은 좀 더 보편적인 용어로 자리 잡았고, 국공립 공연장을 비롯한 예술 현장을 중심으로 점차 확산되었다.

'예술경영arts management'과 유사한 용어로는 '제작producing', '예술행정arts administration', '문화행정culture administration', '문화경영culture management' 등이 있다. 이 용어들은 유사한 의미이면서도 약간씩 차이가 있다. 미국에서 널리 쓰이는 '예술경영'은 주로 비영리 예술조직에 대한 경영이론을 포괄적으로 지칭한다. 오케스트라, 극단, 무용단, 공연장, 박물관·미술관처럼 일정한 조직을 단위로 창작과 발표 활동 및 예술 프로그램을 제공하는

• 1980년대 한국문화예술진흥원(현 한국문화예술위원회)이 《예술경영》이라는 제목의 책을 발간한 적이 있다. 예술경영이라는 말 자체가 생소했던 시대에 의미 있는 시도였지만 여러 책을 발췌 번역한 것이어서 널리 읽히거나 좋은 평가를 받지는 못했다.

분야를 주로 다룬다. 반면 예술 분야 중에서도 영리적인 성격이 강한 뮤지컬, 대중음악, 영화 등에서는 예술경영보다는 '제작'이라는 용어를 더 보편적으로 사용한다. 미국이나 유럽의 대학에는 '예술행정'이라는 이름의 학과도 있다. 이 경우 '행정'이라는 우리말의 어감 때문에 공공행정을 떠올릴 수 있다. 그러나 영미권에서는 경영학business administration과 행정학public administration을 모두 administration으로 통칭하기 때문에 예술행정이라 하더라도 예술경영과 별개 영역을 지칭하는 것은 아니다. 물론 전통적으로 유럽에서는 예술의 영역에서도 시장 중심의 경영보다는 국가나 도시의 지원에 의한 예술조직 운영이 보편적이었기 때문에 '경영'보다는 '행정'이라는 용어가 좀 더 친숙하게 활용된 측면도 있다.

하지만 우리나라에서는 전통적으로 경영과 행정의 영역을 명확히 구분해왔다. 그렇기 때문에 '예술행정'이 주로 공공 영역에서 예술과 관련해 이루어지는 정책과 행정 업무를 의미하는 반면 '예술경영'은 공연장이나 박물관·미술관 같은 문화공간이나 전문예술단체의 업무를 대상으로 한다. 다만 그동안 책임경영기관제 도입을 비롯하여 국공립 문화기관과 예술단체의 법인화가 널리 확산되면서, 이전에는 예술행정의 영역에 해당되었던 분야가 이제는 상당 부분 예술경영의 영역으로 바뀌어왔다.[1] 아울러 정부나 공공기관에서 담당하는 예술행정 역시 거시적으로 보면 제한된 공공자원을 효율적으로 배분하여 다양한 예술조직이 수요자에게 예술상품을 원활하게 공급할 수 있도록 지원하는 역할이기 때문에 단위 예술조직에서 이루어지는 예술경영과 크게 다르지 않다. 반면에 '문화행정'이라는 용어는 예술경영보다는 문화정책에 가까운 개념으로 사용된다. 또한 예술경영의 영역 외에도 문화복지, 문화산업, 저작권, 문화재 등 문화 전반에 대한 행정 영역을 포괄한다.

다른 한편에서 독일을 비롯한 몇몇 유럽 국가에서는 '문화경영'이라는 용어도 많이 사용한다. 독일의 예술경영학자 하인리히스는 예술경영보다

문화경영의 개념을 내세우며 문화경영이 법이나 경제 등의 문화를 가능하게 하는 제도, 구체적인 예술적·문화적 생산물을 도출하는 과정, 예술적·문화적 생산물의 관객에 대한 매개 등 세 가지 영역을 포괄한다고 설명한다.[2] 때로는 문화경영을 예술경영만이 아니라 기업문화 형성, 기업 이미지 통합관리, 기업 임직원을 위한 문화적 공급 등 다양한 영역까지 다루는 의미로 사용하기도 한다.[3]

이와는 다른 맥락에서 우리나라에서는 2000년대 이후 기업을 중심으로 이른바 문화경영에 대한 논의가 확산되어 왔다. 여기서 말하는 문화경영은 기존의 예술경영과는 전혀 다른 의미이다. 기업 현장에서 자주 사용하는 문화경영이라는 용어는 기업이 일반 경영 과정에서 문화적인 프로그램이나 전략을 활용하는 것을 말한다. 종래의 예술경영이 경영학에서 발전한 여러 이론체계와 기법을 예술 현장에 적용하는 것과는 반대로, 예술 현장의 논리라 할 수 있는 창의성이나 감수성을 경영 현장에 적용하는 현상이라고 할 수 있다. 이러한 문화경영은 2000년대 중반 창조경영 논의와 더불어 미래지향적인 경영전략으로 부각되기도 했다. 이와 관련하여 '창조적 계급의 시대'의 도래를 역설한 리처드 플로리다,[4] 미래 인재의 여섯 가지 조건으로 '디자인, 스토리, 조화, 공감, 놀이, 의미'를 주장한 다니엘 핑크,[5] '몰입'에 의한 창조경영을 내세운 칙센트미하이,[6] '로빈슨 리포트'로 알려진 국가전략 보고서를 작성해 영국의 창조교육정책을 주도한 켄 로빈슨[7] 등이 예술 논리와 경영 논리를 성공적으로 결합해 문화경영의 트렌드에 선도적인 역할을 했다.

3) 예술경영의 범주와 대상

예술경영은 예술 전반을 대상으로 한다. 따라서 예술경영의 범주와 대상에 관한 논의를 위해서는 먼저 예술 그 자체를 어떻게 정의하는지 알아볼 필요가 있다. 문제는 예술의 정의가 학자마다 다르다는 점이다. 예술에 대한 정의는 멀리 플라톤이나 아리스토텔레스까지 올라갈 수 있지만 여기서는 근대 이후 몇몇 학자의 견해를 살펴볼 것이다.

시인이자 문학·미술 비평가인 허버트 리드는 예술이란 "즐거운 형식을 만드는 시도"라고 간략히 정의했다. 이는 예술가가 만들어낸 여러 형식이 우리의 미감을 만족시키는 측면을 강조한 것이다.[8] 비슷한 맥락에서 철학자이자 교육자인 수잔 랭어는 예술작품이란 "감각이라든가 상상력을 통해서 지각되도록 창작된 표현 형식"이라고 말하면서 예술작품에 표현된 것은 '인간 감정'이라고 설명했다.[9] 리드의 정의와 비교하면 '형식'이라는 부분의 공통점이 있는 반면 '즐거운'이라는 형용어구를 대신하여 '인간 감정'이라는 좀 더 포괄적인 설명을 부가했다.

반면에 작가이자 사상가인 레프 톨스토이는 미적인 것을 만들거나 즐거움을 제공하는 활동으로 예술을 정의하기보다는 오히려 도덕적 가치를 전달하는 방법으로서의 예술을 높이 평가했다. 그에 따르면 예술이란 "경험한 느낌을 (중략) 자기 속에 불러일으킨 다음에 동작, 선, 색, 음, 말의 형태로써 이 느낌을 타인도 경험할 수 있도록 표현"한 것을 말한다. 따라서 예술가는 예술작품을 통해 향유자가 예술가의 느낌이나 경험을 정확히 공유할 수 있도록 해야 하며 이에 좋은 예술은 모든 사람이 이해할 수 있는 방식으로 그 의미를 표현해야 한다고 주장했다.[10]

철학자이자 미국미학회장을 역임했던 멜빈 레이더와 버트럼 제섭은 예술이란 "미적 가치를 창조해내는 것"이라고 정의했다. 아울러 이들은 넓은 의미의 예술이 '일상생활의 예술'과 '순수예술'로 나뉘는 점을 설명하면서, 일상생활의 예술은 '기술이나 손재주의 부산물로 우연히' 만들어지는 반면 순수예술은 '전문가의 의식적인 목적이나 의도'에 의해 만들어진다는 점을 강조했다.[11] 다른 한편으로 미술비평가이자 철학자인 아서 단토는 현대적 관점에서 예술이란 '구현된 의미'라는 좀 더 추상적인 선언을 했다. 단토의 주장은 주로 현대미술을 대상으로 검토된 것이지만, 1960년대 이후 예술작품이 이전과 달리 형식적 표현을 넘어서 개념과 주장을 담아내기 시작한 점을 반영한 것이다.[12]

예술경영은 이처럼 학자마다 다양하게 정의하는 예술을 작품이 아닌 상품으로 파악하여 생산자에서 소비자에게 효율적으로 전달하는 방법을 발전시켜 왔다. 특히 현대적 예술경영은 예술의 범위에 포함될 수 있는 다양한 형식 가운데 클래식 음악, 연극, 무용, 미술 등 비영리 예술 분야를 중심으로 발전해왔다. 하지만 이제는 그 영역이 점차 확대되어 전통적인 예술만이 아니라 다양한 문화 일반까지도 포괄하게 되었다. 이처럼 예술경영의 범주는 폭넓게 확대되며, 다양한 내용을 담아내고 있다. 여기서는 몇 가지 논점을 바탕으로 예술경영의 범주와 대상을 살펴볼 것이다.

장르에 따른 범주: 공연예술과 시각예술 예술의 장르 구분은 예술을 정의하는 것 이상으로 어렵고 논란이 많은 작업이다. 학자에 따라 의견이 다르고 실제로 예술을 다루는 현장의 목소리가 다르다. 이런 상황에서 쉽게 참고할 수 있는 것은 법령상의 정의 규정이다. 문화예술진흥법 제2조는 '문화예술'을 '문학, 미술(응용미술을 포함한다), 음악, 연극, 무용, 영화, 연예, 국악, 사진, 건축, 어문, 출판'의 12개 항목을 나열하는 방식으로 정의한다. 여기서의 문화예술은 학술적 의미와는 다른 맥락에서 '예술'의 범위를 확정하는 의미 정도로 활용되고 있다. 나열된 항목 중 어문과 출판을 제외한 나머지 10개 항목을 예술에 대한 규정으로 보아도 큰 무리가 없다.

이러한 세부 장르를 좀 더 큰 범주로 묶어보면 공연예술performing arts(음악, 연극, 무용, 국악), 시각예술visual art(미술, 사진, 건축), 문화산업cultural industry(영화, 연예), 문학 등 네 가지 영역으로 나눌 수 있다. 이 중 예술경영이 주로 다루는 분야는 공연예술과 시각예술이다. 영화와 연예는 예술보다는 문화산업의 영역으로 접근하는 것이 일반적이다. 문학의 경우 창작 활동 자체는 공연예술이나 시각예술과 비슷한 맥락에서 볼 수 있지만, 출판이라는 전혀 다른 논리의 산업구조를 통해 소비자로서의 독자와 만나기 때문에 예술경영의 시각에서 다루기 어렵다. 따라서 예술경영은 크게 공연예술 경영과 시각예술 경영으로 나누어 접근한다고 봐도 무방하다. 다만 발전 과정을 보면 예술경영을 공연예술에 특화된 내용 중심으로 이야기하는 경우가 많았다. 공연예술 경영과 시각예술 경영은 기본 논리나 시장 측면의 차이가 크지만 조직, 인력, 재정 등 예술경영의 자원을 다루는 부분이나 전략기획, 마케팅 과정에 적용되는 기본 원칙은 거의 유사하다. 다만 각 예술상품, 즉 공연performance과 전시exhibition의 성격이 매우 상이하기 때문에 그 기획 과정에 대한 접근법의 차이가 크다는 점을 고려할 필요가 있다.

목적에 따른 범주: 영리와 비영리

예술경영은 그 목적에 따라 영리 부문for profit sector과 비영리 부문non profit sector으로 구분할 수 있다. 영리와 비영리는 수익을 어떻게 처분하는가에 따라 구분하는 것이다. 영리 부문은 수익 그 자체를 목적으로 한다. 따라서 조직이나 사업 운영 결과 얻은 수익은 소유자 혹은 주주의 몫이 된다. 하지만 비영리 부문은 수익이 발생하더라도 이를 다음 사업을 위해 지출하거나 설립 취지에 맞게 사용하도록 적립한다. 비영리 부문은 일반적으로 자체적인 사업 운영 수입earned income만으로는 운영을 지속할 수 없기 때문에 외부로부터의 재원 조성 수입raised/contributed income이 반드시 필요하다. 현대적 예술경영이 발전한 미국에서는 예술경영이 주로 비영리 부문에 대한 내용을 다루고 있다. 비영리 부문에는 클래식 음악, 연극, 무용, 오페라 등 이른바 순수예술 영역에 속하는 공연 분야 예술조직이 포함된다. 하지만 대중음악이나 뮤지컬은 대부분 영리 부문에 속하며, 상업성이 강한 일부 연극이나 무용 중에 영리 부문으로 활동하는 경우도 있다. 시각예술 분야에서는 전통적인 전시를 주로 하는 박물관·미술관은 대부분 비영리 부문에 속하지만, 화랑, 경매, 아트페어 등은 자유로운 시장구조에서 수익을 추구하며 영리 목적을 위해 움직인다. 그 밖에 영화나 엔터테인먼트 산업 등 문화산업 분야는 독립영화 등 일부 영역을 제외하면 거의 영리 부문에 속한다.

이처럼 현대적 예술경영이 시작된 미국에서는 공공지원의 대상이 되는 비영리 부문을 영리 부문과 엄격하게 구분하여 사회제도를 구성하고 있다. 이에 따라 예술 분야에서 비영리로 활동하기 위해서는 일정한 자격요건을 갖춘 후 비영리조직 등록을 마쳐야 한다. 미국에서 비영리조직 제도가 발전한 이유는 시장경제 시스템에서 독자적으로 살아남을 수 있는 경쟁력을 갖지는 못했지만, 사회적·교육적·문화적으로 일정한 필요성이 인정되는 분야가 자체적으로 운영될 수 있도록 하기 위해서다. 이를 위해 비영리조직에는 세금을 감면해주고 나아가 연방정부와 주정부, 민간재단, 기업, 개인으로부터 지원이 이루어지는 경우 세금 혜택을 제공할 수 있도록 하고 있다. 이런 제도는 문화정책이 발달한 대부분의 나라에서 유사한 형태로 운영된다.

이와 달리 우리나라에서는 소규모 예술조직 대다수가 법인이 아닌 개인사업자로 활동하며, 법적으로 설립된 예술조직도 다음 장에서 설명하는 것처럼 저마다 다른 형태로 존재한다. 결과적으로 영리 부문과 비영리 부문을 일률적으로 구분하기 어려운 것이 현실이다. 법적으로는 영리를 추구하는 상법상의 회사와 비영리를 추구하는 민법상의 비영리법인을 구분하는 제도가 마련되어 있지만, 실제로는 이런 법의 테두리를 벗어나 임의단체로 활동하는 경우가 훨씬 많다. 이처럼 영리와 비영리가 혼재한 상황이지만 비영리 부문을 중심으로 발전한 현대적 예술경영 이론의 적용에 특별한 한계가 있는 것은 아니다. 예술시장과 예술상품의 근본적 특성에서는 큰 차이가 없으며, 비영리 부문을 중심으로 전개된 예술경영 이론이라 해도 이를 도구적이고 기능적인 수단으로 활용할 수 있기 때문이다.

다른 한편으로 예술조직의 영리적 성과를 사전에 예측하기 어려우며 결과로만 확인이 가능하다는 점도 영리와 비영리를 구분하기 힘든 요인으로 작용한다. 1년에 수백 편의 연극과 뮤지컬이 새롭게 무대에 오르지만 과연 어느 작품이 영리적으로 유의미한 성과를 낼지 알 수 없다. 개막 후 관객의 반응이 나오고 티켓 판매의 결과가 드러난 후에야 비로소 영리적 성과를 확인할 수 있는 것이다. 아울러 같은 공연장에서 이루어진 공연이라 하더라도 그 공연을 기획하는 조직의 성격에 따라 영리와 비영리가 구분되기도 한다. 예를 들어, 똑같이 문예회관의 무대에 오른 뮤지컬이라 하더라도 금융자본의 투자를 받아 제작한 상업 뮤지컬이라면 철저한 시장경제 논리에 따라 공연장을 선택하고 배우를 선정하며 티켓 가격을 책정할 것이다. 이는 단지 예술상품을 다룬다는 차이일 뿐 다른 일반 상품의 판매 원리와 크게 다르지 않다. 하지만 해당 지역의 지방자치단체에서 설립한 공립예술단체의 공연이라면 기획 과정에서 그 지역의 공연산업 발전이나 지역민의 문화복지 등 공공부문에서 책임져야 하는 다양한 공공성의 논리를 함께 고려해야 한다. 즉, 겉보기에는 비슷한 공연처럼 보이지만 실제로는 전혀 다른 목적의 이벤트가 된다. 이러한 공공성은 때로 영리성과 충돌한다. 그렇기 때문에 기능적 측면에서 마케팅의 유사성이 발견되더라도 비영리 부문에서 관객을 확보하려는 노력과 영리 부문에서 이윤을 추구하려는 노력 간에 차이가 있다는 점을 고려할 필요가 있다.

역동성에 따른 범주: 경영자원 관리와 프로그램 기획 20세기 초반에 시작된 현대 경영학은 이론적 측면에서 다양하게 분화되어 왔다. 이를 역동성에 따라 분류하여 예술경영 분야에 적용하면, 예술조직, 인력, 재정 등 경영자원 관리 분야와 공연기획, 전시기획, 마케팅 등 예술상품의 제작과 판매에 관한 프로그램 기획 분야로 구분할 수 있다. 경영자원 관리 측면을 보면 어떤 예

술상품을 생산하건 조직, 인력, 재정은 예술경영을 하기 위한 핵심 자원을 형성한다.

먼저 예술상품이 생산되는 단위로서의 예술조직에는 여러 유형이 있다. 공연장이나 박물관·미술관 등은 공간 중심으로 구성된 조직인 반면 오케스트라, 극단, 무용단 등은 예술가 중심으로 구성된 조직이다. 또한 기획자로만 구성된 조직도 있다. 이런 예술경영 조직은 핵심적인 경영자원의 하나로서 예술상품의 생산 주체를 형성한다. 이처럼 다양한 예술조직 안에는 실제로 예술상품의 생산과 유통을 담당하는 또 다른 자원인 인력자원이 있다. 인력자원에는 작곡가, 극작가, 안무가 등 창작자에서부터 연주자, 배우, 무용수 등 무대 위의 공연자에 이르기까지 다양한 예술가가 포함된다. 무대 뒤에는 이들의 움직임을 돕고 이들을 돋보이게 해주는 음향, 조명, 무대디자인 등 무대 기술진이 있다. 또한 이런 예술가와 기술진을 지원하는 예술경영인이 있으며, 조직 전체를 이끌어가는 경영진과 보수를 받지 않고 자발적으로 일하는 자원봉사자가 있다. 마지막으로 이러한 인력자원이 활동하기 위해서는 이를 뒷받침할 만한 재정자원의 확보와 관리가 필수적이다. 이 부분에서는 재정자원의 확보를 위한 활동, 즉 재원 조성이 핵심이다. 나아가 확보된 재정자원을 관리하고 집행하는 예산편성과 재무관리 영역도 필요하다. 예술경영에서는 이처럼 예술상품 생산을 위해 필요한 조직자원, 인력자원, 재정자원 등 세 가지 경영자원을 효율적으로 확보하고 관리하는 방안을 다룬다.

반면 프로그램 기획이란 조직, 인력, 재정 등 경영자원을 바탕으로 다양한 형태의 예술상품을 제작해 수요자에게 전달하는 과정을 말한다. 여기에는 모든 경영 분야에 적용되는 전략기획을 비롯하여 구체적인 예술상품 생산을 위한 공연기획, 전시기획, 축제기획, 교육기획 및 마케팅 기획 등이 포함된다. 기획은 예술상품을 만드는 과정이며, 예술 현장에서는 예술경영과 비슷한 의미로 혼용되기도 한다. 기획은 예술가의 창작 과정과는 다른 맥락에서 이루어지며, 예술상품 소비자의 수요를 읽어내고 이에 맞는 자원을 투입하여 소비자에게 만족감을 줄 수 있는 예술상품을 제작함으로써 소비자가 시간과 금전을 투자해 미적 체험을 하게 하는 것을 말한다. 따라서 예술가의 창작과 예술경영의 기획은 동시에 진행되면서도 전혀 다른 맥락으로 움직이는 과정이라고 할 수 있다. 이런 기획 과정과 핵심적으로 연계되는 것은 오히려 예술상품이 수요자에게 원활히 공급되도록 돕는 역할을 하는 마케팅이다. 현대적 마케팅은 단순히 만들어진 상품을 판매하는 것이 아니라 예술상품이 판매되는 환경을 구체적으로 분석하고 소비자의 수요 트렌드를 읽어냄으로써 예술상품의 기획 및 제작 과정 전반과 관계를 맺는다.

심층 연구 및 토론 과제

- 예술경영은 어떤 것들을 매개하는 활동일까?
- 공연예술이나 시각예술 외에 예술경영은 어떤 분야를 더 포괄할 수 있을까? 기업문화, 도시문화, 문화유산, 도서관, 문화관광 등과 연계하여 생각해보자.
- 예술조직을 영리 목적의 주식회사 형태로 운영하는 경우 어떤 장점과 단점이 있을까?
- 클래식음악과 대중음악에 대한 예술경영이 같아야 할까, 달라야 할까? 같아야 한다면 혹은 달라야 한다면 그 이유는 무엇인지 생각해보자.
- 공공부문의 예술경영과 민간부문의 예술경영은 어떤 차이가 있을까? 예를 들어, 지역축제 조직위원회를 공공부문에서 운영하는 경우와 민간부문에서 운영하는 경우를 비교하여 생각해보자.
- 영화 〈아마데우스〉(1984)와 〈반 고흐: 위대한 유산〉(2013)을 보고 예술가의 꿈을 매개하는 예술경영의 역할은 무엇인지 생각해보자.

2. 예술경영의 역사

현대적 의미의 예술경영은 1960년대 미국에서 본격화되었다. 하지만 그 원형적인 모습은 고대 그리스에서도 찾아볼 수 있다. 오늘날처럼 분업화·전문화되진 않았지만 예술 창작을 지원하고 예술작품을 수요자에게 전달하는 기능은 고대 그리스시대에 이미 그 뿌리를 형성했다. 예술경영의 기원과 변천 과정을 시대별로 살펴보자.

1) 고대의 예술경영

미학에서는 고대 예술이 '미메시스mimesis' 개념에서 시작되었다고 말한다. 모방으로 번역되는 이 단어가 예술적으로 표현된 고대예술의 대표 사례는 디오니소스 축제다. 고대 그리스의 디오니소스 축제가 시작된 것은 기원전 534년 무렵이었으며, 기원전 325년부터는 매년 열린 것으로 전해진다.[13] 제우스와 인간 세멜레 사이에서 태어난 디오니소스는 인간의 비이성적 측면을 상징하는 존재이며 술과 향락, 사냥과 풍요의 신이다. 티탄에게 찢겨 죽었다가 부활한 디오니소스를 기념하는 축제는 죽음과 삶이 뒤엉킨 당시의 사냥 행위에 디오니소스의 수난과 부활을 결합해 열광적인 행사로 승화시킨 것이었다. 당시 그리스 사람들은 원형극장에 모여 디오니소스 찬가인 '디티람보스dithyrambos'를 부르며 축제를 벌였다. 원형극장 중앙에는 '오케스트라orchestra'라고 불린 광장이 있었고, 사람들은 오케스트라에서 함께 춤과 노래를 즐기는 '코레이아choreia'를 펼쳤다. 이처럼 모두 함께 참여하던 무대인 오케스트라가 이후 반원형으로 축소되면서 무대와 객석이 나뉘고 공연자와 관객의 역할이 분리되었다. 그리고 배우들이 대기실 혹은 분장실로 사용했던 오케스트라 옆 부대 공간 스케네scene가 오늘날 같은 무대로 발전했다.[14]

이처럼 고대 그리스의 축제가 종교적 성격의 행사에서 유희적 성격의 공연예술로 발전하는 가운데 이를 기획하고 주도하는 역할도 필요해졌다. 이런 역할은 종교 권력보다는 세속 권력이 맡았다. 특히 민주정치가 확산되기 전의 그리스에서는 상업적 세력을 업은 독재군주가 모든 예술을 주관하는 역할을 했다.[15] 당시 디오니소스 축제를 위해 극작가는 축제가 개최되는 도시국가의 행정관인 아르콘 에포니무스archon eponymous에게 집단 가무인 코러스 지원을 요청했다. 행정관은 극작가의 요청에 따라 코러스를 배정해주고 코러스에 드는 경비를 부담할 코레구스(choregus 혹은 코라고스choragos, 복수형으로 코레고이choregoi라고도 한다)를 부유한 시민 중에서 지정했다. 코레구스 지정 시기는 축제가 열리기 대략 1년 전이기 때문에 극작가는 지정된 코레구스와 함께 1년 동안 공연계획을 짜고 연습할 수 있었으며, 코레구스의 지원을 바탕으로 직접 연출까지 맡는 등 공연의 예술감독 역할을 수행했다. 코레구스는 코러스 연습비, 의상비, 연주자와 엑스트라 배우의 출연료, 무대장치 비용까지 부담했고, 적절한 후원 행위를 시민의 의무이자 개인의 긍지로 삼았다.[16] 이처럼 그리스 도시국가는 주요 배우의 출연료와 의상비 등을 지원했고 나아가 공연장 건설 및 극작가 심사와 시상 등 축제 전반을 주도하는 역할을 맡았다.[17] 이러한 방식으로 열리는 축제의 입장료는 처음에는 무료였으나 이후 약간의 금액을 부과하게 되었으며, 가난한 사람에게는 티켓을 무료로 나눠주었다.[18]

이러한 축제를 총괄 운영하는 아르콘 에포니무스와 코레구스의 역할은 현대 예술경영의 원형적인 모습을 보여준다. 이들이 디오니소스 축제를 위해 했던 역할은 오늘날 예술경영인이 하는 공연기획, 예술가 섭외, 재원 조성과 다를 바 없다. 무대와 객석이 분리되는 과정에서 이처럼 예술경영의 원형적 역할이 시작되었지만, 역설적으로 현대 예술경영은 코레이아처럼 관객이 공연자와 일체감을 느끼며 클라이맥스를 공유하는 것을 이상으로 삼고 추구한다.

그리스시대 후기로 접어들면서 무대는 오케스트라보다 훨씬 높은 위치에 별도로 만들어져 공연자가 더욱 부각되었고, 공연자와 관객의 구분도 훨씬 명확해졌다. 또한 디오니소스 축제뿐 아니라 다른 종교 행사나 축제에서도 공연 프로그램이 무대에 오르기 시작했다. 상황이 이렇게 발전하자 전문 공연기획에 대한 수요도 점차 확대되었다. 이에 따라 연기자들은 디오니소스 예술가 단체를 조직하여 각 지방에서 필요로 하는 배우, 코러스 지도자, 연주자 등을 공급했고, 이에 상응하는 보수를 책정하는 등 오늘날의 예술경영 분야에서 이루어지는 것과 같은 활동을 본격적으로 시작했다.[19]

로마는 기원전 8세기경에 이미 형성되었지만 역사의 무대에 두각을 나타낸 시기는 기원전 3세기에 이르러서다. 당시 로마에 전염병이 창궐하자 신을 달래기 위해 음악과 무용 공연이 성행했다. 그리스의 디오니소스 축제와는 다르게 전쟁 후 군대의 개선을 기념하기 위한 축제가 마련되기도 했다.[20] 이런 축제에도 연극 등 공연 행사가 있었는데, 그리스에서와 마찬가지로 부유한 시민이 공연경비를 부담했다.[21] 그러나 국가적인 축제 행사에는 원로원과 행정관이 전체 경비를 지원했고, 행정관은 공연을 위해 이미 전문화된 형태로 운영되는 극단 경영자와 제작 계약을 체결했다. 이에 따라 극단 경영자가 대본 발굴, 배우, 연주자, 의상 섭외 등 공연 제작 전반을 맡아 책임지고 진행했다. 국가에서는 연극 공연장을 제공했는데, 당시만 해도 상설 공연장이 없는 상태여서 축제와 관련한 가설무대가 주를 이루었다. 최초의 상설극장은 기원전 75년경 폼페이에 건립되었다. 축제 입장료는 대부분 무료였으며, 당시의 연극은 검투경기, 동물싸움, 마차경주, 곡예 등 다른 오락물과 경쟁했고, 이러한 여흥 활동이 연극과 함께 공연되는 일도 자주 있었다.[22]

2) 중세의 예술경영

중세는 대략 서로마제국이 멸망한 476년부터 동로마제국이 멸망한 1453년까지 1000여 년의 시기를 말한다. 게르만족의 이동에 이어진 서로마제국의 멸망 이후 유럽 정치의 중심은 그리스와 로마가 있던 지중해 연안에서 알프스 북쪽의 프랑크왕국으로 옮겨졌다. 예술적인 면에서는 고대 로마와 르네상스 사이의 가교 역할을 한 것으로 평가받지만 유의미한 성과는 상당 부분 교회를 통해 이루어졌다. 중세 초기에는 교회를 비롯한 대부분의 기독교 관련 조직이 아직 부를 축적하지 못한 상태였다. 이에 따라 부유했던 로마와는 달리 질 높은 예술가를 감당할 만한 경제력이 없었기 때문에 질을 따지기보다는 좋은 신앙적 태도를 보여주는 예술에 만족하는 경향이 강했다.[23] 또한 앞에서 이야기한 것처럼 로마시대의 연극이 다른 여흥 활동과 결합하는 경향이 있었기 때문에 연극에는 타락과 부도덕의 이미지가 붙게 되었다. 이런 부정적 이미지로 인해 콘스탄티누스의 313년 기독교 공인 이후, 기독교인은 로마의 연극을 멀리하게 되었다.[24]

하지만 교회는 다른 차원에서 음악, 연극 등 공연예술과 회화, 건축 등 시각예술을 발전시키는 모태가 되었다. 중세 초기에 수도원을 중심으로 발전하던 기독교 음악은 점차 성당으로 그 자리를 옮겨갔다. 새롭게 지어진 고딕 성당을 기반으로, 장엄하고 종교적인 분위기를 연출할 수 있는 미사음악이 발전한 것이다. 이와 더불어 성당 건물과 제단을 장식하기 위한 다양한 건축과 조각과 회화가 널리 활용되었다. 다른 한편으로 대부분이 문맹이었던 신도에게 쉽고 생생하게 성경의 주요 사건과 가르침을 전달하기 위해 교회연극도 함께 발전했다. 교회연극은 초기에는 교회 내에서만 제작되었지만 경제와 교역의 발달 및 인구 증가에 힘입어 12세기 무렵부터 점차 교회 밖으로 나가기 시작했고 14세기에는 야외극이나 세속적인 연극으로 발전했다. 세속연극은 교회가 아닌 상인이나 수공업자의 조합인 길드나 도시정부에서 제작했다. 직업배우 제도는 발전하지 않았으나 공연한 배우에게 일부 출연료가 지급되기도 했다.[25]

14세기 무렵에는 성체축일Corpus Christi을 기념하는 축제의 일환으로 마을 전체를 행진하며 벌어지는 순환극cycle play이 발전했는데, 역시 도시정부와 더불어 지역 길드 조직이 실질적인 제작자 역할을 했다. 순환극은 창세기에서 최후의 심판에 이르는 역사를 보여주는 여러 편의 작품으로 구성되었다. 대표적인 전승은 영국 요크 지역의 순환극으로서 지역경제를 책임지고 있던 48개의 길드가 참여하여 48편의 작품을 만들었다. 남아 있는 기록에 따르면 어부와 선원 길드에서 〈노아의 홍수〉, 금세공인 길드에서 〈동방박사의 경배〉, 제빵업자 길드에서 〈최후의 만찬〉을 만드는 식으로 48개의 길드가 각각 자신들의 일과 관련된 작품 제작에 참여했다.[26] 이후 기적극miracle play, 도덕극morality play 같은 새로운 형태의 연극 양식이 나타나면서 소규모 직업극단이 공연 활동을 시작했고, 전문화된 예술경영이 서서히 발전해갔다.[27] 비슷한 맥락에서 독일의 오버라머가우 지역에서는 1643년부터 10년마다 전문적인 훈련을 받지 않은 지역민이 참여하여 수난극을 공연했으며, 이 수난극은 현재까지도 전승되고 있다.[28]

3) 르네상스 시대의 예술경영

15세기 이탈리아는 유럽 대륙에서 아시아와 아프리카를 연결하는 지중해 해상교통의 거점이었다. 지리적 이점을 활용한 무역으로 부를 축적한 이탈리아 반도의 여러 도시국가는 이를 바탕으로 르네상스라고 하는 새로운 문화 흐름을 만들어냈다. 1000년 가까이 유럽 대륙을 지배한 기독교 문화를 넘어서 사람들은 세속적이고 인간적인 것에 비중을 두기 시작했고, 그리스시대의 희곡이나 건축에 큰 관심을 보였다. 나폴리, 베네치아, 밀라노, 피렌체, 제노바 등 도시국가의 지배층으로 군림하던 귀족계층은 자신의 취향을 드러내고 우월성을 과시하는 차원에서 여러 예술 활동을 지원했다. 종교 권력을 활용한 교회나 토지 수입에 의지한 영주 등 중세 지배세력과는 달리, 이들 도시귀족은 상공업이나 무역업 등으로 부를 축적한 계층이었다. 피렌체의 메디치가는 예술지원으로 명성을 얻은 대표적인 가문이다. 메디치가가 오늘날까지도 예술 후원자의 대표 사례로 거론되는 이유는 당시 일반적이던 과시적 소비에서 탈피하여 예술 자체에 열정을 품고 꾸준히 지원했기 때문이다.

이러한 사회문화적 상황을 배경으로 르네상스 시대에는 중세 때 크게 위축된 연극이나 무용 같은 공연예술이 다시 발전하기 시작했다. 초기에는 이탈리아를 중심으로 그리스풍의 고전극이 성행하다가 15세기 말부터 정교한 특수효과로 우화적인 내용을 표현한 막간극intermezzo이 주목을 끌었다. 또한 즉흥적인 소재로 연기하는 코메디아델라르테commedia dell'arte라는 이름의 직업 유랑극단이 16세기에 처음 등장하여 이후 200여 년간 유럽 무대에 널리 확산되었다. 10~12명으로 구성된 이 유형의 극단은 구성원이 공연비용을 분담하고 이익을 나눠 갖는 형식으로 운영되었다.[29] 이러한 극단의 관객은 왕족이나 귀족에 한정되지 않았으며 시장터와 같은 무대에서 농민과 상인 등 폭넓은 계층을 대상으로 공연이 이루어졌다.

1585년에는 비첸차에 건립된 올림픽극장Teatro Olimpico을 기념하여 안드레아 가브리엘리가 오이디푸스 왕의 비극을 주제로 합창곡을 만들었다. 그리고 이와 더불어 당시에 유행했던 전원극, 막간극, 마드리갈코미디, 종교극 등의 영향을 받아 드디어 오페라가 역사에 등장했다. 최초의 오페라 작품은 1594년에 야코포 페리가 오타비오 리누치니의 대본으로 작곡한 〈다프네Dafne〉로서, 피렌체의 사육제 무대에서 처음 공연되었다.[30] 이 작품은 유실되어 현재는 몇몇 단편만이 남아 있지만, 이후 페리가 카치니와 함께 메디치가의 결혼을 기념하여 작곡한 오페라 〈에우리디체Euridice〉는 1600년 피렌체에서 초연된 후 지금까지 온전히 전해지는 최초의 오페라가 되었다.[31] 음악과 연극과 무용이 어우러진 오페라 덕분에 비첸차의 올림픽극장 이후 17세기에 이탈리아 주요 도시마다 상설 공연장이 세워졌다. 이처럼 오페라의 시작은 여러 면에서 공연예술 발전의 계기가 되었다. 아울러 이 같은 공연장의 번성은 공연 제작 과정을 대형화하는 동시에 결과적으로 공연장 운영과 제작을 담당할 전문 인력에 대한 수요를 만들어 냈다.

연극의 경우 프랑스에서 16세기 무렵 직업연극이 발전하기 시작했다. 1548년에는 파리에 최초의 상설 극장인 부르고뉴극장이 만들어졌다. 1600여 명을 수용할 수 있었던 이 극장은 좌석 위치에 따라 가격이 다른 티켓을 판매했으며, 귀족에서부터 상인과 하층계급에 이르기까지 다양한 계층의 사람들이 함께 연극을 관람했다.[32] 16세기 말에 자신의 극단을 결성하여 이끈 발르랑르콩트Valleran-Lecomte는 프랑스 최초의 직업 예술경영인으로 알려져 있다. 17세기 말에는 세계 최초의 국립극단으로 알려진 코메디프랑세즈Comédie Française가 만들어져 국가보조금을 받았다.[33] 17세기를 지나는 동안 프랑스에서는 여러 극단이 조직되었고, 이탈리아의 영향을 받아 공연장이 활발히 건축되었다. 당시의 극단은 경험 많은 배우가 직접 운영을 맡았으며, 공동 부담으로 극장을 대관하여 공연한 후 경비를 제

외하고 남은 금액을 각자의 역할에 맞게 분배했다.[34]

영국에서는 15세기까지만 하더라도 주로 왕실이나 귀족이 사설 극단을 운영했고, 배우가 직업화되는 단계까지는 이르지 못했다. 하지만 16세기 말에 이르러서는 극단 운영 면허 제도가 도입되면서 왕실 소속의 행정관이 극단 면허와 검열을 담당하기 시작했다. 당시 런던에서 극단을 운영하던 제임스 버비지는 1576년에 런던 최초의 상설 극장인 더시어터The Theatre를 지었다. 이후 1642년까지 아홉 개 이상의 극장이 건립되었다. 셰익스피어가 참여하여 자신의 작품을 무대에 올리던 글로브극장The Globe도 그중 하나였다.[35] 그러나 영국은 유럽 대륙의 국가들과 달리, 왕족과 귀족이 연극을 지원하고 오히려 상인 계층은 연극을 비판하는 입장이었다. 연극이 일터의 생산성을 저하시키며 부도덕을 조장한다는 이유에서였다.

그럼에도 이 무렵부터 10~20명의 단원으로 구성된 직업극단이 만들어지기 시작했고, 초기적인 형태의 상업극장 운영 시스템도 도입되었다. 이들 중 일부는 극단의 공동 소유자인 동시에 공연 제작자로서 극작가, 엑스트라 출연자, 연주자를 고용해 급여를 지급하고 나머지를 분배해 가졌으며, 공연 제작에 필요한 지원을 왕족과 귀족에게서 확보하는 재원 조성도 담당했다. 나아가 공연장을 직접 소유하고 경영하며 대관사업을 하기도 했다. 오늘날의 예술경영인과 유사한 역할을 해낸 것이다. 특히 극장 운영을 위해 극단이나 공연 단위로 주식share을 발행하여 판매하고 공연 성과에 따라 주주에게 이익금을 배분하기도 했다.[36] 이러한 형태는 투자자의 자금을 모아 공연을 제작하는 현재의 브로드웨이 제작 시스템의 원형이라 할 수 있다.

미술 분야에서는 14~16세기 이탈리아를 중심으로 이른바 회화혁명이 일어나면서 엄청난 양의 회화작품이 생산되기 시작했다. 그 배경에는 1347년에 발생하여 유럽 전역을 휩쓸었던 흑사병도 한몫을 했다. 엄청난 치사율과 전염력을 갖고 있던 흑사병의 공포 앞에서 사람들은 추모의 마음과 구원의 열망을 보여주는 도구로서 미술작품을 활용했던 것이다. 이러한 흐름은 교회의 사적 소유와 과시적 소비를 상징하는 것으로서 종교미술의 대중화로 이어졌다.[37] 개별 작품에 대한 주문 과정에서는 주문자의 취향과 의지가 반영되었고 이를 기반으로 작가의 개성과 능력이 담긴 작품이 제작되었다. 그리고 이러한 거래가 활성화되면서 소비자로서의 주문자와 생산자로서의 예술가 간에 구체적인 계약서가 작성되었다. 계약서에는 작품의 주제, 가격, 크기, 형식, 재료 등의 내용이 상세하게 담겼다. 이는 과거 장르별로 활동하던 길드에 의해 마을 단위의 집단 창작이 이루어지던 것과는 사뭇 다른 양상이었다.[38]

르네상스 시기 이탈리아 상황에서 특기할 만한 또 다른 측면은 미술작품의 상품화였다. 당시 미술작품은 다른 사치품과 마찬가지로 시장에서 거래되기 시작했다. 주문에 의한 제작 관행에서 벗어나 미술시장 형성의 핵심이라고 할 수 있는 선제작 후거래가 나타나기 시작했던 것이다. 이러한 시장 거래의 메커니즘에서는 생산자와 소비자를 연결해주는 역할이 필요했고, 이를 맡을 미술 상인이 등장하게 되었다.[39] 르네상스 시기 이탈리아의 이러한 미술시장은 이후 17세기 네덜란드 지역을 중심으로 하여 본격적으로 확산된 미술시장의 맹아였다.

4) 근대의 예술경영

르네상스와 근대를 잇는 바로크 시대에는 절대군주가 예술시장 확장에 주요 역할을 했다. 당시 전제군주는 국가 전체의 자원을 독점하고 권세를 과시하기 위해 수많은 예술가를 직접 고용하여 엄청난 양의 예술작품이 생산되는 기반을 조성했다. 이러한 절대적 후원을 바탕으로 예술의 질적 발전도 이루어졌다. 또한 국가 단위의 예술조직인 아카데미가 등장해 중세와 르네상스 시대에 예술작품 생산을 통제하던 길드 조직을 대체하기 시작했다. 이런 아카데미는 중앙집권적인 왕권 확립과 그 맥을 같이했고, 특히 루이 14세 시절인 17세기에는 미술·무용·음악 아카데미가 연이어 설립되기도 했다. 당시 예술을 후원하는 군주는 단순 후원을 넘어서 자기 취향을 바탕으로 예술 내용에 대해서도 폭넓은 영향력을 발휘했다. 이런 절대군주를 중심으로 모인 귀족들도 예술작품의 또 다른 수요자가 되어 로코코 예술의 발전을 비롯하여 새로운 예술의 흐름을 이끌었다.

바로크에 이어진 18~19세기 근대사회의 예술계 변화를 상징하는 두 가지 큰 흐름은 시장의 주도와 개인의 부각이었다. 예술시장은 르네상스 시대 이탈리아 지역에서 이미 나타나기 시작했지만 국가 단위의 통합적 경제활동을 바탕으로 전면적인 시장의 시대가 열린 것은 17세기 네덜란드였다. 이 시기는 시민계급이 경제적으로 그리고 정치적으로 성장하던 시기였고, 네덜란드는 이를 가장 선두에서 이끌던 지역이었다. 당시 유럽에서는 거의 유일하게 교회나 왕의 권위에 의지하지 않은 시민공화국을 형성한 네덜란드는 경제적 능력에 따라 신분이 정해지는 사회였고, 이는 문화적 측면에서도 새로운 흐름을 만들어냈다. 상공업과 무역으로 부를 축적하여 경제적으로는 중산층에 속하는 시민들은 거창한 건축이나 조각과 같은 예술작품이 아니라 손쉽게 집 안을 장식할 수 있는 회화작품에 대한 수요층을 형성했고, 이는 네덜란드가 새로운 미술시장을 만들어내는 기반이 되었다. 그리하여 회화 작가와 그 수요층을 연결하기 위한 미술상이 등장하기 시작했으며, 이들의 매개 활동으로 미술시장의 수요와 공급이 안정화되었다.[40]

그뿐 아니라 이 시기에는 전시회가 활성화되기 시작했다. 이는 불특정한 잠재소비자를 대상으로 이미 상품화된 미술작품을 판매해야 하는 상황에서는 필연적인 과정이었다. 즉, 이전 시대와 같이 주문자가 사전에 예술가를 고용하여 주문하는 방식이 아니었기 때문에 예술가는 어떤 식으로든 시장에 자신의 작품과 가치를 알릴 필요가 있었다. 이런 수요를 충족시켜 준 것이 바로 전시회였다. 그리하여 17세기 중반 무렵에는 예술가들이 길드를 벗어나 스스로 직업적 자각을 갖고 미술가협회를 조직하거나 아카데미를 통해 전시를 진행하기에 이르렀다. 그리고 이러한 행사는 귀족과 부유한 자본가에서 신흥 부르주아에 이르기까지 다양한 소비자로부터 호응을 얻었다.[41] 이처럼 스스로 조직한 전시회를 바탕으로 소비자와 만나게 된 예술가는 더 이상 길드 형태의 집단으로서 활동할 필요가 없었고 작업 방식도 공동 작업에서 개인 작업으로 바꾸어나갔다. 이들이 스스로 조직한 아카데미는 18세기 말에 이르면 100여 개를 넘어섰다.[42] 하지만 시장을 기반으로 개인으로서의 독립성을 얻게 된 예술가는 역설적으로 끝없는 실업의 불안과 상업적 수요에 맞닥뜨리면서 새로운 존재론적 고민을 시작하게 되었다.[43]

이처럼 현대적 의미의 예술시장이 형성·발전한 시기였던 근대사회에 이르러 예술작품은 시장을 통해 비로소 예술상품으로 전환되었고, 아울러 생산과 소비의 양 측면에서 모두 개인이 하나의 주체로서 전면에 등장했다. 생산자로서의 예술가에 대응하는 소비자는 물론 새롭게 부상한 부르주아계급이었다. 이로써 예술상품을 둘러싼 생산자와 소비자라는 두 주체가 비로소 대등한 관계를 형성할 수 있었다. 과거 르네상스 시절에도 주체적인 일부 미술가의 사례가 있었지만, 예술가는 근대사회에 이르러 비로소 교회나 귀족이나 왕에게 고용된 하층민 신분에서 벗어나 독립적인 예술품 창작 주체로서의 지위를 누리게 되었다. 이러한 변화는 근대적 합리성을 바탕으로 인간과 사회 전반의 제도가 바뀌던 시대를 배경으로 형성되었다. 근대적 합리성은 예술에 두 가지 영향을 미쳤다. 하나는 예술을 비예술과 구분하여 명료하게 영역에 대한 정의를 내림으로써 제도로 정립시킨 것이고, 다른 하나는 제도화된 예술을 작품이라는 이름으로 궁극적으로는 상품으로 대상화한 것이다.[44]

이 시기의 예술가는 이전과 달리, 특정 권력이나 부富에 예속되어 창작 활동을 하지 않고 예술가의 주체적 역할을 강조했으며 직접 그 수요자와 만났다. 과거의 예술가는 자신의 작품을 창작하여 보관해두거나 시장에 내놓고 팔기보다는 작품 제작 요구가 부과된 후에야 작품 제작에 나섰지만, 이러한 경향은 르네상스 시대를 거쳐 근대사회에 이르러서는 거의 무력화되었다. 예술작품이 모두 후원자에게 귀속되었던 이전 시대와 달리 예술시장을 통해 불특정 수요자에게 판매되는 방식이 나타나게 되었고, 이에 따라 유럽 각국에 본격적인 예술시장이 형성되기 시작한 것이다. 이전의 예술작품이 대개 수요자가 요구에 따라 생산이 이루어져 별도 판매를 생각할 필요가 없었던 것을 고려해보면, 가히 혁명적인 변화라고 할 수 있다.

그러나 모든 예술가가 예술시장을 전제로 한 예술상품 생산에 골몰하게 된 것은 아니었다. 근대 초기의 예술가들이 주로 낭만주의 사조를 배경으로 과거의 구속에서 벗어나 자유분방한 보헤미안의 생활을 누린 것이 사실이다. 하지만 자유를 얻은 대신 예술시장을 통해 불특정 수요자에게 선택받기 위한 경쟁에 나서야 하는 냉혹한 현실에 직면하게 되었다. 그 결과 시장경쟁에서 탈락해 자기 세계에만 몰두하면서 불행한 삶을 이어가는 경우도 많아졌다. 말하자면 새로 등장한 시장 시스템을 통해 자기 스스로를 상품화하는 데 서툴거나 이에 적응하지 못하는 예술가는 매우 불리한 상황에 놓이게 된 것이다.[45] 특히 미술 분야는 중간 시민계급이 크게 성장한 네덜란드를 필두로 일찍이 17세기부터 근대 예술시장 체제로 바뀌어갔지만, 이 과정에서 낙오하는 예술가도 많이 발생했다. 이 추세는 19세기 말까지 이어졌다. 실제로 19세기 말 후기인상파 화가 중에는 근대문명 자체에 절망하고 사회에 적응하지 못해 마치 부랑자처럼 비참한 삶을 영위한 예술가가 많았다.[46]

다른 한편에서 음악은 18세기 초반까지만 해도 바흐나 헨델 같은 바로크 시대 음악가가 교회나 귀족 등 특정 주문자의 구체적인 요구에 따라 생산하는 방식이 보편적이었다. 하지만 하이든을 지나 모차르트와 베토벤이 주역으로 활동하는 18세기 후반과 19세기 초반에는 시장을 매개로 한 창작 활동이 서서히 확산되었다. 이 가운데 16~17세기 영국의 연극 중심 공연시장의 발전은 이후 음악시장의 발전에도 기여했다. 1670년에는 처음으로 홍보를 통해 티켓을 판매했던 음악회가 런던에서 개최되었고, 1700년에 이르러서는 이러한 음악회가 일상적 풍경이 되었다.[47] 1712년부터 영국에 정착하여 활동을 시작했던 바로크음악의 거장 헨델은 당시 음악시장의 발전을 보여주는 상징적 존재였다. 그는 영국으로 떠나기 전 하노버에서 궁정악장으로 활동했지만 모든 작곡이 연회, 결혼식, 교회 미사 등 실용적 목적에 의해서만 활용되었다. 하지만 영국에서는 일찍이 형성되었던 다양한 시민계급의 연극 관객을 기반으로 이미 새로운 공연시장이 열리고 있었다. 이에 헨델은 이러한 시장을 기반으로 30년 이상을 런던 음악계에서 자유롭게 활동할 수 있었다.

이후 하이든도 영국에 초청되어 잠시 머무르면서 활동했는데, 그를 초청했던 잘로몬은 왕족이나 귀족이 아닌 흥행사였다.[48] 그리하여 이제는 유럽의 주요 도시에서 중심 수요자로 부상한 부르주아계급을 중심으로, 다양한 계층의 새로운 예술 소비자를 대상으로 티켓을 판매하여 운영하는 공공 연주회가 나타나기 시작했다. 예술가는 대중에게 인기 있는 작품을 연주하고 관객은 티켓을 구매해 참석하는 오늘날 연주회 양식이 확립된 것이다. 이는 음악이 예술작품을 넘어 하나의 상품으로 생산되어 시장을 통해 수요자와 만나기 시작했다는 의미를 지닌다. 물론 오늘날처럼 엄숙한 분위기의 연주회는 아니었다. 18세기 공연은 관객이 객석에서 떠드는 소리와 피워대는 담배연기 때문에 지휘에 지장이 있을 정도였고, 일부 관객은 맥주를 마시거나 카드놀이를 하기도 했다. 이처럼 당시 연주회장은 관객이 철저히 객체화된 공간이 아닌, 여유 있는 계층이 모여 '음악이 있는 파티'를 여는 사교장 성격이 강했다.[49] 이러한 연주회 풍경은 19세기에 이르러서야 비로소 작품 감상에 집중하는 분위기로 바뀌었다.

이처럼 음악시장이 성장하는 과정의 초기에 활동하던 모차르트는 경제적인 면에서는 이미 중상류층 이상의 수입을 올리고 있었다. 과도한 소비생활로 인해 말년에 경제적 어려움을 겪기는 했지만 음악시장을 매개로 한 독립 작곡가로서의 역할 외에 궁정 작곡가로서의 수입과 악보 출판 수입 등 다양한 소득을 누린 바 있다. 저작권체계의 미흡 등으로 큰 소득을 올린 것은 아니었지만 이후 다른 작곡가들이 음악시장에서 활동하는 길을 열어주는 역할을 했다.[50] 그리고 베토벤에 이르러서는 저작권 제도의 발전과 공연기획 시스템의 전문화에 따른 예술시장의 성장으로 연주회, 악보 판매 등으로 상당한 수입을 누릴 수 있었고, 아울러 예술경영 시스템도 점차 고도화하여 지역별로 공연장 임대, 티켓 판매, 홍보까지 전담하는 공연 대행인이 활동하며 예술가의 활동을 도왔다.[51]

이처럼 18~19세기에는 음악시장이 크게 확대되었지만 19세기 초반까지도 여전히 많은 작곡가가 청중으로부터의 티켓 판매 수입보다는 후원자에게 더 크게 의지하는 형편이었다. 유럽 전역을 무대로 활동하던 로시니나 파가니니 등 극히 일부의 작곡가나 연주자를 제외하면 경제적으로 독립된 위치에 오른 음악가가 많지 않았다.[52] 물론 이전 시대와 같은 예술 후원자가 여전히 활동하기는 했지만, 교회나 절대군주처럼 적극적으로 예술 창작에 관여하기보다는 애호가이자 팬으로서 순수한 후원 역할에 만족하는 경우가 점차 늘어났다.

연극 분야에서는 극단의 경영자를 겸업하던 영국의 배우들이 17세기 후반부터 경영에서 손을 떼고 배우로서의 정체성을 강화하기 시작했다. 그리고 18세기에 이르자 이들은 관객몰이를 하는 주역으로서 공연예술의 꽃이 되었다. 이는 곧 스타마케팅의 시작인 동시에 예술경영의 역할이 독립되었음을 의미한다. 18세기가 되자 극단 경영자는 배우를 고용해 공연을 제작하면서 기부흥행 등 다양한 공연 방식을 창출했다. 기부흥행은 공연 제작비를 제외한 수익금을 배우, 작가 외에 자선단체나 특정 지정단체에 기부하는 것을 조건으로 공연하는 방식을 말한다. 마침내 1843년에 이르자 공연에 대한 특허제도가 폐지되어 자유로운 공연 제작이 가능해졌다. 18세기에는 정치·경제의 중심지였던 프랑스가 공연예술 발전을 선도했으며, 이탈리아 역시 번성하던 오페라를 중심으로 공연 제작 시스템과 공연장 건축 양식 발전에 기여했다.

18세기 중반부터는 독일 지역에서도 도시마다 국립극장이 건립되기 시작했다. 독일은 일찍이 한스 작스가 1550년에 독일 최초의 극장을 만들었지만 상대적으로 영국과 프랑스에 비해 공연이 활성화되지 못한 상태였다.[53] 하지만 18세기를 전후하여 각 지역에 국립극장이 만들어졌고, 아울러 오페라, 발레, 연극 등을 공연하고 교향곡을 연주하기 위한 대규모 공연장의 건축이 이루어졌으며, 이를 예술 프로그램으로 채울 공연단체의 설립이 확산되었다. 그리고 그 결과 공연장과 공연단체를 운영하기 위한 전문 예술경영인의 수요도 증가했다. 미국 역시 같은 추세를 보였다. 18세기 중반 무렵, 개척 초기의 미국에서는 지역별로 도시가 발전하기 시작했고 이에 따라 예술단체는 한정된 지역을 기반으로 활동하기보다는 도시를 순회하며 공연하는 경우가 많았다. 현대 미국의 순회공연 시스템이 이미 이때부터 발전하기 시작한 것이다. 또한 시장경제가 발전하면서 이를 통해 부를 축적한 후원자의 기여로 1841년 뉴욕필하모닉오케스트라, 1881년 보스턴심포니오케스트라 등 대규모 예술단체가 설립되기 시작했다.

이처럼 여러 나라에서 거의 동시적으로 예술시장이 형성되고 예술경영이 발전하는 가운데 19세기에는 해석자가 예술 창작의 주요 역할로 부각되었다. 음악의 경우 이전에는 작곡가가 콘서트에서 단독 혹은 앙상블의 단장으로 출연해 자신의 곡을 직접 연주하거나 지휘했지만, 이제는 작곡가 등 직접적인 예술 생산자와 그 작품의 수용자이면서 소비자인 관객 사이에서 매개 역할을 하는 해석자의 역할이 부각되었다.[54] 창작자와 구별된 해석자의 역할이 점점 중요해진 것은 음악뿐 아니라 연극을 비롯한 다른 예술 분야에서도 마찬가지였다. 러시아의 모스크바예술극장Moscow Art Theatre은 연출가와 프로듀서 간의 효율적인 역할 분담에 새로운 모범을 보여주었다. 당시 모스크바예술극장 설립을 위해 스타니슬랍스키와 네미로비치 단첸코 간에 이루어졌던 17시간의 전설적인 만남은 이후 스타니슬랍스키가 연출을 맡고 네미로비치 단첸코가 프로듀서와 드라마투르그를 맡는 형태의 역할 분담으로 이어졌다. 이 두 사람의 협력은 모스크바예술극장을 당대 유럽에서 최고의 영향력을 갖는 극장으로 성장시키는 데 큰 기여를 했고 나아가 공연예술 역사상 가장 성공적인 역할 분담 사례로 남았다.[55]

이처럼 예술 해석자 역할의 전면적 부각이 시작된 것은 예술경영에서 중요한 의미를 갖는다. 발전하는 예술시장체계 속에서 작품의 해석자란 곧 예술시장의 공급과 수요를 연계하는 매개자를 뜻하기 때문이다. 다시 말해 예술작품의 창작자와 수용자 혹은 생산자와 소비자 사이에 예술경영인이 주체적 역할로 등장한 것이다. 예술시장에서 예술경영인이 맡은 해석자의 역할은 곧 예술가를 발굴하고, 돋보이게 하며, 사장시킬 수도 있는 권한을 의미했다. 작품 선택과 작품 전달 방법을 주체적으로 선택하는 해석자가 예술가 이상으로 예술 창작과 수용에 영향력을 발휘하게 된 것이다. 이에 따라 공연의 흥행사, 전시회의 기획자, 도서관의 사서, 연극이나 오페라의 프로듀서 등 다양한 사람들이 더욱 적극적인 해석자 역할을 하면서 전면으로 나서게 되었다. 이런 해석자의 역할은 20세기에 들어와 더욱 커졌고, 이제는 확장된 예술가의 역할까지 담당하고 있다. 또한 해석자의 역할이 중요하게 부각되면서 예술상품의 생산자와 소비자 간의 커뮤니케이션이 예술시장의 중요한 과제로 등장했다. 이에 따라 현대 예술경영에서는 예술상품의 생산자와 소비자의 의사소통이 원활히 이루어지도록 돕는 것이 예술경영인의 중요한 역할 중 하나가 되었다. 그것이 바로 이

책에서 말하는 예술경영의 매개적 역할의 핵심이기도 하다.

5) 현대의 예술경영

국가에 의한 예술지원의 시작 전통적으로 유럽에서는 교회와 귀족과 왕이 예술을 지원하는 역할을 맡아왔다. 교회와 궁정은 예술의 공급과 수요를 모두 매개했고, 지원 주체는 예술 창작에 많은 영향력을 행사할 수 있었다. 그러나 근대사회에서 예술이 시장을 통해 더 많은 수요자와 만나게 되자, 역설적으로 예술은 생존의 위기를 맞이했고 또 다른 형태의 후원자가 필요해졌다. 이에 따라 중세에서 근대사회에 이르기까지 교회와 귀족과 왕이 해오던 역할을 대신하여 전면에 나선 것이 바로 국가다. 국가는 예술이 교회와 궁정과 귀족의 저택을 벗어나 더 폭넓게 시민에 의해 향유될 수 있도록 이를 지원하기 시작했다. 먼저 지방정부가 나섰고, 19세기 말에서 20세기 초에 이르러서는 중앙정부의 개입이 시작되었다.

국가 역할의 기본 구조는 이전 시대와 크게 다르지 않았다. 물론 밀턴 커밍스의 지적처럼 유럽에서도 상대적으로 풍족한 지원이 이루어지는 경우와 그렇지 못한 경우가 있었다.[56] 프랑스나 오스트리아 같은 나라는 전제군주와 절대왕정의 영향으로 수백 년 이상 예술에 대한 풍부한 지원이 계속되었고, 오늘날까지도 예술지원은 국가의 당연한 책무라고 여긴다. 반면 전제군주의 권한이 제한되고 상업 권력의 영향이 큰 중상주의 전통이 지속된 영국이나 네덜란드 같은 나라는 국가의 예술지원이 훨씬 소극적이었다. 현대적 예술경영이 처음 뿌리내렸던 미국의 예술정책은 근본적으로 후자, 즉 직접적인 국가 지원이 상대적으로 적은 전통에 뿌리를 두고 있다.

미국 연방정부의 예술지원 미국에서 현대적 예술경영이 발전하기 시작한 것은 연방정부의 예술지원정책과 관계가 깊다. 미국에서 체계적 예술지원 프로그램이 시작된 것은 1960년대 중반이었는데, 그전까지는 대공황 시대의 일자리 창출을 위한 지원사업 정도를 제외하면 사실상 예술지원정책을 찾아보기 어려웠다. 이는 전통적으로 예술에 지원을 아끼지 않았던 유럽과 큰 대비를 이룬다.

미국의 초대 대통령 조지 워싱턴이 1788년에 "예술과 과학은 우리나라를 번영시키고 나아가 인류의 행복을 꽃피우기 위해 반드시 필요합니다"라고 국가 발전을 위한 예술의 중요성을 밝힌 이래, 1790년 최초로 공연예술 부문에 대한 국가 지원이 이루어졌다. 다름 아닌 미 해군밴드의 설립이었다. 군악대에 대한 연방정부의 지원은 현재까지도 중요한 전통으로 자리 잡고 있다. 미 육군밴드의 예산만 해도 국립예술기금의 예산과 버금갈 만큼 큰 비중을 차지한다.[57]

미국의 국가 수립 당시 예술정책에 대한 국가 지도자의 태도를 보여주는 실례로 자주 거론되는 글이 있다. 제2대 대통령 존 애덤스가 아내에게 보낸 편지에 포함된 글이다. "나는 어쩔 수 없이 정치와 전쟁을 공부해야 합니다. 그러면 우리 아이들은 수학, 철학, 지리, 자연사, 해양, 건축, 항해, 상업, 농업을 공부할 자유를 얻을 수 있겠지요. 그러고 나면 그다음 세대의 아이들은 미술과 시와 음악을 공부할 권리를 얻을 수 있을 겁니다." 존 애덤스의 이런 생각은 예술의 향유를 국가 수립의 궁극적인 목적으로 삼는다는 면에서 예술을 옹호하고 그 가치를 높게 평가하는 태도로 해석되었다. 하지만 다른 한편으로 생각하면 정책 우선순위 중에서 예술이 가장 뒤처지는 것으로 간주하는 내용으로 해석될 수도 있다. 우선 먹고사는 문제가 해결된 다음에야 예술을 고려할 수 있다는 말이기 때문이다.

이런 초기 지도자의 생각을 반영하듯, 1930년대에 이르기까지 예술 진흥을 위한 미국 연방정부 차원의 정책은 사실상 없었다고 해도 과언이 아니다. 다만 한 가지 이례적인 것은 1930년대 대공황에 따른 뉴딜정책의 일환으로 공공사업진흥국Works Progress Administration(WPA)이 예술가를 대규모로 고용한 것이었다. 이는 다른 부문과 마찬가지로 국민 일자리 제공 정책으로 기획되었는데, 의도가 어찌 되었든 연방 연극사업, 연방 음악사업 등으로 무려 4만 명에 달하는 예술가를 고용해 지원함으로써 당시 예술가의 복지를 위해 국가가 상당한 기여를 한 것으로 평가된다.

이러한 국가 지원과는 별개로 20세기 전반에는 예술시장에서도 자본주의화가 폭넓게 진행되었다. 자본과 결합한 예술상품은 대중을 소비자로 인식하게 되었고, 그 결과 이전과는 다르게 미디어와 복제기술에 의지해 산업적으로 생산된 예술상품을 기반으로 폭넓은 대중문화가 형성되기 시작했다. 그러나 문제는 미디어와 복제기술의 발전과 함께 등장한 대중문화가 대중에게 미적인 만족을 주기보다는 단순히 대중에게서 경제적 이익을 취하려는 엔터테인먼트 산업으로 발전했다는 점이다.[58] 이러한 대중문화를 기반으로 형성된 문화산업은 전통적인 예술작품에 기초한 예술경영에 비하면 좀 더 일반 상품의 개발과 판매에 가까웠다. 그리고 이러한 문화산업의 흐름과는 별개로 예술경영의 대상이 되는 전통적인 순수예술 영역의 여러 장르는 국가를 비롯하여 기업이나 개인 등 외부로부터의 재원 조성에 대한 의존도가 높아져 갔다.

제2차 세계대전 후 이어진 냉전시대에는 러시아의 오랜 예술 전통에 대한 경쟁의식과 전후의 호황을 바탕으로 미국공보원Unites States Information Agency(USIA)을 통해 수많은 예술가의 해외공연을 지원했다. 체제 간의 경쟁 과정에서 이루어진 다분히 정치적 행동이었지만 이를 통해 실질적으로 마사 그레이엄 등 미국의 문화 전통에서 성장한 많은 예술가가 국제적 수준으로 성장하는 기회를 누릴 수 있었다. 이처럼 미국의 예술조직은 유럽과 달리 극히 제한적인 국가 지원을 제외하면 사실상 시장을 기반으로 발전해왔다. 물론 시장에서의 수익만으로 영리적 예술상품만 발전시킨 것은 아니다. 정부 외에 기업, 재단, 개인 등 다양한 민간 후원 주체가 비영리 예술조직을 지원하는 전통이 자리 잡았고, 사업 운영 수입 외에 이들로부터의 재원 조성 수입이 예술조직 재원의 상당 부분을 차지했기 때문이다. 그러나 미국에서는 이런 외부 지원마저도 예술조직마다 갖고 있는 미션과 경쟁력을 무기로 치열한 경합을 거쳐야만 확보할 수 있었다. 전통적인 예술지원의 역사가 없고 당대의 지원 프로그램 역시 척박했던 예술상품의 생산 환경 속에서 미국을 중심으로 현대 예술경영이 발전한 것은 어쩌면 당연한 일이었다.

NEA의 설립과 미국식 예술경영의 출발 미국 연방정부 차원의 예술지원기구를 만들려는 노력은 1950년대부터 꾸준히 추진되어 왔으나 실현되지 못했다. 1950년대 말 케네디 대통령은 이전 대통령들에 비해 예술에 적극적인 관심을 보였고 체계적인 정책으로 반영시키려고 예술지원을 위한 연방기구 구성을 주창했다. 그의 노력은 비록 재임 중에는 마무리되지 못했지만 수년 후 결실을 맺어 1965년 국립예술인문재단법National Foundation on the Arts and Humanities Act이 제정되었고, 이에 근거하여 국립예술기금National Endowment for the Arts(NEA)과 국립인문기금National Endowment for the Humanities(NEH)이 설립되었다. 이러한 연방정부 차원의 예술지원 확대와 더불어 드디어 1960년대 중반부터는 현대적인 미국식 예술경영이 태동했다.

당시 미국은 오늘날과 매우 다른 환경이었다. 제2차 세계대전 이후 이어져 온 긴 호황을 바탕으로 러시아와의 냉전과 체제 경쟁이 지속되는 상황에서 전략적 예술지원이 이루어졌다. 또한 NEA 외에도 헨리 포드, 록펠러, 앤드루 카네기, 앤드루 멜런 등 성공한 기업인이 설립한 대규모 재단들이 본격적으로 활동을 시작하면서 예술 분야를 비롯한 사회 각 부문에 대한 지원이 본격화되기 시작했다. 또한 이 시기 미국에서는 전후 경제 호황을 바탕으로 출산율이 크게 높아지면서 이른바 베이비붐 세대가 형성되었다. 이들은 이전 세대보다 고등교육을 받는 비율이 높았으며 소득 증가로 인해 중산층에 편입되는 인구도 많아졌다. 이에 따라 여가 시간에 예술을 감상하는 인구가 성장하여 거대한 예술 수요층을 형성했다. 이처럼 국가와 사회의 지원이 확대되고 예술 수요층이 폭발적으로 늘어나면서 예술계에 투입된 자원의 효율적 활용에 대한 외부의 요구가 많아졌으며, 나아가 더 정교하고 세련된 방식의 경영에 대한 내부의 필요성도 제기되었다. 이러한 내·외부의 요구를 바탕으로 1960년대 중반 무렵 경영학, 행정학, 경제학 등 인접 분야의 연구자가 예술 분야를 연구하고 각 분야의 연구 성과를 예술계에 적용하면서 시작된 것이 바로 예술경영이라는 새로운 학문이었다. 인접 분야의 연구자들은 제2차 세계대전 이후 미국 연방정부와 민간재단의 지원으로 크게 성장한 예술 분야가 외부 시각과는 달리 전혀 효율적인 경영을 하지 못하고 있다는 문제의식을 갖고 연구를 시작했다. 이처럼 현대 예술경영의 근원을 거슬러 올라가 보면 사실상 많은 부분이 경영학을 비롯한 인접 학문에서 발전된 이론에 기대고 있음을 알 수 있다. 이러한 맥락에서 몇몇 대학이 시작한 예술경영 교육은 이후 꾸준히 확산되어 이제는 미국 40여 개 대학에서 예술경영 관련 전공 과정을 설치하여 전문 인력을 양성하고 있다.

이 같은 미국에서의 현대적 예술경영의 태동을 이야기할 때 늘 거론되는 책이 경제학자 윌리엄 보멀과 윌리엄 보엔의 공동 집필로 1966년에 출판된 《공연예술: 경제적 딜레마Performing Art: The Economic Dilemma》[59]이다. 시장구조하에서 공연예술이 살아남기 힘든 이유를 실증적 데이터를 활용해 설명한 책이다. 이 책의 출판 이후 예술의 경제적 측면에 대한 다양한 논의와 분석이 이루어졌고, 국가가 하는 예술지원의 타당성을 뒷받침하는 논거로도 많이 활용되었다. 보멀과 보엔이 이 책을 쓴 1960년대 중반까지만 하더라도 미국의 예술시장에 대한 학문적 접근은 많지 않았다. 그러나 이 책은 예술경영보다는 오히려 예술경제학의 효시라고 할 수 있었다. 이들의 이론은 시장 논리만으로는 살아남기 힘든 공연예술계의 현실을 실증적 데이터로 설명함으로써 이들에 대한 사회적 지원의 논리를 개발한 것이었기 때문이다.

보멀과 보엔이 공연예술 분야 연구로 밝혀낸 것은, 공연상품이 주로 인적자본에 의지하여 생산되기 때문에 기술 발전이나 대량생산이 이루어지더라도 생산성 향상을 기대할 수 없고, 따라서 자연적인 인건비 상승분을 상품 판매수익만으로는 감당할 수 없다는 것이었다. 물론 보멀과 보엔의 분석이 오늘날 미국의 모든 공연예술 조직에 적용되는 것은 아니다. 대표적인 예가 브로드웨이 뮤지컬이다. 브로드웨이의 극단들이 보멀과 보엔의 이론에서 벗어나 외부의 지원에 의지하지 않고 하나의 기업처럼 생존할 수 있었던 것은 뉴욕을 방문하는 관광객을 대상으로 '대량생산'과 '장기공연'을 할 수 있었기 때문이다. 브로드웨이 뮤지컬 극단은 다른 공연예술단체와는 달리 대부분 세법 501조(C)(3)에 해당하는 비영리조직이 아니라 이윤을 추구하는 일반 기업으로 운영된다. 따라서 세법 501조(C)(3)으로 얻을 수 있는 세제 혜택을 포기하는 대신, 관광객을 중심으로 한 풍부한 관객층을 기반으로 마치 하나의 기업처럼 운영되고 있는 것이다.

예술경영 환경은 당시와 많이 달라졌지만 보멀과 보엔의 분석은 1960년대 중반 미국 연방정부가 예술지원을 본격화하기 위한 이론적 기반을 형성했고, 그 배경에서 NEA가 성장할 수 있었다. NEA 설립은 미국 예술계에 하나의 빅뱅과도 같은 의미였다.[60] 설립 이후 NEA는 전설적인 명성을 갖고 있는 제2대 의장 낸시 행크스의 적극적인 활동에 힘입어 역할과 위상을 크게 확장하면서 1980년대 말까지 지속적으로 예산과 영향력을 증대시켰다. 이를 바탕으로 미국 예술계도 질적·양적으로 꾸준한 성장을 지속해왔다. 무용 분야만 하더라도 1965년 37개뿐이던 전문단체가 2000년대에는 675개로 늘어났다.[61]

유럽의 예술경영 발전 다른 한편으로 제2차 세계대전이 끝난 후 유럽에서는 예술에 대한 국가와 지방정부의 지원이 본격화되었고, 이를 바탕으로 예술의 잠재소비자가 꾸준히 확대되었다. 특히 영국은 제2차 세계대전 직후 국민 사기 진작 등을 목적으로 잉글랜드, 스코틀랜드 등 권역별로 예술진흥원Arts Councils을 설립하고 예술 현장을 적극 지원하여 유럽 각국 예술지원기구의 모델이 되었다. 또한 이런 중앙정부 차원의 지원 외에도 지방정부별로 다양한 문화공간을 건립해 운영하는 등 다각적 예술지원이 이루어졌다. 이에 따라 공연장이나 박물관·미술관을 비롯한 수많은 예술조직이 공공부문의 지원에 기대어 안정적으로 예술 활동을 할 수 있었다.

하지만 이러한 환경은 1980년대에 들어 급변했다. 경제위기가 주된 요인이었다. 특히 1970년대를 거치며 계속 확대된 사회복지정책은 국민의 노동 의욕을 약화시키고 국가재정을 어렵게 하는 부작용을 불러일으킨다는 비판을 받았다. 이에 유럽 여러 국가는 사회복지에 관련된 예산 삭감을 중심으로 과감한 재정개혁에 나섰다. 특히 1970년대 영국은 오랫동안 노동당 집권 과정에서 빚어진 경기침체가 경제 전반의 위기로까지 확산되어, 정치뿐 아니라 사회적·경제적 측면에서 큰 변화가 요구되고 있었다. 이런 상황에서 1979년 등장한 마거릿 대처 총리가 이끄는 보수당 정부는 집권 기간 12년 동안 영국이 앓고 있던 영국병, 즉 경기침체와 근로 의욕 저하를 치유하기 위해 미국식 자유경쟁 원리를 바탕으로 국영기업을 민영화했으며 생산성이 낮고 경쟁력이 없는 산업 분야를 과감하게 조정했다. 이 과정에서 수많은 광산과 산업시설이 폐쇄되었으며, 복지와 교육과 문화 예산도 상당 부분 삭감되었다. 이렇듯 영국의 사회 각 부문에 지대한 영향을 미쳤던 이른바 '대처리즘'은 여러 논란에도 불구하고 영국 경제를 회생시키는 데 기여했지만 예술계는 직접적인 피해를 보게 되었다. 이전까지 풍족하게 누렸던 공공부문의 지원이 줄어든 것이다. 대처 집권 기간 중 문화예산 삭감 비율은 30퍼센트에 달했다. 이는 예술 분야에만 한정된 것은 아니었지만, 미국과는 달리 시장을 통한 자립이 불필요했던 영국 예술조직은 파산하거나 문을 닫을 위기에 처하게 되었다. 그리고 이를 돌파하기 위한 새로운 자립 방안을 강구하지 않을 수 없게 되었다.

이러한 변화는 프랑스도 마찬가지였다. 최소한 문화 부문에 대해서는 수백 년간 지원을 아끼지 않았던 프랑스조차도 1995년 자크 시라크 대통령의 집권 후 오페라를 비롯한 문화 부문 지원을 축소하기 시작했다. 또한 1980년대 경제위기를 겪은 북구의 여러 나라와 1990년 전후 공산주의 체제가 무너지기 시작한 동유럽 국가 대부분이 재정적 어려움으로 인해 정부의 예술지원을 줄이면서 유럽 예술계는 너 나 할 것 없이 어려움을 겪게 되었다. 사회적·경제적 환경이 이처럼 급변하기 전만 해도 유럽의 예술조직은 비교적 안정적인 제작 여건 속에서 예술 활동을 해왔다. 이미 1960년대부터 경영학적 사고와 기법을 적극 받아들인 미국과는 달리, 유럽 대부분의 국가는 1970년대까지도 예술시장을 전제로 한 예술경영을 본격적으로 논의하지 않았다.

그러나 1980년대 들어서면서 유럽의 예술조직은 줄어든 정부 지원금을 대체하고 공공부문에 대한 의존도를 줄이기 위해 민간으로부터의 재원 조성에 적극 나섰고, 관객 개발을 위한 마케팅 전략에 심혈을 기울였다. 갑작스럽게 조성된 시장경제 환경에서 살아남기 위해 재원 조성과 마케팅으로 대표되는 미국식 예술경영을 적극적으로 받아들이기 시작한 것이다. 그 결과 박물관이나 미술관 같은 문화공간에서는 공공성이 훼손되고 상업성이 전면에 나서는 부정적인 양상이 나타나기도 했다.[62] 그리고 그 과정에서 수많은 예술조직이 거의 강제적인 압박에 의해 독립적인 경영체제를 갖추기 시작했고, 이러한 환경 변화를 버티지 못한 많은 예술조직은 문을 닫기도 했다. 이처럼 대략 20년의 시차를 두고 유럽의 예술경영은 미국의 예술경영과 거의 닮은꼴이 되었다. 간섭 없이 풍족한 후원만 있던 유럽식 공공지원 시스템의 신화가 더 이상 설 자리를 잃고 퇴색하기 시작한 것이다.

국가의 예술지원을 둘러싼 논쟁 1960년대 중반 NEA의 설립 이후 꾸준히 증가해오던 미국 연방정부의 예술지원은 1980년대 들어와 암초를 만나게 되었다. 물론 그전에도 연방정부의 직접적인 예술지원에 대한 논쟁은 있었는데, 특히 공화당과 민주당의 대립구조하에서 공화당의 기본 시각은 연방정부의 예술지원 자체에 부정적이었다. 설사 지원하더라도 주정부가 해야지 연방정부가 나서면 안 된다는 입장이었다. 따라서 1980년대 레이건에서 부시로 이어지는 장기간의 공화당 정권의 시기를 거치면서 NEA는 불안한 상태를 지속하다가, 1989년에 이르러 결정적 위기를 초래하는 원인이 되는 두 가지 사건을 겪게 된다.

당시 동구권 몰락으로 새로운 공격 대상을 찾고 있던 보수 정치인과 사회단체는 때마침 외설과 신성모독 논쟁이 있던 메이플소프와 세라노의 전시회를 계기로 NEA를 희생양 삼아 공격했고, NEA는 이후 6년여 동안 지속된 이른바 문화전쟁Culture Wars의 소용돌이에 휘말리고 만다. 사진작가였던 로버트 메이플소프의 작고 후 1989년 워싱턴DC 코코란미술관Corcoran Gallery of Art에서 열릴 예정이었던 회고전 〈The Perfect Moment〉를 미술관이 개막 2주 반 전에 취소하면서 시작된 논쟁은 예술계의 시위를 촉발하는 등 사회 전반으로 확산되었다. 급기야 이듬해에는 같은 전시를 개최했던 신시내티의 현대미술센터Contemporary Art Center가 전시 작품 중 일부 신체 노출 작품들로 인해 외설 혐의로 재판정에 소환되는 상황이 벌어졌다.

재판에서 현대미술센터는 결국 무혐의가 되었지만, 이 사건은 1987년 사진작가 안드레스 세라노가 자신의 오줌통에 담긴 십자가상을 촬영한 〈Piss Christ〉라는 작품으로 NEA의 지원금을 받았던 사례와 맞물려 상원의원 제시 헬름스를 주축으로 한 보수층으로부터 극심한 공격의 대상이 되었다. 당시의 전시는 예술계의 시각에서는 충분히 받아들여질 만한 것이었지만 보수적인 시각의 기독교 문화에 바탕을 둔 일부 계층에게는 매우 파격적인 도발이었다. 이 과정에서 개별 작품의 외설이나 신성모독 논쟁은 물론 국가가 국민의 세금을 국민 상당수가 동의하기 어려운 이 같은 예술에 대해, 나아가 국가에서 선별한 예술에 대해 지원하는 것이 타당한가에 대한 논쟁이 정치, 경제, 사회, 교육, 종교, 문화 등에서 전방위적으로 전개되었다.[63]

문화전쟁과 그 이후의 미국 예술정책 변화 문화전쟁의 와중에서 지속적인 논쟁 대상이 되었던 NEA는 공화당을 중심으로 한 보수 정치인과 사회단체의 공격을 받아 결국 1995년, 공화당이 지배하던 의회에서 예산이 1억 6231만 달러에서 9947만 달러로 40퍼센트 가까이 삭감되는 수난을 겪었고, 이에 따른 구조조정으로 그에 상응하는 인원을 해고하기에 이르렀다.

이후 NEA의 정책은 보수적이고 신중하게 바뀌었고 정치 변화에도 민감하게 반응하게 되었다. 이어진 NEA의 생존을 위한 노력은 구조조정뿐 아니라 프로그램이나 인력 운용 등 다양한 방면에서 진행되었다. 논쟁 대상이 될 수 있는 개별 예술작품 지원 프로그램은 줄이고, 예술조직 중심으로 지원 프로그램을 개편했다. 그리고 각 주정부에 대해 교부금 형식으로 배분하는 지원금의 비중을 이전의 전체 지원금 대비 20퍼센트에서 40퍼센트로 확대하여 직접 지원 역할을 축소해갔다. NEA는 또한 장르별 예술 지원에서 탈피해 지원정책의 중점적인 방향을 예술교육 확대, 예술에 대한 접근권 확대, 예술조직의 경영 안정화 등 간접적이고 중장기적인 방향으로 대폭 전환했다. 이런 새로운 정책 방향은 이전 정책이 주로 공급 부문, 즉 예술의 창작 지원에 중점을 둔 것에 비해 수요 창출과 매개 강화에 중점을 둔 것이었다. 이로써 미국 예술정책에서는 예술교육의 중요성이 크게 부각되었으며, 이후 예술과 예술교육은 뗄 수 없는 하나의 짝으로 여겨지면서 예술 부문과 교육 부문 간의 적극적인 협력과 교류가 이루어지게 되었다.

그러나 이런 노력에도 불구하고 매년 의회 예산심의 때마다 NEA 폐지론이 끊임없이 제기되면서 상당 기간 불안한 상황이 지속되었다. 이후 클린턴 행정부는 1995년까지 6년여에 이르는 문화전쟁 상황을 겪으며 맞은 NEA 위기 상황에 대한 타개책의 일환으로 1998년에는 다분히 보수적인 남부 지역의 컨트리음악재단 운영자이자 민속학자 빌 아이비를 신임 NEA 의장으로 지명해, 공화당에 주로 포진해 있던 보수 정치인들의 비판을 줄이려는 모습을 보였다. 이와 관련해 빌 아이비는 퇴임 후 저술을 통해 미국 정부의 문화정책 실패를 역설하며, 문화가 사회적 위상을 지속적으로 확보하려면 문화정책을 책임지는 부서가 정부나 백악관에 개설되어야 한다고 주장하기도 했다.[64]

6) 21세기의 예술경영

2000년대 들어 급작스럽게 겪은 9·11 테러는 직접적인 피해뿐 아니라 경기침체와 더불어 미국 예술계 전반을 위축시키는 결과를 초래했다. 여기에 더해 인구구조 변화와 기술 발전 등 외부 요인의 영향으로 예술 환경이 급격히 바뀜에 따라 이전까지 당연하게 여겼던 여러 원칙과 방법론에 대한 전면적인 재논의가 이루어졌다. 특히 지난 2000년대 이후의 여러 가지 사회문화적 변화 양상은 미국 예술계가 이제껏 겪어보지 못했던 엄청난 규모와 속도였기에, 예술계 전반이 커다란 위기의식을 느꼈다. 이에 미국 예술진흥협회Americans for the Arts에서는 기획과 연구 전문 컨설팅 회사 AMS에 의뢰해 미국 예술계가 직면한 변화와 위기의 양상을 체계적으로 분석했다. AMS에서는 2003~2007년까지 5년간 미국의 예술계가 겪어온 변화 양상을 다음 다섯 가지로 정리했다.[65]

첫째, 전통적인 예술 소비자와 예술 공급자의 관계 변화다. 이전의 예술계는 전문 예술가 및 이들을 중심으로 조직된 비영리 예술조직이 독점해 왔다. 그러나 이제 예술 소비자는 과거의 수동적이고 관찰적인 태도에서 벗어나 참여적인 형태의 예술적 경험을 추구하는 셀프 큐레이터가 되고 있다. 제도화되고 조직화된 이전의 예술조직과 달리 더 비공식적이고 아마추어적이며 적극적인 소비자의 참여가 많아지고 있는 것이다. 이에 따라 예술 공급자 역할을 하는 예술가와 예술조직의 역할도 과거와 달라져야 한다는 요구가 많아지고 있다.

둘째, 지역사회 발전을 위한 예술의 역할에 대한 인식 변화다. 이는 주로 예술의 경제적 효과에 대한 논의로 나타나고 있으며, 개별 마을이나 도시 단위의 논의와 함께 국가 단위의 논의까지 이루어지고 있다. 특히 전 지구적인 연계와 협력 그리고 경쟁이 가속화되면서 도시 간, 국가 간 경쟁도 격화되고 있으며, 이런 환경 속에서 더 창조적인 지식노동자 계층을 확보하기 위해서는 예술을 통해 지역사회에 활력을 부여하는 것이 필요하다는 주장이 점차 힘을 얻고 있다.

셋째, 예술조직과 예술산업을 둘러싼 사회환경의 변화다. 여기에는 일차적으로 국가 전체 및 예술조직이 활동하는 지역사회의 인구구조 변화가 영향을 끼쳤다. 전후 베이비붐 세대를 바탕으로 큰 어려움 없이 예술계가 성장한 것에 비하면 현재의 환경은 이전과 전혀 다른 양상을 만들어내고 있다. 1960년대 이후 예술계를 이끌어오던 리더십의 교체가 본격적으로 이루어지는 과정에서 이전과는 다른 새로운 차원의 리더십에 대한 요구가 증가하고 있다. 다른 한편에서 지난 10여 년간의 문화공간 건립 붐의 결과인 수많은 문화공간이 과잉공급 상황을 만들어내면서 개별 공간 차원에서는 운영난이 가속화되고 있다. 게다가 소비자들은 점점 많은 정보를 바탕으로 더 똑똑해져 예술상품의 제작 과정에까지 영향을 미친다. 이 와중에 대규모 예술조직은 기존 자원을 적극 활용하는 방향으로, 소규모 예술조직은 틈새시장을 공략하는 방향으로 버텨내고 있지만, 중간 규모인 예술조직은 이러지도 저러지도 못한 채 심각한 재정적 어려움을 겪고 있다.

넷째, 교육정책의 변화다. 여기에는 NCLB(No Child Left Behind) 법이 큰 영향을 미쳤다. 이 법의 취지는 모든 학생이 교육 현장에서 낙오되지 않고 최소한의 학력수준을 보유하게 만드는 것이었다. 그러나 이런 취지와는 다르게 교육 현장에서는 의도하지 않은 결과가 나타났다. 특히 예술 교과의 경우 핵심 과목 중 하나로 선정되기는 했지만 읽기(국어), 수학, 과학 등의 과목에 비해 상대적으로 열등한 위치에 처하면서 시간, 자원, 관심 등의 배분 과정에서 후순위로 밀려나게 되었다. 하지만 이런 교육정책의 변화에도 불구하고 예술과 교육 간의 생산적 관계의 중요성은 지속적으로 부각되고 있다.

다섯째, 사회 전반의 철학 변화다. 이는 예술을 바라보는 일반인의 인식 변화를 의미한다. 과거와 달리 예술이 갖는 오라aura는 점점 사라지고 경제불황에 따른 불확실성이 높아지면서 예술에 대한 사회적 지원이 점차 축소되고 있다. 미국예술진흥협회가 2005년에 개최한 '전국예술정책 라운드테이블National Arts Policy Roundtable'에서 발표된 자료에 따르면, 1992년도와 2005년도를 비교할 때 미국 내 전체 기부 활동에서 예술 분야가 차지하는 비중이 8.4퍼센트에서 5.2퍼센트로 하락했다.[66] 이는 더 많은 사람이 예술보다는 더욱 직접적인 사회 변화를 만들어낼 수 있는 다른 형태의 자선사업에 관심을 갖게 되었다는 것을 보여준다. 미국예술진흥협회에서는 이러한 다섯 가지 대표적인 양상 외에도 예술작품 제작 기반이 급격히 바뀌어 예술 장르, 예술 형태, 제작 방식, 전달 유형 등의 기존 틀이 붕괴되는 점을 중요하게 인식했다. 그리고 이런 변화로 인해 전통적인 비영리 예술조직의 비즈니스 모델이 기저에서부터 흔들리고 있다는 점을 심각하게 받아들이게 되었다. 이제는 창작하는 예술작품의 내용과 그 전달 방식에 있어서 전통적인 모델과는 전혀 다른 새로운 비즈니스 모델이 필요한 시점임을 인정하게 된 것이다.

이러한 변화 양상에 따라 미국예술진흥협회는 수많은 논의 과정을 거쳐 2009~2011년까지의 3년간 미국의 예술조직들이 예술경영적인 관점에서 실천할 전략기획 보고서를 발표했다. 이 보고서는 다음 네 가지 전략적인 목표를 제안하고 있는데, 이는 곧 미국 예술계가 스스로에게 촉구하는 적극적인 변화 주문이라고 할 수 있다.[67]

첫째, 리더십의 강화다. 지식과 경험 및 창의적인 사고로 무장된 새로운 리더들이 예술계에 수혈될 수 있도록 하자는 것이다. 새로운 리더십 요구는 예술조직을 이끌어가는 프로페셔널 예술경영인에 대한 것만이 아니다. 예술조직 이사회에서부터 현장에 이르기까지 다양한 층위로 참여하는 전문적인 혹은 비전문적인 자원봉사자에 대해서도 동일한 변화가 필요하다. 이를 위해서는 예술과 예술교육이 번성하고 좀 더 활력 있고 창조적인 지역사회를 만드는 일에 다양한 개인이 적극적으로 참여하도록 환경을 조성해야 한다.

둘째, 예술을 위한 자원 확대다. 여기서 말하는 자원에는 예술조직 운영에 필요한 물적·인적·재정적 자원 등 다양한 자원이 모두 포함된다. 따라서 이런 자원을 확보하려면 공공 및 민간 영역에서 예술계를 위해 의미 있는 정책을 만들어갈 수 있도록 지원해야 한다.

셋째, 예술의 가치에 대한 인식 제고다. 이는 기본적으로 예술교육을 통해 이루어질 수 있지만, 예술 현장에서는 이와 더불어 예술에 의한 가시적이고 계량적인 변화를 창출해야 한다는 부담이 커지고 있다. 실제로 예술이 문화관광에 미치는 영향을 구체적으로 드러냄으로써 예술의 가치에 대한 일반 시민의 인식을 높일 수 있다.

넷째, 예술조직의 안정적인 운영 기반을 확보하는 것이다. 경기침체 및 예술의 창작과 전달 방식의 변화에 따라 전문 예술조직의 존립 기반은 점차 흔들리고 있다. 예술이 무엇이고, 누가 예술을 만들고, 어떻게 그리고 어디에서 예술을 전달하는가에 관한 모든 것이 새롭게 바뀌고 있다. 이처럼 재원 조성 모델에서 비즈니스 관계에 이르기까지 새롭게 변화된 환경 속에서 예술조직이 지역사회 내에서 안정적으로 활동할 수 있는 기반을 제공해줌으로써, 이들이 새로운 기회를 창출하고 환경 변화에 맞서 창조적인 도전을 계속할 능력을 갖추도록 해야 한다는 주장이다.

미국예술진흥협회에서는 이러한 구체적인 목표 설정과 더불어 예술가와 관객, 즉 예술상품의 생산자와 소비자 간의 경계, 비영리 예술과 상업예술 간의 경계, 프로페셔널 예술가와 아마추어 예술가의 경계, 공식적인 조직과 비공식적인 모임의 경계가 다 함께 모호해지고 붕괴되는 현 상황을 정확히 인식해야 한다는 점을 강조했다. 그러지 않고서는 변화된 게임을 성공적으로 이끌어갈 수 없다는 것이었다. 예술계에서 이러한 논의가 이루어지는 가운데 의회에서는 2009년 브로드웨이 프로듀서 출신의 로코 랜디스먼을 NEA 차기 의장으로 인준했다. 이제까지 연극인 제인 알렉산더, 작가 다나 지오이아 등 주로 창작 예술가가 이 자리를 맡았던 것에 비하면 상당히 이례적이며, 미국 예술계의 변화된 양상을 상징적으로 보여주는 인사로 받아들여졌다.

이상에서 볼 수 있는 것처럼 미국에서의 연방 예술지원 시스템은 1960년대 NEA 창립 이후 지속적으로 확대되어 왔으나 1990년대 이후에는 큰 시련을 겪으면서 그 방향이 상당 부분 변화했다. 또한 지속적인 외부 논쟁에 휘말리며 더 이상 과거와 같은 권위나 영향력을 발휘하기 힘든 상황에 처하게 되었다. 그 결과 NEA의 연간 예산은 이후 지속적으로 1억 5000만 달러를 전후한 수준을 유지하며 1990년대 초반 수준조차 넘어서지 못하고 있다. 미국예술진흥협회의 대응은 이 같은 공공지원의 한계와 환경 변화 속에서 예술조직이 나아갈 길을 스스로 찾아간다는 것에 그 의미가 있었다. 미국예술진흥협회에서 지속적으로 연구·발표해온 〈예술과 경제적 번영Arts & Economic Prosperity〉 보고서는 미국 예술계가 처한 여건을 역설적으로 보여준다. 이 연구 결과에 따르면 미국에서 예술은 1660억 달러에 달하는 경제적 활동을 매년 창출해내며, 570만 개의 일자리를 만드는 것으로 추정된다. 문제는 이러한 수치라도 제시하지 않으면 예술계에 대한 국가와 사회의 지원 자체가 위축될 수 있는 여건이 바로 미국 예술계의 현실이라는 점이다. 말하자면 미국의 예술계는 두터운 잠재소비자층을 비롯하여 개인이나 재단 등 사회 전반적으로는 예술에 대한 지원 기반이 탄탄하다 할지라도 국가, 즉 연방정부 차원의 지원 여건은 매우 열악한 조건이라 할 수 있다. 어쩌면 이 같은 상황이 역설적으로 그에 대응한 예술계의 생존 노력과 맞닿는 지점에서 예술경영을 혁신적으로 발전시킨 것으로 볼 수도 있다.

심층 연구 및 토론 과제

- 시장을 통한 예술상품의 거래는 예술의 발전에 어떠한 영향을 미쳐왔나?
- 순수예술과 예술시장이 비슷한 시기에 등장한 이유에 대해 생각해보자.
- 대중문화와 고급예술은 어떻게 정의할 수 있을까? 혹은 어떻게 구분할 수 있을까? 두 분야는 서로 어떤 영향을 미칠까?
- 예술경영의 발전 과정에서 국가 혹은 공공부문의 역할은 어떠했는지 생각해보자.

3. 한국의 예술경영

1) 1945~1980년

국립 문화예술기관의 형성 유럽과 마찬가지로 우리나라에서도 실질적인 예술경영 활동은 조선이나 고려 혹은 삼국시대나 그 이전 역사에서 찾아볼 수 있다. 하지만 예술경영의 대상이 되는 현대적 문화공간과 예술조직은 20세기에 들어와 비로소 만들어지기 시작했다. 1909년 문을 연 창경궁 제실박물관은 1911년 이왕가박물관과 1915년 조선총독부박물관을 거쳐 1945년 해방과 함께 국립박물관으로 재탄생했다. 이어서 1950년에는 국립극장이 개관했다. 국립극장은 설립과 더불어 전속단체로 국립극단을 창단했고 1962년에 이르러서는 국립창극단, 국립무용단, 국립오페라단 등도 창단했다. 해방 후 1960년대 초까지는 국가 형성을 위한 최소한의 문화 기반이 조성되는 시기였다. 1965년에는 지방문화사업조성법으로 지역문화원들이 만들어졌고, 1969년에는 국립현대미술관이 덕수궁 석조전 자리에 문을 열었다. 1973년에는 역시 국립극장 전속단체로 국립발레단과 국립합창단이 창단되었고, 연이어 서울 장충동의 현재 위치에 국립극장이 건립되었다. 이러한 기관들은 전문 문화공간의 형식에도 불구하고 정부의 소속기관 성격에 따른 한계로 인해 현대적 예술경영 조직으로 보기는 힘들었다.

공연예술계의 성장과 발전 국립기관 설립과 더불어 민간 부문에서도 몇몇 선각자가 개화기 연극운동에서 시작하여 식민지 시대와 6·25전쟁을 겪으면서 꾸준한 예술 활동을 이어갔다. 그중 의미 있는 것으로는 1962년 개관한 드라마센터가 있다. 미국 록펠러재단의 지원으로 만들어진 500석 규모의 이 공연장은 연극 전문 공간으로서, 당시로는 획기적인 개방형 무대open stage로 디자인되었다. 드라마센터는 유치진의 연출로 개관작 〈햄릿〉을 무대에 올리며 의욕적으로 출발했지만 취약한 재정 등으로 인해 자체 레퍼토리를 제작하기보다는 대관 공연장 형태로 운영되며 민간 연극 활동의 거점 역할을 했다.

다른 한편으로 1961년에는 국내 최초의 뮤지컬 컴퍼니라고 할 수 있는 '예그린악단'이 설립되어 〈삼천만의 향연〉(1962), 〈흥부와 놀부〉(1963)에 이어 1966년에는 본격적인 뮤지컬 〈살짜기 옵서예〉를 무대에 올렸다.[68] 클래식 음악 분야에서는 1945년 서울시립교향악단의 모태가 된 고려교향악단이, 1956년에는 KBS교향악단이 설립되었다. 오페라는 1948년에 국내 첫 공연이 이루어진 후 1968년에 민간 오페라단으로 김자경오페라단이 설립되면서 성악가 출신 단장을 중심으로 공연장 없이 기획사 형태로 움직이는 독특한 한국형 오페라단의 원형이 되기도 했다. 이처럼 예술 각 분야에서 민간단체가 본격적으로 활동하는 가운데, 예술경영이라는 용어는 사용되지 않았지만 이런 단체를 통해 현재 우리가 예술경영에서 다루는 공연기획이나 마케팅 기법의 활용이 점차 확대되었다.

한국문화예술진흥원 설립과 세종문화회관 개관 1970년대에는 1972년 문화예술진흥법 제정과 1973년 한국문화예술진흥원 설립으로 본격적인 국가 차원의 문화예술 진흥정책이 시작되었다. 한국문화예술진흥원은 영국의 잉글랜드예술진흥원Arts Council England이나 미국의 NEA와 비견되는 조직으로서, 문예진흥기금을 설치해 민간 예술 활동을 지원하기 위해 설립되었다. 이는 민간 예술단체가 기댈 수 있는 재원을 확보했다는 측면에서 큰 의미를 갖는다. 특히 매년 시행되는 정기공모사업은 충분한 규모는 아니었지만 안정적으로 의존할 수 있는 실질적 예술 재원을 형성했다. 이에 따라 예술상품의 공급 규모는 꾸준히 확대되었고, 시장성의 확보와는 별개로 지속적인 예술상품 생산이 이루어질 수 있게 되었다.

1978년에는 대극장과 소극장 외에 미술관과 컨벤션센터까지 갖춘 국내 최초의 복합문화공간으로 세종문화회관이 개관했다. 하지만 설계 과정에서 객석 수를 지나치게 늘린 반면 정작 음향적인 면에서는 취약한 설계로 인해 입지나 위상에 걸맞은 평가를 받지는 못했다. 아울러 예술의전당이 개관한 이후에는 이와 비교되며 관료적 기관이라는 비판을 받았고 결국 1999년에 서울시 소속기관에서 독립하여 재단법인이 되었다. 세종문화회관은 산하단체로 교향악단, 국악교향악단, 극단, 뮤지컬단, 합창단, 무용단, 오페라단, 청소년교향악단, 소년소녀합창단 등을 방대하게 두었는데, 이는 이후 설립된 지역 문예회관의 전형이 되었다. 하지만 산하단체 운영은 정규 레퍼토리를 확대해주는 반면 자유롭고 창의적 기획을 가로막는 측면도 있었다.

2) 1980~1990년

예술의전당 건립과 예술경영 1세대의 형성 국내에 현대적 의미의 예술경영이 본격적으로 도입된 것은 1980년대다. 1980년대는 예술의전당, 과천 국립현대미술관 등 전문 문화공간이 건립되었고, 1986년 아시안게임과 1988년 서울올림픽으로 대규모 문화 이벤트가 벌어지면서 국내 예술시장에서의 공급과 수요 기반이 근본적으로 바뀌는 시기였다. 특히 1988년 예술의전당의 개관은 우리나라 예술경영의 실질적 역사가 시작되는 유의미한 사건이었다. 단순히 하드웨어 면에서 문화공간을 하나 늘린 것이 아니라 국내 예술경영에 근본적인 변화를 가져왔다. 바로 예술경영 전문 인력이 등장하게 된 것이다. 물론 예술계에 종사하며 기획 및 다른 예술경영 업무를 담당하는 인력이 과거에도 없지는 않았다. 하지만 국공립기관에 근무하던 인력은 대개 일반직공무원으로 있다가 잠시 순환보직으로 옮겨와 일하는 경우가 대부분이었고, 상대적으로 소규모인 민간 예술단체에서는 예술경영 인력을 전업으로 고용하거나 체계적으로 공연장을 경영할 수 있는 여건이 드물었다. 이런 상황에서 예술의전당이 이전의 국립극장 형태에서 탈피해 재단법인으로 설립되면서 비로소 문화공간을 경영하는 예술경영 전문 인력이 탄생하는 계기가 된 것이다.

예술의전당은 설립 초기부터 공연장 경영을 전문 분야로 인식하여 관련 인력을 채용, 육성했으며, 당시 채용되었던 인력은 30여 년이 지난 오늘날 국내 주요 공연장과 예술기관의 핵심 인력으로 성장하여 우리나라 예술경영 1세대를 형성하고 있다. 예술의전당은 전문 인력 시스템 외에 시설 면에서도 국내 최초의 클래식 음악 전문 콘서트홀을 비롯하여 오페라극장, 토월극장, 자유소극장 등 복합 공연시설을 건립하여 다양한 프로그램을 기획함으로써 국내 공연시장에 질적·양적으로 큰 변화를 가져왔다.

국민소득 상승과 고등교육 확대에 따른 예술 수요 증가 국내 1인당 국민총소득GNI은 1977년 1043달러를 기록해 처음으로 1000달러를 넘은 이래 6년 후인 1983년 2113달러, 다시 5년 후인 1988년 4548달러, 다시 5년 후인 1993년 8402달러를 기록하는 등 5~6년마다 거의 두 배씩 뛰어오르는 엄청난 성장을 기록했다.[69] 이러한 추세는 1997년 외환위기를 맞을 때까지 지속되었다. 1980년대 들어 예술의전당으로 인한 예술상품의 공급 증가에 상응해 예술 수요의 증가가 이루어질 수 있었던 것은 꾸준한 경제성장에 따른 개인의 가처분소득 증가가 기반이 되었다.

1980년대에 예술 수요의 증가가 나타난 또 다른 요인은 졸업정원제 실시였다. 1980년대 초반에 도입된 졸업정원제는 일차적으로 국내 4년제 대학의 입학정원을 급격히 팽창시켰다. 하지만 입학정원을 늘리는 대신 엄격한 대학 학사관리를 통해 소수의 정원만 졸업시킨다는 당초의 취지는 이후 많은 반발에 부딪혔고, 결국 1980년대 후반 졸업정원제를 폐지하면서 결과적으로 대학 정원만 큰 폭으로 증가시키는 결과를 가져왔다. 이 같은 대학 정원 확대는 가처분소득의 꾸준한 증가와 맞물려 예술 수요층의 확대라는 의도하지 않았던 효과를 만들어냈다. 실제로 서구 여러 국가의 조사 결과를 보면 음악, 연극 등 예술시장에서 대학교육 이상을 받은 고학력자가 차지하는 비율이 상당한 편이다. 아울러 예술시장에서 진지한 수요자가 되기 위해서는 고등교육 이수 여부가 상당한 영향을 미친다는 점은 그동안 국내외 여러 연구를 통해 입증된 바 있다.

대규모 문화 이벤트와 기획 인력의 성장 1980년대에는 대규모 문화 이벤트가 많이 열렸다. 1981년 정부는 '국풍國風 81' 행사를 개최했다. 국가 주도로 여의도에서 5일간 열린 이 대규모 이벤트에는 참석한 인원이 1000만 명에 달한 것으로 알려져 있다.[70] 이러한 행사는 그 취지와는 별개로 공연과 축제 등의 기획 인력이 성장할 기회가 되었다. 이런 기회는 이후 1980년대의 가장 큰 이벤트라 할 수 있는 1986년 아시안게임과 1988년 서울올림픽을 맞으며 새롭게 펼쳐졌다. 둘 다 스포츠 행사였지만, 그 내용을 보면 단순히 스포츠 경기만 치르는 행사라기보다는 다양한 문화 이벤트를 함께 선보이는 국제적인 종합축제의 성격이 강했다. 당시 두 국제행사를 위해 수많은 인력이 이벤트 기획과 실행 과정에 참여했고, 이를 통해 성장한 전문 인력 중 상당수가 공연 현장에 남아 예술시장을 이끌었다. 특히 몇몇 방송사와 신문사의 문화사업국은 막강한 매체력을 바탕으로 그 자체가 하나의 공연 및 전시기획사 역할을 하면서 이후 상당 기간 국내 공연과 전시 이벤트를 주도했다.

3) 1990~2000년

문화부 출범과 예술지원정책의 본격화 1990년대는 문화 기반 시설이 전국적으로 확대되면서 예술지원정책이 본격적으로 전개된 시기다. 정부는 1990년에 이전의 문화공보부를 문화부로 개편하면서 문화에 대한 여러 규제제도를 철폐하고 진흥적인 관점으로 정책추진체계를 정비했다.• 이는 문화정책의 기조가 규제에서 진흥으로 전환되는 계기가 되었으며 이후 다양한 예술지원정책이 만들어졌다. 특히 정부는 문화창달 5개년 계획(1993), 21세기를 향한 한국문화의 비전과 전략(1996), 문화비전 2000(1997) 등 중장기 계획을 연이어 발표하며 예술시장의 변화를 이끌었다. 또한 1994년 문화체육부 내에 문화산업국이 설치되면서 '문화산업'이라는 용어가 처음으로 정책 현장에 등장했고, 예술정책과 문화산업정책이 분화되었다.

지역 문화공간의 확대와 관리운영 문제의 부각 1990년대 예술 현장에 커다란 변화를 가져온 사건은 1995년 지방자치제의 시작이었다. 정치적인 변화였지만 결과적으로 자치단체장들이 치적용 사업에 대한 경쟁에 몰두하면서

• 정확하게는 1989년 12월 30일 이전의 문화공보부가 문화부와 공보처로 분리되면서, 문화부는 정부의 공보 업무를 제외한 문화정책만 전담하게 되었다. 이후 1993년 체육청소년부와 통합, 문화체육부로 전환되었고 1998년에는 관광국 기능을 보강하면서 문화관광부로 명칭이 바뀌었다. 2008년에는 다시 정부조직 개편으로 문화체육관광부가 되었다.

지역마다 도서관, 박물관·미술관, 문예회관, 문화의집 등 문화공간의 건립 붐이 일어나는 계기가 되었다. 당시 정부의 정책 방향 역시 몇 년 내에 이러한 문화공간을 몇 개 더 늘린다는 것을 중요한 정책목표로 설정하는 식으로 양적 확대에 주력했다. 하지만 이러한 하드웨어 중심의 전략은 껍데기뿐인 문화공간만 양산한다는 비판을 면하기 어려웠다. 이에 정부는 1998년 도서관, 박물관·미술관, 문예회관, 문화의집 등 전국 587개 문화공간을 대상으로 그 운영 성과에 대한 평가를 처음으로 실시했고, 그 결과 전국 대부분의 문화공간 운영이 낙제점을 면치 못한 것으로 드러났다.[71]

정부의 이 같은 자기 비판적 평가는 긍정적인 촉매로 작용하여 하드웨어 확충에만 치중했던 문화정책의 흐름을 바꾸는 분수령이 되었고, 이후 문화정책은 단순한 공간 확대에서 벗어나 운영 시스템과 거기에 채워지는 예술상품 내용에도 주목하게 되었다. 또한 문화공간의 운영에 대한 사회적 관심이 높아지면서 세종문화회관이 1999년에 재단법인으로 재출발하게 되었고, 국립극장은 2000년에 책임운영기관으로 바뀌었다. 이를 기폭제로 충무아트홀, 성남아트센터 등 신설된 국공립 문화공간은 대부분 재단법인 형태를 취하거나 최소한 전문 인력을 채용하여 활용했다. 아울러 경기문화의전당 등 기존의 공공 문화공간도 예술경영 분야의 전문 인력을 추가 채용하거나 재단법인화 혹은 전문기관에 위탁하는 방식 등을 통해 새로운 형태로 탈바꿈했다. 그 결과 국공립 문화공간도 전과는 다른 수준의 전문성과 자율성에 바탕을 두고 새로운 발전을 도모하게 되었다. 이러한 추세는 예술단체로 확산되어 2000년에는 국립발레단, 국립오페라단, 국립합창단이, 2005년에는 서울시립교향악단이 재단법인으로 재출범했다.

경기문화재단 설립과 지역단위 예술지원사업의 시작 1997년 경기문화재단의 설립은 이전까지 중앙정부를 중심으로 이루어진 예술진흥이 지방자치단체로 이관되는 계기가 되었다. 경기문화재단이 본격적으로 활동 영역을 확대하고 지원 규모를 확대한 시기는 2000년대 이후지만, 이 재단은 설립 자체만으로도 국내 예술지원체계를 뒤바꾸는 일대 사건이었다. 국내 예술단체는 1973년 한국문화예술진흥원 설립 이래 공공지원에 크게 의존하면서 예술 활동을 해왔다. 특히 연극이나 무용 등 공연예술 분야의 경우 공공지원금에 의존한 공연 활동이 두드러진 편이었다. 그러나 대부분의 지원사업이 서울을 중심으로 활동하는 예술단체에 집중되면서, 상대적으로 다른 시도에서 활동하는 예술단체는 공공지원을 받을 기회를 많이 누리지 못했다. 이런 상황에서 경기문화재단의 출범은 예술진흥정책의 구조를 중앙이 아닌 지역의 시각으로 개편하는 전환점이 되었다. 그뿐 아니라 이후 서울문화재단, 인천문화재단 등 전국 시도별 지역문화재단이 단계적으로 설립되는 출발점이 되었다.

예술경영 교육의 도입과 확산 1990년대에 와서는 드디어 국내에서도 예술경영에 대한 전문교육이 시작되었다. 1989년 단국대학교 경영대학원 경영학과에 예술경영 전공 과정이 만들어진 것이 시초였다. 그 이전인 1985년 중앙대학교 사회개발대학원에 문화예술학과가 만들어졌지만 예술경영에 초점을 맞추진 않았다. 1995년에는 한국예술종합학교 무용원이 설립되면서 이론과 내에 예술경영 전공을 두었다. 같은 해 성균관대학교가 공연예술협동과정을 개설하면서 예술이론 전공자와 예술경영 전공자를 선발했다.[72] 이어서 홍익대(1998, 미술대학원 예술기획 전공), 숙명여대(1998, 정책대학원 문화예술행정 전공), 서울시립대(1999, 도시과학대학원 공연예술행정 전공), 경희대(1999, 경영대학원 문화예술경영학과) 등에 예술경영 관련 전공 과정이 개설되었다. 이후 관련 학과의 급속한 확산으로 전국 50여 개 대학에 관련 학과나 전공 과정이 설치되었으며 재학생 수만 해도 3000여 명에 이르게 되었다.[73]

그러나 이런 교육 과정의 개설에도 불구하고 한국적 예술경영 교육의 발전은 더딘 편이었다. 무엇보다 관련 교재를 비롯한 교육 과정의 개발이 국내 실정에 맞게 체계적으로 이루어지지 못했다. 1997년 예술경영 분야의 전문 서적으로는 처음으로 "*Fundamentals of Local Arts Management*"라는 책이 《예술경영, 어떻게 할 것인가》라는 제목으로 번역 출판되었으나, 이후에도 상당 기간 한국적 현실에 맞는 교육 과정과 교재 개발은 이루어지지 못했다. 이에 미국, 영국 등에서 예술경영 관련 학위 과정을 마치고 귀국한 인력이 현지에서 연구하며 습득한 여러 방법론을 소개하는 것이 주를 이루었다. 1990년대 중반부터는 이처럼 외국에서 예술경영을 공부하고 학위를 취득한 인력이 1980년대 예술의전당 인력에 이어 국내 예술경영 2세대를 형성하기 시작했다.

4) 2000~2010년

예술시장의 양적 성장과 질적 변화 국내 예술시장은 2000년대 이후 폭발적으로 성장했다. 이러한 성장은 양적인 측면의 확대만이 아니라 질적인 측면의 변화도 동반한 것이었다. 앞서 서술했듯이 국내 예술시장은 1980년대 이후 20여 년간 대규모 문화공간의 건립, 국공립 문화공간과 예술단체의 법인화 등 몇 차례의 진화 과정을 겪으면서 꾸준히 성장해왔다. 1990년대 말 외환위기 상황에서 다른 경제 부문과 마찬가지로 어려움을 겪었지만 이후에도 견고한 성장세를 유지했다. 실제로 전국 공연장 1019개 중 2000년 이후 개관한 공연장이 76퍼센트에 달할 만큼 2000년대 이후 국내 공연장은 양적인 면에서 폭발적 성장을 계속했다.[74] 이 공연장들은 과거와 달리 자체적인 제작과 기획 능력을 갖추고 고유의 관객 기반을 형성하여 새로운 바람을 일으켰으며, 예술시장의 공급과 수요 기반을 동시에 확대하는 효과를 가져왔다.

1990년대 중반부터 서서히 확대되던 뮤지컬 분야는 2000년대 초반에 이르러 〈오페라의 유령〉, 〈캐츠〉, 〈맘마미아〉 등 블록버스터급 뮤지컬의 장기공연이 성공하면서 새로운 시장을 창출했다. 이러한 성공 사례를 바탕으로 뮤지컬 시장에는 대기업 등의 투자자본이 새롭게 들어오기 시작했으며, 단위 프로그램의 기획자들이 대규모 프로젝트의 제작자로 성장해갔다. 그리하여 이제는 단순히 아이디어만으로 시작해 주먹구구식 기획을 반복하는 것이 아니라 체계적인 기획과 시장분석을 바탕으로 투자자본을 유치하고 상품을 제작하여 시장에 내놓는 방식을 취하게 되었다.

이러한 뮤지컬계의 변화와 더불어 〈난타〉, 〈점프〉 등의 공연상품이 에든버러페스티벌과 오프브로드웨이 등 세계시장에서 주목받으면서 해외시장 진출도 조금씩 성과를 보이기 시작했다. 또한 투자자본뿐 아니라 법률, 회계, 경영, 홍보 등 다양한 관련 분야의 우수한 전문 인력이 예술시장으로 진입하는 양상이 나타났다. 세계적으로 유례가 없을 만큼 많은 수의 중소극장이 한 지역에 밀집해 있는 대학로 역시 지속적으로 성장해갔다. 2017년 서울문화재단의 조사에 따르면 대학로에는 134개의 공연장이 운영되고 있으며, 2012년을 기준으로 연간 연극 547편(59.5퍼센트), 무용 및 전통예술 171편(18.6퍼센트), 뮤지컬 132편(14.4퍼센트) 등 총 919편이 공연되었고, 456만 명의 관객이 참여하여 약 483억 원 규모의 공연시장을 형성한 것으로 나타났다.[75]

주5일근무제 도입과 기업의 문화마케팅 확산 2005년에는 국내에 주5일근무제가 도입되었다. 주5일근무제는 다양한 변화를 만들어냈지만 그중 핵심은 주말 여가 시간의 대폭적인 확대였다. 단순 계산으로는 네 시간의 여가 시간이 확대된 것이지만 현실적으로 대부분의 직장이 토요일에 서너 시까지 근무한 관행을 생각하면 실질적인 여가 확대의 폭은 훨씬 컸다. 이러한 주5일근무제는 공연시장에 실질적인 변화를 가져와 토요일과 일요일 낮 시

간에 이루어지는, 이른바 마티네Matinee 콘서트가 확산되었고 목요일과 금요일 관객은 늘어난 반면 일요일 저녁 공연은 줄어들었다. 또한 여가에 대한 의식과 생활문화 전반에도 큰 변화가 일어나 이른바 문화적 여가 활동에 대한 기업의 관심이 높아졌다. 그 결과 나타난 것이 바로 기업의 문화 마케팅 확산이었다.

기업의 예술지원은 이미 1990년대 초반 정부 주도로 한국기업메세나협의회(현 한국메세나협회)가 설립되면서 본격적으로 시작되었다. 하지만 2000년대 이후 여가 시간이 늘어나고 예술 수요층이 확대되면서 기업들은 기업 PR과 상품 마케팅에서 문화적 수단의 가치를 새롭게 인식하기 시작했다. 이에 따라 이전과 달리 주체적인 입장에서 임직원과 주요 고객들에게 특별한 경험을 제공해줄 수 있는 문화예술 이벤트를 찾게 되었고, 이는 이른바 '법인고객'이라고 하는 새로운 시장을 형성하면서 예술조직의 마케팅과 재원 조성에 큰 영향을 미쳤다. 그러나 이런 법인고객 시장 확대는 다른 한편에서 부익부 빈익빈 현상을 초래하여 기업 취향에 맞는 예술상품의 기획은 확대되는 한편, 그렇지 못한 예술상품의 경우 공공지원에 대한 의존도가 커지거나 제작 자체가 어려워지는 현상이 나타나기도 했다.

고령사회의 도래와 중장년 관객의 등장 국내 예술시장의 주 수요층은 20~30대로서 특히 여성이 70퍼센트 내외의 비중을 차지한다. 이 같은 구성은 관련된 대부분의 관객 조사에서 나타나고 있으며, 예술 현장에서 누구나 경험하는 현실이기도 하다. 이 가운데 연령별 구성은 우리에게는 익숙하지만 전 세계적으로는 이례적인 현상이다. 특히 전통적으로 가장 큰 공연시장을 형성한 미국이나 서구 주요 국가들의 경우 공연장을 찾는 대다수 관객이 40~50대 이상의 중장년층이며, 클래식 음악이나 발레 등 전통적 예술 분야는 이런 현상이 더욱 심하다.

하지만 2000년대 중반 이후 국내 예술시장에서는 소비력을 갖춘 40~50대가 새로운 시장으로 등장하기 시작했다. 청년실업과 비정규직 증가 등으로 20대 관객 확대가 한계에 부딪힌 점을 고려할 때 중장년층은 무엇보다 경제적으로 안정된 생애주기에 있다는 점이 장점이었다. 게다가 젊은 세대와는 달리 취향의 변화가 심하지 않기 때문에 일단 관객으로 흡수되면 안정적인 마케팅 대상이 될 수 있으며, 이후 노령 세대에 이르러서도 꾸준한 소비층으로 유지될 가능성이 높다는 측면도 고무적이었다. 중장년 관객이 보여주는 또 다른 가능성은 문화예술교육 프로그램에 대한 참여다. 공연장이나 박물관·미술관에서 운영하는 클래식 음악, 오페라, 미술 등 예술 강좌 수강생의 상당 부분을 중장년층이 차지하게 된 것이다. 국내 인구구조는 또한 고령사회로 빠르게 진입했다. 2000년 65세 이상의 고령인구가 7퍼센트를 넘어서 고령화사회로 진입했고, 이후 불과 17년 만인 2017년 고령인구 비율 14퍼센트를 넘기며 고령사회에 진입했다. 이러한 상황에서 문화예술 활동에 대한 참여는 여행이나 스포츠 등 다른 몇 가지 활동 영역과 더불어 노년의 여가 생활을 위한 유력한 대안이 되고 있다.

문화정책의 위상 제고와 예술지원정책의 변화 2000년대를 여는 해에 문화예산은 정부 총예산 대비 1퍼센트가 되었다. 이는 전 세계적으로도 이례적인 일이었으며, 그만큼 문화정책의 위상이 제고된 것을 의미했다. 이 시기에 만들어진 대표적인 정책이 콘텐츠 산업 진흥이었다. 정부는 2001년 한국문화콘텐츠진흥원을 설립하고 만화·애니메이션, 게임, 음악 등 콘텐츠 산업 분야 지원을 크게 확대했다. 콘텐츠 산업은 원소스멀티유스One Source Multi Use(OSMU)•로 알려진 각 산업 간 연관체제를 바탕으로 국가 전략적인 수출

• OSMU란 콘텐츠 산업의 특성을 설명하는 용어로서, 하나의 원작 콘텐츠가 여러 분야의 콘텐츠로 다시 활용되며 새로운 부가가치를 만들어내도록 하는 전략을 말한다. 예를 들어, 마블코믹스의 스파이더맨이나 아이언맨 같은 여러 캐릭터를 활용하여 영화, TV 시리즈, 게임, 캐릭터 상품 등을 지속적으로 만들어내는 것이 대표적이다.

산업으로 육성되었으며, 이를 바탕으로 드라마, 영화, K-Pop 등 한류 산업이 폭넓게 성장해갔다. 다른 한편에서 한국문화예술진흥원은 영화관, 고궁 등의 티켓에 부과해오던 문예진흥기금이 위헌판결로 폐지되면서 문예진흥기금 고갈 위기를 맞았다. 이에 정부는 2005년부터 복권기금 일부를 문예진흥기금에 투입했지만, 복권기금이 사회적 취약계층 지원에 중점을 두고 있었기 때문에 신규 재원은 주로 문화나눔 사업 등 문화복지 영역에 지출되었다. 또 다른 변화는 2005년에 한국문화예술진흥원의 한국문화예술위원회로의 개편이다. 원장이 단독으로 이끌던 독임제 기관에서 예술위원이 공동으로 이끄는 합의제 기관으로 전환된 것이었다.

한편 문화체육관광부는 예술조직의 자립성 확보와 시장성 강화를 지향하여 2009년에 선택과 집중, 간접지원, 사후지원, 생활 속의 예술 등 4대 예술지원 원칙을 기조로 하는 예술지원사업 개편 방안을 발표했다. 아울러 민간 예술단체가 공공공연장을 기반으로 활동할 수 있도록 하는 상주단체 지원제도를 시작했다. 이 제도는 정부 지원사업이 의도와는 달리 민간 예술단체의 공공지원금 의존도를 심화시키는 결과를 초래한 것에 대한 반성에서 시작되었다. 이에 따라 예술단체가 공연장에 상주하면서 중장기적인 협력체계를 바탕으로 공동 레퍼토리 기획, 교육 프로그램 운영 및 관객 개발에 나설 수 있도록 했다. 이와 연계하여 정부는 예술단체에 대해 기획·경영 인력과 큐레이터 채용을 지원하는 사업 및 자립적인 프로그램을 통해 사회적 기업이 될 수 있도록 지원하는 체계도 마련했다. 이러한 일련의 정책은 예술단체가 과거와 같이 공공지원금에만 의존해 활동하는 것이 아니라 독립적인 경영구조를 갖추고 지속적인 재생산을 하는 자생적인 예술 생태계의 기반 조성에 중점을 둔 것이었다.

문화예술교육 정책의 시작과 문화정책의 방향 전환 2000년대 문화정책의 또 다른 큰 변화는 문화예술교육 정책의 시작이었다. 이는 문화정책의 방향이 공급자 중심에서 수요자 중심으로 전환되는 것을 의미했다. 말하자면 그동안 주목받지 못했던 수요 부문이 주요 정책 의제로 부각되어 공급 부문 정책과 균형을 이루게 된 것이었다. 이전까지 국내 예술 현장에서는 예술교육 프로그램의 중요성이 거의 간과되다시피 했다. 2000년대 중반까지만 해도 공연장이나 박물관·미술관 중에 예술교육 전담 부서를 설치하거나 체계적인 프로그램을 운영하는 사례가 거의 없을 정도였다. 그러나 이런 상황은 2000년대 중반 정부가 문화정책과 교육정책을 연계한 문화예술교육 정책을 주도적으로 도입하면서 급속히 변화했다.

정부는 2005년 문화예술교육지원법을 제정하고 한국문화예술교육진흥원을 설립하여 학교 문화예술교육과 사회 문화예술교육 지원사업을 광범위하게 시작했다. 학교교육 부문에서는 국악, 연극, 영화, 무용, 만화·애니메이션 등 분야별 전문 강사를 육성해 초·중·고에 파견하여 학교 교과과정 안에서 다양한 장르별 예술교육이 이루어질 수 있도록 했다. 사회교육 부문은 문화공간과 사회기관을 구분하여 공연장, 박물관·미술관 등 문화공간에서는 기존 프로그램과 연계한 예술교육 프로그램이 만들어질 수 있도록 했고, 아동복지시설, 노인복지관, 장애인복지관, 군대, 소년원, 교도소 등의 기관에서는 예술교육을 통해 본래의 설립 목적 실현에 기여하는 폭넓은 복합교육 프로그램이 운영될 수 있도록 지원했다. 이 같은 사회 문화예술교육은 예술이 향유와 소비의 대상을 넘어서 그 향유자가 갖고 있는 여러 삶의 문제에까지 영향을 미칠 수 있다는 사실에 주목한 것이었다. 폭넓은 정책 기반 조성과 지원사업 확대에 따른 문화예술교육 확산은 단기적으로는 학교나 사회 교육에서의 예술 비중 확대와 관련 전문 인력의 일자리 창출 효과를 가져왔고, 장기적으로는 문화예술교육을 경험한 사람들이 예술상품의 잠재소비자로 성장할 수 있도록 돕는 역할을 했다.

예술경영의 발전과 전문성의 향상 1990년대 중반 국내에 도입된 예술경영은

2002년 한국예술경영학회의 설립과 더불어 점차 학문의 틀을 갖추기 시작했다. 예술경영의 역사에서 설명한 것처럼 예술경영이 독립된 학문으로 정립되기 시작한 것은 이제 60여 년에 불과하다. 체계화된 이론보다는 경험과 사례 중심으로 연구가 진행되는 분야이며, 아직까지는 독자적 방법론이 정착하지 못한 상황이라고 할 수 있다. 다행히 2000년대 들어서 드디어 국내 저자에 의해 국내 여건에 맞게 정리된 예술경영서가 출판되기 시작했으며, 2000년대 후반에는 정부가 예술경영지원센터를 설립하여 문화공간과 예술단체 등 다양한 예술조직 종사자를 대상으로 예술경영 강좌 및 컨설팅, 해외 진출 지원, 예술 프로그램 마켓 운영 등을 체계적으로 지원하기 시작했다. 예술경영지원센터는 이 밖에도 웹진 운영을 통한 예술경영의 이슈 발굴과 논의구조 확산을 비롯하여 예술경영 기획인력 지원사업 등 예술단체의 경영 역량 제고를 위한 여러 지원사업을 펼쳤다.

5) 2010년 이후

문화정책의 영역 확대와 역할 강화 2013년 제정된 문화기본법은 문화를 국민의 기본권으로까지 격상시켜 사회 의제의 최우선에 놓겠다고 하는 선언적 조항에 더하여 문화영향평가제를 도입했다. 환경·교통·성별 영향평가 등 기존의 영향평가와 마찬가지로 이 제도는 정부의 각종 정책이나 계획을 수립할 때 문화적 관점에서 국민의 삶에 미치는 영향을 평가하여 문화적 가치가 사회적으로 확산되도록 하는 것이었다. 이 법은 직접적인 예술지원은 아니었지만 도시계획이나 도심재생 등 각종 공공사업의 추진 과정에서 문화예술이 좀 더 적극적인 역할을 할 수 있도록 함으로써 장기적으로 그 영역이 확대되고 역할이 강화되는 효과를 거두기 위한 시도였다.

문화복지 정책과 예술인복지 정책의 제도화 문화정책에서 문화복지라는 개념을 사용한 것은 1990년대부터였지만 주로 정책의 지향점을 보여주는 수준에 머물렀다. 하지만 2011년 문화예술진흥법 개정을 통해 문화복지가 법적 용어로 정착된 이후에는 관련 정책이 크게 확대되었다. 대표적인 정책은 문화이용권 제도이다. 문화이용권은 2006년에 문화바우처라는 이름으로 처음 도입되었지만 소규모 시범사업으로만 머물다가 법 개정과 더불어 제도화되면서 전국 단위 사업으로 확대되었다. 이 사업은 기초수급자에게 매년 일정액을 이용권 형태로 지급하여 문화예술 소비에 활용할 수 있도록 한 것으로서, 저소득층의 예술 소비와 예술시장 확대에 크게 기여했다. 다른 한편으로 2011년에는 예술인복지법이 제정되어 예술인의 복지 증진을 위한 여러 사업이 시작되었다. 이 법안은 당초 예술인공제조합 정책이 발전하여 만들어진 것으로서, 미국의 배우조합, 프랑스의 앵테르미탕 등 외국의 예술인 복지 관련 제도를 참고하여 제정되었다. 정책 추진 초기에는 큰 관심을 받지 못했지만 몇몇 사건을 계기로 예술인의 열악한 여건이 알려지는 과정에서 국민의 공감대가 형성되어 새로운 정책으로 자리 잡았다.

생활예술과 아마추어 예술의 확대 2000년대 문화예술교육 정책의 도입 이후 나타난 새로운 흐름 중 하나는 예술 소비자가 더 이상 예술을 수동적으로 감상하는 것에 머물지 않고 직접 아마추어 예술가로서 공연과 전시에 나서게 되었다는 점이다. 이에 부응하여 공연장이나 박물관·미술관에서는 아마추어 오케스트라 축제나 합창제, 전시회 등 다양한 축제를 통해 아마추어 예술가가 활동할 수 있는 장을 확대해왔다. 정부에서는 더 나아가 아마추어 예술 활동의 여건을 개선하기 위해 연습이나 리허설 등을 위한 시설을 갖춘 생활문화센터 조성사업을 2014년부터 시작했다. 당초 소규모 복합문화공간이라는 이름으로 출발했던 이 사업은 생활권 주변의 유휴 공간을 리노베이션하여 지역 내 극단, 합창단, 밴드 활동 등 아마추어 예술 활동을 위한 공간으로 제공하는 사업이었다. 이 사업의 뿌리는 1990년대 후반 추진되었던 문화의집 사업으로 거슬러 올라간다. 문화의집 사업은 생활문화센터 조성과 비슷한 취지로 추진되었지만 2000년대 중반 지역사업으로 이관되면서 크게 위축되었는데, 생활문화센터 조성과 더불어 다시금 새롭게 출발한 것이다.

해외시장 진출의 본격화 국내 예술시장은 정부의 지원 확대와 맞물려 지속적으로 성장해왔지만 상대적으로 해외 예술시장에 대한 관심은 높지 않았다. 하지만 국내시장의 성장이 한계에 부딪히면서 영국의 에든버러페스티벌프린지나 캐나다의 시나르CINARS 등 세계적인 공연마켓을 비롯하여 아트바젤Art Basel, 프리즈Frieze 등 아트마켓을 통해 해외 예술시장으로 진출하는 사례가 늘어났다. 해외시장을 타깃으로 한 개별 예술조직의 꾸준한 노력에 더하여 정부에서도 국제문화교류진흥법 제정 및 예술경영지원센터 등을 통한 지원사업을 지속해왔다. 다른 한편으로 영국에 설치된 한국문화원이 런던의 현대무용 공연장 더플레이스The Place와 파트너십을 맺고 매년 한국현대무용축제를 공동 개최하는 사례에서 볼 수 있는 것처럼 주요 국가에 있는 해외 한국문화원을 통한 현지 예술기관과의 협력도 확대되고 있다. 이러한 다양한 노력에 힘입어 이제는 아트마켓만이 아니라 페스티벌 참가, 시즌 정규공연 초청, 합작공연 제작, 공동 페스티벌 개최 등 다양한 형태의 해외시장 진출이 이루어지고 있다.

지역 예술시장의 변화 1990년대 말 경기문화재단 설립 이후 대부분의 시도에 광역문화재단이 설립되었다. 그뿐 아니라 시군구 단위에서도 공연장이나 박물관·미술관 운영, 지역축제 기획 등을 위한 문화재단 설립이 이어지고 있다. 이러한 지역문화재단은 한국문화예술위원회의 지원과는 달리 지역 자체의 정체성과 예술 생태계를 살리는 데 중점을 두고 지역 예술단체를 중심으로 지원사업을 운영하면서 지역별로 예술시장이 활성화되는 데 기여하고 있다. 이러한 흐름에 더하여 대구오페라하우스, 인천아트센터 등 전문 공연장과 부산현대미술관, 울산박물관 등 박물관·미술관이 지역별로 새롭게 건립되고 복합문화공간인 광주의 국립아시아문화전당이 개관하는 등 체계적인 예술경영 시스템을 구축한 여러 지역 문화공간이 새로운 바람을 불러일으켰다. 이러한 지역문화공간은 과거 서울과 지방으로 양분된 국내 예술시장에 대한 선입견을 불식시키고 지역별로 고유의 콘텐츠와 프로그램을 기획하여 오히려 서울을 중심으로 한 장르별 예술시장에 신선한 충격을 주었다. 이러한 문화공간 확대에 힘입어 지역의 예술 수요도 꾸준히 확장하고 있어서 서울 중심의 예술시장 구조는 향후 지역과의 균형을 맞추는 방향으로 점차 변해가고 있다.

디지털마케팅의 보편화 2000년대 초반 광대역 통신망의 보급 이후 홈페이지 운영이나 뉴스레터 발송 등 일부 서비스에서 활용되던 디지털 기술이 2010년대에 와서는 예술조직의 마케팅 전반의 성과를 좌우하는 핵심적인 수단으로 자리 잡았다. 여기에는 스마트폰의 일상화 이후 새롭게 성장한 페이스북, 인스타그램, 유튜브 등 소셜미디어의 역할이 컸다. 이제 예술조직에서도 기존의 아날로그 마케팅을 넘어서서 디지털마케팅이 전반적인 마케팅의 주류가 되었고, 관객 개발을 비롯하여 대부분의 마케팅 전략이 디지털 기술 발전에 힘입어 상당 부분 개편되었다. 이러한 디지털마케팅의 보편화는 소규모 혹은 신생 예술조직에는 큰 비용을 들이지 않고 아이디어와 기획에 의해 기존 시장에 도전해볼 수 있도록 해주었으며, 마케팅 측면 외에도 크라우드펀딩 도입 등 예술조직의 운영 전반에 새로운 기회를 제공해주었다.

심층 연구 및 토론 과제

- 우리나라 예술시장의 성장 과정에 영향을 미친 주요한 정치, 경제, 사회, 문화 환경 변화로는 어떤 것이 있었으며, 각각 어떤 영향을 미쳤을까?
- 지방자치제의 실시가 우리나라 예술경영의 발전에 미친 긍정적 영향과 부정적 영향에 대해 생각해보자.
- 예술의전당이나 국공립 박물관·미술관 등 공공 문화공간은 예술경영의 발전과정에서 어떤 역할을 했나?
- 미국을 비롯한 다른 나라의 예술경영과 비교할 때 우리나라의 예술경영의 가장 큰 특징은 무엇일까?

심화학습을 위한 참고자료

1. 예술경영의 의의

《예술경영, 어떻게 할 것인가?》 | 크레이그 드리즌 외 | 용호성·이은옥 역 | 민음사 | 1997

우리나라의 지역문화재단과 유사한 역할을 하는 미국의 지역 기반 예술조직인 지역예술진흥원local arts agencies을 중심으로 예술경영의 여러 분야를 소개한 책으로서, 국내에서 처음으로 출간된 예술경영 전문서다. 이론보다는 실무 내용 위주로 구성되어 있다.

《컬처 매니지먼트》 | 베르너 하인리히스 | 김화임 역 | 인디북 | 2003

국내에 주로 소개된 영·미의 시각과는 다소 차이가 있는 독일의 예술경영에 대해 소개한 책이다. 예술경영 전반을 체계적으로 정리하지 못한 아쉬움은 있지만, 예술조직을 공공기관, 공익적 민간조직, 상업적 민간조직 등 세 영역으로 구분하여 각각의 문화사업을 소개한 부분 등에서 저자의 독특한 시각을 만날 수 있다.

《예술을 경영하라》 | 윌리엄 번스 | 송성완 역 | RHK | 2013

예술조직, 인적자원, 리더십, 예산, 재무관리, 마케팅, 재원 조성 등 예술경영 전반의 내용을 정리한 책이다. 예술경영보다는 경영이론 그 자체를 중심으로 서술되어 현장성이 조금 떨어지는 아쉬움은 있지만 미국 예술시장에서 예술조직을 만들고 경영해나가는 데 필요한 여러 이론을 두루 포괄하여 다뤘다.

《21세기 예술경영》 | 엘런 로즈웰 | 박신의 외 역 | 한울 | 2019

번스의 책과 마찬가지로 예술조직, 프로그램 기획, 재무관리, 마케팅 등 예술경영의 다양한 분야를 다룬 책이다. 개별 분야별로 간결하게 정리하여 개론서로 읽어볼 만하다. 다만 지나치게 미국 현실에 바탕을 두고 서술된 부분은 감안하여 읽을 필요가 있다.

2. 예술경영의 역사

《문학과 예술의 사회사 1, 2, 3, 4》(개정2판) | 아르놀트 하우저 | 백낙청 외 역 | 창비 | 2016

사회사를 기반으로 예술의 역사를 엮어낸 예술사회학의 명저이다. 특정 장르에 얽매임 없이 문학, 음악, 연극, 무용, 미술 등 예술 장르별 양식의 변화를 사회적 여건과 결부시켜 해석한 저자의 독특한 시각이 돋보인다. 창작의 측면만이 아니라 예술과 영향을 주고받는 사회적 질서, 기술, 수용자 등 예술의 사회적 환경에 대해 광범위하게 접근함으로써 예술의 생산과 소비에 대한 폭넓은 시각을 가질 수 있도록 해준다. 동 저자의 《예술의 사회학》(한길사, 2015)도 같은 맥락에서 함께 읽어둘 만한 책이다.

《예술의 역사: 경제적 접근》(개정판) | 이재희·이미혜 | 경성대학교출판부 | 2013

예술의 역사를 고대에서 바로크 시대, 근대 사회, 현대 사회 등 세 시기로 나누어 사회경제적 관점에서 접근한 책이다. 예술을 독립적인 미적 대상으로서가 아니라 생산하고 소비하는 사람들의 관계 속에서 파악했으며, 예술작품에 대해서도 많은 사람의 노동과 사회적 비용이 투입되어 만들어지는 산물로 접근했다.

심화학습을 위한 참고자료

《철학, 예술을 읽다》 | 철학아카데미 | 동녘 | 2006

시민을 위한 대안 철학학교인 철학아카데미에서 '예술과 철학'이라는 주제로 진행된 강의 내용을 모은 책이다. 철학을 비롯해 장르별로 활동하는 여러 필자가 함께 참여하고 있어 글에 따른 편차는 있지만, 예술사와 장르별 예술미학을 잘 정리했다. 철학아카데미의 조광제 대표가 편자이자 필자 중 한 명으로 참여했던 《예술, 인문학과 통하다》(웅진지식하우스, 2008) 역시 비슷한 맥락의 책으로 볼 수 있다.

《예술이 궁금하다》 | 마거릿 P. 배틴 외 | 윤자정 역 | 현실문화연구 | 2004

네 명의 철학자가 공동으로 예술과 관련하여 제기될 수 있는 다양한 논점을 사례 중심으로 정리한 책이다. 미학의 주요 개념이나 역사적 발전 과정을 주로 소개한 이론서와 달리 예술과 미적 대상에 대한 여러 유형의 개별 사례를 먼저 제시하고 그것을 둘러싼 의문과 논점을 짚어가는 과정을 통해 미학 전반을 이해할 수 있도록 했다.

《연극개론》(개정판) | 오스카 G. 브로케트 | 김윤철 역 | 연극과인간 | 2014

연극의 역사에 관한 바이블로 인정받는 책이다. 연극의 역사를 비롯해 연극이라는 장르와 극장에 관한 원론적인 내용을 풍부하게 담고 있기 때문에 공연 분야에 관심을 두는 사람들에게 권할 만하다. 밀리 S. 배린저의 《서양 연극사 이야기》(평민사, 2001) 역시 비슷한 분야의 책으로 읽어볼 만하다.

3. 한국의 예술경영

《문화행정론》(개정2판) | 김정수 | 집문당 | 2017

문화와 예술의 개념에 대한 탐구에서 시작하여 문화행정 전반의 논점을 세계화, 디지털혁명 등 환경 변화 흐름과 연계하여 폭넓게 소개한 책이다. 한국 문화행정의 역사적 변천 과정에 대한 시대별 요약과 더불어 대중문화, 한류, 스크린쿼터제 등 주요 이슈에 관한 쟁점이 잘 정리되어 있다.

《창의적 문화사회와 문화정책》(2판) | 임학순 | 진한엠앤비 | 2011

창의적 문화사회에 대한 설명에서 시작하여 문화예술 관련 다양한 문화정책 및 예술지원체계 전반을 소개한 책이다. 아울러 영국, 일본, 미국, 프랑스, 독일 등 세계 주요 국가의 문화정책을 비교문화정책 관점에서 폭넓게 소개하고 있다.

1 용호성, "우리나라 예술경영의 현황과 과제", 〈민족예술〉 1999. 6월호, 민예총, pp.10~15.

2 베르너 하인리히스, 김화임 역, 《컬처 매니지먼트*Culture Management*》, 인디북, 2003(원저 1999), pp.24~29.

3 Ibid., pp.8~9.

4 R. Florida, *The Flight of the Creative Class,* Collins, 2007; R. Florida, *The Rise of the Creative Class*, Basic Books, 2002.

5 다니엘 핑크, 《새로운 미래가 온다*A Whole New Mind*》, 한국경제신문, 2006(원저 2005).

6 미하이 칙센트미하이, 《몰입*Flow*》, 한울림, 2004(원저 1990).

7 켄 로빈슨, 《내 안의 창의력을 깨우는 일곱 가지 법칙*Out of our Minds: Learning to be Creative*》, 한길아트, 2007(원저 2001).

8 허버트 리드, 박용숙 역, 《예술의 의미*The Meaning of Art*》, 문예출판사, 1985(원저 1931), pp.45~46.

9 수잔 K. 랭어, 박용숙 역, 《예술이란 무엇인가*Problems of Art*》, 문예출판사, 1984(원저 1975), p.23.

10 레프 톨스토이, 이철 역, 《예술이란 무엇인가*Что такое искусство*》, 범우사, 1988(원저 1897), pp.63~76.

11 멜빈 레이더·버트럼 제섭, 김광명 역, 《예술과 인간가치*Art and Human Values*》, 이론과실천, 1987(원저 1978), pp.166~172.

12 아서 단토, 김한영 역, 《무엇이 예술인가*What Art Is*》, 은행나무, 2015(원저 2013), p.68.

13 밀리 S. 배린저, 우수진 역, 《서양 연극사 이야기*Theatre Past and Present: An Introduction*》, 평민사, 2009(원저 1984), pp.14~15.

14 김융희, "예술의 기원을 찾아서: 동굴벽화에서 코레이아까지", 《철학 예술을 읽다》, 동녘, 2006, pp.41~46.

15 아르놀트 하우저, 한석종 역, 《예술과 사회*Soziologie der Kunst*》, 기린원, 1990(원저 1974), pp.181~182.

16 오스카 G. 브로케트, 김윤철 역, 《연극개론*The Theatre: An Introduction*》, 한신문화사, 2009(원저 1964), pp.101~103.

17 이재희·이미혜, 《예술의 역사: 경제적 접근》, 경성대학교출판부, 2004, pp.47~48.

18 밀리 S. 배린저, op. cit., p.19.

19 오스카 G. 브로케트, op. cit., p.133.

20 이재희·이미혜, op. cit., pp.40~41.

21 밀리 S. 배린저, op. cit., p.27.

22 오스카 G. 브로케트, op. cit., pp.134~136.

23 아르놀트 하우저, op. cit., p.194.

24 오스카 G. 브로케트, op. cit., p.152.

25 이재희·이미혜, op. cit., p.74.

26 밀리 S. 배린저, op. cit., pp.66~67.

27 오스카 G. 브로케트, op. cit., pp.162~177.

28 밀리 S. 배린저, op. cit., pp.48~49.

29 밀리 S. 배린저, op. cit., p.113.

30 아르놀트 베르너-엔젤, 이수영 역, 《음악의 역사*Das Buch der Musik*》, 예경, 2006(원저 2001), pp.92~93.

31 도널드 제이 그라우트, 서우석 역, 《서양음악사*A History of Western Music*》, 심설당, 1986(원저 1960), p.213

32 밀리 S. 배린저, op. cit., pp.136~137.

33 오스카 G. 브로케트, op. cit., pp.201~203.

34 밀리 S. 배린저, op. cit., pp.140~141.

35 밀리 S. 배린저, op. cit., pp.79~82.

36 밀리 S. 배린저, op. cit., pp.171~172.

37 양정무, 《상인과 미술》, 사회평론, 2011, pp.13~18, pp.48~73.

38 Ibid., pp.75~82.

39 Ibid., pp.120~130.

40 이미혜, 《예술의 사회경제사》, 열린책들, 2012, pp.153~162.

41 래리 샤이너, 《순수예술의 발명*The Invention of Art: A Cultural History*》, 인간의 기쁨, 2015(원저 1960), pp.176~191.

42 Ibid., op. cit., p.179.

43 이미혜, op. cit., pp.162~171.

44 김융희, "주술성과 합리성 예술은 어느 편에 가까울까", 《예술, 인문학과 통하다》, 웅진지식하우스, 2008, pp. 37~40.

45 타일러 코웬, 임재서·이은주 역, 《상업문화예찬In Praise of Commercial Culture》, 나누리, 2003(원저 1998), pp.214~222.

46 류종렬, "예술사 인간성 표출의 역사", 《철학 예술을 읽다》, 동녘, 2006, pp.111~113.

47 래리 샤이너, op. cit., pp.166~167.

48 전원경, 《예술, 역사를 만들다》, 시공아트, 2016, pp.285~289.

49 와타나베 히로시, 윤대석 역, 《청중의 탄생聽衆の誕生》, 도서출판강, 2006(원저 1989), pp.22~24.

50 타일러 코웬, op. cit., pp.245~248.

51 타일러 코웬, op. cit., pp.247~250.

52 전원경, op. cit., pp.459~471.

53 밀리 S. 배린저, op. cit., pp.202~203.

54 하인리히스, op. cit., pp.31~32.

55 밀리 S. 배린저, op. cit., pp.239~241.

56 M. C. Cummings Jr., "Government and the Arts: An Overview", *Public Money and the Muse*, Stephen Benedict, ed., W. W. Norton & Company, 1991, pp.31~32.

57 NEA, "National Endowment for the Arts 1965~1995: A Brief Chronology of Federal

Involvement in the Arts", *NEA*, 1995, pp.7~17.

58 아르놀트 하우저, 황지우 역, 《예술사의 철학*Methoden Moderner Kunstbetrachtung*》, 돌베개, 1983(원저 1975).

59 W. Baumol & W. G. Bowen, *Performing Arts-The Economic Dilemma*, The MIT Press, 1966.

60 N. Mc. & G. Thorn, "Arts Boards: Creating a New Community Equation", *ARTS Action Issues*, 1994, p.22.

61 용호성, "미국의 공연예술 인력구조와 정책 지원", 〈공연예술 전문인력 구조와 정책 지원〉, 한국노동연구원, 2008, pp.292~293.

62 임근혜, 《창조의 제국: 영국 현대미술의 센세이션》, 지안, 2009, pp.41~42.

63 B. Ivey, *Arts, Inc.: How Greed and Neglect Have Destroyed Our Cultural Rights,* CA: University of California Press, 2008, pp.222~258.

64 Ibid., p.259.

65 A. Taylor, "Renegotiation: An Overview of U.S Arts Industry Insights, 2003~2007", *AMS Planning & Research for the Arts and Entertainment Industries,* amsonline.com, 2007.

66 Americans for the Arts, "National Policy Roundtable", 2005, www.AmericansForTheArts.org.

67 Americans for the Arts, "Strategic Plan 2009~1011," www.AmericansForTheArts.org.

68 위키백과(http://ko.wikipedia.org).

69 한국은행경제통계시스템(http://ecos.bok.or.kr).

70 위키백과(http://ko.wikipedia.org).

71 문화관광부, 〈문화기반시설 관리운영 평가 보고서〉, 문화관광부, 1998.

72 이용관, "공연예술경영의 과제와 학문적 접근", 성균관대학교 공연예술연구소 공연예술저널 좌담회 자료집, 2009.

73 이승렬 외, 〈공연예술분야 기획경영 전문인력 수요 및 공급실태 조사〉, 문화체육관광부 예술경영지원센터, 2008, pp.170~175.

74 문화체육관광부 예술경영지원센터, 〈2018 공연예술실태조사〉, 문화체육관광부 예술경영지원센터, 2018, p.87.

75 〈2013 대학로 연극 실태조사 보고서〉, 서울문화재단, 2013.

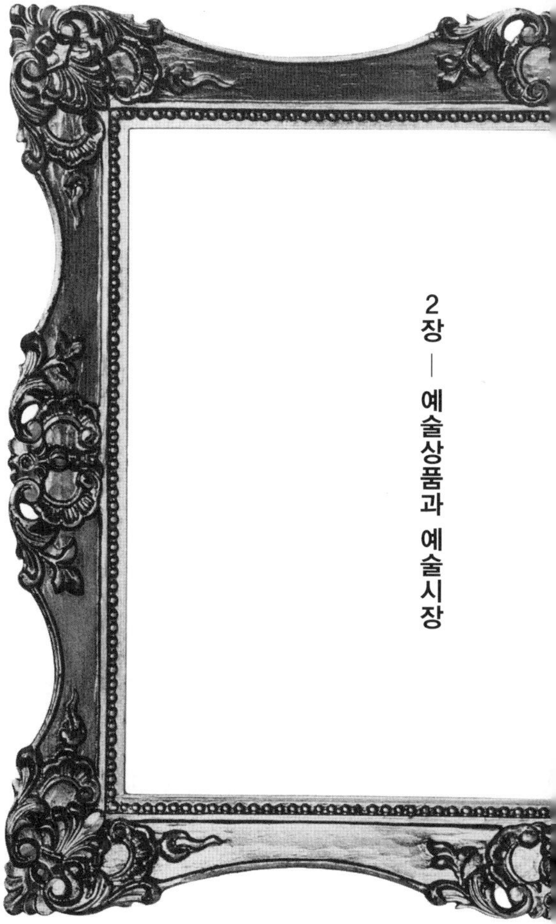

2장 — 예술상품과 예술시장

1. 예술상품

1) 예술상품의 의의와 특성

예술상품의 개념 사회적 맥락 속에서의 예술 발전을 탐구한 아르놀트 하우저는 예술작품이 예술가 개인의 정신세계라는 진공상태에서 생성되는 것이 아니며, 오히려 예술가의 삶 전체, 나아가 사회 전체와의 유기적인 관계 속에 만들어지는 것이라고 주장한 바 있다.[1] 이렇게 예술가가 만든 예술작품은 아래 〈도표 2-1〉에서 보는 것과 같이 예술시장을 거치면서 예술상품으로 전환된다. 즉, 예술상품이란 시장을 전제로 하여 바라본 예술작품의 또 다른 모습이다. 이런 관점에서 보면 예술경영은 예술작품을 시장을 매개로 하여 예술상품으로 전환시키는 과정이라고 할 수 있다.

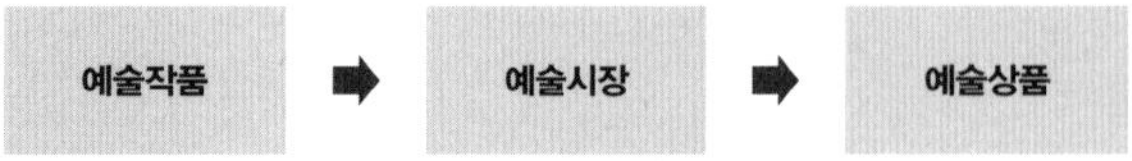

〈도표 2-1〉 예술시장과 예술상품

다른 재화나 서비스 상품과 달리 예술상품은 사회문화적 전통과 그 안에서 살아가는 개인들의 예술적 취향이 가미되어 만들어진다. 예술상품은 미학적 가치가 중요한 속성 가운데 하나가 된다. 하지만 미학적 가치 자체가 곧바로 상품적 가치가 되는 것은 아니다. 오히려 아래 〈도표 2-2〉에서 보는 것처럼 미학적 가치와 상품적 가치가 서로 다른 방향으로 엇갈리거나 일치하지 않는 경우가 많으며, 때로는 상호 균열을 일으키기도 한다. 예술경영인의 역할은 바로 이 지점에서 시작된다. 예술가가 만들어낸 미학적 가치가 예술시장을 통해 상품적 가치로 전환될 수 있도록 돕는 역할을 해야 하는 것이다. 상황에 따라서는 예술경영인이 예술가와 함께 미학적 속성을 만들어내는 과정 자체에 참여하는 경우도 있지만, 이미 예술가에 의해 미학적 속성이 완성된 상태에서 여기에 상품적 속성을 부가하는 역할을 해야 하는 경우가 더 많다. 어느 경우건 예술경영인은 예술가와 협업하여 미학적 속성과 상품적 속성이 상호 보완하며 조화를 이룰 수 있는 방안을 찾아내야 한다. 이러한 예술상품의 미학적 속성은 예술상품이 고유의 창조적 가치를 가질 수 있도록 하는 반면에 예술상품의 불확실성을 증대시키기도 한다. 소비를 통해 미학적 속성을 직접 체험하기 전까지는 그 가치를 인식하기 어렵기 때문이다.

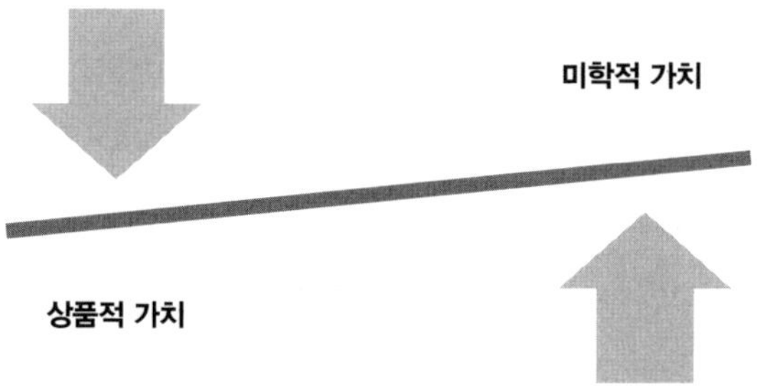

〈도표 2-2〉 예술상품의 미학적 가치와 상품적 가치

예술작품이 이처럼 예술상품으로 시장에서 거래되기 시작한 것은 인류 역사를 볼 때 그리 오래된 일이 아니다. 예술경영의 역사에서 살펴본 바와 같이 예술의 상품화 현상은 중세를 지나 르네상스 시대에 그 맹아가 나타나기 시작하여 18세기 근대국가에 이르러서야 확산되었다. 역설적이게도, 예술의 상품화 시작과 비슷한 시기에 예술가는 예술이 다른 어떤 것의 부속물도 아니라는 예술지상주의적인 목표를 내세우고 예술 수요자는 천재 예술가를 신화화하는 식의 순수예술적 사고가 나타났다. 18세기 후반 질풍노도의 시기는 낭만적인 풍조를 바탕으로 개인 예술가의 천재성이 놀랍도록 부각되는 시기였다. 이 과정에서 재능 있는 예술가는 예술시장과는 무관한, 고고하고 훌륭한 존재처럼 여겨졌다. 하지만 그렇다고 해서 그들이 예술시장을 무시하고 살 수는 없었다. 후원자를 잃은 예술가는 역설적으로 시장을 통해 자신의 예술상품을 판매해야만 생존을 영위하고 나아가 예술 활동을 지속할 수 있는 위치에 처하게 되었다. 낭만적 천재와 세속적 상인이라는 두 가지 상반된 이미지가 예술가에게 서로 다른 두 방향의 정체성을 제시하면서 예술가적인 삶을 압박하게 된 것이다. 예술시장의 확산과 더불어 나타난 이러한 현상에 대해 래리 샤이너는 '순수예술의 발명'이라고 설명했다.[2]

이후 19세기와 20세기를 거치며 예술의 상품화는 널리 확산되었고, 이제는 개인의 취미 활동이 아닌 한 모든 예술작품이 하나의 상품으로 예술시장에서 유통되며, 더 나아가 모든 예술작품은 이처럼 예술상품으로 유통되는 것을 전제로 하여 만들어지는 시대가 되었다. 표면적으로 보면 예술가는 자신의 예술 세계에만 천착하는 듯하지만, 실제로는 한 명의 생산자로서 예술상품을 생산하며 다른 상품보다 더 매력적이고 경쟁력 있는 상품을 생산하기 위해 끊임없이 노력한다. 이러한 노력은 예술가의 순수한 창작 의욕으로 표현되기도 하지만, 그렇다고 해서 시장을 위한 상품 생산이라는 속성 자체가 변하는 것은 아니다. 이에 부응하여 예술의 향유자는 소비자로서 자신의 취향에 맞는 예술상품을 탐색한다. 이 과정에서 객관적인 가치와 더불어 자신의 선호도, 즉 주관적 가치가 반영된 상품을 선택한다. 따라서 예술경영인은 예술 소비자가 상품을 더욱 매력적으로 느낄 수 있도록 다양한 마케팅 전략을 연구하고 이를 예술가와 공유하며 예술 소비자의 수요에 부응한 예술상품이 만들어질 수 있도록 노력한다. 이처럼 예술경영인의 노력은 예술상품의 숨겨진 매력을 드러내는 것에서 더 나아가 예술가의 창작 과정 자체에 함께하며, 또 다른 측면에서는 소비자의 선호 자체를 형성하는 데 영향을 미치기도 한다. 그리하여 이제는 예술가와 관객이 예술시장을 통해 생산자와 소비자로 만나는 것이 자연스러운 흐름으로 정착되었다.

이러한 예술시장에 대한 흔한 오해 중 하나는, 시장에만 의존하다 보면 수준 낮은 대중적 수요에 부응하여 저급한 예술만 생산되며 질 높은 예술작품이 만들어지기 어렵다는 주장이다. 하지만 이는 시장의 역할에 대한 편견의 결과이다.[3] 예술시장에는 수많은 잠재소비자가 존재하며, 이들은 저마다 예술에 대한 선호와 취향을 갖고 있다. 더욱이 소셜미디어 등 디지털 플랫폼이 발전하면서 예술에 대한 정보의 공유와 유통이 어느 때보다 손쉽고 활발해진 상황이어서, 질 높은 예술에 대한 깊이 있는 이해와 감상 능력을 갖춘 잠재소비자가 성장할 수 있는 더할 나위 없는 조건이 갖춰져 있다. 이들의 수요를 반영한 예술시장은 가볍게 즐길 수 있는 대중문화에서 깊이 있게 이해해야 하는 고급예술에 이르기까지 다양한 예술상품을 생산하고 유통하고 소비할 만한 충분한 잠재력을 갖추고 있다.

예술상품의 특성 예술시장을 통한 예술상품의 거래는 기본적으로 다른 시장을 통한 거래와 크게 다르지 않다. 시장을 통해 거래되는 상품은 크게 재화와 서비스로 구분하는데, 미술품을 제외한 대부분의 예술상품은 이 중 서비스 상품으로서의 특성을 전형적으로 보여준다. 서비스로서의 예술상품은 재화와 달리 아래 〈도표 2-3〉에서 보는 것처럼 무형성intangibility, 이질성variability, 비분리성inseparability, 소멸성perishability 등 네 가지 특성을 갖는다.[4]

첫째, 무형성이란 예술상품이 고정된 형태 없이 하나의 과정으로서 서비스를 전달하는 것을 말한다. 물론 예술상품 중에는 악보나 대본처럼 형태가 고정된 재화 유형도 있지만, 이런 경우에도 그 창작물이 최종적으로 소비자에게 전달되기 위해서는 지휘자, 연주자, 연출가, 배우 등에 의한 해석과 재현의 과정이 필요하다. 아울러 해석과 재현의 결과물이 음원이나 영상 콘텐츠로 고정되는 순간 재화적 성격으로 전환되기도 한다. 이러한 특성은 공연상품에 주로 나타나며 미술상품의 경우 회화, 조각 등 전통적인 예술작품은 유형성을 갖는 재화의 일종으로 볼 수 있다. 다만 미술상품은 이중적 성격을 갖고 있다. 재화 형태의 미술상품으로 생산 및 유통되기도 하지만 전시의 한 부분으로 소비자와 만나기도 하기 때문이다. 말하자면 전시는 미술작품이라고 하는 재화와 서비스가 결합된 상품으로 볼 수 있다. 이처럼 무형성의 특성을 갖고 있는 예술상품은 최종적으로 재현되어 직접 경험해보기 전에는 그 가치를 정확히 판단하기 힘들며, 다른 유사

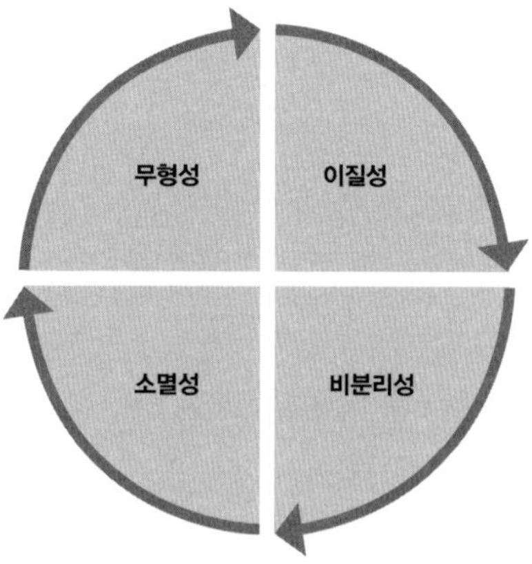

〈도표 2-3〉 예술상품의 특성

한 상품과 객관적으로 비교하기도 어렵다. 즉, 소비에 따른 보상이나 가치의 불확실성이 크다. 예술상품은 이런 측면으로 인해 경험재로 분류되기도 한다.

더욱이 재현된 예술상품을 경험하는 그 순간에 이르러서도 소비자의 취향이나 선호 혹은 해당 장르에 대한 지식이나 경험의 수준에 따라 그 가치에 대한 인식이 달라질 수 있다. 이에 따라 예술상품의 유형과 특성에 대하여 충분한 취향과 선호와 지식과 경험을 축적하지 못한 소비자는 구매대상의 선택이나 구매 결정에 어려움을 겪게 되며 소비를 결정하기에 앞서 자신에게 확신을 줄 실마리를 찾고자 한다. 또한 예술상품을 판매해야 하는 예술조직 입장에서는 아직 경험하지 못한 예술상품에 대한 정확한 정보를 사전에 잠재소비자에게 제공해야 한다. 과거에는 예술조직이 직접 이러한 정보를 제공하거나 비평가의 프리뷰 등이 중요한 역할을 했지만, 최근에는 관련 분야의 지식과 경험을 축적하고 소셜미디어 등을 통해 활동하는 인플루언서influencer의 역할이 더욱 중요해졌다. 예술상품의 이러한 특성은 예술시장에서 이른바 스타마케팅이 힘을 발휘하는 요인이 되기도 한다. 스타의 자리에 올라선 예술가의 경우 그 예술적 역량에 대한 검증이 이미 완료되어 시간과 비용의 지출에 대한 위험성이 줄어들기 때문이다.

둘째, 이질성이란 표준화된 형태로 제조, 유통되는 재화와 달리 서비스상품은 제공 여건에 따라 이질적인 여러 요소가 결합되기 때문에 동질성을 가진 재화처럼 양산되기 어렵다는 것이다. 이는 예술상품이 저마다 다양한 능력과 개성을 가진 예술가라고 하는 인간적 요소에 크게 의존하는 노동집약적 상품이기 때문에 나타나는 특성이다. 같은 악보나 대본이더라도 지휘자와 연주자, 연출가와 배우의 역량에 따라 전혀 다른 결과물로 만들어질 수 있다. 나아가 설사 같은 예술가가 참여하는 똑같은 연주회나 공연이더라도 그것이 이루어지는 시간, 소비자에게 전달되는 장소, 공연자의 컨디션, 청중과의 교감 등 온갖 요소의 영향을 받아 매번 미묘한 차이가 나타난다. 그런 의미에서 이를 가변성으로 표현하기도 한다. 미술에서도 최근 점차 확대되고 있는 퍼포먼스아트를 비롯하여 전시 현장에서 작가 혹은 작품과 관람객 간에 이루어지는 상호작용과 커뮤니케이션에 의미를 두는 작품의 경우에는 이러한 이질성을 상당 부분 발견할 수 있다. 이러한 특성으로 인해 대부분의 예술상품은 유일무이하며, 다른 상품으로 완벽하게 대체하기 어렵다.

이는 마케팅 측면에서는 기회와 위협의 양 측면으로 작용한다. 호감을 갖고 있는 소비자에 대해서는 어느 정도의 독점성을 갖게 되며, 같은 상품에 대해서도 서비스 장소나 상황에 따라 발생하는 다양한 이질성으로 인해 반복적인 재판매가 가능하다. 최근 뮤지컬 시장에 새롭게 등장한 이른바 '회전문 관객', 즉 같은 공연을 캐스팅별로 모두 찾아서 보고 공연에 따라서는 수십 번 이상 반복 관람하는 사람들은 바로 예술상품의 이질성 혹은 가변성이라는 특성을 소비 판단의 주요 준거로 삼는 소비자라 할 수 있다. 하지만 이질성은 예술상품에 대한 질 관리 측면에서는 부담이 되기도 한다. 예술가라고 하는 인적요소에 대해서는 균질화된 서비스라는 것이 근본적으로 불가능하기 때문이다. 따라서 예술경영인 입장에서는 우선적으로 예술상품의 핵심 요소가 되는 예술가가 최상의 상태에서 공연이나 퍼포먼스를 할 수 있도록 최대한 배려하는 동시에 예술상품의 주변 요소로 인하여 본질적인 내용이 방해를 받지 않도록 주의해야 한다.

셋째, 비분리성이란 일반 재화처럼 생산과 소비가 분리되어 상품이 생산된 후 일정한 보관과 유통 과정을 거쳐 소비되지 않고, 생산 현장에서 동시에 소비가 이루어지는 것을 말한다. 이 같은 동시성으로 인해 예술상품은 서비스되는 장소와 그 여건이 상품 특성의 중요한 부분을 차지하며, 생산을 담당하는 노동력에 대한 의존도가 높아지게 된다. 이에 따라 특히 공연장처럼 생산과 소비가 동시에 이루어지는 장소에서는 생산자인 예술가와 소비자인 관객 간에 다양한 상호작용이 이루어진다. 이러한 상호작용의 자리는 아직 경험하지 못한 예술상품에 대해 소비자가 갖고 있던 기대와 실제 상품이 만나는 경험의 순간이며, 동시에 기대의 충족 여부에 따라 만족 혹은 불만족이라는 결과가 나오게 되는 판정의 시간이다. 문제는 일반 재화와 달리 생산과 소비가 동시에 이루어지는 현장에서 느끼게 되는 불만족을 보완할 수 있는 사후서비스가 마땅치 않다는 점이다. 이미 생산되어 현장에서 소비된 서비스 상품에 대해 상품의 하자나 불만을 제기하여 사후적으로 보상받는 것은 사실상 어렵다. 따라서 예술조직은 소비자가 현장에서 생산과 소비가 이루어지는 서비스로서의 예술상품에 대해 합리적 기대를 가질 수 있도록 정확한 정보를 제공하기 위해 노력해야 한다. 아울러 불만족한 상황이 만들어지는 경우 이러한 소비자를 어떻게 파악하여 어떻게 상호작용을 해나갈 것인가에 대해 고려해야 한다.

여기서 중요한 것은 어떻게 이러한 불만족을 파악하는가이다. 불만족한 소비자는 단지 다음 기회에 티켓을 더 이상 구매하지 않는 방식으로 자신의 의지를 드러내기 때문이다. 따라서 예술조직 입장에서는 설사 부담스럽더라도 소비자가 불만족한 심정을 드러낼 수 있는 채널을 확보하는 것이 오히려 필요하다. 예술상품의 소비자가 상품을 직접 경험한 후에 드러내고 공유하는 반응은 그 어떤 마케팅 수단으로도 대체나 보완이 어렵기 때문에 이에 대한 세심한 파악과 대응을 소홀히 하지 않아야 한다.

비분리성의 또 다른 측면은 생산과 소비가 동시에 이루어짐으로 인하여 소비자가 생산과정에 함께 참여한다는 점이다. 설사 무대와 객석이 분리된 공간이라 할지라도 소비자로서의 관객이 어떤 반응을 보이는가에 따라 공연자는 큰 영향을 받는다. 또한 소비자 간에도 기본적인 관람 예절이나 감상의 수준에 따라 상호 영향을 미치기도 한다. 따라서 예술조직 입장에서는 현장에서 관객과 예술가 간에 그리고 관객 상호 간에 원활한 상호작용과 커뮤니케이션이 이루어질 수 있도록 여러 가지 배려와 안내가 필요하다.

넷째, 소멸성이란 상품이 판매되지 않더라도 재고로서 관리하거나 보존할 수 없으며 즉시 사라지는 것을 말한다. 즉, 상당한 자원과 노력을 투입하여 생산한 예술상품이더라도 정해진 시간까지 판매되어 소비되지 않으면 아무 소득 없이 소멸된다. 이러한 특성은 주로 공연상품의 경우에 나타나는데, 이로 인해 공연상품은 재고관리의 어려움을 필연적으로 겪게 된다. 상품 보관이 불가능하기 때문에 공연이 이루어지는 특정 시점이 지나고 나면 상품 자체가 존재하지 않는 것이다. 따라서 상품을 적시에 판매하는 것이 다른 무엇보다 중요하며, 이에 마케팅의 비중이 커지게 된다.

이는 마케터 입장에서는 매우 심각한 도전인 동시에 가격전략을 비롯한 다양한 마케팅 도구를 활용하여 창의적으로 일할 수 있는 기회가 되기도 한다. 공연상품에 대한 다양한 할인제도의 발전이나 초대권을 둘러싼 논쟁은 이러한 특성을 반영하여 나타나는 현상이라고 할 수 있다. 아울러 선판매나 단체판매의 경우 대폭적인 가격할인 전략을 활용하게 되는 것도 바로 이러한 소멸성이라는 특성 때문이다. 일회적으로 끝나는 공연에서는 티켓을 판매하지 못하는 경우 소멸성으로 인해 이를 복구할 수 있는 방법이 애초에 없기 때문에 충분한 여유를 두고 안내자료 배포, 프리뷰 등 마케팅 전략을 실행해야 한다. 공연 기간이 긴 작품이거나 전시의 경우에는 사정이 조금 낫지만, 이때는 초기 단계의 입소문마케팅이 마케팅의 성패를 좌우하는 점을 감안하여 전략을 수립해야 한다.

예술상품은 이 같은 소멸성을 주요한 특성으로 갖고 있지만 다른 한편으로 소비되더라도 그 가치가 그대로 사라지지 않으며, 하나의 소스가 다양한 부가가치를 만들어내기도 한다. 이는 예술상품이 갖는 또 다른 특성인 창의성에 기인한다. 창의성은 예술상품을 유일무이한 가치를 지닌 서비스나 재화로 만들어준다. 이러한 창의성을 법으로 보호하는 것이 바로 저작권법이다. 과거와 달리 예술상품의 창의성에 대한 보호의 범위나 수준은 점차 엄격해지고 있다. 저작자는 사후 50~70년에 이르기까지 저작권을 보호받으며 이에 따른 수익금을 얻게 된다. 이에 따라 창작된 지 수십 년이 지난 노래라도 음반 판매 외에 노래방, 텔레비전과 라디오, 콘서트홀, 카페, 엘리베이터 등에서 소비될 때마다 저작자는 수익금을 배분받는다.

나아가 창의적으로 만들어진 하나의 예술상품은 다른 장르나 산업에서 활용되어 또 다른 상품을 만들어내는 자원이 되기도 한다. 문화산업 분야에서는 이를 원소스멀티유스 혹은 약어로 OSMU라는 용어로 설명한다. 예를 들어, 유명 만화 〈아기공룡 둘리〉는 1980년대 처음 창작되어 만화잡지를 통해 세상에 알려졌지만 이후 단행본 만화, TV 애니메이션, 극장용 애니메이션, 뮤지컬, 교육용 자료를 위한 캐릭터 그리고 이제는 수천 종의 캐릭터 상품으로 여전히 소비되고 있다. 〈왕좌의 게임〉 원작 소설이나 마블과 DC의 만화 캐릭터도 마찬가지다. 원작 소설이나 만화를 기반으로 영화와 TV 시리즈를 제작하고 이를 응용하여 뮤지컬과 게임과 온갖 캐릭터 상품을 만든다. 이러한 지속적 부가가치 창출 사례는 뉴욕 브로드웨이나 런던 웨스트엔드와 더불어 세계 많은 나라의 공연장에서 수십 년째 끊임없이 공연되고 있는 〈오페라의 유령〉 같은 예술상품에서도 똑같이 찾아볼 수 있다. 한 번 본 관객이 다시 보기도 하고, 어린 관객이 성장해 새롭게 관람하기도 하고, 이제껏 찾지 않았던 관객이 새롭게 찾기도 하는 가운데 그 생명력을 이어가고 있다. 이처럼 예술가가 만든 예술상품은 그 창의성으로 인해 예술시장에서 유통되는 과정에서 끊임없이 생명력을 확보하며 지속적인 소비를 창출한다.

2) 예술상품의 구성 요소

예술상품은 예술가가 만들어낸 순수한 예술작품만으로 만들어지는 것이 아니다. 오히려 〈도표 2-4〉에서 보는 것처럼 핵심 요소, 유형 요소, 주변 요소 등 여러 요소가 복합적으로 결합하여 하나의 상품을 구성한다. 예술상품의 소비자는 저마다 지식과 경험의 폭과 깊이가 다르며, 예술상품을 소비하는 여건에 차이가 있기 때문에 각자의 취향과 여건에 따라 그중 특정한 요소에 주목하여 예술상품을 소비한다. 이에 따라 예술상품을 기획할 때는 타깃으로 삼는 소비자가 어떤 요소에 더 주목하는가를 파악하여 그것에 맞춰 상품 내용을 구성하고 마케팅 전략을 수립해야 한다.

핵심 요소 상품의 핵심 요소는 그 상품의 가장 본질적인 내용을 구성한다. 예를 들어 〈교향악축제〉라는 예술상품에서는 어느 작곡가의 작품이건 교향곡 연주가 상품의 핵심 요소이다. 아무리 마케팅에서 유리하다고 해도 교향악축제에서 실내악을 연주하거나 오페라를 공연할 수는 없다. 물론 부대적으로 다양한 프로그램을 구성할 수는 있지만 그런 부대 프로그램이 상품의 핵심 요소를 구성하거나 대체하지는 못한다. 독주회의 경우 연주자 그 자체가 핵심 요소가 된다. 때로는 핵심 요소가 되는 특정 연주자를 전면에 내세워 홍보하지만 정작 연주회에서는 그 연주자의 비중이 크지 않은 경우 핵심 요소에 대한 관심으로 티켓을 구매했던 관객이 불평할

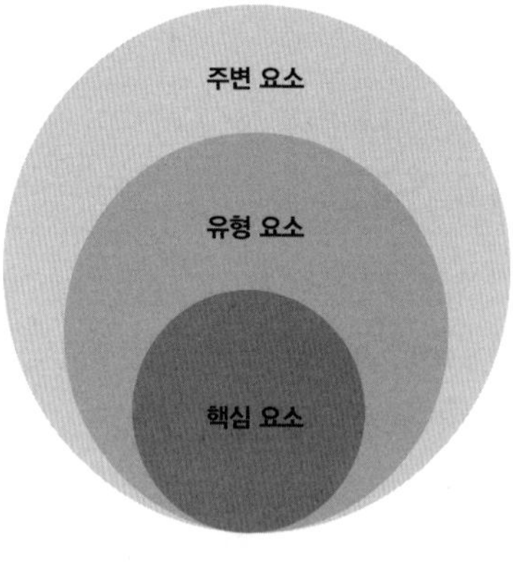

〈도표 2-4〉 예술상품의 구성 요소

수 있다. 전시회의 경우에도 특정 작가를 핵심 요소로 홍보함에도 정작 전시회에서는 해당 작가의 주요 작품이 비중 있게 전시되지 못한다면 마찬가지의 불만이 제기될 수 있다. 따라서 예술상품을 기획할 때는 무엇보다도 다른 예술상품과 차별적 경쟁력을 갖춘 핵심 요소를 어떤 것으로 설정할 것인가를 충분히 검토하고, 이를 글자 그대로 핵심으로 다루며 주요 프로그램 내용을 구성해야 한다.

유형 요소 유형 요소는 상품의 종류와 변형을 의미한다. 앞서 말한 〈교향악축제〉에서 베토벤과 모차르트의 곡을 주로 연주할 것인가, 말러와 쇼스타코비치의 곡을 주로 연주할 것인가에 따라 공연에 대한 관심이 달라질 수 있다. 국내 오케스트라만 초청할 것인가 외국의 오케스트라도 초청할 것인가, 프로페셔널 오케스트라 중심으로 할 것인가 아마추어 오케스트라도 포함할 것인가에 따라서도 행사의 성격이 바뀔 수 있다. 협연자로 유명 연주자를 택할 것인가 신진 연주자를 택할 것인가, 지휘자는 어떤 사람을 초청할 것인가도 유형 요소의 내용이 된다. 이처럼 유형 요소는 핵심 요소가 주어진 상태에서 행사의 성격이나 방향을 다양하게 기획할 수 있도록 만들어주는 역할을 한다. 해당 예술상품에 이미 익숙한 잠재소비자의 경우 유형 요소가 어떤 것인가에 따라 구매 결정을 하는 경우가 많기 때문에 기획 단계에서 어떤 유형 요소로 잠재소비자에게 어필할 것인가를 판단하는 것이 중요한 과제가 된다.

주변 요소 주변 요소는 예술작품 그 자체와는 별개이지만 부대적으로 함께 경험하게 되는 서비스를 말한다. 예를 들어, 공연장이나 박물관·미술관의 깨끗하고 청결한 시설, 대중교통, 주차장, 식음료 시설, 탁아시설, 기념품 판매소, 주변 식당 등이 주변 요소가 된다. 공연이나 전시 장소는 예술상품의 성격에 따라 핵심 요소나 유형 요소가 될 수도 있고 주변 요소가 될 수도 있다. 예를 들어, 전기음향의 도움을 받지 않는 자연음향이 매우 중요한 오케스트라나 오페라 공연 혹은 조명이나 무대장치의 비중이 큰 연극이나 무용의 경우, 공연장소는 예술작품 그 자체와 분리되기 힘든 핵심 요소나 유형 요소가 되기도 한다. 주변 요소는 해당 예술상품을 이전에 접해보지 못해 익숙하지 않은 첫 소비자 혹은 간헐적 소비자에게는 핵심 요소나 유형 요소보다도 오히려 더 중요한 의미를 가질 수 있다. 이들은 설사 핵심 요소에 만족하더라도 주변 요소에 실망하여 더 이상 그 예술상품을 구매하지 않게 될 수 있다. 따라서 새로 기획하여 시장 진입기에 있는 예술상품일수록 이러한 주변 요소에 대해 세심한 주의를 기울여야 한다.

심층 연구 및 토론 과제

- 예술상품이 다른 상품과 다른 점은 무엇인가?
- 예술작품과 예술상품의 차이는 무엇인가?
- 예술상품의 네 가지 특성이 장르별로 어떻게 차이를 보이는지 생각해보자.
- 우리나라 예술시장에서 공연 혹은 전시상품으로 가장 성공적인 사례를 하나 조사하고 어떤 면에서 성공적이었는지 정리해보자.

2. 예술시장

1) 예술상품의 공급

예술시장에서 공급자 역할은 예술가와 예술조직이 맡는다. 예술상품의 공급자는 장르에 따라 연주자, 성악가, 배우, 무용수 등 한 명의 독립적인 예술가가 될 수도 있고 오케스트라, 극단, 무용단 같은 예술조직이 될 수도 있다. 예술가와 예술조직은 스스로의 창조적 열정과 재능을 기반으로 창작 활동을 하지만, 예술경영의 관점에서 보면 예술가와 예술조직은 소비자와 분리된 독립적 존재가 아니다. 예술 공급자를 바라보는 예술경영의 관점은 미학의 관점과 다르다. 예술경영 관점에서 예술가와 예술조직은 시장을 통해 예술적 재능과 창조성을 판매할 수 있을 때 비로소 존재가치를 갖게 된다. 중요한 것은 어느 한 시각이 다른 시각보다 우월하다는 식의 가치판단보다는 두 시각이 엄연히 다른 기준을 적용해 판단한다는 점과 그 차이를 이해하는 것이다. 미학적 판단과 더불어 시장이라는 요소를 함께 고려할 때 비로소 지속 가능한 예술 생태계가 만들어질 수 있고, 시장의 수요에 부응한 예술상품의 공급이 이루어질 수 있기 때문이다.

예술시장에서 공급 규모는 어떤 기준을 적용하는가에 따라 달라지기 때문에 일률적으로 말하기 어렵다. 이는 공연이나 전시 모두 마찬가지다. 공연시장의 공급 규모는 작품 편수일까, 공연 횟수일까? 아니면 시장에 참여하는 예술가나 예술조직의 숫자일까? 물론 어느 하나를 선택하는 것이 정답이 되는 질문은 아니다. 그 모든 것이 어울려 공연시장의 공급 규모를 결정하기 때문이다. 국내 예술시장의 경우 일반적으로 공급과잉으로 보는 시각이 많지만, 반대로 예술의 질이나 다양성을 논거로 하여 반박하는 견해도 있다. 여러 예술 장르에서 공급과잉의 현상이 만연했던 것은 사실이지만, 그것이 과연 어떤 이유에서 초래된 현상인지는 정확히 설명하기 어렵다. 기본적으로는 창작에의 열정이 넘치는 예술가와 예술조직이 많기 때문이겠지만, 조금 더 구체적으로 살펴보면 시장이나 관객의 수요와는 상관없이 대학을 거점으로 형성된 생태계를 바탕으로 활동해온 예술가나 예술조직이 많았다는 점도 지적할 수 있다. 한스 애빙 같은 학자는 조금 다른 관점에서 정부의 예술지원이 역설적으로 예술시장에서의 공급과잉을 초래하여 예술가들이 가난할 수밖에 없다고 말하기도 한다.[5]

예술상품 공급에서의 비용질병 이러한 예술시장 전반의 예술상품 공급은 다른 상품과는 다른 특성을 몇 가지 갖고 있다. 가장 우선적으로 이야기할 것은 보멀과 보엔의 비용질병cost disease에 관한 이론과 생산성 지체 현상이다. 보멀과 보엔은 일찍이 1966년에 《공연예술: 경제적 딜레마》라는 책을 통해 공연 분야의 이른바 생산성 지체에 관한 이론을 전개하면서 이로 인한 비용질병 현상을 주장했다.[6] 앞서 예술경영의 역사 부분에서 간략히 설명한 바 있지만, 보멀과 보엔은 공연의 노동집약적 특성에 따른 문제를 설명하기 위하여 베토벤의 현악 4중주를 예로 들었다. 이 곡을 연주하기 위해서는 200년 전이나 현재나 똑같이 네 명의 연주자가 필요하며 연주 시간도 같다는 것이다.

보멀과 보엔은 아울러 1770년대 영국 드루리레인극단과 1960년대 로열셰익스피어극단의 공연 제작비용을 비교했다. 같은 기간 영국 전체 물가는 여섯 배 상승한 것에 비해 공연 비용은 14배 상승한 것으로 나타났다. 그리고 뉴욕필하모닉의 1843년과 1964년 연주회 비용도 비교했다. 같은 기간 미국 전체 물가는 네 배 상승한 것에 비해 연주 비용은 20배 상승했다. 200년 동안 수많은 과학기술의 발전으로 다른 산업 분야에서는 일정한 상품을 생산하는 데 필요한 자원이 줄거나 단위 시간당 생산량이 늘어나는 식으로 생산성이 크게 증대했지만, 공연 분야는 그러한 혜택에서 제외된 채 생산성이 전혀 높아지지 않은 것이 바로 이런 결과를 초래했다는 것이다. 문제는 생산성은 높아지지 않았음에도 불구하고 공연 분야 인건비는 다른 산업과 보조를 맞춰 지속적으로 상승하고 있다는 점이다. 이는 결과적으로 제작비의 상승을 가져오는데, 생산성 지체가 일어나는 공연산업 특성상 이를 감당할 만한 재원을 확보하기 어렵다. 이에 따라 일반적인 시장구조에서는 공연조직의 적자가 누적되며, 결과적으로 공급이 축소될 수밖에 없다는 것이다. 그렇다면 만약 이러한 예술상품의 공급이 사회적으로 필요하다고 인정되는 경우라면 누군가 어떤 식으로든 이 적자를 메워서 공급 수준을 유지해야 한다. 이에 보멀과 보엔의 논리는 이후 예술조직이 적정 수준의 공급을 계속해나가기 위해서는 국가와 공공부문 등 외부로부터의 지원이 필요하다는 유력한 논리로 오랜 기간 활용되었다.

예술상품 공급의 경직성 예술상품 공급의 또 다른 측면은 경직성이다. 앞서 예술상품의 특성에서 설명한 것처럼 예술상품은 인적요소인 예술가에 대한 의존도가 높은 서비스 상품이다. 특히 예술가의 창조성은 예술상품 생산을 위한 투입 요소 중 가장 중요한 역할을 한다. 문제는 이러한 창조성을 갖고 있는 예술가가 어느 날 갑자기 나타나지 않는다는 점이다. 한 명의 예술가가 예술시장에 나오기까지는 타고난 혹은 학습된 창의성을 발현시키기 위한 수많은 교육과 학습 그리고 그에 상응하는 시간과 노력이 필요하다. 이에 따라 설사 특정한 예술가 혹은 범위를 확장하여 일정한 영역의 예술가에 대한 수요가 단기간에 늘더라도 이를 충족시키기 위한 예술가의 공급을 늘리는 데 한계가 있다. 특히 독창적인 표현으로 어느 정도 독점적 성격을 갖고 있는 예술가 혹은 이러한 예술가가 참여하는 공연이나 전시를 단기간 내에 늘릴 방법이 없는 것이다.

다른 한편으로 예술가 개인의 창작 단계를 넘어 공연 상품화나 전시 상품화의 단계에서도 서비스 장소 문제로 이 같은 경직성이 나타난다. 공연이나 전시 상품을 공급하기 위해서는 사전에 공연장과 전시장의 대관을 확정해야 한다. 대관 절차는 보통 공연이나 전시보다 1년여 앞서서 진행되며 아무리 짧은 경우에도 최소한 수개월이 소요된다. 더욱이 해외 주요 공연장이나 박물관·미술관은 적어도 2~3년 전에 대관 협의가 완료되어야 하는 경우가 대부분이다. 따라서 실제 공연이나 전시 상품이 공급되는 시점에서 수요가 당초 기획 단계의 예상보다 훨씬 늘어난다 하더라도 이에 맞춰 예술상품의 공급, 즉 공연 횟수나 전시 일수를 늘리기 어렵다. 물론 사전에 충분히 긴 기간을 대관해놓으면 되지만 문제는 수요를 정확히 예측하는 것이 쉽지 않다는 점이다.

또 다른 문제는 잠재수요가 부족하거나 그 밖의 다른 이유로 인해 공연이나 전시 티켓이 예상보다 적게 판매되는 경우에도 곧바로 공급을 축소하기 어렵다는 점이다. 수요를 지나치게 낙관적으로 예측하여 티켓이 과잉공급 상태가 되는 경우에도 판매하지 못하는 티켓은 재고관리가 불가능하며, 이는 고스란히 예술조직의 비용으로 남게 된다. 이러한 상황이 발생하는 주된 이유는 수요예측의 오류 문제도 있지만, 근본적으로 예술상품의 생산을 위해서는 직접적인 서비스의 생산이 이루어지는 프로덕션 단계 이전에 상당한 기간과 비용이 소요되는 프리프로덕션pre-production 단계가 선행되어야 하기 때문이다. 공연의 경우 작품의 조사와 선택에서 시작하여 공연장소 섭외와 주요 출연진 및 기술 스태프 확정 그리고 마지막으로 오랜 연습과 리허설에 이르기까지 다양한 과정이 프리프로덕션 단계에서 이루어진다. 전시의 경우에도 내용은 다르지만 전시 주제의 연구와 전시 내용의 구성에서 전시작품 섭외와 전시장 디자인에 이르기까지 긴 준비 기간이 필요하다. 예술상품은 시장에 나오기 전에 이러한 과정의 프리프로덕션 단계에서 상당한 시간과 비용이 투입되어야 하며, 설사 상품 공급 시점에서 수요가 부족하더라도 이미 투입된 자원을 회수하는 것은 사실상 불가능하다. 티켓을 판매하지 못해 공연장과 전시장이 비더라도 어쩔 수 없이 사전에 계획된 기간만큼은 공연과 전시를 지속해야 하는 것이다. 이처럼 예술상품의 공급은 경직성을 갖고 있기 때문에 생산의 위험부담이 크며 그만큼 치밀한 사전조사와 세심한 기획이 필요하다.

2) 예술상품의 수요

예술상품의 공급자인 예술가와 예술조직의 반대편에는 수요자인 예술 소비자가 존재한다. 예술 소비자는 예술시장에서 여러 장르와 형식의 예술 프로그램을 상품으로 구매하며, 이를 통해 한정된 돈으로 최대한의 만족을 얻기를 원한다. 이 점은 다른 상품을 구매하는 소비자의 태도와 다르지 않다. 하지만 예술상품을 소비하기 위해서는 다음 〈도표 2-5〉에서 보는 것과 같이 돈 이외에도 시간, 취향, 과시성 혹은 속물성 같은 요인이 작용한다.

시간의 제약 예술상품이 다른 상품과 구별되는 가장 큰 차이점은 돈뿐 아니라 시간에 의해서도 소비가 제약된다는 사실이다. 다른 상품은 일단 구매하고 나면 언제든 활용이 가능하지만, 대부분의 예술상품은 일회적인 소

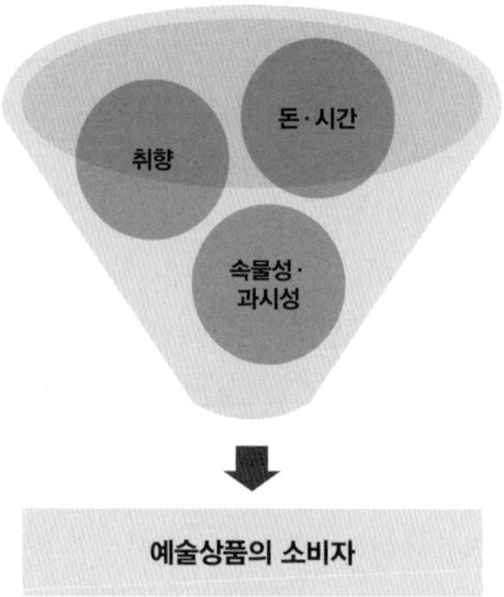

〈도표 2-5〉 예술상품의 소비 요인

비로 사라지는 소멸성과 시간 제약적 특성으로 인해 선택에 제한이 존재한다. 제아무리 많은 돈을 투입하더라도 '이번 주 토요일 저녁 공연'은 한 편밖에 볼 수 없다. 더욱이 대부분의 소비자에게 시간은 기회비용으로 작용한다. 특정한 예술상품 소비를 선택하는 것은 다른 예술상품을 포기하는 것과 더불어 시간비용이 투입되어야 하는, 즉 다른 일상을 포기하는 것을 의미한다. 공연이나 전시를 보기 위해서는 직장에서 일찍 나오거나 집안일을 미루거나 친구와의 만남을 줄이거나 독서와 여행과 스포츠 활동을 일정 부분 포기해야 하는 것이다. 이에 따라 단 한 번만 이루어지는 공연이나 특정 시간에만 이루어지는 퍼포먼스형 전시의 경우 소비자는 그 시간을 위해 다른 선택 대안을 동시에 선택할 수 없기 때문에 이러한 시간비용이 더욱 크게 느껴질 수 있다. 제작비의 부담에도 불구하고 공연 횟수나 전시 기간을 늘리는 것은 바로 이러한 시간비용에 대한 부담을 줄이기 위한 노력이다. 그렇기에 예술경영인은 이런 특성을 염두에 두고, 소비자의 시간비용을 줄여주는 노력과 더불어 반드시 이번 기회에 해당 공연이나 전시를 보아야만 한다고 느낄 수 있도록 설득력 있는 마케팅 메시지를 만들어 잠재소비자의 구매를 이끌어내야 한다.

취향에 따른 소비 예술시장의 수요가 갖는 또 다른 특성은 바로 취향에 따른 소비다. 예술상품의 소비자는 자신이 소비하는 예술상품에 대한 확실한 자기 취향을 갖고 있다. 이 취향은 예술상품 자체에 대한 것일 수도 있고, 그것을 만든 예술가나 예술조직에 대한 것일 수도 있다. 예술 소비자는 취향을 지속적으로 확대하고 심화시키며, 그것을 충족시켜 주는 상품에 기꺼이 시간과 돈을 지불한다. 이 같은 취향으로 인해 예술상품은 일반적인 상품과는 다른 기준과 맥락으로 선택되고 소비된다. 단순한 합리성이나 경제성보다는 상품 구매로 인한 취향 면에서의 만족감이나 충족감이 훨씬 더 큰 요소로 작용하는 것이다. 예술상품의 소비자는 돈과 시간이라는 자산을 취향에 맞게 활용해 다양한 예술상품을 구입하고, 그로 인해 자신의 인생이 더욱 풍요롭고 흥미로워지기를 원한다. 예술상품의 소비자는 궁극적으로 예술시장을 통해 자신이 원하는 수요의 내용과 규모를 드러낸다. 이를 효과적으로 예측하는 것이 예술경영의 성패를 좌우한다.

다른 한편으로 앞서 설명한 공급의 경직성과 마찬가지로 수요 역시 취향에 따른 경직성을 갖고 있다. 대부분의 예술 소비자는 자신의 선호와 취향에 맞춰 익숙한 예술상품을 소비한다. 따라서 설사 이제까지 없던 창조적 예술가가 등장하더라도 이를 감상하고 향유하는 예술 소비자가 갑작스레 나타나기는 어렵다. 예술가의 창조성 발현과 마찬가지로 감상과 향유 역량을 높이기 위해서도 상당한 정도의 시간과 노력이 필요한 것이다.[7] 시장에서 검증된 예술상품이 아닌 새로운 창조성을 발현하는 예술가일수록 그에 따른 소비자의 취향과 수요를 형성하는 것이 더 어려워진다. 새로운 형태나 내용의 예술상품을 기획하는 의도가 아무리 좋더라도 잠재소비자의 규모가 경직된 상태라면 예술시장에서는 고전을 면하기 힘들다. 때로는 예술조직과 시장이 소비자의 취향을 개발시키거나 수요를 창출하기도 한다. 그리고 바로 그 지점에 예술경영인의 적극적 역할이 힘을 발휘한다.

과시적 소비 예술상품의 소비에서 또 간과할 수 없는 부분은 '과시적' 혹은 '속물적' 소비다. 과시적 소비를 처음 이야기한 것은 19세기 말의 경제학자 베블런이었다. 베블런은 "좀 더 훌륭한 재화를 소비하는 것은 부의 증거"라는 주장을 펼쳤다.[8] 그의 주장은 이후 여러 사치품에 대한 소비를 설명하기 위한 이론으로 많이 인용되었는데, 이런 과시적 소비성향은 예술상품의 소비에서도 두드러지게 나타난다. 국내 뮤지컬 산업 성장에 결정적으로 기여한 것으로 평가되는 2001년 LG아트센터의 〈오페라의 유령〉은 뮤지컬 시장이 현재와 같이 형성되지 못한 시기에 상당한 위험부담을 안고 시도된 장기공연이었다. 당시 공연 제작진은 이른바 '명품공연'을 지향하며 이 공연을 관람하지 않는 사람은 시대에 뒤떨어진다는 식의 마케팅을 펼쳤다. 그 결과 이전부터 조금씩 형성되어 오던 뮤지컬에 대한 관심이 이러한 마케팅과 절묘하게 어우러지며 폭발적인 수요를 창출했고, 이후 국내 뮤지컬 시장은 매년 큰 폭의 성장을 거듭해왔다.

과시적 소비는 속물적 소비라고도 불리는데, 여기서 말하는 '속물snob'은 19세기 후반에 정립된 용어로서 공교롭게도 비슷한 시기에 상호 대립적인 '지식인intellectual'이라는 단어와 함께 사용되기 시작했다. 두 용어 모두 근대 시민사회의 형성과 맥락을 같이한다. 지식인이 문화 소비자를 긍정적인 측면에서 표현한다면, 속물은 진지한 접근의식 없이 단지 상징적 지위를 얻기 위해 특정한 소비활동을 하는 계층을 의미한다. 이러한 속물적 소비는 시민사회 형성기에 이전 시기의 귀족이나 당대의 상위 부르주아를 흉내 내려는 시민계급의 허위의식에 기초하여 일어났다.[9] 상류계층에 대한 모방소비를 통해 심리적 동질화를 꾀하는 것이다. 이 같은 과시적 혹은 속물적 소비는 뮤지컬처럼 대중성이 강한 장르에는 강력한 영향력을 발휘하지만 모든 장르에서 유효한 것은 아니다. 실내악이나 현대무용 혹은 현대미술 같은 경우 관련 지식이나 경험이 부족한 초보자가 단지 과시적 의도로 소비하기에는 접근이 쉽지 않고 부담스러운 면이 있기 때문이다.

3) 예술상품의 유통

예술시장은 생산자와 소비자가 예술작품을 상품으로 거래하는 곳이다. 이는 공연장이나 박물관·미술관처럼 공연이나 전시 등의 예술상품이 관객과 만나는 물리적인 공간일 수도 있고, 그런 공간에 접근하기 위한 권리인 티켓을 구입할 수 있는 인터넷 공간일 수도 있다. 여기서 말하는 예술시장은 기본적으로 예술이 하나의 상품으로 전환되어 생산자인 예술가로부터 소비자인 관객에게 전달되는 개념적인 공간을 뜻한다.

다른 상품시장과 마찬가지로, 예술시장에서도 예술상품의 공급과 수요가 만나 가격을 형성하고 그에 따라 거래가 성립된다. 필립 넬슨은 소비자가 구매하기 전에 구체적인 특성을 파악할 수 있는 상품을 탐색재, 직접 경험하고 소비해야 특성을 파악할 수 있는 상품을 경험재로 구분했다.[10] 예술상품은 다른 상품과 달리 탐색재보다 경험재의 성격이 강하기 때문에 예술시장만의 독특한 성격이 만들어진다. 탐색재는 어느 정도 정형화되고 측정 가능해서 구매 전이라 해도 다른 상품과 쉽게 비교할 수 있다. 그러나 예술상품은 개별 상품마다 특성이 다르다. 특히 공연상품은 현장에서 직접 경험하는 부분을 언어만으로 정확히 설명하기 어렵다. 따라서 일반 상품에 적용되는 마케팅으로는 소비자에게 접근하는 데 한계가 있다. 이에 예술가나 예술조직의 브랜드 가치를 높여 구매하기 전에도 예술상품에 호감을 표현할 수 있는 충성도 강한 소비자를 형성하는 일이 중요하다.

예술상품은 일반 상품과 달리 상반된 두 기제로 평가받는다. 하나는 다른 시장과 마찬가지로 시장의 수요에 의해 이루어지는 평가, 다른 하나는 예술미학과 예술사 분야 관련 전문가나 동료 예술가로부터 받는 예술적·미학적 평가다.[11] 전자는 양적 평가, 후자는 질적 평가로 현실화된다. 이 두 기제가 비슷한 방향으로 작용하면 별다른 문제가 없다. 예를 들어, 한 미술가의 작품이 미술시장에서 평론가와 큐레이터에게 높은 평가를 받는 동시에 경매나 아트페어에서도 높은 가격에 판매되는 경우다. 공연상품도 평론가가 예술성을 높게 평가하는 공연에 관객이 몰릴 수 있다. 그러나 언제나 이런 행복한 상황만 있는 것은 아니다. 두 가지 기제가 서로 다른 방향으로 작용하는 경우도 자주 발생한다. 예를 들어, 프리뷰에서 비평가로부터 높은 평점을 받은 뮤지컬이더라도 관객에게 외면당해 정작 흥행에 실패하는, 이른바 '저주받은 걸작'이 되는 경우를 종종 볼 수 있다. 예술적 평가와 시장수요에 의한 평가가 어긋난 상황이다. 반대로 전문가에게 혹평받은 예술작품이 대중에게는 열렬한 환영을 받기도 한다.

이처럼 전문가의 평가와 대중의 평가가 상반되는 이유에는 여러 가지가 있다. 예를 들어, 효과적인 마케팅 덕에 원래 가치보다 더 큰 수요가 발생하는 예술작품도 있다. 유행이나 트렌드로 인해 단기적 수요가 일어나기도 한다. 또한 어떤 미술품의 가격이 시장에서 형성된다 해도 그 가격이 작품에 관한 장기적 평가와 반드시 일치하지는 않는다. 잠깐의 유행 때문에 반짝 수요가 형성되면서 특정 작품의 인기와 가격이 높아지다가도 유행이 지나면 거래조차 되지 않을 만큼 평가가 수직 하강하는 경우가 종종 발생한다. 이렇듯 예술시장은 다른 시장과 달리 상품에 대한 평가가 대중의 수요만으로 이루어지지 않는다. 이에 따라 가격으로 환산되는 가치와 원래 가치가 어긋나는 것이 전혀 어색하지 않은 시장이 되는 것이다.

예술시장에서 예술상품의 유통 역할은 기본적으로 물리적인 문화공간이 맡게 된다. 공연장, 박물관·미술관으로 대표되는 문화공간은 그 자체가 매개 역할을 하며 예술의 공급과 수요를 연결해준다. 그러나 실질적인 매개 역할은 물리적인 공간이 아니라 그 안에서 일하는 예술경영인 혹은 기획자로 통칭되는 사람이 맡는다. 이들은 문화공간뿐 아니라 예술단체를 통해서도 활동한다. 이들은 자신이 속한 문화공간뿐 아니라 예술조직의 인적·물적 자원과 경험을 활용해 다양한 예술작품을 예술상품으로 만들고, 이를 예술시장에 공급하여 관객과 만나게 하는 매개자 역할을 한다.

그러나 이러한 예술상품의 유통은 생각만큼 쉽지 않다. 생산과정뿐 아니라 각 유통경로나 유통단계별로 적용되는 논리와 관행이 있고, 크고 작은 영향력을 발휘하는 온갖 주체가 복잡한 과정 속에서 저마다 자기 목소리를 내고 있기 때문이다. 따라서 예술가의 작품에 비즈니스 관점으로 접근해 생산, 유통, 소비의 전 과정을 조율하고 체계적으로 경영하여 궁극적으로 성공한 예술상품으로 만들어냄으로써, 생산자인 예술가와 소비자인 관객이 함께 만족할 수 있는 거래를 완성시키는 일이 바로 예술경영의 역할이 된다.

국내 예술시장에서 오랜 세월 동안 관객의 검정 과정을 거쳐 성공한 공연상품으로는 〈사물놀이〉, 〈난타〉, 〈점프〉, 〈명성황후〉, 〈라이어〉, 〈늘근도둑 이야기〉 등을 들 수 있다. 하지만 이러한 작품들이 처음부터 지금 같은 부가가치를 만들어내진 않았을 것이다. 이들이 대중적으로 히트하기 전까지는, 선율도 없이 그저 네 개의 전통 타악기만 두드려대는 이색적인 국악 공연이, 배우들이 칼로 도마를 치며 빈약한 스토리를 이어가는 퍼포먼스가, 단순한 연극 장치 속에서 태권도를 아크로배틱처럼 표현하는 작품이 국내뿐 아닌 전 세계 관객을 사로잡으리라고는 누구도 예상하지 못했을 것이다. 그중에는 변두리 낡은 건물 지하의 허름한 연습실에서 시작해 고작 수십 명의 관객도 반가웠던 작품도 있었을 것이다. 그리고 어떤 기획자는 자신의 꿈과 비전에 대해 누구도 귀 기울여 듣지 않는 상황에서 거대한 벽처럼 보이는 시장을 뚫고 들어가기 위해 숱한 밤을 지새웠을 것이다. 상품의 가능성을 믿지 않는 지원기관이나 투자자를 설득하기 위해 수도 없이 기획안을 만들고 뜯어고쳤을 것이다. 갈피를 잡을 수 없을 만큼 변덕스러운 관객의 마음을 사로잡기 위해 연출 내용을 다듬고 또 다듬었을 것이다. 우리가 현장에서 만나는 작품은 바로 그 막막하고 고통스러운 오랜 세월의 결과물이다. 그런 결과물을 만들어내기 위해서는 예술가의 열정과 재능 그리고 그들의 '예술작품'을 '예술상품'으로 변신시키기 위한 예술경영인의 창조적 시도와 무한한 상상력과 지극한 정성이 현재 성공의 밑거름이 되었을 것이다.

심층 연구 및 토론 과제

- 예술상품 공급에서 보멀과 보엔이 말하는 비용질병 현상을 해소할 수 있는 방안으로는 어떤 것이 있을까?
- 예술시장의 수요에 영향을 미치는 요소는 무엇인가?
- 공연티켓 판매 시 가장 비싼 티켓과 가장 싼 티켓이 먼저 매진되는 이유는 무엇일까?
- 예술상품 중에 과시적 소비의 사례로는 어떤 것이 있을까?

3. 예술상품 소비자

예술경영은 예술상품과 그 소비자에 대한 이해에서 시작한다고 해도 과언이 아니다. 예술상품 소비자가 다른 상품 소비자와 어떻게 다른지 이해하지 못한 상태에서는 애써 마련한 온갖 전략과 기획이 무의미해질 수 있다. 일반 기업경영이나 마케팅 전문가가 예술경영 분야에서 능력을 발휘하기 힘든 것은 바로 이 때문이다. 여기서는 몇 가지 소비자 이론을 응용하여 예술상품 소비자의 특성을 살펴보고 이를 바탕으로 예술상품 소비자에게 어떻게 다가갈 것인지에 대해 논의할 것이다.

1) 예술상품 소비자의 동기와 행동 특성

예술상품 소비자는 저마다의 동기를 가지고 있다. 예술상품 자체에 대한 관심과 향유가 일차적이겠지만, 동행한 사람과 즐거운 시간을 보내는 것이 더 큰 동기일 수도 있고, 단지 예술을 소비했다는 데 자부심을 갖는 것이 숨은 동기일 수도 있다. 매슬로를 비롯한 몇몇 심리학자의 이론은 예술상품 소비를 전제로 연구된 것은 아니었지만, 예술상품 소비자의 심리를 체계적으로 이해하는 데 도움이 된다.

매슬로의 욕구 5단계설 매슬로 이론의 핵심은 아래 〈도표 2-6〉에서 볼 수 있는 것처럼 사람들이 갖는 욕구를 5단계로 구분하고 그중 하위 욕구가 충족되어야 비로소 상위 욕구의 충족을 원한다는 것이다. 이를 예술상품에 적용해보면 고차원적인 자기실현 욕구의 충족을 위해 예술상품을 소비하는 것이 궁극적인 목적은 될 수 있지만, 그 전에 단지 화장실 이용이 불편하다거나 식사할 곳이 마땅치 않다는 점 때문에 예술 소비를 선택하지 않을 수 있다는 것이다.

1단계 생리적 욕구 면에서 보면 장시간 지속되는 야외 공연이나 축제에서는 프로그램 자체와는 별개로 식음료 판매대, 화장실 등의 마련이 필수적이다. 야외에서 진행되는 공연이나 축제에서 관객 조사를 해보면 프로그램 이상으로 부실한 식음료 판매나 부족한 화장실에 대한 불만이 많이 제기된다. 대부분의 저녁 공연이 일곱 시 이후에 시작하는 이유는 퇴근 시간에 대한 고려와 더불어 공연 전에 식사 시간을 가질 수 있도록 배려하기 위함이다. 사소하게 느껴질 수 있지만 이런 배려를 소홀히 할 경우 곧바로

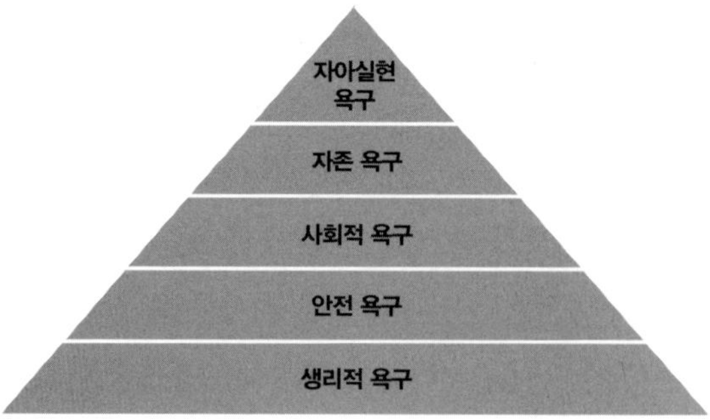

〈도표 2-6〉 매슬로의 동기 5단계 계층구조

불평이 제기되거나 티켓 판매가 저조해질 수 있다. 아울러 평일 저녁 공연의 경우 공연에 앞서 충분한 식사 시간을 갖기 어렵다는 점을 고려하여 식사를 대신할 수 있는 간단한 요깃거리를 판매하는 서비스가 필요하다.

2단계 안전 욕구 면에서 보면 대부분의 예술 활동에 무슨 안전 문제가 있을까 생각될 수 있지만, 늦게 끝나는 공연의 경우라면 관객 귀가에 대한 안전이 보장되어야 한다. 특히 대중교통이 불편한 공연장이나 야외 행사는 인근 지하철역 등 대중교통을 이용할 수 있는 장소까지 연결하는 교통편을 준비해야 한다. 예를 들어, 국립극장에서는 남산 중턱에 위치한 극장 위치를 고려하여 관객의 안전과 접근 편의성을 높이기 위해서 공연 전후 인근의 지하철역까지 셔틀버스를 운영한다. 이러한 안전 측면은 특히 여성 관객의 경우 결정적인 소비 장애 요소로 작용할 수 있다. 또한 가족 단위 프로그램은 아이들의 안전에 대한 부분이 매우 중요하다. 모든 부모에게 있어서 예술적 경험은 아이들의 안전보다 하위에 속하는 가치다. 따라서 아이들이 참여하는 예술 프로그램이라면 혹시라도 있을 안전사고를 예방하기 위한 여러 조치를 마련해야 하며, 안전사고가 발생할 경우 신속하게 대처할 수 있는 매뉴얼을 마련하고 프로그램 진행자와 안내자에게 사전교육을 철저히 시켜야 한다.

3단계 사회적 욕구 면에서 보면 예술상품의 소비는 예술작품 그 자체에 대한 감상과 향유를 위한 개인적 소비활동인 동시에 여러 사람과 어울리며 예술작품에 대한 감상과 경험을 공유하고 공감을 나누는 사회적 활동이 될 수 있다는 점을 기억해야 한다. 혼자서 공연장이나 박물관·미술관을 찾는 사람도 없진 않지만, 현실적으로 많은 예술 활동이 친구, 연인, 가족 혹은 직장 동료나 동호회 사람들과 함께 즐거운 시간을 보내는 방법의 하나로 활용된다. 공연장이나 박물관·미술관의 공간을 구성할 때 객석이나 전시공간 외에 로비와 카페테리아, 그 밖의 휴식공간이 필요한 것은 이 때문이다. 이러한 사회적 욕구는 예술 현장에서만이 아니라 온라인 활동을 통해서도 상당 부분 충족될 수 있다. 사람들은 자신이 경험한 예술작품에 대해 다른 사람들은 어떻게 느끼고 있는지, 자신의 느낌이 과연 맞는지 확인하고 싶어 한다. 온라인 게시판은 이런 사회적 교류 욕구를 충족시켜주는 통로가 된다. 이에 따라 최근에는 많은 예술조직이 홈페이지를 운영하면서 공연이나 전시 관람 후기를 나눌 수 있는 게시판을 마련하고 있다. 이러한 온라인 커뮤니티의 활성화는 게시판을 자주 찾는 사람 간의 동호회나 오프라인 모임도 활발하게 하기 때문에 혼자서 예술상품을 소비하는 사람을 위한 또 다른 유인체계가 되기도 한다.

4단계 자존 욕구는 예술상품 소비에서 나타나는 구별과 취향의 욕구로 해석할 수 있다. 이와 관련하여 피에르 부르디외는 프랑스의 사회계층별로 소비되는 상품에 대한 구체적인 분석을 통해 특정 예술상품의 소비가 그 계층의 소양과 취향을 형성함으로써 계급적 입지를 강화하는 주요 기제로 작용한다는 점을 지적했다.[12] 특정 예술 장르나 예술상품을 소비하는 것이 자신을 다른 계층의 사람들과 구분해주는 중요한 상징이 될 수 있다는 것이다. 경제가 꾸준히 성장하는 시기에는 좋은 아파트나 고급 자동차 혹은 명품 브랜드 제품에 대한 물질적 소비가 과시적 소비의 유력한 방편 역할을 해왔다. 하지만 이제는 이러한 물질적 소비를 넘어서 예술상품에 대한 소비가 자신의 계층을 상징하고 위신을 갖추게 해주는 중요한 문화자본 역할을 한다는 인식이 서서히 자리 잡고 있다. 명품 소비 심리가 예술상품의 소비에도 적용되고 있는 것이다. 이러한 측면은 어떤 예술상품을 소비하는 것이 그 잠재관객이 지향하는 특정 계층 혹은 특정 라이프스타일에 잘 어울린다는 점을 주요 메시지로 한 마케팅 전략으로 활용될 수 있다.

5단계 자아실현 욕구는 더욱 고차원적인 접근이며, 현실적으로 파악하거나 응용하기 쉽지 않은 부분이다. 이런 욕구는 예술상품을 더욱 심층적으로 감상하고 소비할 수 있도록 돕는 서비스와 연결될 수 있다. 예를 들어, 공연 프로그램을 제작할 때도 주최나 후원 기관 혹은 협찬 기업 대표의 틀에 박힌 인사말과 사무적인 프로그램 안내 또는 이력서에나 실릴 것 같은 나열식 아티스트 소개에 머물지 않도록 해야 한다. 더욱이 공연 내용보다 몇 배 많은 광고가 대부분의 지면을 채우고 있는 프로그램이라면 굳이 만들 필요도 없다. 공연 프로그램은 공연장을 찾은 고객에 대한 서비스이자 훌륭한 교육 수단이 될 수 있다. 따라서 공연 자체를 더욱 깊이 이해하고 감상하는 데 도움이 될 만한 작품 해설과 예술가의 활동을 소개하는 내용을 담아야 한다. 이는 소비자가 그 공연에 참석함으로 얻게 되는 경험을 한층 더 깊이 있는 미적 체험으로 바꿔줄 수 있다. 이를 통해 소비자는 자신의 경험이 미학적으로 혹은 예술적으로 얼마나 가치 있고 의미 있는 것이었는지 깨달으며 자아실현에 한 걸음 더 다가갈 수 있게 된다.

기대성취 이론과 인지부조화 이론 필립 코틀러는 예술상품 소비의 심리적 특성과 관련하여 심리학에서 발전한 기대성취 이론과 인지부조화 이론을 바탕으로 예술상품의 구매 후 행동 특성을 다음과 같이 설명했다.[13] 기대성취 이론은 어떤 상품의 구매 시 그에 따른 성과가 당초의 기대에 부응할수록 만족감이 증대한다는 것이다. 예술상품은 경험재적 특성으로 인해 실제로 예술 현장을 경험하기 전까지는 막연한 기대만 갖게 되는데, 정작 그 기대가 충족되지 못하면 만족감은 크게 떨어진다. 이는 예술상품을 마케팅할 때 지나치게 과장하지 말아야 한다는 점을 시사한다. 기대성취 이론을 응용하면 예술상품을 소비할 때 어떤 면에 주목하여 감상해야 하는지 미리 안내하여 일정한 방향의 기대를 형성하게 함으로써 소비자의 만족감을 높이는 데 도움을 줄 수 있다. 예를 들어, 관객에게 낯선 현대음악 연주회를 개최하기에 앞서 관객의 이해를 돕기 위한 해설과 공개강좌 프로그램을 마련하는 것은 기대성취 이론이 응용된 사례라 할 수 있다.

인지부조화 이론은 예술상품의 소비자가 여러 대안 가운데 하나를 선택함으로써 다른 것을 포기하게 되므로 이로 인해 후회나 아쉬움 같은 불편한 느낌을 갖게 되는 것을 말한다. 이 때문에 소비자는 어떤 상품을 소비하기 전보다 소비한 후에 그 상품에 대한 정보를 더 많이 탐색하는 경향이 있다. 예술상품의 소비자가 느끼는 이러한 인지부조화 상태를 해소시키려면 그 예술상품의 소비가 탁월한 선택이었다는 점을 강화하는 노력이 필요하다. 온라인 티켓 구매자에게 티켓 구매확인 이메일을 보내면서 공연 프리뷰 기사나 비평문을 함께 보내줌으로써 구매자가 잘 선택했다는 인식을 심어줄 수 있다. 또한 온라인 커뮤니티를 통해 예술상품을 소비한 후의 감상을 다른 사람과 함께 나눌 수 있도록 함으로써 현장에서는 미처 느끼지 못했던 점을 다시 한번 떠올리게 할 수 있다. 이러한 과정을 통해 예술상품의 소비자는 자신의 선택이 옳았다는 것을 스스로 합리화하며 지속적인 소비자로 발전해가게 된다.

2) 예술상품 소비의 복합적 주체

예술상품 소비에 대한 그릇된 인식 중 하나는 예술상품의 소비자를 단일한 주체로 가정하는 것이다. 예술상품의 소비자를 구체적으로 살펴보면 현실적으로 다양한 주체들이 소비 행위에 단계적으로 관여해 나름의 역할을 하는 것을 알 수 있다. 이를 무시하고 그중 특정 주체를 임의로 가정해 마케팅에 나서면 투입하는 예산이나 자원만큼의 효과를 보기 어렵다. 예술상품의 구매를 결정하는 사람과 실제 구매자가 다를 수 있고, 구매자와 실제 소비자도 다를 수 있기 때문이다. 더 구체적으로 보면 예술상품의 소비에는 발의자, 영향자, 결정자, 구매자, 소비자 등 다섯 유형의 각기 다른 주체가 관여하는 것을 알 수 있다.[14]

예를 들어, 한 30대 남성 직장인 A가 4월 중순경 어느 신문에 실린 어버이날 기념 마당극 관련 기사를 보고 그 공연이 어버이날에 부모님께 선물하기 좋을 것 같다고 생각할 수 있다. A는 소비 과정에서 특정한 예술상품 소비를 제안하는 '발의자'가 된다. A는 마침 지난 설에 부모님께 비슷한 공연의 티켓을 선물했던 직장 동료 B에게 공연이 어땠는지 물어보게 된다. B는 부모님이 아주 즐거워하셨다며 A에게 구매를 적극 권할 수 있다. 이때 B는 A의 소비에 필요한 정보와 의견을 전해주는 '영향자'가 된다. A는 집으로 돌아가 아내 C에게 그 이야기를 한다. A의 제안에 공감한 C는 R석 티켓 네 장을 구매해 양가 부모님께 보내기로 결정한다. 이때 C는 어떤 예술상품을 소비할지 판단하는 '결정자'가 된다. 다음 날 A는 점심시간에 인터넷으로 티켓을 구매한다. 이렇게 실제 구매과정을 마무리하는 '구매자'가 된다. 마지막으로 티켓을 선물 받은 양가 부모는 각각 공연을 관람한다. 이들은 예술상품의 '소비자'가 된다.

이처럼 각기 다른 주체들이 예술상품의 소비에 대한 발의에서 직접 소비에 이르기까지 다양한 방식으로 관여한다면, 어떤 주체에게 어떤 전략으로 접근하는가에 따라 마케팅의 성과는 크게 달라질 수 있다. 앞의 마당극 사례에서 실제로 공연장에 오는 계층은 60~70대라고 해도, 이들이 구매력이나 구매 의사를 갖고 있지 않다면 이들을 대상으로 한 마케팅 전략

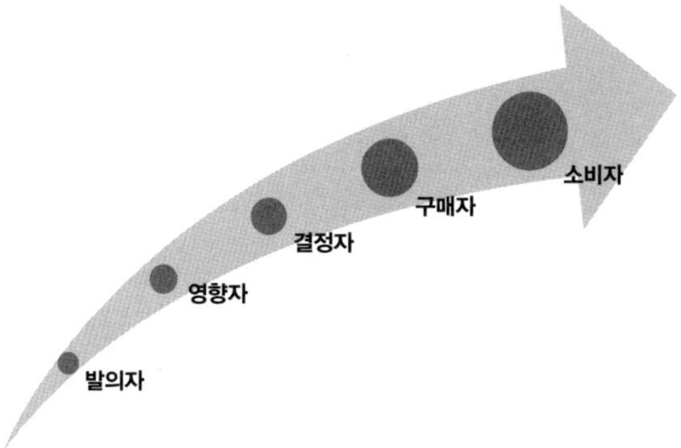

〈도표 2-7〉 예술상품 소비에 관여하는 주체

은 성공하기 어렵다. 즉, 실제 구매력을 갖고 각 구매 단계에서 결정에 영향을 미치는 사람을 정확히 타깃으로 삼아 거기에 맞는 차별화된 전략을 수립하여 접근해야 한다.

3) 예술상품 소비에 영향을 미치는 요인[15]

예술 소비자가 예술상품을 소비하는 데 영향을 미치는 요인은 무척 다양하지만, 다음 〈도표 2-8〉과 같이 환경적 요인과 개인적 요인으로 구분할 수 있다. 환경적 요인은 정치, 경제, 사회, 기술, 문화 등 외부적이고 객관적이며 거시적인 환경의 변화를 말하고, 개인적 요인은 심리, 생애주기 lifecycle, 직업, 계층, 준거집단, 교육 경험 등 내부적이고 주관적이며 미시적인 변수를 말한다.

가. 환경적 요인

정치·행정 요인 정치·행정 요인은 언뜻 예술과는 무관해 보이지만 실제로 예술 활동에 많은 변화를 가져올 수 있다. 예를 들어, 정치적 압박이 심한 시대에는 이를 빗대거나 풍자한 예술 프로그램이 관심을 끈다. 남북한 간의 교류 활성화, 한일 간의 갈등 같은 정치적 상황이 있는 경우 북한이나 일본의 예술에 대한 관심 혹은 거부감이 나타날 수 있다. 정책이나 행정도 예술 소비에 영향을 미친다. 법령이나 제도 혹은 지원정책의 변화에 따라 예술시장의 트렌드가 바뀌고 나아가 유통과 소비 전반이 영향을 받기도 한다. 뮤지컬 등 극히 일부를 제외하면 상당수 예술조직의 공공지원 의존도가 여전히 높기 때문이다. 다른 한편으로 새로 건립된 문예회관이 다양

환경적 요인	개인적 요인
정치 요인	심리 요인
행정 요인	생애주기 요인
경제 요인	직업 요인
사회 요인	소득계층 요인
기술 요인	준거집단 요인
문화 요인	교육 경험 요인

〈도표 2-8〉 예술상품 소비에 영향을 미치는 요인

한 공연상품을 제작하여 상대적으로 저렴한 가격에 티켓을 판매하는 경우 의도하지는 않았더라도 인근 지역의 민간 소극장에 대한 예술 소비가 위축되는 결과를 가져올 수 있다. 과거에 국립중앙박물관 등 주요 국립 박물관·미술관의 상설전시에 대한 무료화 정책이 처음 도입되자 민간 박물관·미술관에서 상당 기간 반발한 것도 비슷한 맥락이라 할 수 있다.

경제 요인 경기가 호황인가 불황인가에 따라 예술 소비의 흐름이 바뀐다. 경제가 불황이라면 일단 예술조직에는 위협 요인이 된다. 무엇보다 기업 등의 협찬이 줄어들고 관객은 티켓 구입을 꺼리기 때문이다. 그러나 이런 시기에는 티켓 가격이 비싼 외국 공연단체의 내한공연은 직접적인 타격을 받는 반면, 티켓 가격이 비교적 저렴하거나 무료인 국공립 공연에는 오히려 관객이 몰리기도 한다. 실제로 1990년대 말 외환위기 당시 국공립 공연장의 프로그램에 관객이 몰리는 예기치 않은 기현상이 벌어지기도 했다. 경제 여건의 변화에 따라 경제적 부담이 적은 예술상품으로 소비자의 선택이 바뀌는 것이다.

사회 요인 사회 여건의 변화도 예술상품 소비자의 행동에 영향을 미칠 수 있다. 예를 들어, 우리나라의 인구구성은 최근 급격하게 노령사회로 변하고 있으며 공연시장의 주축인 젊은 연령대의 인구 비율이 줄고 있다. 그러나 노령인구 비율의 증가에 적극적으로 대응하여 노인 계층을 타깃으로 하는 예술상품을 개발할 경우 이는 오히려 새로운 시장을 개척하는 기회가 될 수 있다. 기존 예술상품에 대해서도 노인 대상 홍보를 강화하거나 관련 편의시설을 확대하는 형식으로 마케팅 전략을 바꿀 수 있다.

또한 여가 시간을 확대하여 일과 여가의 밸런스를 추구하는 사회적 흐름에 따라 다양한 여가 활동 수요가 확대되고 있는데, 이는 예술상품을 기획하는 입장에서는 잠재소비자의 기반이 확대되는 것을 의미한다.

기술 요인 기술 요인이 예술상품 소비에 미치는 영향은 디지털 기술의 발전에 따른 정보 공유의 확대 측면과 예술상품의 생산이나 소비 방식 변화 측면으로 구분할 수 있다. 디지털 기술의 발전에 따른 소셜미디어의 이용 확대는 예술상품 소비자의 예술상품에 대한 정보 습득이나 선호 형성을 훨씬 더 편리하게 만들어주었다. 예술 프로그램뿐 아니라 관련 예술가나 문화공간에 대한 정보 습득이 소셜미디어를 통해 손쉽게 이루어지면서 예술 소비자는 훨씬 똑똑해졌고, 여러 경로를 통해 얻은 정보와 실시간으로 이루어지는 동료 소비자의 평가를 종합해 더욱 합리적인 소비를 할 수 있게 되었다. 이는 과거 대부분의 예술상품 정보가 포스터나 전단과 같은 일방적인 마케팅 자료에 의해 전달되었던 것과는 큰 차이를 보이는 부분이다.

다른 한편으로 예술상품 감상과 관련된 기술의 발전도 소비에 많은 영향을 미치고 있다. 스트리밍 기술과 구독경제의 발전은 디지털화된 음원이나 영상에 대한 접근을 용이하게 만들어주었고, 이는 감상 행태의 변화를 가져왔다. 더 이상 TV나 라디오 등 대중매체에 일방적으로 얽매일 필요가 없어졌고, 음원이나 영상이 담긴 매체를 직접 구매하여 소유할 필요도 없어졌다. 매월 약간의 비용 부담으로 거의 무한에 가까운 음원과 영상을 마음껏 활용하게 된 것이다. 이에 따라 이전에는 접근의 장애로 선호 형성이 쉽지 않았던 예술가나 작품의 경우에도 뜻하지 않은 인기를 누리는 사례가 점차 많아지고 있다.

문화 요인 문화 요인에는 역사, 민족, 사회계층, 하위문화, 종교 등 다양한 내용이 포함된다. 우리나라는 지난 20여 년간 급속히 다문화사회로 이행해왔지만, 여전히 단일민족에 대한 인식과 문화가 뿌리 깊이 자리 잡고 있다. 이에 따라 아시아계, 아프리카계, 스페인계, 유태계 등이 각각 고유의 커뮤니티를 형성하며 예술 소비에서도 뚜렷한 차별성을 보이는 미국 등 다민족국가와는 달리, 민족적인 요소가 관객의 성향에 큰 영향을 미치지는 않는 편이다. 사회계층에 관한 내용 역시 근대사회 이후 전통적인 상류계층이 이어져 내려오지 못하고 경제성장 과정에서 새롭게 부유층이 형성되면서 아직까지는 경제적 엘리트와 문화적 엘리트가 정확하게 일치하지는 못하는 상황이다. 사회적으로 엘리트 계층의 소비 양식이 몇 대에 걸쳐 형성된 서구사회와는 크게 다른 양상이다.

오히려 우리나라에서는 연령 구분에 따른 세대 간에 하위문화 형태의 소비 양식 차이가 많이 나타난다. 급속한 정치격변과 경제성장의 시기를 겪으며 경제적인 면만이 아니라 문화적으로도 배경이 전혀 다른 여러 세대가 한 사회에 공존하게 되었기 때문이다. 본격적인 공연 관객이 형성되기 시작한 1980년대 중반 이후 국내 클래식 음악 공연장은 상당 기간 20~30대 젊은 층이 주류를 형성했다. 이는 50~60대 이상 중장년층이 주류인 서구 공연장과 큰 대조를 이룬다. 우리나라에서는 그와 동 세대가 경제 여건과 여러 가지 사회적 제약으로 인해 예술상품의 소비를 생활양식으로 향유하기 어려웠기 때문이다. 이러한 세대는 설령 경제적·시간적 여유를 갖게 되어도 쉽게 예술상품 소비자로 전환되기 어렵다.

나. 개인적 요인

심리 요인 심리 요인으로 대표적인 것은 개인의 성격이나 태도다. 예술상품의 소비에서 개인이 갖는 태도 중에서 주목할 만한 것은 혁신 성향에 대한 부분이다. 이와 관련하여 에버렛 로저스는 사람들이 새로운 아이디어를 받아들이는 태도에 따라 혁신자innovators, 조기수용자early adopters, 조기다수early majority, 후기다수late majority, 낙후자laggards 등 다섯 가지 유형으로 구분했다.[16] 혁신자는 인구의 2.5퍼센트, 조기수용자는 13.5퍼센트를 차지하는 것으로 나타났는데, 새로운 예술상품을 기획하는 경우에는 새로운 흐름을 먼저 파악하여 선도하는 이 두 유형 소비자를 타깃으로 삼아야 한다. 그 이후에 조기다수와 후기다수에 속하는 그룹을 어떤 식으로 소비에 끌어들일지 단계적으로 고민해야 한다. 이러한 심리적 요인을 고려하면 인터넷 커뮤니티의 운영진이나 소셜미디어의 인플루언서 등을 공연이나 전시 프리뷰에 초청하여 입소문마케팅을 하는 것이 타당성을 가질 수 있다.

생애주기 요인 생애주기 요인 중 중요한 것은 연령, 결혼 여부, 가족 상황 등이다. 결혼과 이에 따른 가족 상황의 변화는 전통적으로 예술상품 소비에 가장 큰 영향을 미치는 요소 중 하나로 여겨져 왔다. 결혼으로 인해 가사에 더 많은 관심과 에너지를 쏟게 됨에 따라 데이트 시절과 비교하면 예술상품에 소비하는 돈과 시간이 훨씬 줄어드는 결과가 나타난다. 결혼한 가정의 여가 생활은 대체로 남편보다는 부인이나 아이 중심으로 결정된다. 현실적으로 결혼보다 큰 영향을 미치는 것은 출산이다. 출산 후 아이가 초등학교에 들어가기 전까지 예술상품의 소비는 결정적인 장애를 만난다. 아이를 맡길 곳을 찾지 못하면 더는 공연장을 갈 수 없게 되는 것이다. 문제는 이러한 예술상품 소비 중단이 일시적인 것으로 그치지 않고, 아이가 학교에 입학한 후에도 계속 이어질 수 있다는 점이다. 이러한 생애주기 요인은 부모와 아이가 함께하는 예술 프로그램 등 새로운 예술상품의 개발 기회가 될 수도 있다. 예를 들어, 국립국악원에서는 지난 2015년 공연장 잔디마당에서 어린아이들과 함께 참석할 수 있는 〈도담도담 유모차 콘서트〉를 개최했다. 이 프로그램은 '판소리 같이 배우기'를 비롯하여 어린이 연희극, 강강술래 등 영유아를 동반한 가족 관객에게 초점을 맞춘 구성으로 인기를 모았다.

직업 요인 직업 요인 중에서는 특히 직종이 예술상품의 소비에 영향을 미친다. 예술 소비자 중에는 전문직 종사자가 많은 편인데, 이는 고소득만이 아니라 상대적으로 자유로운 시간 등의 여건이 영향을 미친 것으로 볼 수 있다. 다른 측면에서 공연상품은 대개 저녁 시간에 이루어지기 때문에 낮에 근무하고 저녁에 퇴근하는 직장인들이 주된 타깃이 될 수 있다. 반면에 저녁 시간이나 주말에 일하는 서비스 직종 종사자는 저녁 공연에 참석하기 어렵다. 아울러 저녁 시간 이른 퇴근이 쉽지 않은 직장인의 이동 시간을 배려하여 공연 시작 시간을 늦추거나 박물관·미술관 관람 시간을 늦게까지 연장하는 방안을 고려할 수 있다. 직종과 함께 파악할 부분은 시간적 측면이다. 학생이나 은퇴자 혹은 전업주부의 경우 시간 활용 측면에서 정해진 시간에 얽매여 있는 직장인들보다 훨씬 자유로울 수 있다. 이들을 주요 대상으로 공연을 기획할 때는 전통적인 저녁 시간보다 오히려 오전이나 오후 시간대에 더 많은 관객을 유인할 수 있다.

소득계층 요인 계층을 형성하는 가장 중요한 요인은 물론 가처분소득이다. 가처분소득이 높은 계층과 낮은 계층에 대해서는 다른 접근 전략이 필요하다. 가처분소득이 낮은 계층에게는 상대적으로 할인권 등 경제적 부담을 덜어줄 수 있는 마케팅 전략의 개발이 필요하고, 높은 계층에게는 가격보다는 공연의 질 자체에 초점을 맞춘 홍보가 필요하다. 통계청의 자료에 따르면 한때 우리나라 소득 최상위 10퍼센트 계층의 교양·오락비 지출은 월평균 28만 1600원으로 최하위 10퍼센트 계층의 2만 9467원의 9.6배에 이르기도 했다.[17] 이 조사에서는 특히 교양·오락 소비 부문에서의 격차가 다른 소비 부문의 격차를 압도하는 것으로 나타났다. 교통·통신 부문은 4.7배, 식료품 부문은 2.9배, 보건·의료 부문은 2.2배에 불과했기 때문이다. 따라서 문화예술 상품 소비는 기본적으로 상위 소득계층에게 익숙한 활동이라고 할 수 있다.

여기서 유의할 것은 우리나라 여건에서는 단지 가처분소득이 많다고 당연히 예술상품을 더 많이 소비하지는 않는다는 점이다. 월 소득 300만 원인 20대 미혼자와 월 소득 600만 원인 50대 기혼자를 비교하면, 단지 소득이 높다고 50대 기혼자가 더 많은 예술상품을 소비하리라 기대하기 어렵다. 이는 앞서 설명한 것처럼 세대 간 문화적 격차가 매우 큰 것에 기인한다. 따라서 단순히 물리적인 소득수준에 따른 마케팅을 하기보다는 생애주기에 따른 소비성향, 거주지역, 세대별 소비 특성 등에 대한 다각적인 고려가 필요하다.

준거집단 요인 준거집단도 예술상품의 소비에 영향을 미치는 요인이다. 전통적으로 준거집단에서 가장 중요한 역할을 하는 것은 가족이다. 어린 시절 예술 활동에 대한 부모의 격려나 참여 권유 여부가 성인기의 예술상품 소비에도 영향을 준다. 세대 간 문화소비의 차별적 양상이 나타나는 것도 동년배 그룹이나 오랜 친구를 준거집단으로 삼는 경향에 기인한 것으로 볼 수 있다. 특정 예술상품을 소비하는 친구의 존재 여부는 실제로 예술상품의 소비에 많은 영향을 미치게 된다. 오프라인의 친구 관계와는 다르지만 페이스북이나 인스타그램 등 소셜미디어를 통해 형성되는 인터넷 커뮤니티 역시 이러한 준거집단 역할을 한다. 소셜미디어의 인플루언서가 올리는 특정 예술상품에 대한 향유 경험이 이를 공유하는, 상대적으로 수동적인 집단의 소비를 이끌어내는 것이다. 유튜브, 팟캐스트 등을 활용한 1인 미디어 활동 역시 특정 예술가나 예술작품에 대한 관심과 경험을 공유함으로써 팔로워의 준거집단 역할을 한다. 팔로워들은 자신이 선호하는 1인 미디어 운영자의 취향과 선호를 공유하며 해당 예술상품에 대한 소비를 확대해간다.

교육 경험 요인 어린 시절의 예술교육 경험 여부가 예술상품의 소비에 많은 영향을 미친다는 것에 대해서는 이미 여러 학자와 기관의 연구를 통해 밝혀진 바 있다. 특히 상당 기간 감상 훈련이 필요한 고전 예술 분야에서는 예술교육의 경험 여부가 결정적인 요소로 작용할 수 있다. 텔레비전을 시청하기 위한 교육은 필요 없지만, 19세기 실내악이나 20세기 회화작품을 이해하고 감상하려면 일정한 예술교육과 감상 경험이 필요하다. 이처럼 예술교육을 통해 예술상품의 소비를 확대하는 것은 국가 전체적으로 초중고교의 교과과정 개선과 예술교육 부분 비중 강화 등으로 시도할 수 있지만, 개별적인 예술조직 차원의 노력만으로도 나름대로의 효과를 볼 수 있다. 특히 지역단위 관객을 중심으로 활동하는 국공립 문화공간의 경우 예술교육 프로그램의 운영은 해당 예술에 대한 이해의 깊이를 더해주는 것에서 나아가 다양한 문화예술 프로그램에 대한 참여의 폭을 넓혀주는 계기가 된다.

4) 예술 소비자의 유형과 단계적 성장

예술상품 소비자는 소비 대상이 되는 예술상품에 대한 애정, 향유 빈도, 몰입도, 전문지식 등의 요소에 따라 몇 가지 유형으로 구분할 수 있다. 예를 들어 애버크롬비와 롱허스트는 예술상품 소비자를 다음 〈도표 2-9〉에서

와 같이 단순소비자, 애호가, 예찬자, 열광자, 준생산자 등 다섯 가지 유형으로 구분했다.[18]

- 단순소비자consumer는 특별한 취향 없이 단순히 여러 오락거리 중 하나로 예술을 즐기며 소비하는 사람이다. 이들에게는 편리한 접근성, 티켓 가격, 시설 등 예술상품의 주변 요소가 소비 결정의 중요한 요소가 된다.
- 애호가fan는 특정 스타나 예술상품에 대한 선호를 형성하여 이를 반복 소비하는 사람이다. 다만 다른 소비자와의 교류는 없이 개인으로서만 소비에 참여한다.
- 예찬자cultist는 공통의 관심과 선호를 갖고 있는 다른 소비자와 커뮤니티를 통해 관계 맺고 교류하며 예술상품을 소비하는 사람이다. 결과적으로 애호가에 비해 좀 더 높은 전문지식을 보유하고 있으며 더 많은 정보와 지식을 갖기 위해 노력한다.
- 열광자enthusiast는 예술상품 소비가 삶의 중요한 부분이 되어 직접 후원자가 되며 예술상품 소비를 중심으로 자신의 삶을 설계하고 계획한다.
- 준생산자petty producer는 아마추어 예술가 혹은 제작자로 직접 예술상품의 생산에 나서는 사람이다.

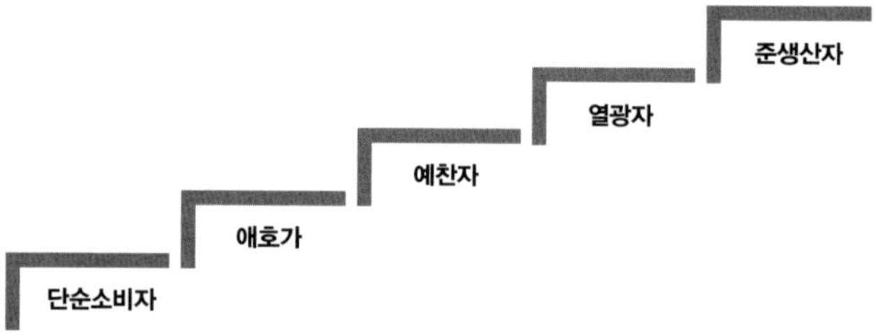

〈도표 2-9〉 예술 소비자의 단계별 유형

애버크롬비와 롱허스트가 말하는 예술상품 소비자의 유형은 평면적인 구분이면서 동시에 하위단계에서 상위단계로 발전할 가능성을 보여준다. 따라서 예술상품을 판매하는 예술조직은 우선 잠재소비자가 단일 성격의 집단이 아니라 이처럼 예술상품에 대한 애정이나 전문지식 등에 따라 다양한 편차가 있는 여러 단계의 하위집단으로 구분될 수 있다는 점을 고려하여 예술상품을 기획해야 한다. 아울러 낮은 단계의 소비자가 높은 단계로 성장할 수 있도록 개별 예술상품 판매와 더불어 정보 제공, 동호회 운영, 교육 기회 마련 등 다양한 부대사업을 병행할 필요가 있다. 예술상품에 대한 관심과 소비는 어느 한순간 갑자기 높은 단계로 나타나기 힘들기 때문이다.

반면에 앨런 앤드리선은 소비의 빈도와 추가 소비에 대한 관심을 중심으로 단계별 유형 구분을 시도했다. 앤드리선의 구분은 예술 소비가 오랜 기간에 걸쳐 다양한 요소로부터 영향을 받으면서 조금씩 그 정도와 깊이가 더해가는 현상이라는 점에 주목한 것이었다. 특히 상당한 시간과 비용을 투자해 티켓을 구입하여 관람해야 하는 공연 분야에서는 이런 현상이 더욱 두드러지게 나타난다. 앤드리선은 미국에서 5년마다 전 국민을 대상으로 재즈, 클래식 음악, 오페라, 뮤지컬, 발레, 연극 등 여섯 개의 공연예술 부문에서 실시해온 공공예술 참여도 조사Survey of Public Participation in the Arts(SPPA) 결과를 바탕으로 공연 관객이 〈도표 2-10〉에서와 같이 무관심→관심→시도→긍정적 평가→수용→확신의 6단계 '공연예술 수용과정'을 통해 성장해간다고 설명했다.[19]

- 제1단계(무관심): 지난 12개월간 여섯 개의 공연예술 부문 중 어느 것에도 참석하지 않았고 관심도 없다.
- 제2단계(관심): 지난 12개월간 여섯 개의 공연예술 부문 중 어느 것에도 참석하지 않았지만 관심은 있다.

• 제3단계(시도): 지난 12개월간 여섯 개의 공연예술 부문 중 하나 혹은 그 이상에 한 번 참석했지만 더 많이 참석하는 데는 관심 없다.
• 제4단계(긍정적 평가): 지난 12개월간 여섯 개의 공연예술 부문 중 하나 혹은 그 이상에 한 번 참석했고 더 많이 참석하는 데 관심 있다.
• 제5단계(수용): 지난 12개월간 여섯 개의 공연예술 부문 중 하나 혹은 그 이상에 두 번 이상 참석했지만 더 많이 참석하는 데는 관심 없다.
• 제6단계(확신): 지난 12개월간 여섯 개의 공연예술 부문 중 하나 혹은 그 이상에 두 번 이상 참석했고 더 많이 참석하는 데 관심 있다.

앤드리선이 연구 대상으로 삼은 여섯 개의 공연예술 부문은 같은 시장을 대상으로 하고, 무대 위에서 이루어지는 실연을 유료로 즐기며, 탁아·

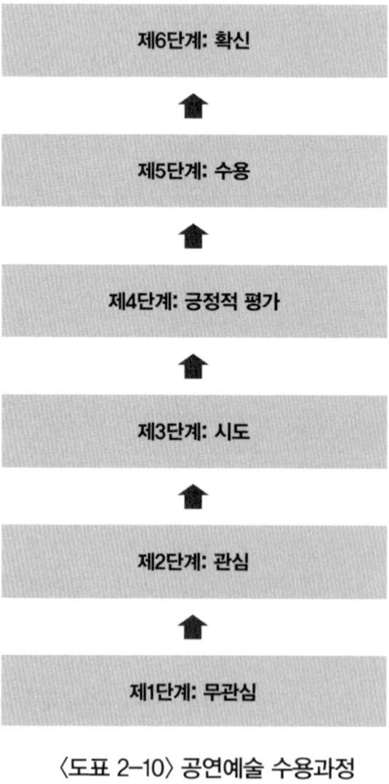

〈도표 2-10〉 공연예술 수용과정

저녁 식사·교통수단 등에 대한 사전준비와 추가 지출이 함께 연계된다. 아울러 이러한 공연 참석 활동이 대개 상호 대체재 역할을 한다. 이런 앤드리선의 유형 구분은 극단적으로 정형화된 모델이기는 하지만, 예술 소비자에 대한 이해에 중요한 시사점을 갖는다. 앤드리선은 이 연구를 통해 제2단계에서 제6단계로 이행해가는 것이 다음과 같은 사회경제적 변수로부터 많은 영향을 받는다는 사실을 발견했다.[20] 따라서 이러한 영향변수를 효율적으로 통제하면 마케팅의 성과를 크게 높일 수 있다는 것이다.

- 부모의 자극이나 예술 강좌를 통한 유년기의 사회화는 공연예술 수용과정에서 단계별 발전이 이루어지는 것과 높은 상관관계가 있다. 그러나 이러한 영향이 수용 단계까지 나타나는 것은 아니다. 그리고 대도시에서의 거주는 더 많은 예술에 대한 참여 기회를 의미한다.
- 어떤 사람이 공연예술 수용과정에서 어느 단계에 위치하는가의 여부는 그 사람의 가족 생애주기에서의 단계와 깊은 상관관계가 있다.
- 여러 공연에 참석하는 대상은 젊은 미혼자와 아이가 집에 없는 사람들이 가장 많다. 6세 미만 아이는 모든 단계에 걸쳐 공연 참석을 강하게 제약한다.
- 가처분소득은 각 단계 발전과 뚜렷한 상관관계를 보여주지 못한다. 소득은 단지 제4단계에서만 주요 변수로 작용한다. 어떤 사람이든 여러 행사에 참석하려면 최소한의 가처분소득은 갖고 있어야 한다는 의미다.
- 여가 시간에 거의 집을 떠나지 않고, 집에서만 여가를 즐기는 사람은 공연예술 참석도 꺼리는 경향이 있다. 이는 예술에 대한 수동적인 관심이 처음으로 집에서 나와 공연을 보러 가는 적극적인 활동과 상관관계를 맺는 시도 단계에서 가장 뚜렷이 나타난다.
- 개인이 더 많은 참석에 대해 장애로 느끼는 사항은 공연에 참석한 적이 없는 사람, 한두 번 참석한 사람, 여러 번 참석한 사람 모두 큰 차이를 보

이지 않는다.

- 일하거나 TV를 시청하는 다른 여가 활동이 예술 참석을 방해하지 않으며, 라디오나 CD 등 다른 매체를 통한 예술 소비가 공연예술 참석을 감소시키지도 않는 것으로 나타났다.
- 충실한 공연예술 관객으로 발전하려면 각 단계를 점진적으로 거쳐야 한다. 어느 날 갑자기 무관심한 사람이 열성 관객으로 바뀌지는 않는다.
- 단계별로 발전하면서 요구사항도 달라진다. 처음으로 공연예술에 관심을 갖는 사람은 이미 공연예술을 즐기며 더 많이 참석하려는 단계의 사람보다 훨씬 더 많은 정보를 필요로 한다. 분명한 것은 단계별 마케팅 전략은 각 단계에 따라 반드시 차별성이 있어야 한다는 점이다.
- 단계별 발전 내용이 다르기 때문에 당연히 각 단계에 속하는 소비자 유형도 달라진다. 이는 각 단계에서 사용할 마케팅 전략에 대해 많은 시사점을 던져준다.
- 제2단계와 제4단계에 위치한 사람들이 직면한 갖가지 장애 요인을 해결하려면 더 많은 자원을 투입해야 한다. 여성 관객의 경우에는 그들이 혼자 공연예술에 참석하도록 격려하거나 탁아 서비스를 제공해야 할 것이다. 집에서 아이와 함께 있는 사람들에게는 가족할인 패키지를 제공해 비용 절감을 강조하면 좋다.
- 어떤 단계에 있는 사람을 다음 단계로 발전시켜 나가는 유효한 전략 중 하나는 더 발전된 단계에 있는 사람이 그보다 낮은 단계에 있는 친구들에게 동기를 부여하게 만드는 것이다. 예를 들어, 정기회원에게 친구와 함께 참여하라고 권장하는 것이다. 4인 이상 참석 시 일정 금액 할인 등의 쿠폰을 제공할 수 있다.
- 마지막으로 공연예술 수용과정의 후반 단계에는 어린 시절 사회화의 역할이 중요하다는 것을 짚고 넘어가야 한다. 그렇기 때문에 학교나 그 밖의 다른 장소에서 어린이를 격려하고 그들이 평생 공연예술과 관련

을 맺도록 하는 프로그램에 상당한 투자를 지속하는 일은 예술계 전체의 발전을 위해 대단히 가치가 있다.

심층 연구 및 토론 과제

- 가장 최근에 소비했던 예술상품 사례를 하나 떠올린 후 매슬로의 동기 5단계설이 그 소비과정에서 어떻게 작용하였는지 생각해보자.
- 자신의 예술상품 소비에 가장 큰 영향을 미치는 요인으로는 무엇이 있을까?
- 지난 1년간 예술시장에서 성공적이었던 예술상품 사례를 하나 조사한 후 그 소비에 가장 큰 영향을 미친 요인은 어떤 것이었는지 생각해보자.
- 소셜미디어가 예술상품 소비에 어떤 방식으로 영향을 미치는지 생각해보자.

4. 한국의 예술시장

한국의 예술시장은 크게 공연 부문과 전시 부문으로 나눌 수 있다.* 공연 부문은 음악(양악, 국악·대중음악 제외), 연극, 무용, 오페라, 뮤지컬 등 장르별 공연시장을 포괄하며, 전시 부문은 미술품 창작과 전시 및 판매시장을 포괄한다. 문화체육관광부와 예술경영지원센터에서 추정한 국내 공연시장 규모를 보면 2017년도를 기준으로 1019개의 공연시설에서 3500억 원, 2861개의 공연단체에서 4632억 원 등 총 8132억 원으로 나타났다. 공연시설에서 운영하는 복수의 공연장을 모두 집계하면 총 1323개인데, 이는 2006년의 637개에 비하면 불과 10여 년 만에 두 배 이상으로 증가한 것을 알 수 있다. 이 중 서울·인천·경기 지역 공연시설은 664개(전국의 50.2퍼센트)로, 인구 비례(전국의 49.9퍼센트, 2019년 통계청 기준)와 비교할 때 과거와 달리 더 이상 공연시설이 수도권에만 집중된 것으로 보기 어렵다. 비수도권 지역 공연장이 꾸준히 증가하여 최소한 시설 측면에서는 전국 단위 균형이 확보된 것이다. 다만 공연장 가동률은 서울이 77퍼센트로서 제주

* 문학 역시 주요한 예술 부문이지만 예술경영의 대상으로서의 예술시장에는 포함하지 않는다.

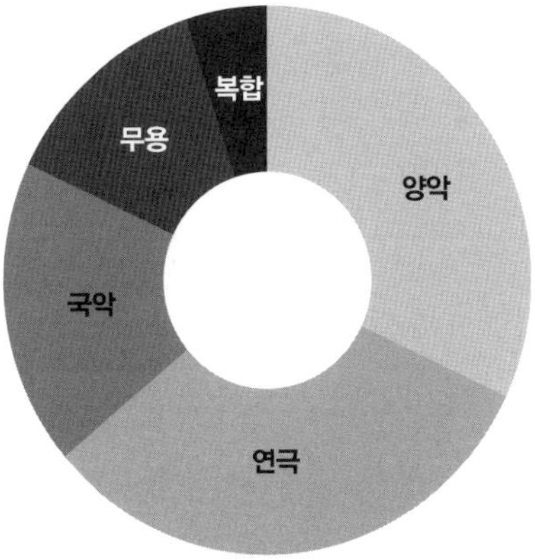

〈도표 2-11〉 한국의 공연시장

도를 제외한 나머지 지역의 40~50퍼센트대와 비교할 때 큰 격차가 있다. 이는 서울 외 지역 공연시설에 향후 좀 더 적극적인 경영이나 관객 개발 노력이 필요하다는 것을 보여준다.[21] 이러한 공연장에서 이루어진 연간 공연 건수는 총 3만 5117건이었으며, 공연 횟수는 15만 9401회, 총 관객 수는 2902만 명으로 나타났다. 이 중 유료 관객 비율은 42퍼센트였다. 공연장 가운데 공공부문에서 운영하는 문예회관은 2018년 기준으로 251관이 운영되고 있는데, 유료 관객 비율은 23퍼센트에 불과한 실정이다.[22] 다른 한편으로 공연단체는 2861개가 운영되고 있으며 단체별로 연평균 35회 공연한다. 장르별로는 양악이 923개(32.3퍼센트), 연극 900개(31.5퍼센트), 국악 509개(17.8퍼센트), 무용 382개(13.4퍼센트), 복합 147개(5.1퍼센트)로 구성되어 있다.[23]

공연시장과 달리 미술시장은 이원적인 구조로 되어 있다. 흔히 미술시장이라고 하면 화랑이나 경매장을 떠올리지만, 미술시장이 이러한 미술품 판매시장만으로 구성되는 것은 아니다. 미술시장은 크게 보면 미술품이 유통되는 판매시장과 전시상품이 유통되는 관람시장으로 구분할 수 있다. 이 가운데 이 책에서 다루는 예술경영의 분야가 되는 것은 후자의 영역이다. 예술경영을 통해 전시 프로그램을 하나의 상품으로 기획하여 소비자인 관람객에게 제공하는 것이다. 이러한 전시상품이 거래되는 대표적인 미술시장은 박물관·미술관이다. 하지만 이 밖에도 대안공간, 비엔날레 등이 다양한 유형의 전시 프로그램을 제공하며, 화랑이나 아트페어 역시 판매가 주목적이어서 성격은 다르지만 일종의 전시공간 역할을 한다. 2018년을 기준으로 국내 박물관·미술관은 총 1123관(박물관 873관, 미술관 250관)이다. 2011년에 총 800관(박물관 655관, 미술관 145관)이었던 것과 비교하면 두 기관 모두 꾸준히 증가해온 것을 알 수 있다. 박물관·미술관 종사자는 총 1만 277명(박물관 8354명, 미술관 1923명)이며, 관람객은 총 1억 8152만 명(박물관 1억 5560만 명, 미술관 2592만 명)이었다.[24] 다른 한편으로 국내 미술품 판매시장은 지난 2013년 3249억 원 규모에서 꾸준히 성장하여 2017년에는 4942억 원에 이르고 있다. 내용을 보면 공공영역을 제외하고 455개의 화랑이 2557억 원, 49개의 아트페어가 1169억 원, 14개의 경매회사가 767억 원의 매출을 기록하여 대략 판매시장의 절반을 화랑이 차지하는 것을 알 수 있다.[25]

심층 연구 및 토론 과제

- 한국의 공연시장은 어떤 특성을 갖고 있는가? 클래식음악, 대중음악, 국악, 연극, 무용 등 세분화된 장르별로 나누어 생각해보자.
- 한국의 전시시장은 어떤 특성을 갖고 있는가? 박물관·미술관, 화랑, 경매장, 아트페어 등 분야별로 나누어 생각해보자.

심화학습을 위한 참고자료

1. 예술상품

《순수예술의 발명》 | 래리 샤이너 | 조주연 역 | 인간의기쁨 | 2015

래리 샤이너는 우리가 이해하는 예술이라는 개념이 불과 200여 년 전에 유럽에서 만들어진 것이라고 이야기한다. 18세기를 전후한 근대사회의 형성기를 기준으로 이전과 이후의 예술이 어떻게 개념적으로 그리고 산업적으로 다른 위상을 갖게 되었는지 다양한 맥락에서 정리함으로써, 오늘날 이야기하는 순수예술의 개념을 새롭게 이해할 수 있게 해준다. 당초 2007년에 들녘출판사에서 《예술의 탄생》이라는 제목으로 번역 출판했던 것을 2015년에 다시 번역하여 재출간했다.

《상업문화예찬》 | 타일러 코웬 | 임재서 · 이은주 역 | 나누리 | 2003

시장을 문화 생산의 동반자로 파악하여, 시장이 다양한 예술적 시각의 공존과 훌륭한 예술작품의 생산 및 예술가와 소비자의 취향 발전에 어떻게 기여하는가를 설명한 책이다. 풍요로운 대중문화가 성공적인 고급문화의 산실이 될 수 있다는 전복적인 시각을 바탕으로 시장의 교환 체제가 다양한 예술의 생산에 기여한다고 말한다.

《문화예술경제학》 | 제임스 헤일브런 · 찰스 그레이 | 이흥재 역 | 살림 | 2000

문화예술경제학의 고전으로서 1960년대 이후 축적된 문화예술경제학 이론을 두루 소개한 책이다. 소비자수요 이론에서 시작하여 예술수요의 특징, 공연예술의 생산, 생산성 격차, 지역경제에서 예술의 역할 등 다양한 경제학 이론이 예술시장 관점에서 잘 정리되어 있다. 다만 전반적으로 주로 공연예술을 중심으로 서술했다.

2. 예술시장

《문화예술경제학》(2판) | 브루노 프라이 | 주수현 외 역 | 시그마프레스 | 2007

예술과 경제학을 접목하여 구성한 문화예술경제학의 대표적 저작 중 하나다. 헤일브런과 그레이가 경제학의 일반 이론을 예술에 적용하여 소개한 것과 달리 미술관을 중심으로 하여 구체적인 현장의 사례를 경제적 관점에서 풀어가는 식으로 서술했다. 예술에 대한 지원 및 예술품에 대한 투자에 대해서도 경제적 관점으로 잘 정리했다.

《은밀한 갤러리》 | 도널드 톰슨 | 김민주 · 송희령 역 | 리더스북 | 2010

현대미술시장의 치열한 현장을 구체적으로 보여주는 책이다. 체계적인 이론이나 철학적 담론보다는 고액 미술작품, 예술과 돈, 미술품 경매, 딜러의 생존법, 미술계의 큰손, 현대미술의 가격 책정 등 미술시장을 형성하고 움직이는 현실적 요소들에 대한 생생한 현장 이야기를 소개했다.

심화학습을 위한 참고자료

《유한계급론》 | 소스타인 베블런 | 원용찬 역 | 살림 | 2007

베블런은 일찍이 1899년에 이른바 과시적 소비에 관한 이론을 발표했다. 베블런은 과시적 욕망에 따른 유한계급의 소비행태를 지적할 뿐만 아니라, 이러한 소비행태가 어떠한 맥락에서 발현되는가에 대해 탐구했다. 베블런이 말하는 과시적 소비는 예술상품의 소비에 대해서도 많은 시사점을 던져준다. 여러 번역서가 나와 있는데, 살림출판사에서 출간한 책은 본문 외에도 폭넓은 해설로 본문을 쉽게 이해할 수 있도록 해준다. 다만 매끄럽게 의역하는 과정에서 상당수 문장이 누락되어 아쉬움이 있다. 동인출판사에서 같은 원전을 바탕으로 출간한 《한가한 무리들》은 다소 거칠기는 하지만 좀 더 꼼꼼하게 번역되어 있다.

《구별짓기: 문화와 취향의 사회학》(상·하) | 피에르 부르디외 | 최종철 역 | 새물결 | 2005

부르디외는 베블런의 이론에서 한 걸음 더 나아가 개인의 자본은 경제적 부만이 아니라 문화자본, 학력자본, 사회자본 등 다양한 내용으로 구성되며, 특정 계층이 자신들을 다른 사람들과 구별하기 위해 자신의 계급을 반영하는 취향을 개발시켜 왔다는 주장을 펼친다. 부르디외의 이론에 근거하여 보면 아파트에서 자동차, 그리고 명품으로, 다시 오페라와 미술 등 문화소비로 이어지는 한국사회의 소비 트렌드 변화의 맥락을 이해하는 데 도움이 된다.

3. 예술 소비자

《생각하는 소비문화》 | 박명희 외 | 교문사 | 2008

국내에서는 예술 소비자 연구가 아직까지 폭넓게 진행되지 못했기 때문에 일반 소비자 연구 성과를 참고하는 것이 어느 정도는 불가피하다. 이 책은 소비문화 전반에 관하여 주제별로 정리했다. 소비문화 이론을 기초로 하여 옷, 음식, 주거, 여가, 몸, 디지털 소비 등을 세부적으로 다루었다. 예술시장에 관하여 구체적으로 접근한 것은 아니지만, 예술소비자에 관한 심층 연구를 위해서는 한 번쯤 읽어둘 필요가 있다.

《문화와 소비》 | 그랜트 매크래켄 | 이상률 역 | 문예출판사 | 1996

매크래켄의 이 책은 소비문화의 역사와 이론을 체계적으로 소개한 책으로서, 문화적 관점에서 소비에 대해 접근했다. 사람들이 왜 소비를 하고, 소비 활동이 문화와 사회에 어떻게 기여하는가를 정리했다. 이 책에서는 특히 근대적인 소비의 형성과정을 설명하고 있는데, 이 분야에 관한 저작으로는 이지은의 《부르주아의 유쾌한 사생활》(지안출판사, 2011)을 함께 읽어볼 만하다.

《한국의 예술 소비자》 | 강윤주 외 | 룩스문디 | 2008

예술의 수요 부문에 대한 연구가 척박한 국내 여건에서 처음으로 시도된 이 분야의 저작이다. 다섯 명의 저자가 내용을 분담하여, 예술 소비자와 마케팅에 대한 기초이론(강윤주)과 함께 음악(이용관), 영화(양성희), 연극(오세곤), 미술(정윤아) 등 네 개 분야의 소비자 특성을 분석했다. 각 연구자별 연구 깊이나 내용의 편차가 심한 점이 아쉽지만 국내에서는 이 분야의 거의 유일한 저작이기 때문에 심화연구를 위한 기초로 활용할 만하다.

4. 한국의 예술시장

〈공연예술 실태조사〉 | 문화체육관광부 | 매년 발간

〈미술시장 실태조사〉 | 예술경영지원센터 | 매년 발간

문화체육관광부와 예술경영지원센터에서는 매년 공연 및 미술시장에 대한 각각의 실태조사 보고서를 발간한다. 전수조사 결과는 아니지만 해당 산업 분야의 대략적인 규모와 산업계 흐름에 대해 잘 정리되어 있다. 예술경영지원센터 홈페이지에서 PDF 파일을 다운로드할 수 있다.

1 아르놀트 하우저, 황지우 역, 《예술사의 철학*Methoden Moderner Kunstbetrachtung*》, 돌베개, 1983(원저 1975), p.286.

2 래리 샤이너, 《순수예술의 발명*The Invention of Art: A Cultural History*》, 인간의 기쁨, 2015(원저 1960)

3 브루노 프라이, 주수현 외 역, 《문화예술경제학*Art & Economics: Analysis & Cultural Policy*》, 시그마프레스, 2007(원저 2003), pp.14~16.

4 P. Kotler and L. K. Keller, *A Framework for Marketing Management*(3rd ed.), Prentice Hall, 2007.

5 한스 애빙, 박세연 역, 《왜 예술가는 가난해야 할까*Why are artists poor?*》, 21세기북스, 2009(원저 2002).

6 W. Baumol & W. G. Bowen, *Performing Arts-The Economic Dilemma*, The MIT Press, 1966.

7 이케가미 준·우에키 히로시·후쿠하라 요시하루, 황현탁 역, 《문화경제학文化經濟學》, 나남출판, 1999(원저 1998), p.35.

8 T. Veblen, *The Theory of the Leisure Class*, Lightning Source Inc, 2008.

9 최혜실, 《토털스노브》, 박문사, 2010, pp.9~24.

10 P. Nelson, "Information and Consumer Behavior", *Journal of Political Economy* 78, 1970, pp.311~312.

11 베르너 하인리히스, 김화임 역, 《컬처 매니지먼트*Culture Management*》, 인디북, 2003(원저 1999), pp.119~128.

12 피에르 부르디외, 최종철 역, 《구별짓기: 문화와 취향의 사회학*La Distinction*》(상·하), 새물결, 1995(원저 1979), pp.43~47.

13 필립 코틀러·조앤 셰프, 용호성 역, 《전석 매진: 필립 코틀러의 공연예술 마케팅 전략*Standing Room Only*》, 김영사, 2007(원저 1997), pp.162~164.

14 Ibid., pp.161~162.

15 필립 코틀러와 조앤 셰프가 말하는 주요 요인을 한국적 상황에 비추어 재해석하여 새롭게 적용했다. Ibid., pp.128~154

16 Ibid., p.137에서 재인용.

17 박중현, "소득 상-하 10% '月 문화비' 28만 vs 3만원", 동아일보, 2005. 11. 8.

18 N. Abercrombie and Brian J Longhurst, *Audiences: A Sociological Theory of Performance and Imagination*, Sage, 1998, pp.39~76.

19 A. R. Andreasen, *Expanding the Audience for the Performing Arts*, NEA, 1991, pp.4~8.

20 Ibid., pp.37~39.

21 문화체육관광부·예술경영지원센터, 〈2018 공연예술실태조사〉, 문화체육관광부·예술경영지원센터, 2018, pp.82~110.

22 문화체육관광부, 〈2018 전국문화기반시설 총람〉, 문화체육관광부, 2018, pp.28~30.

23 문화체육관광부·예술경영지원센터, op. cit., pp.156~182.

24 문화체육관광부, op. cit., pp.18~27.

25 문화체육관광부·예술경영지원센터, op. cit., pp.38~39.

3장 — 예술조직

1. 예술조직의 의의

예술가의 창작이 개인 단위 활동에서 출발하는 것과 달리 예술경영은 조직 단위의 활동 중심으로 이루어진다. 규모가 작은 조직에서는 불가피하게 한두 명이 여러 기능을 담당하지만 그렇다고 해서 조직 단위로 이루어지는 일의 속성 자체가 변하는 것은 아니다. 예술조직은 이러한 예술경영이 이루어지는 단위이면서 동시에 예술경영인이 일하는 장이 된다. 윌리엄 번스는 미국 예술조직의 다양한 양상을 소개하면서 이를 '예술경영인을 위한 기회'로 설명했다.[1] 이 장에서는 예술경영이 이루어지는 다양한 형태의 조직을 보여줌과 동시에 예술경영인이 이러한 조직 내에서 어떠한 역할을 해나가는지 알려준다. 이를 위해 먼저 예술경영이 이루어지는 예술조직의 필요성과 일반적인 구조 및 유형에 대해 살핀 후 예술조직을 공연장, 박물관·미술관, 예술단체 등 전통적인 조직유형과 복합문화공간 등 새롭게 등장한 기타 조직유형으로 나누어 설명할 것이다.

1) 예술조직의 개념과 필요성

조직이란 여러 사람이 모여 같은 목적을 위해 지속적으로 협력하여 일하는 단위이다. 인간 사회를 구성하는 대부분의 기능은 조직 단위로 수행되며, 예술경영 역시 조직 단위 활동을 기반으로 발전해왔다. 그러나 예술조직은 다른 사회조직과는 차이가 있다. 가장 큰 차이는 예술가와 일한다는 점이다. 예술가가 중심이 됨으로써, 상하 위계질서가 명확한 계선조직 형태로 운영되기 어렵고, 지휘·감독 체계를 구성하는 것도 쉽지 않다. 그럼에도 불구하고 예술조직 역시 지속적으로 활동하고 성장하기 위해서는 하부조직을 구성하고 조직 전체 업무를 체계적으로 분할하여 조직의 설립 취지와 사업목표를 효율적으로 달성토록 하는 것이 바람직하다. 하지만 현실적으로는 국공립 예술조직이나 일부 대규모 민간 예술조직을 제외하면 대부분의 예술조직이 조직체계를 갖추지 못하고 있으며, 대표 혹은 예술감독 한 명이 소수 보조 인력의 도움을 받으며 모든 결정과 집행을 해나가는 1인 체제로 운영하는 경우가 많다.

국공립 예술조직을 제외하면 대부분의 예술조직은 예술가 개인의 비전을 예술작품으로 구현하고자 하는 욕구와 필요에 의해 만들어진다. 예를 들어, 어떤 무용단에서 무용수로 활동하던 사람이 커리어가 축적됨에 따라 기존의 예술감독으로부터 벗어나 독자적인 구상으로 직접 안무하고 예술작품을 창작하여 무대에서 구현하고 싶은 욕구를 갖게 될 수 있다. 이를 위해서는 이제껏 무용수로 일하던 예술조직에서 벗어나 직접 무용단을 만들어 자신의 예술적 이상을 실현해가야 한다. 실제로 서구에서 활동하는 대부분의 무용단은 이러한 경로를 거쳐 탄생하고 발전해왔다. 하지만 어떤 의도에서 예술조직을 만들었건 그 조직이 하나의 영속적인 유기체로 존속하고 발전하기 위해서는 어느 시점에서든 일정한 조직체계를 갖춰야 한다.

조직체계를 갖추게 되면 얻을 수 있는 효용으로는 다음과 같이 네 가지 측면이 있다. 첫째, 조직을 구성하는 각 구성원이 각자 위치에서 할 일을 명확히 할 수 있기 때문에 어떤 일이든 효율적으로 분담해 추진할 수 있다. 둘째, 누가 누구에게 지시를 내리고 지시받는가를 명확히 할 수 있어 업무 책임 소재가 명확해진다. 셋째, 정보 및 의사소통의 통로가 정해져 필요한 정보가 필요한 사람 사이에 적시에 공유될 수 있다. 넷째, 목표 달성을 위해 필요 자원을 효율적으로 배분하는 기준이 된다. 어떤 예술조직이든 한정된 자원에 의존해 활동하는데, 조직체계는 한정된 물적·인적·시간적 자원을 효율적으로 배정하여 활용하게 해준다.[2]

조직체계가 필요한 또 다른 이유는 조직 단위로 경험을 축적하기 위해서다. 소규모 예술조직은 조직 대표 개인의 역량에 과도하게 의존하는 경향이 있다. 신속하게 판단해 탄력적으로 움직여야 하는 상황에서는 개인 중심의 조직 운영도 강점을 발휘할 수 있다. 하지만 대부분의 경우 개인 중심 조직은 조직 전체의 역량이 축적되지 않기 때문에 중장기적으로 발전하기 어렵다. 개인 역량에 의지하다 보면 실수를 반복하기 쉽다. 개인의 학습 역량에는 한계가 있기 때문이다. 또한 다른 사람이 그 역할이나 역량을 대체하지 못함에 따라 조직 전체가 발전할 수 있는 좋은 기회를 제대로 활용하지 못하는 경우가 발생한다. 따라서 하위조직을 구성하기 힘든 소규모 조직이라 할지라도 개인별 업무 분장과 지휘·감독 체계를 명확히 하여 한 개인에게만 의존하지 않고 조직의 구성원으로 일할 수 있도록 함으로써 조직의 성장과 발전을 도모해나가야 한다.

2) 예술조직의 구조

예술조직의 가장 큰 특성은 경영 부문과 예술 부문이 혼재되어 있다는 점이다. 이에 따라 예술조직의 기본 구조는 아래 〈도표 3-1〉과 같이 나타난다. 조직이 커지면 하위 단위가 좀 더 구체적인 업무 영역별로 분화되지만 그 성격은 크게 달라지지 않는다. 공연장이나 박물관·미술관 등 문화공간을 운영하는 경우에는 여기에 시설과 장비 관리를 위한 기능이 추가된다.

이 같은 개념적 구분에도 불구하고 예술조직을 처음 설립한 후 소규모 조직으로 운영할 때는 경영 부문과 예술 부문을 나누지 않고 대표가 두 부문을 모두 총괄한다. 하지만 조직이 성장함에 따라 각 부문을 맡는 책임자를 별도로 임명한다. 예술 부문 책임자로는 예술감독artistic director을 두며 분야에 따라 음악감독, 공연감독, 전시감독 같은 명칭을 붙이기도 한다. 경영 부문 책임자로는 행정감독administrative director 혹은 사무국장executive director을 둔다. 예술과 경영 부문을 총괄하는 장에 대해서는 대표CEO, 사장president, 총감독general director 등의 명칭을 붙인다. 〈도표 3-1〉에서처럼 예술감독이 대표 아래에 위치하는 경우에도 예술적인 판단에 관한 최종적인 권한과 책임은 예술감독에게 맡기는 경우가 많다. 오케스트라의 대표이사가 조직 최고책임자라 하더라도 예술적 판단에 관해서는 음악감독 혹은 그 역할을 맡는 상임지휘자의 권위를 존중하는 것이다.

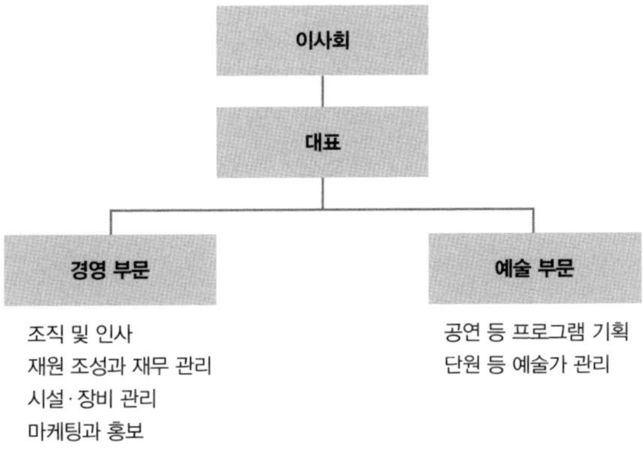

〈도표 3-1〉 예술조직의 기본 구조

예술조직 구성에서 논쟁이 되는 것은 예술 부문과 경영 부문 간의 역할 분담과 역학 관계다. 예술과 경영 중 어느 것을 우위에 두어야 하는가에 대해서는 정답이 없다. 해당 예술조직의 설립 과정과 현재 조직 내의 인력 구성 및 역학 관계에 따라 대답이 달라지기 때문이다. 다만 경영 부문이 지나치게 우위에 서는 경우 재정의 건전성과 절차의 합리성에만 치중해 조직을 운영함으로써, 경영에 별다른 문제가 없는데도 예술적 성과는 뚜렷하게 내지 못하는 결과가 나올 수 있다. 반대로 예술 부문이 지나치게 우위에 서는 경우 예술이라는 이름의 독선이 조직을 이끌고 이를 현실적으로 통제하지 못해 경영이 부실해지거나 조직 존립 자체가 흔들릴 수 있다. 경영 부문과 예술 부문 간의 이러한 갈등은 우리나라에만 특화된 현상은 아니다. 오랜 역사를 지닌 서구 오케스트라나 오페라극장에서도 중요한 결정에 관하여 경영 부문과 예술 부문 간에 갈등이 발생하는 경우를 종종 볼 수 있다.

여기서 중요한 것은 경영 부문이 어디까지나 예술 활동을 지원하는 조직이라는 정체성을 잃지 말아야 한다는 점이다. 하지만 우리나라 예술조직의 현실을 보면 공공부문의 경우, 경영이라기보다는 단순한 현상 유지적인 관리에 가까운 행정기능만으로 조직이 구성되어 실질적인 결정 과정에서 예술 부문이 거의 소외되는 경우가 많다. 그 결과 형식적 행정 논리에 따라 예술적 가치가 외면되는 모습도 빈번했다. 한편 공공부문과는 반대로 예술가 경력의 대표가 이끄는 민간 부문 조직의 경우 반대 극단의 양상이 나타나기도 한다. 이런 조직은 예술 부문에만 치중해 조직을 운영함으로써 경영 부문이 사실상 실종되는 경우가 많다. 이로 인해 예술만 존재하고 조직이 갖추어야 할 최소한의 체계도 갖추지 못한 경우가 흔하다. 공공부문이든 민간 부문이든 이러한 조직 운영의 왜곡과 편향은 조직이 갖고 있는 능력과 자원을 제대로 발휘하고 활용하는 데 걸림돌이 되며, 심한 경우 조직의 생존 자체를 어렵게 만들기도 한다. 따라서 어떤 예술조직이든 경영 부문과 예술 부문이 균형을 이루며 서로 협조할 수 있는 체계를 만드는 것이 필요하다. 어느 부문이건 한 측면만 과도하게 강조되면 결코 바람직한 결과를 도출하기 어렵다.

3) 예술조직의 유형

가. 주요 구성 요소에 의한 구분

<u>**예술가 중심 조직: 오케스트라, 극단, 무용단**</u> 예술가 중심 조직이란 오케스트라, 실내악단, 합창단, 극단, 무용단과 같이 연주자, 배우, 무용수 등 직접 예술을 창작하거나 실연하는 예술가를 중심으로 구성된 조직을 말한다. 이런 조직은 직접 창작이나 재현을 맡는 예술가가 조직의 미션과 비전을 설정하고 이끌어가며, 예술경영 부문은 이를 보조적으로 지원하는 역할을 맡게 된다. 예술가 중심 조직은 초기에는 카리스마 있는 예술가 한 명 혹은 마음이 맞는 몇몇 예술가를 중심으로 동인 그룹처럼 활동하다가 점차 조직적인 틀을 갖춰나가는 경우가 많다. 그러나 많은 경우 조직 틀을 갖추는 방향으로 발전하기보다는 대표 예술가의 개인 사조직으로 머무는 것이 현실이다. 특히 현직 대학교수를 중심으로 하여 대학 졸업생과 재학생으로만 이루어진 예술조직 중에는 프로페셔널 조직으로 발전하지 못한 채 임시적으로만 운영되는 비공식 조직으로 머무는 경우가 많다. 이는 조직이 전문체계를 갖추고 자체 생명력과 관객 기반을 갖춘 형태로 발전하기보다는 설립자이자 대표인 예술가 한 명에게 지나치게 의존해 관객과의 교감 없이 개인의 역량에만 의지하여 조직의 방향이 좌우되는 상태가 지속되기 때문이다. 이런 예술조직에서는 조직을 설립한 예술가가 대표와 예술감독을 겸임하며 운영 전반을 지배하고 주요 의사결정을 해나간다. 이에 따라 경영 면에서

전문성이 확보되지 못한 채 임시적인 활동만 반복되는 경향이 나타난다.

하지만 예술가 중심 조직이 반드시 부정적인 것만은 아니다. 명확한 비전을 가진 예술가를 중심으로 긴밀하게 운영되는 조직은 비전을 실현하기 위해 오히려 더 효율적이고 결속력 있게 움직이는 면도 있기 때문이다. 연간 지속적인 공연 활동이 없이 간헐적으로 부정기적인 공연만 진행하는 예술조직의 경우에도 어쩔 수 없이 이러한 형태에 머물게 된다. 아울러 클래식 음악의 실내악단처럼 소수의 예술가가 위계질서에 얽매이지 않고 동인 그룹처럼 관계를 형성하며 운영하는 경우도 있다. 이런 조직은 설사 전문적인 경영체계가 없더라도 서로 비전을 공유하고 나름의 효율성을 발전시키면서 예술적 성과를 낼 수 있다.

기획자 중심 조직: 공연기획사, 전시기획사, 축제조직위원회 기획자 중심 조직은 예술 프로그램을 기획하고 제작하는 사람을 중심으로 구성된 예술조직을 말한다. 이러한 조직에서는 기획자가 프로그램 목적과 방향에 따라 외부에서 적합한 역량을 갖춘 예술가를 섭외하여 계약을 맺으며, 그 예술가는 해당 예술 프로그램에만 참여한다. 기획자 중심 조직의 대표적 형태는 전문 공연기획사와 전시기획사다. 마스트미디어, 크레디아, 빈체로 등 클래식 음악 분야에서 오랫동안 활동하며 영역을 확장해온 공연기획사와 GNC미디어, CCOC 등 전시를 전문으로 하는 전시기획사가 여기에 해당된다. 공연 분야의 경우 과거에는 주로 클래식 음악이나 대중음악 분야에서 전문 기획사가 많이 활동했지만, 최근에는 연극과 뮤지컬 분야에서도 PMC프러덕션, 신시컴퍼니 등의 사례에서 보듯 성공한 공연을 바탕으로 기획 영역을 확장해 공연 제작 전문회사로 성장하는 조직이 늘어나고 있다. 이와 더불어 공연 제작 자체는 아니더라도 홍보, 관객 조사, 재원 조성 등 예술경영의 특정 영역만 전문으로 대행하는 조직도 늘고 있다. 이러한 기획사는 사단법인 같은 비영리적 조직보다는 주식회사 같은 영리 조직이나 개인사

업자 형태로 운영되는 경우가 대부분이다.

기획자 중심 조직의 또 다른 형태는 축제조직위원회다. 춘천마임축제, 과천축제 같은 공연 축제와 광주비엔날레, 청주공예비엔날레 같은 전시 축제를 기획, 운영하는 조직위원회나 사무국이 대표적이다. 과거에는 이런 축제에 대한 몰이해로 인해 조직위원회를 임시조직으로 급조하여 축제를 전후한 2~3개월간만 운영하고 해체하는 경우가 많았다. 그러나 축제의 중요성과 준비 과정의 까다로운 측면에 대한 인식이 확산되면서 이제는 축제 조직위원회나 사무국을 상설조직으로 운영하는 사례가 점차 늘고 있다. 이러한 축제 조직위원회나 사무국은 관련 이해관계자를 대표하는 비상근위원회와 기획 인력 중심의 사무국으로 이원적 구성을 하는 것이 일반적이다. 프로그램에 직접 참여하는 예술가는 대부분 계약에 따라 임시적으로 참여한다. 축제마다 기획 방향과 프로그램이 달라지기 때문이다. 이런 축제 조직위원회나 사무국은 축제 기간이 다가올수록 기존 상근 기획 인력 외에 많은 임시 인력을 필요로 한다. 더욱이 축제 기간 중에는 직접 현장에서 일할 인력이 대규모로 필요한데, 단기 계약직 외에 인턴이나 자원봉사자를 활용해 인건비를 절감하는 경우가 많다.

공간 중심 조직: 공연장, 박물관 · 미술관 예술가나 기획자 중심 조직과는 달리 사람이 아닌 공간을 중심으로 구성되는 예술경영 조직도 있다. 가장 대표적인 것이 공연장과 박물관·미술관이다. 이러한 공간 중심 조직은 하드웨어인 공간과 시설, 장비, 소장품 등을 관리·운영하며, 이를 기반으로 공연이나 전시와 같은 예술상품을 소비자에게 전달하는 것을 주된 역할로 한다.

공연장은 크게 두 가지로 구분할 수 있는데 하나는 연극, 무용, 오페라, 뮤지컬 등의 공연을 위한 극장 형태의 공연장이고, 다른 하나는 음악을 위한 콘서트홀 형태의 공연장이다. 때로는 건립 때부터 복합 공연장을 표방해 극장과 콘서트홀의 기능을 함께 수행할 수 있는 다목적홀로 만들기도 한다. 이런 경우 전체 구조는 극장 형태를 띠게 된다. 소극장은 대개 이런 구분 없이 다양하게 활용된다. 아울러 예술의전당, 세종문화회관, 성남아트센터, 전주소리문화의전당 등과 같이 다양한 성격의 극장과 콘서트홀, 나아가 전시장까지 수용한 대규모 복합문화공간도 있다. 이런 공연장에서는 기획 인력 외에 백스테이지backstage에서 일하는 기술 스태프와 시설관리 인력이 중요한 역할을 한다. 개인 예술가나 예술단체를 산하에 보유하거나 상주단체로 두는 경우도 있지만, 대부분 외부의 예술단체를 활용한다.

박물관·미술관은 일정한 주제에 따라 소장품을 수집하고, 보존하고, 연구하고, 전시하고, 교육하는 역할을 하며 이에 필요한 인력을 고용하여 일한다. 박물관·미술관에서는 조직, 인력, 재정, 마케팅 등 예술경영 분야의 전문 인력 외에 연구와 전시기획을 담당하는 큐레이터가 핵심 인력이 되며, 그 밖에도 조직 규모에 따라 전시 디자이너, 보존관리사conservator, 등록관리사registrar, 교육사educator 등 다양한 전문 인력이 함께 일한다.

나. 법률적 성격에 의한 구분

국공립기관 국공립기관은 정부조직법이나 지방자치단체의 조례 등 법령에 근거해 중앙정부나 지방자치단체 조직의 일부로 설립된 기관을 말한다. 중앙정부에 의한 조직은 국립, 지방자치단체에 의한 조직은 공립으로 지칭한다. 중앙정부의 경우 문화체육관광부 소속의 국립극장, 국립국악원 등의 공연장과 국립중앙박물관, 국립민속박물관, 한글박물관, 대한민국역사박물관, 국립현대미술관 같은 박물관·미술관이 이 유형에 해당한다. 그러나 설립 주체가 중앙정부나 지방자치단체라는 사실만으로 국공립기관 여부가 결정되지는 않는다. 중앙정부나 지방자치단체에서 설립했더라도 기관의 성격을 독립적인 법인격을 갖춘 특수법인이나 재단법인으로 하는 경우도 있기 때문이다. 예를 들어, 국립극장은 정부조직법에 포함된 국립기관으로서 정부 조직의 일부지만, 예술의전당은 문화예술진흥법에 의해 설립된 특수법인이다.

다른 나라의 사례를 보면, 1990년을 전후해 공산정권이 붕괴되기 전의 동구권 국가를 제외하면 국가가 공무원으로 이런 국공립기관을 직접 운영하는 사례는 그리 많지 않다. 국립national이라는 타이틀이 붙어 있어도 국가는 초기 설립 과정만 주도할 뿐 일상적인 기관 경영에 지속적으로 관여하는 경우가 드물다. 따라서 국가나 지방정부가 일부 재정지원은 계속하더라도 이런 기관의 법적 성격은 우리 제도에 비교할 경우 특수법인이나 공익법인 형태가 대부분이다. 영국의 국립극장Royal National Theatre은 일종의 특수법인이라 할 수 있는 국립극장재단Royal National Theatre Trust에서 운영하며, 일본의 국립극장과 신국립극장 역시 특수법인 형태의 일본예술진흥회에서 운영한다. 이때 국가나 지방정부는 대상 기관에 일부 재정지원을 하면서 정책 방향에 따른 성과평가를 담당한다. 그리고 각 국공립기관은 조직, 인력, 재정 등에 대해 광범위한 재량권을 갖는다.

현재 국내에서 운영하는 국공립기관의 운영 방식을 보면 조직 면에서는 국가나 지방자치단체 조직의 한 부분으로 구성되고, 인력 면에서는 공무원으로 운영되며, 재정 면에서는 국가나 지방자치단체의 예산으로 재정이 편성된다. 이처럼 정부 조직의 일부로서 조직, 인력, 재정을 마련하기 때문에 조직의 안정성은 높지만 경영 면에서는 보수적인 경우가 많다. 예술 현장에 적합하지 않은 정부조직법 및 국가재정법의 지배를 받기 때문에 어쩔 수 없는 비효율이 나타나며, 환경 변화에 맞춰 유연하게 판단하고 움직이기 어려운 경우가 종종 발생한다. 아울러 기관장과 주요 인력까지도 일반직공무원으로 임명되는 경우 잦은 인사이동으로 전문성 축적이 어려워 여러 가지 풍부한 물적자원에도 불구하고 제대로 성과를 내지 못하는 일이 많다.

이러한 문제점으로 인해 국공립기관의 경영을 개선하고 유연성을 높이기 위한 다양한 해법이 시도되어 왔다. 1999년 도입된 책임운영기관제 역시 그중 하나다. 책임운영기관은 법인화와는 다르다. 법적으로는 국가기관의 정체성을 유지하면서 조직, 인력, 예산 면에서 일정 부분 자율성을 부여하기 때문이다. 현재 국립극장과 국립현대미술관이 이런 책임운영기관으로 운영되고 있다. 국립극장은 책임운영기관으로 전환 후 인사와 예산에서 어느 정도 유연성을 확보해 이전보다 유료관객과 공연수입이 증가하는 등 조직 역량이 일정 부분 강화되는 성과를 거둘 수 있었다. 다만 책임운영기관이라 하더라도 여전히 기본적인 운영은 국가의 인사제도와 예산회계의 영향을 받기 때문에 조직의 유연성 확보에 한계가 있다.

지방자치단체에서 운영하는 예술기관 중에는 국립기관과 달리 '사업소' 형태로 운영되는 경우가 있다. 사업소는 일정 수준의 자체 수익을 낼 수 있어 사업적 경영이 필요한 분야에 대해 자치단체로부터 어느 정도 독립해 운영할 수 있는 별도 조직으로 만든 것이다. 예를 들어, 진주의 경남문화예술회관의 경우 1988년 개관한 이후 경상남도의 사업소로 운영하다가 2000~2002년은 학교법인 일선학원, 2003~2006년은 재단법인 진주문화예술재단에서 위탁하여 관리한 바 있다. 그러나 2007년 다시 사업소 체제로 전환해 경상남도 사업소로 운영하고 있다. 경남문화예술회관의 사례에서 흥미로운 부분은 민간 위탁관리다. 이는 예술조직의 법률적인 성격 변화 없이 운영 부문만 민간에 위탁한 형태이다. 전라북도 전주의 한국소리문화의전당도 경남문화예술회관과 비슷한 시기에 민간 위탁체제를 도입했는데, 이후 예원예술대학교를 거쳐 학교법인 우석학원에서 위탁 운영했다. 이런 경우 위탁운영을 맡기더라도 전체 예산 중 상당 부분을 지방자치단체가 보조하기 때문에 여전히 운영의 안정성을 확보할 수 있고, 수탁기관에서는 지방자치단체와의 계약 내용에 따라 일정 범위 내에서 자율적인 경영권을 행사할 수 있다.

국가나 지방자치단체에서 운영하는 예술조직은 이런 위탁운영체계를 갖고 있더라도 내용 면에서는 여전히 공익적인 목적 달성을 최우선으로 삼으며, 영리 추구는 일정 범위로 제한한다. 따라서 위탁계약 내용에 달성할 공익적 목표를 구체적으로 포함하며, 계약 기간이 종료되면 성과에 따라 위탁계약 갱신 여부를 검토한다. 성과가 좋으면 상관없지만 그렇지 않으면 새로운 위탁기관에 의해 주요 인력부터 프로그램까지 전면적으로 개편되기 때문에 안정적인 운영체계가 흔들릴 수 있다. 아울러 대도시가 아닌 경우 경영에 대한 역량과 지역에 대한 이해를 함께 갖춘 기관이나 단체가 매우 제한적이며 때로는 지역 정치나 이해관계로부터 지나친 영향을 받을 수 있기 때문에 위탁을 맡길 파트너를 찾는 데 어려움을 겪기도 한다.

특수법인 특수법인은 개별 법령의 근거에 따라 독립적인 법인으로 설립된 예술기관을 말한다. 사실상 국공립기관에 가깝지만 국가나 지방자치단체와는 별개의 법인격을 가진 독립된 기관이라는 점에 차이가 있다. 문화예술진흥법에 설립 근거가 규정되어 있는 예술의전당이 여기 해당한다. 아울러 중앙정부에서 직접 법령에 의거해 설립한 경우는 아니지만, 세종문화회관이나 서울시립교향악단처럼 지방자치단체에서 설립한 예술조직도 해당 지방자치단체의 조례에 설립 근거가 규정되어 있기 때문에 일종의 특수법인으로 볼 수 있다. 이러한 특수법인은 민법상의 사단·재단법인과는 달리 법령으로 그 설립과 운영을 보장하고 있기에 상대적으로 운영의 안정성이 확보된 것으로 볼 수 있다. 동시에 정부나 지방자치단체에서 직접 운영하는 국공립기관과는 달리 경영상의 유연성과 전문성도 확보할 수 있어서 공공 예술조직으로는 가장 이상적인 형태라고 할 수 있다. 하지만 정부로서는 그만큼 부담을 지는 것이기 때문에 예산 편성 부처나 국회에서는 특수법인의 설립을 최대한 억제하는 경향이 있다. 특수법인이 아니면 정부에서 예산을 지원하더라도 그 운영을 위해 가장 핵심적인 인건비 등 경상비를 반영하지 않고 사업비만 반영해주는 경우가 많다. 그에 따라 형식적으로 사업비를 지원받아 이를 편법적으로 전용해 인건비성 경비로 활용하기도 한다.

때로는 중앙정부나 지방자치단체에서 공공사업을 위한 조직이 필요할 경우, 우선 재단법인 형태로 설립한 뒤 추후에 법률적 근거를 마련해 특수법인으로 전환시키는 사례도 종종 있다. 예술의전당은 1987년 설립 시에는 조직의 유연성과 전문성을 확보하기 위해 국립극장의 형태를 따르지 않고 당시로서는 혁신적인 민법상의 재단법인으로 설립되었다. 이 같은 선택은 과거 국립극장이 가졌던 한계를 제도적으로 극복할 수 있도록 해줌으로써 국내 예술경영 발전의 획기적인 계기가 된 바 있다. 그러나 2000년대에 와서는 좀 더 안정적인 지원을 위해 문화예술진흥법에 근거를 마련해 특수법인으로 전환했다. 예술의전당과는 반대로 세종문화회관은 1978년 서울시 산하의 공립예술기관으로 설립되었다. 이에 따라 서울시 소속 공무원이 파견되어 기관 운영을 담당함으로써 오랫동안 경직적이고 보수적인 운영으로 비판을 받기도 했다. 하지만 세종문화회관은 1999년 서울시 조례에 근거한 특수법인 성격으로 독립했다. 이후 지방자치단체에서 운영 중인 예술조직 가운데 상당수가 이와 비슷하게 특수법인 성격의 재단법인으로 전환되었으며, 신설 조직은 설립 시부터 지방자치단체 소속기관이 아니라 독립 법인격을 가진 특수법인 형태를 선택하는 경우가 많아지고 있다.

비영리법인: 사단법인과 재단법인

현대 예술경영의 근원지인 미국의 경우 예술경영의 대상을 주로 비영리조직nonprofit organizations으로 설정한다. 그리고 연방정부와 주정부를 포함한 민간재단 등 거의 모든 기관이 지원 대상을 비영리조직으로 한정한다. 미국에서는 세법 501조(c)(3)에 비영리조직에 관한 규정을 담고 있으며, 이에 근거해 주별로 비영리조직에 대한 등록 절차가 마련되어 있다. 다른 대부분의 국가에서도 명칭의 차이는 있지만 비영리 부문 지원을 위해 이와 유사한 제도를 두고 있다. 우리나라에서도 비슷한 맥락에서 민법상의 비영리법인 제도가 운영된다. 이러한 법인제도는 자연인이 아니라 인위적으로 만들어진 조직에 원활한 사회 활동을 할 수 있도록 법인격을 부여하는 것이라고 할 수 있다. 비영리법인은 크게 민법상의 사단법인과 재단법인으로 구분할 수 있지만, 앞서 설명한 것처럼 별도 특별법에 따라 설립된 특수법인 역시 비영리법인의 일종으로 볼 수 있다. 그러나 우리나라의 경우 법인 설립의 요건과 절차가 까다로워 현실적으로는 대부분의 예술조직이 이런 법인이 아닌 임의단체로 운영되며, 세금 관련 부분은 개인사업자 형태로 처리하고 있다.

민법에 의한 사단법인은 사원, 즉 법인의 목적을 실현하기 위해 모인 사람을 중심으로 구성된 조직이며 재단법인은 재산, 즉 법인의 목적을 실현하기 위해 출연된 물적자산을 중심으로 구성된 조직이다. 어느 형태건 비영리법인은 이사회가 주도적 역할을 한다. 사단법인의 경우 형식적으로는 사원총회가 최상위 의결기구가 되지만 실질적 경영은 대부분 이사회를 통해 이루어진다. 따라서 비영리법인을 처음 만들 때 가장 중요한 것은 이사진의 구성이라 할 수 있다. 이러한 민법상 비영리법인은 민간조직이기 때문에 국가나 지방자치단체가 필요에 따라 사업비를 지원하지만, 원칙적으로 경상비는 지원하지 않는다. 그러나 예외적으로 국립발레단, 국립오페라단, 국립합창단 등은 법적 성격으로는 재단법인이지만 당초에 국립극장 소속의 국공립기관으로 운영하다 독립한 형태여서 여전히 국가 예산으로 경상비와 사업비를 함께 지원하고 있다. 이 밖에 정동극장, 서울예술단 등과 같이 민법에 의해 설립된 법인 중에서도 여러 가지 특수한 목적에 따라 정부에서 경상비가 지원되고 그 대표를 정부가 임명하는 경우가 예외적으로 있다. 이러한 조직에 대해서는 정부가 기타공공기관으로 분류해 성과평가 등 공공성 유지를 위해 일정한 통제를 가하기도 한다.

공익법인 재단법인의 특수한 형태로 공익법인이 있다. 이는 공공적 성격이 강한 재단법인에 대해 일반 재단법인보다 임원의 임면이나 재산의 처분 등 주요 활동에 관한 정부의 규제를 더 까다롭게 만든 것이다. 정부 규제라고 해서 정부가 개별 프로그램 운영에까지 관여하지는 않지만, 이사진의 임면이나 공익 목적을 위해 출연된 재산의 사적인 이용, 출연 재산의 처분 등을 정부가 강하게 규제한다.

대기업 등에서 설립했거나 대규모 재산이 출연된 재단법인은 대부분 공익법인의 형태를 띠고 있다. 이런 공익법인 중에서는 삼성문화재단에서 운영하는 삼성미술관 리움과 호암미술관, 롯데문화재단에서 운영하는 롯데콘서트홀과 롯데뮤지엄, 두산연강재단에서 운영하는 연강홀과 두산갤러리 등과 같이 산하단체로 공연장이나 미술관을 운영하는 경우가 있다. 이러한 박물관·미술관이나 공연장은 모체가 되는 기업으로부터 매년 운영비의 상당 부분을 지원받으며, 대개 재단의 한 부서로 운영된다. 이에 따라 모기업의 경영상황에 따른 영향을 받기도 한다. 이처럼 기업의 지원을 받는 공연장은 상위의 공익법인이 운영 주체가 되기 때문에 대관 수익에 치중하는 상업적인 공연장으로 운영되는 일은 드물며, 공익성이 높은 공연으로 주요 프로그램을 구성하는 경우가 많다. 기업 입장에서 볼 때 수익의 원천보다는 사회 공헌 등을 통한 기업 이미지 제고를 위한 수단의 역할이 크기 때문에 재정자립도 제고나 이윤 추구에 대한 압박이 심하지 않은 것이다.

전문예술법인 · 단체 전문예술법인·단체 제도는 "문화예술 법인 및 단체의 전문성을 인정하여 국가 또는 지방자치단체가 민간 직업예술법인·단체, 국공립 예술단체, 공연장, 전시시설 등을 전문예술법인 및 전문예술단체로 지정하여 지원 육성하는 제도"이다.[3] 말하자면 사단법인이나 재단법인과 같이 별도의 법적 형태를 가리키는 것이 아니라 기존의 법인이나 단체에 대해 지정하는 형식의 제도다. 이 제도는 대부분의 예술조직이 자생력과 경쟁력을 갖추는 데 제약이 있다는 것을 고려해 2000년 문화예술진흥법 개정으로 도입되었다. 지정된 예술조직에 대해서는 지정기부금 단체 인정, 기부금 공개 모집 허용, 고유목적사업준비금 손금산입, 상속세 및 증여세 면제 등의 세제 혜택을 비롯하여 공공자금 우선지원, 공공시설의 대관, 시설 무상 제공 등 다양한 혜택을 제공한다.[4]

전문예술법인·단체는 2017년을 기준으로 전국에 1035개가 지정되어 있다. 2010년에 300여 개였던 점을 고려하면 지정 규모가 꾸준히 늘고 있는 것을 알 수 있다.[5] 전문예술법인·단체의 지정 대상은 법인과 임의단체를 포괄하며, 현재 지정된 예술조직 중 임의단체가 649개에 달한다. 분야면에서는 공연예술이 80퍼센트 이상을 차지한다. 전문예술법인·단체의 지정 심사는 문화예술진흥법을 근거로 시도별로 조례를 제정하여 운영하고, 시도에서는 관내 소재지에 거주하며 사업자로 등록된 단체 또는 법인에게 지정 신청 자격을 부여하고 있다. 구체적인 자격요건은 시도에 따라 다르지만 대체로 최근 2년간의 조직·인력 운영 현황, 사업실적 및 결산서, 공연·전시 실적 등의 자료를 평가하여 지정한다.[6]

사회적기업 사회적기업이란 "영리기업과 비영리기업의 중간 형태로, 사회적 목적을 우선적으로 추구하면서 재화·서비스의 생산·판매 등 영업활동을 수행하는 기업"을 말한다.[7] 상법상의 일반 기업이 경제적 가치 창출을 목적으로 하는 것과 달리 사회적기업은 취약계층에게 일자리나 사회서비스를 제공하는 등 사회적 목적을 추구한다. 정부나 일반 기업이 미처 다가가지 못한 사회적 틈새시장에서 공익적인 목적과 자체적인 수익구조를 결합시켜 활동하는 사회적기업의 개념은 1970년대 유럽에서 처음 시작되어 1990년대 후반부터 본격적으로 확산되었다.

우리나라에서는 2007년 관련법이 제정되면서 처음으로 사회적기업에 대한 인증제도가 마련되었다. 앞서 전문예술법인·단체 제도와 마찬가지로 법적 조직 형태가 아니라 기존의 조직에 대해 사회적 인증을 해주고 이를 기반으로 체계적인 경영 기반 형성을 위한 여러 지원사업을 제공하는 정책이라 할 수 있다. 이 제도가 확산된 계기는 노동부가 예비 사회적기업에 인건비를 지원한 것이 결정적이었다. 이후 2009년 문화체육관광부와 노동부 간 협력으로 업무협약이 체결되는 등 문화예술 분야의 사회적기업 육성이 적극화되기 시작했다. 이 같은 양 부처 간 협력을 바탕으로 2009년 초반까지만 해도 10여 개에 불과하던 문화예술 분야의 사회적기업은 불과 수개월 만에 수십 개로 늘어났으며, 이후 꾸준히 확대되어 2019년을 기준으로 전체 사회적기업 2712개 중 문화예술 분야가 258개로서 약 11퍼센트를 차지한다.[8] 사회적기업으로 지정된 예술조직에 대해서는 경영컨설팅에서부터 창업자금 지원, 판로 지원 등 다양한 지원 프로그램이 제공된다. 다만 예술조직이 활동하는 예술시장은 지속적인 수익 확보가 쉽지 않기 때문에 사회적기업을 표방하면서도 결국은 다시 정부 보조금에 의존하게 되는 악순환이 반복되는 상황도 나타나고 있다.

협동조합 협동조합은 "재화 또는 용역의 구매·생산·판매·제공 등을 협동으로 영위함으로써 조합원의 권익을 향상하고 지역사회에 공헌하는 사업조직"을 말한다.[9] 협동조합은 예술조직으로는 다소 생소한 조직 형태이다. 협동조합을 구성하는 다양한 구성원이 뜻을 모아서 의사결정을 하고 사업을 수행하는 협동조합의 속성이 예술조직의 활동에도 적합한지에 대해 충분한 연구나 경험 축적이 부족하기 때문이다. 하지만 정부에서 협동조합에 대한 다양한 지원사업을 마련하면서 예술시장에서 협동조합의 가능성에 대한 논의와 실험이 점차 확산되고 있다. 앞에서 설명한 사회적기업과 마찬가지로 한국사회적기업진흥원에서 협동조합의 설립과 운영을 담당하는 코디네이터 교육을 비롯하여 설립인가, 창업, 판로 개척 등 경영 전반에 대한 지원사업을 운영한다. 예술 분야에서는 창작 활동보다는 커뮤니티아트를 비롯한 지역 기반의 협력사업이나 문화예술교육 분야를 중심으로 협동조합 형태의 예술조직 설립과 활동 사례가 많아지고 있다.

상법상 회사 상법상의 회사로 설립되어 운영되는 예술조직도 상당수이며 예술시장의 확대에 따라 점차 늘어나는 추세이다. 앞서 기획자 중심 조직의 사례로 들었던 전문 기획사 중에 특히 상법상의 회사로 설립된 경우가 많은 편이다. 상법상 회사는 비영리법인과 달리 기본 요건만 갖추면 설립 절차가 간편하기 때문에 대개 개인사업자로 활동하다가 어느 정도 사업과 재정의 기반과 규모가 갖춰짐에 따라 상법상 회사를 설립한다. 상법상 회사는 뮤지컬 제작 등 외부의 지원 없이 티켓 판매를 비롯한 자체 사업 운영만으로 독자적인 생존이 가능한 예술 분야에 적합한 형태인데, 이는 정부 등 공공기관과 기업 대부분이 상법상 회사에 대해서는 지원금 제공을 제한하기 때문이다.

심층 연구 및 토론 과제

- 예술경영을 위해 조직이 필요한 이유는 무엇인가?
- 예술조직에서 경영부문과 예술부문 간에 갈등이 발생하는 이유는 무엇인가? 갈등이 발생할 경우 어떻게 해소하는 것이 좋을까? 국내외의 구체적 사례를 대상으로 생각해보자.
- 예술가 중심, 공간 중심, 기획자 중심 조직의 특성을 비교해보자.
- 예술경영 조직을 비영리 법인 형태로 설립하는 것의 장단점에 대해 생각해보자.

2. 공연장

공연장theatre[•] 경영은 예술경영의 꽃이다. 공연장은 음악, 연극, 무용 등 무대를 중심으로 펼쳐지는 여러 예술 분야를 포괄할 뿐 아니라 하드웨어(공연장 시설·장비), 소프트웨어(예술경영인·제작 스태프), 콘텐츠(예술가·작품) 등의 자원을 활용하여 다양한 예술상품을 새롭게 만들어낼 수 있다. 이에 따라 예술경영의 여러 교과서나 전공 과정은 이러한 공연장을 통한 예술상품의 기획과 제작 과정 및 이후에 이어지는 관객 개발과 마케팅을 핵심 분야로 다룬다.

1) 공연장의 의의

공연장은 공연예술이 이루어지는 공간이다. 공연예술은 음악, 연극, 무용

• theatre는 극장으로도 번역될 수 있다. 그러나 국내에서는 극장이라는 용어가 공연 공간보다는 영화관cinema or film theatre의 의미로 더 많이 사용되며, 또한 연극이나 무용 외에 음악연주가 이루어지는 콘서트홀의 의미를 제대로 전달하지 못하기 때문에 여기서는 더 포괄적인 뜻의 공연장이라는 용어를 사용했다.

이 대표적이지만 국내에서는 음악을 다시 클래식 음악, 국악, 대중음악으로 구분한다. 이런 단위 예술 분야가 결합된 오페라와 뮤지컬 역시 공연예술의 중요한 분야다. 공연장은 이처럼 다양한 공연예술 분야를 담아내는 그릇이라고 할 수 있다. 형태는 다르지만 공연예술 분야는 기본적으로 무대stage와 관객audience•을 전제로 하며, 실연實演, performing이 주된 표현 양식이다.

공연장은 공연을 목적으로 건립된 기능적인 공간이기 때문에 대부분 설계 단계에서부터 이를 반영하여 공간을 구성한다. 소공연장은 공연에 대한 고려 없이 건립된 일반 건물 안에 사후에 만들어지는 경우도 있는데, 이때 공연장이 갖추어야 할 공간 중 상당 부분이 생략되기도 한다. 우리나라에서는 지방자치단체에서 건립한 공연장에 주로 문예회관이라는 명칭을 붙인다. 문예회관은 1970년대 말 건립된 세종문화회관을 모델로 삼아 현재까지도 지방자치단체별로 꾸준히 건립되고 있으며, 최근에는 일반명사로서의 예술의전당 혹은 아트센터라는 명칭을 붙이는 경우도 늘어나고 있다. 문예회관은 공연장 외에 전시장 혹은 체육시설까지 포함하기도 하며, 단순한 공연장의 역할을 넘어서 지역 내 문화 여가 활동의 거점 역할을 하는 경우가 많아지고 있다. 다만 전시장이 있더라도 전문 박물관·미술관처럼 운영하기보다는 단순한 대관공간으로 운영하는 경우가 많다.

• 관객은 연극, 무용 등 시각적인 요소가 강한 공연 분야에서 주로 쓰이는 용어이며, 음악 등 청각적인 요소가 강한 공연에서는 청중이라는 용어를 쓰기도 한다. 박물관·미술관의 경우에는 관람객 혹은 방문객visitor이라는 용어를 주로 사용한다.

2) 공연장의 유형

가. 객석 규모에 따른 구분

공연장은 객석 규모에 따라 대공연장, 중공연장, 소공연장으로 구분할 수 있다. 공연법 시행령은 무대예술인의 배치 기준과 관련해 1000석 이상, 800석 이상 1000석 미만, 500석 이상 800석 미만, 500석 미만 등으로 공연장을 구분한다. 하지만 이러한 법적 기준은 인력 배치 기준에 관한 것이며 일반적으로 1000석 이상을 대공연장, 300~1000석을 중공연장, 300석 미만을 소공연장으로 분류한다. 2017년도를 기준으로 국내 1019곳 공연시설이 보유한 공연장은 1323개이며, 이 가운데 대공연장이 116개, 중공연장이 483개, 소공연장이 724개이다.[10] 다만 이러한 규모의 구분은 객석 수만을 기준으로 한 것이며, 공연장의 실제 규모는 무대의 크기와 구성, 백스테이지, 부대시설 등에 따라 달라진다.

나. 용도에 따른 구분

극장 극장은 연극, 무용, 뮤지컬, 오페라 등 막과 장이 구분되고 무대디자인이 작품의 주요 요소가 되는 공연작품을 위해 만들어진 공연장이다. 예술의전당의 오페라극장, 국립극장의 해오름극장, 세종문화회관의 대극장, 명동극장 등이 대표적인 극장형 공연장이다. 이러한 극장형 공연장의 가장 큰 특징은 무대 뒤의 공간, 즉 백스테이지다. 다음 〈도표 3-2〉에 나타난 것처럼 다양한 무대장치를 활용할 수 있도록 관객이 볼 수 있는 무대 양옆과 뒤쪽에 거의 객석 규모만큼이나 거대한 공간이 마련되어 있다. 그리고 무대 위쪽으로 여러 개의 배튼batten이 설치되어 무대디자인에 필요한 세트나 조명 등을 매달 수 있는 구조로 되어 있다.

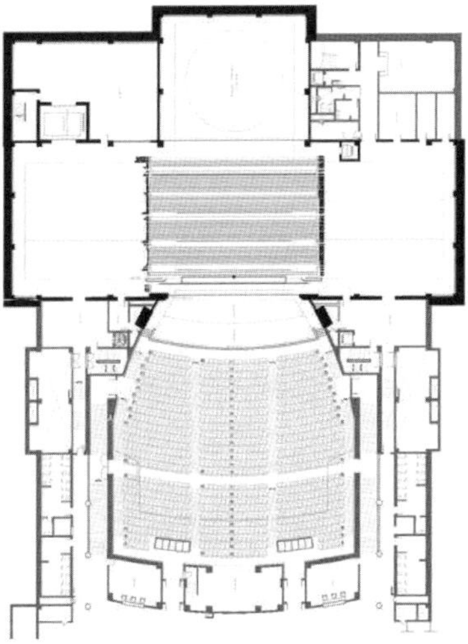

〈도표 3-2〉 성남아트센터 오페라하우스

콘서트홀 콘서트홀은 음악 연주회를 주목적으로 설계된 공연장이다. 콘서트홀은 다시 두 가지로 구분할 수 있다. 먼저 예술의전당의 콘서트홀과 IBK챔버홀, 롯데콘서트홀, 아트센터인천 콘서트홀 등과 같은 클래식 음악 전용 콘서트홀이다. 이런 콘서트홀은 전기음향에 의한 증폭 없이 자연음향acoustic sound 혹은 건축음향만 활용해 연주할 수 있도록 설계되어 있다. 따라서 건립 단계부터 정밀한 건축 음향적 특성에 대한 설계를 고려하여 진행한다. 무대 모습은 액자형이거나 돌출무대형인 경우가 많지만, 예술의전당 콘서트홀이나 롯데콘서트홀 등에서 보는 것처럼 무대 양옆과 뒤쪽 상단에 객석이나 합창석이 별도로 설치된 경우도 있다. 콘서트홀은 무대디자인을 별도로 하는 경우가 드물기 때문에 극장과 달리 출연자 대기실 외에는 별도의 백스테이지 공간을 필요로 하지 않는다.

또 다른 유형의 콘서트홀은 록이나 팝음악 콘서트를 위해 전기음향을 활용할 수 있도록 설계된 경우다. 올림픽홀 같은 경우가 여기 해당한다. 뉴욕의 매디슨스퀘어가든과 같이 스포츠 경기장과 공연장의 기능을 겸하는

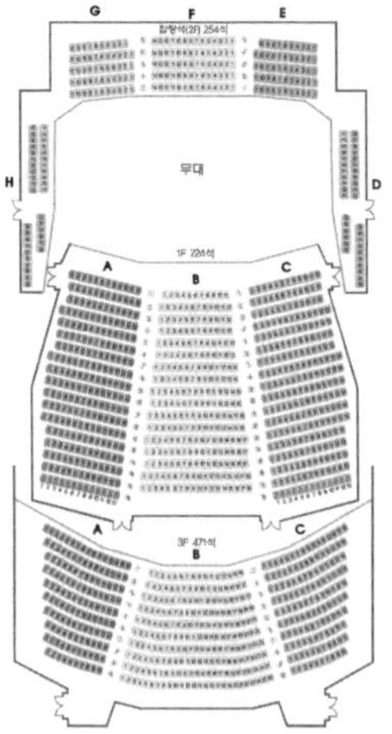

〈도표 3-3〉 고양문화재단 아람누리 아람음악당

경우도 있다. 대학 공연장도 이처럼 다목적 공간으로 설계된 경우가 많다. 이런 공연장은 마이크와 앰프에 의한 전기음향의 사용을 전제로 하기 때문에 상대적으로 자연음향에 대한 부담이 덜한 편이다. 그 대신 외부에서 반입한 스피커나 조명 장치를 설치할 수 있도록 객석 방향으로 튼튼한 배튼이나 보조 장치가 설치되어 있는 경우가 많다.

다목적홀 다목적홀은 공연에 따라 여러 용도로 활용할 수 있도록 설계된 공간이다. 문예회관의 경우 인근에 다양한 용도별 공연시설이 충분하지 않은 지역에서는 대공연장을 다목적홀로 설계하는 일이 많다. 다목적홀은 기본적으로 극장형 공연장처럼 백스테이지 공간을 갖고 있지만 연주회에 적합한 자연 음향적 특성도 함께 갖추게 된다. 때로는 전기 보조 장치나 이동식 구조물로 음향 상태를 공연 내용에 맞게 조절할 수 있도록 하는 경우도 있다.

다. 무대와 객석 구조에 따른 구분

공연장은 무대와 객석의 구조에 따라 구분할 수 있다. 존 러셀 브라운은 무대와 객석의 구조에 따라 공연장을 다음과 같이 여섯 가지 유형으로 구분한다.[11]

액자형 공연장 가장 전통적인 공연장 구조이며, 프로시니엄proscenium 공연장으로 불리기도 한다. 무대와 객석을 구분하는 위치에 마치 액자처럼 화려하게 장식된 프로시니엄 아치arch가 있어 관객들이 이 아치 안에서 펼쳐지는 공연을 보도록 만든 것이다. 예술의전당 오페라극장 같은 곳이 대표적인 액자형 공연장picture-frame theatre이다. 객석은 대개 2~3층으로 구성되지만 경우에 따라 4~5층까지 설계되거나 1층만으로 되어 있는 경우도 있다. 국내에서는 층별 숫자를 붙여 1층, 2층으로 부르지만 서구에서는 보통 1층을 오케스트라orchestra, 2층을 메자닌mezzanine 혹은 드레스서클dress circle, 맨 위층을 발코니balcony로 호칭하는 경우가 많다. 액자형 공연장은 그 역

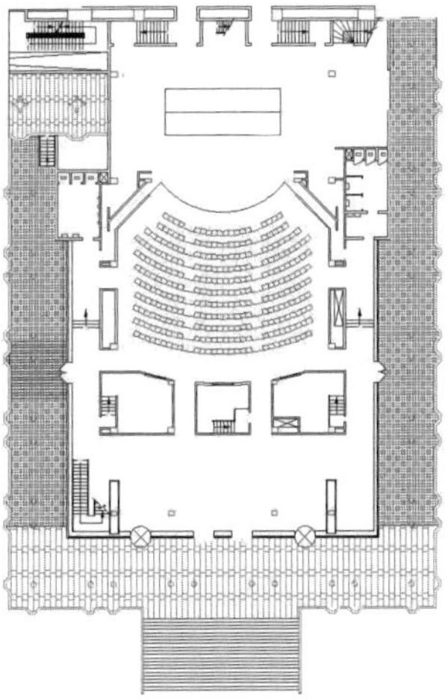

〈도표 3-4〉 국립극장 달오름극장(액자형)

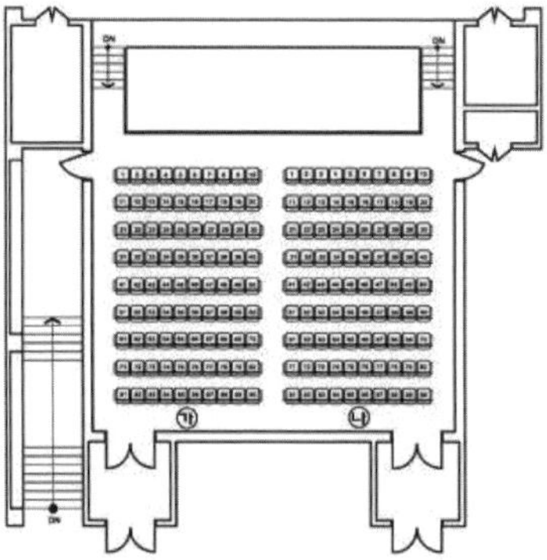

〈도표 3-5〉 한국소리문화의전당 명인홀(개방무대형)

사가 곧 공연장의 역사라고 할 수 있을 만큼 전통적인 유형이지만 현대 공연예술에서는 다소 시대에 뒤떨어진 스타일로 여겨지기도 한다.

개방무대형 공연장 액자형 공연장과 유사한 구조지만 무대의 테두리를 가리는 액자가 사라진 형태라고 할 수 있다. 따라서 무대 좌우가 그대로 관객에게 노출된다. 전체적으로 직사각형 공간 안에 무대와 객석이 서로 정면에서 마주 보는 구조다. 이런 개방무대형 공연장open-stage theatre에서는 액자형과 달리 무대 좌우측 공간은 활용하지 못하고 무대 뒤편만 활용해 무대세트를 설치할 수 있다. 개방무대형은 기존 건물 공간을 활용해 공연장을 만들 수 있고 액자형에 비해 건축이 비교적 간편하기 때문에 널리 활용된다. 제2차 세계대전 후에 기존 건물 공간을 활용하여 만들어진 뉴욕의 오프브로드웨이 공연장 중에 이런 형태가 많으며, 국내에서도 상업용 건물 공간을 이용하여 만들어진 대학로 소극장 중 상당수가 개방무대형 공연장으로 조성되어 있다.

돌출무대형 공연장 무대가 전면으로 돌출해 객석 중간으로 튀어나온 구조다.

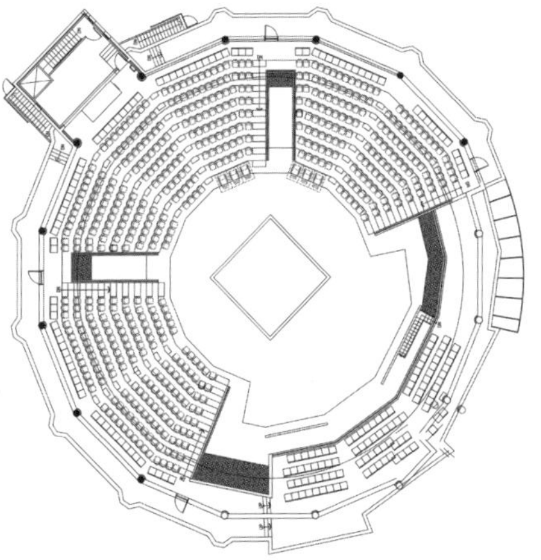

〈도표 3-6〉 국립극장 하늘극장(돌출무대형)

따라서 무대 전면뿐 아니라 양 측면에도 객석이 배치된다. 세 방향에서 무대를 바라볼 수 있는 것이다. 무대가 중간에 가로놓이기 때문에 양 측면에 앉은 관객들은 무대 너머 관객을 서로 바라볼 수 있다. 16세기 말 영국과 스페인의 많은 공연장이 이런 유형으로 건립되었다. 돌출무대형 공연장 thrust-stage theatre에서는 액자형에 비해 같은 객석을 갖고 있더라도 관객들이 훨씬 더 가까운 거리에서 무대를 볼 수 있게 된다. 다만 배우가 한 방향만 보며 대사를 할 경우 다른 방향의 객석에 앉아 있는 관객은 소외될 수 있기 때문에 대사 중심의 전통 연극보다는 무용처럼 비주얼 측면이 강조되는 작품에 더 적합한 공연장이라고 할 수 있다.

체육관형 공연장 체육관형 공연장arena-stage theatre은 체육관이나 야외 경기장처럼 무대의 사방에 객석이 설치되는 형태의 공연장으로, 무대를 중심으로 네 방향에 각기 관객이 위치한다. 따라서 공연자들은 네 방향의 관객 모두에게 자신의 표현을 전달해야 한다. 또한 액자형 무대와는 달리 고정된 형태의 무대 뒤 배경을 설치하지 않는다. 또한 무대가 가장 낮은 곳에

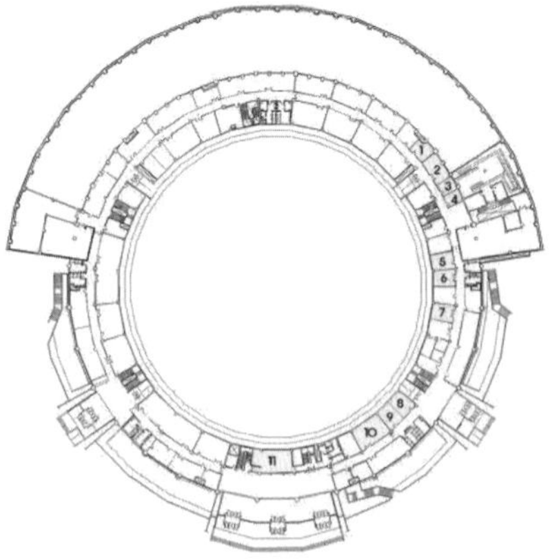

〈도표 3-7〉 올림픽체조경기장KSPO DOME(체육관형)

위치하고, 객석은 더 높은 위치에 경사를 이루도록 배치하는 경우가 많다. 따라서 관객들은 높은 위치에서 무대를 내려다보게 된다. 런던의 라운드하우스Roundhouse가 이름 그대로 원형의 무대와 이를 둘러싼 객석구조의 공연장으로 오랜 명성을 누려왔다. 이 공연장에서는 원형구조를 활용하여 실험적인 공연이나 서커스 등 다양한 공연을 무대에 올린다. 아울러 뉴욕 매디슨스퀘어가든이나 서울의 올림픽체조경기장처럼 공연장과 체육관으로 함께 쓰이는 공연장은 이런 체육관형 공연장의 형태로 되어 있지만, 실제로 공연할 때는 무대 한쪽 면을 차단하고 3면에만 객석을 배치하여 돌출무대형으로 공간을 구성하는 경우가 많다. 우리나라의 전통 마당극이 벌어지는 공간도 이러한 체육관형 공연장과 유사한 형태라 할 수 있다.

횡단무대형 공연장

횡단무대형 공연장traverse-stage theatre은 무대를 중심으로 양옆에 객석이 놓인 구조의 공연장이다. 길게 마주 보고 있는 객석 양옆으로 무대배경이 설치되지만 공연이 진행되는 도중에는 정면을 보기 때문에 무대배경은 큰 역할을 하지 못한다. 배우들은 객석 사이에 설치된 좁고 긴 무대를 오가며 공연한다. 양편의 객석에 대한 대사 전달의 어려움으로 인

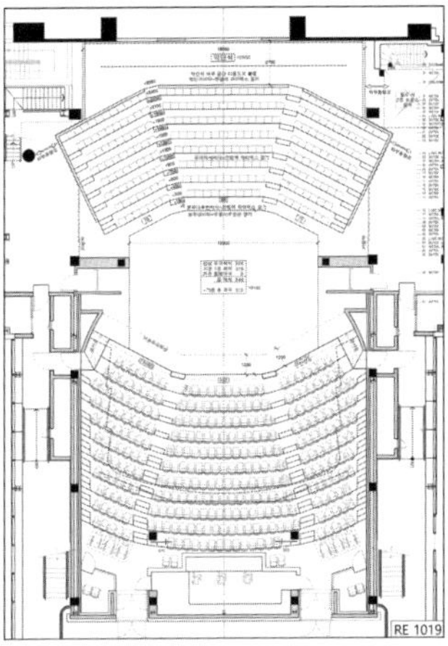

〈도표 3-8〉 국립극장 〈춘풍이 온다〉 무대(횡단무대형)

해 주로 작은 공간에 마련된다. 실제로 공연장 자체가 이렇게 설계된 경우는 거의 없지만, 길게 가로놓인 무대를 활용해 두 집단의 갈등을 효과적으로 보여줄 수 있기 때문에 연출가의 의도에 따라 이런 형태의 무대를 구성해 공연하는 경우가 있다. 실제로 공연장 자체가 이렇게 설계된 경우는 거의 없지만, 마주보는 객석 사이에 길게 가로놓인 무대를 활용할 필요성이 있는 경우 연출가의 의도에 따라 이런 형태의 무대를 구성해 공연하는 경우가 있다. 국립극장의 인기 레퍼토리 창극 중 하나인 〈춘풍이 온다〉 같은 작품이 대표적이다. 이 경우 전통적인 마당놀이의 분위기를 무대 위에서 재현하기 위해 달오름극장의 무대와 1층 객석을 결합하여 〈도표 3-8〉와 같이 횡단무대형 공간을 재구성했다.

가변무대형 공연장 무대와 객석이 고정되어 있지 않으며, 연출가의 의도에 따라 모든 공간을 활용해 무대와 객석의 위치와 크기를 자유롭게 변형할 수 있는 공연장이다. 이러한 가변무대형 공연장variable-stage theatre은 현대 공연예술의 자유분방함을 가장 잘 담아낼 수 있는 공연장 유형이라고 할 수 있

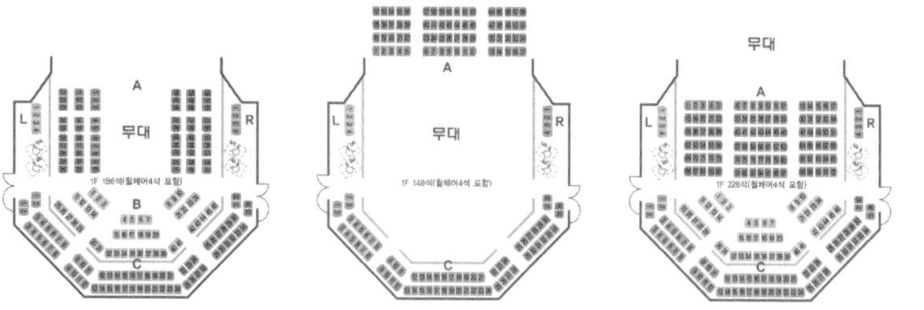

〈도표 3-9〉 고양아람누리 새라새극장(가변무대형)

다. 공연장 공간 자체는 텅 빈 검은색의 사각 공간으로 되어 있기 때문에 블랙박스black box 공연장이라고 부르기도 한다. 이는 현대미술의 전시공간을 화이트큐브white cube라고 부르는 것과 대비된다. 이러한 공연장은 전통 양식보다는 과감하고 실험적인 표현을 즐기는 연출가가 선호한다. 아르코 예술극장의 소극장이나 고양아람누리 새라새극장이 대표적인 사례다. 〈도표 3-9〉처럼 작품 성격에 따라 공간을 돌출형, 체육관형, 액자형 등으로 변형할 수 있다. 때로는 앞서 소개한 〈춘풍이 온다〉의 사례나 2003년 LG 아트센터의 무대에 오른 러시아 극단 데레보의 경우처럼 액자형 공연장에서 객석을 모두 비우고 무대 위에 새롭게 무대와 객석을 다시 설치해 이런 가변무대형 공연장의 효과를 내기도 한다. 하지만 가변무대형 공연장은 무대구조를 변경하는 데 시간과 비용이 많이 소요되기 때문에 공연장 입장에서는 장기공연이 아닌 경우 무대장치와 객석을 설치하고 철거하는 것 자체가 큰 부담이 될 수 있다.

라. 제작 시스템에 따른 구분

제작 공연장 제작 공연장producing theatre은 자체 공연 제작 시스템을 갖추고 있는 공연장이다. 이는 다시 몇 가지 유형으로 구분할 수 있다. 첫째, 밀라노 라스칼라나 빈 국립가극장처럼 공연장이 사실상 예술단체와 결합된 형태로 운영되는 경우다. 대개 공연장과 분리된 기획사 형태로 운영되고 있는 국내 오페라단과 달리 외국의 유명 오페라단은 대부분 이처럼 오페라 공연장과 결합한 형태로 운영된다. 뉴욕의 메트로폴리탄오페라하우스는 오페라와 더불어 아메리칸발레시어터American Ballet Theatre가 함께 연중 시즌을 나누어 공연장을 채우고 있다. 이런 공연장에서는 해당 공연단체의 프로그램을 중심으로 공연 시즌이 구성되며, 여름 등 비시즌에만 다른 단체가 공연장을 이용하거나 외부 단체가 참여하는 페스티벌이 열린다.

둘째, 국내 문예회관처럼 산하에 여러 공연단체를 두고 있는 경우다. 예를 들어 세종문화회관은 2005년 서울시립교향악단이 독립해 나간 이후에도 여전히 서울시극단을 비롯한 10여 개의 공연단체를 산하에 두고 있다. 이런 산하단체의 공연이 주요 프로그램을 형성하며 외부 단체에는 잔여 일정을 대관한다. 다른 문예회관도 대부분 이와 유사한 형태로 운영된다. 그러나 산하에 국공립단체가 설립되어 있더라도 그 운영이 활성화되지 못한 문예회관은 오히려 외부 대관공연이 시즌 프로그램의 핵심 부분을 차지하기도 한다.

셋째, 일정 기간 계약을 맺은 외부 예술단체를 상주단체로 두고 작품을 공동 제작하는 공연장이 있다. 예술의전당에서는 국립발레단, 국립오페라단 등 주요 국립공연단체와 상주단체 계약을 하여 이 공연단체의 공연을 우선 배려한다. 아울러 2009년부터 도입된 정부의 상주단체 지원 제도에 따라 상당수의 문예회관이 민간 공연단체와 상주단체 계약을 하고 이들과 협력해 다양한 프로그램을 기획, 제작하고 있다.

넷째, 공연장에서 자체 기획 인력을 활용하거나 외부 공연기획사 등과 협력하여 직접 공연을 제작하는 경우가 있다. 이는 앞의 세 가지 유형과 겸하는 형태로 이루어지는 경우가 많다. 이러한 방식은 2000년대 중반부터 국내에서 많이 활성화되었다. 제작 예산이 부족한 지역 문예회관은 공동으로 대형 작품을 제작하여 공연장 간 순회공연을 진행하는 방식으로

예산 부담을 줄이고 티켓 가격을 낮추기도 한다.[12]

다섯째, 제작과 비제작의 중간 형태로서, 직접 공연을 제작하지는 않지만 수동적인 대관에만 머물지 않고 능동적으로 시즌이나 축제 프로그램을 기획하는 경우가 있다. 이런 공연장에서는 기획 인력이 중요한 역할을 하며, 기획 역량에 따라 때로는 산하단체를 두고 있는 공연장보다 훨씬 다채롭고 질 높은 프로그램으로 시즌이나 축제를 구성하기도 한다.

비제작 공연장

비제작 공연장nonproducing theatre은 수동적인 입장에서 외부 전문 기획사나 공연단체에 공연장을 대관하는 역할만 하는 곳이다. 대관 중심으로 운영되는 대학로의 많은 소극장이 여기 해당하며, 문예회관도 여전히 상당수가 자체 제작 기능을 갖추지 않은 채 대관 역할만 하고 있다. 대학 부설 공연장 역시 극히 일부를 제외하면 대부분이 비제작 공연장이다. 전국 공연장의 공연 현황을 보면 2017년 기준으로 3만 5117건의 공연 가운데 공연장에서 직접 제작한 기획공연은 31.2퍼센트이며, 외부 대관공연이 68.5퍼센트를 차지한다.[13]

이처럼 많은 공연장이 비제작 공연장으로 운영되는 이유는 다음과 같다. 첫째, 자체 공연 제작을 위한 예산이 부족하기 때문이다. 특히 지역 문예회관의 경우, 공연장의 건립에는 막대한 예산을 투입하지만 이를 효과적으로 운영하는 데 필요한 예산 편성에는 인색한 경향이 있다. 이에 따라 예산이 많이 소요되는 자체 제작보다는 손쉬운 대관공연을 중심으로 운영하는 경우가 많다. 둘째, 자체 제작에 따른 위험부담을 감수하지 않기 때문이다. 민간 공연장 소유주 입장에서는 굳이 위험부담을 무릅쓰며 공연 작품을 제작하기보다는 단순 대관을 통해 안전하게 대관료 수입을 올리는 것을 선호하는 경향이 있다. 아울러 문예회관 등 공공공연장의 경우에도 손실의 위험을 무릅쓰면서까지 자체 제작에 나서야 할 유인이 부족한 경우가 많다. 셋째, 지역 기반 공연단체의 부족도 영향을 미친다. 예술 인력을 비롯한 많은 공연자원이 서울 지역에 집중되어 있는 국내 공연시장의 특성상, 지역에서는 자체 커뮤니티와 지역 관객을 기반으로 한 공연단체가 성장하기 어렵다. 이에 주로 서울 지역에서 성공을 거둔 공연 프로그램이 지역 공연장의 무대에 오르는 경우가 많다. 따라서 지역 공연장의 입장에서는 굳이 새로운 작품을 자체 제작할 필요가 없는 것이다. 이러한 공연장에는 대개 별도의 공연기획 인력 없이 기본적인 관리 인력만 근무한다. 하지만 비제작 공연장 중에도 공연장의 브랜드를 유지할 수 있도록 대관 심사 과정에서 일정한 방향성을 제시하고 심사 과정을 까다롭게 하는 등 질적 관리에 신경 쓰는 경우가 있다.

3) 공연장의 공간 구성

관객이 공연장을 찾을 때 가장 먼저 접하는 로비, 매표소, 매점 등의 공간을 프런트 오브 하우스Front of House(FOH)라고 한다. 이곳은 관객을 중심으로 설계된 공간이며, 관객은 이 공간을 지나서 비로소 무대와 객석을 만난다. 무대는 관객과 공연자가 만나는 공간이며, 무대 뒤에는 백스테이지 공간이 있다. 백스테이지는 관객이 접근할 수 없는 공연자와 무대 스태프만의 공간이며 리허설룸, 분장실, 대기실 등으로 구성된다. 공연장 운영을 위해서는 이 밖에 행정 및 교육 공간 등이 필요하다.

가. FOH와 객석: 관객을 위한 공간

객석 객석은 관객이 앉아서 공연을 즐기는 곳이다. 객석을 설계할 때 가장 중요한 것은 무대를 향한 시야각이다. 어느 좌석이든 최상의 각도로 무대를 바라볼 수 있다면 최선이다. 오래된 건물은 기둥이나 벽 때문에 무대

일부가 가려지는 사각死角이 발생하므로 객석 배치에 유의해야 한다. 객석 의자의 배열 형태는 공연장 구조에 따라 달라진다. 직사각형 구조의 공연장에서는 일렬횡대로 나란히 객석을 배치하며, 바닥을 경사면으로 설계하여 뒷좌석을 앞좌석보다 높임으로써 앞사람의 머리가 무대를 가리지 않도록 한다. 하지만 공간 구조상 객석을 평면에 배치하는 것이 불가피하다면, 무대 높이를 약간 높게 하거나 각 열에 의자가 엇갈리도록 배치하여 앞사람의 머리가 무대를 가리는 것을 최소화할 수 있다. 공연장에서는 무대에서 나오는 직접 음만 객석에 전달되는 것이 아니라 객석 전체가 하나의 울림통 역할을 하기 때문에 무대와 더불어 객석구조나 바닥과 벽면 재질에 대해서도 세심한 주의를 기울여야만 최선의 음향을 얻을 수 있다.

좌석별 번호는 보통 고정되어 있지만 좌석 등급은 공연에 따라 달라진다. 좌석별 번호는 대개 무대를 바라보고 왼쪽부터 오른쪽으로 1번, 2번, 3번 같은 숫자로 부여하며 앞줄부터 뒷줄로는 A열, B열, C열 같은 알파벳으로 부여한다. 그러나 소극장과 달리 중극장 이상의 경우에는 중간에 통로를 두고 객석이 두세 개의 블록으로 나뉘기도 하는데, 이때는 좌석번호를 블록별로 구분해 부여하기도 한다. 좌석 등급은 마케팅에서 다룰 티켓 가격 책정 문제와 연계하여 설정하며, 대개 1층 중앙과 2층 앞열을 최상위 등급으로 분류한다. 1층 앞열은 무대와 너무 가까울 경우 오히려 음향이 열악해지고 무대를 한눈에 보지 못하거나 올려다볼 수 있기 때문에 차상위 등급으로 분류하기도 한다. 통로나 비상구 옆 혹은 시야장애석의 경우 반드시 낮은 등급으로 분류해야만 관객의 불평을 예방할 수 있다.

로비

로비는 관객이 공연 시작 전후 혹은 중간휴식 시간에 머무는 공간으로서, 공연장 건물 출입구와 객석이 있는 홀 사이에 배치한다. 공연장은 단순히 공연만을 보는 공간이 아니라 관객이 여가를 즐기고 다른 사람을 만나는 종합적인 사교장 역할을 하기 때문에, 로비의 중요성이 점차 커지고 있다. 관객은 조명이 낮은 객석으로 입장하기에 앞서 환하고 화려한 조명의 로비 공간에서 대기하거나 휴식을 즐기고 친구를 만나며 공연을 감상하기 위한 마음의 준비를 한다. 실제로 관객이 어떤 공연장에서 공간에 대한 불쾌감을 느낀다면 객석보다는 로비를 비롯한 부대 공간에 대한 불만인 경우가 많다.

로비의 가장 큰 특성은 커뮤니케이션이 이루어지는 공간이라는 점이다. 여기서 커뮤니케이션은 두 가지 측면이 있다. 하나는 공연기획자와 관객 간의 커뮤니케이션이고, 다른 하나는 관객 상호 간의 커뮤니케이션이다. 공연기획자는 궁극적으로는 작품을 통해 객석에 앉아 있는 관객과 만나지만 그에 앞서 로비를 통해 관객에게 예술가와 작품 및 공연장에 관한 정보를 전달할 수 있다. 이에 따라 로비에서는 예술가와 작품 정보를 담은 프로그램을 판매하거나 무대와 객석 배치도를 게시하며, 공연장 자체에 대한 홍보 브로슈어나 뉴스레터 혹은 다음에 있을 공연 홍보물을 나눠준다.

또 다른 커뮤니케이션은 관객 상호 간에 일어난다. 최근에는 홀로 공연장을 찾는 관객이 늘어나는 추세지만, 여전히 많은 관객이 가족이나 친구 혹은 동호인과 함께 공연장을 찾는다. 로비는 이들이 일상의 공간에서 벗어나 공연을 매개로 만나서 이야기하고 함께 식음료를 즐기는 사교의 공간이다. 또한 공연 전만이 아니라 중간휴식 시간이나 공연 후에도 자유롭게 모여서 이야기를 나누는 공간이다. 로비에서 보내는 이 같은 시간이 때로는 예술작품 이상으로 관객의 만족감에 영향을 미친다. 따라서 공연장에서는 관객이 쾌적한 환경에서 커뮤니케이션을 원활히 할 수 있도록 앉아서 쉴 수 있는 의자를 설치하고, 가볍게 즐길 수 있는 식음료를 판매하며, 화장실을 비롯하여 필요한 모든 편의시설을 갖추어야 한다. 나아가 로비는 부가 수익을 창출하는 공간이 되기도 하기 때문에 최근에는 공연이 없는 시간에도 로비를 개방하는 공연장이 늘고 있으며, 로비 공간에 대한 공연장의 관심과 투자도 점차 늘어나는 추세에 있다.

매표소 공연장의 매표소box office는 과거와 달리 티켓을 구매하는 공간보다는 찾는 공간으로서의 성격이 강하다. 과거에는 직접 매표소에 와서 티켓별 가격과 좌석표를 확인하고 티켓을 구매했지만, 이제는 대부분의 관객이 사전에 인터넷으로 티켓을 예매하기 때문이다. 이에 따라 매표소에서는 예약된 티켓에 대한 효율적 배포 시스템을 갖추어야 한다. 이름에 따라 가나다순으로 할 것인지, 아니면 예매처에 따라 구분할 것인지에 대해 판단하여 적절한 수의 인원을 배치해야만 공연 직전의 혼잡을 피할 수 있다. 또한 직접 배포가 아니라 영화관처럼 주민등록번호나 예매번호만으로 티켓을 배포하는 무인배포소를 설치할 수도 있다. 그렇다고 해서 매표소의 역할이 전보다 축소된 것은 아니다. 관객들은 공연장에 와서 매표소를 통해 처음 공연장과 커뮤니케이션하기 때문에 매표소는 단순히 현장 매표나 티켓 전달만 하는 곳이 아니라 공연이나 중간휴식 시간을 안내하고, 화장실 위치를 알려주는 안내소 역할까지 병행한다. 이에 따라 대부분의 공연장에서는 매표소를 과거와 같은 폐쇄형 박스 형태로 만들기보다는 개방적인 안내데스크 형태로 만드는 추세다. 큰 공연장의 경우 매표소를 이용하는 관객이 한꺼번에 몰리기 때문에 일반 안내데스크를 별도로 설치하는 경우가 많다.

물품보관소 물품보관소cloak room는 관객이 객석에 반입하기 어렵거나 반입해서는 안 되는 물품을 공연 시간 동안 보관해주는 곳이다. 대개 큰 가방이나 외투 혹은 공연자에게 선물할 화환 등을 보관한다. 해외 공연장의 경우 대부분의 관객이 겨울 시즌에는 외투를 물품보관소에 맡기고 객석에 입장하지만, 국내 공연장의 경우 아직까지 외투를 맡기는 경우가 많지 않은 편이다.

식음료 공간 공연장은 단순히 공연을 보는 공간을 넘어서 관객 상호 간에 사교가 이루어지는 공간이다. 따라서 공연에 직접 관계된 시설 외에도 다양한 부대 공간이 필요하다. 그중 대표적인 곳이 식음료 공간이다. 가장 간단하게는 공연장 로비에 자동판매기 한 대를 설치하는 것으로 대체할 수 있는 곳이 식음료 공간이지만, 좀 더 신경을 쓰자면 커피 등 음료나 간단한 요깃거리를 직접 판매하는 간이매장을 운영하거나 외부 업체와 협력하여 전문 식당가를 운영할 수도 있다. 서구의 공연장은 간이매장이라 하더라도 샴페인을 비롯한 주류를 판매하는 것이 보편적이지만, 국내 공연장에서는 아직 주류까지 판매하는 곳이 드문 편이다. 다만 이러한 식음료 서비스의 중요성에 대한 인식이 많이 높아져서 이제는 기존 공간을 리노베이션하거나 공연장 건립 단계부터 식음료 공간을 전문적으로 설치하는 사례가 늘고 있다.

식음료 공간은 관객 입장에서는 식사나 음료를 함께 하며 동행인과 사교적인 시간을 보낼 수 있는 장소이지만, 공연장 입장에서는 티켓 판매 외에 부가적인 수익을 창출할 수 있는 공간이기도 하다. 따라서 공연 전후나 중간휴식 시간에 관객이 몰리는 점을 감안하여 대기 시간을 줄이고 효율적인 판매가 이루어질 수 있도록 품목 구성과 서비스 인력 배치에 세심한 주의를 기울여야 한다. 이러한 식음료 공간은 공연장의 입지에 따라 크게 달라진다. 대학로처럼 공연장의 입지가 다양한 식당가에 인접한 경우라면, 굳이 공연장 내의 공간을 할애해 식음료 공간을 별도로 만들 필요 없이 최소한의 로비 공간으로도 관객에게 큰 불편을 주지 않을 수 있다. 그러나 예술의전당이나 국립극장처럼 외부 상업 지역과 어느 정도 거리가 있다면 공연장 내에 반드시 식음료 공간을 충분히 마련할 필요가 있다.

화장실 화장실에 대한 수요는 관객의 욕구 중 가장 하위에 속하지만 가장 우선 해결되어야 하는 부분이기도 하다. 더욱이 공연장의 경우 박물관이나 미술관과는 달리 화장실 출입이 공연 전후와 중간휴식 시간에 집중되기 때문에 대기 시간을 최소화할 수 있도록 설계해야 한다. 문제는 현실적으로 어느 공연장이든 여성 화장실 앞에만 줄이 길게 늘어선다는 점이다. 여성 관객이 큰 불편을 겪음에도 대부분의 공연장은 이를 적극적으로 개선하지 않는다. 공연장 화장실 이용 편의를 개선하는 관건은 여성 화장실의 비율이다. 화장실문화시민연대의 2000년 실태조사에 따르면 대중문화시설 화장실의 남녀 비율은 면적을 기준으로 할 때는 50대 50이지만, 변기 수를 기준으로 할 때는 63대 37이다. 또한 국립환경연구원의 연구에 따르면 1회 평균 화장실 이용 시간이 남성은 1분 24초인 데 반해 여성은 3분으로 대략 두 배가 소요된다. 더욱이 익히 알려진 것처럼 공연장을 찾는 관객 중에는 여성 관객이 70퍼센트 내외를 차지한다. 이런 모든 요소를 합리적으로 고려한다면, 공연장 내 화장실의 남녀 비율은 변기 수를 기준으로 1대 4, 면적을 기준으로 1대 8 정도가 되어야 남녀의 화장실 대기 시간이 비슷해질 수 있다.[14]

그러나 대다수의 공연장은 이러한 비율을 고려하지 않고 단순히 계산해 남녀 화장실을 면적 기준으로 같게 만들기 때문에 공연장마다 공연 전후로 여성 화장실 앞에만 줄이 길게 늘어서게 된다. 화장실은 드러나지 않는 공간이지만 관객의 불편도에 가장 영향을 미치는 공간이다. 관객에 따라서는 화장실의 수준을 곧 그 공간의 수준으로 인식하기도 한다. 화장실의 이용 편의성이나 청결함이 공연장 수준을 결정하는 데 중요한 역할을 하는 것이다. 따라서 새롭게 건립되는 공연장은 말할 것도 없고 기존 공연장도 다른 시설의 리노베이션에 앞서 남성 화장실 일부를 여성용으로 개조해 여성 관객을 배려할 필요가 있다. 또한 화장실 개조 시에는 여성을 위한 파우더룸 공간이나 장애인과 노인을 위한 시설 등 화장실을 이용하는 관객의 다양한 수요에 맞춰 여러 가지 세심한 배려가 필요하다.

탁아시설 공연장을 찾는 관객의 생애주기를 보면 가장 큰 폭으로 감소하는 때가 결혼 후 출산을 전후한 시기이며, 감소된 상태가 이후 상당 기간 지속된다. 박물관·미술관과 달리 7세 이하의 영유아는 특별히 이 연령을 대상으로 마련된 아동극을 제외하면 공연장 입장 자체가 제한되기 때문이다. 따라서 집에 혼자 두기 힘든 연령대의 아이가 있는 기혼자는 공연 참석이 매우 어렵다. 탁아시설은 바로 이런 생애주기에 있는 기혼자를 위한 서비스 공간이다. 탁아시설은 대개 공연 시간 동안 아이를 맡아주며 예술의전당, 세종문화회관, 국립국악원 등 대형공연장에 주로 설치되어 있다.

탁아 서비스는 특성상 단순 관리 인력만 배치해서는 곤란하며, 대개 파트타임 형태로 영유아 보육 전문 인력을 배치해야 한다. 탁아 중에는 무엇보다 맡겨진 아이들의 건강과 안전에 각별히 유의하여 마련된 시설과 장비를 바탕으로 세심하게 돌봄이 이루어져야 하며, 때로는 공연장 특성에 맞춰 아이들이 즐길 수 있는 예술이나 창의 활동을 마련하기도 한다. 아울러 이용 대상 연령 역시 단순하게 공연장 입장 연령을 고려하여 7세로 정하기보다는 9세 전후로 상향하는 것이 필요하다. 나라별로 아동을 홀로 집에 둘 수 있는 제한 연령에 차이가 있지만, 공식 규제가 없더라도 9세 이하의 아동을 집에 둔 채 공연장으로 나서기는 쉽지 않기 때문이다. 예를 들어, 국립국악원에서는 2015년 탁아시설을 확대 개편하면서, 이러한 점을 고려하여 이용 연령을 7세에서 9세로 상향 조정한 바 있다.

나. 무대와 백스테이지: 공연자와 스태프를 위한 공간

무대 무대는 예술가와 관객이 만나는 접점이다. 무대를 중심으로 예술가의 공간과 관객의 공간이 나뉜다. 무대는 디자인과 조명에 의해 연출되는 가상의 공간이며, 이를 위해 무대의 상하와 좌우에는 배튼을 비롯하여 여러 복잡한 구조물과 장비가 설치된다. 배튼은 무대 위에 가로로 배치되는 긴 막대 형태의 장치를 말하며, 이를 활용해 조명 장치를 비롯하여 배경막 등 각종 무대세트를 설치한다. 무대 하부에는 전원 장치나 회전무대 등을 설치하며, 공연장에 따라서는 다양한 연출이 가능하도록 빈 공간을 두기도 한다. 오페라나 뮤지컬 등 공연을 위해 오케스트라 반주가 필요한 작품을 주로 하는 공연장의 경우 무대 앞과 객석 사이에 오케스트라를 배치할 수 있는 오케스트라 피트pit 공간이 설치된다.

뒷무대는 앞서 설명한 것처럼 극장형 공연장의 경우 매우 중요한데, 대규모 공연장에는 뒷무대가 거의 객석만큼이나 깊게 설치되기도 한다. 좌우 무대side stage는 공연자의 등퇴장 및 악기나 소도구 운반을 위한 공간으로 활용되며, 조명이나 무대세트가 설치되기도 한다. 무대에서 객석을 보는 방향으로 무대 좌측stage left을 상수, 무대 우측stage right을 하수라고 지칭하기도 한다. 이러한 무대와 공연장 전체의 조명, 음향, 무대기계 등의 통제는 컨트롤룸에서 이루어지는데, 컨트롤룸은 공연장 전체를 바라볼 수 있도록 대개 1층이나 2층 객석의 맨 뒤편에 배치한다.

무대의 규모는 공연장이 주로 기획하는 공연의 성격, 평균적인 제작비, 객석 규모 등에 따라 달라진다. 중요한 것은 적정 규모를 찾는 것이다. 큰 무대가 언제나 좋은 것은 아니다. 큰 무대는 연주자, 배우, 무용수 등 출연진으로 채우건, 무대디자인으로 채우건 제작비가 많이 들 수밖에 없기 때문이다.

분장실 분장실dressing rooms은 공연자가 의상을 갈아입거나 분장을 하는 공간이다. 대개 무대로 바로 출입할 수 있는 위치에 배치하며, 내부에는 거울이 포함된 화장대와 옷장, 사물함, 샤워 시설, 화장실, 무대 모니터 화면 등을 설치한다. 연극이나 무용처럼 의상과 분장의 비중이 높은 공연은 분장실make-up room과 의상실wardrobe room을 따로 설치하기도 하며, 반대로 그 비중이 낮은 음악의 경우 출연자 대기실을 겸하기도 한다. 어떤 공연이든 주연배우나 무용수 혹은 지휘자나 독주자 등 비중이 높은 출연진에 대해서는 개인 분장실을 별도로 배정한다. 이에 따라 분장실은 공간이 허락하는 한 남녀가 각각 활용할 수 있는 두 개의 단체 분장실 외에 최소한 두 개 이상의 개인 분장실을 갖추는 것이 좋다.

출연자 대기실 공연자가 무대에 오르기 전후에 대기하며 휴식을 취하는 공간이다. 이 공간은 공연자가 의상과 분장을 마무리한 후에 대기하는 공간이기 때문에 대개 분장실과 무대 사이에 배치하며, 편안한 의자와 더불어 간단한 식음료를 먹을 수 있도록 테이블이나 바를 설치하기도 한다. 관객과 분리된 공간이지만 때로는 공연 후에 이곳에서 방문객을 맞기도 한다. 하지만 국내에서는 공연자에 대한 배려가 부족하여 이런 공간을 별도로 만들어놓지 않은 공연장이 많으며, 이에 따라 분장실이나 무대 옆 공간을 간이로 활용하기도 한다. 이러한 출연자 대기실을 영문으로는 그린룸green room이라고 표기하는데, 그 유래에 관해서는 무대조명 때문에 피로해진 눈을 위해 이 공간의 벽을 초록색으로 칠했기 때문이라는 설, 과거 무대 위에 초록색 천이 덮여 있었기 때문이라는 설, 중세 순회극단이 가설무대 바깥 잔디밭에 공연자 대기공간을 만들었기 때문이라는 설 등 다양한 주장이 있다.

리허설룸 어떤 공연이든 무대에 오르기 전에 마지막 연습이 필요하다. 이러한 연습이 이루어지는 공간을 리허설룸rehearsal room이라고 한다. 대개의 공연장은 공연 성격에 맞춰 활용할 수 있는 리허설룸을 갖추고 있다. 특히 오페라극장을 비롯하여 예술단체가 산하단체 혹은 상주단체로 있는 공연장의 경우에는 리허설룸을 필수적으로 설치해야 한다. 리허설룸은 공연 성격에 따라 크기와 구조가 달라진다. 오케스트라 공연을 주로 하는 경우 100명 이상이 들어갈 수 있는 커다란 공간이 필요하며, 무용은 일정한 천장 높이가 확보되어야 한다.

장치 제작공간과 장치 보관실 공연장을 외부의 공연단체에 단순히 대관하는 경우에는 공연장 내에 별도의 장치 제작공간을 가질 필요가 없다. 이 경우 오히려 외부에서 만들어진 장치를 쉽게 반입할 수 있도록 주차공간과 연결된 대형 엘리베이터와 출입문이 필요하다. 하지만 리허설룸과 마찬가지로 산하단체나 상주단체가 있어서 자체적으로 공연을 제작하는 경우에는 무대세트와 소도구 등을 만들 수 있는 장치 제작공간을 마련해야 한다. 아울러 재활용해야 하는 무대세트와 소도구 등을 보관할 수 있는 장치 보관실도 갖추어야 한다.

4) 공연장의 조직구조

가. 공연장 조직의 구성 요소

공연기획 공연기획은 공연장의 콘텐츠를 만들어내는 기능으로서, 어떤 유형의 공연장에서나 가장 기본이 되는 조직 요소다. 통상적으로 공연기획이라고 할 때는 직접 공연을 제작하는 것과 외부 공연을 초청하여 시즌 프로그램을 구성하는 것을 모두 포괄한다. 공연기획은 상근 혹은 비상근 예술감독을 중심으로 공연장 내의 전담 인력이 맡는 경우가 많지만, 외부 전문 기획사나 예술단체와의 협력으로 이루어지기도 한다. 이런 경우 공연장의 해당 부서에서는 외부 조직과 공연장 내 각 부서 간 코디네이터 역할을 맡게 된다. 이러한 공연기획 부서의 비중은 공연장이 자체 기획을 얼마나 중요시하는가에 따라 달라진다. 공연장 자체 기획 비중이 큰 공연장은 기획부서를 별도로 설치하지만, 단순 대관만 하는 공연장은 독립 부서 없이 한 명의 담당자가 맡기도 한다.

공연장의 콘텐츠 구성과 관련된 또 다른 중요한 기능은 대관이다. 대관은 단순히 대관료를 받고 선착순으로 공간을 임대하는 기능이 아니다. 어떤 공연단체의 어떤 작품을 선택하여 대관을 해주는가에 따라 공연장의 정체성이 결정되기 때문이다. 또한 공연장이 하나의 브랜드로서 가치를 유지하려면 대관공연이라 해도 그 질을 일정 수준 이상으로 관리하는 것이 중요하다. 시설이 훌륭하면서도 대관료가 저렴한 국공립 공연장은 대관 경쟁이 치열하기 때문에 대관의 절차, 시기, 심사 방법 등에 대한 규정을 마련해야 한다. 대관 규정을 마련할 때는 대관 신청 절차와 아울러 대관 취소 시의 제재와 재선정 절차, 장기대관 시 할인 혜택, 리허설 시간의 배정 등에 대한 내용도 상세히 마련해두는 것이 좋다.

마케팅과 홍보 및 교육 마케팅과 홍보는 기본적으로 완성된 예술상품을 잠재 소비자에게 알리고 판매하는 기능이다. 따라서 7장에서 설명할 네 가지 마케팅 도구를 활용해 다양한 마케팅 프로그램을 운영하고 티켓을 판매하는 역할이 주가 된다. 그러나 마케팅과 홍보 부서의 역할은 여기에서 그치지 않는다. 구체적인 예술상품 판매뿐 아니라 상시적인 공연장 브랜드 관리와 관객 개발 기능까지 해야 하며, 상황에 따라서는 공연의 기획 단계에서부터 함께 참여하기 때문이다. 마케팅과 홍보 부서에서 특화된 기능 중 하나는 유·무료 회원제 운영 등 관객 개발 기능이다. 회원제는 국내에서도 점차 그 중요성에 대한 인식이 보편화되어 이제는 대부분의 공연장이 회원제도를 운영하고 있다. 설사 무료 회원이고 당장 티켓을 구입하지는 않더라도 정기적으로 뉴스레터를 보내주거나 할인 이벤트 등 프로모션 정보를 제공하는 식으로 지속적인 관계를 형성함으로써 잠재관객을 늘려가는 것이다.

교육 기능은 그 자체로 하나의 사업 영역이면서 동시에 중장기적 관점에서 관객 개발을 해나가는 것이라 할 수 있다. 교육은 과거에는 공연장의 주요 기능으로 여기지 않았지만, 1장에서 설명한 것처럼 2000년대 중반 이후 정부의 문화예술교육 정책 강화와 더불어 크게 부각되어 이제는 대부분의 공연장이 핵심 기능으로 설정하고 있다. 공연장에서는 해설이 있는 음악회와 같은 공연 형태의 프로그램과 더불어 특화된 대상별 교육 프로그램이나 아웃리치 프로그램을 기획하기도 한다. 이러한 교육 기능은 초기 단계에는 마케팅과 홍보 혹은 다른 사업 부서에서 함께 맡기도 하지만 프로그램 확대에 따라 독립된 부서로 분리하게 된다.

무대 기술 무대 기술은 예술조직 가운데 공연장에만 특화된 기능으로서, 무대에 관한 총괄적인 책임을 지는 기술감독을 중심으로 조명, 음향, 무대장치 등 세부적인 부문별로 담당자를 배치한다. 정부에서는 공연장 객석 수를 기준으로 무대 기술 인력의 최소 배치 기준을 마련하여 시행하고 있다. 하지만 대관 중심으로 운영하는 소규모 공연장에서는 최소한의 전담 직원만으로 운영하기 때문에 대관단체가 전문 직원을 직접 배치하여 무대 기술 부문을 책임지도록 하기도 한다.

행정 지원 대표적인 행정 지원 기능으로는 조직·인사·재정 부문을 들 수 있다. 이 세 가지는 어떤 유형의 조직이든 반드시 필요한 기본 기능이다. 여기서 중요한 것은 재정 부문인데, 자금의 집행을 담당하는 재무관리와 아울러 최근에는 재원 조성 부문의 중요성이 부각되고 있다. 서구 예술조직에서는 이를 재원개발부development office 형태로 분리 운영하는 경우가 많다. 그러나 국내 공연장은 이를 독립 부서로 운영하는 경우가 아직 드문 편이며, 마케팅이나 회원제 운영 혹은 대외협력 부서에서 함께 맡도록 할 때가 많다. 이 밖에 시설과 공간 관리 부문도 필요하다. 시설관리에는 전기, 냉난방, 공조시스템 등과 아울러 경비, 안전관리, 주차관리, 청소 등이 포함된다.

이러한 기능적 부문은 최소한의 관리 역할만 남기고 점차 외부 전문업체에 아웃소싱을 하는 추세에 있다. 이 가운데 소홀히 하기 쉬운 기능은 안전관리이다. 아무래도 안전사고가 수시로 일어나는 일은 아니기 때문이다. 하지만 공연장 화재, 정전, 무대 장치의 추락이나 파손, 출연진이나 관객의 급작스러운 질병이나 사고는 언제 어느 공연장에서든 일어날 수 있다. 따라서 돌발적인 상황에 대비한 대응 매뉴얼을 반드시 갖춰야 하며, 모든 직원이 그 내용을 늘 기억할 수 있도록 반복적인 교육이 필요하다. 이러한 일반적인 시설관리와 더불어 공연장에서 중요한 것은 이른바 하우스 매니지먼트로 알려진 기능이다. 이는 공연이 이루어지는 동안에 앞서 설명한 객석과 FOH를 전담 관리하는 기능을 말한다. 기본적으로는 관객 서비스 기능에 포함되지만 무대감독과 긴밀한 커뮤니케이션을 하는 가운데 관객과 직접 만나는 현장에서 예기치 못했던 상황의 발생에 언제나 대비해야 하기 때문에 그 중요성이 점점 높아지고 있다.

나. 주요 공연장의 조직구조

공연장의 조직구조는 대체로 앞의 3장에서 살펴본 것처럼 경영과 예술 부문으로 구분되며, 조직이 성장함에 따라 각 부문이 더 작은 단위 부서로 전문화된다.

〈도표 3-10〉 예술의전당 조직도를 보면 사장을 정점으로 경영본부, 공연예술본부, 문화예술본부 등 세 개의 본부로 구성되어 있다. 경영본부는 기획조정, 인사관리, 경영지원, 시설안전, 홍보협력을 총괄하고, 공연예술본부는 공연사업, 음악사업, 무대운영을 총괄하며, 문화예술본부는 시각예술, 교육사업, 영상문화, 고객사업을 총괄한다. 크게 분류하면 경영본부가 경영 부문에, 공연예술본부와 문화예술본부가 예술 부문에 해당되는 것을 알 수 있다. 산하단체가 없는 문예회관의 경우 대체로 이와 유사한 조직구조를 갖고 있다. 예술의전당의 경우 한때 예술 부문에 장르별 객원 예술감

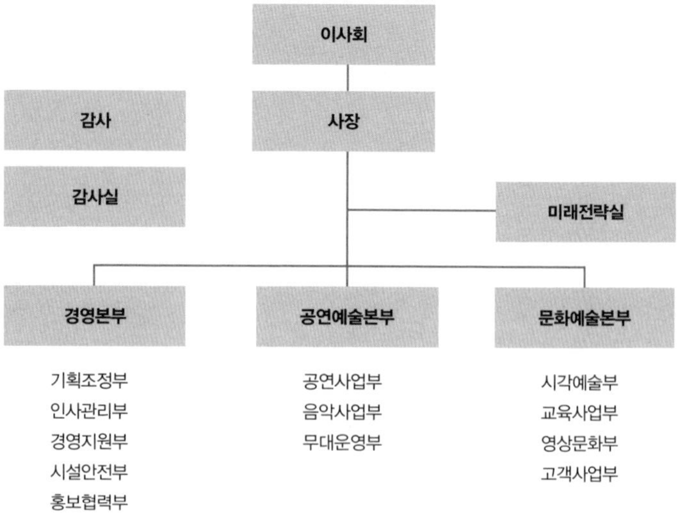

〈도표 3-10〉 예술의전당 조직도

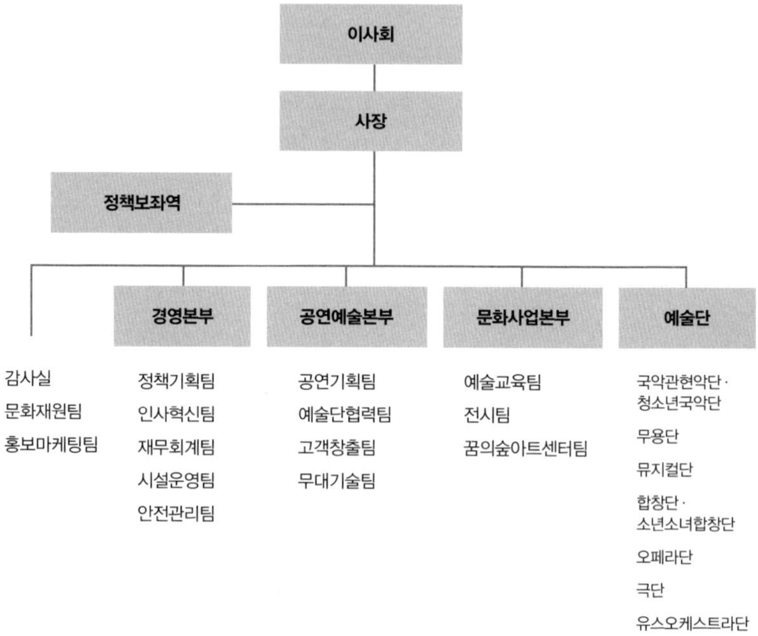

〈도표 3-11〉 세종문화회관 조직도

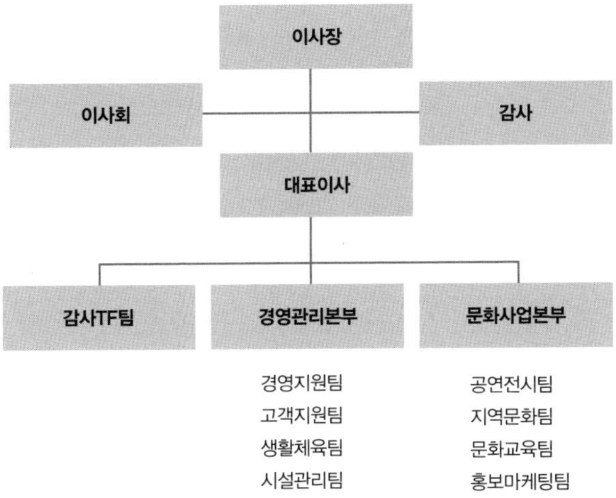

〈도표 3-12〉 마포문화재단 조직도

독을 두기도 했지만, 이제는 별도 예술감독 없이 상근직원이 그 역할을 직접 맡고 있다.

〈도표 3-11〉의 세종문화회관 조직도는 예술의전당보다 좀 더 복잡한 구조를 보여준다. 여러 분야의 산하단체를 내부 조직으로 두고 있기 때문이다. 예술의전당과 비교하면 홍보마케팅팀을 경영본부에서 분리하여 사장 직속으로 배치하고 있다. 아울러 문화재원팀을 별도로 두었는데, 이는 서구 공연장의 재원개발부와 유사한 역할을 하는 부서로 볼 수 있다. 예술의전당도 과거에 이와 유사한 A&BArts & Business팀을 운영한 적이 있으나 현재는 미래전략실이 그 기능을 맡고 있다.

기초자치단체에서 운영하는 지역 문예회관은 과거와 달리 상당수가 기초자치단체에서 설립한 재단 형태의 독립 조직에서 운영하고 있다. 〈도표 3-12〉 마포문화재단 조직도는 이러한 재단 형태 문예회관의 전형적인 조직구조를 보여준다. 여기서 특화된 기능은 생활체육팀이다. 지역 문예회관 중 체육시설을 함께 보유한 경우에는 이처럼 체육시설의 관리 운영 전담 부서를 둔다. 지역문화재단은 이 밖에 지역축제 운영이나 지역 내 문화유산 등 특화 시설의 관리를 위한 별도 부서를 두기도 한다.

심층 연구 및 토론 과제

- 극장과 콘서트홀의 차이는 무엇인가?
- 제작 공연장은 비제작 공연장에 비해 어떤 장점과 단점을 갖고 있는가?
- 공연장에서 FOH의 역할은 무엇인가?
- 백스테이지에는 어떤 시설이 필요한가?
- 공연장 조직의 구성 요소 중 가장 필수적인 것을 우선순위별로 생각해보자.

3. 박물관·미술관

1) 박물관·미술관의 의의

박물관의 개념 국제박물관협회International Council of Museum(ICOM)는 정관Statutes 제3조에서 박물관을 "교육과 연구와 향유를 목적으로, 인류와 그 환경에 관한 유·무형 유산의 획득, 보존, 연구, 소통, 전시를 통해 사회와 그 발전을 위해 봉사하며, 대중에게 개방된, 비영리적이고 영속적인 기관"으로 정의했다.[15] 국제박물관협회는 전 세계 118개국 국가위원회와 32개 국제위원회를 비롯하여 138개국 4만 5000여 명의 회원이 참여하고 있는 국제기구로, 박물관계의 가장 권위 있는 조직이다. 이 협회의 정의에 따르면 박물관은 1) 그 목적이 교육, 연구, 향유에 한정되기 때문에 미술품 판매를 목적으로 전시하는 화랑과 구분되고, 2) 유·무형의 유산을 획득, 보존, 연구, 소통, 전시하는 것이 주된 활동이기 때문에 소장품 없이 단순히 전시기획만을 하는 전문 전시공간과 구분되며, 3) 대중에 대한 개방성을 전제로 하기 때문에 개인 컬렉션이나 제한된 시기에 제한된 사람들에게만 컬렉션을 공개하는 시설과 구분되고, 4) 비영리적이고 영속적인 기관이기 때문에 영리 목적의 전시기획사 혹은 일시적 전시 이벤트를 위해 만들어진 조직과 구분된다. 하지만 이러한 전통적인 박물관 개념과는 달리 박물관 소장자료의 디지털화, 게임 등 디지털 자료의 수집, 소장품 없는 전시기획 전문기관 등의 확대에 따라 소장품 중심의 박물관 개념을 수정해야 한다는 논의도 점차 확산되고 있다.

박물관의 기원과 발전 박물관museum의 기원은 고대 그리스의 예술과 학문과 과학의 여신들인 뮤즈Muses를 모시는 신전 무세이온Museion으로 거슬러 올라간다. 신전인 동시에 문예와 철학을 연구하는 장소였던 무세이온에는 뮤즈 숭배자가 봉헌한 조각품이나 보물을 보관하는 저장소가 있었고, 제사의식 때 이런 소장품을 숭배자에게 공개했다. 이러한 소장품이 명성을 얻으면서 숭배자뿐 아니라 그 신전이 있는 도시를 찾는 관광객도 이 저장소를 방문했다.[16] 기원전 3세기경에는 이집트의 왕 프톨레마이오스 2세가 궁전에 각종 진귀한 서적과 미술품 등을 모아놓는 장소를 마련하고 이를 무세이온이라 부르기도 했다. 페르가몬에 있는 에우메네스 2세 뮤지엄은 도서관의 기능도 가졌던 것으로 추정되며 학문적 토론을 위한 리셉션홀도 구비하고 있었다. 비슷한 시기에 바빌로니아, 아시리아 등에서도 이와 유사한 역할을 하는 공간이 많이 만들어졌는데, 이러한 공간의 소장품 중에는 전쟁을 통해 얻은 전리품도 많아 미학적 측면과 아울러 종교적·정치적인 면도 중요한 소장 기준으로 삼고 있었다. 로마시대에는 황제와 귀족의 감상 욕구를 충족시키기 위해 고대 그리스 예술작품의 수집과 전시가 많이 이루어졌다.

중세에 이르면 교회가 종교적 권력과 세속적 권력을 함께 보유하면서 문화를 보존하고 이끌어가는 역할을 한다. 이에 따라 교회 내에는 종교적 목적에서 성골함이나 성구실이 마련되었는데, 때로는 이 공간을 뮤지엄이라 부르기도 했다.[17] 이러한 교회 내의 공간에는 종교적 유품과 더불어 신을 찬미하는 내용을 담은 예술작품을 비롯하여 성지순례자가 가져온 갖가지 진귀한 물건도 함께 전시했다.[18] 말하자면 당시의 교회는 예술작품에 대한 가장 영향력 있는 컬렉터이자 소장자이자 연구자였는데, 교황 식스투스 4세는 로마에 고전유물보관실Antiquarium을 조성해 기독교 관련 유물을 집중적으로 보관하기도 했다. 이렇게 보관된 소장품은 연구 대상이 되기도 했지만 때로는 전시를 통해 신자를 모으거나 교육하는 도구로 활용되기도 했다.

한편 이 시기에 시작된 십자군원정은 교회 중심의 사회구조를 변혁시키는 계기가 되었는데, 무엇보다 원정지에서 기나긴 전쟁이 거듭됨에 따라 군수품의 생산과 보급이 활성화되었고 이를 계기로 상공업과 무역이 번성했다. 그 결과 기존의 교회와는 다르게 새로운 형태의 부를 축적하는 계층이 발생했는데, 이들 신흥부유층은 기독교 유물 외에도 세속 귀중품에 대한 욕구를 갖고 이를 수집하기 시작했다. 이들은 단순한 심미적인 욕구 외에도 희귀한 물건을 대량으로 소장해 자신의 부와 사회적 위신을 내보이고자 했다.

당시 메디치가와 같은 집안에서는 개인 소장품을 전시하기 위하여 호기심 캐비닛cabinets of curiosity이라는 공간을 만들기도 했다. 그 밖에도 바이에른의 알브레히트 공작은 800여 점에 이르는 회화작품과 희귀품으로 자신의 캐비닛을 조성하는 등 당시 귀족이나 부유층 사이에서는 이러한 소장품 전시공간의 조성 경쟁이 벌어지기도 했다.[19] 이런 호기심 캐비닛은 오늘날 박물관의 원형으로 인정받고 있다. 토스카나 공작은 이와 유사한 역할을 하는 공간으로 '우피치갤러리Galleria degli Uffizi'를 조성하여 고문서, 회화, 조각품 같은 소장품을 전시했는데, 그가 만든 공간은 정방형이었던 호기심 캐비닛과 달리 긴 홀의 형태였다. 이 무렵부터 갤러리는 오늘날처럼 회화와 조각의 전시공간을 의미하는 용어로 정착되기 시작했다.[20]

이처럼 중세에서 르네상스로 이어지는 시기에 비록 맹아적인 형태이나마 소장품의 전시공간이 만들어졌다고는 하나, 이 시대까지의 박물관은 명칭이 어떤 식이건 그 공간과 관련된 특수한 직위에 있는 소수의 사람만을 위한 제한된 공간으로서, 일반 대중을 위한 전시보다는 수집품의 보존과 과시에 중점을 둔 것이었다. 설사 공개되더라도 소장자의 가까운 친지들 정도에게만 기회가 주어질 따름이었다. 현대적인 의미의 미술관은 17세기를 지나 18세기에 이르러서야 비로소 모습을 나타낸다. 그 시작은 1753년에 설립된 런던의 영국박물관British Museum이었다. 의사이자 과학자였던 한스 슬론 경이 수집해온 7만 1000여 점의 컬렉션을 기반으로 설립된 영국박물관은 세계 최초의 국립박물관으로서 1759년부터 일반 대중에게 개방되기 시작했다. 다만 초기에는 하루 두 시간 동안 30명 이내의 인원에게만 제한적으로 공개한 것이었다.[21] 이후 1764년에는 철저한 컬렉션 계획을 바탕으로 러시아 상트페테르부르크에 에르미타주박물관이 설립되었고, 연이어 파리에 루브르박물관이 설립되면서 본격적인 공공박물관의 역사가 시작되었다.[22]

루브르박물관의 역사는 1678년까지 거슬러 올라간다. 당시 루이 14세는 왕궁을 루브르궁에서 베르사유궁으로 옮긴 후 남겨진 루브르궁의 일부 공간을 활용해 '아폴론화랑'을 조성하고 여기에서 왕립아카데미의 전시를 개최했다. 이후 루이 15세가 루브르궁을 완성시켜 베르사유궁의 작품들까지 옮길 계획을 세웠으나 완공되기 전에 세상을 떠났고, 이후 그 작품들은 인근의 뤽상부르궁으로 옮겨져 일반 대중을 위해 전시되었다. 이어서 루이 16세는 루브르궁을 미술품의 보관과 전시 및 교육을 위한 근대적 개념의 미술관으로 만들겠다는 계획으로 작품을 구입하고 목록을 만들며 관련 연구기관까지 설립하는 등 세부 전시계획을 세웠다. 프랑스혁명으로 그가 처형된 후에도 이 계획은 1792년 국민공회의 칙령으로 지속 추진되어 결국 1793년 처음으로 루브르박물관이 문을 열었다.

당시 첫 전시회에서는 유화 537점을 전시했다고 한다. 루브르박물관의 설립은 여러 면에서 박물관 역사상 새로운 전기를 만들었다. 무엇보다 공공성을 지닌, 즉 일반 대중에게 개방된 근대미술관의 시발점이 된 것이 특기할 만하다. 이전까지의 컬렉션들이 단순 보존되거나 왕, 귀족, 교회, 부유층 등 제한된 사람에 의해서만 향유된 것을 생각하면 획기적인 변화였다.

이후 루브르박물관의 영향으로 유럽 주요 도시마다 대중을 위한 공공 박물관·미술관이 만들어졌다. 이를 통해 미술을 감상자와 수요자로서 향유하는 문화가 만들어지고 수요층이 형성되기 시작했다. 이러한 과정을 거치면서 박물관은 공공을 위한 문화공간으로 새롭게 탄생했고, 이제 현대의 박물관은 보존과 전시를 넘어 연구와 교육 그리고 지역 주민을 위한 휴식의 공간으로 자리매김하고 있다. 아울러 현대의 박물관은 더 이상 과거와 같이 소장품의 수집에 중점을 두기보다는 관람객이 어떤 사유와 경험을 하도록 할 것인지에 더 큰 비중을 두게 되었다.[23]

2) 박물관 · 미술관과 전시공간의 유형

박물관 '박물관 및 미술관 진흥법'은 제2조 제1항에서 박물관museums을 "문화, 예술, 학문의 발전과 일반 공중의 문화 향수 증진에 이바지하기 위하여 역사, 고고, 인류, 민속, 예술, 동물, 식물, 광물, 과학, 기술, 산업 등에 관한 자료를 수집, 관리, 보존, 조사, 연구, 전시하는 시설"로 정의했다. 이처럼 국내법은 앞서 소개한 국제박물관협회 규정과 달리 소장 자료를 중심으로 박물관博物館을 정의하고 있으며 그 이름처럼 다양한 자료 유형을 포괄한다. 이에 따르면 국립중앙박물관은 역사박물관이자 고고박물관에 해당하며, 국립민속박물관은 민속박물관에 해당한다. 동물, 식물, 광물 등의 자료를 다루는 박물관은 보통 자연사박물관으로 통칭한다. 이렇게 보면 박물관은 자연유산을 비롯하여 인류가 만든 인공적 생산물 모두를 소장품으로 다룬다고 볼 수 있으며, 과학관, 생태원, 수목원, 동물원, 수족관 같은 시설도 넓은 의미의 박물관에 포함된 것으로 보기도 한다.

미술관 박물관이 처음 시작된 서구에서는 미술관art museums · galleries을 박물관의 여러 유형 중 하나로 이해하며, 관련 규정이나 이론도 대부분 미술관을 포함한 넓은 의미의 박물관을 대상으로 구성되어 있다. 다만 최근 들어서는 전통적인 박물관 정의와는 다르게 자체적으로 수집한 소장 자료 없이 기획전시를 전문으로 하는 새로운 유형의 미술관 또는 전시공간이 늘어가고 있기 때문에 미술관을 기계적으로 박물관의 맥락에서만 파악하는 것은 곤란하다는 주장도 제기된다. 국내 법체계에서 흥미로운 점은 미술관을 이처럼 박물관의 한 유형으로 보는 것이 아니라 법 명칭에도 나타나 있는 것처럼 별도의 기관으로 규정하고 있다는 점이다. 즉, 미술관을 같은 법 제2조 제2항에서 "문화, 예술의 발전과 일반 공중의 문화 향수 증진에 이바지하기 위하여 박물관 중에서 특히 서화, 조각, 공예, 건축, 사진 등 미술에 관한 자료를 수집, 관리, 보존, 조사, 연구, 전시하는 시설"이라고 별도로 정의했다. 이러한 정의 역시 앞서 박물관에 대한 정의 규정과 마찬가지로 소장 자료의 내용에 따른 미술관의 유형을 보여준다.

전시 전문 미술관 전시 전문 미술관non-collecting museums은 비교적 최근에 발전된 형태로서, 소장품 없이 기획전만으로 운영하는 미술관을 말한다. 독일어권에서는 이를 쿤스트할레kunsthalle라고 부르기도 한다. 다만 쿤스트할레 함부르크Kunsthalle Hamburger처럼 방대한 컬렉션을 자랑하는 전통적인 미술관에도 쿤스트할레라는 명칭을 붙이기 때문에 일률적으로 규정할 수 있는 것은 아니다. 대표적인 전시 전문 미술관으로는 독일의 쿤스트할레 뒤셀도르프Kunsthalle Düsseldorf, 오스트리아의 쿤스트할레 빈Kunsthalle Wien,

파리의 팔레 드 도쿄Palais de Tokyo 등이 있다. 최근에 문을 연 보스턴의 매스아트미술관The MassArt Art Museum의 사례에서 보듯이 현대미술에 특화하여 전시 전문 미술관으로 새로 설립되는 전시공간이 점차 확대되고 있는 추세이다. 국내의 경우 문화역서울284가 전시 전문 미술관이라 할 수 있다. 이러한 미술관은 소장품에서 모든 것을 시작하는 전통적인 미술관과 달리 연구와 전시 면에서 훨씬 더 자유롭고 창의적인 접근이 가능하며, 트렌드 변화를 반영하여 새로운 방향의 전시를 기획하기에도 유리하다. 따라서 전통적인 미술관에 비해 전시기획자가 훨씬 더 큰 재량을 발휘할 수 있으며, 접근방식에 따라 전시공간 전체가 하나의 거대한 미술작품으로 변하기도 한다.

대안공간 대안공간은 전통적인 미술관이나 화랑이 현대미술의 새로운 흐름을 제대로 반영하지 못하고 보수적인 전시를 반복하고 있다는 반성에서 1970년대에 새롭게 나타난 공간 유형이다. 1969년 뉴질랜드 출신의 미술작가 빌리 애플이 뉴욕에서 문을 연 애플Apple을 시작으로 1970년대 전반에 걸쳐 여러 작가나 큐레이터가 대안공간을 만들어 운영했다. 현재는 뉴욕을 대표하는 미술관으로 자리 잡은 P.S.1이나 뉴뮤지엄New Museum 역시 비슷한 맥락에서 출발했던 것으로 볼 수 있다. 국내에서도 1990년대 중반 무렵 쌈지스페이스를 비롯하여 대안공간루프, 사루비아다방, 스톤앤워터, 스페이스빔 등 다양한 형태와 내용의 대안공간이 출현해 미술계의 새로운 흐름을 만드는 데 큰 기여를 했다. 하지만 이러한 대안공간은 해결이 쉽지 않은 운영 재원의 문제와 기존 미술관의 전시 방향 변화로 인해 점차 차별성을 잃으며 입지가 좁아지고 있다. 2009년 초 쌈지스페이스가 10년간의 성공적인 운영에도 불구하고 폐관하게 된 것은 이 같은 현실을 반영한 것이다.[24]

화랑 화랑 혹은 갤러리는 기본적으로 미술품의 거래를 매개하는 주체지만 동시에 중요한 전시가 이루어지는 공간의 역할도 한다. 특히 국내에서는 국립현대미술관을 비롯해 국공립 미술관에서 컨템퍼러리 미술에 대한 전시가 활성화되지 못했던 시기에 화랑들이 적극적으로 새로운 해외 미술작가를 소개하는 등 미술 애호가의 감상 수요를 충족시켜 주는 역할을 했다. 화랑 중에는 대규모 자체 전시실을 보유하고 미술시장의 흐름을 주도하는 대형화랑에서 소규모 사무실과 최소한의 전시공간만으로 미술품 거래에 주력하는 소형화랑에 이르기까지 다양한 형태가 있다.

대관 전문 전시공간 대관 전문 전시공간은 다시 영리 공간과 비영리 공간으로 구분된다. 영리 공간은 코엑스나 킨텍스 등 컨벤션이나 상업적 전시가 주된 목적인 전시공간이다. 이런 공간은 때로 대규모 미술 전시의 장소로 활용되기도 한다. 특히 아트페어와 같이 많은 주체가 모여 부스별로 전시를 하는 경우에는 이러한 대규모 상업 전시공간이 유용하다. 아울러 화랑 중에도 미술품 거래 기능 없이 단순 대관만을 전문으로 하는 대관 전문 화랑이 있다. 다른 한편으로 비영리 전시공간은 주로 문예회관과 같은 공공문화공간의 부설로 마련되어 있다. 예술의전당 한가람미술관, 세종문화회관 전시실 등이 이에 해당한다. 이러한 공간은 드물게 자체 기획전을 개최하기도 하지만, 대부분 외부의 전문 전시기획사나 미술 관련 단체 혹은 동호회 등에 대한 대관 중심으로 운영한다.

기타 전시공간 이상과 같은 여러 전시공간 외에도 전시가 이루어지는 공간은 매우 다양하다. 도서관, 백화점, 호텔, 병원, 공항, 지하철역 등에서 부설 전시공간이나 로비 등을 활용하여 정기적으로 전시를 개최하기도 하며, 때로는 레스토랑이나 카페가 훌륭한 전시공간으로 변하기도 한다. 또한 공공미술이 활성화되면서 대형건물 로비, 공원, 거리, 광장 등을 전시공간으로 활용하는 사례도 계속 늘어나고 있다.

3) 박물관 · 미술관의 공간 구성

박물관·미술관의 공간은 내부 공간과 외부 공간으로 나뉜다. 내부 공간은 박물관·미술관에서 소장품을 수집, 보존, 연구하고 전시를 기획하는 장소로서, 박물관·미술관 서비스의 주체가 되는 큐레이터와 예술경영인이 일하는 공간이다. 외부 공간은 이들이 만들어낸 최종적인 결과물인 전시와 교육이 이루어지는 장소로서, 서비스의 객체가 되는 방문객이 자유롭게 드나들며 감상하고 학습하는 공간이다. 박물관·미술관이 컬렉터의 개인적 즐거움을 위한 내밀한 공간 혹은 소수의 특별한 방문객만을 위한 과시의 공간에서 대중을 위한 공공박물관으로 변모한 이래 이러한 구분은 오랜 기간 비교적 엄격하게 지켜져 왔다.

그러나 최근 들어서는 박물관·미술관 서비스의 주체와 객체를 구분해주는 공간의 구분이 점차 허물어지고 있다. 이와 관련하여 라탐과 시먼스는 '사회, 기술, 경제의 변화 그리고 학습의 중요성 인식과 박물관에 대한 지역사회의 관심 증가 등 박물관을 둘러싼 외부 구조'가 바뀌었고, 결과적으로 '외부와 내부 사이의 투과성이 높아져 보다 많은 소통'이 이루어지고 있는 점을 지적했다.[25] 하지만 박물관·미술관의 내부와 외부 공간 간의 장벽이 허물어지고 있는 요인이 이러한 외부 구조에만 있는 것은 아니다. 그에 앞서 오히려 박물관·미술관이 전통적으로 유지해온 여러 기능이 과연 내부 공간 안에서만 이루어지는 것이 바람직한가에 대한 근본적인 반성이 좀 더 큰 요인이다.

박물관·미술관의 공간 구성과 관련하여 게리 에드슨과 데이비드 딘은 이른바 40대 40대 20의 원칙을 제시한다. 수장공간이 40퍼센트, 전시공간이 40퍼센트, 기타 공간이 20퍼센트 정도 되도록 공간을 구성해야 한다는 것이다.[26] 하지만 국내 박물관·미술관 상당수는 전시공간 중심의 설계로 인해 충분한 수장공간을 보유하지 못하고 있다. 런던의 내셔널갤러리 National Gallery와 같이 대부분의 소장품을 전시하는 박물관·미술관의 사례가 없는 것은 아니지만, 박물관·미술관은 일반적으로 소장품 중 극히 일부만을 전시한다. 더욱이 구입과 기증 등 여러 경로로 소장품은 꾸준히 확대되기 때문에 박물관·미술관의 설계 단계부터 충분한 수장공간을 갖출 수 있도록 해야 한다. 수장공간은 비단 공간의 규모를 확보하는 것만이 아니라 소장품을 원형 그대로 보존할 수 있도록 항온항습 시설을 갖추어야 하며, 소장품 확대에 맞춰 그 특성에 맞는 보존복원 시설도 함께 갖추어야 한다.

방문객이 이용하는 전시공간은 과거에는 단순히 전시가 이루어지는 장소라는 측면만 고려했지만, 이제는 전시와 아울러 이와 연계된 교육시설 및 식음료 등을 위한 서비스 시설 수요도 계속 확대되고 있다. 이는 박물관·미술관에 제공하는 서비스가 전시를 넘어서 다양한 교육, 여가 활동 등 여러 수요에 부응해야 하기 때문이다. 하지만 이에 대한 박물관·미술관의 대응은 여전히 크게 미진한 편이다. 국내 최대의 시설과 소장품을 갖춘 박물관으로서 연간 300여만 명이 방문하는 국립중앙박물관조차도 건립 후 상당 기간 동안 단체 방문객을 위한 식당시설을 제대로 갖추지 못해 단체 관람을 온 학생들 상당수가 불편을 겪는 여건이 오랫동안 지속되기도 했다. 하물며 대다수의 지방 공립박물관·미술관의 경우 교육이나 서비스 공간을 충분히 갖추지 못함으로써 방문객에 대한 서비스와 대응을 제대로 못 하는 사례가 흔히 발견된다.

마지막으로 기타 공간에는 연구공간, 행정공간, 도서·자료실 등이 포함된다. 연구나 행정 공간은 그리 특별할 것이 없지만, 도서·자료실은 점점 그 중요성이 높아져 가고 있다. 앞서 라탐과 시먼스가 내부와 외부 간에 투과성이 높아진다고 이야기하는 대표적인 공간이 바로 도서·자료실이라 할 수 있다. 이 공간은 단지 연구자만을 위한 장소가 아니라 소장품과 전시에 관심 있는 방문객이 손쉽게 자료를 찾아볼 수 있는 공간이 되어야 한다. 이를 위해서는 전시와 관련된 도서나 멀티미디어 자료 외에 디지털 아카이브의 구축이 필수적이다. 전 세계적으로도 점점 더 많은 박물관·미술관이 디지털 아카이브 구축과 더불어, 디지털 자료를 가공하여 다양한 형태의 교육 및 학습 자료를 제작함으로써 방문객이 좀 더 손쉽게 박물관·미술관을 이용하며 다양한 이해와 체험을 할 수 있도록 돕고 있다.

4) 박물관 · 미술관의 조직구조

가. 박물관 · 미술관 조직의 구성 요소

박물관·미술관 조직은 크게 학예 부문과 경영 부문으로 구분된다. 박물관·미술관은 기본적으로 소장품을 중심으로 하여 수집, 보존, 연구, 전시, 교육 등에 필요한 조직을 구성하기 때문에 학예 부문은 모든 박물관·미술관 경영의 중심이 된다. 하지만 학예 부문이 제 기능을 발휘하도록 하려면 이를 적절히 뒷받침할 수 있는 효율적인 경영 부문의 구성이 필요하다. 학예 부문과 경영 부문의 이 같은 구분은 물론 개념적인 것으로서, 실제 박물관·미술관의 현장, 특히 중소 규모 박물관·미술관은 가용한 인력자원의 한계로 인하여 여러 기능을 통합적으로 수행하는 경우도 많이 발견할 수 있다.

관장과 이사회 관장은 박물관·미술관을 대외적으로 대표하면서 대내적으로 최고경영자 역할을 한다. 최고경영자로서의 관장은 조직·인력·재정 자원을 활용하여 조직 전체를 경영하지만, 동시에 컬렉션과 전시의 방향을 설정하여 학예 부문을 이끌어가는 역할도 한다. 말하자면 CEO로서의 역할과 수석 큐레이터로서의 역할을 병행해야 하는 것이다. 박물관·미술관의 성패는 사실상 누가 관장을 맡는가에 따라 상당 부분 좌우된다고 해도 과언이 아니다. 더욱이 최근 들어서는 박물관·미술관을 둘러싼 환경이 급속하게 변하고 있고, 이에 대응하기 위하여 박물관·미술관의 역할이 복합적으로 확대됨에 따라 어떤 사람을 관장으로 선임할 것인가에 대한 논쟁도 종종 일어나고 있다.

일찍이 박물관·미술관이 발전해온 서구에서는 큐레이터로서 커리어를 쌓은 사람이 관장을 맡는 경우가 많았다. 하지만 국내에서는 미술평론가나 미술사학자 등 이론과 연구 분야의 전문가 혹은 창작 활동을 해오던 예술가가 관장을 맡는 경우가 많았다. 아울러 지방자치단체에서 직접 운영하는 공립박물관·미술관에서는 행정직 공무원이 관장을 맡는 사례도 드물지 않았다. 하지만 이제는 국내에서도 일정 규모 이상 박물관·미술관의 경우 큐레이터 등 박물관·미술관 전문 인력으로 현장 실무를 익힌 인력이 커리어를 단계적으로 발전시켜 관장의 직위에 오르는 사례가 점차 확대되고 있다.

사실 어떤 커리어 배경을 갖고 있는 것이 박물관·미술관 경영에 가장 바람직한가에 대해 일률적으로 말하기는 어렵다. 이는 그 조직이 어떠한 환경에 있으며 현재 시점에서 어떤 미션을 가장 중요하게 여기는가에 따라 달라질 수 있기 때문이다. 아울러 박물관·미술관의 조직이 어느 정도 성장한 후에는 부관장 제도를 두어 관장과 부관장 중 한 명은 재원 조성과 경영관리를 책임질 수 있는 인력을 임명하고, 다른 한 명은 학예 부문을 책임지며 큐레이팅을 이끌어갈 수 있는 인력을 임명하여 상호 보완적인 역할을 하도록 하는 것도 고려해볼 수 있다.[27]

이사회는 4장 인력자원에서 다시 자세히 살펴보겠지만, 원칙적으로 어떤 형태의 예술조직에서든 그 미션을 최종적으로 책임지는 역할을 한다.

서구에서 일찍이 발전한 대부분의 박물관·미술관에서는 이사회 중심의 경영이 보편화되어 있으며, 박물관의 중요한 의사결정은 물론 관장의 임명 역시 이사회를 통해 최종적으로 확정된다. 그러나 국내 박물관·미술관은 몇 가지 이유에서 이사회 제도가 활성화되어 있지 못하다.

첫째, 일정 규모 이상의 박물관·미술관은 대부분이 국공립이거나 기업에서 설립한 박물관·미술관이다. 이런 경우 다양한 이사진이 참여해 박물관·미술관을 이끌기보다는 지도감독과 지원 기능을 하고 있는 정부나 지방자치단체 혹은 기업이 사실상 이사회 역할을 대체한다. 둘째, 설립자가 생존하여 관장 역할을 유지하고 있는 민간 박물관·미술관의 경우 굳이 법인화와 이사회의 운영에 대한 필요성을 인식하지 못한다. 이처럼 개인사업자 상태를 유지하는 경우 설립자가 노령화로 더 이상 경영에 참여하지 못하는 경우가 위기를 맞을 수 있다. 셋째, 이사회 운영에 대한 경험 축적의 미흡이다. 아직까지 사회 전반적으로도 이사회 중심으로 운영되는 영속적인 박물관·미술관에 대한 모델이 충분하지 못한 여건이라서 이사회의 긍정적 역할을 제대로 인식하지 못하고 있다. 이와 관련하여 여러 가지 이유에서 경영 난맥상을 보이는 민간 박물관·미술관을 중심으로 이사회 중심의 경영을 적극화해야 한다는 논의가 일부 있기는 했으나 아직까지는 쉽지 않은 상황이라 할 수 있다.

학예 부문 박물관·미술관의 가장 중요한 기능은 소장품을 수집, 보존, 연구, 전시, 교육하는 것이며, 그 핵심을 담당하는 것이 학예 부문이다. 예술가가 직접 무대에 올라 예술작품을 구현하는 공연장과 달리, 박물관·미술관에서는 설치미술이나 퍼포먼스 아트 등 일부 예외적인 경우를 제외하면 대부분 큐레이터가 연구와 기획을 통해 주도적으로 전시를 만들어간다. 그런 면에서 학예 부문을 담당하는 큐레이터는 예술가와 경영인의 중간 지점에 위치한다고 볼 수 있다. 통상 박물관·미술관에서 큐레이터라고 할 때는 소장품과 관련된 전문 인력을 말하며, 국내에서는 학예사 혹은 학예관으로 부르기도 한다.

큐레이터는 협의로 보면 소장품에 대한 연구와 전시기획을 전문으로 하는 인력을 지칭하지만, 광의로 보면 전시 큐레이터 외에 소장품 큐레이터와 교육 큐레이터까지도 포함할 수 있다. 더 나아가 소장품 큐레이터는 등록과 분류를 담당하는 등록관리사, 소장품 보존을 담당하는 보존관리사로 구분되며, 교육 큐레이터는 별도로 교육사라고 지칭하기도 한다. 등록관리사는 소장품이 들어오면 이에 대한 취득 파일의 작성에서부터 등록registration과 목록화 작업cataloging까지 책임진다. 소장품이 박물관·미술관 내외부로 이동되는 경우 임시물품목록temporary inventories에 대한 관리도 담당한다.[28] 보존관리사는 등록관리사의 업무가 마무리되고 나면 소장품의 세정, 수리, 사진 촬영 및 수장고 보관에 이어 소장품에 대한 종합관리와 보존을 책임진다. 이 과정에서 소장품의 물리적인 보존 방법 연구를 비롯한 보수 및 복원, 정기 검사, 최적의 수장 환경 유지 등에 관한 것까지 담당한다.

어떤 세부 분야에서 일하든 큐레이터는 박물관·미술관의 소장품을 직접 담당하고 연구하는 인력이므로 상당한 정도의 교육과 현장 경험을 통해 소장품에 대한 전문성을 쌓은 사람이 맡아야 한다. 박물관·미술관의 학예 부문은 운영 규모에 따라 세분화의 수준이 정해진다. 상근 인력이 2~3명에 불과한 소규모 박물관·미술관에서는 대개 관장이 큐레이터 부문을 직접 담당한다. 하지만 박물관·미술관의 규모가 커지면 학예 부문이 전시기획, 소장품 관리, 교육 등 기능적으로 분화되며, 기관 성격에 따라 고고, 미술, 역사 등 연구 분야를 기준으로 분화되기도 한다. 최근 지속적으로 비중이 커지는 영역은 교육 부문이다. 2005년 이전만 하더라도 극소수의 예외를 제외하면 국내 박물관·미술관 중에서 체계적인 교육 프로그램을 운영하는 곳이 드물었다. 하지만 박물관·미술관 현장 및 학계에서의 교육사업 수요 확대에 부응하여 정부의 문화예술교육 정책 도입으로 교육 담당 큐레이터에 대한 채용 등 박물관·미술관 교육 프로그램 지원사업이 마련되면서 교육 기능이 점차 확산되기 시작했다.

경영 부문 학예 부문과 구분되는 경영의 영역으로는 조직, 인력, 재정 등 전통적인 경영자원 관리 부문을 들 수 있다. 이사회 운영, 인력의 채용과 관리, 자원봉사제 운영, 재원 조성, 회계관리 등이 이 영역에 해당한다. 또한 학예 부문에서 전담하는 전시기획의 경우에도 경영 부문에서 학예 부문과 협력하여 각종 홍보자료 제작, 마케팅, 관람객 개발 등의 업무를 분담한다. 그리고 박물관·미술관에서 이루어지는 전시 외의 다양한 이벤트 기획은 큐레이터 부문보다 경영 부문에서 담당하는 경우가 많다.

이 밖에 박물관·미술관 경영 부문의 중요한 영역으로 소장품 보안과 안전관리 부문이 있다. 이는 학예 부문에서 맡는 소장품 보존 관리와는 별개로 도난이나 손상 방지 등 물리적인 보호의 측면에 중점을 둔다. 박물관·미술관의 소장품이 대부분 희귀품이나 고가품이기 때문에 다른 문화공간과 달리 이런 면에도 만전을 기해야 한다.

2019년 모스크바 트레티야코프미술관의 관람 시간 중 그림 도난, 2012년 로테르담 쿤스트할미술관의 피카소 작품 등 여섯 점 도난, 2009년 파리 오르세미술관의 드가 작품 도난, 1990년 보스턴미술관의 작품 13점 도난 등의 사례에서 볼 수 있는 것처럼 박물관·미술관의 도난 사건은 드문 일이 아니다. 도난 사건으로 인한 이미지 손상을 우려하여 언론에 공표하지 않은 경우까지 고려하면 실제 도난 사례는 외부로 알려진 것보다 훨씬 많으리라 추정된다. 이렇듯 박물관·미술관의 보안관리는 일상적인 것으로 지나치기 쉽지만, 사실은 경영 부문에서 상당한 주의를 기울여야 하는 업무다.

박물관·미술관 안전관리의 또 다른 측면은 관람객 안전이다. 관람객 안전은 소장품의 안전과 직결되는 문제이기도 하다. 이러한 업무는 사고에 대한 사후조치가 아니라 사전적 예방조치 의미를 갖기 때문에 경영 부문에서 적절한 수준의 보안과 안전에 각별히 유의해야 한다.

나. 주요 박물관 · 미술관의 조직구조

박물관·미술관의 조직구조는 설립 취지나 운영 방향 그리고 무엇보다 조직 규모에 따라 다양한 형태를 보여준다. 여기서는 조직구조의 구체적인 면을 살펴보기 위하여 국내 대표적인 박물관·미술관의 사례를 소개하지만 현실적으로는 이러한 조직구조 중 일부를 통합하거나 간편화한 형태로 운영하는 경우가 많다.

〈도표 3-13〉은 국립중앙박물관의 조직도이다. 정부 조직의 일부로 설립 운영되고 있는 국립기관이기 때문에 이사회는 별도로 구성되어 있지 않다. 실질적으로는 상급기관인 문화체육관광부가 사실상 이사회의 역할을 대체하는 것으로 볼 수 있다. 국립중앙박물관의 조직을 보면 행정운영단이 경영 부문, 즉 전통적인 조직, 인사, 재무 및 시설관리 영역을 맡고 있으며 이를 위해 행정지원과, 박물관정보화과, 관리과, 고객지원팀 등의 하위조직을 두고 있다. 또한 학예연구실이 학예 부문을 맡고 있는데, 이를 위해 기능적인 부서라고 할 수 있는 유물관리부와 보존과학부 그리고 학예 분야별 부서라고 할 수 있는 고고역사부, 미술부, 아시아부 등의 하위조직을 두고 있다. 교육문화교류단은 경영 부문과 학예 부문이 결합된 형태로서 하위조직으로 문화교류홍보과와 전시과, 교육과, 어린이박물관과, 디자인팀 등을 두고 있다.

국립중앙박물관은 서울의 중앙조직 외에도 13개 지방박물관을 운영하며, 이는 관장의 직할조직으로 두고 있다. 이 밖에 별도 조직으로 국립박물관문화재단이 설립되어 있어서 박물관 내 공연장인 극장 용을 비롯하여

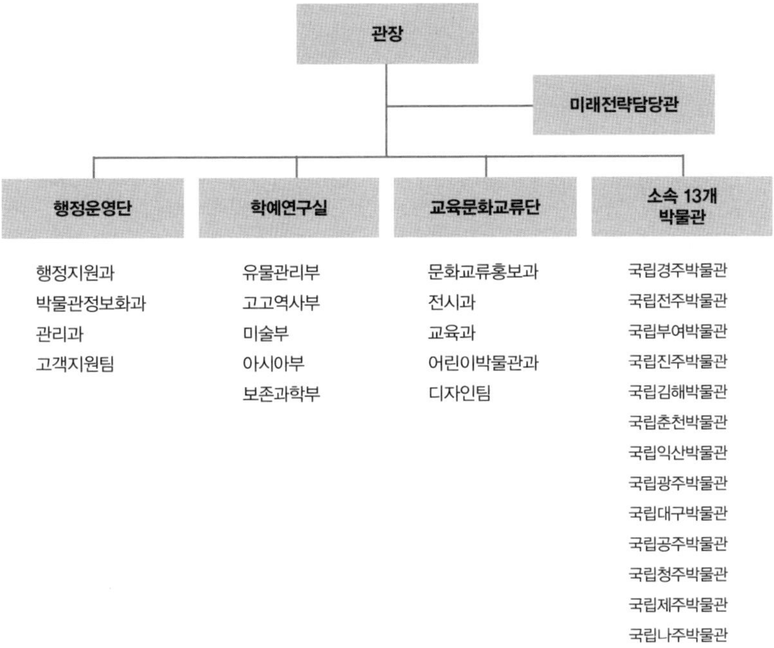

〈도표 3-13〉 국립중앙박물관 조직도

뮤지엄숍과 식당을 비롯한 편의시설 운영 등을 맡고 있다. 이처럼 사업조직을 별도로 분리하는 사례는 해외 박물관·미술관에서도 쉽게 찾아볼 수 있다. 대개 비영리조직인 박물관·미술관에서 상업적 성격이 강한 기능을 분리하여 자회사 형식으로 운영하는 경우다.

국립현대미술관의 조직은 경영 부문을 총괄하는 기획운영단과 학예 부문을 총괄하는 학예연구실로 구성되어 있다. 기획운영단은 조직, 인사, 재무, 시설관리 등 미술관 경영에 관련된 기본적 기능 외에 미술은행, 고객지원, 홍보마케팅 등의 업무를 함께 맡고 있다. 학예연구실은 전시기획 부문을 3개 과와 팀으로 나누어 운영한다. 이는 미술관이 과천 외에 서울관, 덕수궁관 등의 분관을 운영하고 있기 때문이다. 아울러 소장품 자료 관리, 교육문화, 연구기획, 출판 등의 업무도 함께 맡고 있다. 여기서 과와 팀의 구

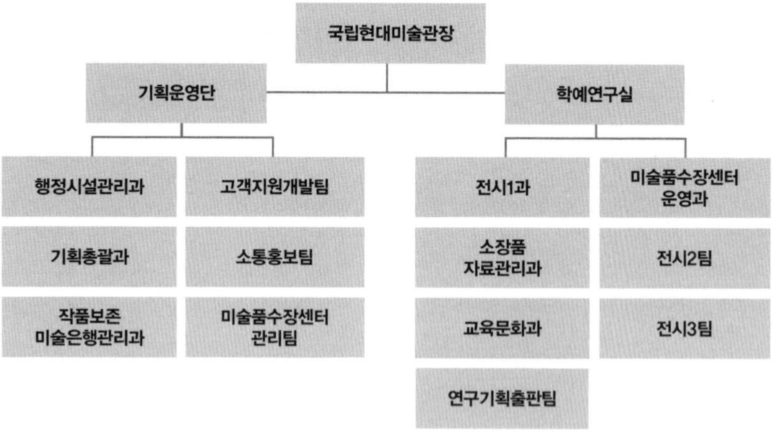

〈도표 3-14〉 국립현대미술관 조직도

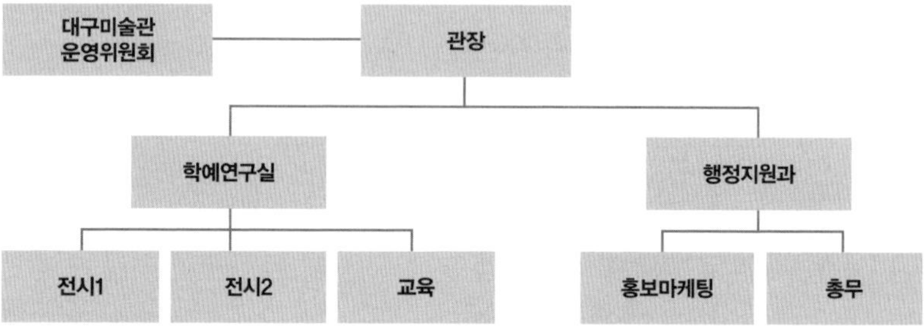

〈도표 3-15〉 대구미술관 조직도

분은 조직 규모에 따른 직급 차이를 반영한 것이다.

대구미술관은 〈도표 3-15〉에서 보는 것과 같이 관장과 같은 선상에서 운영위원회를 두고 있다. 하지만 이 기구는 이사회와 달리 관장을 자문하는 기구이며 의사결정 권한을 가진 조직은 아니다. 대구미술관은 대구시에서 설립하여 직접 운영하는 조직으로서 이사회의 기능은 실질적으로 상급기관인 대구시에서 대체하고 있는 것으로 볼 수 있다. 그 밖의 조직구조는 학예연구실과 행정지원과로 나뉘어 국립현대미술관과 크게 다르지 않다. 대다수의 공립박물관·미술관은 이와 유사한 조직구조를 갖고 있다. 다만 서울시, 광주시 등과 같이 분관이나 유관 시설을 소속기관으로 운영하는 경우 이를 관장 직속으로 혹은 학예연구실 산하로 두어 별도로 운영하기도 한다.

심층 연구 및 토론 과제

- 공공 박물관·미술관과 개인 컬렉션의 차이는 무엇인가?
- 박물관과 미술관은 어떻게 다른가?
- 소장품이 없는 박물관·미술관은 어떻게 운영되는가?
- 런던의 대표적 미술관을 소재로 만들어진 프레더릭 와이즈먼의 다큐멘터리 영화 〈내셔널갤러리National Gallery〉(2014)를 보고 박물관·미술관에서 전시를 위해 일하는 다양한 전문인력의 역할과 업무에 대해 생각해보자.
- 박물관·미술관을 소재로 만들어진 젬 코엔 감독의 영화 〈뮤지엄 아워스Museum Hours〉(2012)를 보고 박물관·미술관의 의의에 대해 생각해보자.

4. 예술단체 및 기타 예술조직

1) 예술단체의 의의

예술단체company란 여러 예술가가 함께 모여 예술작품을 창작, 발표하기 위해 구성한 예술조직이다. 즉, 공연장이나 박물관·미술관 등 예술상품의 매개와 유통이 이루어지는 공간과는 상관없이 예술가 중심으로 구성, 활동하는 조직이다. 장르에 따라서는 문학이나 미술처럼 개인 예술가가 자신의 힘만으로 예술작품을 창작할 수 있는 경우도 있지만, 음악, 연극, 무용 등 공연예술 분야는 대부분 예술단체를 기반으로 작품 창작이 이루어진다. 예술단체는 예술가가 주요 구성요소이기 때문에 소속된 모든 예술가의 역량을 극대화하며 지속적인 활동을 통해 함께 성장할 수 있도록 조직을 구성해야 한다. 하지만 다른 한편으로 소속 예술가가 자유로운 창작활동에 몰입함과 더불어 예술조직으로서의 효율성과 성과도 함께 확보하는 것이 궁극적으로 예술단체의 성패를 좌우한다.

2) 예술단체의 유형과 조직구조

예술단체를 조직한 후에는 이를 지속적으로 움직일 조직체계를 갖추어 예술경영 활동을 해야 한다. 예술가만으로 구성된 예술단체라 할지라도 겸직일망정 예술경영인의 역할을 할 사람이 있어야 한다. 예술경영 책임을 맡은 사람이 단체의 경영 역할을 하며 예술조직의 미션을 달성하기 위한 목표를 설정하고, 목표를 달성하는 데 필요한 여러 자원을 확보하며, 이 자원을 효율적으로 활용하여 다양한 사업을 진행하는 것이다.

예술가 중심으로 구성된 이러한 예술단체의 유형은 장르별로 구분할 수 있다. 장르별 단체는 그 특성과 관련 시장 여건에 따라 고유의 틀과 관행이 있으며, 한 분야의 경영방식을 다른 분야에 일방적으로 적용하기 어렵다. 클래식음악의 경우 가장 대표적인 것이 오케스트라이며, 이 밖에 합창단, 실내악단 등이 여기에 속한다. 오페라단의 경우 서구에서는 오페라단 대부분이 오페라하우스, 즉 공연장과 통합적으로 운영된다. 하지만 국내에서는 전담 오케스트라나 합창단 없이 필요한 예술가 대부분을 객원으로 계약하여 활용하는 기획조직으로 운영되기 때문에 여기서 말하는 예술단체의 유형으로 다루기 어렵다. 오케스트라는 18세기를 전후하여 만들어지기 시작하여 현재까지 조직 구조 면에서는 큰 변화 없이 그 틀이 유지되어 왔다. 즉, 각 파트별 연주단원을 핵심 구성원으로 하여 조직이 구성되며, 지휘자는 일정한 임기에 맞춰 초빙된다. 오케스트라를 이끌어가는 경영진의 핵심은 이사회이며, 기획과 마케팅을 담당하는 경영 조직이 구성되어 지휘자 중심의 오케스트라 활동을 보조하게 된다. 합창단의 경우도 기악과 성악의 차이를 제외하면 조직 구조 측면에서는 오케스트라와 크게 다르지 않지만, 오케스트라에 비해 전업의 상근 단원으로만 구성된 합창단이 그리 많지 않은 편이다. 반면 실내악단의 경우에는 소수의 단원 중심으로 활동함에 따라 별도의 경영조직 없이 단원의 공동 의사결정으로 활동

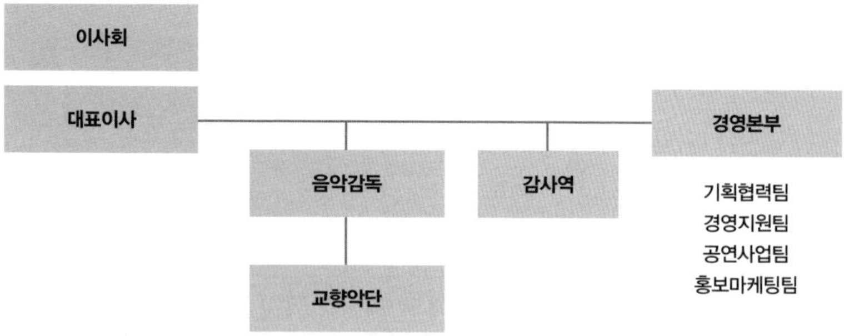

〈도표 3-16〉 서울시립교향악단 조직도

하는 경우가 일반적이다. 이러한 실내악단은 마케팅과 홍보 등 조직 경영이나 공연에 필요한 실무적 기능은 외부의 전문기획사나 매니지먼트 회사에 위탁하여 운영한다.

〈도표 3-16〉의 서울시립교향악단 조직도에서 볼 수 있는 것처럼 오케스트라는 대개 이원적인 구조를 갖고 있다. 하나는 음악감독을 중심으로 한 예술 부문이고 다른 하나는 이들의 활동을 지원하기 위한 경영 부문이다. 음악감독은 대개 지휘자가 겸임한다. 서울시립교향악단의 경우 조직도상으로는 대표이사와 음악감독 간의 관계가 명확치 않지만 예술부문에 대해서는 대표이사가 음악감독을 지휘감독하기보다는 오히려 보좌하는 역할을 한다. 경영본부는 공연사업팀(공연기획, 교육사업, 연주자 섭외, 악보관리, 음반제작, 단원운영, 공연장대관 등), 홍보마케팅팀(마케팅, 홍보, 고객/회원 개발, 협찬/후원 관리, 홈페이지, 홍보인쇄물 등), 경영지원팀(인사, 예산, 평가, 시설/자원 관리 등), 기획협력팀(중장기 공연기획, 외부출연, 지휘자 등 섭외, 이사회 운영 등)으로 역할을 분담하고 있다.

연극의 경우 연출가나 프로듀서가 극단을 조직하여 운영하는 경우가 많으며, 때로는 배우들이 모여 단체를 조직하기도 한다. 과거에는 기획조직 없이 방향을 공유하는 예술가가 모여 함께 활동하는 동인 그룹 형태의 극단도 많았지만, 이제는 프로페셔널로 활동하는 극단이라면 비록 겸직이나

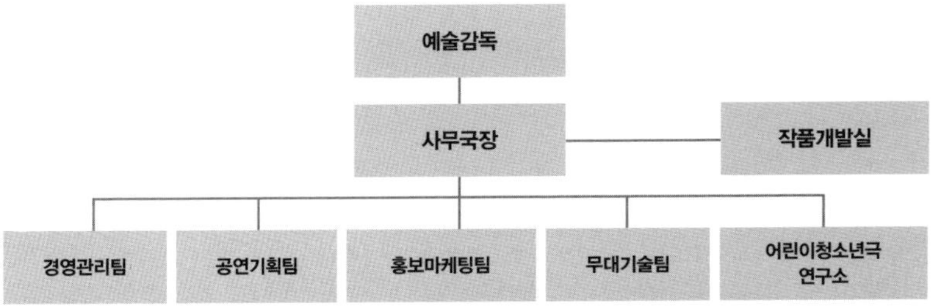

〈도표 3-17〉 국립극단 조직도

파트타임일지라도 예술경영 분야를 전담할 기획조직을 반드시 운영해야 한다는 인식이 어느 정도 공유되고 있다.

〈도표 3-17〉은 국립극단의 조직 구성을 보여준다. 국립극단은 국내에서 가장 큰 규모의 극단이지만 앞서 설명한 예술가 중심의 예술단체를 넘어서 직접 명동예술극장, 백성희장민호극장, 소극장판 등의 공연장을 직접 운영하는 조직이기도 하다. 국립극단은 법인 독립 이전에 국립극장의 산하단체로 있던 시기에는 상설단원 형태로 단원들이 주요 구성원 역할을 하였지만 법인 독립 이후에는 오히려 상설단원 제도를 폐지하고 매 시즌별로 단원을 채용하는 시즌단원 제도를 운영하고 있다. 민간 극단의 경우에도 배우가 극단의 주요 구성원으로 지속 활동하는 경우와 연출가나 프로듀서 중심으로 운영되면서 작품마다 배우를 섭외하는 경우가 모두 있다. 국립극단의 부서 구성은 전형적인 극단의 조직 구성 형태를 보여주며, 경영관리팀(이사회 운영, 인사, 예산, 재무 등), 공연기획팀(공연제작 총괄), 홍보마케팅팀(홍보, 마케팅, 하우스매니지먼트, 티켓관리 등), 무대기술팀(무대, 조명, 음향, 소품, 의상 등), 작품개발실(작품개발, 공연자료 관리 등), 어린이청소년극연구소(작품 연구개발, 예술교육 등)가 업무를 분담하고 있다.

무용의 경우 연극과 비슷한 추세이기는 하지만 일부 국공립단체를 제외하면 상설 기획조직을 두고 무용단을 운영하는 사례는 아직 드물다. 최근 해외 시장 진출이 많아지면서 각종 공모사업 지원을 비롯하여 해외 공연

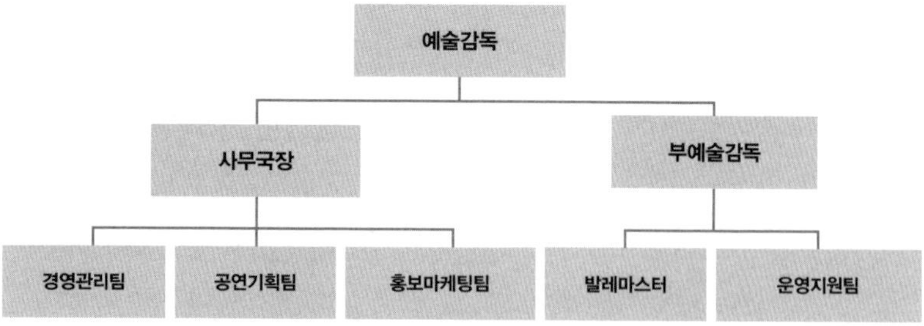

〈도표 3-18〉 국립발레단 조직도

장이나 페스티벌 섭외 등을 위해 기획조직을 운영하는 사례가 없지는 않지만, 아직까지 기획조직을 상설로 운영할 만한 매출을 만들어내는 무용단은 많지 않은 편이다. 무용 분야는 클래식음악 분야와 달리 전문기획사나 매니지먼트 회사의 활동도 보편화되지 않아 어쩔 수 없이 안무가가 기획에서 섭외까지 예술경영 부문에서 담당하는 업무 대부분을 직접 수행하는 경우가 많다.

〈도표 3-18〉의 국립발레단은 유니버설발레단과 더불어 국내 무용조직 중에서는 가장 큰 조직이다. 국립극단과 마찬가지로 예술감독이 조직의 대표 역할을 맡고 있으며, 그 아래로 사무국장과 부예술감독이 각각 경영 부문과 예술 부문을 나누어 맡고 있다. 부예술감독이 발레마스터와 운영지원팀을 맡는 한편, 사무국장이 경영관리팀, 공연기획팀, 홍보마케팅팀을 맡고 있다. 조직 규모가 크지 않은 편이어서 공연기획의 경우 실질적으로는 예술감독이 이끈다.

3) 기타 예술조직

아트센터와 복합문화공간 문예회관은 전국에 걸쳐 250여 개가 조성된 대표적인 공공 공연장이며, 과거와 달리 다양한 규모의 공연장과 전시장 및 교육

공간까지 한 곳에 집적하여 아트센터Arts Center 형태로 건립하는 곳이 많아지고 있다. 때로는 공간 규모가 커지면서 레스토랑이나 쇼핑몰 혹은 체육관이나 야외 공원까지 결합하여 복합문화공간으로 조성하기도 한다. 이러한 아트센터나 복합문화공간은 공연, 전시, 교육 등 문화예술 관련 다양한 프로그램을 통합적으로 제공할 수 있기 때문에 브랜드 가치를 활용한 마케팅과 관객개발에 유리하다. 시설 상호 간에 시너지 효과를 일으키며 서로 도움을 주는 것이다.

이러한 아트센터형 공간이 국내에만 있는 것은 아니다. 뉴욕의 링컨센터, 워싱턴DC의 케네디공연예술센터, 런던의 바비컨센터와 사우스뱅크센터 등 세계 주요 도시마다 이러한 대규모 아트센터가 조성되어 있다. 건립 및 운영비의 상당 부분을 지역 정부에서 지원하여 건립한 이러한 아트센터는 지역 커뮤니티와 긴밀한 관계 속에 발전하며 지역문화의 거점 역할을 해왔다. 미국의 경우 2차 대전 후 경제 성장과 소득 증대를 배경으로 이러한 아트센터의 건립 붐이 있었으며, 영국의 경우도 비슷한 시기에 국민의 사기 증진과 지역 시민의 문화복지 향상을 위해 주요 도시마다 이러한 아트센터가 만들어졌다. 앞서 서술한 것처럼 국내에서도 1990년대 중반 지방자치제 실시 이후 전국적으로 아트센터 형태의 문예회관의 조성이 잇따라 이어졌으며, 오히려 이제는 오페라극장이나 콘서트홀 등 좀 더 전문적인 공간의 건립도 늘어나는 추세이다.

이러한 아트센터 혹은 좀 더 폭넓은 분야까지 포괄하는 복합문화공간의 구성요소는 저마다 다르지만 일정한 단지 안에 다양한 시설을 함께 포괄하면서 그에 걸맞은 다양한 예술 프로그램을 제공하고 있다는 공통점이 있다. 이에 따라 진지한 애호가만이 아니라 일반적인 대중을 위한 여가 공간으로도 널리 활용된다. 예를 들어, 예술의전당의 음악분수 광장이나 국립중앙박물관의 거울못과 정원은 인근 지역 주민들을 위한 공원처럼 활용되고 있다. 또한 공연이 없는 시간에도 방문객을 위해 로비를 개방함으로써, 문화를 매개로 한 휴식공간이자 여가 공간 개념으로 탈바꿈하고 있다. 이러한 추세에 따라 최근 새로 건립되는 아트센터는 대부분 레스토랑, 쇼핑몰, 공원 등 휴게 공간의 비중을 확대하고 있으며, 예술의전당이나 세종문화회관 같은 기존의 공간도 주차장 등 기존 시설을 리노베이션하여 새로운 공간으로 꾸며가고 있다. 이러한 복합문화공간 중에는 예술의전당처럼 공연장에서 출발한 아트센터 형태의 공간이 있는 반면, 국립중앙박물관처럼 박물관에서 출발하여 극장과 같은 공연시설을 갖춘 곳도 있다. 아울러 공연이나 전시 등 예술 관련 시설이 아니라 쇼핑몰, 백화점, 교통시설, 관공서 등 이질적인 시설과 결합한 복합단지 형태의 공간도 늘어나고 있는 추세다. 이는 예술공간이 더 이상 예술 자체만을 위한 배타적인 공간으로 머물지 않고 일상의 생활공간 속으로 들어가 잠재소비자와 호흡을 같이 하기 위한 노력으로 볼 수 있다.

대규모 복합문화공간으로서의 아트센터와는 다른 흐름으로 최근에는 소규모 복합문화공간 조성도 늘어나고 있다. 이제는 홍대 앞 거리를 대표하는 문화공간으로 자리잡은 KT&G 상상마당이 대표적인 사례이다. 2007년에 개관한 KT&G 상상마당은 영화관, 공연장을 중심으로 디자인스퀘어, 갤러리, 아카데미, 카페 등을 묶어 홍대 앞의 문화를 이끌어왔으며, 그 성공에 힘입어 논산, 춘천에도 비슷한 복합문화공간을 개관했다. 광화문 지역의 복합문화공간 에무는 갤러리, 카페, 클럽, 예술영화관, 옥상정원 등으로 공간을 구성하고 직접 다양한 장르의 공연, 전시, 영화 및 교육 프로그램을 기획해왔다. 클럽 공간은 인디 및 아마추어 뮤지션을 위한 무대로도 제공하고 있다. 인근의 서촌 지역을 대표하는 보안1942는 1942년에 같은 자리에서 문을 열었던 보안여관이라는 숙박업소를 리노베이션하여 개관한 복합문화공간이다. 이곳은 전시관, 책방, 카페, 숙박공간을 비롯하여 라이브무대, 영화관, 강연 등 다목적으로 활용되는 클럽 공간까지 다양한 기능의 공간을 하나로 결합하여 새로운 복합문화공간의 전형을 보여주었다. 또한 연희동의 복합문화공간 연남장은 전시 및 이벤트 공간과 카페 공간을 비롯하여 로컬 창작자를 위한 공유 업무공간 및 주거까지 가능한 스튜디오 공간을 결합하여 이른바 로컬크리에이터라운지를 표방하고 있다. 이러한 새로운 형태의 복합문화공간은 전통적인 예술 장르의 프로그램만으로는 충족하기 어려운 복합적이고 새로운 예술시장의 새로운 수요를 반영하는 것으로 볼 수 있다.

창작지원공간 2000년대 중반부터 꾸준히 확대된 창작지원공간은 미술 분야의 레지던스 프로그램 운영공간에서 출발하였지만 이제는 거의 전 장르를 위한 공간으로 그 역할이 확장되었다. 과거의 창작지원공간은 대규모 스튜디오를 구비하기 어려운 미술인을 대상으로 일정 기간 스튜디오 공간을 대여해주면서 창작활동을 지원하는 공간이었다. 때로는 예술가가 머물면서 창작활동에만 매진할 수 있도록 하기 위해 숙식을 위한 공간이 마련되기도 했다. 이러한 미술 분야의 창작지원공간은 2000년대 중반 이후 국내에서 하나의 붐을 이루었고, 이후 지방자치단체마다 경쟁적으로 조성하여 전국적으로 꾸준히 확산되었다. 공연 분야에서도 새로운 형태의 창작지원공간이 조성되기 시작하였는데, 서울문화재단에서 대학로에 조성한 대학로연습실이 대표적이다. 이곳은 대학로에서 공연작품을 무대에 올리는 극단, 무용단 등을 지원하기 위한 시설로 조성되었는데, 민간의 연습실에 비해 상대적으로 저렴한 가격에 대관이 이루어지고 있다.

창작지원공간은 이후 발전을 거듭해 2009년에는 서울시에서 본격적으로 도심의 유휴 공간을 활용하여 대규모 창작지원공간으로 탈바꿈시키는 사업을 추진해왔다. 이를 통해 이제는 서울문화재단 산하에 금천예술공장, 남산예술센터, 문래예술공장, 서교예술실험센터, 서울거리예술창작센터, 서울무용센터, 연희문학창작촌 등 장르별 예술 창작을 지원하는 20여 개의 창작지원공간을 운영하고 있다. 이러한 공간들은 서울문화재단의 예술지원사업과 맞물려 비단 연습실 같은 하드웨어 공간만을 지원하는 형태가 아니라 작품의 기획에서 창작과 발표에 이르는 전반적인 과정을 지원하는 다목적 공간으로서 새로운 지원 모델을 제시해왔다. 이에 따라 공간 구성 면에서도 발표장 겸 공연장, 전시실, 공동 작업실, 녹음실, 영상편집실 등 다양한 장비와 시설을 갖추고 있다. 이러한 창작공간 조성은 서울 지역에만 한정되지 않아서, 인천 역시 버려지다시피 했던 부둣가의 근대 건축물을 새롭게 리모델링하여 인천아트플랫폼이라는 공간을 만들었다. 이 공간은 주민밀착형 예술창작공간을 표방하며 예술가를 위한 스튜디오를 비롯한 공연장과 전시장까지 갖추고, 레지던스 프로그램과 더불어 공연, 전시, 교육 등 다양한 프로그램을 제공하는 복합문화공간으로 운영하고 있다. 경기문화재단에서도 옛 경기도립직업전문학교 부지를 리모델링해 대규모 경기창작센터를 개관하여 운영하고 있다. 이 공간은 주로 미술가를 위한 레지던스 프로그램을 운영하지만 단순한 창작지원공간이 아닌 국제적인 예술교류센터를 지향하고 있다. 이 밖에도 여러 지방자치단체가 버려진 산업시설 등을 활용해 이와 유사한 형태의 창작지원공간 조성을 확대해왔다. 이 같은 창작지원공간은 계속 진화하며 그 역할을 확장하고 있으며 지역 커뮤니티 내에서는 전통적인 공연장이나 미술관 못지않은 새로운 문화 거점 역할을 해내고 있다.

심층 연구 및 토론 과제

- 예술단체 경영에서 예술감독과 경영감독은 리더십 측면에서 어떻게 역할을 분담하는 것이 바람직할까?
- 전통적인 예술조직과 다른 새로운 유형의 예술조직으로는 어떤 것이 있는가?
- 새로운 유형의 복합문화공간 사례를 주변에서 찾아보고 그 특징과 주요 프로그램을 분석해보자.
- 지역 내에서 운영되고 있는 창작공간의 사례를 찾아서 어떤 프로그램이 운영되고 있는지 살펴보자.

심화학습을 위한 참고자료

1. 예술조직의 의의

《예술경영조직론》 | 김성규 | 역사넷 | 2008

조직운영의 기초이론에서 시작하여 조직설계, 최고경영자층의 구조와 권한, 조직수명주기 등 예술경영의 조직과 관련하여 참고할 만한 조직이론을 정리한 책이다. 1부의 조직이론에 더하여 2부에서는 세계 각국의 주요 지원기구, 문화재단, 공연조직, 박물관·미술관조직, 축제조직의 실제 사례를 다양하게 소개했다.

2. 공연장

《Theatre Management》 | Anthony Rhine | Red Globe Press | 2017

공연장 경영의 구체적인 전략을 정리한 책이다. 공연장 경영의 기초이론에서 시작하여 최근 공연산업의 비즈니스 환경변화를 바탕으로 조직, 인력, 재정 등의 운영전략을 소개했다. 관객개발과 마케팅 등을 위한 실제 전략을 비롯하여, 리더십 형성, 이사회 운영, 재원 조성, 예술교육, 지역사회 연계활동 등 공연장 경영에 관련된 내용을 두루 다루었다.

《극장경영: 공연예술의 제작과 유통》 | 스티븐 랭글리·데이비드 M. 콘트 | 임연철 외 역 | 커뮤니케이션북스 | 2011

공연장 경영 전반을 다루고 있는 책이다. 공연장을 상업공연장, 비영리공연장, 커뮤니티공연장, 대학공연장 등 유형별로 나누어 각각 특화된 경영전략과 운영방향을 다루고 있는 점이 이 책의 특징이다. 그 밖에도 공연장의 인력 운영에 관한 내용을 세부적으로 다루고 있으며, 아울러 마케팅과 홍보 부문도 꽤 비중을 두고 실무적인 사항까지 정리했다.

《극장경영과 공연제작》 | 이승엽 | 역사넷 | 2001

극장 전반의 개요와 실무경영, 공연프로그램 제작에 관해 서술한 책이다. 예술의전당에 오래 근무했던 저자의 경험을 살려 여러 가지 실제 사례를 많이 실어 놓아 내용을 이해하는 데 도움을 준다. 실무적으로 참고할 수 있는 매뉴얼 성격이 강한 편이다.

《What Is Theatre?: An Introduction and Exploration》 | John Russell Brown | Focal Press | 1997

연극에 관한 모든 것을 담은 개론서. 1부에서는 연극, 희곡, 관객, 배우, 무대디자인, 제작, 공연장 등 연극과 관련된 주요 개념들을 종합적으로 다루고 있으며, 2부에서는 실제 사례를 소개하며 연극 제작과정에 대한 것을 설명해준다. 연극을 주로 다루기는 하지만 뮤지컬을 비롯한 공연예술 전반에 대한 입문서로도 손색이 없다.

3. 박물관·미술관

《박물관학의 기초》 | 키어스튼 F. 라탐·존 E. 시몬스 | 배기동 역 | 주류성출판사 | 2019

박물관학 전반에 걸쳐 기초적인 개념과 원리를 소개한 책이다. 박물관의 정의와 기원에서 시작하여 박물관 관련 이슈를 어떻게(How), 무엇을(What), 누가(Who), 어디에서(Where), 왜(Why)라는 다섯 가지 분야로 나누어 알기 쉽게 정리했다. 비교적 최근(2014)에 원저가 발간되어 박물관 관련 최신의 논의까지도 담아내고 있다.

《큐레이터를 위한 박물관학》 | 조지 엘리스 버코 | 양지연 역 | 김영사 | 2001

박물관의 기초이론을 체계적으로 소개한 책으로서 박물관학 연구자와 박물관 종사자 모두를 위한 종합 지침서이다. 박물관이란 무엇인가에 대한 대답에서 시작해 소장품의 수집, 보존, 활용, 상설전시와 기획전시, 박물관교육, 박물관 건축 등 박물관 설립과 운영 전반을 다루고 있으며, 철학적 통찰과 실무적 설명을 겸하고 있다. 저자 조지 엘리스 버코는 미국에서 여러 박물관장을 역임하고 아이다호대학교에서 20년 넘게 박물관학을 강의한 박물관 학자이자 컨설턴트다.

《박물관 미술관학: 뮤지엄 경영과 전략》 | 닐 코틀러·필립 코틀러 | 한종훈·이혜진 역 | 박영사 | 2005

세계적인 경영학자 필립 코틀러가 각 분야별로 내놓은 마케팅의 역작 가운데 하나로서 박물관 경영과 마케팅에 관한 방대한 내용을 담고 있는 책이다. 박물관의 전략계획 수립, 관람객 연구와 마케팅, 시장세분화와 포지셔닝, 전시 프로그램 제작과서비스, 커뮤니케이션과 프로모션, 박물관의 수익 증대와 자원유치 등 박물관 경영의 여러 측면을 경영학적 방법론을 활용해 체계적으로 정리했다.

《서양 박물관의 역사》 | 게르마인 바진(제르맹 바쟁) | 백승길 역 | 한국박물관협회 | 2000

박물관의 기원과 발전과정에 관해 그리스시대부터 시작, 연대기적으로 설명하고 있는 책이다. 전문 출판사에서 출판한 책이 아니라 구하기 쉽지 않고 가독성이 떨어지는 편집이 아쉽지만, 이 주제에 관한 한 국내출판도서 중 가장 방대하고 상세한 정보를 담고 있다.

4. 예술단체 및 기타 예술조직

《The Art of the Turnaround》 | Michael M. Kaiser | Brandeis University Press | 2008

탁월한 예술경영인으로 활동해온 마이클 카이저가 캔자스시티발레단Kansas City Ballet, 앨빈에일리무용단Alvin Ailey American Dance Theater, 아메리칸발레시어터American Ballet Theatre, 로열오페라하우스Royal Opera House, 케네디공연예술센터The John F. Kennedy Center for the Performing Arts 등 5개 예술단체와 공연장의 경영 사례를 정리한 책이다. 특히 재정적 어려움에 처한 현실을 어떻게 극복하여 건강한 예술조직으로 탈바꿈했는가에 대해 생생한 경험을 소개한다.

《How to Start Your Own Theater Company》 | Reginald Nelson | Chicago Review Press | 2010

시카고셰익스피어시어터, 굿맨시어터, 콩고스퀘어시어터컴퍼니 등 유수의 극단에서 활동해온 경험을 바탕으로 극단을 만들고 운영하는 데 필요한 여러 실무요소를 소개한 책이다. 열정에서 시작하여 극단 이름을 붙이고, 미션을 설정하고, 이사회를 구성하고, 예산을 마련하고, 사람을 섭외하고, 공연을 제작하고, 관객을 개발하는 등으로 이어지는 극단 운영의 모든 노하우를 담고 있다.

1 윌리엄 번스, 송성완 역, 《예술을 경영하라*Management and the Art*》, RHK, 2013(원저 1993), p.17.

2 J. R. Schermerhorn Jr., *Management for Productivity*(2nd ed.), John Wiley & Sons, 1986, p.162.

3 문화체육관광부 · 예술경영지원센터, 〈2017 전문예술법인 · 단체 백서〉, p.3.

4 Ibid., pp.9~10.

5 Ibid., p.4.

6 Ibid., pp.11~21.

7 한국사회적기업진흥원 홈페이지 http://www.socialenterprise.or.kr.

8 한국사회적기업진흥원 홈페이지 http://www.socialenterprise.or.kr/kosea/company.do?dep1_kind=1.

9 협동조합기본법 제2조 제1호.

10 문화체육관광부 · 예술경영지원센터, 〈2018 공연예술실태조사〉, 2018, pp.82~101.

11 J. R. Brown, *What Is Theatre?: An Introduction and Exploration*, Focal Press, 1997, pp.49~63.

12 최종석, "공동제작 기획공연 뮤지컬로 영역 넓힌다", 조선일보, 2010. 1. 20.

13 문화체육관광부 · 예술경영지원센터, op. cit., pp.111~112.

14 문화체육관광부 여성문화TF 결과보고서(2003)

15 https://icom.museum/en/.

16 게르마인 바진(제르맹 바쟁), 백승길 역, 《서양 박물관의 역사*The Museum age*》, 한국박물관협회, 2000(원저 1967), pp.11~14.

17 김형숙, 《미술, 전시, 미술관》, 예경, 2001, pp.10~11.

18 키어스튼 F. 라탐 · 존 E. 시먼스, 배기동 역, 《박물관학의 기초*Foundations of Museum Studies*》, 주류성, 2019(원저 2014), p.54.

19 조지 엘리스 버코, 양지연 역, 《큐레이터를 위한 박물관학*Introduction to Museum Work*》(3rd ed.), 김영사, 2001(원저 1997), p.35.

20 김형숙, op. cit., pp.12~14.

21 조지 엘리스 버코, op. cit., p.36.

22 키어스튼 F. 라탐 · 존 E. 시먼스, op. cit., pp.61~62.

23 H. S. Hein, *The Museum in Transition: A Philosophical Perspective*, Smithsonian Institution, 2000, pp.1~8.

24 쌈지스페이스, 강연회 〈대안공간의 과거와 한국미술의 미래〉 자료집, 2009.

25 키어스튼 F. 라탐 · 존 E. 시먼스, op. cit., pp.73~75.

26 게리 에드슨 · 데이비드 딘, 이보아 역, 《21세기 박물관 경영*The Handbook for museums*》, 시공사, 1996(원저 1994), p.149.

27 조지 엘리스 버코, op. cit., p.72.

28 조지 엘리스 버코, op. cit., p.156.

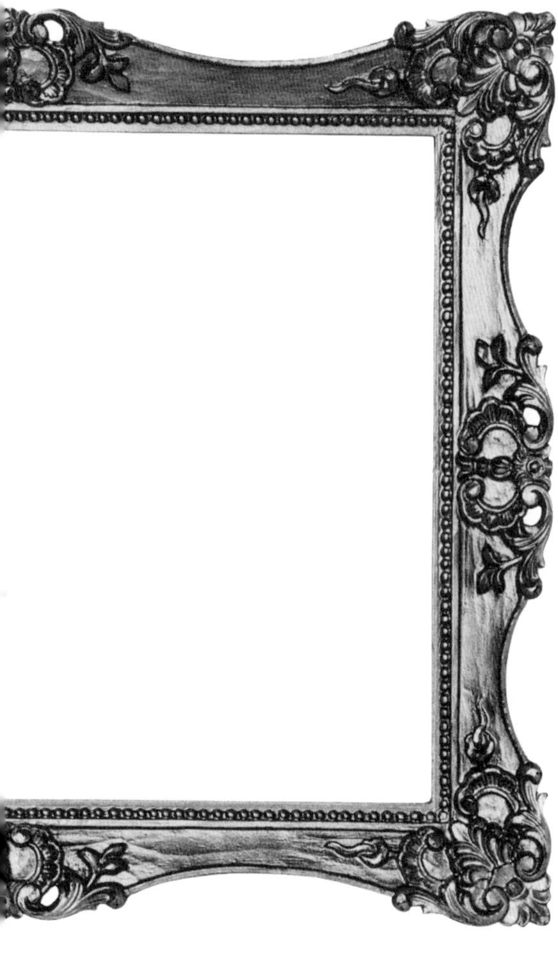

4장 — 인력자원

1. 예술가

인력은 예술조직이 갖고 있는 가장 강력한 자원이다. 자본이나 기술 같은 자원은 대체할 수 있지만 인력은 대체하기 어렵다. 예술조직은 대단한 자본이나 기술이 없더라도 능력과 경험을 갖춘 인력만으로 큰 성과를 거둘 수 있다. 따라서 유능하고 경험 많고 동시에 비전과 창의성까지 갖고 있는 인력을 찾아내고 활용하는 것은 예술조직이 생존하고 발전하는 데 가장 중요한 부분이라 할 수 있다. 예술조직의 인력이라 하더라도 반드시 모든 인력이 상근 형태로 일해야 하는 것은 아니다. 오히려 예술조직의 상당수 인력은 비상근 형태로 일한다. 프로젝트 단위로 참여하는 예술가 역시 리허설과 공연 시간에 관한 계약만 맺는 형식으로 일부 시간만 참여하는 경우가 많다. 따라서 한정된 자원을 가지고 예술조직을 효율적으로 운영하기 위해서는 어떤 인력을 어떻게 활용할 것인가에 대해 구체적이고 명확한 정책을 수립하는 것이 필요하다. 이것이 곧 인력자원 관리이다. 예술조직의 인력자원 관리의 대상은 크게 예술가와 예술경영인으로 구별하지만, 이 밖에 이사진과 자원봉사자 역시 주요한 인력자원이 된다.

1) 성공하는 예술가와 실패하는 예술가

괴테의 시 〈예술가의 인생 역정〉을 위해 아돌프 멘첼이 1834년에 제작한 연작 동판화는 예술가의 삶을 상징적으로 보여준다. 예술적 재능이 뛰어난 아이가 부모의 몰이해로 벌을 받지만 내적 충동으로 역경을 이겨내며 예술가의 길을 걷는다. 집에서 쫓겨나 예술가가 된 아이는 안락한 삶을 포기하고 창작을 계속하지만 천재적 재능은 인정받지 못한 채 죽음에 이른다. 그리고 그가 죽은 후 화상畫商들이 그의 작품으로 돈을 번다. 멘첼은 이 삽화 연작의 표지에 또 다른 상징적인 이야기를 그림으로 남겼다. 아폴론과 목양신 판Pan이 미다스 앞에서 누가 더 위대한 음악가인지 겨루는 내용이다. 아폴론은 모두가 인정하는 훌륭한 음악가였지만 정작 심판관인 미다스는 음악에 무지하여 목양신 판의 우스운 연주에 유리한 판정을 내린다.[1] 이 두 가지 이야기는 예술가가 처해 있는 딜레마의 상황을 상징적으로 보여준다. 타고난 재능에도 불구하고 현실의 장애로 인해 불행한 삶을 살아가는 예술가의 이야기는 역사적으로 무수히 반복되어 왔다. 사후에라도 그 이름을 남긴 예술가는 그나마 행복한 경우이고, 그보다도 훨씬 많은 예술가가 여러 가지 이유로 인해 생전에든 사후에든 전혀 인정받지 못한 채 사라져 갔다. 아마도 그중 상당수는 같은 분야에서 익히 알려진 누군가보다 훨씬 더 뛰어난 재능을 갖고 있었을 것이다. 성공하는 예술가와 실패하는 예술가 사이에는 재능의 차이 외에도 수많은 요소가 작용한다. 그 요소를 발견하여 예술가가 현실의 여러 장애 앞에서 실패하지 않고 성공하는 길을 걸을 수 있도록 하는 것은 바로 예술경영의 가장 근본적인 과제이자 책임이라 할 수 있다.

예술가는 예술경영의 가장 핵심적인 요소다. 하지만 예술가와 함께 일하는 것은 결코 쉽지 않다. 예술가는 다른 어떤 사람보다도 집약적이면서 감성적인 노동을 한다. 고도의 숙련된 기술과 재능을 갖추고 있더라도 그

것을 표현하는 데 있어서는 극히 민감한 정서적 작용이 이루어져야 한다. 그러한 정서적 과정과 기술적 과정이 효과적으로 어우러질 때 비로소 수요자와 공감을 이룰 수 있는 예술작품이 탄생한다. 그러나 예술가의 섬세한 감수성은 때로 수요자와의 의사소통을 방해한다. 창작을 하면서 불가피하게 갖게 되는 긴장과 스트레스와 강박감은 예술가 자신의 일상생활을 방해하기도 하고, 때로는 일반인이 이해하기 어려운 과민한 언행의 원인이 되기도 한다. 관객의 입장에서 보면 수백 번씩 무대에 올라 성공적인 공연을 해낸 예술가라도, 정작 그 자신은 무대에 오를 때마다 엄청난 긴장감에 시달리며 이를 두려워할 수 있다. 이 지점에서 바로 예술경영인의 역할이 필요하다. 이런 예술가의 특성 때문에 그들과 함께 일하는 것이 어렵기도 하지만, 바로 그런 점이 예술경영인의 역할을 의미 있게 만드는 것이다.

예술경영인은 앞서 예술경영의 개념 부분에서 논의했듯이 예술가가 현실과 만나도록 하는 매개자의 역할을 한다. 예술가에게 부족할 수 있는 이성적 사고와 합리적 판단으로 예술가를 대신해 훌륭한 예술 창작이 곧 훌륭한 비즈니스가 되도록 만드는 일이 예술경영인의 몫이다. 예술경영인은 예술가가 세속적이고 일상적인 일에 신경 쓰지 않고 오직 창작 활동에만 전념할 수 있도록 완벽한 환경을 만들기 위해 노력해야 한다. 하지만 때로는 예술경영인이 예술을 대하는 사고방식과 태도를 문제 삼는 예술가도 있다. 예술경영인이 자신의 예술세계를 침해하거나 자유로운 창작 활동을 간섭한다고 생각하기 때문이다. 특히 티켓 판매나 관객 개발이나 예산 편성은 예술경영인이 중요하게 생각하는 사안이지만, 정작 예술가에게는 중요하지 않을 수 있다. 예술가의 정신세계를 돈으로 환산해 이것저것 따지는 예술경영인의 태도에 거부감을 느끼며 불만을 터뜨리는 예술가를 만나는 것은 어렵지 않다. 세속적인 가치를 초월한 위치에서 자신만의 고유한 예술세계를 내보이고 싶어 하는 것이다. 아직까지도 많은 예술가가 갖고 있는, 이른바 천재성에 기반을 둔 이런 예술지상주의적인 사고방식은 1장에서 살펴본 것처럼 18~19세기 낭만주의 시대를 배경으로 형성되었다. 오랜 세월 형성되어 온 이러한 전통 속에서 자신을 천재라고 여기는 예술가에게 속물 취급을 받으며 일하는 것은 결코 만만한 일이 아니다. 그러나 예술가의 이런 생각과 태도가 바람직하든 아니든, 예술경영인이 현실적으로 맞닥뜨리는 문제는 많은 예술가가 여전히 예술지상주의적인 가치를 높게 평가하고 그것에 향수를 느끼며 살고 있다는 사실이다.[2]

따라서 예술경영인의 입장에서는 예술가의 태도와 사고방식을 불편해하기에 앞서 그것을 이해하고 보듬어가며 예술가가 편하게 일할 수 있는 환경을 만들기 위해 노력해야 한다. 예술경영이란 결국 이러한 예술가 개인 혹은 그들이 다른 예술가들과 협력해 예술작품을 잘 만들 수 있도록 돕는 일이기 때문이다. 물론 예술경영인의 도움 없이도 예술적 성공과 상업적 성공을 함께 이룬 예술가도 있다. 그러나 그 이면을 들여다보면 바그너나 앤디 워홀처럼 스스로 탁월한 기획자이자 교섭자 역할을 한 경우도 있고, 슈만처럼 가족 혹은 주변의 가까운 사람이 그 예술가를 도운 경우도 있다. 말하자면 어떤 경우든 예술경영적인 역할이 병행되어야만 성공할 수 있었던 것이다. 반대로 빈센트 반 고흐처럼 생전에는 거의 알려지지 못했다가 사후에야 빛을 본 경우도 있다. 이렇듯 예술가의 세속적인 성공과 실패의 이면에는 재능과는 별개로 그 자신이 직접 혹은 그를 대신해 세속적인 기획과 섭외를 이끌었던 역할이 있었다. 예술가 경영artist management은 바로 이 지점에서 출발한다. 예술가와 예술경영인은 갖고 있는 가치관과 지향점 그리고 삶의 방식이 다를 수 있다. 따라서 이 차이점을 인정하고 상호 협력하에 바람직한 결과를 낼 수 있도록 해야 한다. 예술경영인이 지향하는 경영적 가치와 예술가가 지향하는 예술적 가치는 서로 간에 조화를 이룰 때 비로소 빛을 발할 수 있다. 경영적인 측면의 성과와 예술적 측면의 성과가 함께 어울려 최고의 성과를 내도록 하는 것이 바로 예술가

경영의 출발점이자 목표점이라 할 수 있다.

2) 예술가의 경제적 · 사회적 활동 여건

> "무슨 일을 하시나요?"
>
> "배우입니다."
>
> "아, 그러시군요. 그럼 어느 레스토랑에서 일하세요?"[3]

뉴욕 공연계에서 많이 회자되는 이 유머는 공연예술계에서 일하는 예술가의 직업적 현실을 직설적으로 보여준다. 우리가 무대 위에서 만나는 예술가는 누구보다 빛나지만, 그들의 현실적인 경제적·사회적 활동 여건은 상식적으로 생각하는 수준보다 훨씬 못한 경우가 많다. 어느 분야의 예술가든 일정한 활동 역량을 갖추기 위해서는 수년에서 수십 년에 이르는 오랜 기간의 수련 과정을 거쳐야 한다. 물론 다른 직업 분야도 초등학교에서 대학교에 이르기까지 20년 가까운 학업을 마쳐야 한다. 문제는 대학 진학 혹은 졸업 후 취업과 연계하여 삶의 진로를 정하는 다른 직업 분야와 달리 예술은 대부분 초중등 시절부터 정한 진로에 모든 삶을 바치지 않고서는 그 분야의 정상 수준으로 올라서기가 대단히 어렵다는 점이다. 따라서 어린 시절부터 잠재능력을 갖고 있는지 파악해 이를 예술시장에서의 경쟁력으로 바꿔나가야 한다. 예술경영에서는 대개 시장 경쟁력이 확인된 예술가와 일하지만 현실적으로 시장에서 이런 수준까지 발전하는 예술가는 그리 많지 않다. 그토록 오랫동안 견디기 힘든 수련 과정과 예술적 혹은 인간적 고뇌의 과정을 거쳤더라도 정작 예술 소비자가 선호하거나 기억하는 예술가의 위치에 오르는 것은 극히 한정된 소수만 누릴 수 있는 특권일 따름이다. 결과적으로 성공한 극소수의 스타급 예술가를 제외하면 예술 분야에서 일하는 직업인으로서 예술가가 처하게 되는 경제적·사회적 활동 여건은 극히 열악하다.

예술가의 경제적 여건은 예술가의 고용 형태에 따라 차이가 있다. 예술가는 고용 형태에 따라 구분하면 정규직 임금노동자, 비정규직 임금노동자, 프리랜서, 자영업자로 구분할 수 있다.[4] 이 가운데 정규직 임금노동자에 해당하는 예술가는 국공립 예술단체의 단원, 교육기관 직원 등 일부에 불과하다. 문화체육관광부의 2018년 조사 결과에 따르면, 전체 예술가 중 전업으로 활동하는 경우는 57.4퍼센트이며, 이 중 정규직은 7퍼센트에 불과한 것으로 나타났다. 예술가가 전업으로 활동하지 못하고 겸업으로 일하는 이유는 불규칙한 소득 73.6퍼센트, 고용 불안정 10.7퍼센트 등 대부분 경제적 이유였다. 소득수준 면에서도 예술가가 예술 활동을 통해 얻는 수입은 월 100만 원 이하가 72.7퍼센트를 차지할 만큼 극히 열악한 상황이다. 4대 보험 중에서는 건강보험 가입이 93.5퍼센트일 뿐 공적연금 53.0퍼센트, 산재보험 27.0퍼센트, 고용보험 24.1퍼센트로서 최소한의 사회복지로부터도 소외된 예술가가 많은 편이다.[5]

이런 조사 결과를 고려하면 예술가는 다른 직종에 비해 직업적으로 매우 불안정한 여건에 놓여 있는 것을 알 수 있다. 극소수의 상업적으로 성공한 예술가를 제외하면 평균적으로 다른 직업에 비해 경제적 보상이 매우 낮은 수준인 것이다. 이에 따라 불가피하게 예술가는 고유의 예술 창작 활동 외에 다른 종류의 부업에 종사해 부수입을 확보한다. 많은 경우 개인 레슨을 통한 수입에 의지해 생계를 꾸려가고 있으며, 전공 분야 외에 전혀 다른 부업을 통해 생계를 꾸려가는 예술가도 상당한 편이다. 그렇지 않은 경우 부모나 배우자 등 가족에게 의지하는 경우도 드물지 않다. 이런 경제적 여건에도 불구하고 국내 대학은 세계적으로 유례없을 만큼 예술전공 과정이 많이 개설되어 있으며, 어떤 분야에서는 한국에서 그 분야를 전공해 졸업한 사람이 한국을 제외한 모든 국가의 졸업생을 합한 것보다 많다는 웃지 못할 이야기까지 나오는 실정이다. 그렇다 보니 공적 지원금, 티켓 구매층 등 한정된 공공자원과 시장자원을 확보하려는 경쟁이 무척 치열한 편이다. 예술가는 많지만 정작 대중의 인식에 각인되어 시장에서 상품성을 갖는 스타급 예술가의 자리는 희소하기 때문이다. 끊임없이 변하는 환경과 대중들의 기호에 대응하여 함께 일하는 예술가를 스타로 만드는 것은 모든 예술경영인 앞에 놓인 과제라고 할 수 있다.

3) 예술가와의 관계 유형

상근직원형 예술가와의 관계 유형은 계약 형태에 따라 몇 가지로 나눌 수 있다. 먼저 상근직원 형태로 예술가와 계약을 맺는 경우다. 대규모 고정단원이 지속해서 호흡을 맞춰 앙상블 연습을 하며 활동해야 하는 오케스트라나 발레단의 경우가 여기에 해당한다. 이러한 예술단체에서는 대부분의 단원을 상근직원 형태로 고용하며, 고용된 예술가는 일반 직업인과 마찬가지로 정해진 시간에 출퇴근하며 일한다. 예술가와는 정기 급여 혹은 연봉 계약을 체결하고, 4대 보험을 보장해주며, 퇴직금을 지급한다. 예술가가 이처럼 안정된 업무 환경을 보장받을 수 있는 예술단체가 국내에는 아직 많지 않다. 몇몇 국공립 예술단체가 이런 유형에 해당하며 민간 예술단체 중에는 드문 편이다. 반면 미국이나 프랑스처럼 노동환경 보호가 철저한 국가에서는 중소 규모 민간 예술단체 종사자도 4대 보험을 비롯해 상당한 수준의 직업적 보호를 받고 있다. 다행히 국내에서도 예술인복지법 제정 이후 4대 보험을 비롯하여 예술인을 위한 사회보장과 작업환경 증진에 관한 인식이 확산되었다. 아울러 2009년 무렵 시작한 문화 분야 사회적기업 육성 사업이나 예술경영지원센터를 중심으로 이루어지고 있는 전문예술법인·단체 지원사업으로 인해 직업적인 예술단체가 점차 확대되는 추세다.

사업별 계약형 오케스트라나 발레단 외에도 극단, 무용단 같은 예술단체에서는 예술가 단원이 가장 중요한 자원 역할을 한다. 이런 단체에서는 예술가 단원의 선발, 훈련, 관리가 조직 운영에서 가장 중요한 부분을 차지한다. 하지만 일부 국공립단체를 제외하면 대부분의 민간 극단이나 무용단이 단원의 급여를 감당할 만한 재정적 여건이 되지 못하기 때문에, 상근직원 형태보다는 작품이나 사업 단위로 예술가와 출연 계약을 한다. 또한 많은 경우 문서계약 없이 구두계약이나 관행만으로 업무 관계를 형성한다. 말하자면 비공식적인 인간관계를 기반으로 일을 하는 것이다.

예를 들어, 연극작품에 출연하는 배우나 스태프 중에는 문서에 의한 계약보다는 프로듀서나 연출가와의 안면에 따른 구두계약으로 연습에 임하고 무대에 오르는 경우를 드물지 않게 볼 수 있다. 그러다 보니 구두계약을 맺더라도 정작 티켓 판매가 부진한 경우 참여 예술가에게 적정한 사례가 지급되지 않는 상황도 종종 발생한다. 이와 관련하여 예술인복지법 등 예술가의 권익 보호 강화 추세에 따라 정부에서 표준계약서를 개발하여 보급하는 등 예술가에 대한 급여와 활동 여건이 보장될 수 있도록 하는 제도가 단계적으로 도입되고 있다. 다른 한편으로 상근단원 중심으로 운영하는 오케스트라나 발레단도 작품에 따라 지휘자, 협연자, 안무가 등을 외부에서 초청하기도 하며, 때로는 일반 연주단원이나 무용수 중의 일부를 객원 형태로 계약하여 활용하기도 한다.

커리어 매니지먼트형 앞의 두 가지 유형과는 다른 차원에서 개인 예술가에 대한 관리와 지원이 주목적인 예술조직도 있다. 국내에서도 그 역할이 커지고 있는 이른바 예술가 매니지먼트 전문회사다. 아직은 영화와 드라마 등에 출연하는 배우, 대중가수, 모델 등 주로 문화산업 영역에 한정되어 있지만 외국의 경우 클래식 음악, 연극, 무용 등 전통적 예술 분야에서도 유명 예술가를 중심으로 매니지먼트 전문회사가 활발히 활동하고 있다. 이 경우 매니지먼트 회사에서는 예술가를 대신하여 각종 출연 조건을 협의하고 계약을 진행한다. 대개는 계약 금액의 일정 비율을 수수료 형태로 받는다. 하지만 국내시장에서는 아직 예술가 매니지먼트 전문회사의 활동은 흔치 않은 편이다. 문화산업 영역에서는 기획사라는 이름으로 이러한 매니지먼트 회사가 널리 활동하며, 소속 예술가의 발굴과 훈련에서부터 데뷔와 각종 출연 계약에 이르기까지 커리어 발전의 전반을 담당한다. 하지만 전통적 예술 분야에서는 일부 예외적인 사례를 제외하면, 이미 예술시장에서 예술상품으로서의 경쟁력을 확보한 기성 예술가를 중심으로 공연기획 실무진행 등 보조적 역할을 하는 경우가 대부분이다. 다만 최근에는 크레디아에서 육성하여 성공적으로 활동해온 연주 그룹 디토의 사례에서 볼 수 있는 것처럼 신진 예술가의 데뷔 단계부터 매니지먼트 회사가 주요한 역할을 하는 사례도 하나둘 늘고 있다. 기성 예술가 유형은 위험부담 없이 안정적으로 예술상품을 생산하는 역할을 할 수 있는 반면에 예술경영인의 역할이 단순 관리자나 보조자 정도에 머물 가능성이 높기 때문에 수익 면에서나 보람 면에서 얻는 것이 많지 않다. 반면 신진 예술가 유형은 예술시장에서의 실패 가능성을 전제로 예술상품을 직접 기획하여 생산해야 하기 때문에 경제적이나 시간적인 면에서의 손실의 위험부담이 크지만, 반대로 성공하면 그 보상이 훨씬 커진다. 기성 예술가 유형에 비하면 이 과정에서 예술경영인의 영향 범위도 상대적으로 큰 편이다.

심층 연구 및 토론 과제

- 한스 애빙이 말하는 것처럼 정부의 지원이 늘어날수록 예술가는 가난해질까? 그렇다면 그 이유는 무엇일까?
- 어떤 예술가가 성공 혹은 실패할 때 가장 큰 영향을 미치는 요인은 무엇인가?
- 예술가 육성을 위한 교과과정에 예술경영을 필수교과로 넣어야 할까?
- 예술가의 삶을 좀 더 깊이 이해하기 위하여 예술가를 주인공으로 다룬 영화 중 한 편을 선택하여 감상하고, 영화 속 예술가의 삶에서 성공이란 어떤 의미이며 삶의 어떤 요소가 그 예술가를 성공 혹은 실패로 이끄는지 생각해보자.

※ 추천 영화
〈아마데우스Amadeus〉(1984), 밀로스 포만 감독
〈바스키아Basquiat〉(1996), 줄리안 슈나벨 감독
〈버드Bird〉(1988), 클린트 이스트우드 감독
〈버드 맨Birdman〉(2014), 알레한드로 곤잘레스 이냐리투 감독
〈블랙스완Black Swan〉(2010), 대런 아로노프스키 감독
〈브로드웨이를 쏴라Bullets over Broadway〉(1994), 우디 앨런 감독
〈닥터 후Doctor Who(시즌5 10번째 에피소드)〉(2010), 애덤 스미스 감독
〈라라랜드La La Land〉(2016), 데이미언 셔젤 감독
〈폴락Pollock〉(2000), 에드 해리스 감독
〈댓씽유두That Thing You Do!〉(1996), 톰 행크스 감독

2. 예술경영인

이 책의 독자 중에는 예술경영인으로서의 멋진 삶을 꿈꾸는 사람이 많을 것이다. 하지만 현실의 예술시장에서 정말로 꿈꾸던 삶을 살 수 있을지에 대해 자신 있게 대답할 수 있는 사람은 많지 않다. 일상에서 예술을 접하며 산다는 것은 분명 멋진 일이다. 그러나 예술경영인이 만나는 예술은 '자신이 하는 예술'이 아니라 '남이 하는 예술'이며, '자신이 즐기는 예술'이 아니라 '남이 즐기는 예술'이다. 예술경영인은 스스로 예술을 창작하거나 향유하는 것이 아니라 까다롭고 변덕스러운 예술가의 취향에 맞춰가며 일해야 하며, 그보다 더 까다롭고 변덕스러운 관객의 기호에도 맞춰가며 일해야 한다. 게다가 사회 전반의 여러 직업군과 보수나 근무 여건을 비교하면 썩 만족스러운 수준도 아니다. 그런 상황인데도 예술경영인의 삶이 여전히 매력적인 이유는 무엇일까? 그것은 예술가가 아니면서도 예술의 창작 과정에 깊숙이 들어가 예술가와 함께 고민하고 애태우며 한 작품의 탄생과 성장과 향유 과정을 지켜볼 수 있기 때문일 것이다. 그것은 관객으로 객석에 앉아 누리는 것과는 또 다른 차원의 기쁨이다. 바로 그 기쁨을 맛보기 위해 남들이 모두 쉬는 저녁 시간과 주말 시간을 아낌없이 내놓는 것이다. 우리 삶에서 경제적 보상은 이런 기쁨에 비하면 한 단계 아래에 있기에 예술경영인이라는 직업이 매력적으로 보이는 것이리라 생각한다.

예술경영인의 삶이 매력적인 또 다른 이유는 바로 자신의 취향을 드러낼 수 있기 때문이다. 예술경영인은 예술가 혹은 그 작품을 매개로 소비자와 만나지만, 바로 그 예술가와 작품을 선택하는 과정에서 자신만의 안목과 취향을 드러낼 수 있다. 비록 그 자신이 순수하게 창작에만 몰입하는 예술가는 아닐지라도 자신의 안목과 취향으로 소비자로서의 관객, 청중, 관람객에게 선보일 작품을 고르고 이를 하나의 예술상품으로 기획하여 예술시장에 내놓는 것은 다른 어떤 기업이나 공공조직에서도 해보기 힘든 매력적인 일이다. 바로 이런 점에서 예술경영인의 삶이 가치를 가질 수 있을 것이다.

예술경영인이 지향할 것은 관객의 숫자가 말해주는 양적 성공보다는 예술가와 함께 작품을 만들어가고 그것을 향유하는 소비자와 연결해주는 기쁨을 맛보는 것이다. 전혀 실현되지 않은, 아니 어쩌면 실현되기 힘든 예술가의 창조적 영감에 관한 이야기를 들으면서 그것을 어떻게 현실로 구현하여 이를 향유할 만한 사람들과 연결할 것인가를 고민하는 사람이 바로 예술경영인이다. 그것을 통해 얻는 기쁨과 보람은 예술경영인으로서 얻을 수 있는 가장 큰 소득이다. 자신의 아이디어가 현실로 구현되어 그 실체를 드러낼 때 그리고 나아가 그것에 만족하는 소비자를 만날 때 예술경영인의 즐거움은 비로소 실감될 수 있다. 이러한 즐거움에서 의미를 찾지 못한다면 예술경영인으로서 형식적 성공은 이룰지라도 그 삶에서의 성공을 이루기는 쉽지 않을 것이다. 나보다는 예술가와 예술작품이 드러날 수 있도록 하면서 그 가운데 즐거움을 느끼는 것이 바로 예술경영의 본질이기 때문이다.

1) 예술경영인의 의의

1장에서 설명한 것처럼 예술경영은 예술시장에서 예술상품의 공급과 수요를 매개하는 역할을 한다. 예술경영인은 예술상품의 공급자인 예술가와 수요자인 관객 사이에서 예술경영으로 포괄할 수 있는 다양한 활동을 하는 전문 인력을 말한다. 예술경영인을 지칭하는 영문 용어로는 arts manager와 arts administrator가 있는데, 앞서 설명한 것처럼 후자가 공공행정 분야에서 일하는 이미지가 강하기는 하지만 기본적으로는 같은 의미로 사용된다. 예술경영인은 예술과 경영의 중간지대에서 일한다. 이에 따라 창조와 도전과 감성의 영역인 예술의 세계와 효율과 관리와 이성의 영역인 경영 세계 사이의 회색지대에서 늘 혼란에 빠지곤 한다. 주어진 역할은 경영의 논리를 추구하지만 아이러니하게도 맞닥뜨리는 현실은 예술의 논리에 좌우되는 경우가 더 많다. 그 대립적이면서도 어쩔 수 없이 결합되어야 하는 두 세계의 중간에서 조정자이자 통합자의 역할을 해내야 하는 것이 곧 예술경영인이라 할 수 있다. 존 픽은 예술경영인을 역할과 특성에 따라 다음 일곱 가지 유형으로 분류했다.[6]

예술가로서의 예술경영인 별도 경영조직 없이 스스로 예술경영인의 역할을 하는 예술인이다. 작가나 미술가처럼 독립적으로 활동하는 경우가 포함되며, 상근 경영 인력 없이 조직을 운영하는 무용단의 안무가나 극단의 연출가도 여기 해당한다.

예술가의 파트너로서의 예술경영인 일상적으로 볼 수 있는 예술경영인의 형태로서, 공연장이나 박물관·미술관 등 다양한 예술조직에서 일하는 예술경영인이 여기 해당한다. 이런 예술경영인은 예술가와 동등한 위치에서 창작과는 별개의 전문 영역이라고 할 수 있는 경영 능력을 발휘해 예술가에게 도움을 준다.

예술가에 대한 보조자로서의 예술경영인 예술가의 밑에서 보조 역할을 하는 예술경영인으로서, 예술가의 개인 매니저 역할을 하면서 스케줄 관리, 홍보자료 제작, 공연·전시 기획 등을 돕는 예술경영인이 여기에 해당한다.

예술가에 대한 감독자로서의 예술경영인 보조자와는 반대로 예술가의 상위에서 예술가를 이끄는 역할을 하는 예술경영인이다. 뮤지컬처럼 대규모 자본이 동원되는 예술작품의 프로듀서나 공연을 자체 제작하는 공연장의 기획자가 이런 역할을 한다. 이런 경우 예술경영인은 예술가 선정 등을 통해 예술상품의 제작 방향과 과정에 영향을 미친다.

국가에 대한 봉사자로서의 예술경영인 국가에서 직접 운영하는 예술조직이 있다. 여기에는 국가기관의 일부인 국립국악원이나 국립중앙극장과 같은 조직도 있고 특수법인 형태인 예술의전당이나 한국문화예술위원회 같은 조직도 있다. 이런 조직에서 일하는 예술경영인은 공무원 혹은 준공무원의 신분이기 때문에 개별 조직의 이해관계나 예술적 고려에 앞서 국가정책 방향과 공익에 따른 판단으로 일한다.

관객에 대한 봉사자로서의 예술경영인 예술가보다는 관객을 중심으로 기획하거나 예술상품을 생산하는 역할을 맡는 예술경영인이다. 전문 공연기획사에서 일하는 예술경영인이 여기에 해당한다. 축제와 같이 특정한 시기에, 혹은 휴양지와 같이 특정한 장소에 모이는 관객을 위한 프로그램의 기획자도 이 유형에 포함된다.

공간경영자로서의 예술경영인 공연장, 박물관·미술관 등 전문 문화공간에서 일하는 예술경영인이다. 이들은 무대나 전시장 등 전문 공간을 매개로 예술가와 관객이 만날 수 있게 돕는 역할을 한다. 공간경영자는 지역사회를 기반으로 활동하기 때문에 해당 지방자치단체를 비롯하여 지역 내 주요 이해관계자와의 관계 형성이 주된 업무 중 하나가 된다.

2) 예술경영인의 역할과 업무

예술경영인은 예술작품을 직접 창작하지는 않지만 창작을 가능하게 하는 역할을 한다. 연주자와 배우와 무용수가 무대에 오르게 하고, 미술가가 작품을 전시할 수 있게 하는 것은 예술가가 아닌 예술경영인의 역할이다. 오히려 스스로 나서서 자기 예술작품을 관객에게 직접 내보이는 예술가는 '아마추어'에 속하는 경우가 많다. 예술경영인의 가장 중요한 역할은 훌륭한 예술가가 스스로 나서지 않아도 되도록 충분한 여건을 만들어, 예술가가 자신의 역량을 최고로 발휘하며 폭넓게 활동하도록 돕는 것이다. 나아가 이를 통해 더 높은 예술적·경제적 가치를 가진 예술상품을 생산해 수요자에게 전달함으로써 예술시장의 공급자와 수요자 모두를 만족시키는 것이 예술경영인의 주된 역할이다. 이런 예술경영인의 역할을 더 구체적으로 구분해 살펴보면 다음과 같다.

기획자planner 어떤 유형의 예술조직에서 활동하든지 예술경영인의 기본 역할은 기획을 하는 것이다. 가장 대표적인 것은 공연기획이겠지만, 전시기획이나 축제기획 그리고 예술교육 프로그램의 기획도 예술경영인의 역할이다. 전시기획의 경우 전시 마케팅이나 재원 조성을 주로 맡는 예술경영인의 역할과 큐레이터의 역할을 구분하기도 하지만, 예술경영인을 넓은 의미로 해석할 경우 큐레이터 역시 예술경영인의 한 유형으로 볼 수 있다.

이런 구체적인 프로그램과 더불어 예술조직의 발전을 위한 전략적 기획이나 중장기 기획을 비롯하여 마케팅 기획, 재원 조성 기획 등이 모두 예술경영인의 역할이다.

관리자manager 예술경영인은 예술조직에서 조직, 인력, 재정, 공간 등 다양한 자원에 대한 관리자 역할을 한다. 예술경영인의 관리에는 전통적인 인사관리나 회계관리처럼 다른 기업이나 조직과 유사한 일상 사무만이 아니라 예술가 관리를 의미하는 아티스트 매니지먼트, 공연장 하우스 매니지먼트, 백스테이지 관리, 매표 관리 등 특화된 업무도 포함된다. 이처럼 업무가 다양해지면 관리자의 역할도 넓어지는데, 아티스트 매니지먼트를 위해서는 독특한 정서적 활동을 하는 예술가를 위한 상담자나 조언자 역할을, 하우스 매니지먼트를 위해서는 온갖 요구를 내보이는 관객을 위한 서비스 제공자의 역할을 해내야 한다.

통역자interpreter 예술경영인은 예술가를 비롯하여 예술 창작과 전달 과정에 개입하게 되는 다양한 역할 주체가 저마다 갖고 있는 논리와 언어를 서로 알아들을 수 있도록 매개하는 통역자 역할을 한다. 상호 간의 이해관계를 다치지 않으면서도 서로 이익이 되게끔 조정하고 돕는다. 예술시장이 보편화된 18~19세기 이전의 예술이 주로 명확한 방향과 의도를 가진 주문자의 요구에 따라 생산된 것과 달리 현대예술에서는 생산에서 소비에 이르는 과정이 다층화되고 복잡화되고 분업화됨에 따라, 각각 다른 논리로 사고하고 움직이는 주체를 연결해주는 통역자 또는 코디네이터적인 역할이 더욱 중요해지고 있다.

창조자creator 예술경영인이 늘 합리적이고 효율적인 사고에 의해서만 움직이는 것은 아니다. 현대예술에서 예술작품을 창조하는 것은 예술가만의 전

유물이 아니며, 예술경영인도 그 자신이 한 명의 창조자로서 예술작품을 만들어가는 역할을 한다. 하나의 예술 프로젝트를 구상해 필요한 예술가를 선발하고 지휘하여 총체적인 예술상품으로 만들어나가는 예술경영인의 역할은 예술작품에 대한 창조적 예술가의 역할과 다르지 않다. 단순한 예술가 보조에 머무는 것이 아니라 자신이 갖고 있는 비전과 꿈을 예술가를 통해 이뤄나가는 것이다. 이러한 과정에서 예술경영인이 예술에 대해 느끼는 애정과 열정, 예술작품을 완성했을 때 느끼는 성취감은 예술가의 느낌과 결코 다르지 않다.

사업가 · 흥행사entrepreneur 예술가가 창작을 통해 예술작품을 만들어낸다면, 예술경영인은 경영을 통해 예술상품을 만들어낸다. 예술작품과 예술상품은 한 글자 차이지만 거기 내포된 의미의 차이는 훨씬 더 크다. 예술경영인은 단순히 주어진 조건에서 실행하는 사람이 아니라 스스로 부가가치를 창출하여 예술시장에서 수요자들이 앞다투어 찾는 히트 상품을 만들어내는 역할을 한다. 현실적으로 시장에 나오는 예술상품 중에는 성공하는 작품보다 실패하는 작품이 훨씬 많다. 그렇지만 예술경영인은 사업가이자 흥행사로서 계속 시장에 도전한다. 전문 공연기획사나 전시기획사에서 자기 책임하에 투자자금을 확보해 프로그램을 기획하는 예술경영인이 바로 이런 역할을 한다.

마케터marketer 예술경영인의 중요한 역할 중 하나는 예술상품을 마케팅하는 것이다. 예술에서의 마케팅은 단순히 만들어진 예술상품을 판매하는 것이 아니다. 마케팅은 예술가의 지극히 주관적이고 정서적이며 창조적인 과정을 통해 만들어진 예술작품을 시장을 통해 상품의 형태로 수요자에게 전달하고, 다시 그 상품이 수요자의 정서적 경험으로 치환될 수 있게 한다. 마케터로서 예술경영인은 수요자의 마음을 사로잡을 수 있는 마법을 터득해야 한다.

만능인all-round player 마지막으로 예술경영인은 만능인이 되어야 한다. 어처구니없는 표현으로 들릴 수도 있지만 예술경영인으로 예술 현장을 겪다 보면 온갖 예기치 않은 문제에 부딪히게 마련이다. 이는 예술이라는 분야 자체가 정형화되거나 표준화되기 어려운 특성을 지니고 있기 때문이다. 예술경영인은 온갖 개성과 창의성이 난무하며 뒤섞이고 부딪히는 과정 속에서 발생하는 모든 문제를 어떤 식으로든 해결해 궁극적으로 작품이 완성될 수 있도록 해야 한다. "쇼는 계속되어야 한다!Show must go on!" 이 말은 바로 예술경영인을 위한 격려이자 책임 부과라고 할 수 있다.

예술경영인 마이클 카이저

마이클 카이저는 1953년 뉴욕에서 태어나 브랜다이스 대학교에서 경제학을 전공하고 음악을 부전공했으며, 미국 최고의 경영대학원 중 하나인 MIT의 슬론스쿨에서 MBA를 취득했다. 한때 오페라 가수를 꿈꾸며 성악을 공부하기도 했던 카이저는 경영 컨설턴트로서 커리어를 시작하여 1981년 카이저어소시에이츠를 설립하고 GM, IBM 같은 회사를 컨설팅했다. 1985년에는 회사를 매각하고 파산 위기의 캔자스시티발레단에 사무총장으로 합류해 발레단을 기사회생시키는 임무를 맡았다. 카이저는 부임 후 불과 2년여 만에 발레단을 개혁하여 누적적자를 해결하고 대규모 재원 조성을 성공시켰으며 새로운 프로그램으로 비평적 찬사도 얻었다. 이후 1991년에는 앨빈에일리아메리칸댄스시어터Alvin Ailey American Dance Theater 사무총장으로 부임하여 전략기획 수립과 과감한 마케팅 전략으로 150만 달러에 이르는 누적적자를 해결하고 단체를 위기에서 구해냈다. 카이저는 이러한 성과를 토대로 런던의 로열오페라하우스 대표를 거쳐 워싱턴의 케네디공연예술센터 대표로 장기간(2001~2014년) 재직했으며, 현재는 세계 최대의 아티스트 매니지먼트 및 페스티벌 기획사 중 하나인 IMG아티스트의 이사회 공동의장을 맡고 있다. 카이저의 경력 발전 과정을 보면 탁월한 경영 능력을 바탕으로 예술조직의 위기 상황을 극복하고 경영을 정상화함으로써 예술경영의 필요성을 결과로 입증했다. 이에 회생의 제왕Turnaround King이라는 별칭으로 불리기도 했다.[7]

이처럼 예술가의 예술 창작 활동을 가능케 하는 예술경영인도 따지고 보면 한 명의 직업인이다. 더욱이 예술가처럼 스포트라이트를 직접 받는 것이 아니라 대개는 무대 뒤에서 혹은 벽 뒤에서 자신의 이름을 감춘 채 예술가와 소비자의 만족스러운 웃음을 바라보며 흐뭇해하는 사람이다. 하인리히스는 이러한 예술경영인의 역할에 대해 발의, 동기부여, 정보와 의사소통, 결정 등 네 가지로 분류했다.[8] '발의'는 기본적으로 아이디어를 내는 것이지만, 여기에서 그치지 않고 아이디어를 평가·발전시켜 새로운 프로젝트나 계획을 만들어냄으로써 행위에 추진력을 부여하는 것을 포함한다. '동기부여'는 사람들이 갖고 있는 기대 수준을 충족시키거나 매슬로가 말하는 단계화된 욕구를 충족시킴으로써 예술상품의 생산 동기를 부여하는 역할을 말한다. 이는 특히 프리랜서 예술가들과 함께 일할 때 중요시된다. '정보와 의사소통'은 모든 경영의 기본이며, 이것이 잘 이루어지는 조직은 더 구체적인 목표를 중심으로 움직일 수 있다. 이는 조직 내부뿐 아니라 외부와의 관계에서도 중요하다. 마지막으로 '결정'이란 서로 다른 가능성을 끊임없이 비교하여 그중 가장 나은 가능성을 선택하는 것이다. 조직 내·외부와 소통하면서 한정된 자원으로 최선의 성과를 내야 하는 예술경영인은 매 순간 어떤 자원을 어떤 분야에 어떤 방법으로 투입할지 결정해야 한다.

예술 현장에서 예술경영인의 역할은 좀 더 세분화된 형태로 나타난다. 2008년 예술경영지원센터에서 한국노동연구원에 의뢰해 조사한 결과를 보면 예술경영인의 실제적인 업무를 구체적으로 파악할 수 있다. 한국노

영역	세부 업무	공연시설	공연단체	기획사	총평균
자원관리	조직관리	**13.0**	13.7	3.6	**13.1**
	인사관리	8.7	8.9	5.4	8.7
	예술가 일정 관리	2.2	**14.6**	**21.4**	10.8
	예산계획 수립	6.3	7.5	5.4	7.0
	회계관리	6.5	9.2	12.5	8.4
공간관리	시설관리	**18.7**	2.2	3.6	7.6
	백스테이지 관리	7.6	1.5	3.6	3.6
	하우스 매니지먼트	2.8	0.6	3.5	
프로그램 기획	신규 작품 기획	**20.2**	**44.3**	**42.9**	**36.4**
	대관 행정	**16.9**	7.9	**17.9**	**11.2**
	공연 제작 감독 및 연출	**11.1**	**30.0**	**23.2**	**23.6**
	예술교육 기획 및 집행	6.5	**16.4**	14.3	**13.1**
마케팅	마케팅 전략 수립 및 집행	4.3	6.7	**17.9**	6.4
	홍보계획 수립 및 집행	10.6	**16.9**	16.1	**14.8**
	매체관리	3.3	2.9	3.6	3.0
	홈페이지 관리	4.1	2.5	5.4	3.2
	홍보물 제작 관리	4.6	8.3	8.9	7.1
	회원관리	6.5	5.2	3.6	5.5
	고객관리	5.4	3.3	5.4	4.1
	매표 관리	4.8	2.6	1.8	3.3

〈도표 4-1〉 공연 분야 예술경영인의 주요 업무[9]

동연구원에서는 공연예술 분야의 공연시설, 공연단체, 기획사 등 총 615개의 공연 분야 조직을 대상으로 총 1424명의 예술경영인 업무 사례를 조사했다. 그 결과 예술경영인의 업무 내용을 총 28개로 구분했는데, 이 중 상위 20개를 정리하면 〈도표 4-1〉과 같다.

여기서 조사 대상이 된 예술경영인 응답자들은 각기 자신의 주요 업무를 1, 2, 3순위까지 응답했고, 도표에 나타난 응답률은 1, 2, 3순위를 모두 합한 것이다. 도표에 제시된 20개의 주요 업무 외에 다른 업무로는 외부 작품 심사, 예술가 이슈 관리, 협력기관 관리, 출판물 관리, 재원 조성 업무, 계약관리, IT 시스템 관리 등이 있었다.[10] 〈도표 4-1〉에서 볼 수 있듯이 공간관리에 관한 영역을 큰 의미의 자원관리에 포함하면 예술경영인의 업무는 크게 자원관리, 프로그램 기획, 마케팅으로 구분할 수 있다. 이러한 예술경영인의 업무 중 가장 큰 비중을 차지하는 것은 신규 작품 기획, 공연 제작 감독 및 연출, 홍보계획 수립 및 집행, 예술교육 기획 및 집행, 조직관리 등이었다. 이 가운데 가장 높은 비율을 차지하는 것은 조직 유형에 상관없이 '신규 작품 기획'이 압도적이었고, '공연 제작 감독 및 연출'도 2위를 차지해 높은 비율을 보였다.

'대관 행정'의 경우 공연장의 입장에서는 공간관리로도 볼 수 있지만, 공연단체나 기획사의 입장에서는 기획 범주에 포함할 수 있다. 기획 중에서 특이하게도 '예술교육 기획 및 집행'이 전체 순위에서 4위를 차지했다. 문화예술교육지원법이 제정된 2005년 이전만 하더라도 공연장과 공연단체를 막론하고 국내 문화공간과 예술단체에서 예술교육 프로그램을 기획해 운영하는 곳이 거의 없었던 점을 고려할 때 단기간에 매우 큰 변화가 있었던 것으로 보인다. 전체 3위를 차지하는 '홍보계획 수립 및 집행'은 공연시설, 공연단체, 기획사에서 모두 높은 비율이었다. 이와 더불어 기획사는 '마케팅 전략 수립 및 집행'이 17.9퍼센트로 상당 비율을 차지하고 있다. 이 밖에 '조직관리', '인사관리', '예술가 일정 관리' 역시 세 유형의 조직에서 모두 높은 비율로 나타났으며, '시설관리'는 업무 특성상 공연시설 조직에서 높게 나타났다. 도표에는 없지만 '재원 조성 업무'는 0.1퍼센트로 거의 최하위를 차지했는데, 이는 아직까지 국내 예술경영에서 재원 조성이 거의 주목받지 못하고 있다는 것을 보여준다.

오랜 세월 동안 많은 예술조직이 직업인으로서의 예술경영인을 소홀히 취급해왔다. 국공립기관에서는 현상 유지적인 관리인으로서 이들을 대했으며, 민간 예술단체에서는 예술가가 예술경영인의 역할을 충분히 해낼 거라 믿고 실제로 그렇게 해왔다. 다행스럽게도 1장에서 설명한 것처럼 2000년 이후 국공립 문화기관에서는 정규직원 혹은 전문계약직 형태로 예술경영 전담 인력을 선발하여 운영하는 사례가 크게 늘어났다. 아울러 예술시장의 환경 변화와 기획·경영 인력 지원 등 공공 지원사업의 영향으로 민간 예술조직에서도 예술경영을 담당하는 상근직원을 선발 활용하는 사례가 꾸준히 확산되고 있다.

심층 연구 및 토론 과제

- 예술경영인은 예술창작 과정에서 예술가와 어떻게 협력하고 어떻게 역할을 분담할까? 장르별로 구분하여 생각해보자.
- 예술경영인으로 일하기 위해 필요한 덕목으로는 어떤 것이 있을까?
- 예술경영인의 역할은 예술조직별로 어떤 차이가 있을까? 공공과 민간, 대규모 조직과 소규모 조직, 공연장과 박물관·미술관 등으로 나누어 생각해보자.

3. 이사회

정부나 지방자치단체에서 법인 형태로 설립한 국공립기관을 제외하면 국내에서 이사회를 운영하는 예술조직은 많지 않다. 민간 예술조직이 대부분 개인사업자 형태의 임의조직으로서, 이사회 중심의 조직체계를 갖추기보다는 대표 개인을 중심으로 운영하기 때문이다. 간혹 이사회를 두는 경우에도 자문기구 성격의 형식적 역할만 맡기는 경우가 많다. 이런 현상의 배경에는 이사회의 역할이 강화될수록 대표의 역할이 축소되지 않을까 하는 우려가 많이 작용하고 있다. 하지만 이사회는 기본적으로 대표의 권한을 제한하는 적대자가 아니다. 오히려 대표의 권한을 강화해주는 지지자이자 예술조직의 미션을 함께 실현해가는 동반자라는 점을 기억해야 한다. 이사회를 운영하는 법인 형태 국공립기관의 경우 지도·감독 기관인 상급 행정조직의 담당 부서장이 이사 중 한 명으로 임명되어 실질적으로 이사회의 역할을 대체할 만큼 큰 발언권을 행사하는 경우가 흔하다. 이 같은 현실에도 불구하고 이사회를 별도의 장으로 분리하여 설명하는 이유는 이사회의 조직과 효율적인 운영이 지속 가능한 예술조직으로 성장하기 위한 디딤돌이 되기 때문이다.

1) 이사회의 의의와 역할

이사회의 의의 이사회란 어떤 조직을 이끌어가기 위해 구성된 위원회 형태의 조직을 말한다. 영리기업이건 비영리법인이건 이사회는 조직의 최상위 리더십을 구성하며 주요 사업의 결정, 예산계획의 승인, 대표이사를 비롯한 주요 임원진의 임면任免 등 다양한 역할을 통해 예술조직 거버넌스governance의 핵심이 된다. 여기서 말하는 거버넌스란 사전적 의미로는 "공동의 목표를 달성하기 위하여 주어진 자원 제약하에서 모든 이해 당사자들이 책임감을 가지고 투명하게 의사결정을 수행할 수 있게 하는 제반 장치"를 말한다.[11] 행정학에서는 이를 협치協治 또는 지배구조로 번역하기도 하며, 정부가 비정부기구 등 다양한 이해관계자와 함께 사회적 의제를 해결해가는 구조를 설명하는 용어로 활용한다.

예술조직에서의 거버넌스는 기본적으로 조직 대표가 주도하지만, 비영리법인의 경우 이사회를 중심으로 조직 내외의 다양한 이해관계자가 결합하여 형성한다. 영리기업의 경우 원칙적으로 기업의 소유지분을 갖고 있는 주주들의 모임인 주주총회가 최상위 의사결정 기관이지만, 현실적으로는 이들을 대표하여 이사회가 기업을 이끌어간다. 물론 상당한 지분을 가진 지배주주가 있는 기업이라면 이사회는 형식적 역할만 하며, 이사회 의장 혹은 대표이사를 맡고 있는 지배주주가 중요한 의사결정을 주도하는 경우가 많다. 이는 비영리법인의 경우에도 크게 다르지 않다. 정부나 지방자치단체에서 주도하여 설립한 특수법인 혹은 이와 유사한 비영리법인의 경우 설립조직의 담당 부서장이 이사회의 구성원 중 한 명으로 참여하는데, 실제로는 대표의 임면을 포함하여 중요한 의사결정 대부분을 주도한다. 또한 민간 비영리법인에서도 설립자가 생존해 있으면 직함과는 상관없이 사실상 설립자의 의사가 이사회를 좌우하는 경우가 많다.

이 같은 현실적 한계에도 불구하고 비영리 예술조직에서 이사회의 역할은 무엇보다 중요하다. 이사회가 예술조직의 방향을 설정하고, 운영에 필요한 재원을 마련하며, 주요 사업을 결정하고, 전문 분야에 대한 자문 역할을 하기 때문이다. 이사회는 예술조직이 독립된 주체로서 지속적으로 생존하기 위한 핵심 기반이며, 일찍이 예술경영이 발전한 미국에서는 어떤 예술조직이건 가장 중요한 과제는 이사회 운영이라고까지 할 만큼 이사회 운영을 예술조직의 주요 기능으로 다루고 있다.[12] 따라서 중요한 문제는 이사회를 둘 것인지의 여부가 아니라 어떻게 하면 이사회를 잘 운영할 수 있는지가 되어야 한다. 잘 운영되고 있는 서구 예술조직을 보면 어김없이 사회적으로 명망이 있는 법률, 회계, 홍보, 교육 등 분야별 전문가로 이사회를 구성한다.

이사회는 그 성격에 따라 몇 가지로 구분할 수 있다. 영문으로 board of trustees로 표기하는 경우에는 이른바 수탁이사회가 되는데, 주로 재단과 같이 명확한 설립 취지를 갖고 있는 조직에서 그 실현에 대한 임무를 위탁받은 사람들의 모임이라는 의미를 갖는다. 이보다는 board of directors 라는 표현이 좀 더 일반적으로 사용되는데, 이는 조직을 위해 중요한 역할을 하는 이사director의 모임이라는 의미를 갖는다. 물론 여기서 말하는 이사가 일반 기업과 같이 급여를 받는 상근직원으로서의 이사를 의미하는 것은 아니다. 신설 혹은 소규모 예술조직에서 이사들이 직접 실무를 맡는 경우도 있는데, 이런 경우 실무이사회working boards로 표현한다.[13]

이사회의 역할 이사회의 역할은 크게 내부적 측면과 외부적 측면으로 구분할 수 있다.[14] 내부적 측면은 기본적으로 예술조직의 설립 취지를 유지하고 중장기적으로 발전방향과 비전을 제시하는 것이다. 설립자가 사망하거나 설립을 주도한 모母기관의 책임자가 바뀐 후에도 예술조직이 지속적으로 설립 취지를 퇴색시키지 않고 유지하기 위해서는 이사회가 이러한 역할을 제대로 해주어야 한다. 다만 이러한 역할은 그 중요성에도 불구하고 아직까지 올바른 평가를 받지 못하고 있다.

내부적 측면에서 이사회의 좀 더 현실적인 역할은 예술조직의 재정을 유지하는 것이다. 이사회의 주요 기능 중 하나인 예산 승인 절차는 수입과 지출 내역을 검토해 그에 대한 최종 책임을 지겠다는 의사 표현이다. 이에 따라 이사회는 스스로 중요한 지원자가 되며 동시에 일반 직원들의 도움을 받아 재원 조성에 주도적으로 나서게 된다. 많은 경우 재원 조성 활동은 이사회에서 시작하여 이사회에서 마무리된다. 이러한 예산 승인, 재원 조성, 재무관리 감독 등 재정적 역할 외에도 이사회는 예술조직의 일반 업무를 지도하고 예술조직이 법적 요건이나 정관에 맞게 활동하도록 만드는 책임을 진다. 즉, 이사회는 재원 조성을 넘어서 조성된 재원을 활용해 추진하는 여러 사업에 대한 종합적인 감독 책임을 진다.

외부적 측면에서 가장 중요한 것은 외부로부터 예술조직 경영에 필요한 자원을 확보하는 것이다. 여기에는 앞서 말한 재원 조성 외에도 지역사회로부터 다양한 자원과 지지를 획득하는 활동이 포함된다. 때로는 이사회가 해당 커뮤니티나 이해관계자를 대표하는 기능도 한다. 특히 법인 형태로 설립된 국공립 예술조직의 경우 지도·감독을 맡는 부서 책임자를 당연직 이사로 임명하여 그 이해관계를 대변토록 하는 경우가 많다. 이러한 배경으로 임명된 이사진은 자신이 속한 기관 혹은 커뮤니티와 그 예술조직을 연결해주는 매개 역할을 한다. 이런 매개 역할을 중요시하여 오히려 예술조직이 먼저 적극적으로 나서서 지역사회나 관련 커뮤니티에서 중요한 영향력을 발휘하는 명망가를 이사진으로 영입하기도 한다.

이러한 이사회의 역할과 책임에 대해서는 학자들마다 다양한 견해가 있다. 예를 들어, 앨런 로즈웰은 이사회의 책임에 대해 조직의 방향 설정, 법률 준수, 외부 다양한 주체에 대한 책임, 재무적 안정성 보장, 최고경영자 감독, 공동체 대표 등을 언급한다.[15] 크레이그 드리즌은 〈도표 4-2〉와 같이 아홉 가지로 정리했다.[16]

분야	내용
지도	• 예술조직 운영을 통한 설립 취지 실현 • 경영진 충원·육성
커뮤니티 연계	• 커뮤니티에 대해 예술조직과 프로그램을 대표 • 커뮤니티의 관심을 예술조직에 반영
기획	• 예술조직의 설립 취지 결정 • 정기적인 전략적 기획과 장기적 목표 수립
정책 방향 설정	• 재무관리, 재원 조성, 인사, 시설관리, 이사회 운영, 예술 프로그램 운영 등 업무 영역별 정책 방향 설정
재원 조성	• 연례 재원 조성 목표를 설정 • 개인, 기업, 공공부문 등 대상 재원 조성 활동으로 필요 재원 확보
재무 안정성 확보	• 연례 예산 승인 • 재무 상황의 정기적 검토와 감독
법규 충족	• 법적 기록 유지·관리 • 기타 법령상 의무 준수
이사회 관리	• 새로운 이사진 영입 및 교육 • 이사회 및 소위원회 운영
예술조직 대표 감독	• 예술조직 대표 임명·감독·평가 및 해임

〈도표 4-2〉 이사회의 역할과 책임

이처럼 중요한 역할을 하는 이사회지만 그 본질은 어디까지나 자원봉사자이다. 따라서 이사진에게 과도한 기대를 하거나 책임을 부여하면 부담으로 인해 이사직 자체를 포기하는 결과가 나올 수도 있다. 따라서 이사진과의 관계 형성이나 책임 부여 시에는 그 적정 수준에 대한 세심한 고려가 필요하다.

2) 이사회의 구성과 운영

이사진에게 필요한 덕목 예술조직 이사진에게 가장 필요한 덕목은 해당 예술 분야에 대한 관심과 애정, 필요한 자원을 공급해주는 능력이다. 여기서 필요한 자원의 공급 능력은 물론 경제적 자원이 중심이지만 다른 능력도 중요하다. 예를 들어, 변호사나 회계사는 법률이나 회계 자문을 통해 관련 지출을 절감시키는 역할을 한다. 그 밖에도 교육, 홍보, 재원 조성, 디지털 기술, 예술 분야에 대한 전문성 등이 이사진의 중요한 덕목이 된다. 하지만 이사진을 선임할 때는 이러한 기능적 전문성이나 자원 공급 능력에 앞서서 이사진으로 활동할 사람이 조직의 설립 취지와 예술 활동의 내용에 충분히 공감하며 관심과 애정을 갖고 있는지 확인해야 한다. 이 부분이 전제되지 않으면 이후에 어떤 노력을 하더라도 조직 발전을 위해 충분히 헌신하도록 만들기 어렵다.

자원 공급 능력은 서구 예술조직도 가장 중요하게 여기는 덕목이다. 이와 관련하여 미국 예술계에서 많이 회자되는 이야기가 있다. "어떤 사람이 이사진으로 가장 좋은가?" 하는 질문의 정답은 "돈 많은 사람"이라고 한다. 그렇다면 "그다음으로는 어떤 사람이 좋은가?" 하는 질문의 정답은 "돈 많은 사람을 많이 아는 사람"이라고 한다. 그만큼 예술조직에 대한 이사진의 금전적 기여를 기대한다는 뜻이다. 이런 예술계의 현실은 관련 연구에서도 그대로 드러난 바 있다. 폴 디마지오는 예술조직에서 현직으로 일하는 예술경영인을 대상으로 한 광범위한 조사를 통해 이사진의 필요한 덕목에 대해 〈도표 4-3〉과 같은 연구 결과를 낸 바 있다.[17]

디마지오는 각 조직에서 일하는 예술경영인에 대해 이사진으로서 필요한 10가지 덕목을 제시한 후 이사회가 효과적으로 운영되기 위해 이사진에게 필요한 덕목의 우선순위를 매기도록 요청했다. 도표 내용은 각 응답자가 말한 응답의 3위까지를 합한 것이다. 대표적인 예술조직이라고 할

구분	공연장	박물관 ·미술관	오케스트라	지역 예술조직*
예술에 대한 개인적 관심	65.35	65.00	65.09	59.54
금전적 기부의 능력과 의사	63.73	70.83	80.19	34.35
기업들에 대한 인맥	58.82	53.33	69.81	58.02
부유한 사람들에 대한 인맥	53.06	39.17	53.77	33.08
공식적인 커뮤니케이션 방식에 대한 존중	44.44	56.30	25.71	27.91
법률 혹은 경영에 대한 전문성	30.69	37.50	12.26	46.56
정부에 대한 영향력	32.56	33.33	20.00	39.69
교육과 사회봉사에 대한 헌신 의지	20.43	32.50	19.05	40.31
지역사회의 인종과 민족 집단 대표	17.20	19.17	14.29	29.01
예술조직의 실무 직원과의 교류 의사	18.18	10.17	16.04	28.46

* 지역사회를 기반으로 지역축제를 비롯한 다양한 문화예술 관련 프로그램을 기획하거나 운영하는 조직을 말한다.

〈도표 4-3〉 예술조직의 이사에게 필요한 덕목

수 있는 공연장, 박물관·미술관, 오케스트라에서는 이사진에게 필요한 덕목에 대해 거의 일치된 견해를 보인다. 다만 공연장에서는 '예술에 대한 개인적 관심'과 '금전적 기부의 능력과 의사'가 비슷하게 나온 반면, 박물관·미술관과 오케스트라에서는 '금전적 기부의 능력과 의사'가 압도적인 1위를 차지했다. 흥미로운 것은 지역 예술조직이다. 기업이나 개인이 제공하는 재원 조성보다는 지방정부를 비롯한 지역사회의 지원에 주로 의존하는 특성상 다른 그룹에 비해 '법률 혹은 경영에 대한 전문성', '정부에 대한 영향력', '교육과 사회봉사에 대한 헌신성' 등의 비율이 높았다.

이러한 연구 결과는 국내 예술조직의 이사회 구성에 대해서도 시사하는 바가 크다. 그러나 현실적으로 이사회 운영이 활성화되지 않은 국내 예술조직에게 이런 이사진의 덕목에 대한 고민이 현실적이지 않고 사치스러울 때가 많다. 단지 자신의 에너지를 쪼개서 이사회 활동을 해주는 것만으로도 고마움을 느껴야 하는 경우가 일반적이기 때문이다. 여기에는 또 다른 문제도 있다. 많은 경우 예술조직이 이사회의 역할에 큰 기대를 갖고 있지 않으며, 조직의 중요한 문제에 관해 이들과 적극적으로 협력하거나 이들로부터 지원을 받는 것에 익숙하지 않기 때문이다.

디마지오의 연구 결과에는 없지만 현실적으로 가장 중요하게 고려할 또 다른 이사진의 덕목은 시간이다. 천문학적 재산과 전문적 능력과 자발적 헌신성을 갖고 있더라도 실제로 예술조직을 위해 내줄 수 있는 시간이 없다면 아무 소용이 없다. 설령 간곡한 요청에 따라 이사진으로 영입되었다 하더라도 실제로는 이름뿐인 이사로서 이사회에 전혀 참석하지 못하는 경우가 발생할 수 있다. 일찍이 이사회 시스템을 발전시킨 미국의 예술조직 역시 사회 전반의 라이프스타일 변화에 따라 어느 정도 사회적 위치에 있는 사람들의 여유 시간이 점점 더 줄어들고 있어서 유능하고 헌신적인 이사진의 충원에 어려움을 겪는다.[18] 이에 따라 예술조직의 이사진에게 가장 필요한 덕목으로 능력Talent과 재산Treasure에 시간Time까지 포함하여 3T로 제시하기도 한다.[19] 이러한 측면에서 이사진으로 영입할 만한 유력한 후보군 중 하나가 기업이나 정부 등에서 고위급으로 활동하다 은퇴한 계층이다. 경제적인 여유만이 아니라 커리어 발전 과정에서 풍부한 인맥을 축적해왔고 아울러 충분한 시간까지 함께 갖고 있기 때문이다.

이사진의 구성과 충원 예술조직 이사회의 바람직한 규모가 정해져 있는 것은 아니다. 영리기업의 경우 과거에는 10명 이상인 경우도 많았지만 점차 줄어드는 추세다. 비영리법인의 경우 이사회가 외부 자원의 확보 통로가 되기 때문에 영리기업에 비해 상대적으로 많은 인원으로 이사회를 구성하는 편이다.[20] 다만 이사진의 숫자가 늘어난다고 해서 이사회가 당연히 더 많은 역할을 하는 것은 아니다. 전체 인원이 너무 많아지면 한 테이블에서 긴밀한 커뮤니케이션을 하기 어려우며, 개별 이사 입장에서 느끼는 책임감이 줄어들기 때문에 형식적으로만 이름을 올리고 활동하지 않는 이사가 늘어나게 마련이다. 이에 따라 국내 예술조직의 경우 10명 내외로 이사회를 구성하는 것이 일반적이다.

이사회를 구성할 때 고려할 요소 중 하나는 대표성이다. 미국의 경우 공공성이 강한 예술조직에서는 이사회를 구성할 때 소수인종에 대한 대표성을 고려하여 아프리카계, 히스패닉계, 아시아계 등의 이사를 특별하게 선임하기도 한다. 법적 규제가 있는 것은 아니지만 언제든 겪을 수 있는 인종차별 논란에서 벗어나는 동시에 이들을 통해 해당 인종의 커뮤니티에 접근할 수 있기 때문이다. 우리나라의 경우 인종 대표성 문제는 중요한 요소가 아니지만 성별 균형의 유지는 중요한 의제로 다루어진다. 대부분의 예술 영역에서 여성 소비자의 비중이 70퍼센트 내외를 차지하는 점을 고려할 때 성별의 균형은 이사회 구성 시 반드시 비중 있게 다뤄야 하는 요소다. 이에 따라 정부나 지방자치단체에서 설립한 공공조직의 경우 이사회나 각종 위원회를 구성할 때 한쪽 성별이 일정 비율을 넘을 수 없다는 식의 규제 장치를 두기도 한다. 이와 아울러 점차 부각되는 요소 중 하나는 연령 대표성이다. 이사회만이 아니라 각종 의사결정 기구가 지나치게 연령이 높은 지도층 인사로만 구성됨에 따라 젊은 연령층의 의견이 대변되지 못하는 경우가 발생하기 때문이다. 특히 앞서 언급한 자원 동원 능력만을 고려할 경우 상대적으로 사회적 커리어가 부족한 젊은 세대는 이사진 구성에서 소외될 수 있다. 따라서 최소한 공공 예술조직에서는 다른 측면에서 다소 미흡한 점이 있더라도 세대 대표성을 고려하여 젊은 연령층을 좀 더 적극적으로 영입할 필요가 있다.

예술조직에서 이사회를 처음 구성하는 경우에는 이사회 의장(혹은 이사장)과 예술조직 대표 간의 역할 분담이 문제가 될 수 있다. 특히 신설 조직은 표준적인 업무 프로세스가 정착되어 있지 못하고 여러 가지 새롭게 봉착하는 문제를 신속하게 해결해야 하기 때문에 효율적인 조직 운영을 위해 이사장이 조직 대표를 겸임하는 경우도 있다. 말하자면 상임 이사장 체제로 조직을 운영하는 것이다. 이런 경우 이사장은 이사회를 이끌어가는 의장으로서 전략적인 정책 결정을 하면서 동시에 조직 대표로서 일상적인 집행 업무에 대해서도 상시 의사결정권자 역할을 동시에 해야 한다. 문제는 이렇게 조직이 구성될 경우 이사회가 원래 역할을 다하지 못하고 이사장 겸 조직 대표에 대한 자문기구나 들러리로 전락할 수 있다는 점이다. 따라서 설령 단기적인 필요에 따라 겸직이 불가피했더라도 조직이 일정 궤도에 오르고 나면 대표와 이사장은 분리하는 것이 바람직하다. 이와는 조금 다른 유형으로서 조직 대표가 이사회의 상임이사를 맡도록 하는 경우가 있다. 특히 지방자치단체에서 설립하는 예술조직은 자치단체장이 비상임 이사장을 맡으면서 예술조직 대표가 상임이사직을 겸임하는 경우가 많다. 이는 조직 대표가 일상 경영을 이끌어감과 동시에 이사회를 구성하는 이사진의 일원으로서 책임 있게 일하도록 하기 위한 조치이다.

이사진을 충원할 때는 먼저 기존 이사진의 구성 현황을 점검해 부족하고 필요한 역할을 파악해야 한다. 재원 조성, 지역사회와의 연계, 특정 분야에 대한 전문적 안목과 경험 등 다양한 역할의 필요성에 따라 충원 방향을 정하는 것이다. 신임 이사진의 충원 권한은 기존 이사회가 보유한다. 대개 조직의 실무 직원이 이사장과 의논하여 이사진의 후보를 조사하고 이 가운데 적절한 후보를 추천하면 이를 검토하여 이사회에서 최종적인 결정을 한다. 이 과정에서 겪는 가장 큰 어려움은 사실 이러한 조직 내부 측면이 아니라 이사진으로 섭외하는 후보자에 대한 설득이다. 앞서 언급한 여러 자원과 역량을 갖추어 예술조직의 이사진으로 섭외하기에 손색이 없더라도 정작 후보자 본인은 이사진으로 참여할 의사가 전혀 없는 경우가 많기 때문이다.

예술조직의 이사진 활동은 어디까지나 명예로운 자원봉사 혹은 전문직 자원봉사를 의미하는 프로보노pro bono의 한 형태이기 때문에 참여를 설득하는 것은 결코 쉬운 일이 아니다. 이 과정에서는 무엇보다 입장을 바꾸어 어떤 사람이 예술조직의 이사진으로 참여할 때 그 이유가 무엇일까에 대해 고려해보아야 한다. 기본적으로는 해당 예술 분야 혹은 특정 예술조직의 활동에 대한 호감과 애정일 것이다. 나아가 예술조직 주요 구성원과의 특별한 관계나 인연이 영향을 미칠 수도 있다. 실제로 예술조직이 처음 설립되는 단계에서는 설립자 혹은 주요 임직원의 친인척이나 지인 중심으로 이사회가 구성되는 경우가 많다. 이는 그만큼 이사진을 섭외하는 것이 쉽지 않기 때문이다. 지속적으로 활동하는 예술조직의 경우 이사진 활동을 통해 즐거움과 보람을 얻을 수 있다는 점을 강조할 필요가 있다. 막연한 관심은 있더라도 정작 이사진으로 활동할 기회가 없었을 수도 있다. 따라서 잠재 이사진 명단을 작성한 후에는 서두르지 말고 장기간에 걸쳐 프로그램에 대한 초청 등 다양한 기회를 통해 예술조직과의 접촉 범위를 늘려감으로써 친밀도를 향상해나가야 한다.[21]

마지막으로 이사진의 임명만큼이나 힘든 일 중 하나가 이사진의 해촉이다. 모든 이사진이 다 성실하게 참여하며 예술조직 경영에 도움이 되는 것은 아니기 때문에 이사진은 일정한 임기를 두어 임기 후에는 재임명하거나 해촉하는 절차를 두어야 한다. 법인의 경우 이를 위해 정관에 반드시 이사진의 임면에 관한 규정을 두고 그 절차를 따르게 된다. 비영리법인에서의 이사진 해임은 지속적인 이사회 불참 등 활동이 부진한 경우만이 아니라 이사진이 해당 법인에 불이익이 되는 행동을 하는 경우에도 발생할 수 있다. 이사진 중에 해임 사유가 발생하는 경우 추후에 있을 분쟁의 가능성을 고려하여 절차 규정을 엄격히 해석하고 충실히 따르는 것이 중요하다. 비영리법인이 겪는 대내외 분쟁 사례를 보면 기존 이사진의 해임 절차에 따른 시비가 요인인 경우가 많기 때문이다.

이사회의 운영 예술조직의 이사로 활동하는 사람은 대개 사회적으로도 주요 직책을 맡고 있는 인사인 경우가 많다. 그만큼 이사회 활동에 비중을 두기 어려운 바쁜 사람들이라는 것이다. 따라서 이사회를 운영할 때는 어떻게 하면 이사진의 시간을 절약해줄 수 있을 것인지 고민해야 한다. 우선은 이사회 안건에 대해 이사진이 사전에 충분히 검토해보도록 회의 날짜보다 며칠 앞서서 자료를 전달하는 것만으로도 이사진의 부담을 덜어줄 수 있다.

이사회 개최 주기는 1년에 2~4회 정도로 분기별 혹은 반기별 개최를 하는 경우가 많다. 특별한 안건이 없어도 1년간의 주요 사업과 예산에 대한 검토와 승인을 위해 최소한 연 1회 이상은 반드시 개최해야 한다. 소규모 미술관 등 특별한 과제가 많이 발생하지 않는 조직은 이사회 개최 자체를 생략하는 경우가 많은데, 이런 행태가 반복되다 보면 이사회 자체가 유명무실해질 수 있다. 따라서 특별한 안건이 없더라도 이사회 개최 자체는 정례적으로 진행하는 것이 바람직하며, 불가피한 경우 서면으로 대체하는 형식을 취할 수도 있다.

이와는 반대로 이사회에서 다뤄야 할 안건이 너무 많아서 문제가 되는 조직도 있다. 이사회의 안건은 대개 일상적인 경영을 맡고 있는 예술조직 대표와 이사장이 사전에 의논해서 정하는데, 다뤄야 할 안건이 지나치게 많아지면 이사진과 예술조직 모두에 부담이 될 수 있다. 이런 상황에서 고려할 수 있는 대안은 경륜과 관심이 풍부한 이사진을 중심으로 인사 소위원회, 재원 조성 소위원회, 특별행사 소위원회 등 분야별 소위원회를 구성, 운영하는 것이다. 소위원회의 구성과 권한의 위임은 이사회에서 이루어지는데, 때로는 이사진 외에 일반 직원이나 외부 전문가를 포함하기도 한다. 소위원회는 단순히 이사회에서 검토할 내용을 사전에 점검하는 역할을 할 수도 있지만, 사안에 따라서는 전권을 가지고 판단하여 이사회의 결정을 대신하는 역할을 할 수도 있다.

이사회의 효율적 운영을 위해서는 이사장과 예술조직 대표가 원활한 관계를 유지하는 것이 중요하다. 이사회 의장 역할을 하는 이사장과 실제 현장에서 일상 업무를 추진하는 대표 간에 호흡이 맞지 않으면 의사결정이 신속히 이루어지기 힘들고, 내부 갈등으로 인해 집행 단계에서 또 다른 비효율과 문제가 발생하기도 한다. 불확실성이 높고 불안정한 신생 조직에서 예술조직의 대표가 이사장을 겸임하는 경우가 많은 것은 바로 이 때문이다. 따라서 예술조직의 대표는 이사회가 열리지 않는 동안에도 이사장과는 수시로 연락을 취하며 필요한 정보를 제공하거나 조직의 중요한 의사결정에 대해 사전에 의논하는 태도를 갖는 것이 중요하다.

일상적인 상황은 아니지만 이사진이 예술조직의 이익에 반하여 행동하는 경우가 발생할 수 있다. 특히 박물관·미술관처럼 고가의 자산을 관리하는 재단법인의 경우에는 사적인 목적으로 그 소장품을 활용하거나 소장품의 취득과 처분 등에 관여해 사익을 취하려는 시도가 나타날 수 있다. 미국의 경우 실제로 이러한 비윤리적인 행동 때문에 수많은 소송이 발생해왔다.[22] 이런 상황을 미연에 방지하려면 이사진에 대해 적용할 윤리규정을 사전에 마련해두는 것이 좋다.

심층 연구 및 토론 과제

- 예술조직에서 이사회의 의의는 무엇인가?
- 한국에서 예술조직의 이사회 운영이 활성화되지 못하는 이유는 무엇인가?
- 이사회 구성 시 가장 우선적으로 고려해야 할 요소는 무엇인가?
- 예술조직에서 이사진과의 관계 형성을 위해 활용할 수 있는 방안으로는 어떤 것이 있을까?

4. 자원봉사자[23]

예술 분야는 다른 어떤 분야보다도 인적자원 의존도가 높기 때문에 자본집약적 혹은 기술집약적 산업에 비해 생산성을 발전시키는 데 한계가 있다. 따라서 다른 분야에 맞춰 인건비를 상승시키면 이를 감당할 수 없는 수준에 이르게 된다. 이에 따라 예술 분야에서는 정부나 기업 등 외부의 지원과 함께 자체적으로 생산성 지체의 문제를 해결하기 위한 노력의 일환으로 자원봉사자를 활용하는 경우가 많다. 예술조직의 자원봉사자는 단순 보조적인 업무를 넘어서 필요한 경우 프로그램 운영, 신규 사업 기획, 전문 분야 조사, 특정 기술 지원 등 다양한 업무를 수행할 수도 있다. 앞서 살펴본 이사진 역시 예술조직에서는 최상위급의 자원봉사자라고 할 수 있다. 이런 자원봉사 활동으로 인해 예술조직은 급여 지출을 줄일 수 있을 뿐 아니라 새로운 아이디어를 얻을 수 있고, 나아가 활동 기반이 되는 지역사회와 적극적으로 교류할 수 있게 된다.

1) 자원봉사제의 의의

자원봉사란 급여를 받지 않고 어떤 일에 자발적으로 참여하여 활동하는 것을 말한다. 최근에는 유급 자원봉사 제도를 운영하는 사례도 있지만, 엄밀한 의미에서 유급 자원봉사는 전통적인 자원봉사로 보기 어렵다. 많든 적든 급여에 의한 보상이 이루어지기 때문이다. 그렇다고 해서 자원봉사자에 대해 어떤 보상도 지급하지 말아야 한다는 것은 아니다. 다만 그 보상은 대부분 금전적인 것보다는 다른 유무형의 혜택이 되는 것이 바람직하다. 자원봉사의 근본적인 정신과 원칙을 훼손할 수 있기 때문이다.

현실적으로 많은 예술조직이 경제적으로 자립하여 유급 직원을 고용하는 수준에 이르기 전까지는 대부분의 업무가 자원봉사자의 손에 의해 처리된다. 유급 직원이 없는 예술조직이라면 사실상 모든 업무가 자원봉사 형식으로 처리된다고 볼 수 있다. 대학 재학생과 동문을 기반으로 만들어져 활동하는 대부분의 공연 분야 예술조직이 여기에 해당한다. 이런 예술조직에서 자원봉사자는 보조적인 역할에 그치지 않고 공연기획에서부터 마케팅과 재무관리에 이르기까지 광범위한 영역의 업무를 포괄한다. 이렇듯 소규모 예술조직의 경우 설립 초기에는 강력한 카리스마를 가진 리더를 중심으로 그 제자들이나 뜻을 같이하는 예술가 몇 명이 모여 직접 예술작품을 제작하고 출연하는 식으로 조직을 운영한다. 그리고 조직이 발전하고 규모가 커지면서 분야별 업무를 맡길 유급 직원의 고용을 시작한다. 과거의 예술조직은 이처럼 불가피하게 자원봉사자를 활용한 프로젝트에서 시작한 경우가 많았다. 하지만 최근에는 점차 이러한 자원봉사 형태의 예술조직이나 활동에 대해 교수와 학생 간의 불균형적 관계에 따른 강제적 참여라는 비판이 많아지고 있다. 따라서 예술조직 입장에서 지속 가능한 자원봉사제를 성공적으로 운영하기 위해서는 예술조직과 자원봉사자 모두에 도움이 될 수 있는 방향을 고려해야 한다. 이런 상호 이해관계에 대한 고려 없이는 자원봉사자와의 관계를 지속적으로 유지하기 어렵다.

미국의 경우 자원봉사의 전통은 독립 이전까지 거슬러 올라간다. 유럽 대륙에서 건너온 이민자들은 국가와 공식적인 사회조직이 생기기 전에 이미 공동체를 만들어 살았고, 그 과정에서 공동체를 운영하기 위한 자원봉사의 필요성을 인식했다. 이에 자발적으로 비영리조직을 구성했고 이를 바탕으로 지역사회를 위한 봉사를 시작했다. 이러한 전통의 기반 위에서 자원봉사는 사회를 구성하는 시민으로서 당연히 부담할 의무였다. 그러나 이런 사회적 전통에도 불구하고 현대인들은 업무나 가사의 부담으로 인해 자원봉사 활동에 많은 부담을 느낀다. 이에 대응하여 예술조직을 비롯해 자원봉사제 의존도가 높은 비영리조직은 바쁜 사람들에게서 자원봉사 노력을 얻어내기 위해 더욱 탄력적이고 유연한 제도를 다양하게 발전시키고 있다.

우리나라에도 품앗이와 같이 마을 단위의 자조적自助的 사업을 운영하기 위한 자원봉사 전통이 없었던 것은 아니지만, 격동의 시기를 겪어오면서 이런 전통이 제대로 전승되지 못했다. 특히 자원봉사에 대한 개념이 주로 어려운 이웃을 위한 봉사로 인식되어 예술조직보다는 사회복지 관련 기관에서만 하는 것으로 알고 있는 사람이 많은 편이다. 국내에서 서구와 같은 자원봉사에 대한 논의가 본격화된 것은 1996년이다. 당시 교육부는 고교생의 사회봉사 활동을 종합생활기록부에 반영한다는 방침을 발표했다. 이에 따라 사회적으로 거의 강제적인 자원봉사의 바람이 몰아닥쳤다. 이는 1990년대 말 이른바 문화자원봉사 운동으로 이어졌는데, 당시 전국적으로 새롭게 확산되던 마을 단위 소규모 공공 문화공간인 문화의집이 이런 자원봉사자를 필요로 했기 때문이다.[24] 이에 따라 문화공간이나 예술조직에서 자원봉사자로 활동하고 싶어 하는 사람을 모집해 이들에게 사전교육을 제공하는 프로그램이 확산되기도 했다.

2) 자원봉사의 동기

자원봉사자를 활용하려면 우선 사람들이 자원봉사 활동에 참여하는 동기를 알아야 한다. 자원봉사자는 급여 없이 일하지만, 급여는 아닐지라도 자원봉사 행위를 통해 무언가 얻고자 하는 나름의 동기와 기대를 갖고 있다. 특정 분야에 대한 전문지식의 습득이나 학점 취득 같은 실용적인 것일 수도 있고, 단순히 비슷한 관심을 가진 사람들과 만나고 싶은 사회적 욕구일 수도 있다. 예술조직에 대한 자원봉사의 동기는 기본적으로 예술에 대한 사랑과 열정에 기초하는 경우가 많지만, 사람들이 자원봉사에 나서는 동기는 생각보다 다양하다. 일반적으로 사람들이 자원봉사를 하는 이유는 다음과 같이 분류할 수 있다.

사회심리적 동기

- 자기 만족감과 보람을 느끼며 자기 성장의 기회로 삼을 수 있다.
- 개인적인 신념을 실천하는 기회를 얻을 수 있다.
- 여러 사람들과 만나 즐거운 시간을 보낼 수 있다.
- 특정 조직에 소속감을 느낄 수 있다.
- 타인에게 인정받고 사회적 위신을 누릴 수 있다.

실용적 동기

- 전문 분야에 대한 이해를 넓히고 경험을 쌓을 수 있다.
- 특정한 지식이나 기술 습득을 위한 교육, 훈련을 받아 능력을 발전시킬 수 있다.
- 전문가들과 교류하여 인맥을 쌓을 기회를 얻을 수 있다.
- 직장이나 학교에서 자원봉사 관련 평점이나 학점을 취득할 수 있다.
- 동종 분야 취업에 도움이 되는 경력을 쌓을 수 있다.

자원봉사 프로그램을 효과적이고 성공적으로 운영하려면 자원봉사자의 개인적 동기를 충족시킬 수 있어야 한다. 자원봉사자가 돈을 바라고 일하는 것은 아니지만 각자 다양한 자원봉사 동기를 갖고 있으므로 이를 충족시켜 주어야 비로소 이들이 가진 잠재력을 충분히 활용할 수 있고 나아가 이들과 지속적으로 좋은 관계를 유지할 수 있다. 또한 부족한 시간을 쪼개 참여하는 바쁜 현대인이 효과적으로 자원봉사를 할 수 있도록 하기 위해 다음과 같이 자원봉사자들의 동기와 여건을 배려한 프로그램을 만들어야 한다.

- 개인적인 시간과 여건에 따라 부담 없이 참여할 수 있도록 다양한 시간 범위의 봉사 프로그램을 만들며, 참여 시간대도 탄력적으로 조절할 수 있도록 한다.
- 자원봉사자의 동기와 능력에 따라 충분한 참여가 가능하도록 업무를 세분화하여 다양한 자원봉사 유형을 제공한다.
- 바쁜 사람이나 서류 작성에 익숙하지 않은 사람을 위해 자원봉사 지원 절차를 간소화한다.
- 증가하는 노년층이나 사회활동의 욕구가 커지는 주부층 등 잠재적인 자원봉사자층을 적극적으로 수용할 수 있는 프로그램을 개발한다.
- 젊은 전문직업인의 사교에 대한 관심이나 예술 애호가가 갖고 있는 예술가에 대한 관심처럼, 특정 집단이 갖고 있는 독특한 동기를 충족시켜 줄 수 있는 환경을 마련한다.

3) 자원봉사자의 업무 범위

자원봉사자의 역할은 기본적으로 예술조직의 운영과 관련된 모든 것을 포괄한다고 할 수 있다. 특히 자원봉사자로만 운영되는 예술조직은 특별한 전문성을 요구하는 활동이나 한시적으로 많은 인력을 필요로 하는 프로그램을 제외하고는 거의 모든 활동을 자원봉사자들이 처리한다. 그러나 일단 유급 직원을 활용할 수 있는 수준으로 예술조직이 성장하면 이사진처럼 예술조직의 경영에 참여하는 자원봉사자를 제외하고는 자원봉사자의 역할이 유급 직원을 보조하는 것에 한정되는 경우가 많다. 따라서 어느 예술조직에서든 자원봉사자에 대한 인식이나 활용 방향에 따라 자원봉사자의 역할은 크게 확대될 수 있다.

프로그램 운영 자원봉사자는 예술조직의 프로그램 운영에 여러 가지 형태로 참여할 수 있다. 박물관·미술관의 경우 기획전의 홍보를 보조할 수 있으며, 새로운 관람객을 확보하기 위한 특별 이벤트나 연례 축제 행사 운영에 한시적으로 참여할 수도 있다. 예술조직에 따라서는 유급 직원으로 근무하는 기획자가 자원봉사자로 참여하는 아마추어 예술가로 예술 프로그램을 운영하는 경우도 있다. 지방자치단체나 문예회관에서 운영하는 아마추어 합창단이 대표적인 사례다.

관객 서비스 관객 서비스는 자원봉사자가 가장 광범위하게 활용되는 분야다. 전문 기술이나 장기적인 교육훈련으로만 얻을 수 있는 특별한 지식이 없이도 참여할 수 있는 활동 분야가 상대적으로 많기 때문이다. 공연장이나 전시장의 안내부터 주차관리, 기념품점 운영, 식음료 서비스 등 다양한 활동이 여기 포함된다. 다만 전시회 안내는 해당 전시에 대한 상당한 수준의 전문지식을 필요로 하는 경우가 많기 때문에 박물관이나 미술관에 따라서는 자체적으로 운영하는 전문교육 프로그램의 이수자만을 대상으로 도슨트docent로 불리는 전시안내 전문 자원봉사자를 선발하기도 한다.

재원 조성 및 후원 자원봉사자는 재원 조성 활동이나 이를 위한 특별 이벤트에서 중요한 역할을 한다. 특히 개인으로부터의 재원 조성은 대개 안면이 있는 사람에서부터 시작하는데, 자원봉사자의 참여로 재원 조성 대상이 크게 확대될 수 있다. 아울러 자원봉사자는 이미 자신이 활동하는 예술조직에 대해 관심과 열정을 갖고 있기 때문에 스스로 후원자가 되기도 한다.

커뮤니티와의 연계 자원봉사자의 역할 중 간과해서는 안 되는 것 중의 하나가 그 예술조직의 활동 기반이 되는 커뮤니티와 예술조직을 연계시키는 매개자 역할이다. 자원봉사자는 관련 커뮤니티의 목소리와 관심사를 예술조직에 직접 전해줌으로써 예술조직이 기획 과정에 이를 반영하여 커뮤니티에 반드시 필요한 존재가 될 수 있게 해준다. 또한 자원봉사자는 자원봉사 활동을 통해 얻은 지식, 경험, 애정을 바탕으로 예술조직의 활동과 프로그램을 커뮤니티에 앞장서서 소개하고 홍보하는 역할을 함으로써 대외적으로 수요층과 지지층을 확장하는 데 기여한다.

그 밖의 활동 이외에도 자원봉사자는 눈에 보이지 않는 곳에서 예술조직을 위해 여러 가지 봉사를 할 수 있다. 공연이나 전시 등 예술 프로그램이나 행사와 관련된 활동에 직접 참여하지는 않더라도 각종 자문위원이나 모니터 요원으로 활동하기도 하고, 직원들의 운영관리를 보조하거나 관객 조사에 참여하기도 한다. 식음료 판매점, 기념품 숍, 뮤지엄 숍 등 부대시설 운영에도 도움을 줄 수 있다.

4) 자원봉사제 운영을 위한 기획과 준비

자원봉사 관리자의 역할 자원봉사제의 성공적인 운영을 위해 가장 중요한 것은 담당 책임자, 즉 자원봉사 관리자 역할이다. 자원봉사 관리자는 당연히 직원 중에서 선정하지만, 제도가 어느 정도 정착되면 자원봉사자에게 동료 자원봉사자에 대한 관리 업무를 맡길 수도 있다. 자원봉사제를 처음 도입하는 조직의 경우 조직 대표를 비롯한 주요 경영진의 관심이 성패를 좌우하므로 자원봉사 관리자는 프로그램 기획 단계부터 경영진과 충분한 논의를 거쳐 진행해야 한다. 대규모 조직은 인사부서나 프로그램 운영부서의 직원 중에서 자원봉사 관리자를 임명해야 한다.

자원봉사 관리자는 자원봉사 수요를 파악하는 것부터 후보자 조사, 모집, 선발, 교육훈련, 배치, 평가, 고충처리 등 자원봉사제 운영에 대한 전반적인 내용을 기획 진행한다. 이런 기획자의 역할은 자원봉사제를 처음 도입하는 조직이나 자원봉사자의 활용 경험이 부족한 조직에서 특히 중요하다. 즉, 자원봉사 관리자의 역할은 일반 유급 직원에 대한 인사 관리자의 역할과 유사하다. 다만 보수가 아닌 다른 혜택과 편익을 자원봉사자에게 제공해 이들을 관리하는 점에서 차이가 날 뿐이다. 자원봉사 관리자는 자원봉사자에 대한 조직의 요구와 조직에 대한 자원봉사자의 요구를 매개하는 위치에 있다. 자원봉사 관리는 대개 한 사람이 전담한다. 그러나 조직 여건에 따라 전담자가 기획 과정을 일방적으로 이끌기보다는 관련 부서장이나 자원봉사 경험자 등 관련된 여러 사람으로 자원봉사제 운영위원회를 구성하여 사안별로 협의하며 진행하는 것이 더 효율적인 경우도 있다.

자원봉사 관리자에게 필요한 가장 큰 덕목은 실무처리 능력보다는 자원봉사에 참여하는 사람이나 자원봉사 상황에 맞춰 적절하고 유연하게 대응하는 마음가짐이다.[25] 앞에서 보았듯이 자원봉사의 동기에는 사회심리적 동기와 실용적인 동기가 혼재한다. 따라서 자원봉사 관리자가 세심한 태도로 각 자원봉사자의 구체적인 동기와 욕구를 파악해 이를 충족시킴으로써 이들이 더욱 적극적인 자세로 자원봉사에 참여하게 할 수 있다. 또한 자원봉사제의 운영은 자원봉사자 개개인에 대한 인사관리인 동시에 이들이 수행하는 업무에 대한 관리이다. 따라서 자원봉사 관리자는 자원봉사자 배치 후에도 개개인의 사기, 업무부담, 추가적인 교육훈련 수요나 요구사항, 고충 처리에 항상 관심을 두고 있어야 한다. 아울러 이들의 업무 행태나 능력이 조직의 요구에 맞지 않으면 이들의 배치전환, 추가 훈련, 해고 등 적절한 조치를 취해서 자원봉사자가 업무에 만족하면서 최대한 성과를 낼 수 있도록 도와야 한다. 이를 위해 자원봉사자와 정기적인 대화의 시간을 갖는 것이 도움이 된다. 자원봉사제는 예술조직과 자원봉사자에게 상호 이익이 되어야만 성공할 수 있다. 따라서 자원봉사 관리자는 자원봉사제가 예술조직 자체의 발전뿐 아니라 자원봉사자로 참여하는 개인의 발전에도 도움이 되어야 한다는 점을 늘 잊지 말아야 한다.

자원봉사제 기획과 직무규정서 마련 자원봉사제 운영을 위해서는 먼저 자원봉사자의 수요 파악을 비롯하여 자원봉사제 운영에 필요한 여러 가지 준비를 위한 종합적인 기획이 필요하다. 여기에는 자원봉사제 운영의 기본 방향에서부터 부서별 자원봉사 수요 파악, 자원봉사자의 업무 범위 설정, 자원봉사자의 선발과 관리규정 제정, 자원봉사자에게 제공할 여러 가지 혜택 마련, 자원봉사의 종료 및 해고에 관한 정책 수립, 자원봉사제 운영 예산 마련 등 다양한 내용이 포함된다. 여기서 간과하지 말아야 할 것은 관련 예산의 마련이다. 자원봉사자는 무급 인력이기 때문에 자원봉사제의 운영에는 예산이 필요하지 않다고 오해하기 쉽다. 그러나 사무공간이나 컴퓨터를 비롯한 사무용품 등 일반 유급 직원 채용에 필요한 준비사항은 대부분 자원봉사자에게도 필요하다. 자원봉사자 모집과 관리를 위해서도 안내 전단이나 포스터 제작 등 소소하지만 무시할 수 없는 여러 경상비용이 소요된다. 따라서 이를 위한 예산이 사전에 마련되어야 한다. 그 밖에 자원봉사제 운영에 앞서 준비할 필수사항으로는 자원봉사 직무규정서를 마련하는 것이다. 자원봉사 직무규정서는 자원봉사자에게 그 책임과 권한을 명확히 알려주는 문서이며, 업무 태도와 성과를 평가하는 기준이 되기도 한다. 다음 사례에서 볼 수 있는 것처럼 직무규정서에는 자원봉사자가 담당할 업무 내용을 상세히 규정한다.

공연장 홍보 자원봉사자 직무규정서

직무 내용

- 보도자료 초안 작성
- 언론매체 관계자(신문 및 방송 기자, PD, 작가 등)에 대한 온오프라인 연락
- 소셜미디어 및 인터넷 동호회 모니터링
- 이메일, 전단, 포스터, 안내 영상 등 각종 홍보자료 초안 작성
- 홍보자료 발송을 위한 명부 작성

직무에 필요한 능력

- 문장력과 대인관계 능력
- 컴퓨터 활용 능력(워드, 엑셀, 파워포인트 경험 필수, 포토샵 및 영상편집 소프트웨어 가능자 우대)

혜택

- 공연장 홍보 업무 전반에 관해 집중적인 일대일 훈련 제공
- 공연장 운영 관련 지식 습득
- 공연장 주최 공연 초대권 제공(공연당 초대권 1매, 추가 구입 시 50퍼센트 할인)
- 대관 공연 좌석 여유 시 관람 기회 제공

일대일 훈련 내용

- 보도자료 등 홍보자료 문안 작성 요령
- 포토샵, 프리미어 활용 기초

- 관객 DB 작성과 관리 기법
- 주당 업무시간 : 24시간 이상(1일 4시간×6일 혹은 1일 8시간×3일)
- 기간 : 4개월 이상

자원봉사자 수요 파악 자원봉사자를 모집하기에 앞서 어떤 부서에 어떤 자원봉사자를 어느 정도 필요로 하는지 파악해야 한다. 수요 파악이 정확히 이루어져야만 각 업무에 적합한 자원봉사자를 충원할 수 있고 이들을 위한 교육훈련 프로그램을 마련할 수 있다. 수요 파악은 대개 자원봉사자 활용이 예상되는 부서장이나 관련 사업담당자 면담을 통해 이루어진다. 자원봉사자의 수요 파악은 보통 부서별로 이루어지지만 사업별로 하는 것이 효과적인 경우도 있다.[26]

업무공간 마련과 기존 직원 교육 자원봉사자의 수요가 파악되고 나면 자원봉사자가 실제로 일할 수 있도록 현실적인 준비를 한다. 먼저 자원봉사자를 위한 사무공간과 비품을 마련한다. 기본적으로 책상, 의자, 컴퓨터, 전화기, 인터넷 회선 등 사무공간을 마련하고, 필요 시 제복과 명찰도 준비한다. 오리엔테이션이나 기타 교육훈련 과정에서 배포할 교육자료도 마련한다. 교육자료에는 예술조직과 주요 프로그램 소개자료, 뉴스레터, 자원봉사자 직무규정서, 자원봉사 지침서 등이 포함된다. 자원봉사 프로그램을 이미 운영하고 있다면 일정 기간마다 새로운 자원봉사자가 충원되는 것이 자연스러운 일이기 때문에 기존 직원에 대해 별다른 교육이 필요 없다. 그러나 자원봉사 프로그램을 처음 도입하거나 운영 경험이 적은 조직에서는 자원봉사자가 원활히 일할 수 있도록 기존 직원을 교육시켜야 한다. 선입견과 태도를 변화시킬 필요도 있다. 기존 직원은 자원봉사자를 불신하거나 자원봉사자 활용의 효용성에 의문을 갖는 경우가 많기 때문이다. 따라서 사전교육을 통해 기존 직원이 자원봉사 프로그램 도입의 필요성과 효용성에 공감할 수 있도록 설득할 필요가 있다. 특히 자원봉사자와 함께 일하는 직원에 대해서는 자원봉사자 직무규정서의 내용을 비롯해 배치와 훈련계획, 자원봉사자에 대한 평가와 감사 표시 방법 등에 관해 구체적으로 알려줘야 한다.[27]

5) 자원봉사자의 선발과 배치

가. 잠재 자원봉사자 파악

아무리 훌륭한 자원봉사제를 만들어도 실질적으로 이에 관심을 갖고 참여할 인력을 확보하지 못한다면 무용지물에 불과하다. 아직까지 자원봉사 경험이 사회적으로 충분히 축적되지 못한 우리나라의 경우, 예술 분야에서 자원봉사에 참여할 인력을 확보하는 것은 쉽지 않은 일이다. 잠재 자원봉사자를 파악하기 위해서는 먼저 조직에서 필요로 하는 자원봉사자의 능력을 구체적으로 검토해야 한다. 특정 지식이나 기술이 필요한 경우도 있고, 축제 행사 안내처럼 단기적으로 많은 수의 단순 업무 보조자가 필요할 때도 있기 때문이다. 각각의 경우에 잠재 자원봉사자가 달라져야 한다. 잠재 자원봉사자를 그 성격에 따라 분류하면 다음과 같다.

전문직업인 자원봉사자를 단순한 업무 보조가 아닌 중요한 전문 업무를 위해 필요로 하는 경우 전문직업인들이 잠재자원이 된다. 여기에는 교사, 변호사, 회계사, 금융업 종사자, 마케팅 전문가, 출판기획자, 웹디자이너, 직업 사진작가 등 다양한 직업군이 포함된다. 전문직업인은 대체로 여유 시간이 부족하지만 다른 한편으로 자기 능력을 발휘하고자 하는 욕구가 강하기 때문에 이들의 시간과 여건에 대한 적절한 조사를 바탕으로 접촉해야 한다.

조기퇴직자 및 은퇴자 불황기나 산업구조가 조정되는 시기에는 전문적인 경력을 지닌 많은 사람이 한창 일할 수 있는 나이에 일하던 직장에서 조기퇴직하여 새로운 직장 혹은 소일거리를 찾게 된다. 예술조직이 이들에게 충분한 보상을 하여 경제적인 안정을 주기는 어렵지만, 이들 가운데는 경제적인 필요뿐 아니라 기타 사회 활동에 대한 욕구로 인해 자원봉사를 희망하는 사람도 있다. 이러한 욕구를 파악하여 적절히 활용할 필요가 있다. 충분한 사회 활동 후에 은퇴한 노년층도 점차 늘어나는 추세인데, 이들은 오랜 사회생활을 통해 축적한 다양한 능력과 경험을 보유하고 있으므로 유력한 잠재 자원봉사자가 될 수 있다.

청소년 초·중·고등학생과 대학생 그리고 비슷한 연령대의 청소년에게는 자원봉사의 기회가 사회화 과정에 필요한 좋은 경험이 될 수 있기 때문에 이들에게 자원봉사를 적극적으로 권할 수 있다. 자원봉사를 입학이나 졸업 요건으로 반영하는 대학이나, 채용 과정에서 긍정적으로 고려하는 기업이나 조직도 늘고 있기 때문에 청소년 계층의 자원봉사 활동 확대 전망은 매우 밝다고 할 수 있다.

교사 교사에게는 다른 직종과 달리 여름방학과 겨울방학이라는 특별 기간이 부여되어 있다. 방학은 단순히 쉬는 기간이 아니라 재충전하거나 교육훈련을 하는 기회가 된다. 예술조직 입장에서는 방학 기간을 이용해 교사들이 자원봉사에 참여하도록 유도할 수 있다. 교사는 학생과 함께하는 특성상 예술조직의 프로그램에 관심을 갖고 있는 경우가 많기 때문에 교육프로그램 기획 등 전문 능력이 필요한 업무에 참여하도록 권유하여 도움을 받을 수 있다.

전업주부 경제 외적인 동기로 사회생활을 원하는 주부도 유력한 자원봉사 자원이 될 수 있다. 가전용품과 식재료의 발달로 가사노동의 부담이 줄어들고 자녀가 학령기를 지나 개인적으로 활용할 시간이 많아진 전업주부의 경우는 특히 일회적이 아닌 지속적인 자원봉사자로 활동할 가능성이 높다. 예술조직은 사회복지 분야의 자원봉사와는 달리 해당 분야에 대한 취미나 관심이 자원봉사의 동기가 되는 경우가 많기 때문에 관련 강좌나 정기회원 프로그램에 참여하고 있는 전업주부 등을 대상으로 홍보하는 것이 효과적이다.

인턴 희망자 인턴을 희망하는 사람들은 해당 분야에 대한 전문적인 지식이나 경험을 축적하여 궁극적으로 그 분야에 취업하고자 한다. 이들은 대체로 관련 분야에 대한 기초 지식이나 경험을 이미 갖고 있는 경우가 많고 배우려는 열정이 강하기 때문에 활용 여하에 따라서는 자원봉사자를 넘어서 유급 직원 이상의 역할을 기대할 수 있다. 인턴 희망 계층은 대학생이나 대학원생 등 관련 분야를 공부하는 학생인 경우가 많지만 기존 직업을 전환하려 하는 재취업 희망자도 있다. 미국의 경우 많은 대학이 인턴십을 졸업 학점에 포함해 필수적으로 이수하도록 하고 있으며, 우리나라도 비슷한 제도의 도입이 점차 확대되는 추세다. 인턴십 형태로 일하는 자원봉사자의 경우 현장 업무에 대한 기대가 크기 때문에 교육훈련과 배치 등에 더욱 신중을 기해야 한다.

나. 자원봉사자 선발

자원봉사에 참여하려는 사람 모두를 자원봉사자로 활용할 수는 없다. 이들의 능력에 차이가 있을 뿐 아니라 이들을 관리하는 조직의 역량에도 한계가 있기 때문이다. 이에 따라 자원봉사자 선발 과정을 운영한다. 선발 과정에서는 기본적인 개인정보와 함께 자원봉사 동기, 관심 분야, 교육훈련 경력, 업무 경력, 이전의 자원봉사 경험, 자원봉사 가능 시간대, 특정한 기술이나 능력, 건강상태 등에 관한 서류를 작성해 제출하도록 해야 한다. 때로는 별도의 서류 작성 없이 면접 과정에서 이러한 내용을 파악할 수도 있다. 자원봉사자의 인력자원이 부족한 경우라도 지원자 모두를 자원봉사자로 받아들이는 것은 바람직하지 않다. 단순히 인력이 많아진다고 해서 업무 성과가 좋아지는 것은 아니며, 자원봉사자의 입장에서도 엄격한 선발 과정을 통해 자신이 선택되었다는 사실로 인해 자부심을 가질 수 있기 때문이다. 선발 결과를 통보할 때는 선발자뿐 아니라 탈락자에게도 정중한 편지 등의 방법으로 탈락 사실을 알리는 것이 좋다. 차후에 있게 될 또 다른 자원봉사제에 대한 지원의 가능성을 염두에 두어야 하기 때문이다.

다. 사전교육

자원봉사자가 선발되고 나면 우선 자원봉사 동의서를 받아야 한다. 동의서에는 자원봉사 업무의 간략한 소개와 함께 자원봉사자의 책임 사항, 교육훈련 기회, 자원봉사 혜택 등에 관한 내용을 담게 된다. 이러한 동의서는 자원봉사자가 자기 역할을 명확히 인식하고 책임감을 느끼도록 해주는 역할을 한다.

동의서 작성이 끝나면 사전교육을 제공한다. 사전교육은 조직에서 필요로 하는 구체적인 수요와 자원봉사자들이 공급할 수 있는 능력 간의 차이를 좁혀주는 수단이 된다. 따라서 사전에 조직에서 필요로 하는 내용과 자원봉사자가 갖고 있는 능력을 구체적으로 파악해 이를 바탕으로 교육 내용, 형식, 시기, 기간, 장소, 담당자 등 구체적인 사항을 결정해야 한다. 교육에는 조직의 성격과 활동 전반을 소개하는 간단한 오리엔테이션부터 자원봉사자의 권한과 책임, 구체적인 업무처리 절차, 그 밖에 업무 수행 과정에서 필요한 전문 훈련 등 여러 가지가 있다. 사전교육을 위해서는 자원봉사자에게 배포할 수 있도록 브로슈어, 연례보고서, 조직도, 이사진 및 주요 경영진 명단, 정관과 필요한 업무규정 같은 조직 소개자료를 준비해야 한다. 사전교육은 대개 자원봉사 관리자가 진행하지만, 가능하다면 조직 대표나 주요 부서장이 직접 참여해 자원봉사자에게 관심을 보여주는 것이 좋다.

기본 안내가 끝나면 주요 시설과 장비 등을 안내해야 한다. 이는 자원봉사자가 업무에 쉽게 익숙해지도록 하는 목적도 있지만, 각종 생소한 시설이나 장비에 주의하도록 하는 효과도 있다. 특히 박물관이나 미술관 등 귀중한 자산과 소장품을 보유한 기관이라면 이런 과정이 자원봉사자에게 자부심을 갖고 일할 수 있게 해준다. 시설 안내와 함께 기존 직원과 업무공간에 대한 소개도 필요하다. 이 기회를 통해 자원봉사자에게 일할 공간을 보여주고 다른 직원이 어떻게 일하는지 알려줄 수 있다. 이와 아울러 간단한 다과 행사를 통해 직원과 자원봉사자가 공식적으로 인사하는 기회를 마련하는 것도 자원봉사자의 적응에 도움이 된다.

라. 배치와 업무훈련

사전교육이 끝나면 적절한 부서에 배치한다. 자원봉사자의 배치는 사전에 파악한 부문별 인력 수요에 따라 이루어지지만, 가능하다면 이 과정에서 자원봉사자의 의사도 고려해야 한다. 배치가 이루어진 후에는 구체적인 업무훈련을 받게 한다. 자원봉사자에 대한 교육 가운데 일반적인 오리엔테이션은 자원봉사 관리자가 직접 맡는 경우가 많지만, 전문적인 업무훈련은 해당 부서의 담당자에게 맡기는 것이 바람직하다. 따라서 해당 부서 담당자가 참고할 수 있는 자원봉사자 교육훈련 지침서를 마련해 제공해야 한다. 이 밖에도 자원봉사자들은 사전준비 과정 없이 문외한으로 참여하는 경우가 많으므로 일하는 과정에서 수시로 참고할 수 있도록 업무 지침서를 마련하여 제공하는 것이 좋다.

업무훈련 내용은 해당 업무의 난이도와 자원봉사자 개인의 경험이나 능력에 따라 달라진다. 업무훈련에는 해당 업무 소개, 컴퓨터 및 기타 장비와 시설의 이용방법, 조직 내 권한과 책임 관계, 대외적인 협력 관계, 업무 일정 등에 관한 내용이 포함되어야 한다. 자원봉사자의 교육훈련은 일회적으로 끝나지 않도록 해야 한다. 이들은 구체적이고 객관적인 능력을 검증받고 선발된 인력이 아니므로 각자의 능력이나 태도에 따라 업무에 대한 적응에 큰 차이가 있을 수 있다. 따라서 이들이 개인적으로 필요로 하는 사항이나 문제점을 수시로 파악해 이를 보완하고, 필요하다면 추가 교육훈련의 기회를 제공해야 한다. 공식적인 교육훈련 시간이 끝난 후에도 정기적으로 자원봉사자 간의 모임을 주선해주는 것이 좋다. 이런 시간을 활용해 자원봉사자들이 상호 정보를 나눌 수 있으며, 기존 자원봉사자와 신규 자원봉사자 간에 교류가 이루어져 신규 자원봉사자가 업무에 쉽게 익숙해지도록 하는 데 도움이 된다.

6) 자원봉사제의 운영

자원봉사 활동의 관찰과 평가 자원봉사 활동에 대한 관찰과 평가는 각 업무 내용에 알맞게 이루어져야 한다. 단순한 업무를 보조하는 자원봉사는 특별한 평가 과정이 불필요하지만, 복잡하고 광범위한 업무에 대해서는 일반 유급 직원과 마찬가지로 정기적 평가를 통해 그 성과를 파악해야 한다. 자원봉사 평가는 자원봉사자 직무규정서와 자원봉사 동의서에 근거해 이루어져야 하며, 업무 성격에 따라 자원봉사 관리자나 업무부서에서 담당한다. 자원봉사 평가 과정에서는 자기평가 방법을 활용하는 것도 도움이 된다. 자원봉사자가 자신에게 부과된 책임을 고려하여 업무 성과를 직접 돌아보게 하는 식의 자기평가는 자원봉사자와 조직 모두에 도움이 될 수 있다.[28]

평가 과정은 비단 자원봉사자뿐 아니라 자원봉사 프로그램 자체에서도 이루어져야 한다. 이 과정에는 자원봉사 관리자와 자원봉사자가 함께 참여할 수 있다. 자원봉사자는 외부적인 시각에서 더 객관적으로 평가할 수 있다. 자원봉사자로부터의 평가 의견은 설문조사, 면담, 평가회의 등의 방법을 통해 얻는다. 이렇게 얻은 의견은 새로운 자원봉사 프로그램을 기획하는 과정에서 유용하게 사용할 수 있다.

자원봉사자에 대한 인정과 감사의 표시 자원봉사자는 급여를 받고 일하는 사람이 아니기 때문에 급여 외의 수단을 통해 이들의 노고를 인정하고 감사를 표시해야 한다. 그 방법으로는 이들의 업무에 대한 칭찬 같은 간단한 것에서부터 점심과 교통비 제공 등 실질 소요경비에 대한 지원까지 여러 가지가 있으며, 조직의 여건과 자원봉사의 성격에 맞게 다양한 방법을 활용할 수 있다. 이러한 인정과 감사의 표시는 해당 자원봉사자가 지속적으로 일할 수 있도록 하는 동기가 될 뿐 아니라 다른 자원봉사자가 참여토록 하는 유인이 된다. 다음은 감사 표시 방법의 예이다.

- 감사장이나 감사패를 수여한다.
- 자원봉사자가 일하는 회사나 다니는 학교에 그 자원봉사가 예술조직 운영에 큰 도움이 되었다는 내용의 감사편지를 보낸다.
- 홈페이지나 뉴스레터를 통해 자원봉사자와 그 활동을 소개해준다.
- 회식, 다과회 등 격의 없는 자리를 마련하여 감사의 뜻을 전한다.
- 자원봉사자의 생일을 축하해준다.
- 식비, 교통비, 주차비 등 최소한의 필요경비를 지급한다.

단순한 감사의 표시 이상으로 자원봉사자에게 특별한 혜택을 제공함으로써 자원봉사자를 위한 적극적인 배려의 모습을 보여줄 수도 있다. 특별한 혜택의 예는 다음과 같다.

- 해당 업무에 관한 내·외부 워크숍 프로그램 참여 등 특별한 교육훈련의 기회를 제공한다.
- 성과가 좋으면 책임과 권한이 더 큰 업무를 맡긴다.
- 중요한 의사결정 과정에 참여시킨다.
- 소속감을 느낄 수 있도록 공식 신분증, 사원복 등을 제공한다.
- 프로그램 초대권이나 할인권을 제공한다.
- 공연이나 전시의 시연회나 시사회에 초대한다.
- 공연 프로그램이나 전시 도록을 제공한다.
- 유료회원제 프로그램에 무료 가입 기회를 제공한다.
- 예술조직에서 운영하는 기념품점이나 뮤지엄 숍 이용 시 할인 혜택을 제공한다.
- 강연, 교육 프로그램 등에 대한 무료 참석 기회를 제공한다.
- 다른 예술조직과 공동으로 자원봉사자 카드를 발급해 다른 예술조직에서도 상호 혜택을 받을 수 있도록 한다.
- 부대시설 및 직원용 공간(자료실 등) 이용 특권을 부여한다.
- 티셔츠, 머그컵 등 간단한 기념품을 제공한다.
- 초청 예술가와의 만남과 같은 특별한 기회를 제공한다.

자원봉사 관계의 종료 연례적인 축제나 기념식 같은 행사를 위해 기간을 정해 활동하는 자원봉사자의 경우 행사가 끝나면 자연스럽게 자원봉사가 종료된다. 이처럼 자원봉사가 끝난 자원봉사자에 대해서도 지속적인 관계를 유지할 수 있도록 자원봉사 업무와 관련한 여러 가지 개인정보나 기록을 작성하고 유지해야 한다. 또한 자원봉사 이후에도 지속적으로 예술조직의 활동 소식을 알려줌으로써 차후에 다시 참여할 수 있는 동기를 제공해주어야 한다.

다른 한편으로 자원봉사자에 대해서도 일반 직원과 마찬가지로 불가피하게 해고할 상황이 발생할 수 있다. 특히 무책임하고 불성실하게 일함으로써 자원봉사 프로그램과 예술조직에 해를 끼치는 자원봉사자의 경우나 자원봉사 관계를 이용해 자신이나 자신과 관련된 사람 혹은 단체의 사적인 이익을 도모하는 등 업무를 부적절하게 처리하는 경우 해고를 고려해야 한다. 이처럼 부득이하게 자원봉사자를 해고하는 경우에 대비해 자원봉사자의 업무규정서와 자원봉사 동의서에 자원봉사 관계의 종료에 관한 내용을 포함해야 한다.

자원봉사자들이 업무 과정에서 자발적으로 중도 이탈하는 경우도 발생할 수 있다. 자원봉사자는 급여를 받지 않고 일한다는 특수 상황으로 인해 업무에 대한 책임감 없이 자원봉사 관계에서 무단으로 이탈하기도 한다. 때로는 개인 사정이나 업무에 대한 부적응 혹은 불만으로 인해 자원봉사 관계를 중간에 그만두는 경우가 있으며, 교육훈련이나 업무 배치가 부적절하여 이탈할 수도 있다. 이 밖에도 업무 과다에 따른 과로, 업무에 대한 흥미 상실, 사기 저하 등도 이탈의 원인이 된다. 따라서 자원봉사 관리자는 자원봉사자의 업무 상황에 대한 정기적인 점검을 통해 돌발 상황 발생에 대비하는 식으로 위험관리를 해나가야 한다.[29]

심층 연구 및 토론 과제

- 예술조직에서 자원봉사제 운영이 필요한 이유는 무엇인가?
- 사람들이 예술조직에서 자원봉사를 하는 이유는 무엇인가?
- 예술조직의 잠재적인 자원봉사자로 가장 적합한 타깃은 어떤 집단일까? 특정한 예술조직을 사례로 하여 3개의 집단을 제시해보자.
- 열정적으로 일해오던 자원봉사자가 봉사자로서의 역할을 넘어서 예술조직의 경영이나 프로그램에 과도하게 관여하려 하는 경우 어떻게 대응하는 것이 좋을까?

심화학습을 위한 참고자료

1. 예술가

《예술가란 무엇인가》 | 베레나 크리거 | 조이한 · 김정근 역 | 휴머니스트 | 2010

예술가라는 존재를 수공업자, 창조자, 천재, 구원자 등 다양한 관점에서 바라보며 분석한 책이다. 단순한 관점을 넘어서 어떠한 역사적 맥락과 패러다임을 바탕으로 예술가에 대한 우리의 시각이 변해왔는지 설명한다. 이를 위해 르네상스에서 현대에 이르기까지 다양한 사회문화적 배경 속에서 변화한 예술가의 위상과 역할을 구체적으로 탐구한다.

《왜 예술가는 가난해야 할까?》 | 한스 애빙 | 박세연 역 | 21세기북스 | 2009

미술작가이자 경제학자인 저자는 예술시장의 현실을 경제학 관점에서 해석하여 예술의 특성상 예술가는 가난할 수밖에 없다고 주장한다. 한스 애빙은 경제학 관점에 사회학과 심리학의 관점까지 더하여 예술가와 예술시장에 대한 자신만의 독특한 관점을 확립했으며, 이를 바탕으로 정부의 지원정책이 강화될수록 예술가의 빈곤은 점점 더 심화되는 역설을 예리하게 분석했다.

《미술가로 살아가기》 | 폴 도렐 | 김보름 역 | 김영사 | 2008

아트컨설턴트이자 갤러리대표인 저자가 미술시장에서 치열한 경쟁 속에 살아가는 미술가의 현실적인 상황과 생존전략에 대해 서술한 책이다. 여러 이유로 좌절하거나 낙오하는 미술가가 현실의 어려움을 극복하여 어떻게 성공에 이를 것인가에 대해 포트폴리오 작성, 갤러리 접촉, 계약서 작성, 홍보 등에 관한 실전 노하우를 중심으로 정리했다.

《음악가의 탄생》 | 발터 잘멘 | 홍은정 역 | 심산 | 2008

독일의 음악학자이자 역사학자인 저자가 시대에 따라 변화하는 음악가의 모습을 설명한 책이다. '경멸당하고 신격화되고 상품화되다!'라는 부제가 보여주는 것처럼 사회사적 관점에서 비천한 신분에 있던 음악가가 낭만주의 시대를 거치며 신격화되고 다시 예술시장에서 상품화되는 역사적 변화과정을 정리했다. 음악 분야에만 한정된 것이 아쉽지만, 음악가가 궁정, 교회, 국가와 지역, 교육 현장, 극장, 콘서트홀 등과의 관계 속에서 어떻게 그 정체성을 형성해왔는지 다각적으로 파악하게 해준다.

2. 예술경영인

《The Cycle: A Practical Approach to Managing Arts Organizations》 | Michael M. Kaiser and Brett E. Egan | Brandeis University Press | 2013

워싱턴의 케네디공연예술센터 대표를 역임한 미국의 대표적 예술경영인 마이클 카이저와 케네기공연예술센터 산하의 디보스예술경영연구소DeVos Institute of Arts Management의 브렛 이건 디렉터가 함께 쓴 책이다. 예술조직 경영의 전반을 소개한 책이면서 동시에 그러한 경영을 성공적으로 이끌어가기 위한 예술경영인의 자세와 역할에 대해서도 안내해준다.

《예술경영 이야기》 | 정재왈 | 안나푸르나 | 2019

중앙일보 문화부 기자와 LG아트센터 기획운영부장을 거쳐, 서울예술단, 예술경영지원센터, 안양문화예술재단, 금천문화재단, 고양문화재단 등의 대표로 일하며 국내 예술경영의 현장을 두루 경험한 필자가 쓴 예술경영에 대한 이야기다. 극장경영과 국제교류를 비롯하여 예술경영을 둘러싼 여러 쟁점을 가감 없이 소개했다.

3. 이사회

《Leading Roles: 50 Questions Every Arts Board Should Ask》 | Michael M. Kaiser | Brandeis University Press | 2010

비영리 예술조직의 이사회 운영에 관한 실무 노하우를 집대성한 책이다. 경제적으로 어려운 여건 속에서 이사회가 예술조직의 생존과 발전을 이끌어가는 핵심 역할을 할 수 있도록 하기 위해서 어떤 전략이 필요한지 제시한다. 이사회 운영의 이론적 측면만이 아니라 저자가 워싱턴오페라를 비롯하여 여러 예술조직에서 직접 이사진으로 활동하며 겪어온 다양한 경험들이 담겨 있다.

《The Art of Governance: Boards in the Performing Arts》 | Nancy Roche and Jaan Whitehead ed. | Theatre Communications Group | 2005

이사회의 운영에 관한 종합 안내서. 공연예술 분야를 주요 대상으로 했지만 다른 예술 분야에도 대부분 적용될 수 있는 내용이다. 두 사람의 편집자 외에 여러 필자들이 참여하여 공연예술조직의 특성을 바탕으로 이사회 운영의 기초적인 이론과 더불어 이사회 활성화, 전략기획, 재무관리, 재원 조성, 조직 내 리더십 형성 등 예술조직에서 이사회가 할 역할에 관하여 필요한 다양한 실무적 내용을 엮어냈다.

《Arts Boards: Creating a New Community Equation》 | Nello McDaniel and George Thorn | Arts Action Issues | 1994

예술조직의 이사회 운영에 관한 주요 논점을 정리한 책이다. 종합적인 내용을 다루고 있지는 않지만 현대 예술조직들이 이사회를 운영하며 겪게 되는 여러 가지 어려움을 솔직하게 지적하며 그에 대한 대안을 제시한다. 간략한 책자이지만 이사회 운영에 관한 여러 가지 시사점을 던져준다.

4. 자원봉사자

《The Effective Management of Volunteer Programs》 | Marlene Wilson | Volunteer Management Associates | 1976

출판된 지 조금 오래되기는 했지만 자원봉사제 운영에 관한 한 바이블과 같은 책. 시대와 장소를 불문하고 자원봉사 관리자에게 도움이 될 수 있는 내용을 담고 있다. 자원봉사제의 의의에서 시작하여 자원봉사 관리자, 동기화, 조직 환경 조성, 기획과 평가, 충원, 인터뷰와 배치, 교육훈련, 커뮤니케이션 등 자원봉사제 운영에 필요한 전반적인 내용을 망라하고 있다.

《Volunteer Management: Mobilizing All the Resources of the Community》(3rd Edition) | Steve McCurley and Rick Lynch | Interpub Group | 2010

비영리조직에서의 자원봉사자 관리를 위한 매뉴얼. 다소 원론적인 내용을 다루는 윌슨의 책과는 달리 철저하게 실용적으로 활용할 수 있는 실무 매뉴얼 형식으로 구성되어 있다. 자원봉사자의 충원과 관리 과정에서 처리해야 하는 다양한 업무 프로세스가 실제 상황에 대한 재현 사례와 함께 상세하게 설명되어 있다. 필요 내용만 참고할 수 있도록 간결하게 서술한 것이 장점이다.

《Volunteer Program Administration: A Handbook for Museums and Other Cultural Institutions》 | Joan Kuyper et al. | American Council for the Arts | 1993

박물관·미술관에 특화된 자원봉사 프로그램 운영 매뉴얼. 서술 방식은 매컬리와 린치의 책과 유사하지만 일반적인 비영리조직이 아니라 박물관과 미술관을 중심으로 구성되어 있기 때문에 이 분야의 종사자에게 도움이 될 책이다. 미국 여러 박물관·미술관에서 실제 사용하고 있는 자료와 사례가 거의 매 페이지마다 풍부하게 소개되어 있다.

1 베레나 크리거, 조이한·김정근 역, 《예술가란 무엇인가*Was ist ein Künstler?*》, 휴머니스트, 2010(원저 2007), pp.10~13.

2 베르너 하인리히스, 김화임 역, 《컬처 매니지먼트*Culture Management*》, 인디북, 2003(원저 1999), pp.48~51.

3 J. Jeffri, R. Greenblatt, C. Sessions, "The Artist Training and Career Project: Actors", *The Research Center for Arts and Culture*, Columbia University, 1992, p.2.

4 European Parliament, The Status of Artists in Europe, 2006(이규석 외, 〈예술인복지증진을 위한 정책연구〉, p.32에서 재인용).

5 문화체육관광부, 〈2018 예술인실태조사〉, pp.20~28

6 존 픽, 이주혁 역, 《예술행정론*Arts Administration*》, 현암사 1984(원저 1980), pp.53~55.

7 https://en.wikipedia.org/wiki/Michael_Kaiser.

8 하인리히스, op. cit., pp.193~219.

9 한국노동연구원, 〈공연예술 분야 기획경영 전문인력 수요 및 공급 실태조사〉 p.50의 표를 업무 영역별로 구분하여 재구성.

10 Ibid., pp.42~53.

11 네이버 국어사전.

12 N. McDaniel & G. Thorn, *Arts Boards: Creating a New Community Equation*, ARTS Action Issues, 1994, p.9.

13 엘런 로즈웰, 장웅조 외 6인 공역, 《21세기 예술경영*Arts Management*》, 한울, 2019(원저 2011), pp.100~103.

14 Kurtz, D. L., *Board Liability: Guide for Nonprofit Directors*, Moyer Bell Limited, 1988, pp.15~17.

15 엘런 로즈웰, op. cit., pp.107~111.

16 크레이그 드리즌 외, 용호성·이은옥 역, 〈예술경영, 어떻게 할 것인가*Fundamentals of Local Arts Management*》, 민음사, 1997(원저 1987), p.240.

17 P. DiMaggio, "Managers of the Arts", *NEA Research Division Report #20*, 1987, pp.69~77.

18 N. McDaniel & G. Thorn, op. cit., p.35.

19 N. Roche & J. Whitehead ed., *The Art of Governance: Boards in the Performing Arts*, Theatre Communications Group, 2005, p.132.

20 D. L. Kurtz, op. cit., pp.5~6.

21 N. Roche & J. Whitehead ed., op. cit., pp.131~139.

22 D. L. Kurtz, op. cit., pp.31~48.

23 이 내용은 1997년에 출간했던 《예술경영, 어떻게 할 것인가》에 실렸던 필자의 글 '예술단체의 자원봉사자' 내용에 국내 자원봉사 관련 자료 및 사례 등을 보완하여 작성했다. 이전 글 부분에 대해서는 개별적인 인용 표기를 별도로 하지 않았다.

24 이중한·정갑영, 《국민 창의력을 위한 자원봉사》, 현암사, 2003, pp.128~134.

25 M. Winson, *The Effective Management of Volunteer Programs*, Volunteer Management Associates, 1976, p.27.

26 S. McCurley & R. Lynch, *Volunteer Management: Mobilizing All the Resources of the Community*, IL: Heritage Arts Publishing, pp.25~26.

27 J. Kuyper, *Volunteer Program Administration: A Handbook for Museums and Other Cultural Institutions*, American Council for the Arts, 1993, pp.77~79.

28 Ibid., pp.84~85.

29 S. McCurley & R. Lynch, op. cit., pp.143~148.

5장 — 재원조성

1. 예산관리

이 장은 예술조직의 예산을 다룬다. 좀 더 직접적으로 표현하면 돈을 벌고 쓰는 것에 관한 이야기다. 예산관리는 예술경영 분야에서 기피되는 업무 중 하나다. 기획이나 마케팅에서 느낄 수 있는 성취의 기쁨을 느끼기 힘들며, 조직 내에서 어쩔 수 없이 다른 사람의 활동이나 사업 진행을 통제하는 악역을 맡아야 하기 때문이다. 게다가 의도치 않게 법령이나 규정을 위반하는 일이 생기면 개인은 물론 예술조직 전체를 위태롭게 할 수 있다. 그럼에도 예산관리는 예술조직이 현실 속에 존재하고 움직이기 위해 가장 기본이 되는 자원을 관리하여 공급해주는 심장과 같은 기능을 한다. 따라서 어느 분야에서 어떤 규모의 예술조직을 운영하든 예산관리에 관한 기본적인 이해는 필수적이다.

1) 예술조직의 예산

예술경영 분야에서 책을 통해 예산관리를 배우기는 쉽지 않다. 3장에서 설명한 것처럼 국내 예술조직의 유형이 저마다 천차만별이기 때문이다. 예술경영이 출발한 미국의 경우 예술경영 분야의 예산관리와 회계기준은 비영리조직nonprofit organizations에 대한 내용으로 일원화되어 있다. 영리 조직이라면 일반 기업의 방식과 기준을 따르면 된다. 하지만 국내 예술조직은 비영리조직의 유형이 매우 다양하며 저마다 예산관리와 회계기준이 다르다. 정부기관만 하더라도 중앙정부 조직인가 지방자치단체 조직인가에 따라 다르며, 일반 정부기관인가 책임 행정기관인가에 따라서도 차이가 있다. 더욱이 정부기관은 일반 기업이 사용하는 방식의 복식부기 회계를 사용하지 않는다. 2000년대 초반 복식부기가 형식적으로 도입되기는 했지만 실제 회계는 오히려 단식부기에 가까우며, 회계 절차를 통제하는 것도 예산회계법, 지방재정법 등 별도의 법령체계로 되어 있다.

여기서 부기란 돈이 들어오고 나가는 흐름을 기록하는 것을 말하며, 크게 단식부기와 복식부기로 구분한다. 단식부기란 현금의 입출금을 발생 순서에 따라 기록하는 회계 방식이다. 금전출납부의 기록을 떠올리면 된다. 반면 복식부기란 아래 도표에서 볼 수 있는 것처럼 자산, 부채, 자본, 비용(손실), 수익(이익) 등을 차변과 대변으로 나누어 서로 균형을 이루도록 정리하는 회계 방식이다. 이는 회계의 기본 원리인 자산=자본+부채의 공식을 차변과 대변으로 구분하여 정리한 것이다.

복식부기에서는 하나의 거래가 발생하더라도 차변과 대변에 이중으로

차변	구분	대변
증가	**자산**	감소
감소	**부채**	증가
감소	**자본**	증가
비용	**손익**	수익

〈도표 5-1〉 차변과 대변의 구분

기록한다. 즉, 물건의 구매 등 어떤 거래가 발생하면 차변과 대변에 각각 변화가 나타나는데, 이 변화금액이 차변과 대변 간에 동일해야 한다. 예를 들어 티켓 판매로 2000만 원의 수익이 발생한 경우 단식부기에서는 현금 수입 2000만 원만 기록하지만, 복식부기에서는 차변에 2000만 원의 현금 자산 증가를 기록하고 대변에 2000만 원의 수익 발생을 기록한다. 전시작품의 원활한 운송을 위해 3000만 원을 지불하고 승합차를 구입한 경우 단식부기에서는 현금 지출 3000만 원만 기록하지만, 복식부기에서는 차변에 3000만 원 상당의 차량 자산 증가를 기록하고 대변에 현금 3000만 원의 자산 감소를 기록한다. 이처럼 복식부기를 사용하는 경우 현금흐름만이 아니라 자산과 부채와 자본 및 비용과 수익의 현황을 일목요연하게 파악할 수 있으며, 순수입과 순지출도 손쉽게 정리할 수 있다. 복식부기는 처음 사용하는 경우 매우 복잡한 듯 보이지만 익숙해지고 나면 재정 운영을 훨씬 더 체계화할 수 있다. 따라서 개인사업자로 예술조직을 운영하더라도 사업 규모가 커지면 복식부기 도입을 적극 고려할 필요가 있다. 무료 앱을 비롯하여 온라인상에서 쉽게 활용할 수 있는 디지털 회계 프로그램이 많이 있으므로 여건에 맞는 프로그램을 선택해서 사용하면 된다.

다만 앞서 말한 것처럼 정부기관과 공공기관은 저마다 회계기준에 차이가 있기 때문에 예술조직이더라도 해당 조직에 적합한 방식을 적용해야 한다. 법령에 의해 설립된 특수법인 형태의 예술조직은 국가기관보다는 민간 재단법인과 유사한 재정 운영 방식을 따르지만, 그럼에도 여전히 국가 예산과 관련된 통제를 받는다. 민간 조직의 경우에도 비영리 법인이라면 일반 기업이나 개인사업자와는 별개의 법령상 규제를 따라야 한다.

예술조직은 각기 다른 예산관리 방식을 따르기 때문에 이를 일률적으로 설명하기 어려우며, 현장 실무를 통해 해당 조직에 적합한 예산관리 방식과 내용을 배울 수밖에 없다. 이에 따라 이 장에서는 예산관리의 가장 기본적인 개념인 수입과 지출 예산의 편성에 집중하여 내용을 정리했다.

2) 예술조직의 수입과 지출

예술조직의 수입 예술조직의 수입구조는 영리 조직인가 비영리조직인가에 따라 다르다. 영리 조직은 모든 수입이 사업 운영 수입이기 때문에 수입 구조가 단순하다. 하지만 비영리조직의 수입은 확보 방법에 따라 사업 운영 수입earned income과 재원 조성 수입raised income 혹은 기부 수입contributed income으로 구분한다.

사업 운영 수입은 일정한 재화나 서비스를 수요자에게 제공하고 그 대가로 얻는 모든 수입을 말한다. 공연이나 전시 티켓 판매, 교육 프로그램 참가비 징수 등 예술조직 고유의 예술 프로그램 운영과 관련하여 얻는 수입이다. 사업 운영 수입은 비단 티켓만이 아니라 프로그램, 도록, 기념품 등의 판매 수입을 비롯하여 좀 더 폭넓게는 식음료점 등 부대사업의 운영 수입과 보유시설의 임대 수입도 포함한다. 반면 재원 조성 수입은 예술조직의 설립 목적이나 사업 취지에 공감하는 외부 조직과 개인의 지원으로 얻는 수입이다. 지원 조직이나 개인에게 일정한 혜택을 제공하기도 하지만 이는 지원에 대한 대가라기보다는 감사의 표시로 볼 수 있다. 예술조직의 수입을 사업 운영 수입만으로 구성할 수 있다면 좋겠지만, 뮤지컬이나 대중음악이나 블록버스터 전시 정도를 제외하면 사업 운영 수입만으로 예술조직을 운영하는 것은 현실적으로 쉽지 않다. 이는 예술조직을 비영리 법인으로 설립하지 않고 개인사업자로서 임의조직으로 운영하는 경우에도 마찬가지다. 이처럼 대부분의 예술조직은 외부로부터의 재원 조성 수입에 상당 부분 의지하는 것이 불가피하기 때문에 사업 운영 수입과 재원 조성 수입을 별도로 관리해야 한다.

예술조직의 지출 예술조직의 지출은 크게 고정비용과 가변비용으로 구분할 수 있다. 고정비용은 예술조직의 활동 내용과 상관없이 무조건 지출하는 비용이다. 연간 혹은 그 이상 기간을 단위로 계약한 사무공간 임대료, 매월 고정적으로 지급하는 상근직원 인건비 등이 여기에 속한다. 풀타임이 아닌 파트타임이더라도 상근으로 연중 근무하는 직원의 인건비는 고정비용이 된다. 반면에 가변비용은 특정한 사업을 신규로 추진하거나 기존 사업을 확장하는 등 구체적인 사업의 추진 여부와 규모에 따라 달라지는 비용이다. 예를 들어, 특정 프로그램을 위한 공연장이나 전시장 임대료가 여기에 속한다. 예술 프로그램을 기획하면서 상근직원이나 상근예술가와 별도로 전문 인력이나 예술가를 고용하는 경우에도 가변비용이 발생한다.

유연한 예산관리를 위해서는 어떤 식으로든 고정비용을 최소화하는 것이 좋다. 최근 예술계의 흐름 역시 이러한 방향에 부응하여 예술조직의 수요에 맞춰 다양한 서비스가 개발되고 있다. 인력 면에서는 핵심 기획 기능 외의 분야별 전문 기능 대부분을 외부 전문가나 기업과의 계약을 통해 서비스받을 수 있다. 여기에는 프로그램 홍보, 티켓 관리, 기술 장비 운영, 홈페이지 및 IT 장비 관리 등 폭넓은 기능이 포함된다. 따라서 이러한 인력을 상근으로 고용할 만큼 수요가 충분치 않거나 재정적 부담이 되는 소규모 예술조직에서는 필요에 따라 외부 인력을 단기 고용하거나 전문업체에 위탁관리를 맡기는 형태로 가변비용화할 수 있다. 사무공간 면에서도 마찬가지다. 예를 들어, 축제 운영 등을 위해 매년 일정 시기에만 대규모 인력이 필요한 경우 이들을 위한 사무공간을 상시 보유하기보다는 공유 오피스 등 단기계약이 가능한 사무공간을 임차하는 것이 바람직하다. 이러한 공간에는 기본적인 사무용품도 구비되어 있기 때문에 조금 비싼 임대료를 지불하더라도 그만한 혜택을 얻을 수 있다. 인건비든 임대료든 고정비용이 늘어나게 되면 그만큼 조직과 예산의 신축적 운영이 어려워진다. 따라서 어떤 방식으로든 고정비용은 최소화하고 사업 규모에 맞춰 변화시킬 수 있는 가변비용을 늘리는 것이 조직의 효율적 운영 관점에서 바람직하다.

3) 예산편성

예산편성의 의의 예산이란 1년 단위로 구성된 회계연도 동안의 수입과 지출 계획을 말한다. 수입과 지출은 맞물려 있으므로 어느 하나를 독립적으로 편성할 경우 균형을 맞추기 어렵다. 문제는 대다수의 소규모 민간 예술조직에서 예산편성이 제대로 이루어지지 않는다는 점이다. 단지 조직 대표의 머릿속에 지나간 경험과 막연한 기대를 토대로 대충의 수입과 지출 계획이 만들어져 있을 뿐이다. 이런 조직은 결코 성장하기 어려우며, 때로는 지속적인 존속 자체도 쉽지 않다. 몇 년을 운영한 예술조직임에도 재무관리 담당 직원이 1년 예산 규모조차 파악하지 못하고 있는 경우가 의외로 드물지 않다. 대표가 모든 재무관리 정보를 독점하고 있기 때문이다. 아니 어쩌면 독점한다기보다는 정리가 되지 않은 단편적 정보만을 기억에 담고 있다는 것이 더 정확한 표현일 수 있다. 따라서 재무관리의 첫걸음은 조직 구성원이 공유하고 나아가 필요한 경우 외부에까지 투명하게 공개할 수 있는 연간 예산을 편성하는 것에서 시작해야 한다.

예산편성은 수입과 지출이라는 서로 삐걱거리는 두 파트너가 만나서 호흡을 맞추며 이인삼각으로 달리는 마라톤으로 이해할 수 있다. 새로운 아이디어와 낙관적 기대로 적극적인 지출이라는 파트너는 종종 수입보다 한 걸음 앞에서 씩씩하게 나간다. 하지만 통제와 비관적 전망으로 소극적인 수입이라는 파트너는 지출이 보여주는 전망에 동의하지 못하고 지출보다 한 걸음 뒤에서 주춤거린다. 이 두 파트너가 서로의 입장을 이해하며 한 걸음씩 같이 움직이는 것이 바로 예산편성이다. 지출만 생각하는 조직은 빚에 허덕이다 신뢰를 잃고 결국 파산한다. 수입만 고려하는 조직은 한정된 울타리 안에만 머물다가 서서히 시장에서 뒤처지고 만다. 따라서 이 두 파트너가 앞서거니 뒤서거니 하면서 서로를 끌어줄 수 있도록 예산을 편성해야 한다. 사실상 한 몸인 수입과 지출이라는 두 파트너가 서로 속도를 달리해서는 결코 목표 지점에 다다를 수 없으며, 비틀거리다 쓰러지는 결과가 있을 뿐이다.

수입예산과 지출예산의 편성 모든 예산은 회계연도가 시작하기 전에 편성을 확정해야 한다. 회계연도는 대개 1월 1일부터 12월 31일까지 설정하지만, 조직 여건에 따라 3월 1일~다음 해 2월 28일 혹은 9월 1일~다음 해 8월 31일 등으로 설정할 수도 있다.

정부와 공공기관은 1월 1일에 시작하여 같은 해 12월 31일에 끝나는 회계연도를 사용하는데, 예산편성은 대개 3월부터 시작한다. 이때부터 단위 부서별로 다음 연도 사업계획을 수립하여 총괄 부서로 넘기며, 상급자 혹은 총괄 부서의 검토를 거쳐 살아남는 사업과 사라지는 사업이 결정된다. 이 과정에서 전년도 사업 성과나 다음 연도 예산 여건에 따라 사업의 규모도 조정된다. 이렇게 일찍 예산편성을 시작하는 이유는 조직 단위가 클수록 편성 과정에서 거쳐야 하는 부서가 많기 때문이다. 대개 10~15명으로 편성되는 정부 부처 내 한 과만 하더라도 사무관과 주무관으로 구성된 3~4개의 소규모 팀이 운영되는데, 그 과의 다음 연도 예산편성을 위해서는 팀 간 경쟁이 불가피하다. 과 예산안이 편성되면 다시 3~5개의 과로 편성된 국 단위 검토와 경쟁 과정이 이어지고, 국 예산안이 편성되면 부처 전체를 구성하는 여러 국과 소속기관의 예산안에 대한 통합 검토가 이루어진다. 부 예산안이 편성되면 정부 내 예산편성 부처에서 정부 차원의 검토를 진행하는데, 예산편성 부처 내에서도 주무관부터 사무관, 과장, 국장, 예산실장, 장·차관에 이르기까지 여러 단계에서 검토·조정이 이루어진다.

이 모든 과정을 거쳐 확정한 정부 예산안은 회계연도 개시 120일 전까지 국회에 제출된다. 국회 내에서도 간단치 않은 과정이 기다리고 있다. 가장 먼저 예산정책처를 비롯하여 소속 상임위원회별로 전문위원과 예산심의관이 예산을 검토하여 상임위원회에 보고한다. 상임위원회 소속의 각

의원실에서는 담당 보좌관과 비서관이 예산을 검토하며, 상임위원회 산하의 예산소위원회 의결을 거쳐 상임위원회의 안을 확정한다. 이후에는 다시 국회 전체 차원에서 구성된 예산결산위원회의 검토를 거치며, 위원회 의결 후 다음 연도 정부 예산안을 본회의에 상정하는 의결 절차를 밟아 최종 예산으로 확정한다.

매우 복잡해 보이는 이러한 예산편성 절차가 매년 3월에서 12월까지 반복된다. 이 과정에서 수많은 아이디어와 사업이 기획되거나 사라진다. 전년도 예산에 대한 결산과 평가도 이루어지며, 이를 바탕으로 새로운 사업계획에 대한 심의와 평가가 진행된다. 이때 사업별로 연구, 기획, 의견 수렴, 이해관계 조정 등 충분한 준비가 되었는지를 검토한다. 이처럼 정부의 예산편성 과정을 소개하는 이유는 모든 예술조직의 예산편성이 복잡성의 차이만 있을 뿐 본질적인 면에서 동일하기 때문이다. 다만 조직 규모에 따라 여러 과정이 간략하게 통합되거나 일부 과정이 생략될 따름이다.

개별 예술조직의 관점에서 보면 예산편성의 첫걸음은 수입 예측이다. 국내 예술조직의 여건상 정확한 수입을 예측하는 것은 쉽지 않다. 하지만 그럼에도 가급적 최소한의 오차로 수입을 예측하는 것이 필요하다. 오차를 최소화하는 기본은 과거의 수입에 대한 정확한 기록의 관리다. 개인사업자로 활동하거나 비상근직원만으로 조직을 운영하는 경우 과거 수입이 어느 정도 규모였는지조차 파악하지 못하기도 한다. 그러나 정확한 예산편성을 위해서는 이전 3개년 아니면 최소한 전년도의 수입 내용을 검토하여 대략적인 다음 연도 수입 규모를 가늠해야 한다. 여기에 예술조직의 내·외부 여건 변화를 반영하여 가감하는 과정을 밟는다. 대규모 티켓 판매가 예상되는 프로그램을 새로 운영하거나 공공 지원금이나 기업 협찬금 등 가시적인 재원 조성의 성과가 예상되는 경우 이를 반영한다.

이러한 수입 예측 과정에서 반드시 피할 것이 두 가지 있다. 하나는 지출을 중심으로 수입을 설계하는 방식이다. 지출은 수입의 당위를 설명할 뿐 내용을 채워주지 못한다. 필요하다고 해서 당연히 수입이 만들어지는 것은 아니다. 이 점은 개인의 가계관리와 다르지 않다. 따라서 예상 수입을 기반으로 지출계획을 짜야 한다.

다른 하나는 수입을 보수적으로 예측해야 한다는 점이다. 공연이나 대규모 전시를 주로 하는 기획사 중에는 수입에 대한 지나치게 낙관적인 예측으로 파산에 이르는 사례가 드물지 않다. 얼굴을 얻어맞기 전까지는 누구나 다 계획이 있다고 하는 권투선수 마이크 타이슨의 언급은 비단 권투경기에만 해당하는 이야기가 아니다. 예술 프로그램을 기획하는 단계에서는 누구나 다 낙관적인 전망으로 그럴듯한 예측을 하게 마련이다. 그동안 어느 예술가나 예술조직도 시도해보지 못한 독창성과 창의성도 있는 것 같고 잠재수요자도 폭넓게 호응해줄 것 같다. 하지만 정작 예술시장에 작품을 선보인 후 썰렁한 객석이나 전시장을 보며 절망하는 결과를 맞닥뜨리는 것은 어느 예술조직에서나 흔히 겪는 일이다. 따라서 공연이건 전시건 새로운 프로그램을 기획할 때는 반드시 부정적 환경과 조건을 좀 더 진지하게 반영하여 수입을 보수적으로 예측해야 한다. 설사 매년 해오던 사업이라 할지라도 해당 연도의 환경 변화와 트렌드에 따라 소비자의 반응이 크게 달라질 수 있음을 고려해야 한다.

대략적인 수입을 예측한 후에는 그에 맞춰 지출계획을 짜게 된다. 앞서 설명한 것처럼 고정비용으로 나가는 것을 우선 편성하며, 고정비용으로 묶이는 예산 항목을 최대한 줄이도록 노력해야 한다. 이어서 고정비용까지는 아니더라도 매년 거의 변화 없이 지출하는 기본 운영경비 항목을 편성한다. 여기에는 인건비나 사무실 운영비 등 기본적인 경상비 외에도 매년 반복적으로 진행하는 정기공연이나 상설전시 혹은 교육 프로그램 등 안정적인 프로그램의 운영경비가 포함된다. 이러한 고정비용과 기본 운영경비를 편성한 이후에 비로소 신년도에 새롭게 기획하거나 확장하는 사업에 대한 예산을 편성한다. 자칫 이 선후관계가 뒤바뀌면 당연히 지출할 항목에 대한 예산 부족으로 곤란을 겪을 수 있다.

예산편성을 부담스러워하는 것은 예산을 편성하더라도 상황 변화에 따라 어차피 다 바뀔 것이기 때문에 굳이 사전에 짤 필요가 있겠느냐는 의문 때문이다. 대답은 명확하다. 그럼에도 예산을 사전에 편성해야 한다는 것이다. 예산편성은 단순히 금전적인 면만을 계획하는 것이 아니다. 금전으로 표현된 예술조직의 전반적인 기획이다. 예산편성이 없다면 그 어떤 기획을 하더라도 이는 그저 아이디어의 나열에 불과하다. 편성 후에 설사 특별한 지원금을 받거나 혹은 못 받는 상황으로 인해 계획이 변경되더라도 그 시점에서 예산 변경 절차를 밟으면 된다. 다소 번거롭더라도 이러한 절차를 이행하지 않으면 조직이 결코 성장할 수 없다.

예산안이 정리되면 이에 대한 승인 절차를 밟는다. 예산의 편성과 승인이 동일인에 의해 이루어지는 개인사업자 형태의 예술조직이 아니라면 대개 이사회 등 최상위 의사결정 조직이 존재한다. 여기에 예산안을 제출하여 승인 절차를 밟는 것이다. 정부와 지방자치단체 및 그에 의해 설립된 공공기관의 경우에는 상급 행정기관에 제출하고 다시 이를 통해 국회나 지방의회에 제출하여 승인을 받는다. 이러한 승인 절차가 완료된 이후에 비로소 예산안이 예산으로 확정된다. 이후에는 정해진 예산에 맞게 지출하는 예산집행과 통제 절차로 접어들게 된다.

심층 연구 및 토론 과제

- 예술조직의 사업 운영 수입과 재원 조성 수입의 차이점은 무엇인가?
- 예술조직이 영리 조직과 달리 재원 조성 수입이 필요한 이유는 무엇인가?
- 예산편성 시 고정비용을 줄이는 것이 바람직한 이유는 무엇인가?
- 예산편성 과정에서 공공과 민간 예술조직의 가장 큰 차이는 무엇인가?

2. 재원 조성의 의의

1) 재원 조성의 개념

재원 조성이란[1] 예술조직이 설립 취지나 사업 목적에 공감하는 외부 조직과 개인으로부터 지원을 얻기 위해 하는 모든 활동과 노력을 말한다. 구체적으로는 기업, 재단, 정부 및 공공기관 등으로부터 지원금을 받기 위해 하는 활동부터 가까운 가족이나 친지를 비롯한 여러 개인에게 도움을 받기 위한 노력까지 모두 포함한다. 서구에서 말하는 펀드레이징fundraising을 국내에서는 재원 조성 외에도 기금 조성, 재원 조달, 모금 등 다양한 용어로 번역하여 사용한다. 하지만 이러한 용어들은 본래적 의미와 약간의 차이가 있다.

기금 조성은 재원 조성의 한 분야인 캐피털 캠페인capital campaign을 지칭하는 용어로서, 이자수익이나 임대수익 등을 활용할 목적으로 대규모 기금을 적립하거나 건물 등 고정자산을 확보하기 위해 이루어지는 재원 조성 활동을 말한다. 재원 조달은 재원 조성을 포괄하는 더 넓은 의미의 펀딩funding을 지칭하는 용어로서, 비영리 목적을 위해 이루어지는 재원 조성과 더불어 투자금 유치, 금융기관이나 개인으로부터의 대출 등까지 포괄하는 용어로 사용된다. 예를 들어, 최근 활성화된 크라우드펀딩은 비영리조직이나 활동만이 아니라 IT 기반의 스타트업에서 팝업 식당에 이르기까지 다양한 아이디어 사업에 대한 재원 조달 기법으로 활용되고 있다. 모금은 펀드레이징의 원래 의미에 가깝지만 국내에서는 주로 개인을 대상으로 하는 자선 목적의 재원 조성 활동을 뜻하는 용어로 활용한다. 따라서 정부나 공공기관 혹은 기업이나 재단으로부터의 지원금 확보 활동까지 포괄하는 용어로 사용하기에는 한계가 있다.

재원 조성이 필요한 이유는 앞서 설명한 것처럼 대부분의 예술조직이 사업 운영 수입만으로는 재정 자립이 어렵기 때문이다. 이와 관련하여 2000년대 초반 무렵에는 공연장의 재정자립도 제고가 지상과제처럼 여겨지기도 했지만, 재정자립도를 제고하더라도 그것이 곧 바람직한 공연장 경영이 되는 것은 아니다. 사업 운영 수입을 통해 재정자립도를 높이려면 그만큼 상업 목적의 공연을 많이 기획하거나 예산 부담이 되는 자체 기획공연을 포기한 채 대관 중심으로 운영할 수밖에 없기 때문이다. 박물관·미술관의 경우에도 마찬가지다. 재정자립도 제고만을 위해 공간을 운영하다 보면 시간과 비용이 많이 수반되는 연구 중심 전시보다는 단순하게 관람객에게 인기가 있는 블록버스터 전시에만 치중할 수 있다. 나아가 사업 운영 수입을 늘리기 위해 주차 요금을 비롯하여 여러 부대시설의 이용 요금을 인상함으로써 결국 소비자에게 그 부담을 전가하는 결과가 나타날 수 있다.

이와 관련하여 세계적으로 명성이 높은 공연장인 카네기홀의 사례를 살펴보자. 2017년부터 2018년까지 카네기홀의 지출예산 1억 290만 달러 중 티켓 판매 수입이 차지하는 비율은 14퍼센트에 불과하다. 이 밖에 공연장 대관 수입이 16퍼센트, 부동산 운영 등 기타 수입이 15퍼센트로서 사업 운영 수입은 총 45퍼센트 정도 된다. 전체 지출예산의 절반이 채 되지 못하는 비율이다. 그렇다고 해서 마케팅에 문제가 있는 것도 아니다. 같은 기간 카네기홀에서는 자체 기획공연 170여 회를 비롯하여 총 670여 회의 공연이 열렸고, 자체 기획공연은 거의 전석 매진이어서 티켓을 구하지 못한 관객이 늘 줄을 이었다.[2] 그렇다면 거의 정점에 다다른 성공적인 마케팅에도 불구하고 발생하는 적자는 어떻게 메워질까? 바로 재원 조성 수입을 통해서다. 개인과 기업과 재단의 지원이 자체적인 사업 운영 수입에 의한 결손액을 보충해주는 것이다.

이처럼 예술조직의 재원은 티켓 판매 수입과 대관 수입 등 사업 운영 수입만이 아니라 재원 조성 수입을 포괄한다. 다만 아쉽게도 국내에는 예술조직을 지원하는 민간 재단이 많지 않고, 개인의 예술지원도 아직은 생소한 편이다. 따라서 예술조직이 티켓 판매나 관객 개발과 같은 마케팅만이 아니라 재원 조성 활동을 위해서도 더욱 적극적이고 체계적인 노력을 기울일 필요가 있다. 예술조직이 안정적으로 살아남을 수 있는 길은 재원 조성을 얼마나 성공적으로 해내는가에 달려 있다고 해도 과언이 아니다. 특히 국공립 공연장이나 박물관·미술관의 경우 과도한 상업화로 흐르지 않기 위해서는 다양한 재원 확보를 통해 스스로 버텨낼 힘을 기를 수밖에 없다. 그 대상 역시 이제까지처럼 정부와 지방자치단체에만 매달리기보다는 호혜적인 가치의 교환을 통해 기업 지원을 확대하고, 개인 후원자를 광범위하게 발굴하여 체계적으로 관리하는 등 다양한 재원 개발이 필요하다. 다행히 이제는 사회 전반의 트렌드와 개인의 삶의 양식 변화에 부응하여 기업도 문화를 통한 사회 공헌을 중요하게 인식하게 되었으며, 개인도 크라우드펀딩 등을 통해 예술조직과 더 의미 있는 관계를 맺어갈 기회를 찾고 있다. 적극적으로 재원 조성에 나서는 예술조직에 대해 자신이 가진 것을 기꺼이 나눠줄 준비가 되어 있는 개인과 기업이 하나둘 늘어가는 것만은 틀림없는 현실인 듯하다.

따라서 이제는 예술조직도 예산이 부족하다고 한탄하고 불평하기에 앞서 과연 재원 조성을 위해 제대로 노력하고 있는지 돌아볼 필요가 있다. 지원 주체의 예술에 대한 부정적 태도나 미흡한 인식이 문제가 아니라 오히려 무조건적인 지원만 바라는 예술조직의 모습이 좀 더 근본적인 문제일 수 있다. 이제는 사적 친분 관계나 비공식적 관행을 넘어서 전략적이고 체계적인 방법으로 재원 조성에 임할 필요가 있다. 돈 가진 사람이 '어서 받아 가세요' 하며 기다리지는 않는다. 재원 조성이 실패하는 것은 지원을 거절당해서가 아니라 애초에 지원을 요청하지 않았기 때문일 수도 있다. 지원을 거절당하는 것은 단지 지원 요청 경쟁에서 이기지 못했기 때문일 뿐이다.[3]

2) 재원 조성의 발전과 현황

예술에 대한 사회적 지원의 뿌리는 로마시대의 재상 가이우스 마이케나스의 예술 후원 활동까지 거슬러 올라간다. 마이케나스의 지원은 오늘날 기업의 예술지원을 총칭하는 '메세나mécénat'라고 하는 용어의 기원이 되었다. 이후 근대 시민사회 이전까지의 예술은 왕족, 귀족, 종교기관 등 당시 사회 지배계층의 개인적 선호나 종교적 필요에 따라 지원을 받았다. 따라서 당시의 지원은 예술조직이 주체가 된 재원 조성 활동이라기보다는 지원자가 주체가 된 후원 활동으로 볼 수 있다. 물론 이 당시에도 예술가가 지원자와 관계를 형성하며 금전적 지원을 얻기 위해 활동한 것은 사실이지만, 예술조직이 주체적으로 자신이 지원을 받아야 할 타당성을 설명하여 재원을 획득하는 식의 현대적 재원 조성과는 다소 차이가 있었다. 그러나 이런 서구사회의 전통은 유럽 각국이 근대사회를 거쳐 예술에 대한 공공지원을 제도화하는 기초가 되었고, 그 결과 오늘날까지도 많은 예술조직이 그 재원의 상당 부분을 국가와 지방정부 등의 공공지원에 의존하고 있다.

예술조직이 주체가 되는 현대적 의미의 재원 조성 활동은 1960년대 이후 미국에서 본격적으로 시작되었다. 미국은 1965년 NEA 설립과 더불어 공공부문의 체계적인 예술지원을 본격화했다. 그러나 유럽과는 달리 예술조직을 포함한 비영리조직에 대한 지원은 직접적 지원보다는 예술조직이 부담할 세금을 감면시켜 주거나 예술조직에 대한 지원자에게 세금 혜택을 주는 형식의 간접적 지원이 더 큰 비중을 차지했다. NEA의 연간 지원예산은 2018년을 기준으로 1억 6478만 달러로서 원화로 2000억 원에도 미치지 못한다. 물론 적은 예산은 아니지만 우리나라에서 미국 NEA와 비슷한 역할을 하는 한국문화예술위원회의 2020년도 예산이 2000억 원을 훌쩍 넘어서는 것을 고려하면, 경제 규모를 고려할 때 그리 감탄할 만한 액수는 아니라는 사실을 알 수 있다. 주州별로 설립되어 있는 주예술진흥원 State Arts Agencies이나 그보다 하위 단위인 시나 카운티의 지역예술진흥원 Local Arts Agencies 등 다양한 공공부문으로부터의 지원예산을 모두 합해봐야 미국 예술조직의 연간 운영예산의 10퍼센트도 차지하지 못하는 것이 오늘날 미국의 현실이다.[4]

그렇다면 나머지 예산은 어떻게 마련하는가? 바로 재원 조성이 그 해답이다. 미국 예술조직은 기본적으로 운영 수입 외에 개인, 기업, 재단, 정부와 공공기관 등 다양한 주체로부터 지원을 받고 있다. 특히 개인으로부터의 지원이 재원 조성 수입 중 80퍼센트 내외를 차지한다. 이처럼 정부의 직접 지원이 아닌 다른 사회 주체로부터의 지원을 활성화하기 위해 미국 정부는 사회로부터 지원받을 수 있는 예술조직을 그렇지 않은 영리 조직과 구분하여 세법 501조(C)(3)에 의거한 비영리조직으로 등록해 활동하도록 하고 있다. 강제 사항은 아니지만 비영리조직으로 등록하지 않으면 세금 관련 혜택을 거의 받을 수 없고 사회적인 신뢰도 확보하기 힘들기 때문에 재원 조성 활동이 매우 어려워진다.

하지만 국내 예술계의 재원 조성 여건은 이와 사뭇 다르다. 무엇보다 정부로부터의 공공지원에 대한 의존도가 절대적이다. 기업 협찬이 확대 추세에 있기는 하지만 여전히 비공식적인 인맥에 의하지 않고는 접근이 쉽지 않은 상황이며, 수백 개가 넘는 재단이 설립되어 있지만 예술 분야 지원 프로그램을 운영하는 재단은 손에 꼽을 만큼 적은 것이 현실이다.[5] 다만 기업의 예술지원 규모와 빈도가 조금씩 늘어남에 따라 혈연, 지연, 학연 등 비공식적인 인간관계를 넘어서 예술조직과 기업의 마케팅 실무진 간의 공식적인 협의와 협상이 진행되는 문화가 서서히 자리 잡고 있다.[6] 공공지원은 꾸준히 확대되었지만, 자생적인 시장 생태계를 활성화하기보다는 공공 의존도만 심화시키는 사업이 중심을 이루었다. 이에 따라 예술 분야에 대한 공공 지원기관은 계속 신설되고 사업을 확대하며 비대해진 반면 스스로 생존 가능한 자생성을 갖춘 예술조직은 상대적으로 위축되었다. 이러한 상황에서 그나마 2000년대 중반 이후 재원 조성에 관한 전문서가 출간되고 예술경영지원센터 등을 통해 관련 강좌가 개설되기 시작하면서 재원 조성이 예술조직의 생존에 필수적인 기능이라는 인식은 조금씩 확산되었다. 하지만 체계적으로 재원 조성 활동을 하는 예술조직은 여전히 많지 않은 편이다.

1장에서 설명한 것처럼 정부에서 1998년 실시한 문화 기반 시설 평가 이후 국가나 지방자치단체가 설립한 공연장과 박물관·미술관의 경영 문제는 예술계의 큰 화두 가운데 하나가 되었다. 이에 따라 세종문화회관을 비롯하여 재단법인 등 독립기관으로 전환한 공공 문화공간은 경영의 자율성을 획득함과 더불어 재정의 다각화를 위한 노력도 시작했다.

기업의 변화와 더불어 공공 지원기관에도 큰 변화가 일어났다. 1990년대 말 경기문화재단의 설립에 이어 서울문화재단, 인천문화재단이 설립되고 전국 17개 시도 대부분이 자체적인 지원기관을 갖추게 된 것이다. 또한 부천문화재단을 시작으로 고양문화재단, 성남문화재단 등 기초자치단체에서도 공연장 경영이나 지원사업 운영을 위하여 자체적인 지원조직을 만드는 사례가 크게 확산되었다. 과거에 공공 지원기관이 한국문화예술위원회 하나였던 것에 비하면 큰 변화라 할 수 있다. 이에 따라 예술조직도 여러 지원기관의 다양한 지원사업 기준과 절차에 맞춰 재원 조성 전략을 다각적으로 수립해야 하는 부담을 지게 되었다. 이처럼 지원을 받는 예술조직과 지원을 하는 지원기관 양측의 변화가 2000년 이후 20여 년에 걸쳐 진행되면서 국내에서도 서서히 체계적인 재원 조성의 필요성에 대한 인식이 확산되어 구체적인 전략과 방법론도 발전해왔다.

3) 재원 조성의 속성과 전제 조건

재원 조성과 기부

재원 조성과 기부는 동전의 양면과 같다. 예술조직의 입장에서 보면 재원 조성이지만, 지원자의 입장에서 보면 자신이 갖고 있는 자산을 기부하는 것이다. 그렇다고 해서 무작정 아무 대가 없이 기부가 이루어지는 것은 아니다. 어떤 기부자든 그 기부에 대해 유·무형의 혜택을 기대한다. 물론 그것은 유형적인 대가라기보다는 무형적인 명예나 자기만족인 경우가 더 많다. 그렇다면 기부는 거래인가? 일단 표면적으로는 구체적인 대가를 전제로 지원하는 것이 아니니 정확하게 거래라고 할 수는 없다. 그렇다면 거래가 아닌가? 거래가 아니라면 지원금을 받고서 대가나 혜택의 제공 부담을 느낄 필요가 없다. 그러나 지원금을 받고 그냥 모른 체하기에는 마음이 불편하다. 더욱이 예술조직에 대한 잠재지원자 찾기가 쉽지 않은 국내 현실에서 기부는 거래가 아니니 대가를 바라지 말고 지원만 하라는 설득은 하기도 어렵고 실현 가능성도 희박하다. 흔히 기부는 어떤 숭고한 뜻이나 기대되는 성과에 공감하여 아무런 대가 없이 돈을 지원하는 것이라고 생각하기 쉽다. 하지만 이는 절반은 맞고 절반은 틀리다. 기부가 그에 상응하는 직접적인 반대급부를 전제로 이루어지는 것은 아니지만 기부자에게도 어떤 형태로든 대가가 주어져야 한다. 물론 그 대가가 돈이나 물질일 필요는 없다. 대개의 경우 필요한 것은 기부자가 주관적으로 만족감을 느낄 수 있도록 해주는 무형의 보상이다.

예술조직에서의 재원 조성은 이처럼 본질적으로는 상호 간에 혜택benefits을 주고받는 거래관계라는 점을 부인할 수 없다. 따라서 외부 지원을 받으려는 예술조직은 우선 잠재지원자가 선호할 만한 다양한 혜택 방안을 마련해야 한다. 때로는 지원을 받는 본 사업의 기대 성과보다는 이러한 부가 혜택에 따라 지원 여부가 결정되기도 한다. 즉, 잠재지원자가 원할 만한 다양한 혜택의 마련은 성공적인 재원 조성을 위해 가장 비중을 두고 준비할 부분이라 할 수 있다.[7]

재원 조성의 세 가지 전제 조건 재원 조성 활동과 이에 대응하는 지원 행위는 위에서 설명한 것처럼 거래적 성격을 갖고 있지만 사실상 그 혜택은 거의 일방적으로 전달된다. 따라서 상응하는 대가를 직접 지불할 수 없음에도 불구하고 지속적인 외부 지원을 받기 위해서는 예술조직의 입장에서 공익성, 비영리성, 투명성 등 세 가지 전제 조건을 충족할 필요가 있다.

첫째, 공익성은 예술조직의 설립 취지와 그 실현을 위한 활동 내용이 몇몇 개인의 사적인 이익에서 벗어나 국가나 그 조직이 기반으로 삼는 커뮤니티의 존속과 발전에 기여할 수 있어야 한다는 것을 말한다. 여기서 말하는 공익이 반드시 지역사회 등 직접적인 수혜자만을 염두에 둔 표현은 아니다. 지역사회 관객에게서 철저히 외면받는 실험적인 예술 프로그램일지라도 해당 분야의 예술이 장기적으로 발전하기 위해서는 반드시 필요한 경우가 있다. 따라서 장기적이고 포괄적인 관점에서 궁극적으로 국가나 사회 발전에 기여하게 되는 점도 공익성의 논거로 들 수 있다. 이러한 관점에서 볼 때 개인의 취미 행위나 동호회 활동의 경우 영리적인 활동은 아니더라도 원칙적으로 공익성을 갖고 있다고 보기는 어렵다. 다만 이러한 활동 역시 때로는 중장기적으로 관객 수요 기반을 확대하여 문화예술 활동이 활발히 이루어지도록 하는 데 도움을 준다는 점에서 시민 문화예술 활동 지원이라는 명목으로 지원 프로그램이 만들어지는 경우가 있다.

둘째, 비영리성은 예술조직의 사업 운영이나 재원 조성 활동 결과 얻게 되는 수익이 그 예술조직과 관련된 일부 개인의 이익으로 돌아가지 않고 그 조직의 설립 취지를 실현하기 위해 사용되어야 한다는 것을 말한다. 그렇다고 해서 그 조직에 종사하는 사람이 전혀 대가 없이 일해야 한다는 의미는 아니다. 다만 그러한 대가는 자신의 직책에 맞게 사전에 설정된 급여를 받는 형태이지 수익에 대한 배분 형식이 되어서는 안 된다는 것이다. 이러한 비영리적 활동은 시장경제 구조하에서 외부 지원 없이도 지속적인 재생산이 이루어지는 영리적 활동과 뚜렷이 구분된다. 따라서 대규모 투자자본에 기초하여 만들어지는 뮤지컬 등은 제작 주체가 주식회사 등 영리 조직인 경우가 많으며, 이때 기업의 광고 협찬이나 마케팅 협력 등 명확한 대가의 교환이 이루어지는 경우를 제외하면 정부나 개인으로부터 재원 조성 활동을 하기가 쉽지 않다. 때로는 국가적인 수준에서 관련 산업의 발전을 위한 지원사업이 기획되기도 하지만 이 역시 시장구조를 왜곡시키지 않는 최소한의 범위에서 투자펀드 조성 등 간접적 방법을 통해 이루어지는 것이 보통이다. 앞서 말한 바와 같이 비영리조직 제도가 정착된 미국과는 달리 국내 예술조직은 비영리법인의 허가를 받지 않은 채 임의단체나 개인사업자로 활동하는 일이 많은데, 이런 경우라도 지원요청서 작성 등 재원 조성 활동 과정에서 해당 조직이나 사업의 비영리성에 대해 명확히 설명할 필요가 있다.

셋째, 투명성은 예술조직이 외부로부터 받은 지원금의 사용 내역을 비롯하여 재정적인 운영 상황을 외부에 투명하게 공개하는 것을 말한다. 이는 재원 조성에 나서는 예술조직의 가장 기초적인 의무인데도 국내 예술조직에서는 가장 취약한 부분이기도 하다. 특히 공공 지원기관이나 기업의 지원부서에서는 예술조직이 도대체 지원금을 어디에 어떻게 썼는지에 대한 자료를 제대로 제출하지 않는다고 불평하는 경우가 많다. 반대로 예술조직의 입장에서는 지원금을 줬으면 그만이지 왜 그 지출 내역까지 세세하게 간섭하느냐는 식의 불평이 있을 수 있다. 하지만 예술조직이 사업 운영으로 벌어들인 수입에 대한 것이 아닌 이상, 직접적인 대가를 지불하지 않으면서 외부로부터 지원을 받았다면 그 지원자에 대해 지원금을 어디에 어떤 식으로 지출했고, 그 결과 어떠한 성과를 얻을 수 있었는가에 대해 밝히는 것은 따로 강조할 필요도 없을 만큼 가장 기본적인 책임이다. 따라서 공공 지원기관이나 기업, 더 나아가 개인으로부터 지원금을 받았다면 그것을 어떻게 사용했는가에 대해서는 반드시 결과보고서 혹은 연차보고서 등을 통해 상세하고 투명하게 밝혀야 한다. 외부로부터의 지원금에 대해 그 내역을 밝힐 자신이 없다면, 혹은 그 정도의 성의도 없다면 애초에 그러한 지원 요청에 나서지 않는 것이 바람직하다. 이런 경우 개인적인 친분 관계나 그 밖의 우연한 기회로 인해 일회적인 재원 조성에는 성공할 수 있을지라도 장기적으로 지원자와 좋은 관계를 형성하며 재원 조성 활동을 발전시키기는 쉽지 않을 것이다.

4) 재원 조성의 유형

가. 사업별 재원 조성

사업별 재원 조성이란 하나의 단위 사업을 추진하는 데 필요한 재원을 마련하기 위한 재원 조성 활동으로서, 우리나라에서 가장 일반화된 방식이다. 사업별 재원 조성은 일정 기간 내에 끝나는 단일 사업을 시행하기 위한 활동이기 때문에 잠재지원자와의 관계를 형성하는 과정에서 비교적 쉽게 재원 조성의 취지와 사업 내용에 대해 납득시킬 수 있으며, 그 성과도 단기간 내에 가시적으로 보여줄 수 있다. 따라서 다음에 설명할 연례 재원 조성과는 달리 지원 요청 과정에서도 해당 사업의 내용과 그 효과에 대한 설명에 중점을 두게 된다. 광고 협찬 등 기업으로부터의 재원 조성은 사업별로 이루어지는 경우가 많다. 주의할 것은 사업별 재원 조성을 통해 확보한 재원은 해당 사업의 목적 범위 내에서만 지출해야 한다는 점이다. 이는 지원자와 지원을 받는 대상 간에 신뢰를 형성하는 기초가 되기 때문에 사업을 집행한 후 재원 조성으로 확보된 예산이 남으면 반환하거나 그 활용 방향 변경에 대해 사전에 지원자와 협의하여 양해를 구해야 한다. 사업별 재원 조성은 공연이나 전시 등 예술 프로그램을 위해 추진하는 것이 일반적이지만, 좀 더 구체적으로 발레단의 토슈즈 구입 등 특정한 사업을 위한 재원 조성을 할 수도 있다.

나. 연례 재원 조성

연례 재원 조성은 하나의 예술조직을 1년간 운영할 때 필요한 일반 재원의 마련을 위한 활동이다. 따라서 잠재지원자와의 관계 형성 과정에서도 각 사업이나 프로그램이 아니라 해당 예술조직의 설립 취지와 활동 전반에 대해 지지를 호소하는 것이 일반적이다. 연례 재원 조성은 당해 연도 예산편성과 밀접한 관련을 맺기 때문에 보통 조직의 회계연도와 연동하여 계획한다. 대개 다음 연도의 지출예산을 잠정적으로 편성한 뒤 이 가운데 사업 운영으로 확보할 예산과 재원 조성으로 확보할 예산을 구분하여 연례 재원 조성의 목표를 정한다.

소규모 예술조직의 경우 이러한 연례 재원 조성보다는 사업별 재원 조성에만 의존하는 경우가 보통이다. 이는 연간 예산을 수립하지 않고 조직을 운영하기 때문이다. 그 결과 재정 운영이 불투명하고 불안정하며 조직 운영이 체계적으로 정리되지 못해 곤란을 겪는 경우를 흔히 보게 된다. 예술조직이 발전하기 위해서는 그 규모와는 상관없이 연간 예산을 편성하여 이를 바탕으로 체계적인 연례 재원 조성 계획을 수립할 필요가 있다.

다. 기금 조성

기금 조성이란 건물의 신축이나 구입, 리노베이션, 고가 기자재의 마련 혹은 대규모 기금의 적립 등 일상 운영예산으로는 감당하기 힘든 자본을 확보하기 위한 재원 조성 활동이다. 여기서 기금이란 그 자체를 운영예산으로 지출하는 것이 아니라 금융기관 적립이나 부동산 구입 등을 통해 이자나 투자수익을 얻어서 활용하기 위해 적립한 자산을 말한다. 이 같은 기금을 확보하면 중장기적으로 재정 안정성을 확보할 수 있지만, 그만큼 조성 자체가 어렵고 많은 노력과 시간을 요한다. 이러한 기금 조성 활동은 일상 운영예산을 마련하기 위한 활동이 아니라는 점에서 연례 재원 조성과는 다르다.

기금 조성은 대개 3~5년 혹은 그 이상에 걸쳐 장기간 진행되는 다년간의 계획이다. 이를 통해 적게는 수억 원에서 많게는 수백억 원의 기금을 조성한다. 따라서 사업별 재원 조성이나 연례 재원 조성에 비해 훨씬 복잡하고 체계적인 접근 방법이 필요하다. 이 때문에 기금 조성이 발전한 미국의 대규모 예술조직이나 대학 등에서는 외부의 전문 컨설턴트를 활용하기도 한다. 아울러 추진 기간 동안 참여자의 열정을 지속적으로 이끌어내기 위한 리더십이 잘 형성되어 있어야 하며, 세부 단계를 설정하여 단계별로 구체적인 조성 목표를 제시해야 한다.

기금 조성은 지원 금액 자체가 매우 크기 때문에 다른 재원 조성에 비해 지원자에 대한 혜택의 마련이 중요하다. 그렇다면 잠재지원자는 과연 어떤 혜택을 원할까? 예술조직이 잠재지원자에게 제공할 수 있는 가장 중요한 혜택은 이름을 남기게 해주는 것이다. 이는 기업뿐 아니라 개인 후원자에게도 가장 중요한 혜택이 된다. 기업의 경우라면 홍보가 될 것이고 개인의 경우라면 명예가 될 것이다. 이처럼 이름을 남길 수 있는 가장 강력한 방안이 바로 네이밍naming이다. 네이밍은 공연장, 전시장 등 시설 명칭에서 사업이나 프로그램의 명칭에 이르기까지 다양한 형식으로 활용할 수 있다. 네이밍 전략은 특히 건물 신축이나 리노베이션 등 대규모 기금 조성이 필요할 때 큰 효과를 발휘한다.

링컨센터의 기금 조성과 네이밍 기부

2007년 말 뉴욕의 세계적인 복합공연단지 링컨센터에서는 네이밍과 관련된 흥미로운 의사결정이 이루어졌다. 레지던스 단체로 링컨센터 내의 주립극장을 공동 활용하고 있던 뉴욕시티발레단과 뉴욕시티오페라단이 주립극장 리노베이션 계획을 확정한 것이다. 이 자리에서 논의된 가장 중요한 주제는 바로 네이밍이었다. 극장 건물의 명칭은 말할 것도 없고 심지어 산책로와 로비 공간의 이름도 논의 대상이었다. 이에 따라 7개월이 지난 2008년 7월, 뉴욕 최고의 부자로 알려진 석유 재벌 데이비드 코크가 그의 이름을 붙이는 조건으로 뉴욕주립극장의 리노베이션 프로젝트에 1억 달러를 지원하기로 했다. 그의 지원은 링컨센터 역사상 가장 큰 금액의 개인 기부였다. 대략 170억 달러의 순자산을 보유한 것으로 알려진 〈포브스〉지 선정 세계 부호 순위 37위 자산가인 코크는 기부하기 전에 이미 40여 년간 뉴욕주립극장을 찾았던 열성 관객이기도 했다. 그는 "뉴욕주립극장의 무대에 올려지는 작품의 질이 세계적인 수준이라는 확고한 믿음이 없었다면 그처럼 큰 금액을 기부하지 않았을 것"이라고 밝혔다. 그의 지원에 따라 뉴욕주립극장은 이제 데이비드코크극장David H. Koch Theater으로 불리게 되었다. 뉴욕에서는 코크의 기부가 성공적으로 이루어지기 불과 4개월 전인 2008년 3월에도 비슷한 사례가 있었다. 뉴욕공립도서관에서 도서관 명칭에 월스트리트의 금융기업인 스티븐 슈워츠먼의 이름을 붙이기로 한 것이다. 그의 1억 달러 기부에 대한 대가였다. 이에 뉴욕에서 세계적으로 알려진 건물에 이름을 붙이려면 1억 달러는 있어야 한다는 조크가 유행하기도 했다.

링컨센터를 구성하는 다른 공연장의 명칭 역시 비슷한 과정을 통해 만들어졌다. 리노베이션 공사를 거쳐 2009년 2월에 재개관한 1096석의 앨리스 털리홀Alice Tully Hall의 경우 처음 개관 당시로서는 거액인 1050만 달러를 기부한 앨리스 털리의 이름을 딴 것이었다. 현재 뉴욕필하모닉이 레지던스 단체로 있는 데이비드게펀홀David Geffen Hall도 마찬가지다. 당초 1962년에 건립된 링컨센터 필하모닉홀은 기대와는 달리 음향 문제가 많아 불과 14년 만에 재건축을 하게 되었는데, 이 당시 주요 기부자였던 에이버리 피셔의 이름을 따서 에이버리피셔홀Avery Fisher Hall이라는 명칭을 붙였다. 그러나 이와 관련하여 2000년대에 들어와 링컨센터가 새롭게 기부를 받아 에이버리피셔홀의 재건축을 추진하는 과정에서 문제가 발생했다. 당초 기부자였던 에이버리 피셔의 가족들이 전면적인 재건축이 이루어지더라도 에이버리피셔홀이라는 명칭은 유지되어야 한다고 주장했기 때문이다. 이들은 홀의 명칭이 기부와의 교환으로 얻어진 만큼 그 이름은 영속적이어야 한다고 주장했지만, 링컨센터는 이미 지난 과거의 인물보다는 새롭게 기부하는 사람의 이름을 따서 건물을 짓기를 희망했다. 결국 우여곡절을 거쳐 홀의 명칭은 리노베이션을 위한 1억 달러 기부자의 이름을 따서 데이비드게펀홀로 불리게 되었다. 이러한 분쟁 사례로 인해 최근에는 네이밍 혜택에도 일정한 기간 제한을 두고 있다. 뉴욕주립극장의 경우 기부자인 데이비드 코크와 50년 후에는 극장 이름을 새롭게 명명할 수 있도록 합의했다. 데이비드 코크는 이에 관하여 "다음 기회에 또다시 새로운 재원 조성을 할 수 있도록 네이밍을 할 때는 그 시간적 제한을 정확히 두어야 한다"고 말했다.

카네기홀의 기금 조성과 네이밍 기부

카네기홀은 철강산업으로 부를 축적한 앤드루 카네기가 1891년에 건립한 뉴욕의 대표적 공연장이다. 한때 상업 용도로 매각되어 헐릴 위기에 처하기도 했지만 바이올리니스트 아이작 스턴, 첼리스트 파블로 카살스, 지휘자 브루노 발터 등의 노력으로 뉴욕시에서 카네기홀을 매입했고, 이후 비영리조직인 카네기홀재단이 설립되어 오늘날까지 카네기홀을 운영하고 있다. 아이작 스턴은 이후에도 1986년 카네기홀 개관 100주년 기념 리노베이션을 위해 5000만 달러의 기부금을 모으는 데 크게 기여해 1997년부터 메인홀을 그의 이름을 따서 스턴오디토리엄Stern Auditorium이라고 부르게 되었다. 그뿐 아니라 카네기홀 안에 있는 599석 중극장 잔켈홀Zankel Hall의 원래 이름은 그냥 리사이틀홀이었다. 하지만 리노베이션을 통해 실내악홀로 탈바꿈하면서 리노베이션을 위해 1000만 달러를 기부한 주디와 아서 잔켈 부부의 이름을 따서 새롭게 네이밍했다. 268석 소극장도 원래 이름은 실내악홀Chamber Music Hall이었지만, 역시 리노베이션 이후 당시 이사장이자 주요 기부자였던 조앤과 샌퍼드 웨일 부부의 이름을 따서 웨일리사이틀홀Weill Recital Hall로 새롭게 바꾸었다.

이처럼 네이밍은 홍보 혹은 명예라는 혜택과 지원금을 맞바꾸는 일종의 거래라고 할 수 있다. 그리고 이런 기금 조성 전략으로서의 네이밍은 미국 등 세계 각국에서의 성공 사례를 바탕으로 국내에서도 점차 확산되고 있다. 올림픽공원 역도경기장을 뮤지컬극장으로 리노베이션하면서 우리은행의 지원을 받아 우리금융아트홀로 명명한 것이나 예술의전당에서 실내악홀을 새로 조성하면서 IBK은행의 지원을 받아 IBK챔버홀로 명명한 것이 대표적인 사례다. 하지만 아직은 국내에 생소한 네이밍 전략에 대해 예술 수요자가 부정적인 인식을 가질 수 있으므로 세심한 접근이 필요하다. 거액의 기부와 이에 따른 네이밍으로 수많은 관객이 혜택을 볼 수 있다면,

네이밍에 대한 막연한 거부감은 적극적으로 해소될 필요가 있다.[8]

라. 재원 조성 이벤트

재원 조성 이벤트는 '특별한 행사를 통해 대중에게 예술조직과 프로그램을 인식시키고 대중과 관계를 형성해 이들을 적극적인 지원자로 발전시키며, 궁극적으로 이들로부터 재원을 조성하는 활동'이다. 앞에서 설명한 세 가지 유형이 재원 조성의 방향이나 목적에 따른 구분이라면, 재원 조성 이벤트는 하나의 도구적 활동이며 대개 다른 재원 조성 활동과 결합해 활용된다. 재원 조성 이벤트는 특별하게 마련되는 행사이기 때문에 그 자체만으로도 평소에 잘 알고 있지 못하거나 관심을 보이지 않던 일반 대중에게까지 예술조직과 그 프로그램을 알릴 수 있는 기회가 된다. 이벤트 참석자는 예상치 못했던 혹은 평소에는 즐기지 못했던 다양한 형태의 특별한 프로그램에 즐겁게 참여하는 가운데 자연스럽게 예술조직에 대한 지원에 참여하는 기회를 얻는다. 즉, 재원 조성 이벤트는 직접적으로는 이벤트 수익을 통한 재원 조성을 목적으로 하지만 부수적으로 예술조직의 홍보에도 도움이 된다.[9]

이벤트라는 용어가 우리에게 익숙한 것은 일반 기업이 상품 판촉을 위해 다양한 이벤트를 벌이기 때문이다. 이벤트를 통한 판촉은 패션쇼, 음악회, 디너쇼와 같은 특별한 행사를 통해 상품에 대한 홍보 효과를 높이고 판매수익을 극대화하는 것이다. 한정된 시간과 장소를 활용해 집중적인 노력을 기울여 홍보한다는 점에서 본다면, 예술조직의 이벤트와 기업이 하는 이벤트 간에는 큰 차이가 없다. 그러나 재원 조성 이벤트의 목적은 홍보보다는 그것을 통한 재원 조성에 중점을 둔다는 점이 다르다. 우리나라에서 재원 조성 이벤트는 예술조직보다 오히려 대학이나 종교단체에서 더 많이 볼 수 있다. 장학기금 마련을 위한 동문 모임이나 불우이웃돕기를 위한 자선 바자회 등은 대표적인 재원 조성 이벤트라고 할 수 있다. 이러한 이벤트는 일상적 행사와 달리 대중의 관심을 끌기 쉽기 때문에 다른 재원 조성 활동에 비해 일시적으로 많은 사람의 참여를 유도하는 도구가 된다. 따라서 이를 통해 그 조직에 대해 잘 모르는 일반 대중에게는 조직을 알릴 기회가 되며, 기존 관객이나 회원에게는 더욱 적극적으로 조직 활동에 참여할 수 있도록 계기를 마련해준다. 이러한 재원 조성 이벤트는 참석자에게는 특별한 흥미와 즐거움을 줄 수 있는 행사이지만, 내부적으로는 조직 구성원이나 자원봉사자가 이벤트 준비에 참여하는 과정에서 서로 신뢰와 결속을 다지는 계기도 될 수 있다. 재원 조성 이벤트는 다른 재원 조성 활동에 비하면 훨씬 재미있게 시도할 수 있으며, 그 결과도 가시적이고 단기적인 확인이 가능하기 때문이다.[10]

그러나 재원 조성 이벤트는 준비 과정에서 노동과 시간이 집약적으로 소요된다는 부담이 있다. 신중하고 철저한 계획을 세우지 않으면 자칫 예산과 인력과 시간만 낭비할 수 있기 때문이다. 때로는 이벤트 자체는 성공적이었지만 수입이 지출보다 훨씬 적을 수도 있다. 이런 경우 예술조직의 인지도를 높일 수 있었다는 식의 변명을 할 수도 있지만, 단순히 인지도를 높이는 것은 재원 조성 이벤트의 부수적 효과이지 주목적이 아니다. 아울러 이벤트 준비를 위해서는 단기간에 많은 시간과 노력이 집중되어야 하는데, 이는 대개 일상 업무와는 별도로 부과되기 때문에 직원들에게 과도한 부담이 되어 활동을 제약할 수도 있다. 말하자면 새로운 형태의 조직적 스트레스가 되는 것이다. 나아가 다양한 비일상적 상황이 복합적으로 엮이는 이벤트의 속성상 아주 세심한 부분까지 신경 쓰지 않으면 예기치 않은 결과나 사고가 있을 수 있다. 다른 한편으로 재원 조성 이벤트를 통한 수입은 안정적이지 못하며 이벤트가 정기적으로 개최되다 보면 시간이 지남에 따라 사람들의 관심이 줄게 되어 그 효과가 점차 미약해질 수 있다. 따라서 재원 조성 이벤트는 어디까지나 다른 형태의 재원 조성 활동에 대

한 부수적인 수단으로만 활용될 필요가 있다.[11]

이벤트를 통한 재원 조성의 사례로는 대규모 인원을 불러 모을 수 있는 축제 개최, 기증 물품 판매 바자회 개최, 희귀 상품 등의 전시판매 행사, 특정 장소에 대한 방문 관광, 경연대회 개최, 아마추어를 참여시키는 전문 예술가 프로그램, 전문 예술가를 참여시키는 아마추어 예술가 프로그램, 디너파티, 경품이나 경매 행사, 저명인사가 참여하는 자선 모임 등이 있다. 비록 아직까지 우리나라에서는 재원 조성 이벤트가 일반화되어 있지 않지만, 이처럼 아이디어의 개발에 따라 거의 무한한 형태로 다양하게 활용될 수 있는 것이 바로 재원 조성 이벤트이다. 다음 두 가지 사례를 참고해보자.

CTFD의 연례 갈라 공연

미국의 CTFDCareer Transition for Dancers는 뉴욕을 기반으로 활동하고 있는 무용수 커리어 지원조직이다. 이 조직에서는 매년 '애뉴얼 갈라Annual Gala'라는 이름의 재원 조성 이벤트를 개최한다. 이 행사에는 한 무대에서는 거의 보기 힘든 브로드웨이의 뮤지컬 스타들이 함께 등장해 〈인 더 하이츠〉, 〈42번가〉, 〈코러스 라인〉, 〈웨스트사이드 스토리〉 등 유명 뮤지컬의 장면을 멋지게 보여준다. 또한 세계 유수의 발레단과 현대무용단이 함께 등장하여 최고의 무대를 꾸민다. 매년 가을 뉴욕의 시티센터에서 이루어지는 이 행사는 공연과 더불어 스타와 함께하는 저녁 식사 자리와 댄스파티도 마련된다. 이 행사에는 미국 무용계에서 존경받는 안무가와 무용수들이 함께 참여한다. 갈라 공연 프로그램을 꾸민 무용단에도 아메리칸발레시어터, 보스턴발레, 뉴욕시티발레, 앨빈 에일리, 폴 테일러, 파슨스 등 현재 미국 무용계를 대표하는 무용단이 거의 망라되어 있다.

공연 티켓 자체는 45달러에서 130달러 정도이지만 저녁 식사, 댄스파티, 경매 행사 등으로 이어지는 전체 이벤트의 티켓 가격은 600~1200달러다. 이러한 이벤트의 수익금은 무용수들에 대한 커리어 카운셀링, 재정지원, 커리어 자원 프로그램 운영 등을 위해 쓰인다. CTFD 사무총장을 맡고 있는 알렉산더 두브는 이 행사가 CTFD에 있어서 가장 중요한 재원 조성 기회인 동시에 무용수들의 삶에 대해 참석자에게 인식시켜 주는 계기가 된다고 말한다.

서울국제여성영화제 '우피시안 나이트'

국내 대표 영화제 중 하나인 서울국제여성영화제에서는 꾸준히 확보한 고정 관객을 바탕으로 '우피시안 나이트Wffisian's Night'라는 이름의 후원의 밤 행사를 매년 개최하고 있다. 이 행사는 매년 봄에 열리는 영화제 기간에 앞서 연초에 마련되며, 영화제의 벗이자 동반자를 만드는 계기로 활용된다. 프로그램은 참석자가 후원 행사라는 부담을 느끼지 않도록 다양한 이벤트를 곁들인다. 때로는 행사 시기를 대보름날에 맞추어 다양한 대보름 음식을 준비하기도 하고, 다양한 공연과 관객 참여 프로그램을 마련해 참석자가 행사 자체를 충분히 즐길 수 있도록 세심하게 진행한다.

심층 연구 및 토론 과제

- 예술조직에서 재원 조성이 필요한 이유는 무엇인가?
- 재원 조성의 세 가지 전제 조건 및 그것이 필요한 이유는 무엇인가?
- 기금조성이 일반적인 재원 조성과 다른 점은 무엇인가?
- 재원 조성에 활용할 수 있는 이벤트로는 어떤 것이 있을까?
- 예술조직에서 크라우드펀딩이 갖는 장점은 무엇인가?

3. 재원 조성의 과정

1) 재원 조성 준비

조직체제 형성 예술조직이 외부적으로 재원 조성 활동을 하기에 앞서 먼저 준비할 것은 지속적인 활동 단위로서의 조직체제를 갖추는 것이다. 독립적인 활동 단위로 조직 틀이 형성되지 못한 상태에서 외부에 대해 지원을 요청하는 것은 설득력을 얻기 힘들다.[12]

조직체제 형성Institution Building에는 설립 취지의 명확한 규정과 사업 내용의 정리, 중장기 기획, 각종 재무 관련 자료의 준비 등이 포함된다. 이런 조직체제 형성은 불안정한 상태의 신설 조직에서 안정된 상태의 성숙한

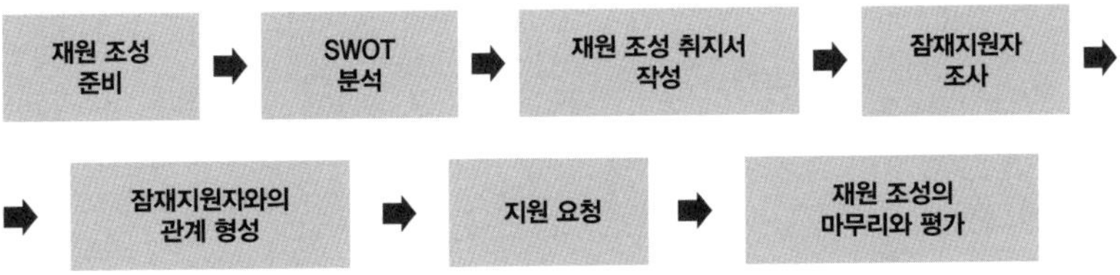

〈도표 5-2〉 재원 조성의 과정

조직으로 성장하기 위해 반드시 거쳐야 하는 단계라고 할 수 있으며, 예술 조직이 재원 조성을 통해 외부로부터 지원을 받아 사회적인 관계망 속에 위치하도록 만드는 첫 단계가 된다.

설립 취지를 명확히 규정하는 이유는 이를 통해 잠재지원자에게 지원금 사용 목적을 알려주기 위해서다. 설립 취지는 재원 조성 취지서Case Statement나 그 밖의 재원 조성에 필요한 각종 자료를 만드는 기초가 된다. 모든 자료가 설립 취지로 인해 동일한 기초와 통일성을 얻게 된다. 설립 취지는 이처럼 외부와 접촉할 때뿐 아니라 재원 조성 준비 단계에서도 내부적으로 이사진, 직원, 자원봉사자의 업무 능력을 효율적으로 집중시켜 활용하는 데 도움이 된다. 재원 조성에 참여하는 각 구성원이 조직의 설립 취지나 사업 목적에 대해 실제적으로 이해하고 있지 못하거나 공감하지 못하면 재원 조성이 효과적으로 이뤄지기 힘들다.

중장기 기획은 한 단체가 갖고 있는 비전과 그것을 성취하기 위한 중장기 활동 방향을 담기 때문에 재원 조성 과정에서 내·외부적으로 중요한 의미를 갖는다. 내부적으로는 조직이 갖고 있는 비전을 명확히 보여주고 성취할 일의 우선순위와 재원 조성의 목표를 설정해줌으로써 조직이 기획하는 사업과 재원 조성 전반을 체계적으로 관리할 수 있도록 해준다. 외부적으로는 잠재지원자에 대해 조직의 향후 계획을 알려줌으로써 신뢰감을 바탕으로 안정적인 지원을 할 수 있도록 해준다. 이와 아울러 효과적인 재원 조성을 위해서는 대차대조표와 손익계산서 등의 재무자료를 통해 재정 현황을 명확하게 제시해야 한다. 이런 자료를 통해 잠재지원자가 지원받을 조직의 재정적 안정성과 예산 운용 능력을 이해하는 데 도움을 줄 수 있다. 이러한 재무자료는 대개 연차보고서에 포함하여 정리한다.

인력자원 확보

효과적인 재원 조성을 위해서는 재원 조성 전반을 이끌어나갈 인력자원을 확보해 각각의 책임과 권한을 명확히 해야 한다. 우리나라 예술조직에서는 사실상 대표가 재원 조성에 관해 거의 100퍼센트의 역할을 한다. 예술조직을 이끄는 이상 대표가 책임감 있게 나서는 것 자체는 큰 문제가 아니지만, 체계적인 재원 조성 전략을 수립하지 않고 지나치게 개인 역량과 인맥에만 의존하는 경우 지속적인 성과를 거두기 어려운 것이 사실이다. 그런데도 예술조직의 대표가 재원 조성의 기획과 실행을 거의 전담하다시피 하는 이유로는 조직 운영의 폐쇄성도 한몫을 한다. 이러한 예술조직 중에는 상근직원조차도 어떤 과정을 거쳐 얼마를 받았는지 모를 정도로 지극히 개인적인 관계망 속에서 모든 업무를 비공식적으로 처리하는 경우가 많다. 이런 식이라면 재원 조성과 관련된 모든 활동을 언제나 대표에게 의존해야 하고, 대표 아닌 그 누구도 그 역할을 도와주거나 대신할 수 없다. 따라서 이런 조직은 적어도 재원 조성의 측면에서는 전혀 발전할 가능성이 없다.

그렇다면 예술조직에서 재원 조성을 맡아야 할 인력자원은 누구일까? 일차적으로는 이사진이 맡아야 한다. 3장에서 살펴본 것처럼 예술조직의 이사회는 재원을 조성해 예술조직의 재정적인 안정성을 확보하는 것이 가장 주된 역할이다. 직원이 편성한 예산을 이사회가 승인한다는 것은 곧 이사진이 앞장서야 할 재원 조성의 목표액을 설정하는 것이라고 할 수 있다. 재원 조성 과정에서 이사진은 직접적인 지원자 역할과 재원 조성을 이끄는 지도자 역할을 병행한다. 어떤 재원 조성이든 가장 먼저 지원을 요청해야 하는 대상은 이사진이어야 한다. 이사진은 자발적인 지원 과정을 통해 재원 조성 목표 달성에 직접 기여할 뿐 아니라 이를 통해 재원 조성 과정에서 조직 전체의 사기를 높여주고 나아가 외부에 지원을 요청할 때 당당히 자신의 역할을 설명하며 설득력 있는 요청을 할 수 있게 된다.[13] 그러나 이사진이 반드시 일률적인 금액을 할당받는 식으로 참여해야 하는 것은 아니다. 각자의 역량과 참여 의사가 다르기 때문이다. 다만 금액의 차이가 있더라도 이사진 전원이 일정 수준 직접 기여하면서 소속감과 책임감과 자부심을 느낄 수 있도록 해주어야 한다.

이사진에게 이러한 직접적인 지원 역할 이상으로 중요한 것은 재원 조성 과정을 이끄는 지도자의 역할이다. 예술조직에서 재원 조성을 체계적으로 실행하려면 대개 재원 조성 전담팀이나 소위원회를 꾸린다. 이런 전담팀이나 소위원회에는 직원이나 자원봉사자도 있지만 중심은 이사진이 되어야 한다. 이사진이 직접 나서서 재원 조성 목표를 설정하고, 전략을 수립하며, 재원 조성 과정에서 구성원을 독려하며 이끌어가야 한다. 이처럼 이사진의 역할이 적극화되면 담당 직원이 만든 기획안에 따라 수동적으로 움직이는 경우에 비해 재원 조성의 성과를 훨씬 높일 수 있다.

이와 같이 재원 조성의 책임을 맡는 것은 일차적으로 조직의 대표와 이사진이다. 그러나 이들이 재원 조성 과정에서 제 역할을 잘하려면 이들에게 필요한 정보나 자료를 제공하는 등 실질적인 손과 발이 되는 담당 직원의 도움이 필요하다. 담당 직원이 재원 조성에 필요한 사전조사와 기획안 작성 등 전체 과정의 90퍼센트 이상을 달성해놓았을 때 비로소 대표와 이사진이 마지막 10퍼센트를 완수하면서 재원 조성이 결실을 거둘 수 있다. 실제적인 재원 조성 과정에서는 지원 요청 자체보다 그 기반이 되는 이러한 사전준비 과정의 업무량이 훨씬 많은 것이 보통이다. 아울러 재원 조성에 필요한 여러 가지 서류의 작성도 담당 직원이 맡는다. 또한 매년 재원 조성 업무를 담당해온 직원은 재원 조성에 처음 참여하는 이사진이나 자원봉사자를 위해 사전교육 프로그램도 마련한다. 따라서 담당 직원의 역할은 조직 대표와 이사진이 일할 수 있도록 사전준비를 하는 것이고, 조직 대표와 이사진의 역할은 직원의 도움을 받아 실제로 지원을 요청하는 것이라고 할 수 있다. 재원 조성 과정에 참여하는 직원이 비단 재원 조성 담당자만은 아니다. 마케팅 담당자 등 관련 업무 직원들 역시 함께 참여해 역할을 분담해야 한다.

미국 예술조직에서는 규모와 상관없이 거의 대부분이 재원 조성 담당 직원을 둔다. 재원 조성 업무는 'development office'에서 담당한다. 번역하자면 (재원)개발부 정도 될 것이다. 기업을 비롯하여 재단, 개인, 정부와 공공기관 등으로부터의 재원 조성을 전담하는 부서다. 예를 들어, 세계적인 명성의 오케스트라 뉴욕필하모닉은 연주단원 외에 경영 부문을 맡고 있는 80여 명의 직원 중 20여 명이 재원개발부에서 일하고 있어서 전체 직원의 25퍼센트 정도를 차지한다. 예술 프로그램 기획, 총무, 마케팅 등 다른 어떤 부서보다 높은 비중이다. 재원개발부의 업무는 치열한 재원 조성의 전쟁터에서 교육, 사회 복지, 의료, 학술 등 다양한 성격의 비영리조직과 경쟁해 외부 지원 주체로부터 지원금을 얻어내는 것이다.[14]

예술조직의 재원 조성에서는 담당 직원과 아울러 자원봉사자도 주요 역할을 할 수 있다. 특히 소규모 예술조직의 경우 예산이나 그 밖의 여러 가지 제약으로 인하여 재원 조성 담당 직원을 고용하지 못하거나 업무에 비해 담당 직원의 수가 현저히 부족한 경우가 많다. 이러한 경우 자원봉사자를 적절히 활용하면 담장 직원을 둔 것 이상의 효과를 볼 수 있다. 자원봉사자는 그 자신이 지원자인 동시에 주위 사람을 설득해 새로운 지원자가 될 수 있도록 하기 때문이다. 인력이 부족한 조직에서는 재원 조성의 각 과정을 진행하면서 실무 처리에도 자원봉사자의 도움을 받을 수 있다. 그뿐 아니라 재원 조성에 자원봉사자가 참여하면 대외적으로도 좋은 인상과 신뢰감을 줄 수 있다. 지역사회를 기반으로 활동하는 예술조직이라면 효과적인 재원 조성을 위해 지역 커뮤니티에서 영향력을 발휘할 수 있고, 상징적인 위상을 가진 인사를 자원봉사자로 참여시키는 것도 큰 도움이 된다. 지역사회에서 신망이 두텁고 친분 관계가 넓은 지역 의원, 상공인 대표, 의사나 약사 등 직능협회장, 대학 총장이나 학교장 등을 자원봉사자로 확보할 수 있다. 이러한 지역 인사는 스스로 재원 조성에 기여할 수 있을 뿐 아니라 지원 능력이 있는 사람에 대한 접근성과 설득력을 갖추고 있다. 다만 이런 유력인사는 자원봉사자로 직접 활동하기에는 지나치게 바쁜 경우가 많기 때문에 실제 재원 조성 업무를 맡기기보다는 명예위원장 등 상징적인 위치를 부여하여 큰 부담을 주지 않고 영향력을 발휘하도록 하는 것이 바람직하다.

이 밖에 또 다른 형태의 인력자원으로, 외부로부터 고용하는 전문 컨설턴트를 들 수 있다. 재원 조성이 조직 운영의 필수 기능인 미국의 예술조직은 일정 규모 이상의 재원 조성에서는 전문적이고 체계적인 업무 추진을 위해 외부 컨설턴트를 고용하는 경우가 많다. 하지만 국내에서는 일부 대학 등에서 재원 조성을 위해 컨설턴트와 유사한 역할을 하는 전문 홍보회사의 도움을 받기는 하지만, 아직까지는 재원 조성을 위한 컨설팅 비즈니스 자체가 활성화되지 못한 편이다.

2) SWOT 분석

SWOT 분석은 예술조직이 재원 조성을 기획하기에 앞서 내·외부 환경을 구체적으로 진단하고 분석해 재원 조성의 가능성을 점검하고 재원 조성의 목표 및 전략 수립을 위한 기초 자료를 만드는 것이다. SWOT의 구체적인 방법은 다음 6장(399쪽 참조)에서 본격적으로 다룰 것이다.

외부 환경 분석 외부 환경 분석은 단체를 둘러싸고 있는 정치·경제·사회·문화·기술적인 환경, 잠재지원자, 예술조직의 활동이나 프로그램에 대한 외부 지지도 등을 조사하여 정리하는 것이다. 경제가 어려운 상황에서는 예술조직에 대한 기업이나 재단의 지원 규모가 축소될 수 있고, 개인의 지원 역시 마찬가지다. 이런 경제 여건이나 사회 트렌드의 변화는 개별 예술조직이 조절할 수 있는 요소가 아니다. 사회경제 여건 변화에 따라 기존의 지원 규모가 변경되는 것도 어쩔 수 없는 현실이다. 따라서 이러한 여건 변화에 따라 지원 요청의 대상과 범위, 지원 요청의 방법 등이 달라져야 한다. 예술 활동에 대한 지지도를 분석하는 것도 필요하다. 이는 객석점유율이나 정기회원의 숫자로 가늠할 수 있다. 관객의 증가와 감소는 재원 조성에 직접적인 영향을 미치는 요인이 되므로 이에 대한 조사 분석 결과는 재원 조성의 가능성을 타진할 수 있는 직접적인 척도가 된다. 아울러 이해관계자를 비롯하여 일반 대중을 대상으로 한 설문조사, 언론이나 인터넷 매체의 보도 내용 등도 예술조직의 활동이 외부에 어떻게 인식되고 있는지를 알아볼 수 있는 좋은 방법이다. 좀 더 구체적으로 잠재지원자를 대략적으로 파악해보는 것도 필요하다. 다만 SWOT 분석 단계에서의 잠재지원자 조사는 예비적인 것이며, 명단과 연락처 등 구체적인 내용의 파악은 별도의 잠재지원자 조사 단계에서 이루어진다.

내부 환경 분석 내부 환경 분석은 재원 조성의 목적과 규모 파악, 과거의 재원 조성 활동과 실적 분석, 현재 재정 상태 등을 정확하게 이해하는 것을 말한다. 효과적인 재원 조성을 위해서는 재원을 조성해야 하는 이유, 즉 무엇을 하기 위해 재원을 조성하며 이로 인해 혜택을 받을 수혜자는 누가 될 것인지, 외부 지원을 받는 것이 왜 타당한지를 분명히 해야 한다. 조직의 역사나 발전 상황, 주요 프로그램이나 활동의 범위 등을 검토해 일목요연하게 정리하는 것도 필요하다. 이는 재원 조성의 목표를 설정하기 위한 기초가 되며, 실제로 재원 조성 과정에서 필요한 자료를 만드는 데 활용되기도 한다. 자료를 정리할 때는 다음의 내용을 포함해야 한다.

- 지난 3년간의 대표 사업과 프로그램 내용
- 사업 기반이 되는 커뮤니티 발전에 기여한 내용
- 사업에 대한 외부 평가
- 사업이나 프로그램을 통해 혜택을 본 이들에 관한 설명

예술조직이 실행했던 여러 사업과 프로그램이 조직의 설립 취지에 부합되는지도 점검할 필요가 있다. 설립 취지에 부합되지 않는 사업은 재원 조성에 오히려 방해가 될 수 있기 때문이다. 다음으로 조직이 직면한 과제를 분석한다. 예를 들어, 운영 중인 공연장의 음향을 개선하기 위한 무대장치의 변경이 시급한 과제일 수도 있고, 관객 개발을 위한 회원관리 시스템의 마련이 중요한 과제일 수도 있다. 당면 과제를 파악하고 이를 해결하기 위한 우선순위를 정해둔다면 재원 조성의 목표를 구체화하는 데 도움이 된다. 과거에 이루어졌던 재원 조성 활동의 내용과 결과를 조사해 부족했던 점이나 개선 요소를 살펴보는 것도 필요하다. 또한 재원 조성 관련 재정 현황을 구체적으로 분석함으로써 재원 조성의 실질적 목표와 전략을 수립하기 위한 자료를 확보할 수 있다.

3) 재원 조성 취지서 작성

정부와 공공기관, 기업, 재단, 개인 등 각 지원 주체에 따라 지원 요청 방법이 달라져야 한다. 정부와 공공기관에는 대개 소정의 지원신청서 양식을 작성하여 제출한다. 반면 기업에는 협찬제안서를, 개인에게는 구두로 요청하거나 편지 형식의 비공식적인 요청서를 보내는 방법이 일반적이다. 이처럼 다양한 지원 요청 방법에 대응하여 재원 조성과 관련된 정보를 일관성 있게 다루려면 그 기초가 되는 재원 조성 취지서case statement를 꼼꼼히 준비하는 것이 필요하다.

재원 조성 취지서란 예술조직의 설립 취지와 설립 배경, 발전 과정, 주요 활동, 재원 조성의 목적, 구체적인 재원 조성 목표, 현재까지의 재원 조성 현황, 계획 중인 프로그램과 그로 인한 수혜자 등 지원 요청 서류를 작성할 때 필요한 기본 내용을 담고 있는 기초 자료를 말한다. 이러한 재원 조성 취지서는 지원요청서뿐 아니라 각종 관련 홍보물, DM 자료 등을 만드는 데도 주요 참고자료가 된다.

4) 잠재지원자 조사

재원 조성 취지서를 마련한 후에는 잠재지원자를 조사하고, 정부와 공공기관, 기업, 재단, 개인 등 지원 주체별로 구분하여 각각의 지원 취지와 동기 및 지원 분야를 구체적으로 파악하고 정리해야 한다. 잠재지원자를 파악할 때는 〈도표 5-3〉에서 볼 수 있는 것처럼 조직 내부에서 밖으로 확산해가는 형식으로 진행해야 한다. 즉, 조직 대표와 이사진을 비롯해 조직의 핵심 구성원의 지원 가능성 파악에서 시작하여 현재 지원자, 과거 지원자, 특별관계자, 관심층 등을 차례로 검토하는 것이다.

현재 지원자는 해당 조직에 관하여 이미 잘 알고 있는 계층이며, 지원 가능성이 가장 높은 잠재지원자다. 이들을 통해 새로운 잠재지원자에 대한 정보를 획득하거나, 이들 스스로 지원 규모를 확대하도록 유도할 수 있다. 따라서 가장 주요한 잠재지원자라고 할 수 있다.

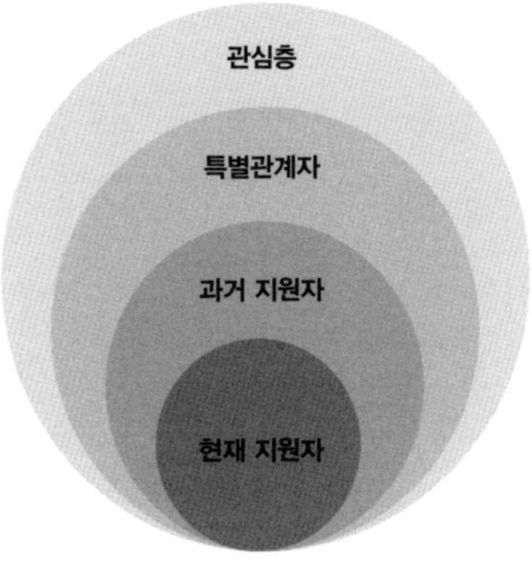

〈도표 5-3〉 잠재지원자의 구분

과거 지원자는 이미 그 조직에 지원한 경험이 있기 때문에 조직에 대해 어느 정도 알고 있으며 다시 지원할 가능성이 높은 잠재지원자다. 이들에 대해서는 지원을 중단한 이유를 분석하는 것이 중요하다. 중단 이유로는 개인 사정이나 지원조직의 내부 방침 변경, 조직에 관한 정보나 소식 전달 미흡, 기업이나 재단 등의 지원 담당자 교체 등 여러 가지가 있을 수 있다.

특별관계자는 예술조직과 어떤 식으로든 특별한 관계를 맺고 있는 잠재지원자를 말한다. 여기에는 예술조직의 이사진과 직원을 비롯하여 그들과 혈연·지연·학연 등의 관계에 있는 사람들, 사업상의 거래관계자, 조직 설립에 기여한 기관이나 개인 등 다양한 대상이 포함된다.

관심층은 예술조직의 프로그램이나 활동에 관심을 갖고 공연·전시 프로그램 등에 참석하는 일반 관객이다. 이들에게는 예술조직의 소식을 정기적으로 알려서 그들의 관심을 더욱 적극적인 참여로 발전시킬 수 있다.

이러한 잠재지원자에 대한 대략적인 정보를 확보하면 이들을 지원 가능성, 지원 규모 등에 따라 구체적으로 세분하여 잠재지원자 데이터베이스를 만든다.

5) 잠재지원자와의 관계 형성

재원 조성 전문가들은 재원 조성fundraising의 핵심이 친구 만들기friendraising라고 말한다. 이는 잠재지원자와의 관계 형성을 상징적으로 함축한 표현이다. 관계 형성을 위해서는 잠재지원자를 파악한 후 이들과 다양한 방법으로 접촉하거나 정보를 제공해 장기적인 신뢰 관계를 형성해야 한다. 따라서 잠재지원자가 기꺼이 재원 조성에 참여하게 하려면 무엇보다도 지원을 요청하는 예술조직에 대해 잘 알고 있어야 한다. 잠재지원자가 당장은 지원을 요청하는 예술조직에 대해 전혀 관심이나 지원 의사를 갖고 있지 않더라도 예술조직의 사업이나 프로그램에 대해 지속적인 정보를 제공하는 것이 필요하다. 그렇게 하면 나중에 구체적인 지원 요청을 받았을 때 이를 단번에 거절하기보다는 한 번 더 고려할 가능성이 있다. 관계 형성은 한순간에 이루어지기보다는 꾸준한 노력과 정보 제공을 통해 단계적으로 이루어진다는 것을 명심해야 한다. 아울러 새로운 관계의 형성도 중요하지만 이미 지원하고 있는 사람들과의 관계를 지속적으로 더욱 친숙하게 발전시키는 일도 소홀히 해서는 안 된다. 공공기관이나 기업이 지원하는 경우에도 최종 결정을 하거나 그 밖의 지원 절차를 진행하는 것은 개인 지원자와 마찬가지로 한 명의 사람이라는 사실을 잊어서는 안 된다. 따라서 지원을 받았는지와 상관없이 정기적으로 활동 성과에 대한 정보를 제공하여 관계가 지속될 수 있도록 하는 것이 좋다.

6) 지원 요청

지원 요청은 예술조직에서 재원 조성을 담당하는 재원개발부에서 중심 역할을 하지만 궁극적으로 전면에 나서는 것은 조직 대표나 이사진이다. 지원 요청은 잠재지원자의 행동 성향과 지원 동기에 맞게 이루어져야 한다. 개인에게 지원을 요청할 경우에는 정해진 형식이 없지만, 정부와 공공기관 혹은 재단의 경우에는 소정 양식의 지원신청서를 제출하는 것이 일반적이다. 기업은 체계적 지원 프로그램을 갖춘 곳이 드물기 때문에 지원신청서 양식이 없는 경우가 대부분이다. 그래서 실질적으로 필요한 자료조차 준비하지 않은 상태에서 무작정 지원 요청에 나서는 경우가 많다. 물론 당연히 성과를 거두기 힘들다. 설사 정해진 양식이 없더라도 기본적인 요청 내용과 이에 따른 혜택을 간략히 정리한 협찬제안서를 작성하여 지원 요청에 나서야 한다. 지원요청서나 협찬제안서는 잠재지원자에게 지원 요청의 의사를 전달하는 직접적인 수단이기 때문에 지원을 요청하는 예술조직에 관한 전반적인 사항과 함께 재원 조성의 구체적인 목적과 이를 통해 궁극적으로 이루고자 하는 것이 무엇인지 나타내야 한다. 지원요청서는 대개 다음과 같은 내용으로 구성된다.

안내 편지 안내 편지는 지원요청서의 가장 첫 페이지이며, 가장 중요한 부분이다. 안내 편지만으로도 잠재지원자에게 재원 조성 취지를 전달하고 신뢰감을 형성할 수 있어야 한다. 안내 편지는 보통 한 장 이내의 분량으로 작성하며, 구체적인 설명보다는 지원 요청의 취지와 지원으로 인한 효과에 중점을 두어 읽는 사람이 부담을 느끼지 않도록 작성해야 한다. 물론 편지 내용에는 기본적으로 재원 조성의 취지, 필요한 금액, 지원금을 사용해 추진하고자 하는 프로그램, 주요 활동 내용, 수혜자에 관한 사항 등이 간단하게라도 포함되어 있어야 한다.

지원요청서 잠재지원자가 안내 편지에 이어 구체적인 설명이 포함된 지원요청서의 본문을 읽게 된다면 그들의 관심을 끄는 데 어느 정도 성공한 것이다. 따라서 본문에서는 이들의 흥미나 관심이 구체적인 지원 행위로 이어지기 위해 필요한 정보를 제공해야 한다. 여기에는 1)지원 요청 프로그램의 목적과 필요성, 2)지원받을 프로그램의 구체적인 내용과 효과, 3)그 프로그램을 수행할 예술조직이나 예술가에 대한 설명 및 그동안의 성과 등이 포함된다.

예산자료 프로그램에 관한 설명이 계획하는 내용을 말로 표현하는 것이라면, 예산은 이를 숫자로 재확인하는 것이라고 할 수 있다. 잘 짜인 예산은 프로그램에 대한 이해를 높여준다. 예산에 관해 설명할 때는 조직 전체의 예산자료와 프로그램 세부 예산을 각각 한 장 정도의 분량으로 요약해 설명한다. 대표적인 예산자료에는 대차대조표와 손익계산서, 당해 연도 혹은 특정 사업의 예산계획서 등이 있다. 이미 확보된 외부 지원금을 제시하는 것도 잠재지원자가 지원을 결정하는 데 도움을 준다.

<u>첨부 자료</u> 지원요청서 본문에 미처 담지 못한 내용은 별첨하는데, 다음과 같은 사항을 포함할 수 있다.

- 이사진 및 조직의 주요 경영진과 참여 예술가의 명단 및 약력
- 조직의 활동에 대한 외부 평가 혹은 언론 기사 스크랩
- 연차보고서
- 유력인사 혹은 관련 인사의 추천서
- 수혜자의 감사 편지

7) 재원 조성의 마무리와 평가

재원 조성 활동이 끝나면 지원 요청 대상에 대해 지원 여부에 상관없이 감사 편지를 보내야 한다. 지원자에게는 그 지원이 얼마나 유용하게 쓰였는지에 대한 결과 보고와 함께 감사의 뜻을 전하도록 한다. 이때 사업 과정에서 제작한 프로그램, 도록, 리플릿, 포스터, 기념품 등도 같이 제공한다. 지원기관에 따라서는 지원금에 대한 결과보고서 제출을 요구하기도 하므로, 요구하는 형식이나 내용에 맞추어 결과보고서를 작성하여 정해진 기간 내에 제출할 수 있도록 사전에 자료를 준비해야 한다. 또한 결과보고서를 의무적으로 제출해야 하는 경우가 아니더라도 재원 조성의 결과와 그 재원으로 마련한 프로그램 성과에 대해 지원자에게 알려줌으로써 지원의 보람을 느끼고 추후에 다른 지원 요청에도 긍정적으로 고려할 수 있도록

하는 것이 바람직하다. 또한 지원을 거절당했더라도 지원요청서를 검토한 노고에 감사하며 재원 조성 노력의 결과에 대해 알려주는 것이 좋다. 지원을 거절당한다는 것은 단지 지원 요청 경쟁에서 이기지 못한 것이니 너무 실망할 필요는 없다. 지원요청서를 받는 대상이 모두 긍정적인 반응을 보이는 것은 아니기 때문에 거절당한 경우에는 그 이유를 분명히 이해하고 다음 기회에 다시 지원을 신청할 수 있는지 알아보는 것이 좋다. 거절한 상대에게 감사의 편지와 함께 사업의 성과를 알리는 것은 곧 새로운 재원 조성을 위한 관계 형성의 시작이 된다.

재원 조성의 평가 시에는 단순한 금액적인 결과뿐 아니라 단계별 과정에 대한 평가도 함께 함으로써 이후 재원 조성 계획을 세울 때 도움이 되는 자료를 마련해야 한다. 아울러 잠재지원자별로 지원 요청에 대한 반응을 구체적으로 기록해놓는 것이 좋다. 그리고 마지막으로 재원 조성 요청 과정에서 사용한 모든 자료, 즉 디지털 파일과 출력물 모두를 폴더로 구분하여 정리해두어야 한다.

심층 연구 및 토론 과제

- 직접 참여했던 예술조직 혹은 프로젝트 하나를 선택하여 잠재지원자에게 설명하기 위한 설립 취지 혹은 사업 취지를 간략히 정리해보자.
- 위의 질문에서 선택한 예술조직 혹은 프로젝트의 재원 조성을 위한 SWOT 분석을 해보자.
- 장래에 추진할 가상의 프로젝트를 구상한 후 재원 조성을 위해 접촉할 잠재지원자 목록을 작성해보자.
- 잠재지원자와의 관계 형성을 위한 전략으로는 어떤 것이 있을까?

4. 지원 주체별 재원 조성 전략

1) 정부와 공공기관

가. 정부와 공공기관 예술지원의 의의

고대에서 중세를 거쳐 르네상스에 이르기까지는 교회와 왕족과 귀족이 예술지원의 중심 역할을 했다. 그러나 근대국가의 설립 이후에는 정부와 공공기관의 지원이 이를 대체해왔고, 이제는 중앙정부, 지방자치단체, 공공기관에 의한 예술지원이 서구 대부분의 국가에서 거의 일반화된 제도로 자리 잡고 있다. 하지만 국가마다 역사적 배경이나 사회경제적 환경이 다르기 때문에 그 방향, 형식, 절차, 규모에서 큰 차이가 있다. 프랑스를 비롯한 네덜란드, 독일 등 유럽 국가들은 중앙정부나 지방정부가 직접 지원하는 경우가 많은 반면 미국은 연방정부 차원에서 NEA, 주정부 차원에서 주 예술진흥원과 같은 전문 지원기구를 통해 지원한다. 영국은 우리와 유사하게 중앙정부 차원에 디지털문화미디어체육부Department of Digital, Culture, Media & Sports가 설치되어 있는 동시에 잉글랜드, 스코틀랜드 등 권역별로 전문 지원기구인 예술진흥원Arts Councils을 운영한다.

우리나라는 중앙정부 내의 문화체육관광부와 그 산하에서 문예진흥기금의 운용을 맡고 있는 한국문화예술위원회가 예술지원사업을 해왔으며 이제는 서울문화재단, 경기문화재단, 인천문화재단 등 지방자치단체에서 설립한 공공재단이 전문 지원기구로서의 역할을 점차 확대하고 있다. 정부와 공공기관의 지원은 예술 창작, 즉 공급 부문에 한정되지 않는다. 특히 1990년대 이후 우리나라만이 아니라 미국, 영국, 프랑스 등 주요 국가에서 공급 부문과 아울러 수요와 매개 부문에 대한 지원을 강화하는 추세가 지속되고 있다. 과거에는 주로 개인 예술가나 예술조직의 창작과 발표 활동에 정책의 중점을 두던 것을 전환해 향유권 신장, 즉 문화예술교육을 통한 향유 능력 계발이나 예술에 대한 접근권 확대 등 수요 부문에 대한 지원을 강화하는 것이다. 또한 예술조직이 시장구조하에서 자립해 생존할 능력을 길러주기 위한 매개 부문 지원사업도 확대되고 있다. 이러한 공공지원은 그 과정에서 여러 가지 절차적인 번거로움이 따르기는 하지만, 예술가와 예술조직으로서는 불가피하게 맞닥뜨려야 하는 현실인 동시에 당연히 누릴 권리라고 할 수 있다. 따라서 자신의 여건에 맞는 지원 프로그램을 찾아 최대한 그 혜택을 볼 수 있도록 체계적인 지원 신청 전략을 수립해서 추진해야 한다.

나. 정부와 공공기관 예술지원의 특성

정부와 공공기관의 예술지원은 기업이나 개인 등 다른 지원 주체의 지원과는 달리 다음과 같은 특성을 갖는다.

첫째, 지원사업의 구체적인 목적을 설정하고 있다. 정부와 공공기관은 매년 편성되는 예산을 바탕으로 지원을 한다. 어떤 항목의 예산이든 일정한 공공 목적을 갖고 편성되며, 지원사업은 그 목적 달성에 기여하는 방향으로 운영된다. 또한 중앙정부든 지방자치단체든 기관장의 의지나 정책 방향이 이러한 예산편성 과정에 어떤 식으로든 반영되는 경우가 많다. 지원을 신청하고 지원사업을 운영하는 입장에서는 관심 있는 지원사업의 목적에 대해 세심하게 주의를 기울일 필요가 있다.

둘째, 지원 대상이 되는 사업의 성격과 수혜자를 고려한다. 정부와 공공기관의 지원사업은 대체로 지원 대상을 비영리조직이나 개인으로 한정하는 경우가 많으며, 지원받는 사업의 공익성 측면을 우선적으로 검토한다. 영리 목적 활동은 특별한 경우를 제외하고는 지원 대상에 포함되지 않는다.

셋째, 반대급부를 요구하지 않는다. 정부와 공공기관의 지원사업은 기업 등의 지원과는 달리 공공 목적에 따라 지원 대상을 선별해 지원하기 때문에 대체로 지원에 대한 반대급부를 요구하지 않는다. 다만 사업 성격에 따라 일정한 조건이 붙는 경우는 있다. 예를 들어, 사업 대상 지역이나 시기의 한정, 티켓 가격 설정에 대한 제약, 이익금 활용에 대한 규제 등이다. 이는 그 수혜자에게 돌아가는 혜택을 고려한 보조적인 제약이라 할 수 있으며, 지원기관 자체가 이익을 보기 위한 요구사항은 아니다.

넷째, 투명성이 중요시된다. 정부와 공공기관의 지원은 대부분 세금으로 조성된 국가나 지방자치단체의 예산 혹은 기금 등을 활용하기 때문에 지원금이 어디에 어떻게 사용되는지 공개하는 것이 원칙이다. 따라서 일단 지원금을 받으면 이에 대해서는 자체적으로 마련한 자금과는 별도로 관리하며, 그 지출 내역 전반에 대해 보고와 공개의 의무를 진다. 이러한 투명성은 지원을 한 정부나 공공기관 자체의 요구사항이기도 하지만, 아울러 정부와 공공기관을 감시 감독하는 국회와 지방의회, 감사기관, 시민단체에서도 관련 자료를 요청하는 경우가 많다.

다섯째, 매년 정책 방향과 예산 여건에 따라 지원사업의 방향이나 규모가 바뀔 수 있다. 정부와 공공기관의 예산은 매년 편성되는데, 이로 인해 지원사업의 방향이나 규모가 매년 예산편성 방향이나 결과에 따라 바뀔 수 있다. 특히 정권이 교체되거나 지방자치단체의 장이 바뀌는 경우 중점을 두는 정책 방향이 달라질 수 있기 때문에 이에 따른 지원사업의 방향 전환이나 규모 혹은 지원 기준의 변화 등을 지원 신청에 앞서 점검할 필요가 있다.

다. 정부와 공공기관의 지원 경향

우리나라의 문화예술정책은 중앙정부 내의 문화체육관광부가 담당하고 있다. 문화부가 일부 지원사업을 운영하는 경우도 없진 않지만, 정책기구의 성격상 공연이나 전시 등에 대한 개별적 지원사업을 직접 운영하는 것은 드문 편이다. 예산 지원이 이루어지는 경우에도 사전에 국가 행사 등 특정한 필요에 따라 관련 예산이 편성되는 것이 대부분이다. 실질적인 예술지원은 한국문화예술위원회가 맡고 있다. 1973년 한국문화예술진흥원으로 설립된 이 기관은 문화예술진흥법 개정에 따라 2005년부터 한국문화예술위원회(이하 예술위)로 전환되었다. 예술위는 문화예술진흥기금을 운용하면서 지원사업을 운영한다. 예술위는 1990년대 말까지만 해도 국내 예술계가 의지할 수 있는 거의 유일한 지원기관이었지만 이후 예술경영지원센터, 한국국제문화교류진흥원 등이 설립되어 사업 성격에 따라 다양한 지원사업을 분담하고 있다.

미국을 비롯하여 대부분의 유럽 국가에서는 지방정부가 문화예술에 대한 지원에 있어서 상당한 비중을 차지한다. 국내에서는 1997년 경기도에서 경기문화재단을 설립한 이후 시도별 문화재단이 대부분 설립되어 예술지원의 중추기관 역할을 하고 있다. 중앙정부와는 다른 관점에서 지방자치단체 내의 문화예술 진흥을 위한 지원사업을 독자적으로 설계하는 것이다. 이러한 지원사업은 지방선거 등 지역 내 정치적 역학관계의 변화에 따라 여러 방향으로 부침을 거듭했지만, 이제는 시군구 등 기초자치단체에서도 문화재단 설립이 확산되고 있다. 그 밖에 행정안전부의 비영리민간 단체 제도나 외교부의 국제교류사업 등 문화부 외의 다른 정부 부처에서도 소관 사업과 연계하여 일부 예술 프로그램에 대한 지원이 이루어진다.

라. 기관별 예술지원사업

문화체육관광부 문화부는 중앙정부에서 문화예술정책을 담당하는 주무 부처이다. 2000년대 초반까지는 문화부가 문화예술지원사업을 직접 운영하는 경우가 많았다. 그러나 2004년 이후 정책기조가 전환되어 이제는 현장 지원 업무를 상당 부분 한국문화예술위원회, 한국문화예술교육진흥원, 예술경영지원센터 등 소속 공공기관으로 이관했다. 현재는 직접적인 개별 사업에 대한 지원보다는 중장기적인 정책 방향의 설정, 문화예술시장 전반에 대한 유통 및 구조 개선 등 정책 기반 조성 쪽으로 중점 업무 방향을 전환했다. 이런 정책기구로서의 역할 외에도 문화부는 후원 명칭 사용 허가 등을 통해 간접 지원도 하고 있다.

문화부에서 예술 관련 지원사업을 담당하는 주무 부서는 예술국이다. 예술정책 수립과 함께 예술 전문 인력의 양성, 문화공간의 건립 및 운영 활성화, 예술지원 재원 확충, 국내외 예술시장 활성화 및 예술 수요 확대, 예술인 복지 향상 등 예술 분야에 대한 전반적인 정책 수립을 담당한다. 이 밖에도 초·중·고교 및 일반 국민을 대상으로 한 예술교육 및 예술 영재 양성, 기업의 예술지원 확대, 해외 문화교류 등을 총괄한다. 문화부 소속기관인 해외문화홍보원에서는 해외 각국에 설치된 한국문화원을 총괄적으로 지원하면서 한국 문화의 해외 홍보사업을 하고 있으며, 콘텐츠국에서는 산업적 성격이 강한 영화, 방송, 게임, 만화, 캐릭터 산업 정책을 담당한다. 이러한 정부의 업무는 정부조직의 개편이나 조정에 따라 몇 년에 한 번씩 큰 폭의 변화를 겪고 있으므로, 특정 사업에 대한 지원 사항을 협의하려면 우선 소관 부서가 어디인지 파악해야 한다.

문화부에서는 예술 전반에 대한 정책 수립과 더불어 각종 문화예술 프로그램을 다양한 형식으로 후원한다. 문화부의 후원은 크게 경비 후원, 시상 후원, 명칭 사용 후원으로 구분할 수 있다. 여기서 경비 후원이란 사업 또는 행사에 소요되는 경비 중 인건비, 기타 경상비를 제외한 경비의 지원을 뜻한다. 과거에는 행사별로 협의해 지원 여부를 결정하는 경우가 많았지만 최근에는 국가적인 수준의 공공 행사를 제외하고는 직접 금전 지원을 하는 사례는 거의 없어지는 추세이다. 시상 후원이란 사업이나 행사에 대하여 정부표창 규정에 의한 상장 혹은 부상을 수여하는 것이다. 시상 후원에는 문화부장관상 외에 국무총리상, 대통령상 등 여러 단계가 있지만 어떤 수준이든 예술 분야에 대한 시상 후원은 일단 문화부에서 총괄한다. 과거에는 이런 시상 후원이 사업별로 이루어졌지만 시상을 둘러싼 잡음을 피하기 위해 이제는 매년 말 이듬해 이루어질 시상 후원에 대해 총괄적으로 심사해 선정하므로, 시상 후원을 받으려면 해당 사업의 전년도에 미리 신청하여 일정 심사를 거쳐 시상 후원 대상으로 선정되어야 한다.

명칭 사용 후원이란 사업 또는 행사 후원기관으로 문화부 이름을 사용할 수 있도록 하는 것이다. 명칭 사용 후원은 현금으로 직접 지원하는 것은 아니지만 이를 통해 주요 기업들과 협찬을 협의할 때 공신력 확보에 도움이 되는 등 간접적인 지원 효과를 얻을 수 있다. 문화부로부터 후원 명칭 사용 허가를 얻으려면 최소한 행사 개시일 20일 전까지는 행사에 관한 개요가 포함된 후원신청서와 함께 예산명세서가 포함된 당해 행사계획서, 최근 2년간의 행사 실적 및 후원받은 사실 여부, 법인인 경우 연혁 및 설립 관련 서류, 기타 행사 관련 사진, 도록 등 참고서류를 첨부하여 제출한다. 명칭 사용 후원을 요청하려면 정식 문서로 신청하기 전에 관련 업무 담당자에게 전화, 이메일 또는 직접 방문을 통해 자료를 전달하고 해당 사업을 설명하여 후원 명칭 사용에 관해 사전협의를 거치는 것이 좋다. 사전협의 과정에서 담당자로부터 관련 서류의 구비 여부 및 검토 의견을 듣고 보완하는 절차를 거치게 된다. 이런 과정을 거쳐 일단 명칭 사용 후원을 받게 되면, 반드시 행사 종료 후 30일 이내에 행사 실시 일자 및 장소, 참여 인원 등 행사 개요와 함께 수지결산서, 행사 성과 등이 포함된 행사 결과를 문화부 장관에게 보고해야 한다.

한국문화예술위원회 한국문화예술위원회(이하 예술위)•는 문화예술진흥법의 개정에 따라 1973년 설립된 한국문화예술진흥원이 2005년 8월에 명칭을 변경해 출범했다. 예술위는 현재 문화예술에 대한 가장 큰 지원 창구 역할을 한다. 예술위는 과거에는 자체 기금을 갖고 그 이자를 주 재원으로 운영했기 때문에 상대적인 안정성이 있었다. 하지만 2004년부터 문예진흥기금의 모금이 중단되면서 이전처럼 문예진흥기금의 확충이 쉽지 않아졌다. 이에 따라 새로운 재원 발굴이 시급한 과제로 떠올랐고, 다행히 2004년 새로 출범한 복권위원회와 협의해 복권기금 중 일부를 문화예술 분야에 활용할 수 있게 되었다. 다만 복권기금은 그 조성 과정에서의 역진성을 고려하여 사회적 취약계층을 위한 사업에 중점적으로 쓰도록 되어 있어서 일반적인 예술 창작 지원보다는 보편적인 예술 향유 지원사업에 주로 집행되고 있다.

이 밖에 관광기금 등 타 기금으로부터의 전입금까지 포함한 예술위의 연간 예산은 2000~3000억 원 정도로 편성된다. 그러나 이것이 전부 예술가나 예술단체에 대한 공모 형태의 지원사업으로 지출되지는 않는다. 총 예산의 3분의 1 가까이 편성되는 저소득층 대상 문화체육관광이용권 사업비를 비롯하여 경상운영비와 아르코예술기록원 운영 등 자체 사업비가 포함되어 있기 때문이다. 예술위에서는 매년 말 정기공모사업을 진행하며

• https://www.arko.or.kr

그 외에도 연중 수시로 이루어지는 별도공모사업, 자체 기획사업 등 다양한 사업을 함께 운영한다. 예술 창작 지원, 예술 인력 육성, 지역문화예술 지원 등을 위한 지원예산은 연례적으로 편성하지만 구체적인 사업 유형이 매년 조금씩 변화하기 때문에 홈페이지를 참고하거나 뉴스레터를 신청하여 수시로 지원사업의 변화 내용과 지원 신청 일정 등을 최신 내용으로 숙지해야 한다.

예술위에서는 이런 지원사업 외에 조건부기부금 제도를 운영한다. 이는 예술조직이 각 기업이나 개인의 지원을 받는 경우에 예술위의 조건부기부금 제도를 거치도록 함으로써 지원자가 조세감면 혜택을 받도록 하는 것이다. 따라서 예술조직이 개별적으로 기부를 받을 기회가 있다면 다소 번거롭더라도 조건부기부금 제도를 이용하는 것이 좋다. 조건부기부금 제도를 이용하는 절차는 우선 기업 등으로부터 지원에 관한 약속을 받은 후 그 지원자가 예술위에 해당 지원을 위한 조건부기부금을 내도록 한다. 기부가 이루어지고 나면 해당 예술조직이 예술위에 지원 신청을 하여 이 조건부기부금을 지급받게 된다. 따라서 조건부기부금 제도의 경우 지원 대상 선정에 있어서 예술위의 관여 없이 지원 대상자가 직접 지원자와 협의해 지원 여부 및 규모를 결정한다.

예술경영지원센터

예술경영지원센터•는 정부에서 2006년 설립한 예술시장 및 유통 전문 지원기관으로서, 설립 초기에는 서울아트마켓 운영과 전문 예술법인·단체 평가 업무를 주로 담당했다. 이후 2008년 무렵부터 기획·경영 인력 지원, 예술경영아카데미 운영, 예술경영 웹진 발간, 문화예술 분야 사회적기업 지원, 미술시장 조사 등 사업 영역을 크게 확장하면서 이제는 한국문화예술위원회와 함께 예술시장 지원의 양대 기구 역할을 하고

• http://www.gokams.or.kr

있다.

예술경영지원센터는 예술 창작 활동 지원을 주로 하는 한국문화예술위원회와 달리 직접적인 창작 활동보다는 예술조직의 경쟁력 증진과 예술시장에서의 유통 활성화 등 자생력 강화에 중점을 두고 있다. 아울러 국내시장만이 아니라 해외 예술시장 진출을 위해 센터스테이지코리아, 해외 아트마켓 쇼케이스 참가, 저니투코리안뮤직, 해외 아트페어 참가, 해외 기획전시 등 다양한 형태의 지원 프로그램을 운영한다. 구체적인 지원사업에 대해서는 매년 말 다음 연도 사업 설명회를 개최하면서 지원사업 자료집을 발간하므로 이를 참고하는 것이 좋다.

한국문화예술위원회도 마찬가지지만 국내 예술지원기구는 외국의 유사 기관과 달리 사업의 가짓수가 무척 다양하며, 거의 매년 신규 사업을 지속적으로 개발하여 운영하기 때문에 지원 신청 시점에 맞춰 적합한 지원사업 유형과 세부적인 기준 및 절차 등에 대해 알아보아야 한다. 홈페이지를 통해 뉴스레터를 신청하면 주요 사업 공지, 예술시장 동향, 구인 정보 등을 비롯하여 다양한 내용이 담긴 웹진을 정기적으로 받아볼 수 있다.

기타 지원기관 한국국제문화교류진흥원•은 문화산업 분야 국제교류를 지원하기 위하여 문화체육관광부에서 2003년에 설립한 기관이다. 당초에는 기관 명칭이 아시아문화산업교류재단이었으나 2006년에 국제문화산업교류재단으로, 2009년에 한국문화산업교류재단으로 변경되었다. 이후 2017년 국제문화교류진흥법 제정에 따라 국제문화교류 전담기관으로 지정되면서, 2018년에 기관 명칭을 다시 한국국제문화교류진흥원으로 변경했다. 기관 명칭의 변천 과정에서 볼 수 있는 것처럼 초기에는 아시아 지역의 한류 확산과 문화산업 교류가 주된 사업이었지만, 현재는 전 세계를 순

• http://www.kofice.or.kr

회하며 개최하는 한국 문화 소개 행사인 필코리아, 재외한국문화원과 공동 개최하는 트래블링코리안아츠 등 다양한 문화교류 행사를 직접 개최하거나 관련 지원사업을 운영하고 있다.

전통공연예술진흥재단•은 전통예술의 활성화를 위하여 문화체육관광부가 2007년에 설립한 기관이다. 설립 시에는 국악문화재단으로 출발했지만 2009년에 전통공연예술진흥재단으로 명칭을 변경했다. 이후 전통예술의 보급과 저변 확대, 전통예술의 대중화 등을 위하여 전통예술 복원 및 재현, 신진국악실험무대, 창작연희작품 공모, 전국풍물상설공연, 노인요양시설 전통예술 프로그램, 전통예술 해외진출 등 다양한 지원사업을 운영하고 있다.

지방자치단체와 지역문화재단의 지원 문화예술정책이 발달한 나라는 대부분 중앙정부보다는 지방정부가 예술조직을 지원하는 실질적인 역할을 맡는다. 중앙정부가 각 지역에서 활동하는 예술조직과 예술가의 활동을 일일이 파악하기 힘들기 때문이다. 우리나라도 1990년대 중반 지방자치제 실시 이후 광역 및 기초자치단체의 문화예술 지원이 확대되었다. 특별시, 광역시, 도 등 광역자치단체의 경우 자체적으로 문화예술 전담 부서를 두고 이를 통해 예술정책 수립 및 관련 행사 개최, 민간 예술 활동 지원 등의 업무를 처리한다. 시군구 등 기초자치단체의 경우도 이제는 상당수가 예술 관련 업무를 담당하는 부서를 두고 있다.

지방자치단체의 예술지원은 전통적으로 문예회관, 박물관 등 하드웨어 공간을 건립하는 부문에 크게 치중했다. 그러나 1990년대 말부터는 이런 지역 문화 기반 시설의 운영 개선에 대한 요구가 안팎으로 거세지면서 개별 예술조직이나 활동에 대한 지원도 그 비중이 커졌다. 특히 경기문화재

• https://www.kotpa.org

단을 시작으로 이제는 17개 시도 대부분에 예술지원 기능을 전담하는 문화재단이 설립되어 있으며, 중앙과 마찬가지로 지방자치단체에서도 현장 예술지원 기능은 대부분 문화재단으로 이관시키는 추세다.

지역문화재단은 지역에 적합한 사업을 다양하게 개발해왔다. 단순히 중앙 단위의 지원사업을 지역에서 규모만 줄인 상태로 운영하는 것이 아니라 지역 고유의 수요에 맞춰 지역 맞춤형 지원사업을 운영한다. 다만 아직은 역사가 오래되지 않아 지원 방향이나 구체적인 지원사업의 변화 폭이 꽤 큰 편이다. 여기에 더하여 지방자치단체장과 지방의회의 선거 결과에 따라 문화예술 분야에 대한 지원 방향의 변화와 예산 규모의 부침이 크다. 따라서 예술조직 입장에서는 매년 지원사업의 변화 내용을 검토해 지원 전략을 수정할 필요가 있다. 다른 한편으로 지역문화재단은 중앙 단위의 지원기관인 예술위와 뚜렷한 차별성을 확보해야 한다는 부담감을 지고 있으며 지역 내의 아마추어 예술단체와 예술가까지도 발굴하여 지원해야 한다는 기대도 크다. 지역은 중앙과는 달리 예술시장에서 공급자와 수요자 그리고 매개 역할을 하는 문화공간이나 예술조직이 서로 밀접한 관련을 맺으며 활동하는 경우가 많기 때문에 몰개인적으로 지원사업을 운영하는 중앙과는 달리 대면적인 상호 관계를 바탕으로 한 지원 요구도 많은 편이다.

마. 정부와 공공기관에 대한 지원 신청 전략

지원 분야 및 대상 예술위나 지역문화재단에서 지원하는 분야는 문학, 미술, 음악, 연극, 무용, 전통예술 등 예술 분야 전반에 걸쳐 있으며 기관에 따라 다원예술, 실험예술, 생활문화 등에 대한 지원사업도 운영하고 있다. 지역문화재단의 지원 규모는 비록 중앙에 비해 작지만 그 지원 범위는 오히려 더 넓다. 아울러 지원금을 통한 지원 외에 지역축제 등 관련 행사를 직접 운영하는 경우도 많은 편이다. 이러한 공공지원사업은 매년 예산 여건과 정책 방향에 따라 달라진다. 그러나 어떤 기관이든 대부분 매년 하반기에 정기공모사업을 진행하며, 대부분 가을 무렵 지원 신청을 받아 연말에 발표하는 절차를 밟는다. 하지만 신규 사업의 경우 연초에 진행하는 경우가 있으며 지원사업에 따라서는 반기별 혹은 분기별 공모를 진행하기도 한다.

정기공모사업은 비교적 매년 안정적으로 반복되지만, 지원사업의 내용은 매년 조금씩 달라진다. 따라서 전년도에 지원을 받았다고 해서 매년 받을 수 있는 것이 아니기에 수시로 달라지는 제도와 방향을 철저히 점검해야 한다. 각 지원기관에서 운영하는 지원사업의 구체적인 내용은 기관별 홈페이지에 실리는 지원사업 공고 내용을 참고하는 것이 좋다. 또한 예술위와 지역문화재단에서는 이러한 정기공모사업 외에도 수시지원사업을 운영하고 있다. 이러한 사업은 정기공모사업과는 별도로 공모 절차가 이루어지는 점에 유의해야 한다. 정기공모사업이든 수시지원사업이든 개별적인 지원사업마다 사업 목적, 지원 신청 자격, 지원 대상 사업, 지원 규모, 지원 조건, 지원 항목, 지원 심의 기준, 제출 서류 및 자료, 지원 일정, 담당 부서 등이 모두 다르다. 그렇기 때문에 계획 중인 자신의 프로그램에 대한 지원사업과 그 구체적인 내용과의 연계성을 충분히 검토할 필요가 있다.

지원 신청 공고 및 접수 예술위와 지역문화재단의 지원사업은 중앙정부 및 지방자치단체의 차년도 예산안 편성 시기에 맞추어 매년 9월을 전후하여 일간지와 홈페이지 등을 통해 공고된다. 이러한 공고 일자는 매년 조금씩 달라진다. 따라서 전년도 지원 신청 공고 시기를 감안하여 그 전후에 관련 기관의 홈페이지와 뉴스레터를 수시로 점검해야 한다.

지원 신청 공고가 이루어지면 대개 구체적인 사항을 설명하고 질의에 응답하기 위한 지원사업 설명회가 개최된다. 공식적으로 발표되는 공고 내용은 지극히 객관적이고 시비가 없을 내용만 정리되어 있기 때문에 이것만으로는 지원사업의 목적을 파악하거나 지원신청서를 작성하는 데 어려움을 겪는 경우가 많다. 지원사업 설명회는 바로 이런 공고 내용의 한계를 보완하기 위해 마련되는 자리다. 지원사업 설명회에는 지원부서의 부서장이나 실무자가 참석해 차년도 지원사업의 방향과 내용을 구체적으로 설명하며, 안내 자료도 배포한다. 그리고 참석한 사람들과 질의응답 시간을 갖는다. 지원기관과 지원 신청을 하는 예술조직 간에 공식적으로 교류가 이루어지는 자리이므로 가급적 참석하는 것이 좋다. 이 같은 자리를 통해 지원 신청 안내 자료만으로는 파악하기 어려운 구체적인 지원사업 운영 방향이나 신청 방법을 안내받을 수 있으며, 진행을 맡은 지원사업 담당자와 인사를 나누거나 명함을 교환하는 식으로 관계 형성을 시작할 수 있다.

공모사업에 참여하려면 사전에 충분한 시간을 두고 필요한 자료를 준비해야 한다. 지원기관에서 요구하는 자료의 준비에 예상외로 시간이 많이 소요되기 때문이다. 공고가 난 후 시간에 쫓겨 허겁지겁 자료를 작성하여 제출해서는 좋은 결과를 얻기 어렵다. 특히 처음 지원신청서를 작성한다면 충분한 시간을 갖고 준비해야 좋은 결과를 얻을 수 있다. 지원사업의 심사에 참여한 전문가들은 지원신청서의 사업 목적이 불분명하고, 계획이 구체적이지 못하며, 재원 조성 계획이 부족한 점을 공통적인 문제로 지적한다. 대부분의 지원기관에서는 책자나 인터넷을 통해 지원 안내를 공지하지만 지원 분야와 지원사업의 종류가 많아 자세히 읽어보지 않으면 내용을 이해하기 어려운 경우도 있다. 특히 최근 공모사업은 지원 영역별, 사업별로 세분화되어 운영되고 있다. 그러므로 관련 자료를 잘 살펴보고 지원할 분야, 지원 시기, 필요한 자료, 사업 내용, 유의 사항, 작성 방법 등을 꼼꼼히 숙지하여 지원신청서와 관련 자료를 준비해야 한다.

지원신청서를 준비할 때는 우선 지원 자격이 되는지 검토해야 한다. 예술위처럼 전국을 대상으로 한 지원기관도 있지만, 대부분의 지역 재단은 해당 지역에 거주하거나 해당 지역을 거점으로 활동하는 예술인만 지원 대상으로 한다. 또 사업에 따라 나이 제한이나 지원 신청 불가 대상자 등이 명시되어 있으므로 지원 자격이 되는지, 지원에 유리한 자격인지를 사전에 점검해야 한다. 또한 대부분의 지원기관이 국공립 및 그 산하·출연단체, 학교, 학원, 교습소, 언론사, 종교기관 또는 그 소속 단체, 접수일 현재 이전 지원금 정산서 미제출 단체(개인) 등은 지원 대상에서 배제한다. 아마추어나 친목기관 등의 지원도 배제한다. 동일 단체나 개인이 동일한 내용의 사업으로 여러 기관의 사업에 이중 신청을 할 수 없는 규정도 있다. 이중으로 신청 시 해당 사업은 모두 선정 대상에서 제외되므로 주의해야 한다. 최근에는 지원기관 간의 협력망 구축으로 쉽게 검색이 가능하므로 이중지원은 각별히 주의해야 한다. 한편 지원사업자가 지원금을 다른 용도로 사용하거나 지원금의 교부 결정 내용과 진행 등을 위반하면 교부 결정된 지원금의 전부 또는 일부를 취소할 수 있기 때문에 지원금은 반드시 사전에 제출한 자료대로 집행해야 한다.

서류로 사업을 평가한다는 것은 항상 문제점으로 지적되는 사항이지만, 현행 대부분의 지원사업의 판단 기준은 지원서와 제출서류다. 지원서와 사업계획서는 향후 사업을 진행할 마스터플랜이므로 작성 시 실행계획까지를 염두에 두고 세부적으로 작성해야 한다. 서류는 지원사업의 시작과 끝이다. 아무리 좋은 아이디어라도 부실한 서류 작성으로는 심사를 통과할 수가 없다. 지원서는 수행할 사업의 계획인 동시에 심사 기준이 되는 자료라는 점을 잊지 말아야 한다.

지원기관에서는 지원 공고 후 대개 1~2개월 동안 지원신청서를 접수받는다. 접수된 지원신청서에 대해서는 지원신청서 자체의 누락 내용을 포함, 첨부 자료 등에서 문제가 발견되면 이에 대해 보완을 요청하는 경우가 있지만 대부분 시간 부족으로 이런 보완 요청 과정 없이 진행한다. 물론 그 결과 피해를 보는 것은 지원 신청을 한 예술가나 예술조직이다. 이러한 이유로 추후 불이익을 입은 경우 지원기관 담당자에게 문제를 제기하기도 하지만 사실 그것은 전적으로 자신의 책임이다. 지원 신청 안내 자료에 이미 나와 있는 내용을 제대로 숙지하지 못해 지원신청서를 잘못 작성하거나 첨부 자료를 누락한 경우가 대부분이기 때문이다. 물론 지원 신청 마감 전에 충분한 시간을 두고 접수하면 담당자가 검토해 마감 전에 보완 요청을 할 수 있지만, 실제로 많은 예술가나 예술조직이 마감에 임박해서 자료를 준비하고, 마감 시간을 코앞에 두고 접수 장소를 찾아가 북새통을 이루며 접수하는 경우가 비일비재하다. 대개 지원기관에서는 이런 상황을 고려하여 마감일에는 담당 부서 외에 타 부서까지 와서 일손을 돕거나 파트타임으로 접수요원을 고용하는 경우가 많은데, 이런 상황에서 접수된 서류를 검토하여 보완을 요청하는 것을 기대하기란 무리다. 따라서 지원사업에 대한 공고가 나면 충분한 시간을 두고 준비할 필요가 있다.

지원 심의 과정 지원신청서 접수가 완료되면 지원기관은 사업별 혹은 분야별로 구성된 지원심의위원회를 통해 심의한다. 지원심의위원회는 기관별로 차이는 있지만 대개 5~10명 정도의 외부 위원으로 구성되며 예술 장르별로 전문예술가, 평론가, 학자, 언론관계자 등 다양한 사람이 포함된다. 심의 과정은 감사기구나 탈락자 등의 심의 결과 공개 요구가 많아짐에 따라, 지원 신청 자료를 바탕으로 심의위원 간에 토론한 뒤 객관적인 점수를 부여해 그 결과를 합산하여 지원하는 투명한 방식을 많이 채택하고 있다. 사업에 따라서는 예술가나 예술조직에 직접 프레젠테이션을 요청하기도 한다. 따라서 지원 신청을 하는 사업의 심의 절차가 어떻게 이루어지는지 구체적으로 파악해 대비해야 한다.

어떤 지원사업이건 사전에 정해진 심의 기준과 절차가 있다. 심의에 앞서 우선 검토하는 것은 지원 형식 준수 여부, 지원 자격, 지원사업과 신청사업의 부합 여부 등 형식적 요소에 대한 검토이다. 이러한 사전검토는 지원기관의 실무진이 진행하기도 한다. 이를 충족한 사업을 대상으로 본격적인 심의를 하는데, 이 과정에서 사업기획 내용의 충실성과 차별성, 지원사업의 실행 역량과 경험, 사업의 실현 가능성 등 실질적 요소를 검토한다.

공공지원기관의 심의위원회는 대개 외부에서 위촉된 심의위원들로 구성되기 때문에 해당 기관의 담당자는 아무런 역할이 없을 것 같지만, 실제는 그렇지 않다. 외부에서 위촉된 심의위원은 회의에 참석해 정해진 시간 동안 수십 건에서 수백 건에 이르는 지원신청서를 검토한다. 이처럼 짧은 시간에 많은 양을 검토하는 상황에서는 지원기관의 실무진이 심의위원을 돕기 위해 지원신청서의 요약본을 만들기도 한다. 아울러 실무진은 사업 지원 공고 내용을 비롯하여 지원사업의 구체적인 목적이나 당해 연도의 선정 방향 등을 심의위원에게 안내하는데, 안내 내용에 따라 심의 결과가 달라질 수 있다. 또한 몇 개의 지원 신청 조직이 비슷한 수준에서 경합을 벌일 경우 심의 과정에서 심의위원들이 각 사업의 담당자에게 해당 조직의 최근 성과나 활동 현황 혹은 조직의 주요 구성원 등에 대한 정보를 문의하기도 한다. 지원기관의 실무자에게 긍정적인 이미지를 주어야 하는 이유는 바로 이 때문이다. 결정적인 순간에 한두 마디 말로 거드는 것이 실제 지원 결정에 큰 영향을 미칠 수도 있는 것이다.

지원금의 수령과 집행 공공기관의 지원금은 대개 총사업비 중 일부 지원을 원칙으로 한다. 따라서 예술가나 예술조직은 지원금 외에 티켓 판매 등을 통한 자체적인 재원 계획을 세워야 한다. 지원 대상으로 선정된 후에 유의할 것은 지원신청서 내용을 그대로 실천해야 한다는 점이다. 당연한 이야기 같지만 현실적으로 많은 예술가나 예술조직이 지원금 수령 후에 당초 지원신청서 내용과 다르게 집행한다. 프로그램의 시기나 장소가 바뀌기도 하고, 출연 예술가 혹은 프로그램 내용 일부가 바뀌기도 한다. 원칙적으로 말하자면 지원신청서와 다르게 집행하는 것은 곤란하다. 하지만 사업을 하다 보면 불가피하게 변경이 필요할 때가 있다. 이런 경우 반드시 사전에 지원기관 담당자와 협의하여 추후에 불이익을 받지 않도록 해야 한다. 그러지 않을 경우 사업 성과에 대한 평가가 나빠질 수 있으며, 심할 경우 지원 결정 자체가 취소되기도 하기 때문이다. 더욱이 예술위를 포함한 지역문화재단 대부분이 사업 진행 상황에 대한 모니터링과 평가를 강화하는 추세이기 때문에 이런 점에 유의해야 한다. 모니터링과 평가에는 지원기관 담당자가 직접 참여하기도 하고, 지원사업에 대한 심의위원 혹은 전담 모니터링 요원이 별도로 선정되어 참여하기도 한다. 어떤 경우든 지원을 받은 예술가나 예술조직은 지속적인 지원을 위해 이러한 모니터링과 평가 과정에 적극적으로 협조할 필요가 있다.

마지막으로 사업이 종료된 후에는 대부분의 지원기관에서 1개월 이내에 지원사업의 집행 결과를 보고하도록 한다. 이러한 공식 보고 과정을 엄격하게 지켜야 함은 물론이다. 아울러 공식 보고 외에도 사업별 담당자나 부서장에 대해 지원사업의 성과나 관련된 보도 내용 등을 알려주고 개인적으로 감사 편지를 보내는 것도 추후 긍정적인 관계를 형성하는 데 도움이 된다. 지원기관에서는 지원 대상 예술가나 조직이 제출한 결과보고서와 정산보고서를 검토하여 지원사업을 종료한다. 이 과정에서 사업의 자체적인 성과보고서를 작성하게 되는데, 이러한 자료는 다음 연도의 지원 심의 때 참고자료로 활용된다.

2) 기업

가. 기업으로부터의 재원 조성에 대한 이해

정부와 재단으로부터의 지원이 제한적이고 개인 지원은 아직 활성화되지 못한 우리나라의 실정에서 예술조직이 손쉽게 지원을 요청할 수 있는 대상은 일반 기업이라고 할 수 있다. 물론 여기서 말하는 기업은 매출액 순위 몇 위권에 드는 대기업만 지칭하는 것이 아니라 중소기업이나 소규모 상점까지 포함하는 광의의 개념이다. 그러나 기업 지원은 정부나 개인 지원과는 성격이 다르다. 기업 지원은 서로 필요한 가치를 상호 교환하는 거래적 성격을 갖고 있다. 즉, 일방적인 혜택을 주기 위한 지원이라기보다는 일정한 대가를 서로 주고받는 식의 관계가 성립한다. 여기서 예술조직이 기업에 지불하는 대가는 직접적인 광고 협찬뿐 아니라 기업의 사회 이미지 제고 등 광범위한 영역을 포괄한다. 따라서 기업 지원을 받는 경우에는 이런 거래적인 성격을 염두에 두고 관계를 형성해야 한다.

하지만 그동안 많은 예술인과 예술조직이 기업으로부터 다양한 형태의 지원을 받아왔는데도 예술인과 기업인 사이에는 건널 수 없는 인식의 간극이 여전히 존재하는 듯하다. 이 두 그룹은 서로 너무 다르다. 마치 화성에서 온 기업인, 금성에서 온 예술인이라도 되는 것처럼 생각과 목적이 다르다. 예술인은 기업인이 자기 사업만 챙기고, 돈밖에 모르며, 예술 창작에 대해서는 무지하다고 생각한다. 반대로 기업인은 예술인이 자기 작품만 챙기고, 예술밖에 모르며, 기업활동에 대해서는 무지하다고 생각한다. 하지만 이는 불평보다는 이해가 필요한 영역이다. 우선 서로 다르다는 것을 인정하고 나서 무엇이 다른가를 찾아 그것을 보완할 방법을 강구하는 것이 바람직한 수순이다. 서로 사는 세계가 다르고 논리가 다르며 동기가 다르다는 것을 우선 인정해야 한다.[15]

사실 예술인의 의식에서 돈은 그리 큰 비중이 아니다. 정확하게 말하면 예술 활동을 위해 돈이 필요하다는 인식은 있지만 그 돈을 버는 방법에 대해서는 예술 활동 자체만큼 심각하게 여기지 않는다. 돈 버는 것에 대해 생각할 시간이 있으면 그 시간에 자신의 예술에 대해 고민하고 그것에 열정을 쏟는다. 자신의 작품에 대한 몰입, 그것을 통해 세상에 보여주고자 하는 자신의 내면, 이제까지 없었던 작품을 만들고자 하는 의지 등 돈보다 앞서서 신경 써야 할 것이 많다. 이는 예술가의 당연한 속성이며 세상을 사는 방식이다. 반면 기업인은 예술가의 창작 과정에 대해 고민하기보다는 최종적으로 만들어진 예술작품을 가족, 직원, 고객 등과 더불어 향유하길 원한다. 이처럼 서로의 관점이 다르지만 기업이 그 상품으로 소비자를 행복하게 해주고 그 이익으로 직원과 주주를 행복하게 해줄 수 있다면, 예술가는 예술로 똑같은 것을 해낼 수 있다는 점을 인식하고 좀 더 적극적으로 서로의 관점을 조화시킬 필요가 있다.

기업의 예술지원 동기에 관해 이루어진 조사에서는 다음 〈도표 5-4〉에서 보는 바와 같이 기업 이미지 제고와 사회 공헌과 광고 선전이 주요 목적으로 나타났다. 기업으로부터 지속적인 지원을 얻기 위해서는 이러한 기업의 동기를 염두에 두어야 한다. 그리고 그 실현을 위해 협조하는 가운데 기업이 지원을 통해 얻을 수 있는 또 다른 이익을 인식시킬 수 있도록 노력해야 한다.

일반적으로 정부나 재단 등 공공기관으로부터의 지원은 보통 공익 실

판단 기준	응답(중복응답)
기업 이미지 제고를 위해	83.7%
사회 공헌을 위해	45.5%
광고 선전의 한 방편	37.3%
사원·고객의 자긍심 제고를 위해	19.1%
동업종의 타사가 실시하므로	4.8%
타사와의 차별화를 위해	1.9%
최고경영자의 의향	1.0%
친분 관계 때문에	0.5%
모름·무응답	0.5%

〈도표 5-4〉 기업의 예술지원 동기

현이라는, 다소 추상적인 목표 아래 지원신청서를 심사하여 지원금을 제공하는 것에 한정된다. 그러나 기업의 경우 외부 지원을 할 때 공익 실현이나 자선의 목적을 내세우더라도 실질적으로는 자사의 제품을 판매하는 시장에서 더 큰 이익을 내고자 하는 기업 본연의 목적과 이미지 제고를 중요시한다. 이로 인해 일반적인 기업 지원은 조건 없는 순수한 후원의 형태보다는 자사 혹은 자사 제품의 판촉 차원에서 광고와 같은 반대급부를 결합한 협찬의 형태를 취한다. 이러한 지원 배경으로 인해 기업은 가능한 한 신문이나 방송 등 언론의 주목을 받을 가능성이 있는 프로그램을 지원하려 하고, 본사나 공장 등이 위치한 지역이나 주요 고객과 관련을 맺는 예술조직을 지원하는 경향이 있다. 따라서 예술조직은 이러한 개별 기업의 특수한 지원 의도를 구체적으로 파악하고 이해해야만 지원의 기회를 좀 더 많이 얻을 수 있다.

나. 기업의 지원 결정요소

기업은 시장, 상품, 전년도 순이익, 기업문화와 전통, 지원 요청 행사의 성격, 지원 요청자와 기업이 맺고 있는 특수 관계 등을 고려하여 지원 여부를 결정한다. 첫째, 시장이 지원의 핵심 결정요소가 된다. 불특정 다수의 고객을 상대하는 은행이라면 가능한 한 광범위한 대중이 접할 수 있고 더 많은 사람에게 은행의 인지도를 높일 수 있는 프로그램을 선호할 것이다. 어린이를 대상으로 하는 학습지와 참고서를 발행하는 출판사라면 어린이와 부모가 함께 참여하는 예술 프로그램에 우선 관심을 보일 것이다. 이처럼 기업은 주요 고객층과 일치하는 관객층을 대상으로 하는 예술 프로그램에 대한 지원을 선호한다.

둘째, 기업에서 생산하는 상품도 지원 결정에 영향을 미친다. 예술과 전혀 관련 없는 상품을 생산하는 기업이라도 예술이 주는 좋은 이미지로 인해 이익을 볼 수 있다면 그런 행사를 지원할 수 있다. 기계류 같은 자본재를 생산하는 기업이라면, 고객이 몇몇 기업으로 한정되기 때문에 상대적으로 일반 관객을 상대로 하는 예술 프로그램에 지원할 이유를 찾지 못할 것이다. 이럴 경우 오히려 그 기업의 직원을 대상으로 한 행사가 더 높은 관심을 받을 수 있다. 예를 들어, 음악단체가 이러한 기업에서 매년 일정 규모의 지원을 받는 조건으로 정기적으로 직원 가족을 위한 음악회를 열 수 있을 것이다.

셋째, 기업의 예술지원 규모는 대체로 전년도 순이익에 기반을 두고 결정된다. 따라서 어떤 기업에 대해 지원을 요청하려 할 때, 사전에 그 기업의 전년도 순이익 등 경영 관련 지표를 눈여겨볼 필요가 있다. 기업은 지원을 요청한 예술조직의 명성과 역사, 그간 프로그램 내용과 성과, 지원을 요청하는 프로그램 등을 검토한 후 지원 결정을 내린다. 그러나 정기적으로 지원 절차를 통해 접수를 받아 지원 심의를 하는 식의 전문 지원 프로그램을 운영하는 기업은 아직 거의 없다. 이에 따라 합리적인 기준이나 절차를 적용하기보다는 예술조직의 대표와 기업 최고경영자 혹은 주요 책임자 간의 개인적인 친분 관계에 따라 지원 여부를 결정하는 경우도 많다.

넷째, 주요 경영진의 성향이 예술지원 의사결정에 큰 영향을 미친다. 한국문화정책개발원의 조사 자료에 따르면 기업 지원 활동의 의사결정자는 사장이 52.2퍼센트로서 절반을 넘었고, 이어서 담당 부서장 23.4퍼센트, 회장 16.3퍼센트, 임원 8.1퍼센트 등의 결과를 나타냈다. 여기서 알 수 있듯이 대부분의 지원 결정은 사장과 회장 등 기업의 최고경영진이 내린다. 이러한 기업의 최고경영진과 인간적인 친분 관계를 형성하는 것은 혈연, 지연, 학연의 영향을 받는 경우가 많지만, 가급적 이사회나 후원회 활동 등의 공식적인 접촉 과정을 통해 자연스럽게 발전시키는 것이 바람직하다. 따라서 예술조직은 잠재 지원 기업과 접촉하는 과정에서 신뢰성과 책임감을 보여주어야 하고, 당장 지원받지 못하더라도 그 활동과 성과를 지속적으로 알리며 친분 관계를 발전시켜야 한다.

다. 기업의 지원 유형

후원과 협찬 후원이라는 용어는 광범위한 의미로 사용되며, 구체적인 반대급부를 상정하지 않는 일방적인 지원이라는 점에서 협찬과 대비된다. 대개 후원은 현금이나 물품 등 가시적인 지원보다는 후원 명칭 사용을 허락하여 예술조직과 그 프로그램에 대해 신뢰성을 부여하거나, 홍보를 지원하는 식의 간접적인 형태의 지원을 내용으로 하는 경우가 많다. 하지만 때로는 협찬까지도 포괄하는 광범위한 뜻으로 사용되기도 한다.

협찬은 광고 게재와 같은 직접적인 반대급부를 매개로 이루어지는 금전이나 물품의 지원이다. 협찬은 보통 기업의 마케팅 활동의 일환으로 이루어진다. 협찬이 이루어지는 경우 기업은 예술조직의 브로슈어, 행사 프로그램, 각종 매체를 통한 광고의 기회를 얻음으로써 잠재적인 고객층에 대해 자사 상품 혹은 자사 이미지를 홍보할 수 있게 된다. 따라서 협찬을 얻기 위해서 무엇보다 중요하게 고려할 것은 예술 프로그램의 잠재관객과 협찬 기업의 잠재고객이 일치해야 한다는 점이다.

현금 지원과 비현금 지원 흔히 예술조직에서 재원 조성을 한다고 하면 현금 지원만 고려한다. 그러나 이러한 고정관념에서 벗어나면 재원 조성의 가능성은 훨씬 더 높아질 수 있다. 물론 예술조직 입장에서는 당연히 현금으로

구분	후원	협찬
지원 내용	무형(인정, 홍보 등)	유형(금전, 물품 등)
반대급부	X	O

〈도표 5-5〉 후원과 협찬

받는 것이 더 좋다. 다양한 용도로 사용할 수 있기 때문이다. 하지만 지원기업 입장에서 보면 현금 지원은 그 금액만큼 고스란히 지출 부담이 된다. 그러나 물품 협찬 같은 비현금 지원 방법을 활용하면 지원자의 실질적인 부담을 덜어주면서도 예술조직은 같은 수준의 혜택을 누릴 수 있다. 기업이 자신이 생산하거나 보유하고 있는 제품, 시설 등을 활용함으로써 예술조직이 느끼는 가치만큼의 비용을 지출하지 않아도 되기 때문이다.

물품 협찬은 개발하기에 따라 다양한 형태로 이루어질 수 있다. 예술조직에 필요한 물품은 다양하다. 일상적인 사무처리를 위한 용품에서 공연이나 전시를 위한 전문용품에 이르기까지 폭넓은 수요가 있다. 이 중에 비용 지출 면에서 부담이 큰 물품을 우선 선정하고 그것을 생산하는 업체를 조사하여 협찬 요청에 들어감으로써 재원 조성의 가능성을 높일 수 있다. 물품 협찬의 대상에는 IT 장비나 내구재를 비롯하여 공연자나 관객을 위한 음료처럼 여러 가지 소모성 제품 등 다양한 물품이 포함된다. 더 나아가 공연장 인근 레스토랑으로부터 관객이나 후원자를 위한 식사쿠폰을 협찬받을 수도 있다. 이런 레스토랑은 공연장 주변에 위치하여 관객 대상 마케팅으로 이익을 누리고 있으므로 적절한 수준에서 상호 이익을 보는 협력 방안을 다양한 형태로 개발할 수 있다. 필요하면 정기적으로 식사쿠폰이나 할인권을 제공하는 레스토랑에 대해 '○○ 공연장 지정 레스토랑'이라는 표지판을 제공하고, 공연 패키지 상품을 공동 판매하며, 공연장의 홈페이지나 뉴스레터 등을 통해 홍보를 지원해주는 협력관계를 맺을 수도 있다.

비현금 지원에는 물품 협찬 외에 서비스 협찬도 있다. 특정 전문 분야에 대한 지식과 경험을 가진 전문가가 자문을 해주거나 자원봉사 형태의 직접적인 서비스를 지원하는 것이다. 이러한 서비스 협찬은 물품 협찬 이상으로 활용도가 많다. 예술조직은 물건을 생산하는 공장이 아니라 전문적인 예술 노동력을 활용하여 예술 서비스라고 하는 상품을 생산하기 때문에 전문 인력에 대한 수요가 다양하다. 서비스 협찬은 전문 자원봉사자의 활용으로 볼 수도 있다. 자원봉사자라고 해서 안내를 도와주는 등 단순 업무 종사자만 지칭하지는 않는다. 법률, 회계, 교육, 홍보, 기획, 의료, 세무, IT 등 특정 전문 분야에서 활동하는 사람 가운데 자원봉사에 나설 의욕을 가진 사람은 충분히 많다. 이들이 가진 전문적인 지식과 경험을 예술조직에 끌어오는 방법을 생각해보면 의외로 비용을 절약할 부분이 많음을 수 있다.

예술조직의 모든 활동은 곧 비용과 직결된다. 연말에 정식 회계보고서를 만드는 것도 비용이다. 웹사이트 디자인을 바꾸는 것도 비용이다. 많은 관객이 몰리는 페스티벌 행사를 위한 긴급 의료지원팀을 꾸리는 것도 비용이다. 관객이 데리고 온 아이를 돌보기 위해 보육시설을 설치하고 유아교육 전문가를 배치하는 것도 비용이다. 비용 과다와 예산 부족에 늘 시달리는 예술조직 입장에서는 이처럼 비용이 소요되는 여러 부문에 관련 전문가가 자원봉사자로 참여하도록 함으로써 비용을 절약할 수 있다. 이는 재원 조성의 또 다른 형태이다. 더욱이 전국적인 지명도를 가진 조직이라면 해당 전문가의 협회나 그 분야의 대표급 기업과의 접촉을 통해 좀 더 효율적으로 이런 전문가를 확보할 수 있다. 기업체 내의 예술 관련 동호회를 통해 전문가를 섭외할 수도 있다. 클래식 음악, 뮤지컬, 오페라, 연극, 무용, 미술 등 예술을 사랑하는 동호인은 의외로 많다. 이들 중에는 기회만 주어진다면 자신이 즐기는 작품을 만들어 제공해주는 예술조직을 위해 기꺼이 자신의 시간 중 일부를 할애하려는 의욕을 지닌 사람이 있다. 결국 필요한 건 면밀한 조사와 다각적인 접촉 그리고 끈질긴 설득이다.

물론 이처럼 물품이나 서비스를 협찬해주는 기업이나 전문가에게 무작정 도움만 바랄 수는 없다. 이러한 지원에 상응하여 예술조직이 제공해줄 수 있는 것을 생각해야 한다. 예를 들어, 공연이나 전시가 없는 시간의 공연장이나 전시공간을 기업 행사장으로 내줄 수도 있다. 이는 예술공간이 가진 오라aura를 기업과 나누는 일이다. 다만 이 경우 주 이용층인 예술가나 방문객이 위화감을 느끼지 않도록 이용 시기나 시간 등에 대해 일정한 제한이 필요하다. 아울러 예술조직이 가진 가장 가치 있는 자산은 예술상품 그 자체다. 전석 매진이 되지 않은 공연이나 관람 공간에 여유가 있는 전시의 경우 협찬 기업을 대상으로 티켓을 무료 제공하거나 할인 판매함으로써 그 직원이나 고객에게 혜택을 제공할 수 있다. 예술가가 기업의 동호회 활동을 지원하거나 기업 직원을 위한 예술강좌 프로그램을 제공할 수도 있다.

이와 같이 물품 협찬이나 서비스 협찬 같은 비현금 지원은 예술조직의 노력에 따라 무궁무진한 발전 가능성을 지닌 유력한 재원 조성 방법이다. 게다가 지원자의 입장에서도 훨씬 덜한 비용으로 같은 효과를 낼 수 있으니 이처럼 좋은 방법이 없다. 한 번 더 고민하면 지원자와 예술조직 간에 서로 덜 주고 더 받는 환상의 교차점을 찾아나갈 수 있는 것이 바로 비현금 지원이다.

〈몬스터발레〉의 물품 협찬

2008년 여름, 국립발레단과 파리오페라발레단에서 스타급 발레리노로 활동하던 김용걸이 안무한 작품 〈몬스터발레〉가 하이서울페스티벌의 일환으로 여의도 둔치의 한강변 무대에 올랐다. 이 작품에는 특이하게도 무용수 외에 대형 굴착기 네 대가 함께 출연하여 색다른 느낌을 만들어냈다. 기계의 왕을 상징하는 로봇 형태의 구조물과 함께 등장한 네 대의 거대한 굴착기는 숙련된 데몬스트레이터의 조종으로 섬세한 움직임과 함께 무용수를 압도하는 엄청난 위용을 선보였다. 한강을 배경으로 만들어진 이 스펙터클한 무대는 굴착기의 출연만으로도 대단한 화제를 불러일으켰다. 이 특별한 공연을 보면서 궁금했던 것은 굴착기의 출연료였다. 저만한 장비를 연습까지 포함하여 한 달여 동안 빌리려면 장비 조작을 위한 전문가 고용과 렌털 비용이 만만치 않을 것으로 보였기 때문이다. 의문은 이내 해결되었다. 하이서울페스티벌을 주최했던 서울문화재단에서는 굴착기 전문 업체인 '볼보'를 접촉하여 행사 협찬을 추진했고, 이에 선뜻 동의한 볼보에서 굴착기 네 대를 협찬했다고 한다.

주최 측에서 렌털 업체를 통해 굴착기를 빌렸다면 한 대당 하루 수십만 원씩 해서 총비용으로 적어도 몇천만 원이 추가로 소요되었을 것이다. 결과적으로 주최 측에서는 볼보로부터의 물품 대여 협찬을 통해 이 금액에 상당하는 경비를 절감함으로써 실질적으로 그에 상당하는 현금 협찬과 같은 효과를 낼 수 있었다. 중장비를 제작하는 볼보의 입장에서는 연습 기간까지 포함하더라도 불과 한 달여 동안 굴착기를 활용할 수 있도록 대여해주는 정도의 부담을 졌을 따름이다. 이 정도 대여로 굴착기에 심각한 손상이나 감가상각이 이루어지지는 않았을 것이다. 시연용 제품을 활용했다면 기업 입장에서는 비용 지출이 거의 없다 해도 과언은 아니다. 게다가 굴착기를 대여해준 볼보의 입장에서는 이 색다른 공연이 언론에 많이 노출됨으로 인해, 그리고 공연 기간 내내 매회 수천 명의 시민이 볼보 마크가 선명한 굴착기 관람을 즐김으로 인해 상당한 홍보 효과를 얻었을 것이다. 이처럼 예술조직과 지원 기업이 서로 윈윈하는 결과를 낼 수 있었던 것은 상호 필요한 지점을 찾아 적절한 물품 협찬을 이끌어냈기 때문이다. 물품 협찬은 이처럼 기업에 큰 부담을 주지 않으면서도 예술조직에는 실질적으로 큰 혜택을 가져다줄 수 있다.[16]

사업비 지원과 경상운영비 지원 사업비 지원은 가장 보편적인 기업 지원 형태다. 지원으로 인한 홍보 효과가 직접적이고 그 결과를 쉽게 알 수 있기 때문이다. 사업비 지원은 대개 음악회나 전시회 등 예술조직에서 준비하는 단일한 프로그램에 대한 지원의 형태로 나타난다. 이러한 형태의 지원은 예술조직으로부터의 반대급부, 즉 프로그램이나 행사장 등에서의 기업 광고 게재 등과 결부되는 경우가 많은데 이 경우 일반적으로 광고 협찬이라는 용어를 사용한다.

경상운영비 지원이란 예술조직의 일반적인 운영경비에 대한 지원으로서, 예술조직의 전반적인 운영 현황이나 그 경영진에 대해 상당한 신뢰 관계를 쌓지 않고서는 이루어지기 힘들다. 따라서 특별한 친분 관계 없이 처음 접촉하는 기업이라면 우선 특정 프로그램이나 사업에 대한 지원을 얻어 신뢰감을 획득한 뒤 점진적으로 경상운영비 지원으로 전환해가야 한다. 경상운영비 지원은 일단 이루어지면 일회적이기보다는 수년간의 약정된 기간에 지속적으로 이루어지는 경우가 많기 때문에 예술조직의 재정적 안정성을 확보하는 데 큰 보탬이 된다.

외부 지원과 직접 주최 기업으로부터의 지원은 주로 외부에서 지원을 요청하는 예술조직에 대해 기업이 지원하는 것을 의미하지만, 때로 기업이 기업 이미지나 자사 제품의 홍보에 큰 효과를 발휘하는 예술 행사를 직접 주최하는 경우도 있다. 예를 들어, 〈현대카드 슈퍼콘서트〉 시리즈가 대표적인 사례이다. 이런 경우 행사의 비중이나 개최 빈도에 따라 차이는 있지만 대개 기업으로서는 예술 행사를 주관할 전문 인력이나 경험이 없는 경우가 많기 때문에 행사 취지를 잘 실현해줄 수 있는 예술조직을 선정해 행사의 주관을 대행시킨다. 이런 기업의 수요를 고려하여 예술조직에서 오히려 먼저 나서서 '○○기업과 함께하는 △△△'와 같은 타이틀의 예술 프로그램 기획안을 만들어 기업에 제안해볼 수도 있다.

라. 기업에 대한 혜택의 마련

예술조직에 대한 기업의 지원은 본질적으로 상호 간에 필요로 하는 가치를 주고받는 거래다. 물론 어떠한 조건도 부여하지 않고 순수한 후원을 하는 경우도 있지만, 현실적으로 기업 지원은 광고 협찬처럼 일정 조건을 내거는 경우가 대부분이다. 따라서 기업의 지원을 받으려는 예술조직은 먼저 기업이 선호할 만한 혜택을 마련해야 한다. 기업을 위한 혜택을 준비할 때는 무엇보다 기업의 요구를 파악해 이에 적절하게 대응하는 자세가 필요하며, 일정한 유형을 고집할 것이 아니라 유연한 자세로 구체적인 조건의 협상에 임해야 한다. 예술조직이 기업으로부터 얻는 것이 있다면, 기업 역시 예술조직에서 얻는 것이 있어야 한다. 예술조직이 열심히 노력해 작품을 만든다면, 기업은 그보다 더한 피땀을 흘리며 돈을 번다. 기업의 예술 지원이 사회 공헌 목적으로 가야 하는지 아니면 마케팅 목적으로 가야 하는지에 대해서는 입장에 따라 관점이 달라질 수 있다. 그러나 중요한 것은 사회 공헌 목적의 지원을 내세우더라도 그 이면에는 마케팅 목적이 있다는 점이다. 그것은 수익 창출이 기업의 존재 이유 그 자체이기 때문이다. 따라서 예술조직이 기업과의 관계에서 고려할 것은 파트너십이다. 파트너십은 어느 한쪽이 상대방에게 일방적으로 베풀거나 혜택을 주는 것이 아니다. 서로 주고받는 관계이고, 그것을 서로 긍정적으로 평가하여 지속되는 관계이다. 그렇다면 문제는 무엇을 주고받는가이다.[17]

예술조직이 기업에 제공할 수 있는 가장 가치 있는 것은 예술 그 자체의 가치이다. 이는 기업에 대한 혜택을 어떤 방향으로 마련하건 꼭 기억해야 하는 방향이다. 예술의 가치를 기업과 그 상품에 덧입혀주는 것이 바로 예술조직에서 기업에 제공해줄 수 있는 최상의 반대급부이다. 수많은 광고와 홍보물이 쏟아지는 환경에서 예술을 매개로 한 이벤트나 홍보의 기회를 제공하는 것은 그 자체로 의미 있는 혜택이 될 수 있다. 예술은 일반적인 홍보나 광고로는 만들어내기 힘든 특별한 이미지를 기업에 제공할 수 있으며, 단순한 금액 할인이나 사은품으로는 만들어내기 힘든 직접적인 즐거움을 기업 고객에게 제공할 수 있다. 다만 기업이나 상품이 시장에서 차별적인 이미지를 형성하는 데 예술이 그 가치를 갖고 있다는 사실을 입증할 책임은 기업이 아닌 예술조직에 있다. 기업은 공공 지원기관이 아니다. 예술조직은 자신이 기업에 제공하는 홍보의 기회가 다른 수단에 비해 효과적이라는 것을 보여줘야 한다. 그러지 않고서는 기업이 다른 홍보나 광고에 우선하여 예술조직을 지원해야 한다고 설득하기 어렵다. 예술조직이 기업의 마케터 역할을 일부라도 대신해줄 능력이 없다면 지원을 요청할 근거가 도대체 무엇이겠는가.[18]

그러나 다른 한편으로 지나치게 상업성에 치우쳐 예술조직의 설립 취지와 프로그램의 목적을 왜곡하지 않도록 주의할 필요도 있다. 기업의 요구에만 부응하는 경우 자칫 예술 프로그램 자체를 훼손할 수 있기 때문이다. 또한 참여 예술가의 입장도 배려해야 한다. 기업을 위한 행사 성격이 강해지면 예술가로부터 반발이 있을 수 있다. 따라서 이러한 점을 고려하면서 현실적으로 제공할 수 있는 혜택을 개발하는 데 많은 노력을 기울여야 한다. 기업에 제공할 수 있는 대표적인 혜택으로는 다음과 같은 것이 있다.

지원 기업 홍보 "이 행사는 주식회사 ○○의 협찬에 의해 마련되었습니다"와 같은 문구를 홍보물에 명기하는 방식이다. 이와 같은 문구와 더불어 해당 기업의 로고 등 기업 CI를 함께 노출할 수도 있다. 경우에 따라서는 이런 문구만이 아니라 지원의 취지를 설명하는 기업 대표의 글이나 그 기업의 상품을 광고하기 위한 지면을 제공할 수도 있다. 이는 대개 행사 안내 프로그램에 실린다. 기업 대표의 인사말을 싣기로 한 경우에는 먼저 초안을 작성하여 기업체 관계자로부터 수정받는 형식을 취한다. 홍보 혜택을 주려면 가능한 한 다양하고 많은 매체의 활용이 필수적이다. 이에 따라 보도자료, 전단, 포스터, 프로그램, 현수막, 플래카드, 배너, 홍보탑 등 전통적인 매체를 활용할 수 있으며 홈페이지, 소셜미디어, 온라인 및 오프라인 뉴스레터 등을 통해서도 홍보의 혜택을 줄 수 있다. 아울러 공연장이나 전시장의 일부 공간에 지원 기업의 상품을 전시할 수 있는 공간을 마련할 수도 있다. 이 밖에 PPL 형태의 홍보 지원도 확대되고 있다. 특히 공연단체의 경우 작품 속에 특정한 상품 혹은 그 기업을 연상시키는 로고나 디자인을 포함함으로써 인지도를 높여줄 수 있다. 광고전략 중 하나로서의 이 같은 PPL은 특히 장기공연을 하는 뮤지컬이나 연극 작품의 경우에 활용될 수 있다. 그러나 너무 노골적으로 시도하면 관객들의 반감을 사거나 역효과를 낼 수 있으며, 작품의 예술성을 훼손할 수 있기 때문에 신중한 접근이 필요하다.[19]

더 나아가 '○○ 음악회'와 같이 협찬 기업의 이름을 행사명으로 사용할 수도 있다. 이는 많은 기업이 선호하는 조건이기도 한다. 다만 이러한 조건의 지원을 받는 경우에는 같은 행사에 대해 다른 재원 출처로부터 지원을 얻기가 곤란해지거나 지나치게 상업적인 행사로 받아들여질 수 있다는 점에 유의해야 한다.[20]

초대권 및 할인 혜택 제공 지원 기업에 대해 지원에 따른 혜택으로 일정한 양의 초대권을 제공할 수 있다. 다만 기업으로부터 받는 협찬금에 상당하는 초대권을 제공하는 것은 엄밀한 의미에서 지원을 받는 것이 아니라 기업을 상대로 한 입도선매식 티켓 마케팅에 가깝다. 7장에서 상세히 다루겠지만 지원금과 티켓을 등가의 교환물로 주고받는 관행은 결국 장기적인 관객 개발을 저해하며 법인 판매에 대한 의존도를 높임으로써 예술조직의 재정구조를 오히려 악화시킬 수 있다. 사회 공헌 목적이건, 마케팅 목적이건 지원해주는 기업의 이익을 위해 명확한 반대급부와 혜택을 마련해주는 것은 두말할 나위 없이 중요하지만, 그렇다고 해서 이처럼 지원금에 상응하는 초대권을 제공하는 현재 관행은 재원 조성의 방법으로 보기 어렵다. 의미 있는 마케팅 수단이 될 수 있지만 그렇다고 해서 바람직한 재원 조성 수단이 되는 것은 아니다. 예술조직이 기업에 제공할 수 있는 것은 티켓만이 아니기 때문이다.[21]

따라서 지원 기업에 불가피하게 초대권을 제공하더라도 내용 면에서 그 악영향을 최소화하도록 해야 한다. 기업에서 과도한 양의 초대권을 원한다면, 그중 일부만 제공하고 나머지는 할인 혜택 형식으로 제공할 수도 있다. 예를 들어 3일간 계속되는 공연의 경우 첫 공연에 초대권을 50매 발행하여 지원 기업의 주요 관계자와 그 고객에게 제공하고, 이어지는 이틀간의 공연에 대해서는 각기 20매씩의 초대권을 제공하며, 이와 별도로 지원 기업의 직원이나 고객을 위해 50퍼센트 할인된 가격으로 공연 티켓을 판매하는 식으로 초대권 제공 방식을 다양화할 수 있다. 지원 기업에 제공하는 좌석은 대개 최상위 등급의 좌석이어야 하지만, 제공하는 초대권 수가 많은 경우 이를 등급별로 나눌 수도 있다.

특별행사 개최 지원금에 상응하는 초대권 제공이 불가피한 상황이라면 차라리 한 걸음 더 나아가 지원 기업을 위한 특별행사를 제공하는 것을 고려할 수 있다. 이 경우 기존의 행사와 내용은 같더라도 관객을 지원 기업의 직원이나 고객으로 한정한다. 전시의 경우에도 특정 요일이나 공식 휴일을 활용하여 지원 기업만을 위한 특별 관람일을 제공하는 방식을 고려할 수 있다. 아울러 지원 기업을 위해 특별히 마련된 행사를 별도로 준비할 수도 있다. 예를 들어, 음악단체의 경우라면 협찬 기업의 창립기념행사에서 축하공연을 할 수도 있고 지원 기업이 운영하는 미술관에서 무료 음악회를 개최할 수도 있을 것이다. 공연 등 기존의 프로그램 리셉션에 지원 기업 관계자를 초대하는 경우에는 참석 여부를 사전에 확인하여 예술조직의 대표나 이사장 등 주요 경영진이 이들을 소개하는 시간을 갖는 것이 좋다.

기타 혜택

- 공연장 혹은 전시장 안에 일부 공간을 할애하여 지원 기업의 제품을 전시하거나 견본품을 나누어준다.
- 프로그램과 함께 지원 기업의 광고지를 배포한다.
- 관객에게 지원 기업의 제품을 구입할 때 할인 혜택을 받을 수 있는 할인

권을 제공한다.

- 브로슈어, 행사 프로그램, 뉴스레터 안에 기업으로부터의 지원 내용을 포함한다.
- 행사 내용과 지원 기업 로고 등이 함께 새겨져 있는 티셔츠, 머그컵 등 판촉물을 행사장에서 나누어준다.
- 지원 기업의 시설이나 매장에서 특별공연이나 전시 혹은 사인 행사 등을 개최한다.

마. 기업으로부터의 재원 조성 전략

예술조직이나 프로그램에 지원해줄 기업은 얼마든지 있다. 그러나 그 기업들이 예술조직을 지원하면서 어떤 반대급부를 받을지에 대해 사전에 설계하고 있지는 않다. 그것을 강구하는 것은 예술조직의 몫이다. 기업의 문을 열고 설득하려면 먼저 타깃 시장과 핵심 고객의 프로필이 비슷한 기업을 찾는 것이 필요하다. 예술조직 입장에서 기업을 접촉하려면 우선 먼저 할 숙제를 끝내고 나서 만날 계획을 해야 한다. 수도 없이 비즈니스 거래를 해본 기업인에 대해 전화 한두 번 걸고, 혹은 한두 번 만나서 무작정 지원을 요청했다가 거절당하고 그대로 물러선다는 것은 지원받고 싶은 생각이나 절박함이 애초에 없다는 것과 다를 바 없다. 기업과 접촉하기 위해서는 최소한 해당 기업의 최근 수년간 매출액과 순이익, 주요 상품, 종업원과 고객의 프로필, 회사와 공장의 위치, 경쟁기업과 경쟁상품, 광고 트렌드, 기업 오너나 주요 임직원의 출신 학교, 고향, 취미 정도는 사전에 파악해야 한다. 그래야 비로소 의미 있는 대화가 가능해질 것이다. 이런 정보는 대부분 인터넷 기사나 인물 정보 등을 통해 쉽게 얻을 수 있다.[22]

하지만 예술조직의 입장에서 궁극적으로 가장 좋은 재원 조성 방법은 일회적인 비즈니스 관계를 넘어서 기업인을 이사진으로 영입하는 것이다.

장기적인 유대 관계를 맺기 위해 이보다 좋은 방법은 찾기 어렵다. 그러나 기업인을 이사진으로 영입하는 것도 쉽지 않지만 이사진으로 영입한다고 해서 문제가 해결되는 것은 아니다. 문제 해결을 위한 가장 초보적인 단초만이 제공될 따름이다. 많은 예술조직에서 이사진은 1년에 한두 번 이사회에 참석하여 이미 결정된(것처럼 보이는) 의안에 대해 찬성 의견을 내고 별로 맛있지 않은 식사 한 끼를 하고 오는 것 외에 별다른 역할이 없다. 이런 식의 이사회를 운영하면서 이사진이 뭔가 예술조직에 대해 기여하기를 원한다는 것은 그 자체로 어불성설이다. 이미 이사진으로 활동하고 있는 기업인이든 처음으로 접촉하는 기업의 담당자든 예술조직에 있어서 중요한 것은 상대방을 의미 있는 파트너로 인정하고, 그에게 어떤 도움을 줄 수 있고 어떤 도움을 받을 수 있는가를 구체적으로 고민해보는 것이다.

예술지원 매칭펀드 정부의 지원으로 한국메세나협회에서는 2007년부터 '중소기업 예술지원 매칭펀드' 사업을 진행해왔다. 이는 정부와 기업이 함께 진행하는 '기업과 예술의 만남Arts & Business' 사업의 하나로, '기업이 예술단체에 지원하는 금액에 비례하여 문예진흥기금을 추가로 지원하는 사업'이다. 2018년에는 153개 결연사업을 통해 44억 원이 예술조직에 지원되었다. 여기 참여하는 기업의 기준은 매출액 1조 원 이하의 중견기업 및 중소기업이다. 지원 신청 자격은 전문예술법인 및 단체, 임의단체, 경영 실적 공시가 가능하거나 창작 활동 실적 및 지속성이 인정되는 예술단체 등으로 광범위한 편이다. 신청 후에는 예술적 역량, 활동 계획의 충실성, 결연기업과의 파트너십, 사회적 기여 범위 등을 평가하여 지원 대상을 선정하고 있다.[23]

3) 재단

개인이 생존 시에 혹은 죽은 후에 자신의 재산으로 누군가를 지원할 수 있는 가장 좋은 방법은 그 재산을 출연하여 재단을 만드는 것이다. 재단은 사회 일반의 이익, 즉 공익을 목적으로 설립된 법인격을 갖춘 단체이다. 정부기관은 아니지만 공공적인 목적을 갖고 운영되기 때문에 문화예술, 교육, 사회복지 등의 목적을 위해 활동하는 비영리조직을 돕거나 직접 관련 사업을 운영해나간다. 이런 설립 취지는 통상적으로 재단 설립을 위해 재산을 출연한 사람이나 기업의 의도를 반영하지만, 설립 이후의 사회 여건 변화에 따라 확장·발전하기도 한다.

재단제도가 가장 발전한 미국에는 8만여 개의 재단이 설립되어 다양한 분야를 지원한다. 흥미로운 사실 중 하나는 이들 가운데 기업이 설립한 재단은 3.5퍼센트에 불과하다는 것이다. 부유한 개인이 설립한 재단이 88.9퍼센트에 달한다. 이러한 개인 재단이 숫자만 많고 자산이나 지원 규모에서 미미한 역할을 하는 것도 아니다. 개인 재단은 미국 전체 재단 가운데 자산 규모에서는 82.8퍼센트, 순수한 외부 지원금의 규모에서도 70.4퍼센트를 차지할 만큼 미국의 재단에서 중심적인 역할을 하고 있다.[24] 그러나 이러한 재단의 지원금 가운데 문화예술 부문에 대한 것은 13퍼센트 정도로 교육, 건강, 복지 사업에는 아직 미치지 못하고 있다. 예술조직의 입장에서 볼 때 조금이라도 재단에 대한 지원 요청을 소홀히 하면 재단의 입장에서는 얼마든지 사회적으로 가치 있는 다른 지원 대상으로 눈을 돌릴 수 있는 상황이다.[25]

미국 재단은 전국적인 규모의 재단을 제외하고는 대부분 그 설립 취지나 활동 방향에 따라 지원금의 수혜 지역과 분야를 제한한다. 예술 분야를 지원하는 재단은 수십억 달러의 자산을 보유한 포드재단이나 게티재단 등 전통적인 대규모 재단에서 수만 달러 수준의 소규모 개인 재단에 이르기까지 광범위한 편이다. 인구 100만 명 남짓의 워싱턴DC 메트로폴리탄 지역의 경우를 예로 들면, 갓 설립된 무용단체가 지원금을 신청할 수 있는 재단의 수가 80여 개에 이른다. 이러한 재단은 1년에 불과 수천 달러 정도만 지원하는 소규모 개인 재단의 경우에도 대부분 고유의 중심 지원 분야, 지원 지역 그리고 체계적인 지원 및 심의평가 절차를 갖고 있다. 따라서 각 재단의 지원 분야와 지원 시기 등에 대한 상세한 정보를 제공하기 위해 재단센터Foundation Center라는 서비스 단체가 설립되어 있다. 이처럼 재단제도가 잘 발달한 덕분에 미국의 예술조직은 어떤 식으로 재원 조성을 하건 일차적으로는 재단 조사를 통해 잠재지원자를 설정하고 이들에게 지원요청서를 보내는 것으로 시작한다.

미국에서 이러한 재단제도가 본격적으로 발전한 것은 1960년대이다. 당시 록펠러나 포드 등 초기 자본주의사회에서 막대한 부를 축적한 여러 기업인이 자산을 사회에 환원하는 과정에서 현대적인 의미의 재단제도가 발전해왔다. 이후에도 미국 재단제도는 양과 질 측면에서 모두 꾸준히 성장해 세계 각국의 부러움을 사는 제도로 자리 잡았다. 그 유형도 기업재단, 개인재단, 가족재단, 커뮤니티재단 등 다양한 형태로 발전해 출연자의 뜻에 맞게 그 자산이 활용되도록 한다.

하지만 안타깝게도 이처럼 국가에서 설립한 연방지원기구인 NEA의 지원보다 훨씬 큰 연간 지원을 하는 재단이 수없이 많은 미국의 실정에 비교할 때, 우리나라 재단의 현실은 현격한 차이를 보인다. 단지 규모 차이만이라면 어느 정도 발전의 여지가 있겠지만 아직은 그 내용 면에서도 제대로 형태를 갖추고 있지 못하다. 국내에도 물론 재단의 이름을 달고 있는 기관은 많다. 그러나 대부분 직접 설립한 박물관·미술관이나 시설을 운영하기 위해 지출예산의 대부분을 할당하고 있다. 재단 자산이라고 하는 것도 현금이나 투자 자산을 보유한 곳은 많지 않으며, 주로 자체 운영시설 자산만 보유한 곳이 대부분이다. 문화예술 분야에 대한 지원사업을 할 때도 내부적인 비공식적 절차에 따른 지원이 대부분이어서 대외적으로 공개적인 지원서 접수와 심사평가 절차를 갖고 있는 경우는 거의 없는 실정이다. 따라서 예술조직 입장에서는 아무리 둘러보아도 마땅히 지원 신청을 할 만한 재단을 찾기가 힘든 것이 현실이다. 그나마 수림문화재단이 다양한 예술 지원사업을 해오고 있고, 문학 분야에 대한 지원사업을 오랫동안 계속한 대산문화재단, 공연 · 전시 분야에 대한 지원을 늘리고 있는 CJ문화재단이나 두산연강재단 같은 사례가 없는 것은 아니지만, 아직까지는 이례적인 경우에 속할 만큼 국내 재단의 현실은 척박한 편이다. 우리가 온갖 매체 광고를 통해 혹은 거의 광고화된 기사를 통해 늘 이름을 듣고 있는 대기업 가운데 문화예술 분야에 대한 지원사업을 운영하고 있는 곳은 거의 없다고 해도 과언이 아니다.

따라서 우리나라의 현실을 고려할 때 재단을 예술조직의 재원 조성의 대상이 되는 지원 주체로 설명하기에는 아직 이른 감이 있다. 그러나 이런 현실 가운데서도 다행히 개인이나 기업이 축적한 부의 사회 환원에 대한 의식이 점차 확산됨으로써 재단 설립에 대한 관심이 높아지고 있는 것은 사실이다. 대기업 중에도 기업 차원이 아니라 개인 자산을 출연하여 재단을 설립하는 오너가 나타나고 있다. 그 밖에도 그동안의 안타까운 현실에서 벗어나 순수하게 그 출연자와 설립자의 뜻에 맞춰 외부에 대한 지원금을 운용하고자 하는 재단이 하나둘 늘어나는 것은 매우 고무적인 변화이다.[26]

이러한 변화의 조짐에 맞춰 국내 재단제도에는 근본적인 제도적 수술이 필요한 상황이다. 그러나 제도적인 미비나 여러 주변 여건이 성숙되지 못했다고 예술지원 자체가 불가능한 것은 아니다. 흔히 예술에 대한 개인이나 기업의 지원이 이루어지지 않는 이유로 선진국만큼 세제 혜택이 없기 때문이라는 이야기를 종종 듣는다. 하지만 사실관계를 살펴보면 이는 그저 지원할 의사가 없다는 말의 우회적 표현에 지나지 않는다. 적어도 예술지원 관련 조세제도에 관한 한 우리의 감면 시스템이 미국을 비롯한 선진국에 비해 크게 못 미친다고 볼 수는 없기 때문이다. 따라서 재단제도의 활성화 역시 결국은 의식과 관행의 문제라고 할 수 있다. 최근 들어 노블레스오블리주에 대한 사회적 공감대가 확산되고 있고, 사회 지도층을 중심으로 공익 목적의 재산 출연 사례가 점차 많아지고 있기 때문에 앞으로는 국내에서도 이러한 재단을 통한 예술지원이 점차 확대될 수 있을 것으로 전망된다.

4) 개인

가. 개인 지원의 이해

개인이라는 범주는 그 중요성에도 불구하고 그동안 우리나라에서는 큰 주목을 받지 못했다. 예술조직에 대한 지원 주체로서의 개인은 기업처럼 몇몇 소수에 한정되는 것이 아니라 광범위한 다수의 지지 세력을 의미하며, 해당 예술조직에 대한 관심과 애정에 기초하여 지원이 이루어지기 때문에 쉽게 흔들리지 않는 안정적인 재원의 출처가 된다. 정부나 기업으로부터의 지원이 많은 도움이 되는 것이 사실이지만, 대개 일회적인 지원에 그치기 때문에 지속적이고 안정적인 재정 기반이 되기 힘들다. 정부나 기업의 지원 방침이나 지원예산 변화 혹은 다른 예술조직과의 경쟁으로 인해 다음에도 같은 수준의 지원을 받는다는 보장이 없기 때문이다. 따라서 일시적으로 큰 지원금을 받았다고 해서 그에 맞춰 다음 해의 프로그램을 확대하는 경우 급작스러운 지원 중단으로 재정난에 처할 수 있다. 그러나 다수의 개인으로부터 지원을 받는다면 매년 지속적으로 전년도와 비슷한 혹은 조금 향상된 수준의 재원 조성을 예상할 수 있다. 그리고 이를 기반으로 안정적인 중장기 기획을 할 수 있다. 개인의 경우 일단 어떤 예술조직에 관심을 갖게 되면 특별한 이유가 없는 한 지속적으로 지원하는 경우가 많기 때문이다. 다만 우리나라의 경우 아직까지는 미국을 비롯한 서구 국가에 비해 예술조직에 대한 개인의 기부행위가 활발하지 못한 편이기 때문에 예술조직이 개인을 대상으로 재원 조성을 하는 데 한계가 있다.

1992년 미국의 갤럽이 조사한 결과에 따르면 예술조직을 비롯한 비영리조직에 대한 개인의 지원 행위는 〈도표 5-6〉과 같은 동기에 기반을 두고 있다.[27] 여기서 지원 행위는 금전적인 것만이 아니라 직접 노동력을 제공하는 자원봉사 활동도 포함하는 개념이다. 이러한 동기는 우리나라에서도 기본적으로 큰 차이는 없을 것으로 생각한다. 다만 예술조직에 대한 지원은 사회복지 목적으로 이루어지는 기부와는 그 성격에 다소 차이가 있다. 예술조직에 대한 지원은 어떠한 것을 소유하지 못함으로 인해 곤란을

지원동기	응답(중복응답)
덜 가진 사람들을 도와야 한다는 의무감	55%
지원 행위로 인한 개인적인 만족감	43%
종교적인 동기	41%
사회로부터 받은 이익의 환원	39%
친구나 친지로부터의 권유	36%
자신이나 가족이 해당 단체나 그 활동으로부터 받는 혜택에 대한 보상	36%
사업상 혹은 지역사회로부터 주어지는 의무	19%
자신이나 가족을 기념하기 위한 욕구	17%
세금 혜택	12%
직장 상사의 권유	10%

〈도표 5-6〉 개인의 지원 동기

겪고 있는 사람을 위해 이루어지는 자선 행위로서의 기부와는 달리 자신의 관심과 선호 그리고 즐거움을 위해서 이루어지는 경우가 많기 때문이다. 따라서 예술조직의 재원 조성에서는 일반적인 자선 목적의 재원 조성과 달리 예술조직이나 그 수혜자가 처한 재정적 절박성을 강조하는 접근 방식보다는 그 지원으로 인해 나타날 긍정적인 파급 효과와 사회적 영향을 보여주는 접근 방식이 더욱 효과적이다.

기업에 대해서도 마찬가지지만 특히 개인으로부터의 재원 조성의 경우 사전에 충분한 관계 형성 노력이 필요하다. 전혀 모르는 상대에게 무작정 지원을 요청하기보다는 뉴스레터나 공연, 전시 등 행사를 알리는 안내 자료를 먼저 보내는 식으로 관계 형성을 위한 노력을 기울인 이후에 비로소 재원 조성을 위한 접촉을 시작해야 하는 것이다. 즉, 지원 요청보다는 관심과 애정의 형성이 선행되어야 한다. 정기공연 전후에 파티를 열거나 리셉션을 열어 잠재후원자를 초대할 수도 있고, 자문위원회나 모니터링단에 참여시켜 관심을 환기할 수도 있다. 이러한 노력을 통해 지원자가 신뢰감에 기초한 친구와 같은 입장에 서게 될 때 비로소 지원이 이루어질 수 있다. 그동안 우리나라의 예술조직은 개인보다는 정부나 기업 의존도가 높은 편이었다. 그러나 이제 개인의 지원 규모도 전과는 달리 크게 늘어났다. 최근 아름다운재단의 조사 결과에 따르면 현금자산 10억 원 이상 보유자 가운데 기부에 참여한 경험이 있다고 응답한 이들은 95.5퍼센트에 달한 것으로 나타났다. 일부 거액기부자를 제외한 이들의 연평균 기부 금액은 600만 원 정도였다. 더욱이 응답자의 59퍼센트는 자신의 사망 후에도 유산을 기부할 의사가 있다고 밝혔다.[28] 이러한 조사 결과는 이제 국내에서도 예술조직의 노력 여하에 따라 개인 지원자를 확보할 가능성이 충분히 높아졌다는 점을 보여준다.

나. 개인으로부터의 재원 조성 전략

개인 지원자를 확보하는 것은 아무 관계가 없는 사람에게 무작정 접근하는 것이 아니라 어떤 식으로든 관계를 맺고 있는 사람이나 맺을 가능성이 있는 이를 대상으로, 점차 높은 수준의 밀접한 관계를 형성할 수 있도록 노력하는 것이다. 단계적인 발전 과정을 거쳐 소극적인 관계에서 한층 적극적인 관계로 성장하는 것이다. 이러한 관계의 발전 과정은 아래와 같이 나타낼 수 있다.

관심층의 확보는 재원 조성 이전에 예술조직의 존속 자체를 위해서 중요한 일이다. 대개 재원 조성보다는 마케팅과 홍보 관점에서 관객 개발의 일환으로 기획하지만, 재원 조성 담당자가 늘 염두에 두어야 하는 사항이기도 하다.

국내 공연장의 정기회원 제도는 서구의 시즌티켓 제도와 다소 차이가 있다. 시즌 단위로 해당 기간의 프로그램 전체 혹은 일부로 구성된 패키지를 할인 가격으로 사전 판매하는 시즌티켓 제도와는 달리, 정기회원 제도

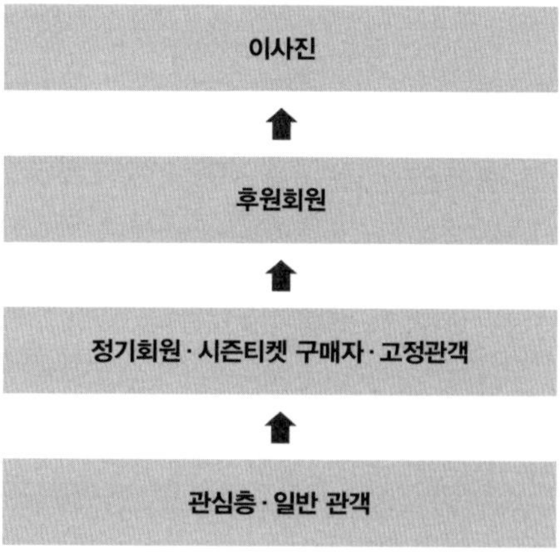

〈도표 5-7〉 개인 지원자의 단계별 발전 과정

는 연회비를 받고 티켓을 할인해주거나 소식지를 보내주는 형태로 운영된다. 그러나 시즌티켓 구매자 정도는 아니더라도 정기회원 역시 어떤 예술조직에 관심을 갖고 지속적으로 참여한다는 점에서 특정 행사에만 일회적으로 참여하는 일반 관객과 구분된다. 따라서 정기회원에게는 티켓 할인과 아울러 특별행사 초대나 관련 상품 할인 등의 혜택을 별도로 제공하는 것이 보통이다. 엄격히 보면 이런 정기회원이나 시즌티켓 제도는 재원 조성 전략이라기보다는 사업 운영 수입의 증대를 위한 티켓 판매, 즉 마케팅의 전략에 속한다. 정기회원 제도나 시즌티켓 제도를 운영하는 주된 목적은 무엇보다 고정 관객을 안정적으로 확보하기 위해서다. 비공식적이고 무형적인 형태로 존재하는 고정 관객층을 보다 가시적인 형태로 관리하는 데 중점을 두는 것이다.

그러나 정기회원제와 시즌티켓 제도는 이처럼 고정 관객층의 형성을 통해 프로그램 운영수익을 높이는 기초가 될 수 있을 뿐 아니라 재원 조성을 위한 잠재지원자 파악의 기초가 되기도 한다. 정기회원과 시즌티켓 구매자는 무엇보다 그 예술조직과 프로그램에 지대한 관심을 갖고 대부분의 프로그램에 정기적으로 참여하는 계층이기 때문에 예술조직으로부터 지원 요청을 받을 경우 이에 긍정적으로 응할 가능성이 상대적으로 높다고 할 수 있다.

개인 지원자로 후원회를 구성해 지원을 얻을 수도 있다. 후원회원으로부터의 재원 조성은 곧 본격적인 재원 조성의 시작이다. 이 방식은 예술조직에 대해 일정한 정도의 관심과 선호를 갖고 있는 잠재지원자에게 공식적으로 그 조직을 지원할 수 있는 장을 마련해준다. 일반 후원회원은 지원 규모가 주요 후원자major donors의 경우만큼 크지는 않지만 장차 주요 후원자로 발전할 수 있는 기반이 된다. 개인 후원회원 다수를 확보하여 대규모 후원회를 운영하고 있는 예술조직은 이들로부터 일정 규모 이상의 재원을 확보할 수 있기 때문에 매년 프로그램을 기획할 때 더욱 안정적인 전략을 세울 수 있다. 후원회의 운영은 여러 가지 다양한 방식을 통해 할 수 있다. 미국의 많은 예술조직은 지원자의 선택 범위를 넓히기 위해 후원 규모에 따라 3~4단계로 구분하여 몇 개의 후원회를 운영한다. 후원회원의 신규 모집 및 회원 갱신은 연례 재원 조성 기획에서 가장 중요한 부분을 차지한다. 후원회원에게는 단계별로 일정한 혜택이 주어지지만, 후원회원의 지원에 대한 반대급부라기보다는 감사의 뜻으로 준비하는 것이 보통이다. 이 점에서 후원회 운영은 정기회원 제도 운영과 차이가 있다. 정기회원 제도는 지원이라기보다는 정기회비와 티켓 할인 등 일정한 가치 사이의 교환적인 성격이 더 강하기 때문이다.

이상과 같이 예술조직과 그 프로그램에 대한 관심층과 관객을 주요 후원회원으로까지 발전시킨 후에는 이들 가운데 좀 더 적극적인 차원에서 이사진으로 봉사할 수 있는 사람이 있는지 파악해야 한다. 이사진으로 봉사함으로써 지원자와 예술조직의 관계는 항구적이고 안정적인 관계로 발전해갈 수 있다. 지원자는 더욱 큰 책임의식을 갖고 여러 가지 재원 조성 활동에 주요한 역할을 하며 나아가 자신뿐 아니라 주위 사람에게까지 지원을 권유하고 동참시킬 수 있다.

다. 주요 후원자를 통한 재원 조성

주요 후원자major donors란 큰 금액의 지원을 통해 어떤 예술조직의 운영에 상당한 수준의 기여를 하는 지원자를 가리킨다. 좀 더 직설적인 표현으로 거액기부자로 지칭되기도 한다. 여기서 상당한 수준의 기여가 어느 정도인지는 예술조직의 예산 규모와 운영 현황에 따라 달라진다. 일반적인 후원회원과 주요 후원자의 차이는 물론 상대적이지만, 중요한 것은 그 액수가 어느 정도인가에 상관없이 그 지원 여부가 예술조직의 재정 여건과 사업 운영에 중요한 영향을 미칠 수 있는 수준이 되면 이를 주요 후원자라고 할 수 있다. 주요 후원자는 비단 개인만 될 수 있는 것은 아니다. 정부나 지방자치단체 혹은 기업에서 설립 운영하는 대부분의 문화공간이나 예술단체 역시 그 설립 주체가 된 정부나 기업이 주요 후원자의 역할을 한다. 주요 후원자는 무엇보다도 연례 재원 조성 과정에서 매년 비슷하거나 약간씩 증액된 지원을 하기 때문에 안정적인 재원의 출처가 될 수 있다. 또한 이들은 기업인이나 그 밖의 여유 계층과 밀접한 사회적 관계를 맺고 있는 경우가 많기 때문에 또 다른 지원 주체를 찾는 데 도움을 줄 수 있다.

이러한 주요 후원자의 지원 이유 역시 앞서 일반적인 개인 지원자의 지원 이유와 크게 다르지 않다. 기본적으로 설립 취지에 공감하고 그 활동에 상당한 관심을 갖고 있는 사람이 예술조직의 주요 후원자가 된다. 다만 주요 후원자의 경우 일반 후원자에 비해 다음과 같은 사항을 비중 있게 고려한다. 첫째, 명성 있는 예술조직에 대해 주요 후원자 역할을 함으로써 이에 따른 후광 효과와 위신을 얻을 수 있다는 점이다. 둘째, 소규모 혹은 신설 예술조직에 지원하는 경우 자신이 예술조직의 발전 과정에서 결정적인 기여와 중요한 역할을 하고 있다는 보람을 느낄 수 있다는 점이다. 셋째, 예술조직의 설립자 혹은 주요 경영진이나 참여 예술가와 인척 관계나 오랜 교류를 통해 상당한 신뢰와 친분관계를 구축하기 전에는 주요 후원자가 되기 어렵다는 점이다.

주요 후원자를 확보하려 할 때 관심을 둘 사항은 각각의 주요 후원자에 대한 혜택의 마련이다. 이러한 혜택은 일반 후원자에 대한 것과 달리 주요 후원자 개개인의 관심을 고려해야 한다. 따라서 티켓 할인이나 뉴스레터 제공과 같은 일반적인 혜택 외에 프로그램 안내 책자 등을 통해 광범위하게 이들의 지원을 홍보해줌으로써 명예와 위신을 높여주는 것이 좋다. 즉, 주요 후원자에 대해서는 현실적으로 특정한 이득을 제공하는 것보다는 이들의 명예와 위신을 높여줄 수 있는 방향의 혜택을 마련하는 것이 바람직하다. 따라서 이들이 자신의 지원 행위로 인해 보람과 기쁨을 느낄 수 있도록 주요한 예술 프로그램에의 초대, 예술 행사 후 리셉션 행사에의 초대, 리셉션 자리에서 축사나 건배 제의 등 특별 역할 부여, 주요 예술가와 함께하는 식사 초대, 홈페이지나 뉴스레터에 인터뷰 기사 게재 등 다양한 방안이 강구될 수 있다. 하지만 개인에 따라 익명의 지원을 바라는 경우도 있기 때문에 혜택을 마련할 때는 주요 후원자와 사전에 협의하여 양해를 구해야 한다.

다만 이러한 주요 후원자로부터의 지원은 여러 가지 면에서 긍정적인 요소가 많음에도 불구하고 때로는 예술조직에 다음과 같은 두 가지 측면에서 좋지 않은 영향을 미칠 수도 있다. 첫째, 주요 후원자가 예술조직의 프로그램이나 사업에 대해 지나치게 영향력을 행사하거나 간섭하려 할 수 있다. 자신이 지원하고 있는 만큼 당연히 그럴 권한도 갖고 있다고 생각하는 것이다. 이러한 주요 후원자의 행태를 긍정적인 방향으로 승화시키기 위해서는 이들을 가급적 이사진과 같은 기구로 흡수함으로써 공식적인 업무 과정에서 설립 취지를 실현해가는 데 참여할 수 있도록 만들어야 한다. 그러지 않을 경우 기존 이사회나 조직 대표의 권한이 불합리하게 위축되는 결과를 낳을 수 있다. 둘째, 주요 후원자가 충분한 기간을 둔 사전 통보 없이 지원을 철회하거나 중단함으로써 사업 운영에 예기치 않은 결과를 가져오기도 한다. 이 같은 상황을 미연에 방지하기 위해서는 주요 후원자와 상시적으로 충분한 의견 교환 및 교류 관계 형성이 필요하다. 예술조직의 활동이나 프로그램에 대한 정보의 정기적인 제공은 필수적이며, 주요 프로그램의 기획 과정에서 주요 후원자의 의견을 반영하는 노력도 필요하다.

라. 예술위를 통한 개인 지원자 확보

개인이나 기업의 입장에서 가장 세금 감면 혜택을 많이 받으며 예술을 지원할 수 있는 방법은 문예진흥기금을 운영하고 있는 예술위에 지정기부금을 기탁하는 것이다. 예술조직에 대한 지원금이 도무지 어떻게 쓰일지 알 수 없고 또 그 절차가 번거롭다고 한다면 법정 단체인 예술위에 자신이 원하는 구체적인 목적을 설정하여 기부하도록 할 수 있다. 예를 들어, 예술의전당에서 하는 어떤 공연을 소년소녀 가장 등 어려운 청소년에게 보여주고 싶다면 이러한 구체적인 목적을 설정해 예술위로 기부할 수 있다. 문예진흥법에 의해 설립된 특수법인인 예술위에서는 공정한 절차를 거쳐 그 지원금이 정확하게 기부자가 원하는 목적대로 지출될 수 있도록 하고 그 결과를 투명하게 보고한다. 말하자면 공공재단인 예술위가 개인의 지원사업을 대행하는 것이다.

예술위에서 운영하는 또 다른 흥미로운 제도는 실명제기부금 제도다. 예술위가 기부자에게 문화예술 실명제후원금을 받은 후 기부자의 실명을 밝혀 기금 명칭을 정하고, 문예진흥기금의 하부기금으로 특별 관리하는 제도다. 이처럼 적립된 기금은 일회성 사업비로 소진되지 않으며 예술위는 기부자의 지원금을 종잣돈seed money으로 조성하고 매년 그 투자 수익금을 활용해 사업을 한다. 또한 사업을 할 때는 기부자의 의사를 최대한 반영해 기금 명칭, 지원 대상, 운영 방법, 출연 방법 등을 결정하고 지원사업에 기부자의 이름을 언제나 명시한다. 투자 수익금을 산정할 때는 전년도 문예진흥기금 운용 수익률을 적용하여 지급하는데, 대개는 실제 기부금의 적립 이자율보다 높은 수준으로 편성한다.

마. 크라우드펀딩

크라우드펀딩은 글자 그대로 대중으로부터의 재원을 마련하는 활동을 의미한다. 인터넷과 모바일 기반의 다양한 온라인 플랫폼을 활용하여 광범위한 익명의 대중을 대상으로 다수의 소액후원자를 모집해 재원을 조달

구분	후원형(기부형)	투자형(증권형)	대출형
자금 모집	후원금·기부금 납입	증권(주식) 발행	대출계약 체결
보상	비금전적 혜택	금전적 보상 (원금+수익금)	금전적 보상 (원금+이자)
주요 사례	클래식 음악, 연극, 무용, 전시 등	대규모 뮤지컬, 대중음악, 블록버스터 전시 등	어린이연극, 소규모 뮤지컬 등

〈도표 5-8〉 크라우드펀딩 유형

하는 것이다. 2000년대 후반에 처음 등장한 크라우드펀딩은 비영리조직을 위한 재원 조성보다는 IT 기술을 활용한 스타트업 회사에서 초기 투자금을 확보하기 위한 전략으로 활용해왔다. 인디고고(2008)와 킥스타터(2009) 등 초기에 등장했던 몇몇 크라우드펀딩 사이트가 큰 성공을 거두면서 이와 유사한 사이트가 등장하기 시작했고, IT 기업만이 아니라 비영리 부문에서도 크라우드펀딩을 활용한 재원 조성 활동을 시작했다.

국내에서는 텀블벅을 비롯하여 와디즈, 오마이컴퍼니 등의 사이트가 도입되면서 개인 후원의 새로운 장을 열었다. 앞서 설명한 것처럼 국내 개인 후원 기반은 극히 미약했다. 크라우드펀딩은 이처럼 열악한 여건을 일거에 뒤바꿀 만큼 큰 영향을 미쳤다. 크라우드펀딩은 〈도표 5-8〉과 같이 세 가지 유형으로 구분할 수 있다.

후원형(기부형) 전통적인 재원 조성에 가장 가까운 크라우드펀딩으로서, 공연이나 전시 등 문화예술 프로젝트를 펀딩 사이트에 올려 후원을 받는 방식이다. 후원형 크라우드펀딩은 오프라인에서 그동안 해오던 개인 후원 회원 모집을 그대로 온라인으로 옮겨온 것이라 할 수 있다. 하지만 기존의 재원 조성과 달리 익명의 다수로부터 펀딩을 유치하는 것이기 때문에 단순히 관심과 애정에만 호소하는 것이 아니라 공연·전시 티켓이나 기념품을 제공하는 방식을 많이 활용한다. 때로는 후원금액에 따라 차등적으로 혜택을 부여하기도 한다. 다음 '원먼스 페스티벌'의 사례는 차등적인 혜택의 구성 방식을 보여준다. 수혜 조직의 입장에서는 후원자에게 기쁨을 주면서도 단가 면에서 큰 부담이 가지 않는 보상 방식을 고민해야 한다. 공연이나 전시 티켓은 가장 기본적인 혜택이 되며, 여기에 더하여 프로그램, 포스터, 도록 등을 제공할 수 있다. 아울러 엽서, 티셔츠, 에코백, 머그컵 등의 기념품 혹은 굿즈goods 상품을 간단하게 제작하여 제공하기도 한다.

'2018 원먼스 페스티벌'[29]

'원먼스 페스티벌'은 2018년 7월 1일부터 31일간 매일 음악을 비롯해 무용, 연극, 미술 등의 분야에서 활동하는 예술가들의 공연과 강연, 드로잉, 인터뷰, 레고 제작, 낭독 등을 진행하는 프로젝트였다. 국내 전역의 공연장과 다양한 문화공간을 비롯하여 해외 문화공간과 한국문화원까지 참여한 방대한 이벤트였다. '원먼스 페스티벌'의 모태가 된 더하우스콘서트는 2002년 7월 음악가 박창수의 거실에서 시작되었다. 무대와 객석의 경계를 허문 특별한 공연 형식을 내세운 더하우스콘서트는 대학로 예술가의집을 비롯하여 전국의 문예회관 등에서 하우스콘서트 열풍을 불러일으켰다. 20년간 3000명 넘는 예술가와 음악가가 하우스콘서트 무대에 올랐다. 더하우스콘서트는 2018년 7월 한 달간 진행한 〈원먼스 페스티벌〉을 위해 텀블벅 사이트를 활용하여 크라우드펀딩을 진행했다. 1500만 원을 목표로 설정했던 이 펀딩에는 총 154명이 참여하여 2500여만 원을 조성함으로써 달성률 166퍼센트를 기록하고 텀블벅 사이트를 통해 펀딩에 성공한 대표적 프로젝트가 되었다.[30]

후원형 크라우드펀딩은 다음에 설명할 투자형이나 대출형과는 달리 프로젝트가 성공하여 큰 수익을 올리더라도 참여자에게 수익이나 이자를 분배할 필요가 없다. 하지만 금전적 보상은 아니더라도 프로젝트의 진행 경

후원액 구분	후원자 혜택
1만 원+(20명)	후원자 목록 기재(홈페이지)(x1)
3만 원+(26명)	후원자 목록 기재(홈페이지)(x1) 원먼스 페스티벌 굿즈 – 포스터&스티커(x1) 원먼스 페스티벌 굿즈 – 원형 부채(x1)
5만 원+(39명)	후원자 목록 기재(홈페이지)(x1) 원먼스 페스티벌 굿즈 – 포스터&스티커(x1) 원먼스 페스티벌 굿즈 – 원형 부채(x1) 원먼스 페스티벌 굿즈 – 티셔츠(x1)
10만 원+(42명)	후원자 목록 기재(홈페이지)(x1) 원먼스 페스티벌 굿즈 – 포스터&스티커(x1) 원먼스 페스티벌 굿즈 – 원형 부채(x1) 원먼스 페스티벌 굿즈 – 티셔츠(x1) 원먼스 페스티벌 관람권 – 대학로 예술가의집(7월 한 달간, 월요 공연)(x2)
30만 원+(13명)	후원자 목록 기재(홈페이지)(x1) 원먼스 페스티벌 굿즈 – 포스터&스티커(x1) 원먼스 페스티벌 굿즈 – 원형 부채(x1) 원먼스 페스티벌 굿즈 – 티셔츠(x1) 원먼스 페스티벌 관람권 – 대학로 예술가의집(7월 한 달간, 월요 공연)(x4) 원먼스 페스티벌 관람권 – 폐막 갈라콘서트(7.31, 대학로 예술가의집)(x2)
50만 원+(6명)	후원자 목록 기재(홈페이지)(x1) 원먼스 페스티벌 굿즈 – 포스터&스티커(x1) 원먼스 페스티벌 굿즈 – 원형 부채(x1) 원먼스 페스티벌 굿즈 – 티셔츠(x1) 원먼스 페스티벌 관람권 – 대학로 예술가의집(7월 한 달간, 월요 공연)(x4) 원먼스 페스티벌 관람권 – 폐막 갈라콘서트(7.31, 대학로 예술가의집)(x4)
100만 원+(5명)	후원자 목록 기재(홈페이지)(x1) 대학로 예술가의집 하우스콘서트 1년 관람권(x1)

〈도표 5-9〉 원먼스 페스티벌 후원자 혜택

과나 성과를 단계별로 공유하여 프로젝트의 성공 경험을 함께 느낄 수 있도록 해야 한다. 후원자가 자신의 참여 결정에 자부심과 긍지를 느낄 수 있도록 함으로써 다음 프로젝트 진행에도 참여할 수 있게 기반을 조성하는 것이다. 이는 크라우드펀딩이 일반적인 후원회와 달리 프로젝트가 있을 때마다 매번 일회성으로 이루어지기 때문이다.

펀딩 사이트는 대개 펀딩 목표 금액을 설정하도록 한다. 그 금액에 미달하는 경우 프로젝트 자체가 무산될 수 있으며, 이런 경우 후원 금액은 후원한 사람에게 되돌려주게 된다. 반대로 목표 금액을 달성하는 경우 ○○○을 제공한다는 식의 조건을 거는 경우, 때로는 목표 금액 미달로 인하여 혹은 달성 후에도 여러 가지 이유로 당초 약속했던 혜택을 제공하지 못하는 경우가 있을 수 있다. 이런 경우 해당 조직에 대한 신뢰를 해칠 뿐 아니라 나아가 법적인 책임까지 지게 될 수 있으므로 각별히 유의해야 한다. 또한 후원자가 펀딩 주관 사이트에 문제를 제기하거나 환불을 요청하는 경우 향후 참여 자격조차 박탈될 수 있다. 어떤 상황에서든 재원 조성은 하나의 이벤트를 위한 것이 아니라 지속적인 활동으로 이어져야 한다는 점을 잊지 말아야 한다. 목표 금액을 달성하지 못할 경우 어떻게 할 것이라는 것에 대해 명확한 입장을 사전에 밝히는 것이 좋다. 기념품을 제공하지 못할 수도 있고 환급을 해줄 수도 있는데, 어느 경우든 사전에 방침을 구체적으로 밝히고 그대로 이행해야 한다. 그래야만 설사 펀딩 목표 달성에 실패하더라도 다음번 프로젝트에서는 다시 한번 후원을 요청할 수 있기 때문이다.

투자형(증권형) 후원형과는 달리 흥행에 따라 일정 부분 수익이 예상되는 공연이나 전시 프로젝트에 대해 지분을 나눠주는 형태로 투자를 받아 수익금을 배분하는 형식이다. 이 경우 수익이 나지 않으면 투자금을 돌려받을 수 없다. 대개는 수익이 나는 경우와 나지 않는 경우로만 구분하지 않고 원금 회수부터 10퍼센트 수익, 30퍼센트 수익, 50퍼센트 수익 등 수익 단계별로 투자 이익을 일정액으로 정하여 공지한다. 때로는 전체 투자 금액 대비 이익비율을 정확히 계산하여 지급하기도 한다. 이는 말하자면 일반 금융에서 비상장주식을 공모 형태로 판매하는 것과 다를 바 없다. 다만 일반 기업 주식과는 달리 프로젝트 내용이 명확하며 상대적으로 단기간에 마무리된다는 점이 특징이다. 따라서, 뮤지컬, 대중음악 콘서트, 블록버스터 전시 등 상업적 흥행 가능성이 높은 프로젝트가 이러한 투자형 공모에 적합하다. 투자형 펀딩에서는 투명한 자금 운용을 위해 외부 회계법인에 결산을 맡기거나 페이퍼컴퍼니를 설립하여 운영한다. 이미 널리 알려진 프로듀서나 연출가 혹은 큐레이터가 기획하는 경우도 투자금의 회수에 의문을 가질 수 있기 때문에 불투명한 자금 운용 방식으로는 투자금을 모으기 어렵다. 법적으로는 2015년에 제정되어 2016년도부터 시행하고 있는 온라인소액투자중개업이라는 형식이 이러한 투자형 펀딩을 포괄한다. 온라인소액투자중개업자의 자격이나 투자자의 1인당 투자한도 등에 대해서는 법률로 제한을 두고 있다.

막심 므라비차의 2018 부산 공연[31]

와디즈 사이트를 통해 진행된 크로스오버 피아니스트 막심 므라비차의 2018년 부산 공연 프로젝트의 펀딩은 투자형 크라우드펀딩으로 진행되었다. 막심 므라비차는 격정적인 피아노 연주와 다이내믹한 속주로 '신의 손가락'으로 불리는 세계적인 크로스오버 피아니스트로서 2004년 첫 내한 공연부터 2016년까지 13년간 꾸준히 한국 공연을 가진 스타급 연주자였다. 부산 공연은 2847석의 부산 KBS홀에서 진행되었으며, 공연전문기업 (주)케이스타파크가 기획했다. 티켓 판매 가격은 VIP석 11만 원, R석 9만 9000원, S석 7만 7000원, A석 5만 5000원으로 구성되어 있었는데, 인터파크 수수료 5퍼센트를 제외하고 한 석당 9만 5000원으로 가정했다. 1억 원을 목표로 펀딩을 시작한 이 프로젝트는 166명이 참여하여 1억 2470만 원을 조성해 125퍼센트 펀딩에 성공했다. 앞서 소개한 후원형 펀딩과는 달리 혜택은 많지 않았으며 부산 공연과 연계하여 유료로 진행하는 사진회 무료 참석과 티켓 판매 전

관객 수(판매율)	이익배당률	투자원금별 예상이익배당금(원)		
		10만 원	100만 원	500만 원
0석(0%)	-100%	0	0	0
569석(20%)	-46%	5.4만 원	54만 원	270만 원
1053석(37%)	0%	10만 원	100만 원	500만 원
1992석(70%)	26%	12.6만 원	126만 원	630만 원
2847석(100%)	51%	15.1만 원	151만 원	755만 원

〈도표 5-10〉 막심 므라비차 2018 내한공연-부산 크라우드펀딩 예상이익배당금표

우선구매 혜택을 제공했다.

이 프로젝트는 혜택보다는 직접적인 투자 이익의 제공을 내세웠다. '이익참가부사채'라는 이름으로 1인당 10만 원 이상의 계좌를 구매하면 공연 티켓 판매 수에 따라 이익배당률을 산정하여 이익배당금을 지급하는 방식이었다. 여기에다 투자 안정성을 확보하고 손실에 대한 우려를 덜기 위해 투자 손익분기점인 1053석(티켓 판매율 37퍼센트)까지는 티켓 매출의 전액을 와디즈 투자자에게 먼저 지급하기로 했다. 예상 투자 손익분기점에는 부산 공연의 티켓 매출만 반영되어 있고, 그 밖의 사진회 매출, 프로그램북 매출은 제외되어서 실제 투자 손익분기점은 더 낮아질 것으로 예상되었다. 손익분기점 이후 매출에 대해서는 매출의 30퍼센트를 이익배당금으로 지급했다. 투자 결산 보고 및 투자수익 상환은 마지막 공연인 10월 14일 이후 1개월간 외부 회계법인을 통한 매출과 비용 결산을 거친 후 결산보고서와 함께 제공되었다.

대출형 대출형은 크라우드펀딩 사이트를 통해 다수의 익명 후원자로부터 돈을 빌리는 것으로서 이른바 P2P 금융의 일종이라 할 수 있다. 취지에 공감하는 후원을 받는 것에 더하여 이자를 제공하는 조건으로 돈을 빌린다

는 성격을 고려하면 엄밀한 의미의 재원 조성이라 하기는 어렵다. 다만 공연이나 전시 프로젝트의 경우 준비 과정에서 상당한 사전투자가 필요하지만 그 수익은 완성 후 상당 기간에 걸쳐 회수되는 것이기 때문에 충분한 자본금을 갖고 있지 않다면 현금흐름을 원활히 하는 것이 매우 어려운 산업 분야다. 이러한 상황에서 대출형 크라우드펀딩은 전통적 재원 조성 유형은 아닐지라도 현금흐름이 원활치 않은 예술조직을 위한 대안이 될 수 있다.

P2P 금융 서비스는 이전부터 있었다. 하지만 크라우드펀딩 사이트를 이용하는 대출 프로그램은 해당 분야에 대한 신뢰감과 애정이 대출자 역할을 하는 데 영향을 미칠 수 있다는 특징이 있다. 말하자면 흥행이 여의치 않을 경우 손해를 볼 수도 있지만, 그럼에도 해당 예술조직이나 프로그램에 대한 신뢰와 애정으로 기꺼이 대출에 나선다는 것이다. 그러면서 운이 좋아 혹시라도 손익분기점을 넘길 경우 이자까지 포함하여 지원금을 회수할 수 있기 때문에 대출에 나서는 입장에서는 비교적 안심하고 대출을 해줄 수 있다. 회수율은 흥행성과 직결되는데, 여기서 부가적인 소득이라면 앞에서 설명한 투자형과 마찬가지로 대출자 혹은 투자자가 적극적인 마케팅과 홍보에 나서게 된다는 점이다. 대개는 소셜미디어에 자신의 투자를 공유하는 형태로 나서게 되는데, 이에 따라 그의 페이스북 친구나 팔로워가 함께 참여할 수 있도록 유도하는 효과가 있다. 이러한 대출형의 경우 대부분 은행 이자율보다는 좀 더 높은 수준의 이자를 보장한다. 다소간의 위험부담은 있더라도 고율의 이자를 챙길 수 있는 셈이다. 이 경우 크라우드펀딩 사이트는 대부에 대한 중개업자 역할을 하는 것이다. 다만 다른 대출의 경우와 마찬가지로 프로젝트가 부진하여 대출자가 파산하는 경우 설사 이자를 보장한 대출이라 하더라도 투자와 마찬가지로 손실을 볼 위험성은 있다. 따라서 대출 후원자는 대개 자신이 잘 아는 분야의 예술조직이나 프로젝트를 선별하여 대출에 나서게 된다.

극단민들레의 창작가족극 〈와, 공룡이다!〉[32]

1996년 창단하여 전통을 바탕으로 동시대와 소통하는 실험적이고 독창적인 어린이 작품을 만들어온 극단민들레에서는 창작가족극 〈와, 공룡이다!〉에 대한 크라우드펀딩 프로젝트를 진행했다. 형태는 무보증 공모사채 형태의 채권 판매 방식이었다. 만기 4개월로 수익률은 연 9퍼센트를 보장했다. 투자자를 위한 혜택으로는 세 가지를 준비했다. 극단민들레는 투자받는 작품이 아이들에게 친숙한 공룡이 나오는 가족극으로서, 기존의 이벤트형 공연과 달리 아이들의 예술적 감성과 상상력을 자극하는 완성도 높은 연극이라는 점을 내세웠다. 아울러 만기 4개월, 약 3퍼센트(연이율 9퍼센트) 이자수익+리워드를 제공하고, 투자자 전원에게 〈와, 공룡이다!〉 초대권 2매 이상을 제공했다. 청약 기간은 4개월이었는데, 2018년 11월 15일부터 12월 7일까지 진행되었다. 채권 발행일은 12월 19일이었고, 상환일은 2019년 4월 18일이었다. 1계좌당 20만 원씩 판매한 이 채권은 1~5계좌 투자자에게는 초대권 2매, 6~10계좌 투자자에게는 초대권 4매, 11계좌 이상 투자자에게는 초대권 6매를 제공했다. 그리고 착한 투자를 내세워 특별혜택으로 펀딩 성공 시 투자 계좌당 매칭하여 사회적 약자 한 명에게 〈와, 공룡이다!〉 무료 초대권 제공을 약속했다.

공연은 2019년 1월 4일부터 2월 3일까지 31일간 서울 세실극장에서 진행되었다. 극단 민들레는 공연 투자 금액과 예상 수익 금액을 상세히 밝혔다. 공연의 총제작비는 8000만 원으로서, 대관료(1500만 원), 무대 제작비(2000만 원), 출연료(2500만 원), 홍보마케팅비(2000만 원) 등으로 구성되어 있었다. 공연 매출은 티켓 판매와 MD 상품 등에서 발생했으며, 티켓 판매 단가는 3만 원으로서 할인율 20~40퍼센트를 차등 적용했다. 이후 판매수수료, 운영비용, 부가세 및 저작권료를 차감한 순매출이 제작비를 초과하는 순간부터 작품 수익이 발생하는 것으로 보았다. 손익분기점은 1월 공연 총 40회, 총 좌석 8000석 중 좌석 수 3840석(점유율 48퍼센트, 할인가 30퍼센트 평균 적용 시)에서 형성되는 것으로 보았다. 크라우드펀딩으로 모집된 자금은 〈와, 공룡이다!〉 1월 공연의 대관료(1500만 원)와 배우 출연료(2500만 원)로 활용할 것을 밝혔다. 이 펀딩 프로젝트는 총 4000만 원을 목표로 했으며, 최종적으로 18명으로부터 3300만 원의 펀딩을 받아 목표의 82.5퍼센트를 달성하여 펀딩에 성공했다(목표액 80퍼센트 달성 시 성공).

심층 연구 및 토론 과제

- 우리나라 공공 예술지원기관으로는 어떤 곳이 있으며, 각 기관별 대표적인 지원사업으로는 어떤 것이 있는가?
- 기업으로부터의 재원 조성 과정에서 기업에 대해 제공할 수 있는 혜택 방안에 대해 생각해보자.
- 기업의 비현금 지원 사례로는 어떤 것이 있나?
- 국내에서 외부 지원사업을 하는 재단으로는 어떤 곳이 있나?
- 크라우드 펀딩의 성공 사례를 찾아 성공의 요인을 분석해보자.

심화학습을 위한 참고자료

1. 예산관리

〈문화예술 분야 세무회계 실무: 입문편·심화편〉 | 예술경영지원센터 | 2015

문화예술 분야의 세무회계 업무에 필요한 기본적인 회계원리와 단식부기를 비롯하여 각종 조세제도와 지원금 집행 및 정산 절차 등 실무지식을 정리한 자료집이다. 입문편과 심화편으로 구성되어 있으며 예술경영지원센터 홈페이지 자료공간에서 다운로드받을 수 있다.

2. 재원 조성의 의의

《문화예술단체의 재원조성》 | 용호성·이은옥 | 김영사 | 2007

재원 조성에 관한 종합적인 안내서. 본격적인 재원 조성 관련 서적으로는 국내에서 처음 출간된 책이다. 재원 조성의 의의와 역사, 재원 조성의 과정과 유형, 한국적 상황에서의 정부, 기업, 개인 등 다양한 지원 주체별 재원 조성 전략 등 문화예술조직에서 외부의 지원을 받기 위한 전반적인 내용을 다루고 있다.

《문화예술단체 재원 조성》 | 김성규 | 이음스토리 | 2015

문화예술단체의 재원 조성 전략을 소개한 책으로서, 문화예술에 대한 공공지원과 개인기부 및 메세나 활동과 연계한 기업협찬 등에 대해 소개했다. 회계법인을 운영해온 저자의 경험을 바탕으로 공공지원금의 정산 및 기부금과 관련된 세법 등의 내용을 상세히 정리했다.

《Fund Raising: The Guide to Raising Money from Private Sources》(2nd edition) | Thomas Broce | The University of Oklahoma Press | 1986

출판된 지 조금 오래되었지만 현대적인 재원 조성 활동의 전범이 되는 책이다. 이후 출간된 재원 조성 관련 도서 대부분이 이 책을 근간으로 발전했다고 해도 과언이 아니다. 재원 조성의 기초 원리와 과정을 충실히 다루고 있다.

《Achieving Excellence in Fundraising》 | Henry A. Rosso ed. | Jossey-Bass | 1991

조시배스는 비영리조직을 위한 다양한 연구서와 가이드북을 출간하는 출판사이며, 이 책도 그중 하나다. 헨리 로소는 직접 몇 편의 글을 쓰기도 했지만 전체 에디터 역할도 하고 있다. 여러 저자가 참여해 다소 산만하거나 중복된 면도 있지만, 전체적으로 글의 완성도가 높은 편이어서 재원 조성을 공부하는 입장에서는 읽어둘 만하다.

3. 재원 조성의 과정

《The Foundation Center's Guide to Proposal Writing》 | Jane C. Geever and Patricia McNeill | The Foundation Center | 2007

재단센터Foundation Center는 재원 조성에 나서는 미국의 모든 비영리조직이 가장 빈번히 활용하는 기관이다. 미국 내 여러 도시에 지부를 두고 있는 이 조직은 비영리조직에 대한 지원활동을 하는 미국 내 8만 6천여 개의 재단과 기업에 관한 정보를 상세하게 정리해 예술조직을 비롯한 비영리조직에 제공한다. 아울러 다양한 가이드북 출간과 강좌 프로그램을 운영하고 있다. 지원요청서 작성에 관한 내용을 꼼꼼히 다루고 있는 실무 가이드북이다.

4. 지원 주체별 재원 조성 전략

《Successful Fundraising for Arts and Cultural Organizations》 | Karen Brooks Hopkins · Carolyn Stolper Friedman | Oryx Press | 1996

문화예술 분야에 특화한 재원 조성 가이드북이다. 다른 재원 조성 책들이 비영리 부문 전반을 다루고 있는 데 반해 이 책은 문화예술만 집중적으로 분석해 예술조직으로서는 훨씬 더 실질적인 도움을 받을 수 있다. 정부, 기업, 재단, 개인 등 네 가지 유형의 지원 주체에 관한 내용이 잘 정리되어 있다.

《Guide to Getting Arts Grants》 | Ellen Liberatori | Allworth Press | 2006

홉킨스와 프리드먼의 책 이후 오랜만에 출간된 예술 분야에 특화된 재원 조성 가이드이다. 홉킨스와 프리드먼의 책이 재원 조성 전반의 논리적인 틀을 구성하는 데 치중한 반면 이 책은 자선활동과 기부의 역사에서 시작해 예술가와 예술조직의 포트폴리오 작성, 재원 조성 전략 기획, 지원요청서 작성 등에 관한 구체적인 방법론을 상세히 해설하고 있다.

1 이 내용은 필자의 책 《문화예술단체의 재원조성》(김영사, 2007) 및 예술의전당 매거진 〈Beautiful Life!〉에 기고했던 칼럼 중 일부를 전재하거나 참고하여 작성했다.

2 Carnegie Hall, *2017~2018 Annual Report*, Carnegie Hall, 2019.

3 용호성, "미국의 공연단체는 어떻게 먹고 사는가", 〈Beautiful Life!〉 2007. 7월호.

4 Ibid.

5 Ibid.

6 용호성, "화성에서 온 기업인 금성에서 온 예술인", 〈Beautiful Life!〉 2008. 12월호.

7 용호성, "재원 조성 전략으로서의 네이밍", 〈Beautiful Life!〉 2009. 2월호.

8 Ibid.

9 용호성, "펀드레이징 파티: 재원 조성을 위한 특별 이벤트", 〈Beautiful Life!〉 2009. 6월호

10 Ibid.

11 Ibid.

12 K. B. Hopkins & C. S. Friedman, *Successful Fundraising for Arts and Cultural Organizations*, Oryx Press, 1997, pp.1~2.

13 Ibid., pp.14~15.

14 용호성, "미국의 공연단체는 어떻게 먹고사는가", 〈Beautiful Life!〉 2007. 7월호.

15 용호성, "화성에서 온 기업인 금성에서 온 예술인", 〈Beautiful Life!〉 2008. 12월호.

16 용호성, "예술단체에 필요한 건 돈만이 아니다", 예술의전당지 2009. 5월호.

17 용호성, "화성에서 온 기업인 금성에서 온 예술인", 〈Beautiful Life!〉 2008. 12월호.

18 Ibid.

19 용호성, "재원 조성 전략으로서의 네이밍", 〈예술의전당지〉 2009. 2월호.

20 Ibid.

21 용호성, "화성에서 온 기업인 금성에서 온 예술인", 〈예술의전당지〉 2008. 12월호.

22 Ibid.

23 한국메세나협회 홈페이지 https://www.mecenat.or.kr/ko/connection/fund.php.

24 용호성, "이름을 남겨 예술계를 키우다", 〈예술의전당지〉 2009. 4월호.

25 용호성, "뉴욕의 공연단체는 어떻게 먹고 사는가", 〈예술의전당지〉 2007. 7월호.

26 용호성, "이름을 남겨 예술계를 키우다", 〈예술의전당지〉 2009. 4월호.

27 J. R. Mixer, *Principles of Professional Fundraising*, Jossey-Bass, 1993.

28 황국상, "10억 이상 부자들, 연평균 600만 원 기부", 머니투데이, 2009. 4. 29.

29 tumblbug.com/onemonthfestival2018.

30 사례 내용과 도표는 텀블벅 사이트의 프로젝트 소개자료를 바탕으로 재구성한 것이다. tumblbug.com/onemonthfestival2018.

31 사례 내용과 도표는 와디즈 사이트의 프로젝트 소개자료를 재구성한 것이다. www.wadiz.kr/web/equity/campaign/975.

32 사례 내용은 오마이컴퍼니 사이트의 프로젝트 소개자료를 재구성한 것이다. www.ohmycompany.com/invest/117.

6장 — 기획

1. 전략적 기획

이 장에서 다루는 기획과 제작은 앞에서 논의한 조직, 인력, 재원 등 예술경영의 여러 자원을 활용하여 실제적인 예술상품을 만들어나가는 과정이다. 가장 먼저 다룰 것은 포괄적인 의미로 활용되는 전략적 기획이다. 특정 예술상품의 생산과 직접 연계되는 것은 아니지만 어떤 일을 하든지 기본 길잡이 역할을 한다.

다음으로는 예술경영에서 가장 핵심적인 예술상품이라고 할 수 있는 공연과 전시 기획을 살펴볼 것이다. 무대 위에서 펼쳐지는 음악, 연극, 무용 등 공연 프로그램의 기획과 박물관·미술관 등에서 펼쳐지는 전시 프로그램의 기획은 예술경영의 꽃이라고 할 수 있다. 축제는 이러한 공연과 전시가 종합적이고 집약적으로 어우러지는 장이다. 따라서 축제기획은 한정된 자원의 효율적 활용에 중점을 두는 아이디어 싸움이 된다.

예술교육 기획은 공연이나 전시와 달리 예술상품 그 자체를 만드는 것이 아니라 중장기적 관점에서 예술상품을 감상하고 소비할 수 있는 수요자를 만드는 과정이다. 현대 예술경영에서는 점점 저변이 확대되고 있어서 그 자체로서 충분히 매력적인 소비상품이 되기도 한다.

1) 예술경영의 과정과 기획

1장에서 설명한 것처럼 예술경영은 하나의 매개 활동이다. 예술에서의 수요와 공급을 연결하는 유통으로서의 매개인 동시에 예술가가 갖고 있는 꿈과 비전을 현실화하는 제작으로서의 매개이다. 이러한 매개 활동으로서의 예술경영은 3장(조직), 4장(인력), 5장(재원)에서 살펴본 다양한 자원을 활용해 무에서 유를 창조하는 과정이다. 예술가의 아이디어를 무대 위의 작품으로 바꾸려면 작가(작곡가), 연출가(지휘자, 안무가), 배우(연주자, 무용수) 등 다양한 인력을 중심으로 예술적 자원을 효율적으로 엮어낼 수 있어야 한다. 이런 면에서 예술경영은 예술작품을 완성하여 보여주기 위해 돈과 장비와 시설과 사람과 아이디어를 하나로 엮어내는 과정으로 볼 수 있다.

예술경영의 과정은 기본적으로 다른 경영의 과정과 크게 다르지 않다. 처음 예술가가 아이디어를 구상하여 창작 과정에 돌입하는 단계에서부터 이를 위해 필요한 다양한 인적·물적 자원을 확보하고, 궁극적으로 이를 예술 소비자에게 내보이는 전 과정에는 경영학에서 발전한 다양한 기법이 적용된다. 그 과정에서 예술경영은 예술과는 다른 분야의 이론을 예술 분야에 맞도록 조정하여 현장에 적용하는 역할을 하게 된다. 이 단계에서 바로 기획이 필요해진다. 극히 일부의 개인적 창작 활동을 제외하면 대부분의 현대 예술 활동에는 기획이 필요하다. 때로는 그것을 개인 예술가가 담당하기도 하지만 창작의 규모나 타깃 시장이 커질수록 기획은 더욱 복잡해진다. 예를 들어, 극작가가 희곡을 창작해도 그의 구상이 무대에서 관객을 만나려면 호흡이 맞는 연출가를 만나야 하고 그의 작품을 실제로 구현할 배우들을 섭외해야 한다. 또한 이들이 무대에 오를 극장이 필요하고 작품이 완성되면 관객에게 티켓을 판매해야 한다. 그리고 무엇보다 이 모든 과정을 이끌 수 있는 자원, 즉 제작비를 조달해야 한다. 이러한 모든 작업 과정을 이끄는 것이 바로 기획이다. 예술경영에서 기획이란 바로 무엇을 해야 할지 목표를 명확히 설정하고, 이를 실현하는 데 필요한 자원을 확보하며, 궁극적으로 이를 효율적으로 활용할 수 있는 구체적인 실행 전략을 짜나가는 것이다.

단순히 예술적인 열정만으로는 오늘날의 예술시장에서 버티기 힘들다. 온갖 파도가 몰아치는 험난한 예술시장에서 기획은 정해진 목표를 향해 꾸준히 나아가게 해주는 키잡이 역할을 한다. 제대로 된 기획 과정 없이는 아무리 질 높은 예술작품이라도 흔적 없이 사라질 수 있다. 과거에는 이러한 기획 과정이 기획자 개인의 영감이나 주관적 경험에만 의존했다. 하지만 이제는 예술작품의 제작에 적용할 수 있는 다양한 기획 기법이 개발되어 있다. 경영학에서는 다양한 자원을 활용해 목표를 효율적으로 달성하는 경영 과정에 대해 여러 이론을 발전시켜 왔다. 가장 고전적인 것은 1930년대에 루서 걸릭이 제안했던 포스드코르브POSDCORB 이론이다. 이는 기획Planning, 조직화Organizing, 충원Staffing, 지휘Directing, 조정Coordinating, 보고Reporting, 예산Budgeting의 7단계를 나타내는 영어단어의 머리글자를 딴 것이다. 쿤츠와 오도넬은 1950년대에 이를 기획, 조직화, 충원, 지휘, 통제 등 다섯 단계로 단순화하는 이론을 제시했다. 예술경영학 분야에서도 이러한 경영학의 이론을 발전시켜 윌리엄 번스는 다음과 같이 기획, 조직화, 지휘, 통제Controlling의 4단계 경영 과정을 제시했다.[1]

첫째, 기획은 예술조직이 추구해야 할 목표를 설정하고 조직의 내·외부 환경을 분석하여 목표를 실현하기 위한 전략을 짜는 것이다. 기획 과정은 예술조직이 활용할 수 있는 다양한 자원이 불필요하게 낭비되는 것을 방지하여 조직 전체적으로 효율성을 최대한 확보하게 만들어준다. 급변하는 환경 속에서 예술조직이 흔들리지 않고 정해진 목표를 추구해가려면 이러한 기획 과정이 철저하게 이루어져야 한다.

둘째, 조직화는 기획의 결과, 설정한 조직의 목표를 달성하기 위해 조직 구성원에게 책임을 부여하고 그 실행에 필요한 경영자원을 적절하게 배분하는 것이다. 이는 기획을 행동으로 바꾸는 과정이며, 설정 목표를 달성하기 위해 사람들을 모으고, 구체적인 실천 과제를 마련하며, 일정과 예산을 짜고, 각자의 할 일을 알려주는 것이다.

셋째, 지휘는 조직 구성원이 조직의 미션을 공유하며 주어진 목표를 효율적으로 성취할 수 있도록 이끄는 것이다. 똑같은 자원을 소유한 예술조직이더라도 그 성과는 천차만별일 수 있다. 같은 자원으로 어느 정도의 성과를 내는지 결정적으로 좌우하는 것이 바로 지휘다. 특히 예술조직은 일반 조직과는 달리 계선이나 위계질서만으로는 움직이기 힘든 예술가와 함께 일을 해야 한다. 따라서 저마다 개성이 강한 예술가들이 정해진 목표를 향해 자발적으로 무리 없이 움직이도록 하려면 세심한 지휘 능력이 발휘되어야 한다.

넷째, 통제란 목표의 달성도를 점검하고 조직 구성원이 할 일을 제대로 하고 있는지 감독하여 잘못된 것을 바로잡고 개선해나가는 과정이다. 따라서 통제는 사업이 끝난 후에 이루어지는 평가와는 달리 일이 진행되는 과정에서 이루어져야 한다. 어떤 일이든 진행 과정에서 예상치 못한 변수나 돌발 사건이 등장해 당초의 기획 방향으로 나가지 못하게 하는 경우가 발생할 수 있다. 적절한 시점에 이러한 문제점을 파악하고 대안을 마련하는 통제가 이루어지지 않으면 나중에 목표에서 어긋난 결과를 바로잡기 위해 훨씬 더 많은 시간과 노력이 필요해진다.

이런 네 가지 과정 중 어느 하나라도 소홀히 하면 결국 실패한 예술경영으로 끝날 가능성이 커진다. 이 중에서도 특히 기획은 예술경영 과정 전반을 이끌어가는 가장 기본적인 토대라고 할 수 있다. 기획은 좁게 보면 구체적인 사업, 즉 각 공연이나 전시를 만드는 것이지만 좀 더 포괄적으로는 예술조직 전반의 운영에 대한 종합적인 틀을 짜나가는 전략 수립을 의미한다. 체계적인 기획을 하지 않는 예술조직은 예술경영이 부재한 조직이라고 해도 과언이 아닐 것이다.

2) 전략적 기획의 이해

전략적 기획strategic planning이란 누가, 무엇을, 언제, 어디서, 왜, 어떻게 할지에 대한 의사결정을 조직 전체에 대한 전략 차원에서 해나가는 것으로서, 예술경영의 가장 기본적인 도구다. 전략적 기획은 예술조직이 환경 변화에 대응해 설립 취지를 달성하기 위해 구체적인 우선순위를 정하여 목표에 접근하게 해주고, 구성원이 동일한 목표를 향해 일사불란하게 움직이도록 함으로써 결과적으로 일을 더 잘할 수 있도록 도와준다. 전략적 기획은 예술조직의 활동 전반에 대한 근본적인 방향과 미래를 설계한다는 의미에서 공연이나 전시 등 일상적인 사업기획과는 차이가 있다.

전략적 기획이 필요한 이유는 예술경영 활동을 하면서 사소한 일상 때문에 큰 방향을 잃지 않기 위해서다. 하루하루 닥치는 여러 가지 일을 처리하다 보면 정작 큰 그림은 보지 못하고 지엽적인 일에만 에너지를 낭비할 수 있다. 그러다 보면 많은 시간과 자원을 소비하면서도 정작 중장기적으로 조직 발전이 거의 이루어지지 않는 결과를 가져올 수 있다. 다양한 자원을 이용해 목표를 달성해야 하는 예술경영인의 입장에서 볼 때 전략적 기획은 변화하는 환경 속에서 조직의 미션에 비추어 필요한 구체적인 목표를 설정하여 효율적으로 움직이게 해주는 방향타 역할을 한다. 이는 건축에서 설계도면을 그리는 것과 같다.

때로는 전략적 기획을 할 만한 시간적 여유가 없다고 말하지만, 전략적 기획에 사용하는 시간은 낭비가 아니라 투자이며, 이후 이어질 많은 과정에서 오히려 시간과 자원을 절약해준다는 점을 명심해야 한다. 그뿐 아니라 조직 구성원이 전략적 기획을 위해 커뮤니케이션하는 과정을 통해 조직의 미션과 당면한 목표를 명확히 인식하고 변화하는 내·외부 환경 변화에 민감해질 수 있으며, 조직 전체의 방향에 맞춰 자신의 역할을 조정할 수 있게 된다.

전략적 기획은 다음과 같은 특징을 갖는다.[2]

- 전략적 기획은 전략적인 과정이다. 변화무쌍하고 때로는 적대적이기까지 한 환경 변화에 대응해 가장 적절한 방법을 선택하는 것이다.
- 전략적 기획은 체계적인 과정이다. 전략적인 기획을 위해서는 집중적이고 생산적인 과정이 요구된다. 기획자는 과거 설정했던 목표와 그 성과를 검토하고 조직이 현재 당면한 환경과 미래에 처하게 될 새로운 환경을 고려하여 전략을 짜게 된다.
- 전략적 기획은 구체적인 우선순위를 정하는 과정이다. 전략적 기획에서는 구체적인 장단기 목표를 설정하고 이를 달성하기에 적합한 수단을 결정하며, 수준별로 우선순위를 정한다.
- 전략적 기획은 헌신을 유도하는 과정이다. 조직 내부에서 이사진과 직원의 헌신을 유도할 뿐 아니라 조직 활동의 기반이 되는 커뮤니티 내의 여러 이해관계자가 조직의 목표 달성을 위해 자신이 가진 자원을 투입하며 헌신하도록 해준다.

3) 전략적 기획의 과정

기획은 단계적으로 이루어지며 반복적으로 순환되는 과정이다. 기획이 중요한 의미를 갖는 이유는 바로 이 순환적인 특징 때문이다. 어떤 조직이든 지속적으로 활동하다 보면 매년 혹은 어떤 주기를 갖고 비슷한 유형의 일을 반복하게 된다. 기획은 이처럼 반복적인 일에 더욱 적은 자원을 투입해 더 나은 성과를 내도록 해주고, 나아가 예측 못 한 상황 변화에도 흔들리지 않고 효과적으로 대응할 수 있도록 만들어준다.

전략적 기획은 대체로 〈도표 6-1〉에서 보는 것처럼 단계별 순환적인 과

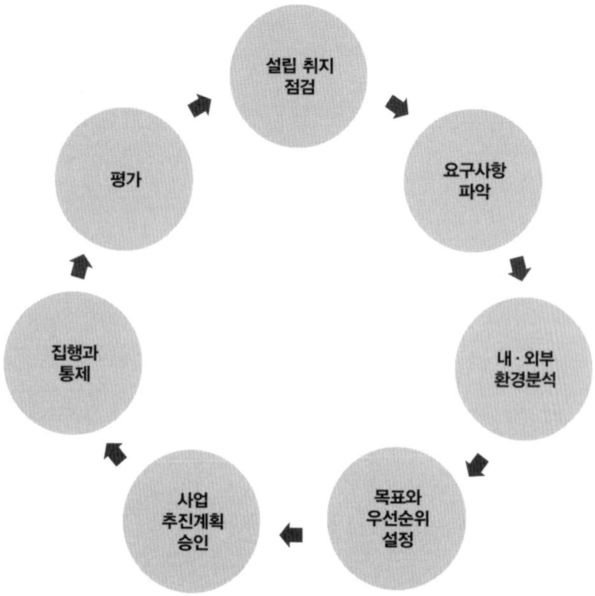

〈도표 6-1〉 전략적 기획의 단계별 순환 과정•

정으로 이루어진다. 물론 매번 순환 과정을 구성하는 모든 단계를 거쳐야 한다는 의미는 아니다. 이러한 기획의 단계별 순환 과정은 논리적으로 이런 단계를 거쳐 기획 과정이 순환적으로 진행된다는 것을 보여준다. 따라서 현실적으로는 이 중 어느 단계가 생략되거나 다른 단계에 통합될 수 있고 어느 한 단계가 더 세분화될 수도 있다

도표에는 표현되어 있지 않지만 모든 기획에는 준비 단계가 필요하다. 준비 단계에서는 먼저 기획을 하는 이유를 명확히 한 뒤 이에 적합한 기획팀을 구성하고 필요한 인력을 배치해야 한다. 이때 기획 담당 부서가 있는 경우에는 문제가 없지만 그렇지 않다면 주요 이사진이나 팀장급 직원으로

• 전략적 기획의 순환 과정에 대해서는 전략적 기획을 다루는 대부분의 책이 유사한 모델을 소개하고 있다. 예술조직과 관련해서는 드리즌과 앨리슨 그리고 케이의 책에 실린 모델이 유용하다. 여기서는 이들의 모델을 한국적 상황에 맞게 변형하여 순환 과정을 구성했다.

태스크포스 형태의 기획팀을 구성하게 된다. 이들이 가장 먼저 해야 할 일은 기획에 필요한 자료를 수집하는 것이다. 그리고 기획안 작성 일정 마련 등 전략적 기획을 어떻게 할 것인가에 대한 준비로서의 '기획'을 한다.

설립 취지 점검 기획의 첫 단계는 조직의 기존 설립 취지mission를 검토하여 과연 현재 여건에 부합하는지 점검하는 것이다. 조직 발전이 아닌 특정 사업을 위한 전략적 기획을 하는 경우에는 설립 취지를 사업 취지 혹은 사업 목적으로 대체하면 된다. 이러한 취지가 현실에 부합하지 않는다면 이를 보완해야 한다. 현실에 맞는 설립 취지를 갖추고 있지 않다면 아무리 체계적이고 전략적인 기획이 이루어져도 첫 단추를 잘못 채운 것처럼 결국에는 바람직하지 못한 결과가 초래된다. 특히 환경이 급격히 변하거나 체계적인 조직구조와 업무 절차를 갖추지 못한 조직일수록 현실에 맞지 않는 설립 취지로 인해 곤란을 겪을 수 있다. 설립 취지는 갈등이 있거나 혼란스러운 순간에 모든 판단의 기준이 되기 때문에 설립 취지가 명확한 조직은 어떤 경우에도 흔들리지 않으며 조직 성원 간의 갈등이 발생하는 경우에도 상대적으로 쉽게 해결할 수 있다. 따라서 조직 성원이 모두 공감할 수 있는 조직의 설립 취지를 갖는 것이 무엇보다 중요하다. 조직의 설립 취지를 만들 때는 다음 사항을 고려해야 한다.

- 우리는 왜 존재하며 무엇을 위해 일하는가?
- 장래의 어느 시점에서 우리는 무엇이 되고자 하는가 혹은 무엇을 이루고자 하는가?
- 우리는 그것을 위해 어떤 일을 하는가?
- 우리는 기반이 되는 커뮤니티 안에서 어떠한 위상을 원하는가?

요구사항 파악 조직의 설립 취지나 사업 취지에 공감을 이룬 후에는 조직

내·외부 이해관계자의 요구사항needs을 파악해야 한다. 여기에는 직접적이고 구체적인 요구사항뿐 아니라 간접적이고 추상적으로 요구되는 여러 문제도 포함된다. 이러한 요구사항은 체계적인 조사로 파악하기보다는 조직 내의 지휘·감독 체계 안에서 일방적으로 주어지는 경우가 많다. 그러나 효과적인 전략기획을 위해서는 7장에서 다룰 설문조사, FGI, 인터뷰 등의 조사 방법을 내부적으로 활용하여 조직 구성원의 요구사항을 명확히 파악할 필요가 있다. 효과적인 전략적 기획을 하려면 당연히 조직 외부의 주요 이해관계자 그룹이 제기하는 요구사항도 조사해야 한다.[3] 내부건 외부건 전략기획의 초기 단계에서 구체적 요구사항을 파악하여 정리하는 것이 중요하다. 요구사항은 대개 어떤 현상을 풀어나가는 데 있어서 문제점이 파악되어 이에 대한 대안을 필요로 하는 내용으로 구성된다.

예술조직의 이해관계자라고 하면 가장 기본적으로는 조직 내부 구성원을 들 수 있다. 조직의 핵심을 이루는 경영진과 이사진 및 상근직원이 가장 핵심적인 이해관계자가 되며, 이들이 서비스를 공급하기 위해 관계를

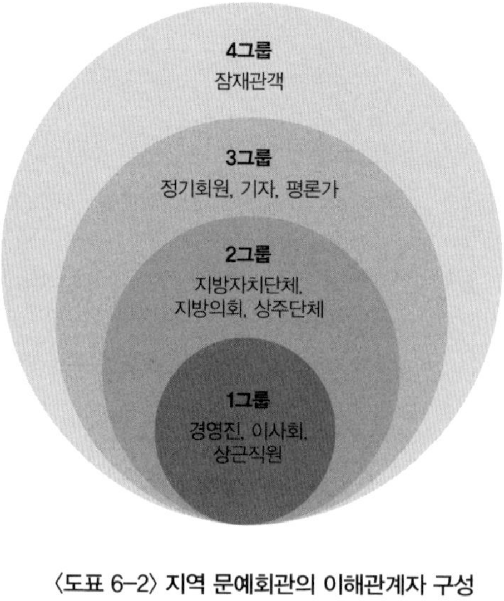

〈도표 6-2〉 지역 문예회관의 이해관계자 구성

맺는 외부 기관이나 업체 혹은 전문 인력이 두 번째 이해관계자가 된다. 예술조직을 지원하는 정부나 지방자치단체 등 지원기관을 비롯하여 협찬기업, 개인 후원자, 정기회원, 평론가 등이 세 번째 이해관계자다. 마지막으로는 이러한 예술조직의 서비스를 받는 지역사회 주민을 비롯한 잠재소비자가 이해관계자다. 특히 마지막 단계의 이해관계자가 중요한데, 이들은 시장을 매개로 예술조직의 서비스와 자신의 재화 혹은 시간 등 자산을 교환하는 관계에 있기 때문이다.

〈도표 6-2〉는 지역 문예회관의 경우를 예로 하여 조직 내·외부의 이해관계자 구성을 보여준다. 가장 핵심인 1그룹 이해관계자는 문예회관 내부에서 조직을 직접 이끌고 있는 경영진과 이사회 및 상근직원이다. 2그룹의 이해관계자는 조직의 재정자원을 책임지는 핵심 지원자인 지방자치단체와 지방의회 그리고 내부 조직은 아니지만 상시적으로 조직과 함께 움직이는 상주단체가 있다. 3그룹의 이해관계자는 연간 정기회원으로 가입하여 상시적으로 문예회관에서 제공하는 공연에 참석하는 단골 관객이 핵심이며, 문예회관의 활동에 관심을 갖고 이를 소개하거나 평가하는 평론가와 주요 매체 기자 및 소셜미디어 등을 통해 긍정적이든 부정적이든 정기적으로 의견을 올리는 관심 그룹도 여기 포함된다. 마지막으로 4그룹의 이해관계자는 잠재관객으로서 과거에 이 문예회관을 찾은 적이 있는 관객을 비롯해 해당 지방자치단체 및 인근 지역의 주민이 포함된다. 요구사항의 파악 단계에서는 이처럼 다양한 이해관계자를 그룹별로 파악하여 이들이 조직에 대해 가진 기대와 구체적인 요구사항을 분석한다.

내 · 외부 환경 분석: SWOT 분석 다양한 이해관계자의 요구사항이 파악되면 이를 바탕으로 조직 내·외부의 환경 분석에 들어간다. 이 단계에서는 흔히 SWOT 분석 방법을 사용한다. 조직의 내부 환경과 외부 환경을 각각 긍정적 측면과 부정적 측면으로 구분하여 분석하는 것이다. 이 과정을 통해 조

	긍정적 측면	부정적 측면
조직 내부 환경	**강점** Strength	**약점** Weakness
조직 외부 환경	**기회** Opportunity	**위협** Threat

〈도표 6-3〉 SWOT 분석도

직이 처한 여러 가지 내·외부적인 여건을 구체적으로 파악할 수 있으며, 목표와 우선순위를 이에 맞게 설정하게 된다.

조직의 내부 환경 분석은 조직이 현재 보유하고 있는 자원인 조직, 인력, 재정, 시설 및 장비, 프로그램, 경험 등의 특성을 긍정적 측면과 부정적 측면으로 나누는 것이다. 이때 긍정적인 측면은 강점, 부정적인 측면은 약점으로 구분해 정리한다. 조직 구성은 얼마나 체계적인가? 주요 임직원의 능력은 어떤가? 업무량에 비해 인원은 충분한가? 관련 분야의 경험은 얼마나 있는가? 재정 여건은 어떠한가? 공연이나 전시 등 제작하는 프로그램에 대한 평가는 어느 정도인가? 관련 예술시장에서의 인지도는 높은 편인가? 전문 시설이나 장비는 보유하고 있는가? 시설의 입지는 유리한 편인가? 이러한 질문에 대답할 때는 대체로 유사한 성격의 다른 조직과 비교해 상대적으로 수준을 진단하면 편리하다. 특히 강점 분석 시 다른 비교 대상 조직이 갖지 못한 자신만의 독특한 역량을 파악하는 것이 중요하다.

조직의 외부 환경 분석은 외부의 정치·경제·사회·문화·기술·경쟁단체 등 환경적 요소를 긍정적 측면과 부정적 측면으로 나누어보는 것이다. 이때 긍정적 측면은 기회, 부정적 측면은 위협으로 구분해 정리한다. 이러

	긍정적 측면	부정적 측면
내부 환경	• 4개의 실내외 공연장 • 4개의 전문 예술단체 • 안정적인 공연 제작 예산과 인력 • 구내식당, 주차장 등 부대공간	• 자연음향 연주에 취약한 공연장 • 체계적인 관객개발 전략 부재 • 마케팅과 관객개발 경험 미흡 • 어린이와 가족 프로그램 부족
외부 환경	• 공연 관객의 지속적 확대 • 국악 발전을 위한 정책적 지원 • 국악과 다른 장르 간의 협업 확산 • 소셜미디어 등 홍보채널 확대	• 지루한 음악이라는 부정적 이미지 • 뮤지컬 등 대중적 장르의 확대 • 예술의전당, 국립극장 등과의 경쟁 • 게임 등 대체 여가활동 확대

〈도표 6-4〉 국립국악원 SWOT 분석 사례

한 외부 환경은 예술조직이 중요한 결정을 내리는 데 있어서 통제하기 어려운 변수다. 하지만 외부 환경의 변화를 잘 활용하면 한 단계 높은 수준의 성숙한 단체로 도약하는 계기가 된다. 외부 환경의 변화는 기본적으로 중립적인 성격이기 때문에 그에 대한 해석과 대응에 따라 같은 내용이 기회가 될 수도 있고 위협이 될 수도 있다. 특히 외부 환경은 예술조직의 의도와는 다르게 수시로 변할 수 있기 때문에 예술정책과 관련한 새로운 입법이나 제도의 도입, 경기 변동에 따른 창작 환경의 변화, 인터넷이나 모바일 등을 통한 새로운 커뮤니케이션 기법의 등장 등 예술조직의 미래에 영향을 미칠 수 있는 외부 환경의 변화를 늘 민감하게 파악해 대응해야 한다.

외부 환경을 분석할 때 거시적인 사회경제적 환경과 아울러 빠뜨리지 말아야 할 부분은 예술조직을 둘러싼 종합적인 커뮤니티에 대한 분석이다.[4] 이는 일차적으로 예술상품의 수요층을 형성하는 지역 커뮤니티를 말하지만, 나아가 비슷한 유형의 예술상품 공급자와 수요자 혹은 협력자와 경쟁자 등으로 구성된 커뮤니티도 포함한다. 이러한 예술조직의 커뮤니티에 대해서는 앞서 지역 문예회관의 이해관계자 분석 사례에서 본 것과 유사하게 예술조직과의 관련 정도에 따라 1차 커뮤니티, 2차 커뮤니티 등으로 구분할 수 있다.

이처럼 조직 내·외부 환경에 대한 SWOT 분석을 할 때는 영역별로 예술조직이 처한 현실을 객관적으로 적나라하게 드러내어 구체적인 언어로 표현해야 한다. 이 지점에서 정확한 분석이 이루어지지 못하면 이후에 진행되는 기획의 모든 과정은 유용성과 현실성을 잃는다. SWOT 분석의 결과는 구체적인 목표와 우선순위 설정, 추진계획 승인, 집행과 통제, 평가 등 기획의 단계마다 가장 중요한 자료이자 판단의 준거로 활용되기 때문이다.

목표와 우선순위 설정 SWOT 분석 결과 나타난 다양한 요소를 고려해 구체적으로 달성 가능한 목표를 설정한다. 목표 설정 시 우선적으로 고려할 것과 그렇지 않은 것을 구분하여 자원 투입의 우선순위를 정한다. 아울러 궁극적인 목표와 그것을 달성하기 위해 단계적으로 필요한 구체적인 실천 과제를 구분한다.

목표 설정의 단계에서는 먼저 조직의 미션을 점검하여 그것을 구현하기 위해 필요한 요소를 구체적으로 검토한다. 목표는 가능한 한 구체적인 양적 요소로 표현하는 것이 좋다. 즉, 목표를 달성하기 위한 기간을 구체화하고 달성하려는 목표를 측정 가능하고 구체적인 수치로 표현하는 것이다. 구체적인 양적 표현이 중요한 이유는 이후에 평가 단계에서 목표 달성 여부를 점검할 때 필요하기 때문이다. 목표의 제시가 모호하고 추상적일수록 평가 절차가 생략되거나 형식에 그치기 쉽다.

사업추진계획 승인 목표를 달성하기 위해 필요한 구체적인 사업추진계획을 작성한다. 사업추진계획은 〈도표 6-5〉 구성 내용 예시에서 볼 수 있는 것

구분	구성 내용
표지	• 사업명 • 작성일자 • 담당 부서명 혹은 기관명 • 작성 책임자 이름
본문	• 사업의 추진 배경 • 사업의 목적과 취지 · 구체적인 목표 • 사업 추진 환경 분석(SWOT 분석) • 사업 추진 방향 및 전략 • 사업 내용 • 기대 효과 • 소요 예산: 재원 조성 방안 및 지출 내역 • 추진 일정
첨부 자료	• 일정별 체크리스트 • 부서별 역할 분담안 • 관련 통계 및 규정 등 참고자료 • 보도자료 등 홍보자료

〈도표 6-5〉 사업추진계획 구성 내용

처럼 실제 프로젝트의 집행에 필요한 조직 운영, 인력 배치 그리고 예산 등 각종 자원에 관한 사항이 포함되는 종합설계서다.

사업추진계획을 작성할 때는 보통 구체적인 과제별로 누가, 언제까지, 어떤 방법으로 할지에 대한 내용을 담는다. 그 과정에서 각각의 과제를 추진하기 위한 가장 효율적인 전략을 구성하게 된다. 이때 무엇보다 중요한 것은 시간자원의 배분, 즉 일정계획의 수립이다. 이러한 추진계획이 작성되면 부서장의 검토를 거쳐 조직 대표나 이사회의 승인을 받게 된다. 작은 프로젝트는 부서장의 승인만으로 결정되기도 하지만 1년 단위 계획이나 중장기 계획은 조직 대표나 이사회의 승인까지 거친다. 이런 과정을 통해 전략적 기획안이 하나의 실행계획으로 채택된다.

집행과 통제 집행 단계에서는 구체적인 일정에 따른 사업의 실질적 추진과 함께 예산 지출이 이루어진다. 실제로 일하는 데 있어서는 집행 단계가 가장 중요한 것 같지만, 기획 과정 전체를 보면 집행은 일부분에 불과하다. 집행에 앞서 여러 가지 조사 분석과 기획의 절차가 제대로 이루어진다면 집행은 단지 이를 현실화해나가는 단순한 활동이 된다. 따라서 집행 과정에서 많은 문제가 발생한다면, 이는 앞선 기획 단계가 그만큼 부실하게 진행되었음을 증명하는 것이다.

집행 단계에서는 조직체계에 따라 담당자별로 역할을 부여해 실행 책임을 맡기기 때문에 상급자에 의한 감독과 통제가 중요해진다. 일단 역할이 부여된 후에는 집행 과정을 일일이 간섭할 필요가 없지만, 정해진 단계가 일정에 맞게 정상적으로 추진되고 있는지, 과하거나 부족한 자원은 없는지에 대해서는 지속적으로 점검해야 한다. 그래서 자원이 남거나 부족하다면 신속히 대책을 수립해 자원 배분 상황을 조정하는 것이 상급자의 역할이다. 여기에서 말하는 자원은 시설과 장비 등 물적자원을 비롯해 금전자원, 인력자원, 시간자원 등을 모두 포괄한다. 이러한 자원이 필요한 시점에 적절히 공급되지 않으면 이후의 추진 과정 전체에 차질이 빚어진다.

감독과 통제 역할을 맡는 상급자의 또 다른 역할은 동기 부여다. 어떤 조직이든 설립 초기에는 모두 열정을 갖고 조직의 설립 취지와 사업 목적을 달성하기 위해 노력한다. 그러나 대체로 설립 후 3~4년이 지나면 초기의 열정은 사그라지고 대부분의 업무가 일상적인 일로 전환된다. 더욱이 조직의 설립 과정에 참여했던 초기의 구성원과 달리 조직이 확대된 후에 들어온 구성원은 더 이상 조직 설립 시기의 꿈과 비전을 공유하지 않으며, 그저 급여를 받고 일하는 생활인으로 업무를 접하는 경우가 많다. 이러한 조직 구성원이 의욕을 갖고 일할 수 있도록 동기화하는 것은 모든 조직이 맞닥뜨리는 중요한 과제다. 이에 상급자로 올라갈수록 직접적인 업무 집행보다는 이러한 조직 구성원의 동기화에 업무의 비중을 두어야 한다. 그리하여 조직 구성원 각자의 역할과 책임을 정기적으로 환기시키고 목표 달성에서 보람을 찾을 수 있게 해야 한다. 그리고 목표 달성이 어려운 상황에서는 그 이유를 파악해 신속하게 해결 대안을 제공해야 한다.

때로는 조직 내부가 아니라 조직 외부의 환경 변화로 인해 문제가 발생하기도 한다. 이해관계자로부터 예상치 못한 요구가 추가되기도 하고, 당초 계획보다 인원이나 예산이나 시간이 훨씬 더 필요해지는 상황이 발생할 수도 있다. 이처럼 예상치 못한 위기 상황은 아무리 사전기획이 세심하더라도 언제든 조성될 수 있는 것이므로, 예측하지 못했던 위기 상황에 당황하지 않고 신속하게 적절한 대응책을 마련해야 한다. 이 과정에서 중요한 것은 시간 요소다. 문제가 발생했을 때 이를 적시에 해결하지 않으면 그것이 또 다른 문제를 야기할 수 있다. 결국 집행과 통제는 상급자가 권한을 행사하는 것이 아니라 계획한 대로 일이 집행되도록 세심하게 관리하는 것이다.

평가 평가는 전략적 기획 과정 전반을 점검하고 당초 계획에 대해 잘된 것과 잘못된 것을 가려내는 작업이다. 그렇다고 해서 최종적인 결과물만 놓고 목표 달성 여부를 따져서 책임을 묻는 것은 아니다. 오히려 어떤 일이 의도대로 되지 못한 경우 그 이유를 점검하는 것이 중요하다. 구체적으로는 평가 단계에 앞서 SWOT 분석 결과를 다시 한번 검토해 초기 단계에서 제대로 분석되었는지 점검하고, 그러지 못했다면 그 이유를 정리해 다음 기획에 참고해야 한다. 즉, 평가 단계에서는 단순히 목표를 얼마나 달성했는지를 보는 것이 아니라 목표를 초과 달성했거나 달성하지 못한 경우 그 이유가 무엇인지를 구체적으로 파악하는 것이 가장 의미 있는 일이다.

심층 연구 및 토론 과제

- SWOT 분석이란 무엇이며, 예술조직의 기획에서 어떤 역할을 하는가?
- 예술조직의 미션이란 무엇인가?
- 전략기획 과정에서 평가가 중요한 이유는 무엇인가?
- 잘 알고 있는 예술조직이나 사업을 하나 선정하여 SWOT 분석을 해보자.

2. 공연기획

1) 공연기획의 의의

가. 공연기획의 개념

공연기획은 흔히 예술경영의 꽃으로 여겨진다. 예술경영 관련 직업을 이야기할 때도 대표 직종으로 공연기획자를 꼽는 경우가 많다. 공연기획이란 공연 아이디어를 구상하여 공연자와 공연장을 선정하고 공연 내용을 구성하여 예술상품을 만드는 것이다. 유사한 영어 표현으로는 프로그래밍 programming과 프로듀싱 producing이라는 용어가 있다. 프로그래밍은 공연장이나 공연단체 등에서 주어진 자원을 활용하여 콘서트, 연극, 무용 등 구체적인 공연 내용을 구성하는 것을 말한다. 프로듀싱은 좀 더 폭넓은 의미로서 프로그래밍을 포함하여 제작비 마련, 공연장과 공연단체 섭외, 티켓 판매 등 공연 아이디어 구상에서 작품 제작과 마케팅에 이르기까지의 전반적인 활동을 포괄하는 활동이다. 말하자면 프로그래밍은 협의의 공연기획을, 프로듀싱은 광의의 공연기획을 의미하는 것으로 이해하면 된다. 프로듀싱이라는 용어는 과거에는 음반 제작이나 상업공연 분야에서만 제한적으로 쓰였지만 최근에는 연극, 무용 등 공연예술 전반으로 확산되어 공연기획을 대체하는 용어로 많이 활용되고 있다. 이 밖에 프로덕션production은 프로듀싱과 비슷한 의미로 사용되지만 아울러 공연이나 방송 프로그램 기획을 주된 사업으로 하는 제작사를 지칭하는 용어로 쓰이며, 프로모션promotion은 공연 프로그램이 확정된 후 이어지는 마케팅과 흥행적인 측면에 중점을 둔 용어다.

나. 공연기획의 대상

공연기획은 무대stage라는 공간을 통해 보여줄 수 있는 모든 종류의 실연實演, 즉 퍼포먼스performance를 그 대상으로 한다. 다만 여기서 퍼포먼스는 실연이라는 의미 외에 퍼포먼스아트performance art라는 의미로도 사용된다.[5] 실연은 크게 음악, 연극, 무용으로 구분한다. 하지만 세부적으로 들어가면 음악 안에서도 클래식 음악, 국악, 대중음악이 저마다 별개의 영역을 구축하고 있으며 재즈와 월드뮤직 시장도 점차 확대되고 있다. 음악과 연극이 결합한 형태인 오페라는 독자적인 장르를 구성한다. 연극의 경우 다른 장르와의 결합을 통해 발전한 뮤지컬, 악극, 넌버벌퍼포먼스non-verbal performance 등이 각각의 시장을 형성해왔다. 무용은 발레와 현대무용 혹은 컨템퍼러리댄스contemporary dance 시장으로 구분하지만, 국내에서는 일반적으로 한국무용도 별도로 분류한다. 좀 더 세부적으로 들어가면 한국무용 안에서도 전통을 그대로 재현하는 전수무용과 현대적 안무와 결합한 창작무용을 구분할 수 있다.

공연을 위한 무대는 전통적으로 극장이었다. 그러나 극장이라고 하면 연극, 무용 분야만 포괄하고 음악이 연주되는 콘서트홀의 의미가 제외될 수 있기 때문에 최근에는 공연장이라는 용어를 더 많이 사용한다. 공연기획

대상으로서의 무대는 이러한 공연장 형태의 실내무대만이 아니라 야외무대도 포함한다. 더 나아가 물리적 형태의 무대 없이 그냥 공연이 펼쳐지는 실내나 야외 공간이 하나의 공연장이 되기도 한다. 그리하여 공연기획은 무대라는 형식에서 벗어나 일상에서 이루어지는 모든 종류의 퍼포먼스와 이벤트까지 그 대상을 넓혀가고 있다.

다. 공연기획의 유형

상설공연 상설공연이란 공연장이나 공연단체에서 정형화된 프로그램을 정기적으로 무대에 올리는 것을 말한다. 상설공연이라고 하여 매일 공연이 있어야 하는 것은 아니다. 매주 같은 시간에 공연을 반복하는 것도 상설공연에 포함할 수 있다. 다만 상설공연은 최소한 매주 1회 정도의 빈도로 같은 무대에서 같은 형식의 공연을 반복한다는 점에서 1년에 1~2회 정해진 시기에 비슷한 유형의 공연을 진행하는 정기공연과 구별된다. 상설공연이라고 하여 같은 프로그램을 매번 반복해야 하는 것은 아니다. 같은 무대에서 비슷한 형식의 무대를 만들어 공연자나 프로그램을 바꾸어가며 정기적으로 공연할 수 있기 때문이다. 기획자 입장에서는 상설공연을 함으로써 공연 제작 및 마케팅 비용을 절감할 수 있고 중장기 관점에서 관객 개발을 할 수 있다. 관객 입장에서는 비슷한 형식의 공연이 반복됨에 따라 공연의 품질이나 내용에 대해 상당한 정도로 예측이 가능하기 때문에 위험부담 없이 티켓을 구매할 수 있다.

국립국악원 풍류사랑방 상설공연

국립국악원에서는 지난 2015년, 130석의 좌식 소극장인 풍류사랑방의 상설공연 프로그램으로 수요일에는 전통 춤을 소개하는 〈수요춤전〉, 목요일에는 전통 기악과 성악을 소개하는 〈목요풍류〉 프로그램을 기획하여 38주 동안 매주 진행했다. 그 결과 매회 130석씩 38회 공연의 총 4940석 티켓 중 〈수요춤전〉에서는 4183석을 판매하고 683석을 문화나눔 프로그램으로 초청하여 유료객석점유율 84.68%, 총객석점유율 98.5%를 달성하였고, 〈목요풍류〉에서는 3845석을 판매하고 649석을 문화나눔 프로그램으로 초청하여 유료객석점유율 77.83%, 총객석점유율 90.97%를 달성했다. 38주 동안 매주 다른 프로그램으로 지속된 상설공연 프로그램이 거둔 이러한 성과는 국내 공연시장 전체에서도 매우 드문 사례였다.

이러한 성과가 우연히 일어난 것은 아니었다. 국립국악원에서는 공연에 앞서 국내 국악공연 시장에 대한 환경분석을 통해 공연의 질이 보장된 실내악이나 독무獨舞 공연이 많지 않고, 또한 대부분의 국악공연이 마이크를 사용하여 악기를 연주함에 따라 마이크와 앰프 없이 없이 자연음향만으로 연주하는 국악기 소리를 들을 기회가 흔치 않다는 점을 파악했다. 이에 2014년 말 우선 풍류사랑방의 음향 여건을 진단한 후 개보수 공사를 통해 벽체 재질을 교체하고 흡음재와 반사판을 설치하는 등 자연음향으로 연주해도 무리가 없게끔 공연장 환경을 개선했다. 아울러 좌식의자에서 관객이 책상다리로 앉는 것을 불편해하는 점을 개선하기 위해 방석 위치를 이동하여 계단식 객석 앞쪽으로 다리를 내릴 수 있게 함으로써 좌식이면서도 의자에 앉는 것처럼 편안한 자세를 취할 수 있도록 했다.

또한 예산 측면에서는 공연 예산이 전혀 늘어나지 않은 상태에서 두 가지 상설공연을 포함하여 여러 신규 공연 기획으로 연간 공연 횟수가 전년도에 비해 100회 늘어난 점을 감안하여 예산 절감을 위한 몇 가지 대책을 수립했다. 예를 들어, 공연 프로그램을 매회 제작하던 것을 2개월씩 묶어 제작함으로써 제작비를 대폭 절감하였고, 이를 활용하여 2개월 전부터 사전 마케팅을 할 수 있도록 했다. 또한 〈수요춤전〉을 위한 음악 반주단체 초청에 비용이 많이 소요되는 점을 감안하여 전통무용 분야에서 가장 활동이 많은 반주단체를 일회성 초청보다 크게 할인된 출연료로 장기간 고정 출연 계약을 함으로써 반주단체 출연료를 대폭 절감했다. 또한 마케팅 면에서는 연간 유료회원제를 도입하여 티켓가격을 으뜸회원(연회비 10만 원)에게는 50%, 버금회원(연회비 3만 원)에게는 30% 할인 판매함으로써 고정 관객을 상당수 확보할 수 있었다. 여기에 더하여 자매기관인 전통공연예술진흥재단의 국악 관련 교육 프로그램 수강생, 서울 시내 주요 호텔의 컨시어지 매니저 모임, 서초구 등 인근 지역 아파트 부녀회 등을 대상으로 집중 홍보하여 새로운 관객을 개발하였으며, 변호사 관련 협회를 비롯한 여러 직능단체를 접촉하여 이사회 등을 위한 모임 시 특별한 이벤트로 단체 관람을 할 수 있도록 했다.

이렇게 진행했던 국립국악원 풍류사랑방의 38주간 상설공연은 그동안 대중들에게 인기가 없는 장르로 여겨져 오던 국악 마케팅에 새로운 장을 열었을 뿐만 아니라, 연주자와 무용수에게는 품격 있는 국악 실내악 연주회와 독무 중심의 전통 춤 공연을 유료관객에게 선보일 수 있는 무대를 제공하였으며, 관객에게는 이제까지 보기 어려웠던 고품질의 국악 연주와 전통 춤을 언제든 부담 없이 찾을 수 있는 기회를 제공하는 등 다양한 성과를 거두었다.

기획공연 기획공연은 상설공연과 달리 새로운 작품이나 특정한 공연자를 내세워 일회적인 프로그램을 기획하는 것이다. 거의 매년 연말마다 무대에 오르는 〈호두까기 인형〉 같은 예외적인 사례를 제외하면 대개 일주일 이내의 단기 프로그램으로 진행한다. 기획공연은 상설공연과 달리 전통적인 관습이나 틀에서 벗어나 파격적인 새로움을 시도할 수 있고, 이를 위해 전혀 새로운 공연 형식을 채택할 수 있으며, 상설공연에서는 만나기 힘든 외부 예술가나 예술단체를 초청하여 참여시킬 수 있다. 이에 따라 단위 작품에 투입되는 예산은 상설공연보다 큰 경우가 많다. 다만 새로운 공연을 홍보하여 관객을 처음부터 개발해야 하는 부담이 있기 때문에 관객 확보를 위한 마케팅에 상대적으로 더 노력을 기울여야 한다. 따라서 기획공연을 위해서는 안정적인 관객 기반과 티켓 파워 등 상업적 영향력이 검증된 스타급 예술가를 캐스팅하거나, 잠재관객에게 널리 알려진 예술단체를 초청함으로써 실패의 가능성을 최소화할 수 있으며, 전반적으로 마케팅에 상당한 예산을 책정하는 방식으로 대응하게 된다.

시즌공연 시즌공연은 최근 몇 년간 국내 공연장에서 적극적으로 도입한 방식으로서, 1년을 하나의 시즌으로 구성하여 그 시즌에 진행할 공연을 사전에 구성하여 발표하는 기획 방식이다. 서구 대부분의 공연장은 한 시즌을 매년 9월에 시작하여 다음 해 6월에 마무리하지만, 국내에서는 일반적인 회계연도에 맞춰 1월부터 12월까지로 구성하는 경우가 많다. 시즌공연은 단순히 1년간의 계획을 앞서 발표하는 데 초점이 맞춰진 것이 아니다. 오히려 시즌공연을 구성하는 프로그래밍을 통해 해당 공연장의 색깔을 드러내는 것이다. 이에 따라 산하단체의 공연과 자체 기획공연에 더하여 외부 예술단체와의 공동제작 작품도 포함하여 시즌을 구성하기도 한다. 이처럼 시즌제로 공연을 기획하는 것은 공연장의 기획 역량을 드러냄과 동시에 무엇보다도 사전 마케팅을 통해 관객 개발 측면에서 이점이 많은 방식이라 할 수 있다.

순회공연 순회공연은 예술조직이 주 활동 지역에서 벗어나 다른 지역의 공연장을 돌며 공연하는 것이다. 순회공연의 이유는 장르마다 다르다. 순회공연이 가장 활발한 대중음악의 경우 새로운 음반 발매에 맞춰 홍보를 위한 순회공연을 실시하는 경우가 많다.[6] 클래식 음악의 경우 어느 정도 경력을 축적한 연주자나 연주단체는 시즌별로 새로운 레퍼토리를 구성하여 세계 주요 공연장을 돌며 일정 기간 순회연주를 한다. 연극이나 무용 분야에서는 한 지역의 관객만으로는 관객 규모를 늘리는 데 한계가 있기 때문에 에든버러나 아비뇽 등에서 매년 열리는 대규모 페스티벌이나 공연예술마켓을 통해 다른 지역 공연장을 섭외하여 순회공연을 한다. 이미 국제적 지명도를 확보한 극단이나 무용단의 경우 신작 제작 단계부터 사전에 여러 공연장이나 페스티벌로부터 제작비를 투자받아 공동제작 형태로 작품을 제작한 후 1~2년에 걸쳐 순회공연을 진행하기도 한다. 반면에 뮤지컬을 비롯한 상업연극 분야에서는 한 지역에서 대중적 성공으로 상업성이 검증된 작품을 다른 지역 관객에게 판매하기 위해 현지 프로모터를 중심으로 순회공연을 조직하는 경우가 많다.

라. 공연기획의 제약 조건

비용질병의 문제 2장의 예술상품과 예술시장에서 살펴본 것처럼 공연예술은 보멀과 보엔이 말하는 이른바 비용질병으로 인해 독자적인 시장 생존이 불가능한 영역으로 간주되어 왔다. 즉, 공연상품의 성격상 표준화와 대량생산이 곤란하여 기술 발전과 자본 투입 증가에도 불구하고 생산성 향상에 한계가 있다는 것이다. 이에 따라 공연예술은 오랜 세월 동안 다른 산업처럼 생산성 발전을 이루지 못한 채 수공업적 생산을 반복해왔다. 더욱이 과잉 생산된 공연상품은 재고상품으로 다시 판매할 수 없기 때문에 공연이 끝나는 순간 그 가치가 100퍼센트 사라지는 점도 문제였다. 이런 면에서 공연예술은 영화나 음악처럼 복제 기술을 바탕으로 성장한 문화산업과 극명한 대비를 이룬다. 영화나 음악은 일단 디지털 필름이나 음원 형태로 제작된 후에는 단순한 기술적인 과정만으로 추가적인 복제가 얼마든지 가능하며, 디지털 기술과 인터넷의 발전으로 저장과 재소비가 손쉬워 시간과 공간의 제약에서 벗어나 시장을 넓혀갈 수 있기 때문이다.

공연예술은 이러한 복제 생산이 불가능하기 때문에 문화경제학에서는 외부 지원, 특히 국가 등 공공부문의 지원이 불가피하다는 논리를 전개해왔다. 하지만 그럼에도 공연예술의 한계를 벗어나 시장을 넓히거나 산업적 성장을 이루는 사례가 있다. 그중 하나가 뮤지컬이다. 뮤지컬은 표준화된 제작 시스템을 기반으로 한 장기공연과 순회공연을 함으로써 시공의 제약에서 어느 정도 벗어날 수 있었다. 뮤지컬 프로듀서는 표준화된 제작 시스템을 도입하여 배우와 기술 스태프를 훈련시켜 소비자 입장에서 거의 같은 상품으로 생각되는 공연이 반복될 수 있는 제작 시스템을 만들어냈다.

이 같은 제작 시스템을 바탕으로 일회성 혹은 단기 공연을 넘어서 수년째 이어가는 장기공연은 시간적 제약을 넘어서는 판매를 통해 공연상품 제작에 투입된 자본을 회수할 수 있도록 해주었다. 공연 시간이 지나더라도 다음 날 같은 장소에서, 똑같지는 않더라도 최소한 거의 유사한 품질이 보장된 공연이 다시 무대에 오르기 때문에 관객으로서는 특정한 시간에 맞출 필요가 없다. 오히려 다른 상품을 소비하는 것과 마찬가지로 자신의 스케줄에 맞춰 편한 시간대의 공연 티켓을 구매하여 관람할 수 있다. 이러한 제작 시스템은 더 나아가 동시에 여러 공연장에서 같은 품질의 공연이 무대에 오를 수 있도록 함으로써 여러 공연팀이 세계 여러 도시를 순회하며 공연하거나 한 시기에 여러 지역에서 공연을 진행할 수 있도록 해주었다. 마치 일반 상품을 수출하듯이 공연 수요가 있는 국가나 지역을 찾아감으로써 공간적인 제약에 관한 부분을 일정 부분 극복할 수 있게 된 것이다. 게다가 이런 순회공연 상품은 기존 공연의 성공을 바탕으로 이루어지기 때문에 흥행에 대한 위험부담도 상당 부분 덜 수 있으며, 기존의 성과를 활용하여 효과적인 마케팅을 전개할 수 있다.

이처럼 뮤지컬 산업에서 장기공연과 순회공연을 통해 같은 공연상품의 대량생산이 가능해지면서 비로소 공연예술에서도 제한적이나마 생산성 향상이 이루어졌다. 즉, 프로듀서를 비롯한 기획자 비용, 원작료, 연출료, 무대장치, 제작비, 리허설 비용 등 프리프로덕션 단계에서 소요되는 기본 제작비가 대량 생산된 상품에 나누어 부담됨으로써 별도 외부 지원 없이도 충분히 자체 생산과 재생산을 이어가게 되었다. 이런 대량생산을 위해서는 무엇보다 자본력이 필요하다. 이에 따라 뮤지컬은 자본 동원 역량을 갖고 있는 프로듀서의 예술로 일컬어진다. 이 같은 프로듀서 중심의 뮤지컬 제작 시스템은 뉴욕의 브로드웨이와 런던의 웨스트엔드 공연장을 중심으로 시작되어 다른 나라까지 확산되었다.

국내에서도 브로드웨이에서 시작한 이러한 장기공연 제작 시스템을 바탕으로 성공 사례가 꾸준히 만들어졌다. 넌버벌퍼포먼스인 〈난타〉가 대표적인 사례다. 〈난타〉는 첫 공연 이래 꾸준히 관객 기반을 확대하여 이제는 브로드웨이 뮤지컬과 마찬가지로 동시에 여러 공연장의 무대에 오르면서 관광객을 대상으로 한 스테디셀러 관광상품의 위상까지 확보했다. 〈늘근 도둑 이야기〉나 〈라이어〉 같은 연극작품 역시 비슷한 사례다. 이러한 작품들은 첫 공연 이래 30여 년을 넘기는 기간 동안 지속적인 보완과 개선을 통해 완성도를 높임으로써 재제작을 거듭했고, 그 결과 오랫동안 관객의 호응을 지속적으로 얻으면서 브랜드 가치를 꾸준히 높여왔다.

불확실성의 문제 공연기획이 맞닥뜨리는 또 다른 제약은 시장의 불확실성이다. 일반 상품의 경우에도 시장에서 소비자와 만나기 전까지는 판매 예측이 힘들지만, 공연상품은 첫 무대의 막이 오르기 전까지는 그 결과를 더욱 예측하기 어렵다. 설사 최고의 원작으로 최고의 공연장에서 최고의 연출가가 최고의 공연자와 함께 공연을 만들었더라도, 정작 무대에서는 한없이 지루한 졸작이 될 수 있는 것이 공연예술이다. 작품 자체의 완성도와는 상관없이 관객과 만나 정서적인 교감을 이루어야만 작품이 소비될 수 있기 때문이다. 관객의 정서적 반응까지 정확히 예측하지 못하는 한 공연상품은 시장에서 어느 정도의 위험을 감수할 수밖에 없다.

공연예술의 이 같은 흥행 산업적 혹은 도박적 성격으로 인해 과거에는 경험적으로 체득한 이른바 감感에 의존한 기획이 많았다. 그러나 예술경영 분야의 전문적인 이론이 발전하고 이와 함께 체계적인 기획 기법이 공연 현장에 도입되면서 주관적인 감에 의존한 기획보다는 과학적인 조사와 분석에 근거한 기획이 점차 자리를 잡고 있다. 결국 이러한 상황 속에서 공연기획자의 역할은 철저한 시장조사와 관객 분석에 기초한 기획과 마케팅으로 불확실성을 줄여가는 것이다.

2) 공연기획자의 의의와 역할

가. 공연기획자의 의의

공연기획자는 예술조직에서 공연 프로그램 기획을 담당하는 사람이다. 최근에는 이를 대체하여 프로듀서나 PD라는 명칭의 활용도 늘어나고 있다. 아울러 프로그래머라는 명칭을 사용하기도 한다. 앞서 공연기획의 의의에서 살펴본 것과 같이 프로듀서나 PD라고 할 경우 상대적으로 넓은 의미의 공연 제작 전반을 책임지는 역할로, 프로그래머라고 할 경우 좁은 의미의 프로그램 내용 기획만을 책임지는 역할로 볼 수 있다. 물론 이는 개별 예술조직의 업무 여건에 따라 달라진다.

공연기획자 혹은 프로듀서는 무에서 유를 창조하는 사람이다. 그런 면에서 보면 공연기획자의 역할은 예술가의 역할과 크게 다르지 않다. 이와 관련하여 뮤지컬 〈헤드윅〉의 프로듀서였던 데이비드 바인더는 이렇게 말한다. "프로듀서는 종종 아무것도 없이 공연 제작을 시작한다. 때로는 연출가가 없거나 배우가 없고, 때로는 공연장이 없거나 제작비가 없다. 심지어 관객이 없거나 대본이 없을 때도 있다. 하지만 프로듀서는 언제나 갖고 있는 것이 하나 있다. 아이디어. 이 아이디어야말로 프로듀서가 갖고 있는 모든 것이다."[7] 이처럼 공연기획자는 아이디어에서 출발하여 작품을 정하고, 출연진을 섭외하며, 공연장과 제작비를 마련하여, 궁극적으로 관객을 위한 작품을 제작하는 역할을 한다. 다만 예술가가 자기 내적인 세계에서 창작을 해내는 데 반해 공연기획자는 철저하게 현실적인 계산과 예측에 따라 판단하고 움직인다. 공연기획자는 예술가를 주된 자원 중 하나로 활용하지만, 여기에 무대와 기술과 자본을 활용하여 관객에게 전달할 수 있는 최종적인 예술상품을 기획하는 역할을 한다. 즉, 공연기획자는 예술상품이 아이디어 단계에서 발전하여 무대 위에 구현되고 관객에게 전달되어 소비되는 전체의 과정을 이끌어가는 역할을 한다. 공연기획자는 이런 역할을 통해 비단 예술적 성과만이 아니라 경제적 성과까지도 함께 달성해야 한다. 이 점이 공연기획자와 예술가의 가장 큰 차이이다. 다음의 몇 가지 명칭은 현장에서 공연기획자와 종종 혼용되는 명칭이다.

프로듀서 프로듀서producer는 제작자라고 불리기도 하며, 여러 투자자로부터 투자를 받아 대규모 공연상품을 만드는 뮤지컬 산업에서 가장 많이 활용되는 용어다. 프로듀서의 중요한 역할 중 하나가 작품 제작에 필요한 재정자원을 확보하는 것이기 때문이다. 그러나 프로듀서의 역할이 이에 한정되는 것은 아니다. 프로듀서는 재정자원뿐 아니라 연출가, 배우, 작곡가, 무대 스태프 등 다양한 인적자원과 공연장, 장비 등 물적자원을 확보하여 공연상품이 최종적으로 관객에게 전달될 수 있도록 하는 모든 과정을 책임지기 때문이다. 이에 따라 최근에는 뮤지컬 산업 외에 대규모 자본이 투입되는 대작 오페라나 연극 분야에서도 프로듀서라는 명칭의 사용이 점차 확대되고 있다.

프로모터 프로모터promoter는 번역하면 흥행사라고 할 수 있다. 일정 부분 프로듀서와 그 역할이 겹치기도 하지만, 프로듀서와는 달리 초기에 여러 자원을 확보하는 단계부터 참여하기보다는 어느 정도 완성된 형태의 공연상품을 다른 공연장이나 다른 지역에 판매하는 역할을 주로 한다. 즉, 프로모터는 중소극장에서 성공한 공연상품을 대극장용으로 재제작하거나, 한 지역에서 성공한 공연상품을 다른 지역의 공연장에 순회공연을 할 수 있도록 주선하는 역할을 한다. 이런 경우 프로모터는 원래의 프로듀서에게 고용되기보다는 자신의 책임하에 공연권을 구입하여 흥행에 대한 위험부담을 지면서 공연을 한다. 프로모터는 흥행수입을 목적으로 활동하는 경우가 많기 때문에 이미 대중성과 흥행성을 확보한 공연상품을 섭외해 흥행에 따른 위험부담을 최소화한다. 프로모터는 대부분 뮤지컬이나 연극 등 완성된 공연상품을 섭외 대상으로 삼지만, 어느 정도 인지도와 관객 기반을 확보하고 있는 예술가를 섭외해 직접 공연상품을 기획하기도 한다. 클래식 음악이나 대중음악 분야의 공연기획사가 주로 이러한 프로모터의 역할을 한다. 그러나 진정한 승부사의 기질이 있는 흥행사는 이미 검증되어 안전한 스타를 섭외하기보다는 제대로 알려지지 않은 예술가를 발굴해 대중에게 소개하는 역할을 함으로써 새롭게 시장을 창출해 자신의 존재가치를 입증하기도 한다.

프리젠터

프리젠터presenter는 보통 공연상품의 배급자를 말하며 공연상품의 제작 과정, 특히 예술적인 부분에 깊이 관여하기보다는 그 작품이 완성된 후에 관객과 만날 수 있도록 전달하는 역할을 주로 담당하는 주체다. 이런 측면에서 보면 프로모터와 역할이 유사하다. 그러나 프로모터가 주로 상업적인 목적의 공연 분야에서 활동하는 반면, 프리젠터는 공적 재원을 활용하는 공공부문에서 공연상품 배급 역할을 하는 경우가 많다. 시도에서 운영하는 문예회관이 이러한 프리젠터의 역할을 하는 것으로 볼 수 있다. 프리젠터는 때로는 공연 제작의 초기 단계부터 관여하기도 하지만, 대개는 다른 공연장에서 이미 성공적으로 무대에 오른 공연상품을 구입해 자신이 책임지는 공연장 혹은 지역에서 관객에게 전달하는 역할을 한다.

임프레사리오

임프레사리오impresario는 이탈리아어에서 유래한 용어로서 공연 중에서도 특히 오페라, 발레, 콘서트 등 음악을 기반으로 한 공연상품의 기획자를 말한다. 음악사에서 임프레사리오는 단순한 기획자를 넘어서 예술가에 대한 금전적 후원자이자 공연제작자 역할을 하는 사람을 통칭하는 용어로 사용되기도 했다.

나. 공연기획자의 역할

공연기획자의 기본적 역할은 공연작품을 통해 예술가와 관객이 만나도록 하는 것이다. 이를 위해 공연기획자는 출연 예술가와 기술 스태프를 섭외하고 프로그램 내용을 구성한다. 이 과정에서 가장 중요한 것은 관객과 직접 만나는 예술가를 선정하고 섭외하는 일이다. 예술가에는 비단 연주자, 배우, 무용수 등 무대에 오르는 공연자 외에도 작품의 원작을 만들어 내는 작곡가, 작가 등 창작자, 장르별로 작품 전체의 예술적 표현에 대한 책임을 지는 지휘자, 연출가, 안무가 등 예술감독 역할을 하는 전문 인력이 포함된다.

이 중에서도 예술감독은 무대에 오르는 공연자가 자신의 기량과 감성을 제대로 내보일 수 있도록 종합적으로 지휘하며 이끄는 역할을 한다. 장르에 따라 지휘자처럼 무대에 등장하기도 하지만, 연출가나 안무가처럼 직접 자신을 드러내지는 않으면서도 무대를 통해 보여지는 모든 내용의 예술적 부분에 대한 종합적인 방향을 제시하고 총체적인 책임을 진다. 공연기획 과정에서 공연기획자는 예술감독과 거의 모든 과정에서 호흡을 맞춰야 한다. 많은 경우 공연기획자는 예술감독의 예술적 판단을 돕기 위한 자원을 제공하는 보조적 역할을 하지만 때로는 좀 더 주체적 입장에서 오히려 예술감독을 이끌어가기도 한다.

기술 스태프에는 조명, 음향, 무대감독을 비롯하여 다양한 무대 기술 오퍼레이터가 포함된다. 백스테이지에서 공연자를 지원하는 이러한 기술 스태프의 역할도 공연자 이상으로 공연의 최종적인 품질에 영향을 미친다. 공연장이나 대규모 예술조직이 아닌 한 이러한 기술 스태프는 공연 수요에 맞춰 외부의 프리랜서를 활용한다. 따라서 공연기획자는 공연 내용이나 공연장 등의 성격에 맞춰 함께 파트너로 일할 수 있는 기술 스태프 풀을 확보하여 지속적인 관계를 형성해나가야 한다.

마지막으로 관객은 공연기획의 최종적인 도착 지점이다. 박물관·미술관은 관람객에게 내보일 전시가 없더라도 미래의 관람객을 위한 작품의 수집과 보존과 연구만으로도 의미 있는 역할을 할 수 있지만 공연은 다르다. 모든 공연은 관객을 전제로 만들어진다. 공연은 시간예술이며, 무대 위의 시간이 지나가면 작품 자체도 사라진다. 따라서 공연이 무대에서 펼쳐지는 바로 그 시간 객석에 앉아 공연자와 시간과 공간을 함께하면서 작품을 감상하는 관객도 공연을 구성하는 핵심 주체가 된다. 이에 따라 공연기획자는 오랜 시간과 다양한 자원을 투입하여 만들어진 공연이 관객으로 가득 찬 객석 앞에 펼쳐질 수 있도록 관객 개발을 하고 마케팅을 하는 데 모든 노력을 기울인다. 다른 역할과 달리 이러한 마케팅과 홍보는 전적으로 공연기획자의 역량에 따라 좌우되는 역할이라 할 수 있다.

공연기획자는 이처럼 예술가와 기술 스태프를 도와 예술작품이 만들어질 수 있도록 하고 그 작품이 최종적으로 관객과 만날 수 있게 매개하는 역할을 한다. 모든 주체가 공연장이라는 한 장소에 모여 서로의 필요와 수요를 충족할 수 있도록 엮어주는 역할을 하는 사람이 바로 공연기획자다. 여기서 기획자의 역할은 예술을 창작하는 행위를 응원하고 지원하는 것이며, 예술의 창작 그 자체는 어디까지나 예술가의 몫이다.[8] 하지만 기획자는 직접 예술을 창작하지는 않더라도 모든 예술적 주체의 역량을 결집하여 작품을 만들고 그 작품이 관객과 만나 의미를 가질 수 있도록 한다는 점에서 예술가 못지않게 예술작품의 완성에 기여하는 중요한 주체 중 하나다.

이러한 공연기획자의 역할은 어떤 예술조직에서 일하는가에 따라 달라진다. 공연장, 예술단체, 기획자 중심 예술조직 등 예술조직 유형에 따른 공연기획자의 중점 업무는 다음과 같다.

공연장의 공연기획자 공연장의 공연기획자는 물리적인 공간자원을 바탕으로 공연 프로그램을 기획한다. 특히 산하단체나 상주단체가 없는 공연장의 경우 공연기획자는 별다른 제약 없이 전권을 갖고 외부로부터 공연자원을 확보하여 프로그램을 기획할 수 있다. 즉, 공연기획자의 역할은 공연장 운영 방식에 따라 크게 달라진다.

공연을 직접 제작하는 공연장에서는 공연기획자의 역할이 가장 커진다. 공연기획자가 주체적 입장에서 외부 예술가나 예술단체를 섭외하여 직접 기획공연을 제작하기 때문이다. 이때 공연장은 공연의 흥행 성과에 대해 전적인 책임을 진다. 성공의 보람과 실패의 부담을 함께 갖는 것이다. 공연을 직접 제작하지 않고 수동적으로 대관만 하는 공연장에서는 공연기획자의 역할이 거의 없다. 여건에 따라 공연 장르의 선택이나 대관 방향 설정 등 제한적이고 간접적인 역할을 할 따름이다. 이런 경우 공연장은 사전에 확정된 대관료 수입을 얻고 외부 예술단체가 공연의 흥행 성과에 대한 책임을 진다. 따라서 공연장 입장에서는 가장 안전하고 보수적인 운영 방식이다. 지역 문예회관 중 상당수가 이런 운영 방식을 채택하고 있다.

이러한 두 가지 유형의 중간 형태가 이른바 시즌제 프로그램 운영 방식이다. 시즌제 프로그램을 운영하는 공연장에서는 공연을 직접 제작하지는 않더라도 외부 공연단체와의 공동제작 방식을 통해 공연장의 방향에 맞는 프로그램을 주도적으로 기획한다. 이 경우 공연장의 역할은 공연장 우선 대관에서 시작하여 무료 대관, 연습실 등 부대시설 제공, 공연 제작비 분담, 공동 마케팅, 공연 흥행수익 배분 등 외부 공연단체와의 협약 방향에 따라 다양하게 변할 수 있다. 어떤 경우건 공연장은 공연 제작의 직접 책임을 지는 외부 공연단체와 더불어 공연상품을 공동 기획하며 상업적 흥행 성과에 대해서도 일정 부분 공동 책임을 지기 때문에 단순 대관에 비하면 공연장의 권한과 책임이 한결 커진다.

공연장이 일정한 브랜드 가치를 형성하려면 공연장의 설립 취지나 지향 가치에 적합하도록 공연을 직접 제작하거나 최소한 공동제작 방식을 통해 시즌제 프로그램을 기획하는 것이 필요하다. 이러한 기획의 성과가 중장기적으로 공연장 경영의 성패를 좌우하기 때문이다. 다만 공연장의 경영 여건이 저마다 다르기 때문에 어느 방식이 반드시 우월하다고 볼 수는 없다. 아울러 지역 문예회관을 비롯한 공공공연장의 경우 재원을 책임지는 상급기관의 지원 방향에 따라 부득이하게 자체 제작을 포기할 수밖에 없는 경우도 있다. 결국 기획공연, 시즌공연, 대관공연 등의 비중은 공연장의 재정 여건과 더불어 공연기획 경험 축적과 공연기획자의 역량 등에 따라 다양하게 변할 수 있다. 대개는 손쉽게 대관공연 중심으로 운영하다가 일정한 경험과 역량이 축적되면 이에 맞춰 기획공연의 비중을 점차 늘려나가게 된다.

예술단체의 공연기획자 오케스트라나 발레단처럼 예술가를 중심으로 조직된 예술단체의 공연기획자는 소속 예술가를 자원으로 공연을 기획한다. 이러한 예술단체에서 일하는 공연기획자는 예술감독이나 상임지휘자 또는 안무가를 도와서 레퍼토리를 구성하거나 협연자 등 객원 예술가를 섭외한다. 이 과정에서 대개 예술감독이 핵심 역할을 하기 때문에 상대적으로 공연기획자의 역할은 보조적으로 제한되는 경우가 많다. 하지만 이러한 예술단체에서도 정기공연 외에 다양한 형태의 특별공연이나 초청공연을 하는 경우가 많기 때문에 공연에 따라서는 공연기획자의 역할이 더 커지기도 한다. 아울러 공연기획자는 단순히 프로그램 내용만을 기획하는 것뿐 아니라 신규 관객 개발을 비롯하여 충성도 높은 고정 관객을 확보하기 위한 다양한 마케팅 전략의 수립과 집행 및 패키지 티켓 개발 등 공연의 시작에서 마무리까지 여러 영역에서 나름대로의 역할을 한다.

기획자 중심 조직의 공연기획자 기획자 중심 조직은 공연기획자가 핵심 역할을 하는 조직으로서, 대표적인 형태로 상업적인 공연기획사와 축제조직위원회가 있다. 설립 목적에는 차이가 있지만 두 유형의 조직 모두 공연기획을 전문으로 하는 조직이라는 점에서는 큰 차이가 없다. 공연기획사는 일차적으로 상업적인 흥행을 목표로 일하며 공익성보다는 흥행성에 비중을 둔다. 때로는 공연기획사가 공공기관의 공연이나 축제 등을 대행하기도 한다. 하지만 자체 사업으로 공연을 기획할 때는 무엇보다 상업적 성공과 지속 가능성에 신경을 쓰지 않을 수 없다. 공연이 실패하여 더 이상의 기획이 불가능한 상황에서는 어떤 변명도 큰 의미를 갖지 못하기 때문이다. 따라서 내세우는 명분과는 별개로 실질적으로는 예술적 성취에 앞서 상업적 성공을 중요한 잣대로 삼는 것이 불가피하다. 여기서 말하는 상업적 성공이 대단한 금전적 보상을 가져오는 수준을 의미하는 것은 아니지만 최소한 상근직원에 대한 급여를 제때에 지급하고 다음 공연을 기획할 수 있을 정도의 자원 확보가 가능해야만 지속적인 공연기획 조직으로서 생존할 수 있다. 이에 따라 공연기획사에서 일하는 공연기획자는 흥행사적 성격이 극대화되며, 공연을 철저하게 상업적 비즈니스로 접근한다. 사전에 상당한 비용을 투자하여 공연을 기획하지만 과연 티켓 판매에서 그것을 충당할 만한 수요가 확보될지는 누구도 장담하기 힘들다. 어느 공연기획자건 전석 매진으로 투자 금액이 단기간에 회수되기를 기대하지만, 정작 그런 성과를 거두는 공연기획자는 소수에 불과하다. 이에 따라 공연기획자로서는 최대한 위험부담을 줄이고 기대수익을 높이기 위해 다양한 방법을 강구하게 된다.

다른 한편으로 축제조직위원회는 상업 기획사에 비해 상업적 성공의 부담이 덜한 편이다. 상업적 목적만으로 기획하는 공연축제의 경우는 앞서의 공연기획사와 유사한 운영 시스템을 갖지만 공공부문에서 지원하는 축제의 경우 금전적 수익의 창출이 반드시 필요한 것은 아니다. 오히려 관객의 호응이 상업적 성과를 넘어서는 중요한 평가 기준이 되는 경우가 많다. 이는 공공부문의 지원이 비단 그 축제 자체에만 초점을 맞추는 것이 아니라 지역 주민의 문화복지를 비롯하여 문화관광 관점에서의 포괄적 지역 수입 증대 등 다양한 측면을 고려하기 때문이다. 이에 관하여는 다음 장의 축제기획 부분에서 구체적으로 살펴볼 것이다.

3) 공연기획 과정

공연기획자는 숙명적으로 '대박'과 '쪽박'의 사이에서 늘 줄타기를 하며 일한다. 공공공연장에서 상근직원으로 근무하면서 공연기획을 하는 사람은 이미 확보된 공연장과 상대적으로 안정적인 재원을 바탕으로 공연기획을 하기 때문에 위험부담이 크지 않지만, 전적으로 위험을 부담하게 되는 전문 기획사나 독립 프로듀서는 늘 공연 실패의 두려움 속에 전전긍긍하며 공연기획을 해야만 한다. 때로는 오랜 기간 쌓아온 부와 명성이 대형 작품 하나의 실패로 인해 흔적도 없이 사라지는 것이 바로 공연기획의 세계다. 말하자면 공연기획은 고위험 고수익에 해당하는 투기 상품을 만드는 것과 다르지 않다. 물론 공공공연장에서 일하는 공연기획자라고 해서 늘 안정적인 상황에서만 일하는 것은 아니다. 정부나 지방자치단체의 지원에 대해서는 반드시 엄격한 평가가 뒤따르기 때문이다. 특히 최근에는 공공공연장의 재정자립도 제고 압박과 더불어 관객 규모나 유료관객점유율 등 공공지원금의 성과평가 내용도 점점 구체화되고 있다. 또한 공연 성과와 시장 반응에 기초하여 기획을 하는 민간 공연기획자와 달리 공공부

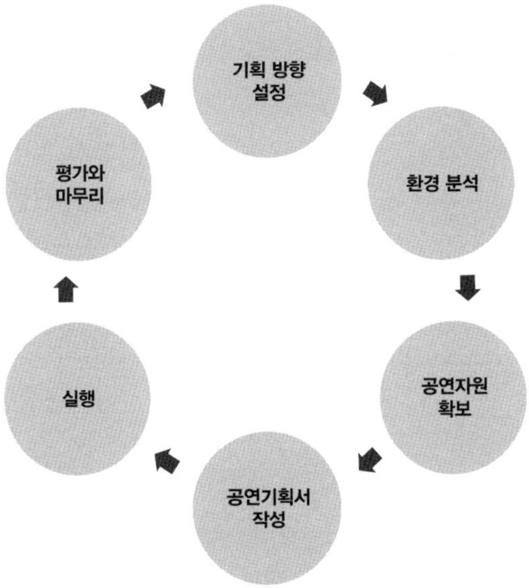

〈도표 6-6〉 공연기획 과정

문에서는 이른바 공공 리스크를 겪게 된다. 공공 리스크란 정부의 정권교체나 장관을 비롯한 주요 책임자의 변경, 지방자치단체 선거 등 정치적 환경의 변화에 따라 이전에 해오던 사업을 그 성과와는 상관없이 전면 개편해야 하는 상황을 말한다. 특히 정권의 교체 등으로 정책 방향이 크게 바뀌는 경우 이전까지는 큰 성과로 평가되던 사업이 어느 날 갑자기 몹쓸 사업으로 전락하여 관련 예산이 없어지거나 대폭 삭감되는 일이 비일비재하다. 이러한 상황이 벌어지면 현장에서 공연기획을 하는 기획자의 입장에서는 자신의 역량이나 성과와는 상관없이 공연기획을 중단해야 하거나, 때로는 전혀 현실성이 없는 공연을 억지로 기획해야 하는 상황을 겪게 된다. 이러한 공공 리스크 요인으로 인하여 공공공연장에서도 방향은 다르지만 민간 전문 기획사나 독립 프로듀서만큼이나 심적인 부담을 지면서 공연기획을 하는 경우가 많다.

가. 기획 방향 설정

어떤 공연이든 기획에 앞서 어떤 동기로 인해 공연이 이루어지는지 먼저 고려할 필요가 있다. 공연기획의 동기로는 영리, 명성, 문화복지, 창조적 동기 등 다양한 측면이 거론된다.[9] 일반적으로 공연기획의 동기는 영리적인 측면에서 티켓을 많이 판매하여 수익을 크게 내는 것이라고 생각할 수 있지만 의외로 그렇지 않은 공연도 많다. 클래식 음악의 경우 전문 공연기획사에서 주최하는 스타급 연주자의 공연을 제외하면 수익을 남길 수 있는 공연은 그리 많지 않다. 공연장에서 클래식 음악 연주회를 기획하는 경우 단순히 티켓을 많이 판매하는 것보다는 일정한 수준 이상의 프로그램을 통한 공연장 명성 유지가 더 큰 동기일 수 있다.

또한 공공성이 강한 지역 문예회관은 수익성이나 예술성보다는 지역 주민의 문화복지 수준 향상에 더 중점을 두어 가능하면 많은 관객이 향유할 수 있는 방향으로 공연을 기획해야 할 때가 있다. 이에 따라 티켓 가격 책정에 있어서도 수익 극대화보다는 더욱 많은 관객이 참석할 수 있는 방향을 선택하며, 프로그램의 질적인 면에서 다소 아쉬운 점이 있더라도 지역 주민의 향유 수준이나 수요를 고려하여 공연 프로그램을 구성하기도 한다. 기업에서 운영하는 전문 공연장도 마찬가지다. 방향은 다르지만 수익 극대화보다는 공연장의 품격을 유지하면서 기업 홍보에 도움이 되는 방향의 기획을 우선한다. 또 다른 경우로서 무용의 경우 관객 기반 자체가 약하기 때문에 안무가나 예술감독의 창조적 동기가 중요하게 작용한다. 이런 유형의 무용 공연을 포함하여 공공지원에 의지해 이루어지는 공연은 상당 부분이 티켓 판매보다는 공연 내용의 예술적인 측면과 창조적인 측면에 더 큰 의미를 두고 기획이 이루어진다.

이러한 외부적인 동기 요인과는 상관없이 기획자 스스로 새로운 기획 방향을 창출해야 할 때도 있다. 새롭게 공연장을 개관하여 이제까지 없던 프로그램을 구성하게 될 수도 있고, 지역 문예회관에서 공연장 로비 공간을 활성화하기 위한 프로그램을 기획할 수도 있다. 이런 경우 과거에 없었던 과감하고 창의적인 발상으로 신선한 아이디어를 만들어낼 수 있다. 다만 공연기획자에게 중요한 것은 이런 아이디어가 구체적인 현실성을 겸비해야 한다는 점이다. 어떤 동기에 따라 공연기획을 하건 기본 얼개는 무대에 올릴 작품과 이에 참여할 예술가를 선택하는 것이다. 특히 서울처럼 하루 저녁에도 수십 개의 공연이 동시에 무대에 오르는 대도시의 경우에는 다른 공연과 대비되는 차별성 확보가 무엇보다 중요하다. 차별성을 확보하지 못한 예술상품은 잠재관객의 주목을 끌기 어려우며, 결과적으로 티켓 판매 경쟁에서 승리를 거두지 못한다.

어떤 작품과 어떤 예술가를 무대에 올릴지에 대한 판단은 기획 방향 설정에서부터 시작된다. 오케스트라나 발레단처럼 오랜 기간 조직적으로 훈련된 예술가를 바탕으로 기획하는 경우와 새롭게 대본을 쓰고 작곡을 하고 배우를 섭외해 뮤지컬을 기획하는 경우의 기획 방향은 근본적으로 다를 수밖에 없다. 재현예술을 주로 하는 오케스트라의 경우 기획 내용은 공연 레퍼토리의 구성, 지휘자나 협연자의 선택, 공연장 선택 등 일정한 범위에 한정되게 마련이다. 고도로 훈련된 단원들의 팀워크를 바탕으로 작품을 제작하는 발레도 이와 유사하다. 반면 연극이나 현대무용처럼 작품에서 모든 출발이 이루어지며, 연출가나 안무가를 비롯해 출연하는 예술가 작품 전체를 새롭게 구성할 수 있는 경우에는 기획 방향에 따라 작품의 근본적 성격이 달라질 수 있다.

이러한 예술단체와 달리 공연장에서 일하는 기획자는 공연장 여건에 따라 예술 분야에 얽매임이 없이 다양한 예술단체를 섭외하여 무대에 올릴 수 있다. 그러나 선택의 범위가 넓다는 것은 그만큼 선택의 부담이 크다는 의미이기도 하다. 수많은 예술가와 예술단체 중 어떤 선택을 할 것인가는 사실 쉬운 과제가 아니다. 어떤 예술가나 예술단체든 자신만의 예술이 가진 탁월성과 차별성을 내세운다. 하지만 기획자 입장에서는 그것을 액면 그대로 받아들일 수 없다. 예술상품이 갖는 경험재적 특성으로 인해 직접 무대에 올려보기 전에는 그 진가를 파악하거나 다른 예술상품과 객관적으로 비교하기 어렵기 때문이다. 예술가나 예술단체의 구상과 아이디어는 늘 독창적이고 창조적이지만 그것이 무대에 구현되는 것은 또 다른 차원의 일이다. 그 결과에 대한 책임은 온전히 기획자의 몫이다.

결국 이러한 상황에서 중요한 것은 공연기획자의 안목과 경험이다. 공연기획자는 기획 방향 설정 과정의 어느 시점에서 삶의 전 과정을 통해 터득한 지식과 경험 그리고 이에 근거하여 형성한 안목으로 무대에 올릴 예술가와 작품을 선택해야 한다. 이때 주의할 것은 특정 예술작품이나 예술가에 대한 주관적 취향과 선호에 따른 판단이 야기하는 위험이다. 주관적 취향과 선호 및 이에 따른 근거 없는 기대에 의지한 독단적인 판단은 위험한 결과를 초래할 수 있다. 자신이 소비하기 위해 주관적으로 판단하는 것과 관객에게 제공하기 위해 객관적으로 판단하는 것을 혼동함으로써 의도치 않게 누구도 원치 않는 결과를 만들어내는 것이다. 주관적 취향과 선호가 앞서면 객관적 정보를 정확하게 판단하기 어렵다. 객관적 증빙 자료가 없이 단순한 감에만 의존하여 무작정 결과를 확신하는 경우 한두 번의 성과를 얻을 수는 있지만 언젠가 큰 실패를 겪을 수밖에 없다. 물론 아무리 객관적인 정보와 합리적인 판단으로 공연기획을 추진해도 실패할 수 있다. 하지만 실패의 가능성을 최소화할 수는 있다.

따라서 공연기획자가 이러한 주관성의 함정에 빠지지 않고 공연의 성공률을 높이려면 최종 판단에 앞서 자신의 판단을 합리적으로 뒷받침할 만한 객관적인 정보를 최대한 많이 수집해야 한다. 공연의 최종적인 성공을 위해서는 감성의 기준이 지배하는 공연을 이성의 기준으로 판단하여 접근할 수 있어야 한다. 감성과 이성 사이에서 균형감각을 상실하면 이는 필연적인 공연 실패로 이어진다. 공연기획자가 객관적 태도를 상실하는 순간이 바로 망하는 공연기획의 시작이다. 대박에 대한 근거 없는 맹신과 이에 따른 무모한 판단 때문에 쪽박을 차는 경우가 수도 없이 발생하는 것이 공연기획의 세계라는 것을 잊지 말아야 한다.

또 다른 위험은 사적인 인간관계에 따른 판단이다. 공연기획자로 일하다 보면 사적인 인간관계로 인해 불리한 객관적 조건에도 불구하고 어쩔 수 없이 공연기획을 해야 하는 상황을 만날 수 있다. 이런 경우 객관적 상황 판단을 따르지 않음으로 인해 현실적이지 못한 기획이 이루어지고 원치 않았던 결과가 나온다. 그러나 어떤 식이든 그 결과를 책임지는 사람은 공연기획자다. 따라서 공연기획자는 어떤 상황에서도 객관적인 판단력을 잃지 않도록 유의해야 한다. 대부분의 공연기획자는 공연예술에 대한 애정과 열정으로 커리어를 시작한다. 하지만 공연시장에 대한 안목과 판단력을 키워가면서 이런 주관적인 정서는 점점 배제될 수밖에 없다. 이에 따라 공연기획자로 성공한 사람 중에는 젊은 시절 가졌던 애정과 열정이 사라져 이제는 더 이상 순수한 관객의 입장에서 편한 마음으로 객석에 앉을 수 없다는 말을 하는 경우가 많다. 역설적인 상황이지만 공연기획자로서 어쩔 수 없이 감수해야 하는 일종의 숙명이다.

나. 환경 분석

어떤 공연기획이든 구체적인 대안의 검토와 선택에 앞서 공연기획에 영향을 미치는 내·외부 환경 분석을 통해 사업의 추진 여건과 시장조사를 한다. 이러한 환경 분석이 철저할수록 공연기획에 따른 위험도를 최대한 낮출 수 있다. 환경 분석을 위해서는 앞의 전략적 기획에서 설명한 SWOT 분석 방법을 활용할 수 있다.

외부 환경 중에서는 먼저 정치·경제·사회 같은 거시환경 분석이 필요하다. 공연 자체와는 별 상관없는 문제처럼 보이지만 급격한 환율 변동이나 신종전염병 발생 등 예기치 않은 상황 변화나 사고의 발생이 공연기획의 비용과 위험을 증가시키기도 한다. 예를 들어, 외국 아티스트에게 달러나 유로 기준으로 지급하기로 계약한 경우 환율이 급격하게 오르면 지불해야 하는 원화 기준의 금액이 높아지게 된다. 또한 과거 사스의 유행에서 보았던 것처럼 신종전염병이 확산되는 경우 여러 사람이 모이는 공연장 찾기를 꺼리는 흐름이 형성되며, 이는 곧바로 티켓 판매 감소로 이어진다.

공연기획에서는 거시환경 분석과 더불어 경쟁상품 점검도 필요하다. 특히 같은 생활권에 속하는 공연장에서 경쟁될 만한 공연이 열릴 경우 한정된 돈과 시간을 갖고 있는 관객은 당연히 분산될 수밖에 없다. 따라서 이런 경쟁을 피하려면 사전에 다른 공연에 대한 정보를 수집해 시기를 달리하거나 아예 관련 분야의 공연기획자 간에 사전협의를 통해 일정을 조정함으로써 상호 피해를 주지 않게 할 수 있다. 경쟁상품에는 비단 다른 공연만 포함되는 것이 아니다. 공연이 아니더라도 월드컵, 올림픽, 선거 등 국가적 수준의 대규모 이벤트가 벌어지거나 여름휴가, 연휴, 대학입시 등이 있을 경우 잠재관객이 공연이 아니라 해당 이벤트 참석 혹은 여행 등 다른 여가 활동에 시간을 소비할 가능성이 높다. 따라서 언제나 시간 자원을 놓고 경합할 수 있는 다른 경쟁상품에 유의해야 한다. 날씨도 중요한 환경변수다. 특히 야외 공연은 날씨가 가장 핵심 요소로 영향을 주며, 실내 공연도 폭설·폭우나 혹한·혹서로 인해 티켓 판매가 저조해질 수 있다. 다행히 최근에는 인터넷을 통해 사전예매를 하는 경우가 대부분이어서 공연 당일의 날씨가 티켓 판매에 미치는 영향은 과거에 비해 훨씬 줄어든 편이다.

내부 환경에서 가장 직접적인 제약이 되는 것은 예산이다. 다만 공공공연장처럼 티켓 판매 수익과는 상관없이 사업예산이 사전에 책정되는 경우와 티켓 판매 수익만으로 공연해야 하는 경우가 다를 수 있다. 전자라면 공연 예산이 사전에 책정되기 때문에 이에 맞춰 공연기획을 해야 한다. 공공공연장은 국회나 지방의회에서 수입예산을 별도로 편성하기 때문에 사업수입을 바로 집행하지 못한다. 즉, 어떤 공연에서 큰 수익이 나더라도 다음 공연을 위한 지출에 바로 사용할 수 없다. 따라서 사전에 책정된 예산이 적을 경우 이에 맞춰 좀 더 높은 사례를 지급해야 하는 예술가의 섭외를 자제하고 무대디자인 등에 대한 지출을 절감해야 한다. 그러나 티켓 판매 수익에 연동하여 공연기획을 한다면 이야기가 달라질 수 있다. 이 경우 공연 제작비나 마케팅에 대한 투자를 늘림으로써 티켓 판매 수익이 늘어날 수 있기 때문이다. 이러한 예산 제약과 아울러 물리적인 공연장 여건에 따른 제약도 고려해야 한다. 연극이나 무용의 경우 무대 크기나 무대 기술장비 여건에 따라 공연기획 내용에 영향을 받을 수 있다. 클래식 음악의 경우 이러한 영향은 적은 편이지만, 다른 한편으로 음향 조건에 따라 공연 자체가 제한될 수 있다.

내·외부 환경 분석 내용을 종합하여 마지막으로 진행해야 하는 과정은 예상 관객 규모와 티켓 판매량에 대한 예측이다. 이는 기획하는 공연에 대한 가능성 검토feasibility study이며 동시에 자체적인 공연기획 역량에 대한 진단이기도 하다. 따라서 가능한 한 냉정하고 엄격한 평가가 필요하다. 여기서 예상 관객 규모와 티켓 판매량은 단순한 절대수치를 말하는 것이 아니다. 투입할 예산을 고려하여 기대되는 성과를 분석해야 한다. 이는 말하자면 비용편익분석과 같다. 해당 공연의 관객 동원 능력과 이에 소요되는 비용을 비교해 종합 평가를 하는 것이다. 대부분의 공연은 비용을 더 투입할수록 편익이 높아지게 마련이다. 그렇다고 해서 편익을 높이기 위해 비용을 무한정 투입할 수는 없다. 문제는 현실적으로 티켓 예상 판매 규모를 산출하는 것이 쉽지 않다는 점이다. 따라서 이 과정에서 공연기획자의 안목과 경험에 따른 판단이 큰 영향을 미친다.

다. 공연자원 확보

기획 방향 설정과 환경 분석이 마무리되면 그 결과를 바탕으로 공연 제작에 필요한 자원을 확보해야 한다. 공연자원은 크게 작품자원, 인적자원, 물적자원 등 세 가지로 구분할 수 있다.

작품자원: 작품 선정과 저작권 협의 작품 선정은 공연기획의 가장 핵심적 과정이다. 대개는 예술감독의 역할을 하는 지휘자, 연출가, 안무가 등이 작품 선정 과정에서 주도적 역할을 한다. 하지만 때로는 공연기획자가 후보작을 선정하여 예술감독과 의논하기도 하며, 작품을 먼저 선정한 후에 그에 적합한 예술감독을 초청해올 수도 있다. 작품 선정은 예술 분야에 따라 비중이 달라진다. 클래식 음악은 연주자나 연주단체가 예술상품의 가치에서 핵심 요소를 차지하기 때문에 비교적 부담이 덜하다. 아울러 공연기획자가 전권을 발휘해서 선택하기 어려우며, 예술감독이 더 큰 역할을 한다. 특히 출연 예술가나 예술단체의 지명도가 높을수록 레퍼토리에 관한 공연기획자의 권한이 제한되게 마련이다. 그러나 클래식 음악의 경우에도 마케팅이나 관객 개발의 측면을 고려할 때 일정한 범위 내에서 공연기획자의 역할이 필요하다. 설령 스타급 연주자가 나오더라도 지나치게 관객에게 생소한 현대곡 중심으로만 레퍼토리를 구성하는 경우, 상대적으로 티켓 판매가 부진할 수 있기 때문에, 기획자는 레퍼토리의 균형을 맞춰야 한다. 다만 해외 초청 예술가나 예술단체는 시즌별 연주 레퍼토리를 구성해 전 세계를 순회하기 때문에 국내 사정을 고려한 레퍼토리 요청에 한계가 있다. 일정한 범위 내에서 제한된 선택 권한이 주어질 뿐이다.

이 단계에서 또 다른 중요한 요소는 저작권의 확보다. 클래식 음악처럼 대부분의 작품 저작권이 이미 소멸되어 있다면 문제가 없지만, 그 외 장르에서는 창작자나 그 대리인을 접촉하여 저작권 계약을 하는 것이 최우선

과제다. 특히 뮤지컬처럼 해외에서 히트한 원작에 대한 수입 경쟁이 강한 분야에서는 공연계약금이라 할 수 있는 로열티 선급금royalty advance이 지속적으로 상승 추세에 있기 때문에 저작권을 확보하는 것과 아울러 저작권료에 대한 협의가 공연기획의 중요한 과제가 된다.

인적자원: 출연 예술가와 기술 스태프 섭외 인적자원의 중심은 예술가와 기술 스태프다. 여기서 말하는 예술가는 연주자나 배우나 무용수가 될 수도 있고, 오케스트라나 극단이나 무용단처럼 집합적인 예술단체가 될 수도 있다. 아울러 그 범위도 무대 위에서 직접 실연을 담당하는 예술가부터 이들을 이끄는 지휘자, 연출가, 안무가에 이르기까지 다양하다. 또한 공연예술에 특화된 인적자원으로서 무대디자인을 비롯하여 조명, 음향 등을 책임지는 기술 스태프의 역할도 중요하다. 특히 연극이나 무용의 경우 음악 공연과 달리 무대디자인과 조명, 음향 등 기술 스태프의 역량에 따라 전혀 다른 작품이 만들어질 수 있다. 순서상으로는 우선적으로 예술감독을 먼저 선임한 후 그 의견을 들어 예술가와 기술 스태프 등 다른 인적자원을 확보하는 절차를 밟는다.

연극이나 뮤지컬의 경우 출연 예술가가 가장 중요한 티켓 구매 요소 중 하나다. 이에 따라 자체적으로 스타급 예술가가 형성되지 못했던 뮤지컬 시장의 초기에는 영화배우나 대중가수 등 다른 장르에서 스타급 인지도를 획득한 예술가를 출연시켜 티켓 파워를 형성하기도 했다. 비단 공연자만이 아니라 지휘자, 연출가, 안무가 등도 자신만의 예술세계로 팬덤을 형성하여 티켓 판매에 영향을 미친다. 클래식 음악의 경우에도 누가 혹은 어떤 단체가 연주하는가에 따라 티켓 수요가 정해진다. 아울러 오케스트라나 실내악단은 어떤 지휘자나 협연자를 선택하는가에 따라 티켓 판매 결과가 달라지기도 한다. 이에 따라 인지도가 높지 않고 관객 기반이 미약한 단체의 경우 스타급 협연자를 선택해 관객을 끌어들이기도 한다. 인지도가 높은 오케스트라의 경우도 연중 연주 횟수가 많아지면 관객이 식상하여 공연장을 자주 찾지 않을 수 있다. 이럴 때 공연마다 협연자를 달리하거나 객원 지휘자를 적절히 활용함으로써 관객에게 늘 신선함을 줄 수 있다.

인적자원 확보 과정에서 중요한 과제 중 하나는 대중에게 널리 알려진 스타급 예술가의 섭외다. 이러한 예술가는 출연만으로도 일정한 규모의 관객을 동원할 수 있기 때문에 공연기획자의 입장에서는 매력적인 공연상품을 만들기 위한 유용한 자원이 된다. 그러나 이처럼 관객 동원력을 지닌 스타의 경우 스타 파워에 상응하여 출연료가 올라가기 마련이며, 일정에 맞춰 섭외하는 것도 쉽지 않다. 따라서 사전에 충분한 자원과 시간을 확보하여 접근할 필요가 있다.

때로는 외부에서 먼저 공연 제안이 이루어지기도 하는데, 이런 경우 해당 예술가나 작품에 대한 합리적 판단을 위해 객관적 정보를 폭넓게 검토해야 한다. 객관적 정보로 가장 많이 활용되는 것은 참여 예술가의 인지도와 최근의 공연 성과다. 참여 예술가의 인지도는 해당 작품의 예술상품으로서의 가치를 가장 잘 대변하는 요소가 될 수 있다. 오랜 현장 경험이 있는 공연기획자라면 관련 정보를 충분히 축적하고 있기 때문에 별도의 시장조사 없이도 이러한 인지도에 대한 즉각적 판단을 내릴 수 있다. 하지만 해당 시점에서의 객관적 판단을 위해서는 일간지와 전문지, TV 등 매체 노출 빈도를 비롯하여 인터넷 동호회, 블로그, 소셜미디어 등 여러 정보 유통 채널에서의 인지도를 함께 점검해야 한다. 음악 분야에서는 유명 음반사에서의 음원 제작 여부, 음원 판매 규모, 유튜브 조회수 등이 유의미한 자료가 된다.

이러한 인지도와 더불어 중요한 것은 최근의 공연성과 분석이다. 특히 유사한 규모 공연장에서의 성과는 판단에 도움이 된다. 따라서 공연기획자는 늘 민감하게 공연계의 근황이나 돌아가는 사정을 파악하고 있어야 한다. 이를 위해 관련 매체의 기사 탐색을 게을리하지 말아야 하며, 정보 공유를 위해 동종업계 종사자와의 긴밀한 네트워크 구축과 커뮤니케이션도 소홀히 하지 말아야 한다. 다른 한편으로 다음 주영한국문화원의 사례에서 볼 수 있는 것처럼 외부 전문기관과의 협력에 의해 인적자원을 확보함으로써 프로그램 기획의 부담을 줄이고 마케팅에 도움을 받을 수도 있다.

주영한국문화원 〈하우스콘서트〉 예산 절감 프로그램 편성

주영한국문화원(이하 문화원)에서는 SWOT 분석을 통해 문화원이 갖고 있는 강점을 파악하여 문화원이 넓은 홀을 갖고 있다는 점과 런던 중심가 트라팔가 광장 인근의 좋은 위치에 있다는 점에 주목했다. 이에 문화원에서는 매월 진행하는 〈하우스콘서트〉를 새로운 프로그램으로 기획했다. 이를 위해 우선 연주공간으로 활용할 문화원 홀에 불필요한 외부 소음과 빛을 차단할 수 있도록 필요시 설치할 수 있는 두터운 이동식 커튼을 마련했다. 아울러 공연 때만 사용할 수 있는 접이식 의자 120개도 준비했다.

문제는 공연 예산이었다. 외부 대행사를 활용하여 전문 연주자를 초청할 경우 연간 5만 파운드 이상 소요될 것으로 예측되는 예산을 도저히 감당하기 어려웠다. 10억 원 남짓의 연간 사업예산으로 200여 건 이상의 공연, 전시, 교육 프로그램을 운영하는 상황에서 새로운 프로그램을 도입하는 데 어려움이 있었던 것이다. 이에 문화원에서는 런던에 다수의 음악 전공 한국 유학생이 있는 점에 착안하여 런던 시내 유수의 음악학교에 연락하여 공연 파트너십을 제안했다. 조건은 한국인이 1명 이상 포함된 4인조 이내의 실내악 연주를 매월 공동개최하는 것이었다. 연주자 선발과 프로그램 구성은 전적으로 학교의 재량에 맡겼다. 이는 프로그램에 대한 편성권을 학교 측에 양보하는 것이었지만 동시에 전문성을 갖춘 학교 측의 축적된 기획 역량을 별도의 비용 없이 활용하는 방안이기도 했다. 이러한 제안에 로열칼리지오브뮤직, 로열아카데미오브뮤직, 길드홀스쿨 등 세계적 명성을 갖고 있는 3개 음악대학에서 호응을 해왔다. 이들로서는 재학생이 교내 연주회를 벗어나 실제 현장에서 관객을 만날 수 있는 기회였기에 마다할 이유가 없었던 것이다. 이에 따라 문화원에서는 각 학교별로 3~5개월씩 프로그램을 분담토록 했다. 연주자 사례비는 출연진에게 개별적으로 지급했다. 마케팅은 문화원 홈페이지를 통해서만 했다. 결과적으로 문화원에서 지출한 예산은 연간 2회 제작했던 통합 프로그램북, 피아노 대여 및 조율비, 연주자 사례비 등을 포함하여 총 1만 7000파운드 정도였다. 연주회별로 200만 원 남짓 소요된 셈이다. 2018년의 경우 매월 진행했던 연주회에 매회마다 70~100명의 관객이 참석하였으며, 공연이 끝나면 언제나 관객들로부터 훌륭한 연주를 칭찬하는 감사 편지가 쇄도했다.

이러한 주영한국문화원의 파트너십 프로그램은 외부의 프로페셔널 기획사와 연주자를 활용하는 것에 비해 5분의 1 남짓한 예산으로 매월 진행하는 연주회 프로그램 만들어냈다는 점 외에도 주요 음악대학과의 협력 네트워크 구축을 통해 음악 전공 한국 유학생의 활동 범위를 넓혀주었고 런던의 클래식음악 팬에게 한국문화원과 한국의 음악연주자에 대해 지속적으로 소개하는 성과를 거둘 수 있었다.

물적자원: 공연장 선택

물적자원에서 가장 중요한 것은 공연장이다. 공연기획에서 공연장의 선택은 예술가의 선택 이상으로 중요하다. 우선은 공연 성격과 예상되는 티켓 판매량에 따라 공연장의 위치, 규모 등을 선택하게 된다. 많은 공연장이 최소한 6개월~1년 정도의 시차를 두고 대관계획을 마련하기 때문에 충분한 여유를 두고 대관 절차를 진행해야 한다. 공연장을 선택할 때 주로 고려할 것은 객석 수나 무대의 크기와 장비 등 물리적 특성과 공연장의 이미지를 비롯한 질적 특성 두 가지다. 공연장은 만들어진 완성품이 단순하게 전달되는 공간이 아니다. 어떤 공연장이든 음향이나 공간 배치 등 물리적 특성이 특정한 분야의 공연에 적합하도록 설계되어 있다. 따라서 규모만 고려해 공연장을 선택하면 낭패를 볼 수 있다.

또한 공연 내용은 같더라도 어떤 공연장의 무대에 오르느냐에 따라 관객은 전혀 다른 작품으로 받아들일 수 있다. 공연장의 이미지가 공연작품 자체에 대한 판단에 영향을 미치기 때문이다. 같은 음식이라도 그릇에 따라 전혀 다른 음식처럼 받아들여지는 것과 마찬가지다. 어느 공연장이든 나름의 브랜드 가치를 형성하고 있기 때문에 공연장을 선택하려면 이를 고려해야 한다. 작품 선택에 성공하고도 정작 공연장 선택의 문제로 인해 결과적으로 관객 동원에 실패하기도 한다. 아울러 부수적인 것이지만 주 관객층의 공연장 방문 방식을 고려하여 공연장의 위치와 접근성, 대중교통과 주차시설, 식음료 등 부대시설 등에 대해서도 검토해야 한다. 공연에 따라서는 이러한 부수적인 측면이 오히려 관객의 반응에 공연 자체보다 더 큰 영향을 미칠 수 있기 때문이다.

순회공연의 경우에는 주 활동 지역에서의 공연보다 훨씬 더 까다롭고 복잡한 고민 과정을 거쳐야 한다. 장르마다 다양한 이유에서 순회공연을 하지만 어떤 순회공연이든 기획 과정에서 작품, 시기, 지역, 예산 등에 대한 특별한 고려가 필요하다.[10]

첫째, 어떤 작품으로 순회공연을 할지의 문제다. 대개는 주 활동 지역에서 새롭게 선보인 프로그램으로 다른 지역을 순회하는 것이 일반적이다. 그러나 방문 지역 관객 선호나 요구에 맞춰 기존 레퍼토리 가운데 작품을 선택하기도 한다. 다른 한편으로는 사회봉사 성격으로 사회복지기관이나 학교 등에서 순회공연을 하는 경우에는 기존 관객 기반과는 전혀 다른 특수한 상황을 고려해 작품을 구성해야 한다.

둘째, 언제 어느 정도 기간으로 순회공연을 할지의 문제다. 일정 수준 이상의 오케스트라는 대개 정규 시즌과 비시즌이 명확히 구분되어 있어서 정규 시즌 중에는 주 활동 지역에서 연주 활동을 하고 비시즌을 활용해 다른 지역에서 순회공연을 갖거나 유명 페스티벌에 초청을 받아 참여한다. 대부분의 국가에서 정규 시즌은 9월에 시작해 이듬해 6월에 끝나며, 이후에는 페스티벌 시즌이 시작된다. 연중 공연을 하지 않는 무용단은 상대적으로 자유롭게 순회공연 일정을 짤 수 있다. 연극이나 뮤지컬의 경우 시즌의 구분 없이 공연하는 경우가 많으며, 다른 지역 공연장이나 프로모터로부터 요청을 받아 순회공연 스케줄을 짜기도 한다. 이런 경우 물론 초청자나 프로모터와 순회공연에 대한 예산 분담을 협의하는 것이 가장 중요하지만, 내부적으로 참여 예술가와 스태프의 일정을 조정하는 것도 또 다른 과제 중 하나이다.

셋째, 어디에서 순회공연을 할지의 문제다. 순회공연 계획을 주체적으로 짤 때는 방문 지역의 잠재관객 규모나 취향을 고려해 지역과 공연장을 선정한다. 정기적으로 열리는 페스티벌처럼 어느 정도 고정 관객이 확보되었다면 비교적 쉽게 관객 확보 가능성을 판단할 수 있다. 초청공연은 초청자 측에서 제반 사항을 고려하기 때문에 비교적 고민할 내용이 적다. 그럼에도 공연에 필요한 무대 조건을 상세하게 기록한 문서인 테크니컬 라이더technical rider를 상세히 작성하여 충분한 협의를 함으로써 자칫 공연 현장에서 당황스러운 상황을 맞닥뜨리지 않도록 유의해야 한다.

넷째, 순회공연에 소요되는 예산은 어느 정도인지 구체적으로 고려해야 한다. 순회공연은 기본적으로 여행경비의 부담이 크며, 인원의 이동뿐 아니라 각종 장비의 이동 문제도 포함된다. 아울러 숙박이 필요한 경우에는 이러한 이동에 따른 경비가 막대하기 때문에 순회공연과 관련된 예산계획을 면밀히 짜야 한다.

라. 공연기획서 작성

공연기획서 작성은 구체적으로 추진할 공연 전반의 진행계획을 수립하는 것이다. 앞서 검토한 내용을 바탕으로 작품과 출연 예술가를 선정하고, 공연장을 결정하며, 세부 일정 및 예산계획을 확정한다. 이 단계에서는 막연

구분	내용
표지	• 공연명 · 사업명 • 작성일 • 작성자 · 작성 부서 · 작성 기관
본문	• 기획 방향 • 추진 배경 • 추진 경과 • 공연 개요 – 공연명 – 주최 · 주관 · 협찬 · 협력단체 – 공연일시 · 장소 – 프로그램 내용 · 주요 출연진 • 마케팅 · 홍보계획 • 일정계획 • 예산계획 – 총사업비 – 주요 항목별 수입 및 지출 내역(안)
첨부 자료	• 출연 예술가 프로필 • 프로그램 해설 • 보도자료 • 전단, 포스터 등 홍보자료 시안 및 배포처 • 일정별 체크리스트 • 공연장 좌석배치도 • 주최 · 주관기관 소개자료 • 언론보도 스크랩 • 참고 사진

〈도표 6-7〉 공연기획서의 구성

한 예상이 아니라 실제 집행할 내용을 결정해야 하기 때문에 구체적인 수치를 바탕으로 지극히 현실적인 결정을 내려야 한다. 공연기획서에는 기획 방향, 추진 배경, 추진 경과, 공연 개요(공연명, 주최·주관·협찬사, 공연일시, 장소, 프로그램 내용, 주요 출연진), 마케팅 계획, 일정별 추진계획, 예산계획 등이 담긴다. 공연기획서를 작성한 후에는 결재나 보고 등을 통한 확정 절차를 거친다. 어떤 공연이든 공연 후에는 공연 성과를 분석하고 평가하여 다음 공연을 위한 기초 자료로 활용해야 하기 때문에 실제 추진계획을 공연기획서의 형식으로 공식화하여 문서로 정리하는 것이 좋다. 소규모 공연장이나 예술가 중심 단체는 이런 문서화를 소홀히 하는 경우가 많은데, 이로 인해 조직이 장기적으로 발전하지 못한 채 매년 시행착오를 반복하는 양상이 빚어진다. 아울러 조직 대표 개인의 주관적인 판단이나 즉흥적인 결정에 의존하는 경향이 심화된다. 따라서 공연기획과 관련된 전반적인 사항에 대해서는 반드시 공연기획서 형태로 정리하여 조직 내에서 공식적인 절차를 거쳐 확정하는 과정이 필요하다.

이처럼 문서화된 내용은 공연기획자의 손을 떠나 같은 조직의 다른 부서, 외부 지원기관, 투자자, 협찬 기업, 사업 파트너, 출연 예술가 등 다양한 주체에게 전달될 수 있다. 특히 전문 기획사의 공연기획서는 외부 기관에 전달되는 것을 전제로 작성하게 된다. 이 경우 확정된 공연기획서가 외부의 모든 대상에게 똑같은 내용으로 전달되지는 않는다. 일단 조직 내부에서 확정된 공연기획서를 기초 삼아 용도에 맞도록 그중 특정한 요소를 강조하고 변형해 다양한 형태로 바꿔나갈 수 있다. 특히 협찬을 비롯하여 외부와의 협력을 추진할 때는 공연기획서가 공연 자체의 성사 여부를 위한 결정적인 판단 기준이 되기 때문에 내용 구성에 각별히 주의를 기울여야 한다. 협찬 기업에 전달해야 하는 공연기획서라면 예상되는 출연 예술가의 프로필과 이들에 대한 홍보계획을 강조해야 하고, 투자자를 위한 공연기획서라면 구체적인 예상 수익 규모의 분석과 이에 합당한 근거를 제시하는 노력이 필요하다.

하지만 공연기획서에 공연에 관한 모든 내용을 다 담을 수는 없다. 기획서 자체는 앞에서 검토한 내용을 바탕으로 최소한의 내용만으로 간결하게 구성하도록 한다. 출연 예술가의 구체적인 프로필, 프로그램 해설, 보도자료 구성안, 홍보자료 시안과 배포처, 일정별 체크리스트, 좌석배치도, 기획사 프로필 등 세부적인 사항은 별도로 작성하여 첨부하는 것이 좋다. 다만 다음에 설명할 일정계획과 예산계획은 반드시 공연기획서에 포함해야 한다.

일정계획 수립 일정계획을 수립하는 것은 두 가지 측면이 있다. 하나는 공연 자체의 시기와 기간을 정하는 것이며, 다른 하나는 공연 개막까지의 세부적인 일정별 추진 내용을 정하는 것이다.

공연 시기는 앞서 설명한 것처럼 외부 환경에 대한 분석 결과에 따라 결정하는데, 공연의 주요 타깃이 어떤 계층인가에 따라 적절한 시기가 달라진다. 아울러 특정한 주간 안에서도 어떤 요일을 선택하는가가 마케팅에 영향을 미칠 수 있다. 이에 관한 세부적인 내용은 다음 장의 마케팅 부분에서 구체적으로 검토할 것이다. 공연 기간은 어느 정도의 티켓을 판매할 수 있는가의 문제와 직결된다. 관객 기반이 취약한 단기 공연이더라도 큰 공연장에서 1회를 진행하는 것보다는 작은 공연장에서 2~3회 진행하는 것이 마케팅 측면에서 유리하다. 연극이나 뮤지컬은 장기공연을 전제로 기획하는 경우가 점차 늘고 있다. 또한 당초에는 2~3주 동안의 공연을 계획했더라도 입소문을 타고 관객이 계속 몰린다면 다른 공연장이나 좀 더 큰 공연장으로 옮겨 공연을 계속하는 경우가 있다. 이런 경우 스케줄 문제로 인해 공연장 교체에 맞춰 배우를 교체하기도 한다. 이미 인지도가 확고한 공연작품은 처음부터 폐막일을 정하지 않고 관객이 오는 한 계속적으로 공연하는 오픈런open run 형태로 기간을 잡기도 한다. 무용의 경우 관객 기반이 약하기 때문에 대부분 단기간에 공연을 마치게 된다. 비교적 관객 기반이 탄탄한 발레의 경우에도 〈호두까기 인형〉 등 계절적인 수요에 의지하여 장기공연을 하는 일부 예외적인 경우를 제외하면, 일주일을 넘기는 경우가 드물다. 현대무용 역시 같은 레퍼토리로 여러 차례 공연을 하는 경우가 드물며 클래식 음악도 마찬가지다.

공연 기간을 늘리는 것은 프리프로덕션 단계에서 투입되는 자원의 효율적 이용 측면에서 바람직하지만, 관객 규모가 제한된 특정 지역의 공연장에서 공연 기간을 무작정 늘리기는 쉽지 않다. 이에 대한 대안으로 고려할 수 있는 것이 순회공연과 공동제작이다. 순회공연은 다른 지역 공연장의 관객을 새로 흡수할 수 있기 때문에 공연 기간의 유연성을 높일 수 있는 유력한 방법이 된다. 다만 이를 위해서는 다른 지역의 공연장 대관과 더불어 공연자와 기술 스태프 등 프리랜서로 일하는 예술가의 일정을 사전에 조율해야 하기 때문에 기획 단계에서 미리 일정계획을 구체적으로 확정해야 한다. 예외적으로 공연이 기대를 크게 뛰어넘는 호응을 얻는 경우 뒤늦게 공연장을 이동하여 공연 기간을 늘리기도 한다. 하지만 이는 새로운 공연장의 섭외와 더불어 공연자와 기술 스태프와의 일정 협의 문제가 있기 때문에 쉽지는 않다. 공동제작은 순회공연이 좀 더 적극적으로 이루어진 형태라 할 수 있다. 특히 국내 지역 문예회관의 경우 규모나 운영 면에서 유사한 성격의 기관이 많기 때문에 시즌이 시작되기 전에 제작비를 분담하여 공동제작을 하고 A 공연장 공연 후 B 공연장으로 이동하여 공연하는 방식으로 공연 기간을 늘릴 수 있다.

공연 개막일까지의 세부적인 일정계획은 아무리 철저하게 수립하더라도 중간 변경이 불가피하다. 그럼에도 일정계획을 미리 짜두지 않으면 진행 과정에서 혼란이 가중된다. 따라서 공연 개막일부터 역순으로 진행 과정별 데드라인을 설정한 후 약간의 여유를 두고 일정을 짜는 것이 좋다. 일정계획은 초기 단계에는 월별로 짜지만 개막일이 다가오면 주간별로 그리고 마지막 1~2주 동안은 일별로 좀 더 구체화해야 한다.

예산계획 수립 공연예산은 수입과 지출을 구분하여 편성한다. 예산이라고 하면 당연히 지출예산을 떠올리지만 수입과 지출은 언제나 맞물려 발생하며, 기대 수입 증가에 따라 추가 지출이 이루어지기도 하기 때문에 수입과 지출을 통합적으로 검토하는 것이 바람직하다. 하지만 공연기획에서 수입과 지출이 언제나 균형을 이루어야 하는 것은 아니다. 특히 국공립 공연장이나 공공지원금에 의존한 공연은 수입과는 상관없이 지출예산을 편성하는 경우가 많다.

수입예산은 티켓 판매 수입이 기초가 되지만 이 밖에도 프로그램이나 기념품 판매, 광고 협찬 등을 통한 부수입을 얻을 수 있다. 이 가운데 특히 광고 협찬은 공연과 연계된 협찬으로 이루어지는 경우가 많다. 협찬은 대부분의 공연에서 상당한 비중을 차지하는데, 과거에는 주로 광고를 매개로 한 광고 협찬이 많았지만 최근 들어서는 협찬 금액에 상당하는 티켓을 반대급부로 지급하는 방식도 많이 활용된다.

지출예산은 주요 항목 중심으로 전체 예산을 추산한다. 지출예산의 주요 항목별 고려 사항은 다음과 같다.

첫째, 공연자 사례비다. 같은 작품이더라도 어떤 예술가가 참여하는가에 따라 그 결과와 상품가치는 천차만별로 달라진다. 따라서 기획자 입장에서는 당연히 더 훌륭한 예술가를 출연시키려 하지만 이는 비용의 문제와 직결된다. 하지만 특정한 예술가를 출연시킴으로써 티켓 가격을 높이거나 티켓 판매를 크게 늘릴 수 있다면 그에 따른 사례비 부담을 증가된 수입으로 상쇄할 수 있다. 예술감독이나 무대 스태프의 경우에도 같은 논리가 적용된다.

공연자의 유형별로 세부적인 사례비 지급 기준이 정해져 있는 브로드웨이와 달리 국내에서는 공연자 사례비에 정해진 기준이 없다. 물론 하한으로는 최저임금제를 비롯하여 공공적 통제가 일부 있기는 하지만 아직까지는 보편적으로 정착되지 못한 상태이다. 아울러 상한으로는 사전에 정해진 기준이 있는 것이 아니기 때문에 사례비에 대한 협상이 가능하다는 것을 의미한다.[11] 지명도가 있는 예술가에게는 예술시장에서 통용되는 일정 수준의 사례비가 암묵적으로 있기는 하지만 공연의 취지, 공연장의 특성, 기획자와의 관계 등 공연의 제반 여건을 고려해 상당한 정도까지 협상이 가능한 것도 사실이다. 다만 일반적으로 알려진 수준과 다르게 사례비를 책정하게 된 경우에는 이를 공개하지 않는 것이 기본적인 예의이며, 아울러 출연 예술가 간에 사례비에 차이가 날 때도 그 내용이 서로 알려지지 않도록 각별히 유의해야 한다.

해외 예술가를 초빙하는 경우에는 환율과 세금 두 가지 요소를 고려해야 한다. 환율의 하락은 별문제가 없지만, 출연료를 달러나 유로 기준으로 지급하기로 계약한 상황에서 환율이 급격하게 오르는 경우 원화로 환산한 실지급액이 높아지기 때문에 사전에 환율 변동에 대비한 준비를 해야 한다. 아울러 출연료에 대한 세금을 어느 측에서 부담하는지에 대해서도 사전에 협의해야 한다.

출연 예술가에 대한 사례비에서 고려해야 할 또 다른 면은 출연 규모다. 이는 특히 해외에서 예술가를 초빙할 때나 국내외 다른 지역의 공연장으로 순회공연을 떠날 때 중요하다. 하루를 공연한다 해도 항공료 등 교통비와 더불어 리허설 기간까지 고려해 공연자별로 일비와 숙박비를 지불해야 한다. 여기서 일비란 하루 일정 동안 소요되는 식비, 시내교통비, 잡비 등을 포괄하여 지칭하는 용어이며, 공연자 1인당 단가로 계산해 예산을 편성하게 된다. 따라서 공연단체의 규모가 클수록 공연기획자 입장에서는 부담이 커진다. 특히 오케스트라처럼 100명 이상의 대규모 인원이 이동할 때는 공연 사례비보다 오히려 이동 및 체재 비용이 훨씬 더 커질 수 있다. 또한 뮤지컬이나 대규모 콘서트의 경우에는 다수의 기술 스태프까지 함께 이동하는 경우가 많으며, 공연자 외에도 무대 장비 등 관련 기자재와 장비의 운송에 큰 금액이 소요될 수 있다. 따라서 외부 예술가를 초빙하거나 순회공연을 가는 경우에는 이처럼 이동이 필요한 인원 규모나 물량을 세부적으로 고려해야 한다.

둘째, 공연 제작비다. 이는 특히 창작공연의 경우에 중요한데, 새로운 공연작품의 창작을 위해서는 기획팀 운영, 작품 저작권료 등에 추가적인 비용이 소요되기 때문이다. 공연 제작 과정에서는 무대장치 제작, 연습장 대관, 출연 예술가 리허설 비용 등이 소요된다. 그리고 이러한 과정을 거쳐 만들어진 공연이 실제 무대에 오르면 공연장 대관료, 악기나 장비 임차료, 보험료, 공연자 및 장비 이동 비용 등이 소요된다.

셋째, 마케팅 비용이다. 마케팅 비용은 기획자의 판단에 따라 가감할 수 있는 부분인데, 마케팅에 따른 관객 수요의 탄력도와 공연장의 수용 능력을 고려해 결정한다. 단기간 무대에 오르는 공연은 폭발적인 수요가 발생하더라도 이를 수용할 능력이 제한되어 있기에 일정 수준의 관객만 확보할 수 있으면 더 이상 마케팅에 비용을 들일 필요가 없다. 이 밖에 제작 과정에서 자잘하게 발생하는 경비를 지출하기 위한 진행비나 예상외 지출에 대비하기 위한 예비비도 일정 부분 편성한다. 예비비는 공연의 성격에 따라 다르지만 대개 총예산의 5퍼센트 내외로 편성하는 것이 일반적이다.

예산편성 과정에서 고려해야 하는 또 다른 측면은 고정비용과 가변비용 부분이다. 고정비용은 공연 횟수가 늘더라도 이와 상관없이 이미 확정하여 지출된 금액 부분이다. 연극이나 무용의 창작 대본이나 창작곡에 지불하는 비용, 연출료, 무대디자인, 의상, 연습실 사용료 등이 여기 해당한다. 외국 예술단체를 초청할 때 소요되는 항공료도 고정비용이 된다. 이러한 고정비용은 공연 횟수에 상관없이 편성되기 때문에 공연 횟수가 늘어날수록 전체 예산에서의 비중이 줄어들게 된다. 고정비용의 또 다른 면에는 흔히 오버헤드overhead로 불리는 경상비가 있다. 공연장이든 공연단체든 일정한 상근 인력이 업무를 담당하는데, 이들에 대해서는 공연 여부와 관계없이 일정한 급여가 지급된다. 이런 경상비가 어느 정도 수준에서 고정적으로 지출되는 것을 고려하면, 공연으로 인해 약간의 손실이 예상되더라도 공연을 진행하는 것이 하지 않는 것보다 나은 경우가 있다.

가변비용은 공연 횟수가 늘어날수록 함께 늘어나는 비용이다. 공연 단위로 지급하는 공연 개런티와 공연장 대관료가 여기에 해당한다. 공연 현장의 진행요원으로 활용하는 단기 아르바이트 직원 비용도 가변비용에 포함된다. 외국 예술단체를 초청하면 공연 횟수가 늘어날수록 공연자 사례비와 더불어 숙박비와 같은 가변비용이 늘어난다. 저작권료도 공연기획자가 처음부터 창작을 위촉하는 경우가 아닌 한 공연 횟수에 따라 공연당 일정액의 저작권료를 지불하는 경우가 있다. 따라서 공연 횟수를 늘릴 때는 공연 추가로 인해 늘어나는 가변비용을 고려해 결정해야 한다.

마. 실행

공연기획이 마무리되면 실행 단계에 들어가는데 실행 과정 역시 단순하지 않다. 리처드 셰크너는 공연의 실행 과정을 훈련training → 워크숍workshop → 리허설rehearsal → 공연 직전의 준비 과정warmup→ 본 공연performance → 휴식cooldown → 후속 조치aftermath 등 7단계로 이어지는 과정으로 분석했다.[12] 이를 더욱 단순화하여 프리프로덕션 → 프로덕션 → 포스트프로덕션의 3단계로 구분하기도 한다.[13] 프리프로덕션 단계에서는 주로 기획회의나 제작회의 등을 진행하며 큐시트cue sheet를 작성한다. 큐시트는 초 단위로 시간을 구분해 정확하게 그 시간에 진행될 내용, 출연자 등장과 퇴장 순서, 무대 위 이동 경로, 무대장치, 조명, 음향, 영상, 특수효과 등을 지시해놓은 진행순서표를 말한다. 라디오나 TV 등 방송 프로그램 제작 시 주로 사용하지만, 연극이나 뮤지컬 등 무대 변화가 많은 공연의 경우에도 활용한다. 프로덕션 단계에서는 직접 현장에서 무대를 세팅하고 테크니컬 리허설과 드레스 리허설을 진행하며, 본 공연까지 이어가게 된다. 마지막으로 포스트프로덕션은 공연이 끝난 후 무대장치를 철수하고 마무리하는 단계다. 이러한 진행의 기본 골격은 어떤 종류의 공연이건 비슷하다.

공연기획의 실행 과정에서 가장 중요한 것은 이처럼 단계적으로 이루어지는 공연 준비 일정이 계획대로 차질 없이 진행되도록 관리하는 것이다.

어떤 공연이든 초기 기획 단계가 아니라면 공연장 대관 일정이 확정된 상태에서 구체적인 준비에 들어간다. 따라서 아무리 공연을 완성도 높게 제작한다 해도 오프닝 날짜까지 마무리되지 않으면 아무 소용이 없다. 그러나 사전에 편성한 일정계획에 맞춰 제작 과정을 진행하는 것이 말처럼 쉽지는 않다. 단순히 물리적인 재료를 사용해 건축하는 것과는 달리, 다양한 성향과 감정을 가진 예술가가 참여해 진행하는 일이기 때문이다. 공연 제작 과정에서는 예술적 견해차나 세부적인 방향에 대한 의견 충돌로 인한 감정싸움이 벌어지기 쉽다. 또한 물리적인 무대세트의 제작에서부터 작품의 내밀한 표현에 이르기까지 이미 확정된 내용에 대해서도 정작 무대에 오르기 직전에 현장에서의 상황을 고려하여 변경할 수 있다. 결국 공연기획은 단순히 정해진 내용을 집행하는 것이 아니라 예측할 수 없게 변하는 모든 상황변수를 고려해 궁극적으로 작품이 무대에 오르도록 이끌어가는 활동이라고 할 수 있다.

바. 평가와 마무리

공연기획 과정은 평가와 자료 관리로 마무리된다. 평가는 전략기획에서 설명한 것처럼 정량quantitative평가와 정성qualitative평가로 나눌 수 있다. 정량평가는 당초 세운 구체적이고 계량적인 목표에 대한 달성도를 점검하는 것이다. 여기에는 공연일수, 총관객 수, 티켓 판매량, 객석점유율, 유료관객점유율 등이 포함된다. 정성평가는 공연의 질에 대한 주관적 평가를 말한다. 물론 여기서 주관적 평가라 하더라도 어느 한 개인의 평가를 의미하는 것은 아니다. 관련 분야 평론가의 평가, 신문이나 전문잡지 등 미디어 리뷰, 페이스북 등 소셜미디어 포스팅 등이 포함된다. 아울러 홈페이지, 티켓 예매 사이트, 온라인 커뮤니티 등에서의 리뷰도 포함될 수 있다.

마지막으로 공연기획 과정에서 가장 소홀히 취급되는 것이 공연자료의 관리다. 공연자료는 프로그램, 포스터, 전단 등 인쇄자료부터 공연기획서, 예산계획서, 지원신청서나 협찬제안서, 보도자료 등 공연기획 과정에서 작성한 모든 문서자료를 포함한다. 또한 공연 연습 장면부터 실제 공연 현장을 촬영한 사진과 동영상도 중요한 자료가 된다. 이러한 공연자료 관리는 디지털 파일의 통합 관리를 비롯하여 인쇄자료를 폴더에 통합 보관하는 것까지 포괄한다. 이와 관련하여 국립중앙도서관이 정식 출간된 도서만이 아니라 공연 프로그램을 비롯한 각종 공연자료에 대해서도 수집하고 디지털화하여 보존 관리하는 역할을 하므로 다소 번거롭더라도 매 공연이 끝난 후에 공개 가능한 자료를 일괄로 정리하여 국립중앙도서관에 기증하는 것도 자료를 효율적으로 관리하는 방법이다. 디지털화한 자료는 국립중앙도서관과 전국의 모든 공공도서관에서 검색과 열람을 할 수 있으며 저작권 문제가 없는 자료는 인터넷으로도 공개 활용할 수 있다. 또한 필요한 경우 디지털화된 파일을 공유받아 개별 예술조직의 홈페이지에서 별도로 서비스할 수도 있다. 이처럼 잘 정리된 공연자료는 이후 같은 혹은 유사한 공연을 기획하는 과정에서 참고자료로 활용할 수 있으며, 아울러 다양한 홍보자료를 제작하는 재료로도 유용하다.

심층 연구 및 토론 과제

- 공연기획에서 기획자의 역할은 예술가의 역할과 어떻게 다른가?
- 공연장 경영에서 시즌공연이 갖는 의의는 무엇인가?
- 공연기획자가 공연 실패의 위험을 줄이기 위해 활용할 수 있는 전략으로는 어떤 것이 있을까?
- 성공적인 공연기획 사례로는 어떤 것이 있고, 성공 요인은 무엇인가?
- 공연기획자로서 갖추어야 할 자질과 역량으로는 어떤 것이 있는가?

3. 전시기획

1) 전시기획의 의의

1998년 정부에서는 도서관, 박물관·미술관, 문예회관, 문화의집 등 공공적 성격을 갖고 있는 전국 587개 문화공간을 대상으로 하여 처음으로 관리 운영평가를 실시했다. 앞서 1장에서 다뤘던 것처럼 이 평가사업은 이전까지 시설 건립에만 치중했던 문화공간 정책의 한계와 문제를 드러냄으로써 하드웨어 중심의 문화공간 정책이 소프트웨어 중심으로 전환되는 결정적인 계기가 되었다. 당시 평가 과정에서는 시설별로 별도의 평가체계가 개발되었는데, 이 중 박물관·미술관에 대해서는 미국박물관협회AAM에서 운영하고 있는 박물관 인증 프로그램을 참고하여 평가체계를 만들었다.[14] 이 평가 결과 상당수의 박물관·미술관이 전시기획 측면에서 낙제점에 가까운 점수를 얻었는데, 정작 박물관·미술관을 운영하는 당사자는 평가 결과를 접하면서도 자신들이 왜 그 점수밖에 받지 못했는지 의아해했다. 이들은 소장품을 잘 '관리'하여 '전시'하고 있기 때문에 아무런 문제가 없다는 태도를 보였다. 그렇다면 그 박물관·미술관은 과연 '전시exhibition'

를 하고 있었을까? 혹시 그냥 '진열display'만 하고 있었던 것은 아닐까?

저명한 박물관학자 조지 엘리스 버코는 단순히 관람자의 관심에 맞춰 오브제를 배치하여 보여주는 '진열'과 달리 '전시'란 오브제의 의미와 중요성에 대해 전시기획자의 의도와 해석을 가미하여 관람객과 이를 공유하는 것을 목적으로 한다고 설명한다. 즉, 전시기획자는 단순히 어떤 오브제를 나열해 보여주는 것이 아니라 이를 통해 특정한 주제의식이나 메시지를 제시해야 한다는 것이다.[15] 박물관과 미술관에서 말하는 오브제란 소장과 전시의 대상이 되는 모든 형태의 자연적·인공적 물질을 가리킨다. 따라서 이런 버코의 설명에 따르면 앞서 낙제 수준으로 평가받은 대다수 박물관·미술관은 변명의 여지가 없어지게 된다. 이들은 단지 소장하고 있던 오브제를 유리장 안에 관리하며 '진열'했을 뿐, 거기에 어떤 의미를 부여하여 '전시'를 하지 않았기 때문이다. 그러나 박물관·미술관의 전시라고 해서 어떤 오브제든 무작정 늘어놓고 의미를 부여할 수 있는 것은 아니다. 어떤 전시든 일정한 주제 아래 구성되어 관람객에게 공개되기에 앞서 상당 기간 연구를 거쳐야 하기 때문이다.

2장에서 살펴본 것처럼 박물관·미술관의 주요 기능은 수집, 보존, 연구, 전시, 교육 등 다섯 가지로 구성된다. 이 가운데 전시는 연구를 비롯한 다른 네 가지 기능과 분리하여 생각할 수 없다. 특히 연구 없이 단지 소장품만 늘어놓고 있다고 해서 박물관·미술관의 전시 기능을 충족시키는 것은 아니다. 전시란 우선 소장품을 수집, 보존, 관리하면서 이를 바탕으로 연구가 진행되고 난 후에야 비로소 관람객과 만나게 된다. 즉, 관람객은 자신의 눈앞에 놓여 있는 오브제를 보면서 즐기고 배우지만, 어떤 오브제가 관람객에게 보일 수 있도록 전시장에 놓이기 위해서는 수많은 시간 동안의 연구와 조사가 선행되어야 한다. 관람객이 전시장에 놓인 오브제를 볼 수 있는 것은 마치 공연에서 관객이 무대 위에서 벌어지는 실연을 감상하는 것과 마찬가지다. 공연기획과 마찬가지로 전시기획 역시 하나의 전시가 관람객과 만나기 위해서는 보이지 않는 곳에서 연구자의 땀방울이 쌓여야 한다. 그런 의미에서 전시를 하나의 조형작품으로 보는 시각도 있는데,[16] 미술작가가 개별적인 예술작품을 창조하는 것과 마찬가지로 전시기획자는 모든 전시 오브제를 종합하여 하나의 총체적인 전시작품을 만들어낸다는 측면을 강조한 표현이다.

박물관·미술관 등에서 이루어지는 전시는 전시작품을 매개로 기획자와 관람객 사이에 이루어지는 커뮤니케이션이라 할 수 있다. 커뮤니케이션으로서의 전시는 다음과 같은 몇 가지 중요한 특성을 갖고 있다.[17]

첫째, 관람객이 전시공간을 통해 3차원적인 오브제를 직접 만나게 해준다. 똑같이 시각적인 감상이지만 TV나 영화 같은 매체가 결코 따라오지 못하는 특성이다. 둘째, 3차원적인 오브제의 속성상 관람객은 전시공간 안에서 전시물을 다각도로 관찰하며 감상할 수 있다. 이에 따라 전시공간의 디자인과 동선 구성이 전시기획에서 중요한 요소가 된다. 셋째, 관람객의 감각을 자극하고 향유 수준을 높여주기 위해 다양한 접근법과 매체가 활용된다. 기본적으로는 색상, 형태, 모양, 선, 질감 등 여러 가지 디자인 요소가 주요 역할을 하지만 구체적으로는 진품인 오브제 외에도 모조품과 모형, 그래픽과 디오라마, 각종 AV 기기 등을 폭넓게 활용할 수 있다. 넷째, 앞의 둘째 특성이 더욱 확대된 형태로, 관람객은 자율성을 갖고 전시공간을 자유롭게 이동하며 자신의 취향과 선호에 맞는 감상을 할 수 있다. 이는 극히 제한된 공간에서 수동적인 자세로 무대에서 진행되는 내용을 감상해야 하는 공연과 다른 점이다. 다섯째, 전시는 경제성이라는 장점을 갖고 있다. 일단 전시기획이 마무리되고 나면 전시가 지속되는 동안 추가 비용 거의 없이 많은 사람에 의해 향유될 수 있다.

2) 전시의 역할과 유형

전시의 역할 전시는 시각적인 요소를 중심으로 관람객에게 향유와 배움의 즐거움을 주는 작업이다. 전시의 역할에 대해 마이클 벨처는 기능적인 면을 중심으로 하여 미적 감상을 주목적으로 하는 심미적aesthetic 전시, 특수 연출로 관람객의 감성을 자극하는 환기적evocative 전시, 정보 전달 중심의 교훈적didactic 전시, 관람객에게 즐거움을 주기 위한 엔터테인먼트적 전시 등으로 구분한다.[18] 어떤 전시든 이 중 한두 가지 요소에 중점을 둘 수는 있지만 오로지 한 가지 목적만을 위해 기획하는 경우는 드물다. 이를 관람객 입장에서 보면 전시 관람을 통해 심미적 감상, 환기적 감상, 교훈적 감상, 엔터테인먼트적 감상 등이 이루어지는 것으로 볼 수 있다. 따라서 전시 기획을 할 때는 관람객 입장에서 이처럼 다양한 방향의 감상 행위가 가능하다는 점을 고려해 전시 내용을 구성할 필요가 있다.

상설전시 상설전시는 박물관·미술관의 소장품을 기초로 만들어진 전시로서 기간 제한 없이 그 전시공간을 찾으면 언제든 볼 수 있는 전시를 말한다. 이는 박물관·미술관을 대표하는 전시상품이며 브랜드 가치의 핵심을 형성한다. 하지만 최근에는 박물관·미술관에서도 몇 년을 주기로 상설전시를 교체하는 경우가 많아지고 있다. 때로는 이전과 다른 주제나 분류 방식에 따라 소장품을 재구성하여 전혀 새로운 상설전시를 마련하기도 한다. 이는 상설전시가 오랜 기간 고착될 경우 전시 내용이 고리타분하고 식상해져서 관람객의 관심과 방문이 줄어들 수 있기 때문이다. 이 같은 상설전시의 주기적 교체에 더하여 미술 분야에서는 상설전 자체를 없애고 일정 기간마다 전체 전시를 기획전시 형태로 교체하는 방식을 취하기도 한다. 특히 국내 공공미술관의 경우 2~3년마다 관장이 교체되는 상황으로 인해 새로운 관장이 부임할 때마다 상설전의 성격을 바꾸거나 새로운 기획전으로 교체하는 상황이 반복되고 있다. 서구 미술관에 비해 이처럼 상설전이 자주 교체되는 것은 그만큼 소장품이 빈약하다는 것의 반증일 수도 있지만, 지속적으로 새로운 관람객을 개발해야 하는 상황을 고려할 때 굳이 비판적으로만 볼 필요는 없다.

박물관의 경우 미술관과는 사정이 다르지만 마찬가지로 관람객 개발을 위해 주기적으로 상설전시를 교체하기도 한다. 예를 들어, 정부에서 1987년에 건립해 운영하는 독립기념관은 개관 초기에는 매년 대규모 관람객이 방문했지만, 개관 후 변하지 않는 전시 내용으로 인해 점차 관람객이 줄어들었다. 이에 독립기념관은 개관 10년 후부터 새로운 전시를 기획하여 1990년대 말부터 5년여에 걸쳐 전체 다섯 개 전시관의 상설전시 내용을 단계적으로 교체하여 새로운 관람객 확보를 위해 노력한 바 있다.

하지만 박물관의 경우 이처럼 대대적으로 상설전시를 교체하는 사례는 그리 많지 않다. 오히려 개관 후 상설전시 내용을 전혀 바꾸지 않아 비판을 받는 사례가 훨씬 많다. 그 이유는 상당수 박물관이 주기적으로 전시 교체를 할 만한 충분한 전시 자원을 갖추지 못했기 때문이다. 여기서 말하는 자원에는 비단 소장품 자체만이 아니라 이를 연구하여 전시를 기획하는 인적자원을 비롯하여 새로운 컬렉션을 확보하고 전시를 개편할 수 있는 재정자원 등이 모두 포함된다. 다른 한편으로 소장품 목록이 갖고 있는 유일성과 희귀성 등으로 인해 다른 박물관·미술관이 감히 따라오기 어려운 독보적인 경쟁력을 갖고 있거나 그 기관이 입지한 도시를 찾는 관광객이 관람객 중 상당 비율을 차지하는 경우에는 굳이 상설전시를 주기적으로 개편하지 않더라도 지속적으로 관람객의 관심을 끌 수 있다. 회화의 역사를 망라한 차별적인 컬렉션을 자랑하는 영국 내셔널갤러리를 비롯하여 유럽의 주요 박물관·미술관들이 여기에 해당한다.

영국 내셔널갤러리의 상설전시

영국 런던의 내셔널갤러리는 1824년 개관 이후 대부분의 소장품을 상설전시 형태로 전시해왔다. 상설전시실은 시대와 국가에 따라 구분되어 있으며, 몇 년에 한 번씩 일부 작품의 전시 위치를 바꾸기는 하지만 대체로 큰 변화 없이 유지해왔다. 본관 내에 일부 기획전시 공간이 마련되어 있지만 극히 제한된 규모로만 운영하며, 1991년 증축된 세인스버리윙 별관 지하에 새로 조성한 기획전시 공간도 본관의 방대한 상설전시실 규모에 비하면 비중이 매우 작은 편이다. 이처럼 기획전시보다 상설전시 중심으로 전시를 구성하고 있지만, 내셔널갤러리는 매년 600여만 명의 관람객을 맞으며 세계에서 관람객이 가장 많이 찾는 10대 박물관·미술관의 명성을 오랜 기간 유지해왔다. 이는 13세기 중반에서 20세기 초반까지 회화의 역사를 이끌어온 거장들의 작품을 방대하고 체계적으로 소장하고 있는 컬렉션 자체의 경쟁력과 아울러 연간 2000만 명 이상이 방문하여 세계에서 관광객이 가장 많이 찾는 도시 1~2위를 다투는 런던의 도시 경쟁력이 영향을 미친 것으로 볼 수 있다.

버코는 상설전시의 유형을 전시자료를 구성하는 방법에 따라 분류학적systematic 전시와 생태학적ecological 전시로 구분한다.[19] 분류학적 전시는 오브제 간의 유사성과 유전학적 관계에 따라 구성하는 것이다. 자연사박물관이라면 같은 품종의 동식물을 묶어서 전시하는 방식, 미술관이라면 인상파 같은 한 유파의 작품들을 모아 전시하는 방식이다. 생태학적 전시는 생태계와 서식지에 따라 구성하는 것이다. 예를 들어 자연사박물관이라면 특정 서식지에 살고 있는 동식물을 모아서 전시하는 방식, 미술관이라면 특정 시기의 사건이나 예술가로부터 영향을 받은 회화, 조각, 드로잉 등 다양한 작품들을 모아 전시하는 방식이 여기 해당한다.

기획전시

기획전시는 상설전시와 달리 특정한 주제를 설정하고 이 주제에 따라 전시작품과 전시공간을 구성해 일정 기간 전시하는 것이다. 기획전시 기간은 유연하게 설정할 수 있는데, 한두 달 이내의 단기 전시, 3~6개월의 중장기 전시, 차기 전시까지 지속하는 장기 전시로 구분한다.[20] 이러한 기획전시는 상설전시와 달리 매번 신선함을 줄 수 있기 때문에 관람객의 재방문을 유도하는 데 도움이 된다. 또한 기획전시는 소장품의 내용과 상관없이 시의 적절한 주제를 선택해 이에 맞는 전시 내용을 구성할 수 있기 때문에 마케팅 측면에서도 상설전시와는 비교할 수 없을 만큼 효과적인 상품이 될 수 있다. 아울러 교육 프로그램, 이벤트 등 다양한 부대사업을 마련하여 종합 패키지로 관람객에게 매력을 줄 수 있다.

기획전시는 박물관·미술관의 큐레이터가 준비하는 것이 일반적이지만 앞서 이야기했듯이 소장품 및 인적·물적 자원의 한계로 인해 외부 역량을 활용해 전시하기도 한다. 이러한 외부 기획전시가 학술적인 연구와 공공 목적에 바탕을 두고 기획되었다면 아무 문제가 없다. 오히려 자체적으로 보유하지 못한 연구와 기획 역량을 보완하고 전시공간의 활용도를 높이며 지역사회에 더 크게 기여하는 긍정적인 효과도 있다. 그러나 전시공간 규모가 큰 국공립 박물관·미술관에서 철저하게 상업적인 목적으로 이루어지는 블록버스터형 외부 기획전시에 공간을 대관하거나 공동주최 형식으로 이를 수용하는 경우도 있다. 이런 경우 결과적으로 많은 관람객을 유치할 수는 있지만 국공립 박물관·미술관이 대관 전문 화랑, 더 심하게는 부동산 임대업자로 전락했다는 식의 비판이 제기될 수 있으므로 신중하게 접근할 필요가 있다.

순회전시 순회전시는 공연단체에서 주 활동 지역이 아닌 다른 지역으로 순회공연을 가는 것과 같은 맥락에서 이해할 수 있다. 순회전시를 하면 소장품을 중심으로 한 전시를 널리 다른 지역 관람객에게도 보일 수 있으며, 이를 주최한 박물관·미술관의 지명도를 높일 수 있다. 순회전시의 가장 큰 장점은 전시 예산 절감이다. 즉, 같은 전시 내용으로 여러 박물관·미술관에서 전시함으로써 전시기획 비용을 분담할 수 있고, 기본 연구비나 도록 등 홍보자료 제작비용이 추가적으로 소요되지 않기 때문이다. 이는 순회전시를 받는 박물관·미술관 입장에서도 더욱 큰 혜택이 된다. 자체 역량으로 기초 연구에서 시작하여 전시를 기획하고 컬렉션 대여를 협의하여 전시를 진행하는 것은 순회전시를 유치하는 것에 비해 훨씬 더 많은 예산과 자원이 소요되기 때문이다. 결과적으로 순회전시는 전시를 처음 기획한 기관이나 유치한 기관 모두에게 이익이 될 수 있다.

국공립 박물관·미술관이나 일정 규모의 전시공간을 갖춘 문예회관이 이러한 순회전시를 활성화하기 위해서는 타 지역의 유사 기관과 네트워크를 구축해 전시기획 단계부터 협력체계를 만드는 것이 필요하다. 특히 규모가 작고 영세한 소규모 박물관·미술관은 소장품이나 전문 인력의 한계로 인해 자체 역량만으로는 기획전시를 준비하기 어렵다. 따라서 국공립 박물관·미술관이나 기업에서 후원하는 대규모 박물관·미술관과 연계하여 순회전시를 기획함으로써 지역 주민을 위한 서비스 수준을 높일 수 있다. 하지만 단순히 관람객의 양적 확대를 위하여 외부에서 기획된 전시에만 의지하거나 더 나아가 외부 전시기획사에 대해 공간만 대관하는 경우가 지나치게 많아지면, 자체적인 연구와 전시기획 역량을 축적하기 어렵기 때문에 자체 전시와 순회전시 간에 균형을 유지할 필요가 있다. 아울러 순회전시라 하더라도 전시품의 이동에 따른 운송비와 보험료를 비롯하여 전시장 설치와 철거, 전시장 관리 등을 위해 추가예산이 소요되기 때문에 전반적인 비용을 충분히 고려한 후 기획해야 한다. 반대로 순회전시를 기획하는 기관에서는 순회 기간 중의 작품 안전 유지를 비롯하여 전시 기간 확대에 따른 컬렉션 대여 협의 등에 대해 사전에 준비해야 한다.

기타 전시 상설전시와 기획전시 외에 최근 많이 활용되는 전시 유형으로 휴대형 전시portable exhibition와 이동식 전시mobile exhibition를 들 수 있다.[21] 두 전시는 비슷한 맥락에서 이루어지는데, 휴대형 전시는 필요 장소로 전시물을 쉽게 가져가 전시하고 다시 가져올 수 있도록 패키지 형태로 구성된 전시를 말한다. 예를 들어, 국립민속박물관에서는 해외 관람객의 한국 문화에 대한 이해를 돕기 위해 '한국문화상자' 프로젝트를 기획했다. 이 프로젝트는 한국 문화를 사랑방, 안방, 한복, 한글, 놀이, 소리 등 여섯 개의 주제상자로 구성하여 74건 509점의 실물 자료를 압축적으로 관람하고 체험할 수 있도록 전시 패키지를 구성했다. 한국문화상자는 2018년 제작된 후 해외 주요 박물관과 한국문화원의 여러 전시를 순회하며 활용되었다. 이러한 휴대형 전시는 순회전시와 달리 아주 작은 규모로 기획되며, 지하철 등 이동인구가 많은 공공장소를 활용해 전시하거나 지역축제 혹은 컨벤션 행사 등의 부대 행사로 준비할 수도 있다. 이동식 전시는 휴대형 전시와 유사하지만 운반 수단과 결합해 완결적인 전시공간을 마련한 형태이다. 버스를 활용한 '찾아가는 박물관' 같은 프로젝트가 여기에 해당한다.

엄밀히 말하면 전시기획으로 보기는 어렵지만 전시공간을 단순히 외부 전시 주체의 요청에 따라 임대공간으로 내주는 식의 대관전시도 있다. 이는 박물관·미술관보다는 지역 문예회관의 전시공간에서 많이 볼 수 있는 형태다. 이러한 경우에도 공연장에서 대관 심사를 하는 것처럼 전시 주체를 선별하는 과정을 통해 일정한 기준과 방향을 제시함으로써 질적인 관리를 할 수 있지만, 현실적으로는 이를 외부 전시 주체에 대한 단순 임대공간으로만 활용하는 경우가 대부분이다.

3) 큐레이터의 의의와 역할

박물관·미술관에서 만나는 전시는 예술경영 관점으로 보자면 일정한 공간에 전시된 작품을 감상할 수 있도록 해주는 예술상품이라 할 수 있다. 전시되는 작품과 관련된 미술시장을 보면 크게 미술작품이나 유물이 거래되는 화랑, 경매, 아트페어와 같은 거래시장과 박물관·미술관, 대안공간, 비엔날레와 같은 전시시장으로 구분된다. 큐레이터는 이 중 후자의 전시시장을 책임지는 사람이며, 전시라고 하는 예술상품을 기획하는 전문 인력이다.

큐레이터는 전시 오브제 연구와 전시기획의 주체이며, 전시되는 오브제와 그것이 설치되는 공간을 매체로 하여 관람객과의 커뮤니케이션을 주도한다. 모든 전시는 큐레이터의 아이디어와 연구에서 시작하며 전시장에서 관람객과 만나는 것으로 마무리된다. 전통적으로 큐레이터는 박물관·미술관에서 일하는 전시기획 전문 인력을 지칭하는 용어로 사용되었다. 하지만 이제는 대안공간이나 비엔날레와 같은 행사는 물론 그 성격과 지향점은 다르지만 상업 갤러리 등에서 판매 목적의 전시기획을 담당하는 갤러리스트gallerist도 큐레이터라고 부르는 등 전시기획과 관련된 전문 인력 전반을 지칭하는 것으로 그 의미가 확장되어 사용되고 있다.

이러한 큐레이터에 대해 국내 국공립 박물관·미술관에서는 전통적으로 학예사 혹은 직급에 따라 학예관으로 지칭해왔으며, 박물관 및 미술관 진흥법 6조에서도 박물관·미술관에 그 사업을 담당하는 학예사를 둘 수 있도록 규정하고 있다. 이 법은 학예사를 1급, 2급, 3급 정학예사, 및 준準학예사로 구분하며 박물관·미술관을 등록하기 위해서는 필요한 학예사를 의무적으로 두도록 했다.[22] 국가에서는 일정한 자격을 갖춘 사람들에게 학예사 자격증을 수여하는데,[23] 박물관 및 미술관 진흥법 시행령은 학예사의 요건에 대해 고등교육법에 따라 학사학위 이상을 취득하고 준학예사 시험에 합격해야 한다고 규정하고 있다.[24] 준학예사는 이후 관련 학위와 경력이 축적됨에 따라 1~3급의 정학예사로 승급할 수 있다.

하지만 전시기획을 위해 학예사 자격증이 반드시 필요한 것은 아니다.

실제로 박물관·미술관에서의 연구와 전시기획이 반드시 해당 분야 전공자나 자격증 소지자에 의해 이루어지고 있지는 않다. 학예사 자격증이 없고 심지어 관련 분야를 전공하지 않았더라도 오랜 경험과 연구를 통해 자격증 소지자 이상의 실질적 전시기획 능력을 확보한 전문 인력이 많기 때문이다. 특히 사립 박물관·미술관의 경우 현실적으로 관련 전공자나 학예사 자격증 소지자를 채용할 만한 재정적인 여력이 되지 못하여 관련 전문성을 개별적으로 축적한 설립자나 관장의 역량에 의지해 운영하는 경우가 많다. 다른 한편으로 박물관·미술관이 아닌 대안공간을 비롯한 전문 전시공간이나 비엔날레 등에서 일하는 큐레이터는 굳이 학예사 자격증이 없더라도 전시기획 업무를 해나가는데 큰 제약이 없기 때문에 관련 전공이나 경력만으로 채용되어 일하는 경우가 대부분이다. 이에 따라 현대미술 분야에서는 학예사보다는 큐레이터라는 명칭이 좀 더 보편적으로 활용되고 있다.

큐레이터의 핵심 역할은 작가와 작품과 공간이라는 세 가지 요소를 조합하여 전시를 기획하는 것이다. 현실적으로는 전시 아이디어의 구상과 작품 연구에서 시작하여 전시공간 구성과 각종 전시기획안 작성을 비롯해 도록 제작과 교육 프로그램 기획 및 전시기획과 연계된 재원 조성과 마케팅에 이르기까지 전시와 관련된 거의 모든 활동을 포괄한다. 이 역할을 해내기 위해서 큐레이터는 단순히 작가나 작품 자체만이 아니라 작품이 창작되고 소비되는 역사적·사회적 맥락을 연구하고 그 결과를 일정한 공간 안에서 전시의 형태로 구현해야 한다. 나아가 전시를 통해 동시대의 관람객과 어떠한 소통을 이룰 것인가를 고민해야 한다. 큐레이터의 역할은 특히 현대미술의 영역에서 과거와는 비할 수 없을 만큼 크게 확대되었다. 이는 현대미술이 과거와 달리 사각의 프레임 안에 들어 있는 회화작품이나 어느 정도 정형화된 형태로 단 위에 올려진 조각작품을 넘어서서, 전시공간 전체를 하나의 캔버스로 하여 비단 작품만이 아니라 공간 전체의 연출과 기획을 통해 관람객과 대화해나가기 때문이다. 이런 면에서 큐레이터의 역할은 예술가의 역할이 확장된 형태로 볼 수도 있다. 큐레이터 김성원은 이와 관련하여 "우리는 예술가에게 실질적인 현실 변화나 참여, 효력을 요구하지 않는다. 다만 우리의 현실을 다른 방법으로 인식할 수 있는 창의적 시각을 원하는 것이다"라고 이야기한다.[25] 이러한 예술가의 창의적 시각이 전시공간에 구현될 수 있도록 하는 것이 바로 큐레이터의 역할이다.

다만 만성적 인력 부족에 시달리는 예술조직의 여건상 이러한 전시 자체에만 그 업무를 집중하지는 못하며, 이에 부수하는 재원 확보 및 마케팅과 홍보까지도 큐레이터의 부담인 것이 현실이다. 물론 대규모 박물관·미술관의 경우에는 분야별로 조직이 구성되고 전문 직원이 배치되어 있어서 큐레이터가 상대적으로 전시 자체에만 집중할 수 있기는 하다. 하지만 이 경우 다른 부서와의 협조나 관련 규정의 준수 등 독립적인 큐레이터로 활동하는 것과는 또 다른 부담과 함께 일을 해나가야 한다. 말하자면 안정을 얻는 대신 자유를 잃는 상황이라고 할 수 있다.

이러한 큐레이터의 성격은 앞서 설명한 예술경영인의 역할이 전시에 특화된 형태라 할 수 있다. 물론 이는 예술경영적 시각에서 말한 것이며, 큐레이터의 입장에서는 일반적인 예술경영과 큐레이팅을 같은 선상에서 보는 것에 대해 동의하지 않을 수 있다. 이것은 큐레이터의 역할이 일반적인 예술경영인과는 달리 좀 더 장기간의 심도 있는 연구 활동을 전제로 하기 때문이다. 하지만 현대적인 큐레이터의 역할은 이처럼 연구에 중점을 둔 전통적인 이미지에서 탈피하여 좀 더 예술경영인의 성격에 가깝게 변해왔다. 아울러 이러한 역할 확대와는 다른 맥락에서 미술작가의 영역에까지 깊숙이 영향을 미쳐 창작과 경영의 경계를 넘나드는 역할까지도 해내고 있다. 특히 20세기 중반 이후 본격적으로 등장한 이른바 독립 큐레이터, 말하자면 특정한 박물관·미술관에 소속되지 않은 채 자신의 전시기획 역량만을 갖고 비엔날레를 비롯하여 박물관·미술관이나 그 밖의 다양한 전시공간에서 특별한 기획전시를 만들어내는 전문 인력은 이제 한 명의 작가로서의 위상까지도 확보하게 되었다. 이러한 큐레이터에 대해 큐레이터 김성원은 큐레이터가 단순한 기획자가 아니라 '전시의 저자' 역할을 하는 것으로 설명한다.[26] 이는 일반적인 박물관·미술관의 큐레이터와 달리 독립 큐레이터는 예술가와 마찬가지로 자신의 전시가 곧 예술가의 작품처럼 그 자신의 가치와 위상을 결정하는 이력이 되기 때문이다.

이러한 큐레이터의 역할 확대와 영역 확장 및 위상 강화와 관련하여 유럽에서 독립 큐레이터로 활동 중인 최빛나는 "큐레이터는 종종 작가의 자리를 빼앗아간 신흥 권력으로 간주되기도 한다. 혹은 과거 비평가의 권력을 대신해 평가와 선별의 권력을 거머쥔 존재로 여겨지기도 한다. 그러나 큐레이터 없는 작가를 상상하는 것처럼 작가 없는 큐레이터를 상상할 수 있을까? 큐레이터는 늘 작가의 존재에 의존하는 불완전한 존재라고 볼 수 있다. 그들은 결국 창작자를 통한 매개자이지 창작자는 아니라는 것이다"라고 말한다.[27] 이는 큐레이터의 권한과 영역이 확대됨에도 불구하고 그 역할은 어디까지나 창작자를 전제로 한 매개 역할에 머문다는 것을 지적한 것이다. 비교하자면 전시 분야에서 큐레이터의 역할은 공연 분야에서 연출가나 안무가의 역할에 가까운 것으로 볼 수 있다. 배우나 무용수 혹은 다양한 스태프들과 협업하며 궁극적으로 관객에게 전달될 작품을 함께 완성해가는 것이다.

이처럼 큐레이터의 역할이 확대됨에 따라 박물관·미술관에서 모든 전시를 상근 큐레이터가 전담해 기획하는 것은 점점 더 어려워지고 있다. 더욱이 몇몇 국립박물관·미술관을 제외하곤 컬렉션의 역사가 오래되지 않아 서구의 박물관·미술관처럼 풍성한 컬렉션을 보유하고 이를 기반으로 연구해오지 못한 현실에서는 상근 큐레이터가 전통적인 서구의 박물관·미술관에서와 같은 역할을 하기 쉽지 않다. 이에 최근에는 박물관·미술관이 외부 큐레이터를 객원 큐레이터 형태로 활용하는 사례도 점차 늘어나고 있다. 외부 큐레이터가 전시에 참여하는 방법에는 여러 가지가 있다. 이미 외부 큐레이터가 전시의 세밀한 부분까지 기획을 마무리한 상태에서 단순히 전시공간만 제공하는 방식에서부터 특정한 전시를 위해 외부의 독립 큐레이터를 일정 기간 객원 큐레이터로 고용하는 방식까지 사업의 성격과 기관의 상황에 맞춰 다양한 모델이 가능하다. 다만 어느 경우든 외부 큐레이터를 활용하는 경우 이들을 용역업체 혹은 단순한 고용인으로 여긴다거나 이들에게 전시기획을 할 기회를 부여한다는 식의 권위주의적 입장을 갖고 있는 한 원활한 협력이 이루어지기 힘들다.[28] 오히려 일정 기간 참여하는 외부 큐레이터를 통해 해당 박물관·미술관이 갖고 있지 못한 전문성과 경험을 공유하고 궁극적으로 이를 박물관·미술관의 자산으로 남길 수 있도록 함으로써 전시에 참여하는 큐레이터와 박물관·미술관이 함께 성장할 수 있는 계기로 삼아야 한다.

4) 전시기획의 과정

전시 아이디어의 구상 뉴욕을 중심으로 활동한 독립 큐레이터 줄리 올트는 전시란 "관객이 미술과 작품을 접할 수 있게 하고, 특정 내러티브와 역사 및 아이디어를 활성화하는 중요한 교차점"이라고 설명했다.[29] 올트의 설명은 전시가 작품을 넘어서 내러티브와 역사와 아이디어를 함께 엮어내는 것이라는 점을 알려준다. 이러한 전시기획의 출발점은 다름 아닌 전시 아이디어의 구상이다. 모든 전시는 아이디어에서 출발하여 복잡한 맥락에 대한 연구와 검토를 거쳐 최종적으로 작품에 이르게 된다. 따라서 독창적인 전시 아이디어를 만들어내기 위한 큐레이터의 사전조사와 연구가 무엇보다 중요하다. 풍부한 컬렉션을 보유한 박물관·미술관의 경우라면 소장 컬렉션에서 출발할 수 있다. 하지만 컬렉션이 빈약하거나 문예회관 소속 전시공간처럼 아예 소장품을 갖추지 못한 경우 큐레이터 혹은 전시기획 담당자가 전시공간의 설립 취지와 내·외부 환경 및 이해관계자의 요구 등을 종합적으로 고려하여 전시 아이디어를 구상한다.

전시 연구와 가능성 검토 일단 기본적인 전시 방향에 대한 아이디어가 정리되고 나면 이를 바탕으로 구체적인 전시 연구에 들어간다. 전시 연구는 한두 달의 짧은 기간에도 이루어질 수 있지만, 전문 박물관·미술관에서는 수년에 걸쳐 깊이 있는 연구와 조사를 진행하는 것이 바람직하며, 그렇지 못한 경우에도 최소한 전시보다 1~2년 앞서서 연구 조사를 시작해야 한다. 전시 연구에서는 전시의 콘셉트와 방향 그리고 주요 전시품에 대해 구상하며, 관련 분야의 학술적 연구 성과나 기존 전시 사례 등을 검토한다. 이 과정에서 또한 전시의 가능성 검토feasibility study도 함께 진행한다. 가능성 검토는 무엇보다 아이디어를 현실적으로 구현할 만한 전시품을 확보할 수 있느냐가 핵심이다. 대개 예산 문제지만 때로는 예산만으로 확보할 수 없는 전시품도 있다. 그 밖에 전시 시기에 따른 전시공간의 확보 가능성 및 관련 비용도 검토한다. 말하자면 가능성 검토는 전시의 실현 가능성을 총체적으로 검토해나가는 것이다. 이러한 타당성 검토가 일단락되면 공식적으로 전시기획서를 작성한다.

전시기획서 작성 전시 연구와 가능성 검토가 일단락되면 본격적으로 전시계획을 수립한다. 이 단계에서 비로소 전시기획서를 작성한다. 전시기획서 작성은 큐레이터 등 전시기획자가 중심이 되지만 재정이나 회계 담당자, 마케팅 담당자, 교육 프로그램 담당자, 전시 디자이너 등이 함께 참여해 팀 형태로 진행하기도 한다. 이런 경우 전시기획자는 편집자 혹은 진행자 역할까지도 병행하게 된다.[30]

구분	내용
표지	• 전시명 • 큐레이터의 이름 및 연락처 • 기획서 작성일자
본문	• 전시 콘셉트, 목적, 의의, 배경 등 • 전시 기간, 전시 개막일 및 해당 시기 선택 이유 • 예상 전시장소(갤러리, 공간, 위치 등) 및 해당 장소 선택 이유 • 예상 규모: 전시가 차지할 공간의 규모 및 디자인 방향 • 전시작품 유형: 평면, 조각, 설치, 시청각, 아카이브, 진열장 사용 여부 등 • 전시 테마 및 주요 전시 내용 • 유사 전시 사례 • 타깃 관람객 • 주요 일정 • 소요 예산
첨부 자료	• 가능성 있는 순회전 개최 공간 • 전시장 구성안(도면) • 출판사 및 출판 관련 세부 사항 • 작가와 작품목록 초안 • 큐레이터의 약력

〈도표 6-8〉 전시기획서의 구성(에이드리언 조지의 제안 내용을 바탕으로 일부 재구성)

전시기획서에는 전시명, 전시의 목적과 배경, 주요 전시품 목록을 포함한 전시 테마 및 내용, 타깃 관람객, 전시 기간, 전시 장소, 전시 규모, 전시 디자인 방향, 준비 일정, 소요 예산 등에 관한 내용을 담는다. 필요한 경우 전시장 구성 도면이나 전시장에 설치할 텍스트 자료 등에 관한 내용을 첨부하기도 한다. 영국 정부아트컬렉션의 부관장 겸 선임 큐레이터인 에이드리언 조지는 전시기획서의 필수적인 구성 요소로 〈도표 6-8〉과 같은 내용을 제안한다.[31] 에이드리언 조지는 전시기획서를 초기 단계에는 최대한 간결하게 정리해야 한다고 말한다. 조사 과정을 통해 아이디어를 발전시키면서 내용을 보강할 수 있기 때문이다.

이러한 전시기획서는 다양한 용도로 활용된다. 조직 내에서 전시 여부를 확정짓기 위한 보고서로도 활용되지만, 전시 여부가 확정된 후 전시디자이너와 구체적인 공간 구성을 협의하는 기초 자료도 된다. 나아가 외부 협찬 기업이나 지원기관에 제출하기 위한 용도로 쓰이기도 한다. 이처럼 누가 읽는가에 따라 전시기획서에 담기는 내용도 바뀔 수 있고, 강조점을 비롯하여 내용의 분량과 깊이도 달라진다. 따라서 초기에 아이디어를 정리한 이후 본격적인 전시기획서를 만드는 단계에서는 가능한 한 전시와 관련된 모든 사항을 포괄적으로 담은 후 용도에 맞게 발췌하여 활용하는 것이 좋다. 또한 순회전시를 비롯해 외부 전시공간 확보를 위해 전시기획서를 작성하는 경우에는 전시기획사나 큐레이터의 경력 사항까지 포함하는 것이 좋다. 아울러 전시기획서를 바탕으로 프레젠테이션을 하는 경우에는 가급적 전시장 도면 구상을 비롯하여 주요 전시품에 대한 사진 자료를 함께 준비해 첨부하는 것이 전시를 설명하는 데 효과적이다.

전시작품 섭외와 전시장 조성 전시기획서가 조직 내에서 공식적으로 확정되면 이에 따라 전시품의 확보와 전시장의 디자인 등 실질적인 전시 준비 과정이 진행된다. 자체 컬렉션을 주로 전시하는 경우에는 외부 대여 일정만 확인하면 되기 때문에 큰 무리가 없지만, 외부로부터 컬렉션을 대여하거나 작가와 협력하여 신작을 만들어야 하는 경우에는 사전에 충분한 기간을 두고 준비해야 한다. 컬렉션 대여를 위해서는 소장 기관과 대여 작품, 대여 기간, 대여 조건, 운송 방법, 보험과 배상 등 여러 가지 협의가 필요하다. 고가의 작품이 오가는 경우 필수적으로 문서화된 계약이 필요하며, 작품이 오가는 과정에서도 상태조사서condition report를 상호 협의하에 철저히 작성하여 추후에 혹시 있을 분쟁 상황에 대비해야 한다.

전시공간의 디자인과 관련해서는 일부 국공립 대규모 기관을 제외하면 전시 디자인을 전문 분야로 특화하여 운영하는 곳이 드물다. 하지만 어느 정도 전문적 체계를 갖춘 박물관·미술관이라면 전시 디자인 부문의 전문성을 존중해 필요한 인적·물적 자원을 투입할 필요가 있다. 이전의 단계까지는 큐레이터의 아이디어 구상만으로 전시기획이 진행될 수 있지만 여기서부터는 전시공간과 관람객이 주요 변수로 등장한다. 특히 최근 들어서는 전시공간 자체의 중요성이 점차 부각되고 있다. 다양한 형태의 전시공간을 보유한 대규모 박물관·미술관이라면 어느 공간에서 전시할 것인가 결정하는 것이 우선이지만, 선택의 여지가 많지 않은 소규모 기관이라 할지라도 주어진 공간 내에서 어떤 전시 연출을 할 것인가는 전시 내용만큼이나 중요한 부분이다. 또한 자체 공간만이 아니라 순회전시 혹은 건물로비, 거리, 공원 등 이제까지 전시가 없었던 새로운 전시공간에서 이루어지는 공공미술 전시의 경우 그 공간의 성격과 여건에 맞춰 전시기획의 내용까지도 전면 수정해야 하는 상황을 맞닥뜨릴 수 있다. 전시기획을 위한 사전연구와는 별개 차원에서 전시 디자인의 현장 적합성 여부에 따라 관람객에게 전시가 한없이 흥미로워질 수도 있고 반대로 한없이 지루해질 수도 있기 때문이다. 따라서 전시되는 오브제뿐 아니라 관람객의 이동 경로나 태도, 취향 등을 종합적으로 고려해 최적의 공간 배치와 동선 구성을 디자인해야 한다.

전시 디자인이 완성되어 실제 전시장을 조성하고 작품을 설치하는 단계에서는 전문 테크니션tethnician이 작업에 함께 참여하게 된다. 이 과정에서는 전시공간 페인트칠과 벽체 및 전시대 설치 등의 물리적 작업만이 아니라 영상이나 음향 장치 세팅, 조명 설치, 전시작품 라벨링, 전시 해설 레터링 혹은 패널 제작, 리플릿과 포스터 디자인 및 인쇄 등 다양한 전문 인력과의 협업이 필요하다. 박물관·미술관에서는 이러한 인력을 자체적으로 고용하기보다는 외부의 전문업체나 프리랜서 전문가를 활용하는 것이 일반적이다.

전시 실행

전시 실행의 꽃은 개막식이다. 전시 개막은 공연 개막 이상으로 전시기획자를 설레게 하는 동시에 긴장하게 한다. 프리뷰 등을 통한 관객 반응에 따라 매 공연 내용의 세부적인 부분을 보완할 수 있는 공연과는 달리, 전시는 일단 관람객에게 공개되고 나면 전시 외에는 내용 자체의 보완이 거의 불가능하다. 따라서 개막일 이전에 모든 것이 100%의 상태로 완결되어야 한다. 전시 개막은 대개 일반 관람객을 위한 공식 개막일 전날에 VIP만을 위한 프리뷰 혹은 개막식 행사를 별도로 개최한다. 이때는 전시 참여 작가를 비롯하여 평론가, 기자, 외부 지원기관 및 후원기관 관계자, 그 밖에 관련 분야 주요 인사들을 초청한다.

전시가 개막한 후에는 보안과 안전관리가 중요한 과제로 부각된다. 앞서 박물관·미술관 조직 부분에서 설명한 것처럼 보안 문제는 아무리 강조해도 지나침이 없다. 아울러 전시 기간 중 작품과 관람객 모두의 안전을 고려해야 한다. 디자인 단계에서 아무리 세부적으로 검토했더라도 실제 공간에서 전시가 구현되면 의도하지 않은 변수가 나올 수 있다. 특히 현대미술 분야는 설치작품이 많기 때문에 관람객의 부주의로 인해 훼손되지 않도록 각별한 주의가 필요하다. 아울러 영상이나 음향 기기 등을 설치한 경우 오작동 여부를 수시로 점검해야 한다. 전시 개막 이후 예상치 않은 관람객의 동선이 형성되어 전시 의도가 제대로 구현되지 않거나 안전 문제가 발생할 수도 있다. 따라서 전시 개막 후 초기 단계에는 관람객의 움직임을 집중적으로 관찰하는 태도가 필요하다.

평가와 마무리 전시 기간이 종료되면 마지막 단계로 전시의 성과평가를 진행한다. 많은 경우 전시는 관람객의 수로 평가받는다. 특히 공공지원금을 바탕으로 운영되는 국공립 박물관·미술관의 경우에는 관람객 수가 곧 전시의 성패를 좌우할 만큼 주요 성과지표가 되기도 한다. 그러나 전시 성과와 관련해 제임스 카멀은 “가장 효과적인 전시는 가장 많은 군중을 끌어들이는 전시가 아니다. 관람객에게 약간의 자극, 즐거움 또는 지식을 나누는 전시다"라고 말했다.[32] 이는 관람객 수와는 다른, 전시의 질적 측면을 지적한 것이다. 하지만 이런 질적 측면에 대한 평가를 위해 관람객이 느낀 자극, 즐거움, 지식 등을 실제로 측정하는 데는 한계가 있다. 때로는 관람객 조사나 FGI 등의 방법을 통해 이러한 평가를 진행하기도 하지만 대표성 있는 관람객을 확보하는 것이 쉽지 않다. 이에 따라 전시의 질적 부분을 평가하기 위해 전시에 대한 비평적 평가 방법을 주로 활용한다. 여기서 비평의 주체는 대개 외부 평론가가 되지만, 박물관·미술관의 내부 직원을 활용해 평가회의를 할 수도 있고, 외부 전문가나 관람객 중 모니터 요원을 사전에 선정해 구체적인 평가 의견을 구할 수도 있다. 어떤 방법을 활용하든 전시 성과평가에 있어서는 관람객 수로 대표되는 정량평가와 비평적 의견으로 대표되는 정성평가를 병행해야 한다.

그리고 마지막으로 전시 도록을 비롯해 주요 작품의 사진과 동영상 자료 및 언론보도 내용 등을 스크랩하여 정리하는 것으로 전시가 마무리된다. 전시 도록은 박물관·미술관에서 자체 컬렉션을 중심으로 하여 충분한 기간을 두고 준비하는 경우에는 전시 개막 이전에 제작할 수 있지만, 외부에서 대여하거나 새로 설치하는 작품이 많은 경우에는 전시 이후에 사후 도록 형식으로 제작하기도 한다. 이런 경우 전시 도록 제작을 위해 전시 기간 중 사진 촬영을 비롯하여 전시 해설 원고 등을 함께 준비해야 한다.

심층 연구 및 토론 과제

- 전시와 진열의 차이는 무엇인가?
- 박물관과 미술관의 전시기획은 어떻게 다른가?
- 전시기획에서 큐레이터와 작가는 각각 어떤 역할을 하는가?
- 성공적인 전시기획 사례로는 어떤 것이 있는가? 그 성공의 요인은 무엇이었나?
- 미술관의 전시기획을 소재로 만들어진 루벤 외스틀룬드 감독의 영화 〈더 스퀘어The Square〉(2017)를 보고, 현대미술에 있어서 전시기획의 의의와 방향에 대해 생각해보자.

4. 축제기획

축제는 매력적이다. 축제라고 하면 열광, 환희, 즐거움 같은 단어가 떠오른다. 기획자의 입장에서 볼 때 축제는 과거의 틀에 얽매임 없이 그야말로 창의성을 최고로 발휘해 내용을 구성할 수 있는 사업이다. 축제의 주제에만 어울린다면 어떤 예술가나 예술단체로도 프로그램을 구성할 수 있다. 그런 면에서 기획자에게 가장 많은 자율성이 부여되는 프로그램이기도 하다. 다른 한편으로 수요자의 입장에서 축제는 깊이 있는 사전지식이나 진지한 경험의 축적 없이도 부담 없이 참여할 수 있다. 축제의 속성상 소수의 애호가보다는 광범위한 대중을 상대로 하기 때문이다. 게다가 대부분의 축제 티켓 가격은 실제 즐기는 내용에 비하면 훨씬 저렴한 편이며, 때로는 무료다. 이처럼 기획자 입장에서나 수요자 입장에서나 축제는 매력적이지만, 그 매력을 제대로 드러내기 위해서는 세심한 기획이 필요하다. 축제는 크게 예술 축제와 관광 축제로 나눌 수 있지만 여기서는 예술 축제를 중심으로 살펴볼 것이다.

1) 축제의 의의

축제festival는 공연예술의 뿌리를 형성한다. 1장에서 살펴본 것처럼 고대 디오니소스 축제는 현대연극의 뿌리이자 축제의 원형이라 할 수 있다. 그러나 현대의 축제는 디오니소스 축제와는 달리 종교의식으로부터 분리되어 특정 지역의 문화관광자원이나 예술 프로그램과 결합하여 만들어진다. 이에 따라 현대적 의미의 축제란 종교적 의미와는 상관없이 어떤 주제를 기념하거나 특정한 소재를 즐기기 위하여 단기간에 많은 사람이 한 자리에 모여 함께 참여하는 행사를 말한다. 이러한 축제는 자발적 놀이로서의 성격이 가미됨으로써 의식 자체에 집중하는 국가 행사와도 구분된다. 과거 권위주의 시대의 축제는 강제동원에 의한 국민통합의 의미가 강조되기도 했지만, 축제는 그 속성상 일상에서 벗어나 형식을 깨뜨리며 금기를 넘어서는 특성을 갖고 있다. 따라서 다른 사람에게 해가 되지 않는 범위에서 일정 부분 일탈이 허용되며 그것을 놀이로서 풀어나갈 수 있는 장을 펼치게 된다.

축제는 일반 공연이나 전시와 달리 단시간 동안 수천에서 수만 명 혹은 그 이상의 방문객을 모을 수 있다. 그래서 국가나 지방자치단체에서는 축제를 적절히 활용해 국민이나 지역민의 여가 활동으로 삼거나 외부의 관광객을 끌어들여 지역 경제 활성화의 매개로 활용하기도 한다. 또한 축제는 많은 사람이 모이는 이벤트이기 때문에 공연, 전시, 체험 행사 등 다양한 프로그램이 결합된다. 특정 장르 예술을 중심으로 축제를 기획하는 경우에도 참석하는 관객을 위해 다양한 계층이 부담 없이 함께 즐길 수 있는 부대 행사가 만들어진다.

1990년대 중반까지만 해도 우리에게는 왜 외국처럼 제대로 된 축제가 없냐는 식의 자조적 비판이 많았다. 그러나 다른 분야와 마찬가지로 국내 현장은 빠르게 바뀌고 성장하여 이제는 세계적인 축제와 어깨를 나란히 할 만한 좋은 축제가 다양하게 열리고 있다. 국내에서 매년 열리는 축제는 총 900여 개에 달한다. 이처럼 국내에서 축제가 활성화된 데에는 몇 가지 계기가 있었다. 첫째, 1986년 아시안게임과 1988년 서울올림픽 그리고 2002년 월드컵이다. 특히 아시안게임과 서울올림픽은 비록 스포츠 경기가 중심이었지만 다양한 문화 행사가 함께 열림으로써 국내 축제 역사에 새로운 장을 만들어주었다. 두 행사를 계기로 당시로서는 전례 없는 규모의 대형 이벤트를 직접 제작할 기회가 펼쳐졌고, 이를 통해 많은 전문 인력이 성장했다. 월드컵은 문화 이벤트가 많지는 않았지만 자발적 거리응원을 통해 국내 축제 문화가 변하는 계기를 제공했다. 둘째, 지방자치제의 실시다. 특히 1995년의 지방자치단체장 선거는 각 지역이 경쟁적으로 축제를 만드는 계기가 되었다. 민선 자치단체장의 입장에서는 단기간에 준비와 실행이 가능하며 여러 사회경제적 부수 효과까지 내주는 지역축제가 매력을 느낄 수밖에 없는 아이템이었다. 이에 따라 1990년대 중반부터 국내 지역축제가 급속히 증가했다. 셋째, 주5일근무제의 정착이다. 2004년 이후 단계적으로 도입된 주5일근무제가 새로운 사회제도로 자리 잡으면서 국민의 일상과 문화가 크게 바뀌었다. 무엇보다 주말 국내 관광이 활성화되면서 지역축제가 주말 나들이의 주요 아이템으로 성장할 수 있었다. 이러한 제도적 환경 변화를 적극 활용하여 순천만갈대축제, 보령머드축제, 함평나비대축제, 화천산천어축제 등 주요 지역축제가 매년 수십만 명의 관람객을 확보하는 성공을 거두었다.

2) 축제의 유형

축제의 유형은 다양한 기준에 따라 분류할 수 있다. 여기서는 주최자에 따라 관 주도형과 민간 주도형으로, 내용에 따라 관광 축제와 예술 축제를 구분해 보았다.

관 주도형 축제와 민간 주도형 축제 축제가 만들어지는 계기는 다양하다. 중앙정부나 지방자치단체에서 국민이나 지역 주민의 여가 활동과 자부심 고양 혹은 지역 경제 활성화 등의 목적으로 만들기도 하고, 한두 사람의 개인적 관심과 열정이 모여 시작되기도 한다. 어떤 경우든 축제가 커져서 이에 대한 관심이 높아지고 참여하는 사람이 늘면 공공과 민간 영역 간에 일정한 협력과 역할 분담이 이루어지게 된다. 공공부문에서 시작했더라도 민간 부문에서 프로그래밍, 기업 협찬, 자원봉사 등 다양한 형태로 참여가 이루어지며, 민간 부문에서 시작했더라도 공공부문에서 재정 지원, 기반시설 정비 등 직간접적 지원 방안을 마련하게 된다. 그러나 어떤 경우든 최종 책임을 지면서 축제를 기획하는 주체, 즉 축제의 주최자가 있게 마련이다. 이러한 주최자에 따라 축제는 관 주도형 축제와 민간 주도형 축제로 구분할 수 있다.

관 주도형 축제는 중앙정부나 지방자치단체가 직접 주도해 주최하는 축제다. 국내에서 관 주도형 축제의 모태라면 1980년대 초반 '국풍 81'을 들 수 있다. 당시 억압적인 정치 분위기 속에서 다분히 정치적인 목적으로 마련된 이 행사는 프로그램 면에서 정체성을 확보하지 못한 채 물량 중심으로 이루어진 전형적인 동원형 행사였다. 이런 바람직하지 못한 전통은 1990년대 중반 지방자치제의 실시와 함께 전국의 지방자치단체들이 빈약한 프로그램의 지역축제를 경쟁적으로 만들어나가는 나쁜 본보기가 되기도 했다.

그러나 관 주도형으로 만들어진 지역축제 중에도 차별적인 프로그램을 개발해 정체성을 확립하고, 나아가 운영 전문성 확보 및 민간 부문과의 효율적 협력체계 구축으로 인해 성공한 축제가 있다. 앞서 언급했던 순천, 보령, 함평, 화천 등의 지역축제는 지방자치단체의 노력에 의해 성공적으로 정착한 대표적 사례다. 서구에서도 도시 재개발이나 정체성 확보 혹은 지역관광 활성화를 위해 지방정부 중심으로 기획된 축제가 많다. 따라서 관이 주도해 만든 축제라고 해서 부정적 선입관을 가질 필요는 없다. 중요한 것은 만드는 방법이기 때문이다. 더욱이 관 주도형 축제는 민간 주도형 축제와 달리 정책 지원 기반이 탄탄하여 상대적으로 풍부한 인적·물적 자원을 바탕으로 운영하기 때문에 기획자의 역량과 열정에 따라 매우 효과적인 축제로 발전할 수 있다.

이러한 관 주도형 축제가 성과를 내기 위한 핵심은 창의적인 기획 역량의 확보와 효율적인 운영 시스템 구축이다. 관 주도형 축제라고 해서 정부와 지방자치단체가 프로그램 기획을 전부 맡지는 않는다. 대개는 자문회의나 연구 용역을 통해 축제의 기본 방향을 설정한 뒤 전문적인 기획 역량의 확보를 위해 외부 전문가를 예술감독이나 전문위원으로 선임하여 전체 프로그램의 기획을 맡긴다. 그러나 때로는 이러한 외부 전문가의 선임 과정에서의 마찰이 생기거나 선임 후 외부 전문가와 선임기관 간의 갈등으로 축제 자체가 좌표를 잃고 흔들리기도 한다. 따라서 외부 전문가를 선임하는 경우에는 우선 충분한 경력과 전문성이 확인된 인력을 확보하는 것이 중요하며, 선임 이후에 외부 전문가와 선임기관 간에 역할 분담을 명확히 할 수 있도록 사전에 책임과 권한 범위를 구체적으로 문서화하여 정리하는 것이 필요하다.

예술감독 선임이 이루어지더라도 실제로 축제를 조직하고 진행하기 위해서 사무국 기능이 필요하다. 소규모 축제에서는 정부와 지방자치단체에서 직접 집행하기도 하지만, 대개는 별도 사무국을 만들어 집행을 위임한다. 이러한 사무국은 초기에는 정부에서 임시로 파견한 공무원과 외부에서 충원한 계약직 직원으로 구성하는 경우가 많다. 때로는 정부에서 관련 산하단체에 행사 주관을 맡김으로써 사무국 기능을 수행토록 하는 경우도 있다. 최근에는 지역마다 설립된 문화재단이 이러한 역할을 위탁받아 수행하는 사례가 많아지고 있다. 그 밖에 민간 기획사나 이벤트사에 구체적인 축제 내용의 구성과 예술가 섭외 등을 맡기기도 한다. 그러나 축제가 어느 정도 자리 잡고 정례화되면 광주비엔날레처럼 축제 사무국을 별도 재단 형식으로 독립시켜 구성하는 것이 바람직하다. 즉, 처음에는 관 주도형 축제로 시작해 축제기획에서 진행까지 정부가 중심 역할을 하더라도 일정 기간이 지나면, 정부는 후원 역할만 맡고 민간의 자율적 역할을 확대하여 점차 민간 주도형 축제로 전환해가는 것이다.

민간 주도형 축제란 정부와 상관없이 민간의 자발적 노력으로 시작된 축제를 말한다. 서울프린지페스티벌, 춘천마임축제 등이 대표적이다. 이런 축제는 대개 해당 분야의 전문성을 갖고 있는 한두 명의 예술가 혹은 기획자의 열정과 의지에서 비롯되는 경우가 많다. 성공적으로 개최되고 있는 서구의 페스티벌도 대부분 이런 형태로 시작되었다. 이런 민간 주도형 축제는 대개 관련 분야의 몇몇 인사들을 중심으로 하여 소규모로 시작한다. 그러나 축제가 전문가와 대중의 호응을 얻으면서 점차 그 규모를 확대하게 되는데, 이 과정에서 중앙정부나 지방자치단체의 지원이 시작되는 경우가 많다. 민간 축제기획자 입장에서는 공공지원을 얻음으로써 더 안정적인 기반 위에서 축제를 기획할 수 있고, 정부 입장에서는 실제적인 성과가 확인되고 나름의 인지도를 확보한 축제를 선별적으로 지원함으로써 지원의 성과를 극대화하는 상호 협력관계가 성립될 수 있다. 또한 최근에는 축제기획의 초기 단계부터 민간 기획자가 적극적으로 정부와 지방자치단체와 파트너십을 맺고 공동 기획 형태로 축제를 시작하는 사례도 나타나고 있다. 2004년 가평에서 시작하여 세계적인 페스티벌의 하나로 성장한 자라섬재즈페스티벌이 대표적인 사례라 할 수 있다.[33]

예술 축제와 관광 축제 축제에 참여하는 소비자의 입장에서 축제는 재미있으면 그만이다. 그러나 기획자 입장에서 보면 저마다 다른 의도와 내용을 갖고 축제를 준비한다. 축제는 내용에 따라 크게 예술 축제와 관광 축제로 나눌 수 있다. 물론 축제는 그 내용에 따라 종교 축제, 절기 축제 등 다양한 유형이 있다. 하지만 여기서는 국내 축제 상당수가 문화관광 목적에서 만들어진 점을 고려하여 이를 예술 축제와 대별되는 관광 축제로 묶었다. 그러나 예술 축제라고 해서 관광객을 모으지 못하는 것이 아니며, 관광 축제에 예술 프로그램이 없는 것도 아니다. 다만 어떤 축제든 만들어지는 과정에서 어떤 의도를 갖고 어떤 내용에 중점을 두는지에 차이가 있을 뿐이다.

예술 축제는 특정 예술 분야를 집중적으로 보여주는 축제다. 음악, 연극, 무용, 미술 등 다양한 예술 분야에서 개최되는 예술 축제는 언뜻 해당 예술 분야의 진흥을 위해 기획되는 것처럼 보이지만, 전혀 다른 목적에서 기획되는 경우도 있다. 예를 들어, 가장 널리 알려진 음악 축제 잘츠부르크페스티벌이나 세계 최대의 공연예술 축제 에든버러페스티벌은 전쟁 후 피폐해진 국민의 상처를 치유하고 위로하기 위해 만들어졌다.[34] 또한 국내 지역 축제 중에는 지역 경제 활성화를 위해 지방자치단체에서 의도적으로 만든 경우도 많다. 그러나 어떤 목적에서 처음 축제 논의가 시작되었든 상관없이 예술 축제는 해당 분야의 진흥과 발전을 위해 중요한 역할을 하게 된다.

국내에는 다양한 예술 축제가 개최되고 있다. 음악 분야의 대관령국제음악제, 통영국제음악제, 서울스프링실내악축제, 자라섬재즈페스티벌, 연극 분야의 서울국제공연예술제, 춘천인형극축제, 무용 분야의 서울세계무용축제SIDance, 국제현대무용제MODAFE 등이 대표적인 공연 분야의 축제들이다. 전시 분야의 경우에도 광주비엔날레, 부산비엔날레 등 격년으로 개최하는 비엔날레가 정기적인 축제로 자리 잡고 있다. 다른 한편으로 부산국제영화제를 비롯하여 지난 20~30여 년간 급속히 발전해온 다양한 영화제 역시 예술 축제의 한 유형으로 볼 수 있다.

관광 축제는 지역에 특화된 자원을 소재로 삼아 기획된 축제다. 여기에는 자연자원을 비롯하여 지역 문화유산과 전통 민속 등이 두루 포함된다.

보령머드축제, 화천산천어축제, 진주남강유등축제, 함평나비대축제 등은 성공적으로 운영되는 지역축제의 사례이다. 이런 축제는 예술 분야에 특화되지는 않았지만, 축제에 참석하기 위해 수만 명에서 많게는 수십만 명까지 많은 사람이 모이기 때문에 이들을 위해 다양한 공연이나 전시 프로그램을 부대 행사로 만들어 함께 제공하는 경우가 많다. 반대로 예술 분야에 특화된 축제라 하더라도 해당 지역에 국내외 관광객을 유치하는 효과로 인해 다른 일반 축제와 마찬가지로 관광 축제로서의 대접을 받고 있기도 하다.

3) 축제기획의 과정

가. 미션과 기획 방향 설정

소비자 입장에서 보면 축제는 즐겁고 재미있는 축제와 무료하고 지루한 축제로 나누어진다. 기획자 입장에서는 어떤 식으로든 축제 수요자가 즐겁고 재미있는 시간을 보낼 수 있는 프로그램을 만들고자 하지만 말처럼 쉬운 일은 아니다. 축제는 하나의 이벤트이기 때문에 어떤 방향으로 기획하여 어떤 메시지를 담는가에 따라 그것을 즐기는 사람의 만족도가 크게 달라진다. 단순히 사람이 많이 모였다고 해서 성공적인 축제는 아니다. 모인 사람들이 어떤 즐거움을 누릴 수 있도록 하는지가 중요하다.

이를 위해 기획자는 축제를 어떤 방향으로 기획할 것인가에 대한 명확한 방향 설정을 해야 한다. 축제기획은 앞서 설명한 전략기획, 공연기획, 전시기획 및 다음에 설명할 교육 프로그램 기획까지 두루 포괄하는 총체적 기획이다. 따라서 기획자의 입장에서는 가장 풍부하면서도 가장 다이내믹하게 프로그램을 기획할 수 있다. 이처럼 거의 제약이 없을 만큼 다양한 기획의 가능성은 역설적으로 축제가 정체성 없이 무분별한 프로그램으로 구성될 위험성도 높인다. 다른 축제에서 성공적이었던 프로그램이라고 해서 무작정 도입하다 보면 어느새 축제는 색깔을 잃게 되며, 한 번 찾았던 방문객이 다음 해에 다시 찾지 않는 상황이 벌어진다. 비슷비슷한 축제가 전국적으로 개최되는 상황에서 해당 축제만이 보여줄 수 있는 내용이 아니라면 굳이 시간과 비용을 들여서 다시 찾을 이유가 없는 것이다.

따라서 축제기획자는 무엇보다 축제의 미션, 즉 왜 그 축제를 기획하게 되었는가 그리고 그 축제를 통해 참여자가 어떤 프로그램을 즐기고 향유토록 할 것인가에 대한 방향을 명확히 설정하고 있어야 한다. 이를 위해서는 무엇보다 자신이 기획하는 축제 주제의 프로그램에 정통해야 하고, 해당 분야의 트렌드 변화에 민감해야 하며, 이에 대한 최신 정보를 끊임없이 습득해야 한다. 축제기획자는 인터넷으로 온갖 정보가 공유되고 유통되는 마케팅 환경에서 일해야 하기 때문에 약간의 게으름이 축제 현장을 구태의연하게 만드는 결과를 낳을 수 있다. 그러므로 축제기획자는 새로운 축제를 만든다는 태도로 축제 참여자에게 늘 신선한 프로그램을 제공하기 위해 노력해야 한다.

다른 한편으로 축제는 해당 분야를 잘 아는, 이른바 '선수'들만 모여서 즐기는 전문가의 모임이 아니다. 오히려 프로그램에 대한 깊이 있는 지식이나 경험이 없어도 누구나 와서 행복하고 만족스러운 시간을 보낼 수 있어야 한다. 프로페셔널의 관점에서 시작하되 아마추어의 눈높이에서 벗어나지 않아야 하는 이율배반적인 상황을 성공적으로 운영하는 것이 축제기획자의 역할이다. 기획자의 입장에서 보면 자신이 곧 축제의 주최자이자 주인인 것처럼 생각할 수 있다. 하지만 축제의 주인은 기획자가 아니다. 방문객으로 와서 축제에 참여하는 사람이 궁극적으로 축제를 완성하는 주체다. 따라서 성공한 축제는 참여자가 마치 주인과 같은 기분으로 축제를 즐기게 해준다. 스스로 손님이라는 생각이 들지 않게끔 세심히 배려한 결과이다.

나. 조직위원회 구성

축제 조직위원회는 축제를 기획하여 진행하는 주체다. 축제 조직위원회에는 기획 아이디어를 내는 전문가부터 지방자치단체 등 지원기관 관계자에 이르기까지 다양한 사람이 모이기 때문에 축제와 관련된 갈등의 진원지가 되기도 하고 해결사가 되기도 한다. 조직위원회는 축제의 미션을 실현하는 주체이기 때문에 조직위원회를 어떤 사람으로 구성하는지가 매우 중요하다. 정부 주도형 축제의 경우 다양한 이해관계가 결합하기 때문에 조직위원회 구성 시 적절한 안배를 하는 것이 중요하다. 축제에 대한 전문성이 부족하더라도 지방자치단체 공무원, 지방의회 의원, 관련 산업계 대표 등의 참여가 필요할 수 있다. 아무래도 대규모 인원이 단기간에 참여하기 때문에 지방자치단체를 비롯하여 여러 지원기관, 관련 업계 등 수많은 이해관계자와의 협력이 불가피한 것이다. 따라서 이해관계자의 의도와 바람에 대한 구체적인 파악과 함께 이들에 대한 섭외와 교섭 능력을 갖추어야 하며, 때로는 조직위원회에 주요 이해관계자 그룹을 대표할 만한 사람을 포함해야 한다. 조직위원회를 축제 전문가로만 구성한다고 해서 반드시 축제가 성공하는 것은 아니다. 나름의 이해관계를 대표하는 사람의 의견을 수렴하지 않으면 축제기획은 물론 진행 과정에서 예기치 않은 어려움에 부딪힐 수 있으며, 자원 확보에도 차질이 빚어질 수 있다. 조직위원회는 한 테이블에 앉아 논의가 이루어질 수 있는 10명 내외로 구성하는 것이 바람직하지만, 대규모 축제라면 이해관계가 복잡하기 때문에 불가피하게 훨씬 많은 인원을 참여시켜야 할 수도 있다. 이런 경우 조직위원회 내에 별도로 소위원회나 집행위원회를 두어 상당한 결정 권한을 위임하는 것이 효율적 운영에 도움이 된다.

다. 자원 확보

인적자원 축제를 위한 인적자원의 출발은 앞에서 설명한 조직위원회를 구성하는 것이다. 모든 축제는 여기에서 시작한다. 그다음으로는 실무를 이끌 사무국의 직원을 확보해야 한다. 발전 초기 단계에 있는 축제라면 지원기관 등에서 임시로 파견된 공무원 등의 인력이 단기로 고용된 직원과 함께 사무국을 구성하지만, 축제가 성장해감에 따라 연중 상근으로 일할 인력이 필요해진다. 이들은 축제 세부 프로그램 기획에서부터 마케팅, 예산운영, 자료관리 등 실무 부분을 전담한다.

이러한 사무국을 이끌면서 축제기획 과정에서 가장 중요한 역할을 하는 사람이 예술감독이다. 예술감독은 프로듀서, 커미셔너, 총감독, 디렉터, 집행위원장 등 다양한 명칭으로 불리지만 어떤 경우든 프로그램 전체를 총괄적으로 결정하고 책임지는 역할을 한다. 민간에서 처음 기획한 축제의 경우 당연히 축제 설립자가 예술감독을 겸임하지만, 정부에서 주도한 축제는 대개 매년 혹은 2~3년 단위로 관련 분야 전문가를 예술감독으로 선임한다. 축제 프로그램의 성패는 대부분 예술감독의 역량에 따라 좌우된다. 따라서 예술감독은 단순히 직책이나 명망만 보고 선임해서는 곤란하며, 해당 분야의 현장에 가장 정통하고 국내외 트렌드에 익숙한 전문가를 발굴해야 한다.

축제는 다른 프로그램과 달리 축제 기간 중에 집중적으로 많은 인력을 필요로 한다. 그래서 축제 개막일이 임박해질수록 점차 계약직 형태의 단기고용 인력을 확대하게 된다. 어떤 예술조직이든 마찬가지지만 축제의 경우에도 유급 인력을 충분히 활용할 만큼 예산을 확보하기란 쉽지 않으며 집중적으로 다수의 인원이 필요하기 때문에 인턴과 자원봉사자를 적극 활용한다. 짧은 기간에 많은 이벤트가 벌어지는 축제의 특성상 자원봉사자 입장에서도 다양한 프로그램을 가까이서 접할 기회가 될 수 있다. 따라서 충분한 기간을 두고 준비하면 다른 분야보다 자원봉사자를 비교적 쉽게 확보할 수 있다. 자원봉사자는 관련 전공자나 전문가를 확보함으로써 단순히 보조 역할에서 벗어나 외국어 통역, 현장 프로그램 진행, 초청 예술가와 관객 안내 등 여러 부문에서 활용할 수 있다.

마지막으로 축제는 여러 프로그램이 동시다발로 진행되기 때문에 사무국 인력만으로는 감당하지 못하는 영역이 많다. 또한 단기 이벤트이기 때문에 상근 인력을 무한정 늘릴 수도 없다. 이에 따라 많은 영역의 기능을 아웃소싱하여 외부 예술조직이나 회사 혹은 관련 전문가에게 맡기게 된다. 이처럼 아웃소싱이 가능한 영역으로는 각종 시설과 장비의 설치와 운영, 현장 보안과 시설물 관리, 홈페이지 구축 운영, 홍보자료의 디자인과 인쇄 등 다양하다.

물적자원 물적자원의 핵심은 예산이다. 축제의 성공 여부는 초기 재원 조성이 결정적으로 좌우한다. 축제는 기본적으로 매표 수입보다는 다른 형태의 수입에 대한 의존도가 강하다. 다수 인원이 참여해서 매표 수입만으로 꾸려갈 수 있는 축제도 있지만, 이는 어느 정도 성공적으로 자리 잡은 이후의 이야기다. 대부분 어느 축제든 처음 시작할 때는 기획 단계부터 적절한 투자가 필요하다. 축제기획자의 가장 중요한 역할은 축제기획 방향을 설정하고 프로그램을 구성하는 것이지만, 초기 투자를 이끌어내는 것도 빼놓을 수 없는 역할이다.

축제 예산 역시 다른 예산과 마찬가지로 사업 운영 수입과 재원 조성 수입으로 구분할 수 있다. 축제는 많은 인원이 참여하지만 성격상 고액의 티켓을 판매하기 어렵기 때문에 사업 운영 수입만으로 전체 예산을 감당하기는 어렵다. 이에 따라 축제 예산은 상당 부분 외부로부터의 재원 조성 수입으로 편성된다. 따라서 축제를 기획하기에 앞서 외부로부터의 재원 조성이 가능한지 면밀히 검토해야 한다. 외부로부터의 재원 조성은 정부와 기업 두 개의 축으로 구성된다. 이 중 특히 정부로부터의 재원 조성은 대부분의 축제에서 주요 재원 역할을 하고 있다. 외국의 축제 역시 마찬가지여서 오랜 역사를 가진 아비뇽페스티벌을 비롯한 유수의 축제들도 중앙정부와 지방정부로부터 전체 예산의 50퍼센트 내외를 지원받는다.[35] 다른 한편으로 대규모 인원이 모이는 축제의 특성을 잘 활용하면 다른 예술 프로그램에 비해 기업의 협찬을 얻는 것도 비교적 용이한 편이다. 특히 축제에 소요되는 음식료나 그 밖의 장비 등에 대해서는 관련 기업의 마케팅 부서와 접촉하여 현물 협찬을 시도하는 것이 성공 확률을 높일 수 있다.

예산 다음으로 중요한 물적자원은 공간과 장비다. 한정된 수요자를 대상으로 단일 프로그램을 제공하는 공연이나 전시와는 달리, 축제는 단시간에 적게는 수백 명에서 많게는 수십만 명에 이르는 사람이 모이는 행사이기 때문에 이를 위한 적절한 공간을 확보하는 것이 중요하다. 실내 축제는 한 곳에서만 진행하지 않고 여러 공연장과 전시장 등을 확보해 동시다발적으로 진행하기도 한다. 그러나 야외 축제는 많은 참여자가 같은 시간에 한 곳에 모이게 되므로 공원이나 광장 등 축제가 열릴 시기에 비어 있는 공간을 확보하는 것이 관건이 된다. 단기간에 행사가 집중되기 때문에 적절한 시설과 장비를 확보하는 것도 중요하다. 시설과 장비는 대개 외부의 전문업체에 의뢰하여 설치와 철거를 전담시키게 된다. 때로는 시설이나 장비별로 담당 업체가 달라질 수 있는데, 이런 경우 혹시 있을 안전사고에 대비하여 매뉴얼을 만들고 소관 범위와 책임 소재를 명확히 설정해 두어야 한다.

라. 프로그램 기획

앞서 말한 인적자원과 물적자원이 축제의 기초가 된다면 프로그램은 그 기초 위에 세워진 축제의 본체라 할 수 있다. 아무리 풍부한 자원이 마련되더라도 정작 프로그램이 빈약한 축제는 좋은 평가를 받지 못한다. 실제로 지방자치단체에서 개최하는 축제 중에는 거창한 홍보와 대단위 물량 투입에도 불구하고 정작 축제 내용 면에서는 좋은 평가를 받지 못하는 사례가 많다. 이는 축제의 가장 핵심이 프로그램에 있다는 것을 이해하지 못한 채 이른바 성공한 축제의 단편적인 사례들만 짜깁기로 도입하여 프로그램을 구성하기 때문이다.

프로그램 기획에서 가장 먼저 정하는 것은 시기와 장소다. 연례적 축제는 대개 개최 시기가 고정되어 있다. 이 경우 정확한 날짜보다는 매년 7월 말 혹은 매년 10월 첫째 주말 같은 식으로 대략적인 시기만을 고정하고 세부적인 날짜는 그해의 여건에 맞춰 조정하는 경우가 많다. 공연 분야의 경우 유럽이나 미국에서는 정규 시즌이 끝나는 6월 말부터 8월 말까지 대부분의 축제가 개최된다. 그럼으로써 예술가나 예술단체를 용이하게 초청할 수 있고 아울러 정규 시즌이 끝나 일정에 여유가 생긴 잠재관객 대상의 마케팅에도 도움이 되기 때문이다. 휴양지에서 개최되는 축제 역시 마찬가지다. 여름휴가 시즌을 겨냥하여 예술 향유와 관광을 한 번에 해결할 수 있도록 프로그램을 마련한다. 하지만 공연장을 중심으로 장기간 이어지는 축제는 오히려 봄이나 가을을 활용하여 도심 지역에서 개최되기도 한다. 국내의 서울국제공연예술제, 국제현대무용제 등이 여기에 해당한다. 기간에 대해서는 매우 다양한 선택지가 있다. 집중적인 마케팅을 위해 주말을 포함하여 3~4일 정도로 개최하는 축제가 있는 반면, 1~2개월에 걸쳐 장기간 지속하는 축제도 있다. 특히 비엔날레를 비롯한 전시 관련 축제의 경우 수개월간 이어지는 장기 축제가 많다.

장소 면에서 공연장이나 박물관·미술관을 중심으로 개최하는 경우에는 대개 축제조직위원회와 해당 문화공간 간에 협약을 맺고 진행한다. 기존 시설 내에 필요한 대부분의 공간이 마련되어 있기 때문에 장소를 마련하고 준비하는 데 큰 무리가 없다. 하지만 기존의 공연장이나 전시장이 아닌 야외 공간에서 진행하는 축제의 경우 모든 시설과 장비를 별도로 준비해야 하기 때문에 훨씬 더 많은 시간과 노력이 필요하다. 특히 단기간에 대규모 인원이 모이는 축제의 특성상 교통과 주차 대책에서 시작하여 행사 장소 안의 동선, 안전장비, 응급진료, 휴게공간, 식음료와 화장실 등 다양한 요소들에 대해 정교한 준비가 필요하다. 아울러 여러 공연장이나 전시장이 함께 참여하는 축제의 경우 각 행사장소 간의 효율적 이동을 위해 지도 및 교통편 안내 등이 필요하다.

시기와 장소가 정해지면 본격적인 프로그램 편성 단계에 접어든다. 프로그램은 크게 정규 프로그램과 부대 행사로 구분할 수 있다. 정규 프로그램은 축제의 정체성을 보여줄 수 있는 대표 행사이며 모든 역량이 집중되는 부분이다. 특히 최근에는 분야별로 여러 축제가 경합하는 경우가 많기 때문에 정규 프로그램의 질적 탁월성과 차별성이 축제의 성패를 가름한다. 따라서 매년 새로움과 신선함을 유지할 수 있는 정규 프로그램을 편성해야 하며, 이를 위해 국내 경쟁 축제를 비롯하여 관련 분야의 전 세계적인 축제 동향과 구체적인 프로그램에 대해서도 꾸준히 최신 정보를 습득해야 한다.

정규 프로그램 정규 프로그램은 축제의 주제를 직접적으로 드러내는 프로그램이면서 축제의 이미지를 결정한다. 이에 따라 예술 축제에서는 해당 장르를 대표하는 예술가의 작품으로 프로그램을 구성한다. 축제에 따라서는 한 가지 장르에 집중하지 않고 공연 전반 혹은 공연과 전시를 넘나드는 다양한 프로그램으로 내용을 구성하기도 한다. 이 경우 대표 장르가 지나치게 희석되면 축제의 정체성이 사라질 수 있기 때문에 유의할 필요가 있다.

공연 축제의 경우 대표 예술가 등 가장 비중 있는 예술가를 개막 또는 폐막 프로그램으로 배치한다. 여러 장소에서 진행하는 경우 예술가의 지명도나 대중성에 맞춰 큰 장소를 우선적으로 배치한다. 며칠간 진행하는 음악 축제의 경우 헤드라이너라는 이름으로 날짜마다 대표 뮤지션을 선정하기도 한다. 이런 경우 장소 규모만이 아니라 시간 면에서도 저녁 시간 등 가장 핵심 시간대에 우선 편성한다.

정규 프로그램으로 편성하는 작품은 신작이거나 초연인 경우가 많다. 그만큼 해당 분야 관객의 주목을 끌 수 있기 때문이다. 이에 따라 아비뇽페스티벌 등 세계적 공연 축제는 다른 공연장이나 축제의 프로듀서들이 참여하여 다음 시즌을 위해 초청할 주요 연출가와 안무가의 신작을 미리 보고 섭외하는 견본시preview market나 쇼케이스 역할을 하기도 한다. 이런 측면을 염두에 둘 경우 사전에 주요 프로듀서 등 이른바 전문가 관객이 참여할 수 있도록 초청 리스트를 작성하여 관리해야 한다. 전문가 관객이 많이 참여하는 축제의 경우 반대로 예술가 초청 시에도 적극적인 참여를 유도하는 중요한 요인이 된다.

정규 프로그램이라고 해서 반드시 지명도가 높은 예술가만 초청하는 것은 아니다. 오히려 무대나 전시공간을 다양하게 만들어 다양한 예술가의 작품을 볼 수 있도록 하는 것도 축제의 특성을 살리는 방법이다. 예를 들어, 신진 예술가나 예술단체를 선별하여 작품 발표 기회를 제공하거나 경쟁 공모 형태로 참여를 북돋울 수도 있다. 때로는 아마추어 예술가를 위한 공간을 별도로 구성하여 축제를 일부 예술가만이 아닌 많은 사람이 직접 참여하여 즐기는 공간으로 꾸밀 수도 있다.

에든버러페스티벌프린지

매년 8월 한 달여 동안 전 세계 4000여 개의 공연단체가 참여하는 세계 최대의 공연 축제인 에든버러페스티벌프린지의 경우 처음에는 세계적 명성을 가진 소수의 예술단체만을 초청하는 에든버러인터내셔널페스티벌을 중심으로 시작했다. 하지만 이 페스티벌에 초청받지 못한 예술가와 예술단체들이 같은 기간에 자발적으로 무대를 만들어 공연하기 시작하면서 프린지페스티벌이 확대되었고, 이제는 에든버러인터내셔널을 압도하는 세계적 축제가 되었다. 에든버러프린지 기간에는 도시 곳곳의 대학 강의실, 강당, 교회, 창고, 카페 등이 임시 공연장으로 탈바꿈하여 공연단체와 관객을 맞는다.

매년 축제를 개최하면서 정규 프로그램을 운영하다 보면 축제 자체가 매너리즘에 빠지거나 식상해질 수 있다. 이러한 경향을 탈피하기 위해 시도할 수 있는 방법 중 하나는 매년 하나의 주제를 정하는 것이다. 이렇게 할 경우 해당 주제에 집중하여 초청 예술가를 섭외할 수 있기 때문에 깊이 있는 프로그램 편성이 가능하며, 마케팅 포인트로 부각하여 타깃 관객을 개발하는 데도 도움이 될 수 있다. 이러한 주제별 프로그램 편성은 비엔날레와 같이 전체 전시 프로그램 내용을 관통하는 주제로 삼을 수도 있고, 축제의 정규 프로그램 중에 일부를 특별 세션으로 구성하는 방식으로 만들 수도 있다.

주영한국문화원의 한국영화제

주영한국문화원에서는 매년 하반기에 런던한국영화제를 개최하며, 2015년에 10주년을 맞았다. 2016년부터는 이제까지의 영화제가 개막 행사에 큰 비중을 두고 있던 것에서 탈피하여 개막식의 규모를 과감하게 줄이는 대신 매년 주제를 정해 관련 영화 작품을 집중 소개하는 방식으로 바꾸었다. 이에 따라 2016년에는 '여성감독 특별전', 2017년에는 '한국의 느와르', 2018년에는 '일상의 한 조각' 등을 주제로 선정하여 신작만이 아니라 과거의 작품 중에서도 해당 주제 안에 담을 수 있는 영화를 적극 발굴하여 소개했다. 개막식의 경우 레드카펫 이벤트를 없애는 등 형식적 행사를 과감하게 간소화함으로써 전체 영화제 예산은 이전에 비해 40퍼센트 이상 줄었지만, 이러한 주제별 상영 행사를 통해 신규 관객 개발에 성공함으로써 오히려 전체 참여 관객의 숫자는 늘어나는 성과를 거둘 수 있었다. 아울러 당해 연도의 신작만이 아니라 과거 한국 영화 중에서도 주목할 만한 영화를 적극적으로 발굴하여 소개하는 섹션이 마련됨으로써 한국 영화를 좀 더 폭넓게 소개하는 기회를 마련할 수 있었다.

부대 행사 부대 행사의 경우 정규 프로그램에 비하면 편성 기준을 조금 더 느슨하게 만들 수 있다. 부대 행사의 기본 목적이 정규 프로그램을 대체하는 것이 아니라 보완하는 쪽이기 때문이다. 말하자면 부대 행사는 전문가 관객보다는 일반 관객을 대상으로 한 프로그램으로 볼 수 있다. 축제는 그 성격상 해당 분야의 전문가 관객만 찾는 것이 아니라 가족 단위 여행객 등 다양한 계층이 대규모로 참여한다. 이에 따라 어린이를 위한 프로그램 등 여러 참가자의 눈높이에 맞는 프로그램 수요가 있다. 따라서 축제 주제에 대한 지식과 경험이 부족한 참가자를 위해 축제의 정규 프로그램과는 별개로 부담 없는 볼거리와 즐길 거리를 마련할 필요가 있다.

부대 행사로는 이 밖에도 정규 프로그램에 참여하는 예술가가 참여하는 여러 가지 행사를 마련할 수 있다. 예술가가 참여하여 창작 과정을 보여주는 워크숍, 예술가와의 대화, 특별강연 등이 여기에 해당한다. 또 다른 부대 행사로 축제가 이루어지는 공간이나 도로를 활용한 거리 행사나 전야제를 개최할 수 있는데, 내용적으로는 부대 행사에 해당하지만 축제 참여자에게는 오히려 정규 프로그램 이상으로 인기를 끌 수 있기 때문에 세심한 준비가 필요하다. 다만 부대 행사가 지나치게 많아지면 정규 프로그램을 오히려 압도할 수 있기 때문에 정규 프로그램과 부대 행사 간에 적절한 균형을 찾아야 한다.

마. 실행

축제는 단기간에 많은 사람이 제한된 공간에 모여 집중적으로 즐기는 이벤트를 만드는 것이기 때문에 사소한 부분의 소홀함이 큰 사고나 부정적인 반응으로 연결될 수 있다. 또한 조직위원회나 사무국 역시 상설 조직이 아닌 경우가 많기 때문에 익숙하지 않은 업무로 인해 자칫 의도치 않은 실수가 이어질 수 있다. 따라서 축제 시기와 장소 및 정규 프로그램과 부대행사가 확정된 후에는 축제 개막일에 맞춰 역순으로 처리해야 할 일의 구체적인 체크리스트를 만들어야 한다. 다른 인적·물적 자원이 충분히 확보되더라도 정작 시간자원이 충분히 확보되지 못하면 다른 자원이 제 역할을 하지 못하기 때문이다. 시간은 하나의 자원으로서 관리되어야 하며 충분한 시간을 두고 축제를 기획해야 한다. 실제로 수많은 축제에서 개막일이 다가올수록 기획자들은 부족한 시간 때문에 고생을 한다. 심지어 매년 반복적으로 개최하는 축제에서도 충분한 준비가 부족해 여러 가지 시행착오를 되풀이하는 실수를 저지르곤 한다. 이에 따라 일정과 장소가 확정되고 나면 세부 프로그램 확정 이전이더라도 먼저 일정별 추진계획을 구체적으로 수립하여 매 단계 점검하는 것이 중요하다.

개막 행사 이전에는 홍보계획이 먼저 실행되어야 한다. 일반 공연이나 전시와 달리 축제는 여러 프로그램을 복합적으로 구성하기 때문에 대개 축제에 앞서 두세 차례 기자간담회를 갖고 보도자료를 배포한다. 기자간담회는 우선 예술감독 선임에 맞춰 축제의 전반적인 방향 소개를 위해 개최한다. 이때는 개략적인 내용의 보도자료를 작성한 후 Q&A 형태로 내용을 보완하는 경우가 많다. 하지만 프로그램 편성이 끝난 후에는 프로그램 리스트와 더불어 공간배치도, 일정표, 관련 사진, 참여 예술가 프로필 등 관련 자료를 묶어서 종합 보도자료를 작성한다. 그리고 가능하면 축제 현장에 대한 사전답사 기회를 마련하여 전체적인 진행 상황을 안내하는 것이 좋다. 유료로 티켓을 판매하는 경우 대개 이러한 종합 보도자료 배포와 더불어 티켓 발매를 시작한다. 축제가 개막한 후에도 며칠 동안 단기간 행사로 진행되는 축제의 경우 외에는 축제 진행 과정 중에 몇 차례 더 보도자료를 배포한다. 대개 정규 프로그램이 끝난 후에 자료 사진과 현장 스케치 내용 및 참여 예술가 등의 인터뷰를 곁들여 보도자료를 작성한다. 장기간 축제의 경우에는 지속적으로 방문객 개발을 위해 축제 현장의 열기와 여러 가지 에피소드를 엮어 끊임없이 이야깃거리를 만들어내야 한다. 이러한 축제 중의 홍보는 공식 언론 보도자료 외에도 페이스북이나 인스타그램 등 소셜미디어를 활용하는 것이 좀 더 신속하고 효율적이다.

축제가 일단 개막한 후에는 당초의 계획대로 진행하는 것이 가장 큰 과제가 된다. 다른 프로그램에 비해 복잡성이 훨씬 높기 때문에 언제 어디서든 예기치 않은 일이 발생할 수 있다. 이에 따라 주요 의사결정자에 대한 연락과 보고체계를 잘 확립해두어야 한다. 안전사고를 비롯하여 프로그램 진행에 장애가 되는 상황이 발생할 경우 신속하게 의사결정 라인을 통해 보고와 대응조치가 이루어질 수 있도록 해야 한다. 예기치 않은 상황에서 당황하지 않으려면 사전에 담당자별 업무규정서와 상황별 매뉴얼 등을 작성해두는 것이 좋다.

바. 평가와 마무리

모든 예술 프로그램이 다 마찬가지지만, 프로그램 진행에 급급하다 보면 평가와 마무리는 늘 소홀히 취급되곤 한다. 더욱이 온갖 행사가 단기간에 복합적으로 진행되는 축제의 경우 평가나 자료 정리는 시기를 놓치면 뒤늦게 몰아서 진행하기가 쉽지 않다. 따라서 담당자별로 책임을 부여하거나 아니면 별도의 모니터 요원을 두고 축제 중에 정기적으로 현장 진행 과정과 참가자 반응 등에 대한 평가를 지속해야 한다. 아울러 매 행사가 끝날 때마다 사진, 영상 등 현장 자료를 수집·정리해야 한다. 행사가 끝난 뒤에 정작 필요한 자료를 구하지 못해 어려움을 겪는 것은 어느 축제에서나 늘 겪고 있는 일이다.

심층 연구 및 토론 과제

- 축제가 일반적인 공연이나 전시와 다른 점은 무엇인가?
- 지역기반 축제의 기획과정에서 지방자치단체는 어떤 역할을 하는 것이 바람직한가?
- 축제기획자에게 필요한 덕목으로는 어떤 것이 있는가?
- 성공적인 축제기획 사례로는 어떤 것이 있는가? 그 성공의 요인은 무엇이었나?
- 이안 감독의 영화 〈테이킹 우드스탁Taking Woodstock〉(2010)을 보고 우드스탁 페스티벌의 시작과 기획 과정에 대해 정리해보자.

5. 문화예술교육 기획[36]

1) 문화예술교육의 의의

문화공간이나 예술단체의 프로그램은 크게 공연과 전시로 구분된다. 여기에 더해 이제는 문화예술교육이 새로운 형태의 문화예술 프로그램으로 부각되고 있다. 미국과 유럽의 예술조직에서는 이미 오래전부터 문화예술교육을 중요하게 인식하여 이를 발전시켜 왔다. 1857년에 건립되어 근대 박물관·미술관의 초기 모델 중 하나였던 런던의 빅토리아앤드앨버트뮤지엄Victoria and Albert Museum은 당시로서는 드물게 초등학생을 위한 미술교육 프로그램과 일반 대중을 위한 디자인 감상 프로그램을 개발했다. 이러한 전통은 19세기 말부터 본격적으로 건립된 미국의 박물관·미술관으로 이어져 오늘날 유럽과 미국의 박물관·미술관 대부분이 교육 프로그램을 핵심 역할 중 하나로 다루고 있다.[37]

이러한 문화예술교육에 대한 이해를 위해서는 우선 문화예술교육의 개념에 대해 알아볼 필요가 있다. 현대적인 의미의 문화예술교육을 일찍이 발전시킨 서구의 여러 국가에서는 사실 문화예술교육culture and arts education

이라는 용어보다는 좀 더 좁은 분야처럼 보이는 예술교육arts education이라는 용어가 훨씬 보편적이다. 여기서 예술교육은 일차적으로 음악, 미술, 무용, 연극 등 개별적인 장르의 예술교육을 의미하지만, 그 방향과 내용에 관한 논의는 나라별로 그리고 시대별로 다양하게 전개되어 왔다. 예를 들어 미국에서는 1990년대 중반 이후 문화예술 분야에 대한 국가의 지원 범위가 예술교육 분야로 크게 확대되는 과정에서 장르화된 전통적인 예술교육을 넘어서는 '교육 안의 예술arts in education'에 대한 논의가 활발해진 바 있다. 교육 안의 예술이라는 개념은 학자에 따라 다소 차이는 있지만 음악, 미술, 무용 등 장르별 예술교육 개념에서 탈피해 언어, 역사, 지리, 사회 등 다른 교과목을 포함한 다양한 교육 내용과 예술교육의 통합적 접근 가능성에 중점을 둔다. 미국에서는 1990년대 중반에 이르러 NEA가 예술교육에 대한 본격적인 지원에 나서기 이전에도 다양한 예술교육이 이루어져 왔다. 그 과정에서 예술 그 자체에 대한 이해와 감상을 넘어서 예술이라는 매체를 통해 또 다른 교육적 목적, 즉 창의적인 문제 해결 능력 배양, 개인의 삶에 대한 반성적 성찰, 사회와 역사에 대한 올바른 이해, 공동체의식의 함양 등을 달성하는 측면을 중요한 교육 방향 가운데 하나로 포함하기도 했다.

문화예술교육은 교육 방법에 따라 기능적 교육과 체험적 교육으로 구분할 수 있다. 기능적 교육은 예술 장르별로 고유의 방법론과 기량적 측면을 배울 수 있도록 하는 것을 말하며, 악기 강습 등 다소 정형화되고 체계화된 실기교육의 방법론을 많이 활용한다. 최근에는 이러한 기능적 관점의 실기교육보다 다음에서 이야기할 체험적 교육이 더 부각되고 있기는 하지만, 기능적 교육은 수백 년 넘는 오랜 세월을 거치며 발전해온 만큼 나름의 가치를 갖고 있다. 1980년대 이후 문화예술교육을 문화정책의 주요 어젠다로 부각시킨 프랑스의 경우 2000년에 발표한 '모든 사람을 위한 예술교육 5개년 계획'에서 주요 정책목표 가운데 하나로 '예술실기 활동의 활성화'를 제시했다. 이 계획에서는 이 밖에도 문화에 대한 접근 기회 확대, 초·중·고등학교에서의 예술교육체계 개선, 의무 예술교육 강화 등을 주요 정책목표로 설정하고 있다. 이러한 기능적 교육과 달리 체험적 교육은 단편적이고 기술적인 내용을 익히는 것을 넘어서 배우는 사람이 더욱 주체적인 입장에서 창의적이고 유연한 내용을 자발적으로 경험하는 데 중점을 둔다. 따라서 특정한 예술 분야에 치우치기보다는 여러 예술을 두루 경험하는 과정에서 이루어지는 창의적인 사고를 하도록 강조한다. 이러한 기능적 교육과 체험적 교육은 각기 고유한 가치를 갖고 서로 영향을 주고받으며 발전해왔다.

또 다른 한편에서는 교육education이라는 개념이 교육의 주체가 되는 교육자의 입장을 강조하여 교육에 참여하는 학생을 지나치게 수동화하고 객체화한다는 전제하에 학생이 더 주체적인 입장에서 교육 과정에 참여하는 측면을 강조하는 학습learning에 대한 논의가 있었다. 이러한 논의는 예술교육에 대한 연구에도 반영되어 '예술을 통한 학습learning through the arts'이라는 방향이 관심을 끌기도 했다. 예술교육에 대한 논의는 이후에도 지속적으로 발전하여 이제는 학습 과정을 통해 이루어지는 예술교육을 넘어서 다양한 생활 속의 체험을 통해 이루어지는 미적 경험aesthetic experience에 대한 논의까지 확대되고 있다. 이처럼 이론적 논의가 진행되는 가운데 유네스코도 2006년 포르투갈 리스본에서 처음으로 열린 세계문화예술교육대회World Conference on Arts Education를 계기로 예술교육의 개념에 대한 논쟁을 활발히 전개했다. 그중 의미 있는 논의 중 하나는 서구적인 예술교육의 관점으로는 아시아 등 세계 각 지역 고유의 문화적 전통과 유산에 대한 가치를 담아내기 어렵다는 지적이었다. 따라서 전통적인 문화의 가치를 다음 세대에 전하기 위한 새로운 관점의 예술교육이 이루어져야 한다는 주장이 제기되기도 했다.

이런 사례에서 보듯 문화예술교육의 방향에 대한 논의는 어느 한 접근 방법이 다른 접근 방법을 배제한다기보다는 각 논의가 나름대로 문화예술교육의 다양한 내재적 속성과 가능성을 보여준다. 즉, 문화예술교육에 대한 개념과 이에 대한 이해 및 접근 방법은 사회적 여건이나 역사적 과정에 따라 다양한 형태로 달라질 수 있다.

그러나 오랜 전통과 경험에 바탕을 두고 문화예술교육 프로그램을 운영해온 서구와는 달리 국내에서는 2000년대 중반에 와서야 비로소 문화예술교육이 예술조직의 주요 프로그램으로 다뤄지기 시작했다. 이전에는 대부분의 예술조직이 공연, 전시 등 고유의 장르별 예술 프로그램만으로 주요 사업을 구성했다. 대규모 문화공간의 경우 드물게 교육 프로그램을 운영하기도 했지만 미미한 비중이었고, 그나마도 수입 증대에 중점을 둔 단순 강좌나 강습 위주의 프로그램이 대부분이었다. 학교교육의 경우에도 음악과 미술 등 교과목 중심의 지식과 기능 교육 범주를 벗어나지 못했다.

이러한 상황 속에서 2003년 무렵부터 정부 주도로 문화예술교육에 대한 논의가 본격화되면서 2003년 7월 문화부와 교육부가 공동으로 문화예술교육 정책을 발표했고, 이후 본격적인 논의와 의견 수렴을 거쳐 문화부에 전담 부서인 문화예술교육과가 설치되었다. 연이어 2005년에는 문화예술교육에 대한 지원기구로 한국문화예술교육진흥원이 설립되었으며, 국회에서 2005년 말 문화예술교육지원법을 제정하는 등 일련의 정책 형성 과정이 진행되었다. 그리고 이러한 정책 형성과 더불어 학교 및 사회문화예술교육 지원사업이 확대되면서 국내 예술 현장에서도 문화예술교육이 급속히 확산되었다.

이후 불과 수년 사이에 문화예술교육은 국내 대부분의 공연장이나 박물관·미술관에서 주요 프로그램의 하나가 되었다. 그리하여 이제는 장르화된 학교 예술교육의 틀에서 탈피해 더욱 학제적이고 체험적인 교육 대안 구상에 대한 논의가 전개되고 있다. 그리고 개별 장르가 가진 고유의 가치 체계를 지식적으로 전승하고 학습하는 것보다는 문화와 예술을 중심으로 한 다양한 활동과 과정에 학생이 주체적으로 참여하는 경험을 통해 스스로의 삶, 나아가 공동체와 사회에 대해 재인식할 수 있도록 돕는 것을 강조한다. 이러한 과정 속에서 지난 2010년 세계문화예술교육대회가 국내에서 개최되었으며, 이후 문화예술교육은 국내 예술 현장에서 주요 프로그램의 하나로 확고히 자리 잡았다.

2) 문화예술교육의 역할

문화예술교육은 예술조직에서 이중적 역할을 한다. 하나는 단위 프로그램으로서의 역할이고, 다른 하나는 공연이나 전시 프로그램을 위한 중장기 관객 개발 수단으로서의 역할이다.

우선 문화예술교육은 공연이나 전시와 같은 단위 프로그램의 하나가 될 수 있다. 흡인력이나 지속적인 성과로 말하자면 공연이나 전시에 못지 않다. 기획자의 창의적인 접근에 따라 무한한 발전과 변용이 가능한 것도 큰 매력이다. 아울러 공연이나 전시 프로그램과 자원을 공유할 수 있다. 예를 들어, 별도의 공간이 없더라도 기존의 공연장이나 전시장 공간을 활용하여 프로그램 진행이 가능하다. 이를 통해 공연이 없더라도 공연장을 채울 수 있고, 기획전시가 없더라도 전시장을 붐비게 만들 수 있다. 공연이나 전시와 상관없이 예술조직이 지속적으로 소비자와 만날 수 있도록 해주는 것이다. 더욱이 이제는 단순히 기분 전환을 위해 예술작품을 감상하는 것에서 나아가 진지하게 공부하고 깊이 있는 지식을 탐구하며 예술을 즐기는 계층이 지속적으로 늘고 있다. 이들은 문화예술교육을 공연이나 전시 관람 이상의 즐거움을 주는 활동으로 받아들인다. 즉, 교육 프로그램이 그 자체로서 공연이나 전시와 마찬가지로 하나의 독립된 가치를 갖는 프로그램으로서의 역할을 하게 된 것이다. 또한 미래 교육의 화두로 늘 거론되는 창의교육을 가장 잘 소화할 수 있는 것도 바로 문화예술교육이다. 이에 따라 학생뿐 아니라 직장인의 창의성 증진을 위해서도 문화예술교육은 다양하게 활용된다. 정리하자면 문화예술교육 프로그램은 다른 예술 프로그램과 같은 선상에서 예술조직이 운영하는 프로그램의 포트폴리오를 다양하고 풍성하게 만들어주는 역할을 한다.

문화예술교육 프로그램의 또 다른 역할은 관객 개발이다. 문화예술에 대한 관심은 지속적으로 높아졌지만, 그에 비례하여 경쟁력 있는 콘텐츠도 더욱 발전하고 있다. 과거보다 훨씬 다양해진 방송 콘텐츠를 비롯하여 넷플릭스 같은 OTT 채널, 온라인 및 모바일 게임, 유튜브 등이 폭발적으로 성장하면서 전통적인 예술과 경쟁하고 있다. 더욱이 새로운 플랫폼을 기반으로 발전해온 이런 경쟁상품은 상당 수준의 지식이나 감상 경험의 축적이 필요한 예술과는 달리, 아무런 사전지식과 경험이 없더라도 즉시적인 소비와 감상이 가능하다. 과거처럼 안이한 태도로는 치열한 경쟁 속에서 자칫 기반을 잃을 위기에 직면한 것이 예술시장의 현실이다. 따라서 예술이 치열한 경쟁 속에서 살아남아 지속적인 시장가치를 유지하기 위해서는 무엇보다도 장기적 관점의 관객 개발이 필요하다. 문화예술교육은 이를 위한 가장 강력한 수단이다.

교육 프로그램은 교육 참가자를 대상으로 하여 반복적이고 단계적으로 지속되기 때문에 일단 교육 프로그램에 참가하면 예술조직과 예술 프로그램에 대한 친밀감이 이전과는 비할 수 없이 높아진다. 또한 손쉽게 구체적인 공연이나 전시 관련 정보를 제공받기 때문에 잠재고객으로 발전할 가능성도 높다. 문화예술교육은 이처럼 프로그램 그 자체로서의 가치만이 아니라 공연이나 전시 등 예술조직의 다른 주요 프로그램에 대한 관객 개발의 든든한 기초가 될 수 있다.

이러한 두 가지 측면의 가치를 포함하여 문화예술교육 프로그램의 운영이 갖는 기대 효과는 다음과 같이 정리할 수 있다. 첫째, 예술 프로그램 구성을 다양화하여 예술조직 운영의 안정성을 확보할 수 있게 해준다. 둘째, 교육 참가자를 다른 예술상품 마케팅을 위한 잠재고객으로 성장시킬 수 있다. 더욱이 이들은 특히 교육을 통해 충성도 면에서 일반 잠재관객보다 훨씬 강한 발전가능성을 갖고 있다. 셋째, 교육 참가 비용의 징수로 추가적인 수입 기반을 마련할 수 있다. 넷째, 예술가에게 예술 창작 외에 부수적인 활동과 수입원을 제공할 수 있다. 다섯째, 교육 참가자를 자원봉사자, 도슨트, 후원자 등으로 발전시킬 수 있다.

3) 문화예술교육 프로그램의 특성

지속성 문화예술교육 프로그램은 공연이나 전시가 일회적으로 이루어지는 감상 활동인 것과는 달리 중장기적으로 지속되는 학습과 체험 활동으로 기획된다. 장기간 지속되는 공연이나 전시도 있지만 이는 프로그램을 제공하는 공급자의 관점이고, 즐기고 소비하는 수요자의 입장에서는 일회적인 감상 활동으로 마무리되는 것이 보통이다. 그러나 교육 프로그램은 이와 달리 반복적이고 지속적인 참여를 전제로 프로그램이 설계된다. 예를 들어, 특정 주제의 강좌 프로그램을 마련하는 경우 일회성 특강으로 만들기보다는 3개월 혹은 6개월 정도 지속하는 주 1회 강좌 시리즈로 엮는 것이 더 효과적이다. 이러한 교육 프로그램의 참가자는 한 번 방문해 감상하고 끝내는 것이 아니라 매일 혹은 매주 정해진 시간에 꾸준히 참석하며 체험의 깊이를 더해간다.

저비용 교육 프로그램은 공연이나 전시에 비하면 소요 예산이 상대적으로 적게 소요된다. 무대나 전시 장치, 출연료, 연출료, 대관료 등 제작비용이 크게 소요되는 일반적인 예술 프로그램과 달리 교육 프로그램은 제작 그 자체에 소요되는 예산이 상대적으로 크지 않다. 예산이 주로 소요되는 분야는 강사료와 교육자료 제작비 정도며, 대부분 교육 참가자가 납부하는 참가비로 실비 충당이 가능하다. 따라서 예술조직에서는 거창한 프로젝트가 아니더라도 쉽게 교육 프로그램을 기획할 수 있다. 또한 공간의 측면에서도 전문화된 공연이나 전시와 달리 교육 프로그램은 굳이 전용 교육공간을 필요로 하지 않으며, 빈 시간대를 활용하여 공연장이나 전시장에서 진행할 수 있고, 소규모 인원을 대상으로 하는 경우 회의실, 로비, 야외, 카페테리아 등 다양한 공간을 활용할 수 있다. 이미 오랜 전통과 외부의 인지도가 있는 예술조직이라면 자체 공간 외에 교육 공간을 외부에서 별도로 임대해 활용할 수도 있다. 이러한 임대공간은 반드시 상업적인 공간일 필요가 없으며 대학교, 초·중·고교, 교회 등 종교시설, 공공기관의 부속시설 등 다양한 공간을 활용할 수 있다. 더욱이 이러한 공간은 전문 공간에 비해 대관료가 훨씬 저렴하거나 비용이 거의 들지 않는다는 장점이 있다.

다만 저비용 운영이 가능하다는 것은 단위 프로그램이 기준이지, 고객 1인당 지출되는 비용이 전제가 아니다. 예를 들어, 500석 규모의 공연장에서 12회 공연되는 연극 한 편 제작에 총 3억 원의 예산이 소요된다고 가정하면, 전석 매진을 가정할 경우 관객 수는 총 6000명이 되고 관객 1인당 소요 예산은 5만 원이다. 그러나 같은 문예회관에서 지역 청소년 30명을 대상으로 총 10회에 걸쳐 이루어지는 연극체험교실을 총 300만 원의 예산으로 운영한다고 하면 총사업비의 측면에서는 비용이 100분의 1에 불과하지만, 프로그램 참여자 1인당 소요되는 예산은 10만 원으로 두 배에 이른다. 이러한 측면은 특히 공공 문화공간의 경우에 중요한 변수가 될 수 있다. 한정된 예산 범위 내에서 가급적 많은 지역민에게 혜택을 제공해야 하는 공공 문화공간은 교육 프로그램의 운영에 적극적으로 나서기 어렵다. 또한 한 번에 이루어지는 공연과 달리, 교육 프로그램은 매 교육 시간에 강사와 교육 참가자가 원활하게 참여할 수 있도록 지원해야 하기 때문에 담당자의 업무 부담이 가중될 수도 있다. 이런 경우 교육 참가자는 연인원으로 파악하는 것이 바람직하다. 이를 앞의 예시에 적용하면 10회 동안 이루어지는 교육 프로그램의 경우 각 회당 30명씩 총 300명의 연인원이 참가하는 것이므로, 연인원 1인당 소요 예산은 1만 원으로 볼 수 있다.

비용과 관련하여 고려할 또 다른 측면은 문화예술교육 프로그램이 공연이나 전시에 비해 상대적으로 저비용으로 시작할 수는 있지만, 프로그램이 심화되고 고급화될수록 이 역시 강사진 확보나 교육자료 개발 등을 위해 여러 자원이 소요되며 기획 과정에 필요한 시간이나 업무 부담도 초급 단계에 비해 훨씬 커진다는 점이다. 따라서 일정 기간 지속적으로 운영한 교육 프로그램은 이를 위해 투입하는 시간, 비용 등 여러 자원을 고려하여 그 성과를 점검하고 이를 바탕으로 장기적인 발전 전략을 수립해야 한다.

세분성 문화예술교육 프로그램 운영에는 큰 비용이 들지 않더라도 그것을 기획하는 과정에서는 상당한 기간과 정성이 필요하다. 교육학적 접근 방식에 기초해 교육 대상별로 그 여건과 수요에 맞는 프로그램을 개별적으로 기획해야 하기 때문이다. 교육 프로그램은 그 특성상 공연이나 전시와 달리 교육 대상별 특성에 대한 연구 조사와 분석을 전제로 하여 각각의 교육 대상별로 세분화된 커리큘럼을 마련해야 한다. 반복적으로 시행되는 단순한 강습 프로그램이나 강사 개인의 자질에 의존하는 일회성 특강은 이런 문제가 크게 제기되지 않는다. 하지만 과거 운영 경험이 없는 새로운 교육 프로그램을 기획할 때는 공연이나 전시 프로그램 이상으로 상당한 준비 기간이 필요하다. 아울러 전문적 기획을 위해서는 교육 방향이나 내용에 대한 명확한 철학과 풍부한 경험을 가진 기획자, 즉 에듀케이터의 역할이 필요하다. 예를 들어, 지역 초등학교와 연계한 공공미술 현장학습이나 노인복지관과 연계한 연극 프로그램을 기획한다면 교육 대상에게 주어진 여건과 제약 조건, 기존 학습 경험, 희망 교육 내용 등에 대한 구체적인 조사와 분석, 교육 효과 등에 대한 철저한 검증과 연구가 선행되어야 한다. 그러지 않으면 자칫 표피적인 접근이나 교육 제공자의 자기 만족적인 교육에 그칠 수 있다.

다양성 공연이나 전시는 예술작품의 향유 방식이 어느 정도 정형화되어 있다. 미학적 관점에서 작품의 수용과 체험 과정에 대한 다양한 논의가 있을 수 있지만, 공연이나 전시상품의 소비자는 기본적으로 공연장과 전시장에서 완성된 형태로 전달되는 예술작품을 감상하고 즐기는 위치에 있다. 그러나 이와 달리 교육 프로그램은 참여의 수준이나 방법을 극히 다양하게 만들 수 있다. 과거에는 예술조직에서 교육 프로그램을 마련하더라도 수동적 참가자를 전제로 하여 단순한 강좌나 멀티미디어 기기를 활용한 감상 형태의 교육 프로그램이 주를 이루었다. 그러나 최근 교육 프로그램은 대부분 교육 참가자의 적극적 참여를 전제로 기획되는 경우가 점차 확대되고 있다. 이를 통해 더욱 직접적으로 예술을 체험할 수 있도록 해주는 것이다. 이 경우 교육을 진행하는 담당자나 강사의 역할은 스스로 갖고 있는 지식이나 재능을 가르치기보다는, 교육 참가자가 내적으로 갖고 있는 정서나 느낌 혹은 잠재적인 감성과 능력을 예술 활동을 통해 드러낼 수 있도록 도와주고 안내하는 것으로 바뀌게 된다. 문화예술교육 프로그램은 이런 면으로 인해 교육학에서 흔히 말하는 '행위를 통한 학습learning by doing'의 개념을 가장 잘 살릴 수 있는 분야이다.

연계성 교육 프로그램은 단독으로 기획되는 경우도 있지만 공연이나 전시 등 다른 예술 프로그램과 연계하여 기획함으로써 효과를 높일 수 있다. 예를 들어, 베토벤 탄생 250주년을 맞아 공연장에서 베토벤 음악을 연주하는 공연 프로그램을 운영하면서 동시에 베토벤의 삶이나 음악 세계 그리고 명연주를 소개하는 교육 프로그램을 함께 운영할 수 있다. 마찬가지로 박물관·미술관에서도 기획전시와 연계하여 작가론을 비롯해 전시작품의 이해를 돕기 위한 다양한 교육 프로그램을 준비함으로써 전시 감상을 훨씬 깊고 폭넓게 만들 수 있다. 이러한 연계성은 교육 프로그램에 대한 참여 동기를 불러일으키는데 도움이 된다. 단순히 무엇을 배우는 교육 프로그램이 아니라, 그러한 교육에 참가해 얻은 깊은 통찰력과 관점으로 공연이나 전시를 이전과는 다른 방향에서 감상하고 체험할 수 있기 때문이다. 이로 인해 교육 프로그램은 다른 예술 프로그램과 서로 상승 효과를 주고받으며 지속적인 발전을 이룰 수 있다. 따라서 공연이나 전시 프로그램을 기획할 때는 반드시 사전에 교육 프로그램을 함께 고려하는 것이 필요하며, 반대로 교육 프로그램의 기획을 할 때도 다른 예술 프로그램과의 연계성을 고려하는 것이 바람직하다.

4) 문화예술교육 프로그램의 기획 과정

문화예술교육 프로그램을 운영한 경험이 없는 예술조직은 교육 프로그램의 기획 과정이 공연이나 전시의 기획 과정보다 훨씬 간단하고 쉽다고 생각할 수 있다. 대략적인 주제를 정해 커리큘럼을 짜고 강의실과 강사만 마련하면 교육 프로그램을 만들 수 있다고 생각하는 것이다. 물론 그런 방식으로도 교육 프로그램을 만들 수 있으며, 실제로도 많은 예술조직이 이와 같은 방식으로 지역 주민을 위한 교육 프로그램을 운영한다. 그러나 이렇게 간단한 강좌를 만들어 수강생을 모집해 학원처럼 운영하는 것이 문화예술교육 프로그램의 전부라면 예술경영 분야에서 굳이 문화예술교육에 관한 내용을 따로 다룰 필요가 없다. 나름 전문화된 조직을 자처하는 예술조직이 교육이라는 이름을 붙여 프로그램을 운영한다면, 단지 비용 저렴한 학원으로 인식되지 않을 프로그램을 만들어야 할 필요가 있다. 실제로 예술조직의 교육 프로그램은 매우 다양하다. 간편하게 몇 가지 주제의 강좌 시리즈를 만들 수도 있고, 악기 교육과 같은 실기강습 프로그램을 만들 수도 있다. 나아가 예술가와 함께 직접 예술작품을 만들어나가는 창의적 기획과 체험 중심의 프로그램을 운영할 수도 있다.

진보적인 교육학자 이반 일리히는 "참된 교육을 하는 사회를 이룩하는 데 가장 큰 장애는 우리의 상상력이 완전히 학교화한 것"이라고 말한다.[38] 일리히는 학교제도에 대해 매우 비판적이었는데 그 비판은 한국 교육제도에도 어김없이 적용될 수 있다. 그러나 여기서 이야기하려는 것은 학교교육에 대한 비판이 아니다. 예술조직에서 문화예술교육 프로그램을 운영하는 경우 적어도 비판 대상이 되고 있는 학교에서의 예술교육에 대한 대안 혹은 최소한 보완이 될 수 있어야 한다는 것이다.

이를 위해서는 좀 더 전문적인 프로그램 기획이 필요하며, 여기에서 문화예술교육 프로그램 기획자, 즉 에듀케이터의 역할이 등장한다. 문화예술교육도 공연이나 전시 프로그램과 마찬가지로 전문화된 기획자의 손에 의해 프로그램이 만들어져야 하는 것이다. 최근 대규모 국공립 문화공간을 중심으로 교육 프로그램에 대한 전담 부서를 설치하거나 최소한 전담 기획자를 두는 사례가 조금씩 확대되고 있기는 하지만, 아직까지 일반화되지는 못했다. 문화예술교육 프로그램을 처음 시도하는 예술조직이라면 처음부터 전담 인력을 두기는 어렵다. 따라서 공연이나 전시 혹은 다른 경영 분야를 맡고 있는 인력이 업무와 병행하여 교육 프로그램을 기획하다가 프로그램 확대에 따라 전담 인력을 두는 단계로 발전해가게 된다. 그러나 어떤 상황에서건 교육 프로그램 기획은 단순한 강사 섭외와 강의실 마련에서 그치는 것이 아니라는 점을 염두에 두어야 한다. 여기서는 문화예술교육 프로그램의 기획을 단계적인 과정으로 나누어 소개할 것이다. 이런 단계적 과정은 물론 논리적인 틀에 관한 것이므로 현실적인 집행 단계에서는 몇 개의 과정을 합치거나 생략할 수 있다.

기획 방향 설정 대상과 내용에 상관없이 모든 교육 프로그램은 우선적으로 예술조직의 설립 취지와 역량에 적합해야 한다. 설립 취지와 역량을 고려하지 않은 교육은 기존의 공연이나 전시 프로그램과 어울리지 못한 채 겉돌며 형식적으로만 운영될 수 있다. 적합성에 대한 검토가 이루어진 후에 비로소 어떠한 형태와 내용의 교육 프로그램이 설립 취지의 실현과 기존의 사업 운영 성과를 높이는 데 더 효과적으로 기여할지 고민해야 한다. 교육 프로그램은 일회적으로 이루어지는 공연이나 전시 프로그램과 달리 지속성이 중요하기 때문에 자칫 섣부르게 시작하면 이러지도 저러지도 못하는 상황에서 많은 자원만 낭비할 수 있다.

이때 유의할 부분은 전문 예술조직에서 기획 운영하는 교육 프로그램이라면 최소한 학원이나 공공 복지시설에서 운영하는 단순 강습이나 강좌 형태에서는 탈피해야 한다는 점이다. 이러한 프로그램은 준비 과정이 복잡하지 않고 손쉬운 측면은 있지만 자칫 해당 예술조직의 정체성이나 위상을 훼손할 수 있다. 아울러 프로그램은 얼마든지 다양한 방향으로 기획할 수 있지만 창의성과 체험성, 이 두 가지 요소는 반드시 포함하는 것이 바람직하다. 창의성은 문화예술교육이 다른 교육, 예를 들어 정보통신 교육이나 외국어 교육 등과 가장 차별성을 갖는 부분이기도 하다. 특히 예술가가 직접 강사나 지도자로 참여하는 프로그램에서는 이러한 창의성의 측면이 교육 프로그램의 핵심 요소가 되어야 한다. 또 다른 측면은 체험성인데, 이는 특히 최근의 문화예술교육 프로그램이 대부분 취하는 방향이기도 하다. 과거에는 수동적인 입장에서 강사 혹은 지도자의 강의를 듣거나 관찰 수준에 머무른 교육이 많았지만, 이제는 교육 참가자가 스스로 어떤 예술작품의 제작 과정에 직접 참여하여 그 과정 자체를 체험하며 느끼는 방식으로 교육 프로그램을 운영하는 경우가 많다.

환경 분석 문화예술교육 프로그램의 방향은 예술조직의 내·외부 환경 및 지역사회에서의 입지와 역할 등에 따라 달라진다. 이에 따라 교육 프로그램을 기획하기에 앞서 SWOT 분석 등을 활용해 조직 내부 여건과 외부 환경을 먼저 조사해야 한다.

조직 내부 측면에서는 사업 역량과 경험, 전문 인력 확보 여부, 재정 여건, 교육용 공간 및 장비 여건 등을 분석한다. 아울러 조직에서 운영하고 있는 주요 사업과 프로그램 역시 중요한 분석 요소다. 전담 부서가 있는 조직이 아직은 많지 않기 때문에 교육 프로그램의 기획을 공연, 전시 등 예술 프로그램의 기획 담당자가 맡을 것인지, 마케팅이나 관객 개발 담당자가 맡을 것인지 검토해야 한다. 전자의 경우 프로그램의 연계성 확보에서 유리하고, 후자는 관객 개발 관점에서 유리하다고 할 수 있다.

공연장은 그 자체로 훌륭한 교육공간이 될 수 있으며, 박물관·미술관의 전시장이나 로비도 활용하기에 따라서는 다양한 프로그램이 전달되는 교육공간의 역할을 할 수 있다. 나아가 필요하면 앞서 이야기한 것처럼 외부 공간을 일시적으로 임대하거나 학교·정부기관·사회기관 등 외부 기관·단체와의 파트너십 형성으로 이들이 보유한 교육공간을 활용할 수 있다. 따라서 교육공간을 분석할 때 너무 보수적인 태도를 갖지 않아야 한다. 재정 면에서도 초기 프로그램 개발에는 자체 예산을 투입하지만 이후 운영비용은 교육 참가자의 수강료로 충당하는 방식의 운영을 할 수 있다.

교육 대상 연구 교육 프로그램을 기획할 때는 교육의 주제와 소재에 더하여 교육 대상에 대한 철저한 연구가 선행되어야 한다. 시장세분화, 타깃 시장 설정, 포지셔닝으로 이루어지는 STP 전략은 마케팅의 가장 기초적인 개념이면서 동시에 문화예술교육 프로그램의 기획에 있어서도 중요한 개념으로 응용될 수 있다. 교육 프로그램에서는 무엇보다도 교육 대상의 세분화가 중요하기 때문이다. 평가 결과가 좋지 않은 교육 프로그램은 교육 대상에 대한 연구가 철저하지 못한 경우가 많다. 예술조직에서 교육 프로그램을 처음 기획하는 경우 대개 자체적으로 이미 시행해온 공연이나 전시 프로그램을 전제로 이와 연계된 교육 프로그램을 시도하게 된다. 이때 교육 대상 연구가 미흡하면 교육 프로그램 실행 과정에서 의외의 상황을 맞닥뜨리는 경우가 발생한다. 예를 들어, 어린이와 청소년을 위한 프로그램의 경우 학령별로 전문 프로그램에 대한 이해의 수준이 크게 다르기 때문에 교육 대상의 나이 폭을 지나치게 넓게 잡으면 참가자 가운데 일부는 교육 내용에서 소외될 수 있다. 또한 노인이나 장애인을 대상으로 한 교육 프로그램은 이들의 원활한 참여를 위해 각 여건에 맞는 세심한 배려와 도움이 필요하다.

최근 많은 예술조직이 이른바 문화소외계층을 위한 교육 프로그램을 기획하는데, 이 경우 일반 관객에 비해 적어도 두 배 이상의 사전준비와 노력을 기울여야만 한다. 이런 측면을 간과하면 전달되는 예술의 질적 내용과 상관없이 교육 대상자에게는 지루하고 따분한 시간이 될 수 있다. "고객 중심으로 사고思考하라"는 평범한 마케팅 격언이 교육 프로그램 기획에서는 절대 진리가 된다. 교육 대상에 대한 연구에서는 비단 연령에 대한 것만이 아니라 해당 예술작품이나 장르에 대한 체험 수준, 교육 수준, 장애 여부, 기타 사회경제적인 여건에 대한 고려가 구체적으로 이루어져야 한다. 마케팅의 시장세분화 전략과 마찬가지로 가능한 여건 범위 내에서 구체적으로 세분화할수록 교육이 더 효과적으로 이루어질 수 있다.

교육 프로그램의 구성 교육과정과 교재와 교보재는 교육 프로그램 구성을 위한 3종 세트로 알려져 있다. 이 가운데 가장 먼저 필요한 것이 교육과정이다. 교육 프로그램은 관객을 일회적 방문객으로 만나는 공연, 전시 등과는 달리 일정한 교육과정에 따른 지속적인 참석을 유도한다. 문제는 교육 참가자의 지식이나 경험이 제각각이라는 점이다. 어느 정도 수준의 참가자를 대상으로 교육 과정을 설계할지 결정하는 것은 생각만큼 쉽지 않다. 교육 프로그램이 어려워도 문제지만, 반대로 너무 쉽고 평이하게 구성할 경우 지적 자극을 주지 못하거나 지루해질 수 있다. 따라서 교육 프로그램은 참가자에게 단계적으로 지적·감성적 자극을 강화해갈 수 있도록 교육과정을 편성해야 한다. 교육과정을 정리한 후에는 교재와 교보재를 준비한다. 교재를 자체 제작하는 경우 저작권 문제가 발생하지 않도록 내용 구성에 신중을 기해야 한다. 아울러 교육에 필요한 여러 기자재나 소도구 등 교보재는 교육의 효과를 높이는 데 매우 유용하다.

프로그램에 따라 다르지만 교육을 마무리하는 단계에서는 교육 참여자 스스로 예술작품의 창작 주체가 되어 실제 창작 과정에 참여토록 하는 것이 참가 의욕을 북돋울 수 있다. 특히 연극이나 무용 같은 공연 분야 교육 프로그램의 경우 실제로 무대 위에서 간단하게라도 공연할 수 있는 기회를 제공하면 창작자로서의 위치를 직접 체험하는 과정을 통해 예술작품에 대한 이해와 감상에도 큰 도움이 된다. 스스로 예술작품을 창작하는 주체적 위치에서 다른 관객과 소통의 경험을 하는 것은 무엇보다 예술 향유에 대한 내재적 동기의 요인이 되며, 이후 발전적인 단계로 성장하는 계기가 된다. 이런 경우 발표 자체에 너무 중점을 두기보다는 그러한 발표에 이르는 과정 자체를 체험하며 즐길 수 있도록 유도해야 한다.

이러한 프로그램이 성공적으로 운용되기 위해서는 전문 인력의 활용이 중요하다. 전문 인력의 두 축은 교육 프로그램 기획자, 즉 에듀케이터와 강사teacher다. 능력 있는 기획자와 경험 많은 강사를 확보할 수 있다면 그 교육 프로그램은 90퍼센트 성공한 것이나 다름없다. 다만 예술가와 예술교육자는 각기 다른 전문성을 가진다는 점에 유의해야 한다. 창의적인 예술가라고 해서 반드시 훌륭한 예술교육자가 되는 것은 아니다. 따라서 해당 예술 분야의 역량과 함께 풍부한 교육 경험이 있는 강사진의 확보가 중요하다. 그리고 매 교육 프로그램을 강사진에게만 맡기기보다는 사전에 충분한 워크숍과 토의를 거쳐 기획자와 강사진이 교육과정과 교재를 함께 만들어나가는 노력이 필요하다. 나아가 사전에 기획자가 마련한 커리큘럼에 대해서도 경험 많은 강사진과 함께 지속적인 점검과 재검토를 해나가야 한다.

교육 프로그램은 예술조직 자체의 역량만으로도 진행할 수 있지만 외부와 연계하여 추진하는 것이 더욱 유리할 때가 있다. 예술조직에서 문화예술교육 프로그램을 기획할 때 가장 좋은 파트너는 전국 1만 1000개에 이르는 초·중·고교와 재직 교사다. 초·중·고교에서는 재량활동과 현장학습을 꾸준히 강조해왔으며, 최근에는 중학교 자유학기제 등 학교장 재량으로 할 수 있는 프로그램의 여지를 확대하고 있다. 따라서 예술조직에서는 이에 부응하여 재량활동, 특별활동, 현장학습, 자유학기제 등 교과과정과 연계한 다양한 교육 프로그램을 연계 기획할 수 있다. 학교 외에도 노인복지관, 장애인복지관 등 사회복지시설과의 협업도 상호 도움이 될 수 있다.

마지막으로 교육 프로그램의 예산편성에서는 우선 교육에 참여하는 교육 대상에게서 받는 수강료 수입만으로 프로그램 운영비용을 전부 부담할 것인지의 여부를 검토해야 된다. 통상적으로 기획자 인건비와 시설·장비 등의 고정비, 교육과정 개발과 교재 마련 등은 기존 경상비로 부담하고, 실제 실행 과정에서 소요되는 강사료 및 교보재 관련 실비는 수강료 수입으로 충당하는 경우가 많다.

교육 프로그램의 실행 예술조직에서 다양한 프로그램을 운영하지만 그중 교육 프로그램 담당자의 스트레스가 가장 크다는 이야기가 있다. 이는 공연이나 전시와 달리 프로그램 실행 단계에서 민원이 많이 제기되기 때문이다. 교육에 대한 민원이 많은 이유는 다른 프로그램과 달리 교육 참가자와 기획자 간의 간격이 좁기 때문이다. 교육 프로그램의 기획자는 교육이 진행되는 과정에서 진행자의 역할을 겸하게 된다. 이로 인해 커리큘럼이나 강사진 혹은 강의 내용 자체에 대한 불만이 여과 없이 직접적으로 기획자에게 전달되기 때문에 그만큼 스트레스가 커지는 것이다. 아울러 공연이나 전시와 마찬가지로 교육 참가자의 모집 역시 늘 쉽지 않은 과제다. 이를 위해 공개 강의나 유튜브 샘플 강의를 비롯하여 다양한 홍보 수단의 개발이 필요하다.

평가와 마무리 다른 공연이나 전시 프로그램의 경우와 마찬가지로 교육 프로그램 역시 사후평가가 매우 중요하다. 특히 강사진의 개편, 커리큘럼과 교재 개선, 다음 단계의 심화 프로그램 등에 대해서는 교육 참가자의 의견을 적극 반영해야 한다. 따라서 교육 프로그램이 종료하는 시점에서 반드시 설문조사, FGI 등의 방법을 활용해 교육 참가자의 의견을 수렴하고 이를 통해 교육 프로그램 전체를 평가하며 발전 방향을 설정해야 한다. 이 가운데 특히 강사에 대한 평가가 중요하다. 사회적으로 명망이 높고 성과가 많은 인사라 할지라도 학자나 예술가로서의 역량과 강사나 교사로서의 역량은 다른 것이기 때문이다. 따라서 강사로서의 역량 자체에 대해서는 가급적 냉정한 평가를 통해 계속 강사로 초청할 것인지 여부를 결정해야 한다.

심층 연구 및 토론 과제

- 예술조직 경영에서 문화예술교육은 어떤 역할을 하는가?
- 문화예술교육 프로그램과 다른 공연, 전시, 축제 프로그램에는 어떤 차이가 있나?
- 학교 문화예술교육과 사회 문화예술교육의 기획은 어떤 차이가 있나?
- 문화예술교육에서 파트너십이 중요한 이유는 무엇인가?
- 교육자(강사)와 교육프로그램 기획자(에듀케이터)의 역할은 어떻게 다른가?
- 다음 세 편의 영화 중 하나를 보고 영화에서 예술교육을 어떤 관점에서 다루고 있는가 생각해보자.

  - 〈뮤직 오브 하트Music of the Heart〉(1999), 웨스 크레이븐 감독
  - 〈스쿨오브락School of Rock〉(2003), 리처드 링클레이터 감독
  - 〈쉘위댄스Shall We Dance?〉(1996), 수오 마사유키 감독

심화학습을 위한 참고자료

1. 전략기획

《Strategic Planning in the Arts》 | Michael M. Kaiser | Brandeis University Press | 2018

동시대의 가장 대표적인 예술경영 전문가 중 한 명인 마이클 카이저가 저술한 전략기획 가이드북으로서, 경영학의 전략기획 이론을 예술현장에 접목하여 소개했다. 미국의 여러 유수한 예술조직 대표를 역임한 경험을 바탕으로, 단순한 이론 소개보다는 실무현장에서 바로 적용할 수 있는 실용적인 추진전략을 중심으로 책을 구성했다.

《Strategic Planning for Nonprofit Organization: A Practical Guide for Dynamic Times》(3rd edition) | Michael Allison and Jude Kaye | John Wiley & Sons | 2015

《Strategic Planning for Public and Nonprofit Organizations: A Guide to Strengthening and Sustaining Organizational Achievement》(5th edition) | John M. Bryson | John Wiley & Sons | 2018

두 책 모두 비영리조직에서의 전략적 기획에 대한 종합적인 해설서이자 가이드북이다. 구체적인 실무진행에 도움이 되는 실제 양식 등을 풍부하게 담고 있다. 특히 비영리조직을 전제로 저술되었기에 설립 취지의 설정과 SWOT 분석 및 이에 따른 단계적 기획 과정을 상세히 다룬다.

2. 공연기획

《공연기획》 | Fredetic Vogel and Ben Hodges ed. | **용호성·배연경 역** | **김영사** | 2013

연극에서 뮤지컬까지 공연제작의 실전 전략을 담은 책으로서, 브로드웨이에서 활동하는 대표적인 프로듀서 27명이 함께 참여하여 만들었다. 매 장마다 〈위키드〉, 〈헤드윅〉 등의 공연현장에서 저자들이 직접 겪은 작품 개발, 제작비 마련, 제작팀 구성, 공연 마케팅과 홍보에 관한 다양한 경험이 녹아 있다. 말하자면 100여 년간 축적한 브로드웨이식 프로듀싱 시스템의 노하우를 담은 책이라 할 수 있다. 브로드웨이의 극장 및 공연 프로듀서 단체인 브로드웨이리그의 상업공연연구소Commercial Theater Institute에서 운영하는 프로듀서 양성과정의 교재이기도 하다.

《Performing Arts Management: A Handbook of Professional Practice》 | Tobie S. Stein and Jessica Bathurst | Allworth Press | 2008

공연장 경영을 비롯하여 공연기획과 제작 과정 전반에 관한 종합 가이드북. 공연장의 조직구조와 인력구성, 미션 설정과 전략계획 수립, 공연 제작, 재무관리, 재원 조성, 티켓 판매, 공연예술교육, 순회공연기획, 노무관리, 시설 운영 등 공연예술과 관련한 방대한 내용을 빠짐없이 꼼꼼히 다루고 있다. 매 장 말미에 붙어 있는 수없이 많은 각주와 부록 자료가 저자들의 노력과 성실성을 보여준다.

심화학습을 위한 참고자료

《Booking & Tour Management for the Performing Arts》(3rd edition) | Rena Shagan | Allworth Press | 2001

순회공연에 대한 종합 가이드북. 꾸준히 높은 평가를 받아 개정3판까지 출판되었다. 기본 기획 과정부터 예산, 일정, 홍보, 계약 등 세부적인 준비사항에 이르기까지 순회공연 전반에 대해 구체적으로 설명한다. 특히 해외에서 공연할 경우 부록에 실린 각종 계약서 양식과 절차 및 체크리스트 등에서 실용적인 도움을 받을 수 있다.

《무대의 탄생》 | 소홍삼 | 미래의창 | 2013

의정부예술의전당에서 오랜 기간 일하며 공연기획과 홍보마케팅을 총괄해온 저자가 국내 공연현장에서 가장 많이 화제에 올랐던 10개의 사례를 선정하여 그 기획과정과 성과를 돌아본 책이다. 연극열전, 라이온킹, 앙상블디토 등 성공적인 공연과 더불어 여러 논쟁의 중심에 놓였던 운동장오페라에 이르기까지 다양한 사례를 통해 공연기획의 생생한 현장을 접할 수 있다.

3. 전시기획

《박물관 전시의 기획과 디자인》 | 마이클 벨처 | 신자은·박윤옥 역 | 예경 | 2006

박물관에서의 전시를 기획하고 운영해나가는 과정 및 이에 필요한 다양한 요소를 정리한 가이드북. 박물관의 커뮤니케이션 매체로서의 전시가 갖는 의미와 방향, 전시의 분류, 전시기획의 과정, 전시기획서의 작성, 전시환경의 구성, 관람객정책 등 박물관 전시의 철학적 의미에서 구체적인 기획과정 및 전시디자인 실무에 이르기까지 포괄적인 내용을 체계적으로 다룬다. 박물관의 핵심상품으로서의 전시에 대한 명확한 이해와 실무 응용에 도움이 되는 책이다.

《큐레이터 본색》 | 김홍희 엮음 | 한길아트 | 2012

서울시립미술관장을 역임한 김홍희를 비롯하여 김현진, 최빛나, 김희진, 김성원, 백지숙, 김선정, 김승덕/프랑크 고트로, 이영준, 박만우, 정도련 등 국내 대표급 큐레이터 11명이 큐레이터의 역할과 전시기획에 관한 자신의 관점을 제각기 풀어냈다. 교과서적 접근에서 벗어나 각 큐레이터가 다양한 현장에서 직접 겪어온 이야기를 통해 전시와 큐레이팅의 본질에 다가갈 수 있도록 해준다.

《뉴욕 큐레이터 분투기》 | 마사 터커·리자 루 엮음 | 배은경 역 | 아트북스 | 2012

뉴욕 휘트니미술관의 첫 여성 큐레이터이자 뉴뮤지엄의 설립자였던 마사 터커의 자서전이다. 기념비적이었던 몇몇 전시의 기획과정을 비롯하여 동시대미술을 미술관에서 수용해가는 이야기를 통해 현대미술에서 미술관과 큐레이터의 역할은 어떤 것이어야 하는가에 대해 다시금 생각할 수 있게 한다.

《큐레이터》 | 에이드리언 조지 | 문수민 역 | 안그라픽스 | 2016

전시기획서 작성에서 전시 종료와 평가에 이르는 전시기획의 전반적인 과정을 큐레이터의 관점으로 풀어낸 책이다. 큐레이터란 누구인가라는 물음에서 시작하여 전시기획의 실무내용을 빠짐없이 구체적으로 소개했다.

4. 축제기획

《공연예술축제를 만드는 사람들》 | 강일중 | 연극과인간 | 2009

공연예술축제에 관한 전반적인 내용을 담은 책. 공연예술축제가 서양과 우리나라의 어떤 원형적인 모습에서 진화해왔는가를 밝히고, 유럽과 북미의 주요 축제를 소개한다. 또한 국내 주요 축제기획자의 인터뷰를 실었고, 축제의 실제적인 기획과 운영방안도 다루고 있다. 축제기획에 관한 내용은 아니지만 세계 주요축제를 소개하는 《세계축제경영》(김춘식/남치호, 김영사, 2016)도 축제를 이해하는 데 도움이 된다.

《청춘은 찌글찌글한 축제다》 | 인재진 | 연극과인간 | 2009

2004년에 시작하여 국내 대표적인 공연예술축제이자 아시아 최고의 재즈페스티벌로 성장해온 〈자라섬 재즈페스티벌〉의 인재진 총감독이 풀어낸 책이다. '성공의 무대를 만든 위대한 실패의 기록'에 관한 책이라는 부제에서 보듯이 이 페스티벌을 처음 구상하여 발전시켜가는 과정에서 겪은 온갖 에피소드를 통해 성공적인 축제가 어떤 과정을 거쳐 만들어지는가를 생생히 경험할 수 있다.

《젊은 축제기획자를 위한 안내서》 | 예술경영지원센터 | 2013

예술경영지원센터에서 발간한 실무 가이드북 가운데 하나로서, 공연예술축제를 중심으로 축제 현장에 대해 포괄적으로 접근했다. 국내 축제의 역사와 경향, 축제기획자의 역할, 축제기획 직무 등 축제기획과 관련된 주요 이슈를 현장 전문가들이 직접 집필했으며, 관련 좌담 결과를 함께 담아 축제 현장의 고민과 과제를 파악할 수 있도록 했다.

5. 문화예술교육 기획

《블루 기타 변주곡》 | 맥신 그린 | 문승호 역 | 다빈치 | 2011

뉴욕의 컬럼비아대학교 교육대학원Teachers College에서 교육철학과 미학을 연구하고 강의해온 맥신 그린의 심미적 교육에 관한 이론을 소개한 책이다. 존 듀이John Dewey의 교육철학을 발전시킨 맥신 그린은 예술작품에 대한 개인의 경험과 맥락에 초점을 맞춤으로써 현대 예술교육의 철학적 기반을 제공했다. 예술교육의 방향에 대한 심층적 연구를 위해서는 이 책과 더불어 존 듀이의 《경험과 교육》(박영사, 2019)과 《예술론》(샤론, 1986)도 읽어볼 필요가 있다.

《미적체험과 예술교육》 | 곽덕주 외 | 이음스토리 | 2014

서울문화재단에서는 2005년부터 서울시교육청과 협력하여 학교문화예술교육 사업을 추진해왔다. 2007년에는 예술가교사Teaching Artist 교육을 시작했고, 2012년에는 이를 창의예술교육과정으로 개편했다. 그리고 미적체험 및 통합예술교육에 관한 예술교육총서를 발간하기 시작했는데, 이 책도 그중 하나다. 5명의 저자가 미적체험과 예술교육에 대한 교육학적 관점을 비롯하여 연극, 시각예술, 음악, 무용 등에 대한 미적체험교육의 이론과 실제를 소개했다.

《문화예술교육사업과 파트너십》 | 임학순 | 북코리아 | 2007

2000년대 중반부터 본격화된 국내 문화예술교육은 초기 단계부터 예술조직과 학교 그리고 예술조직과 지역문화기관 및 복지시설 등 다양한 파트너십을 기반으로 발전해왔다. 이 책은 문화예술교육사업의 개념과 특징에 대한 소개에서 시작하여 문화예술교육에서 파트너십의 중요성과 방향 그리고 실제적인 파트너십 구축을 위한 다양한 노하우와 성과관리를 위한 과제를 소개했다. 같은 저자의 《문화예술교육 자원과 협력 관계》(컬처룩, 2019)도 지역기반으로 활동하는 문화예술교육 기획자가 활용할 수 있는 가용자원과 협력관계를 정리한 책으로서, 같은 맥락에서 함께 읽어볼 만하다.

1 W. J. Byrnes, *Management and the Arts*(2nd ed.), Focal Press, 1992, pp.11~14.

2 M. Allison & J. Kaye, *Strategic Planning for Nonprofit Organization: A Practical Guide and Workbook*, John Wiley & Sons INC, 1997, pp.1~2.

3 J. M. Bryson, *Strategic Planning for Public and Nonprofit Organizations: A Guide to Strengthening and Sustaining Organizational Achievement*(Revised ed.), Jossey-Bass, 1995, pp. 70~75.

4 D. Eichten, "The Marketing Plan", *Market the Arts!: An Anthology of Effective Research, Planning, Implementation and Follow-Up*, Joseph V. Melillo ed., Arts Action Issues, 1995, p.35.

5 주성혜, 《음악학》, 루덴스, 2008, pp.138~139.

6 J. Vasey, *Concert Tour Production Management: How to Take Your Show on the Road,* Focal Press, 1998, p.1.

7 프레더릭 보겔·벤 호지스 엮음, 용호성·배연경 역, 《공연기획*The Commercial Theater Institute Guide to Producing Plays and Musicals*》, 김영사, 2013(원저 2006).

8 K. J. Foster, *Performing Arts Presenting: From Theory to Practice, Association of Performing Arts Presenters*, 2006, p.16.

9 이승엽, 《극장경영과 공연제작》, 역사넷, 2001, pp.190~191..

10 R. Shagan, *Booking & Tour Management for the Performing Arts*(3rd ed.), Allworth Press, 2001, pp.8~10.

11 T. Wolf, *Presenting Performances*(6th Revised Ed.), ACA Books, 1991, pp.37~41.

12 주성혜, op. cit., pp.141~143에서 재인용.

13 이문희·김수영·김미라, 《공연 제작의 과정과 실무》, 연극과인간, 2007, pp.120~141.

14 문화관광부, 〈문화기반시설 관리운영 평가보고서〉, 1998, pp.47~51, pp.95~100.

15 조지 엘리스 버코, 양지연 역, 《큐레이터를 위한 박물관학*Introduction to Museum Work*》(3rd ed.), 김영사, 2001(원저 1997) p.17, pp.198~199.

16 마이클 벨처, 신자은·박윤옥 역, 《박물관 전시의 기획과 디자인*Exhibitions in Museums*》, 예경, 2006(원저 1991), p.68.

17 Ibid., pp.61~64.

18 Ibid., pp.93~102.

19 조지 엘리스 버코, op. cit., pp.200~201.

20 마이클 벨처, op. cit., p.76.

21 마이클 벨처, op. cit., pp.87~88.

22 제16조(등록 등 ① 박물관과 미술관을 설립·운영하려는 자는 그 설립 목적을 달성하기 위하여 필요한 학예사와 박물관 자료 또는 미술관 자료 및 시설을 갖추어 대통령령으로 정하는 바에 따라 국립 박물관 및 미술관은 문화체육관광부 장관에게, 공립·사립·대학 박물관 및 미술관은 특별시장·광역시장·도지사·특별자치도지사(이하'시·도지사'라 한다)에게 등록할 수 있다.

23 박물관 및 미술관 진흥법 제6조(박물관·미술관 학예사 ① 박물관과 미술관은 대통령령으로 정하는 바에 따라 제4조에 따른 박물관·미술관 사업을 담당하는 박물관·미술관 학예사(이하 '학예사'라 한다)를 둘 수 있다. ② 학예사는 1급 정正학예사, 2급 정학예사, 3급 정학

예사 및 준準학예사로 구분하고, 그 자격제도의 시행 방법과 절차 등에 필요한 사항은 대통령령으로 정한다.

24 박물관 및 미술관 진흥법 시행령 3조 및 별표 1.

25 김성원, "Forget the Curator", 《큐레이터 본색》(김홍희 엮음), 한길아트, 2012, p.112.

26 Ibid., pp.104~119.

27 최빛나, "공동共同을 향해", 《큐레이터 본색》(김홍희 엮음), 한길아트, 2012, p.47.

28 김현진, "위태롭고 자유로운", 《큐레이터 본색》(김홍희 엮음), 한길아트, 2012, p.28.

29 줄리 아울트, "그룹 마테리알의 80년대 세 가지 활동", 《큐레이팅이란 무엇인가*Curating Subjects*》(폴 오닐 엮음, 변현주 역), 현실문화, 2013(원저 2007), p.45.

30 마이클 벨처, op. cit., p.130.

31 에이드리언 조지, 《큐레이터*The Curator's Handbook*》, 안그라픽스, 2016, pp.88~90.

32 J. H. Carmel, *Exhibition Techniques: Travelling and Temporary*, Reinhold, p.12(Belcher, 1991, p.303에서 재인용).

33 인재진, 《청춘은 찌글찌글한 축제다》, 마음의 숲, 2014.

34 강일중, 《공연예술 축제를 만드는 사람들》, 연극과인간, 2009, pp.69~81, pp.121~131.

35 Ibid., p.265.

36 이 내용은 공저인 《컬덕 시대의 문화마케팅》에 실렸던 필자의 글 및 필자의 박사학위 논문 〈문화예술교육 정책의 효과적인 거버넌스 모형에 대한 연구〉(경희대, 2007)의 내용 일부를 수정·보완하거나 참고하여 작성했다. 세부적인 내용에 대해서는 별도의 인용 표기를 하지 않았다.

37 김형숙, 《미술관과 소통》, 예경, 2001, pp.19~23.

38 이반 일리히, 박홍규 역, 《학교 없는 사회*Deschooling society*》, 생각의나무, 2009(원저 1970), p.61.

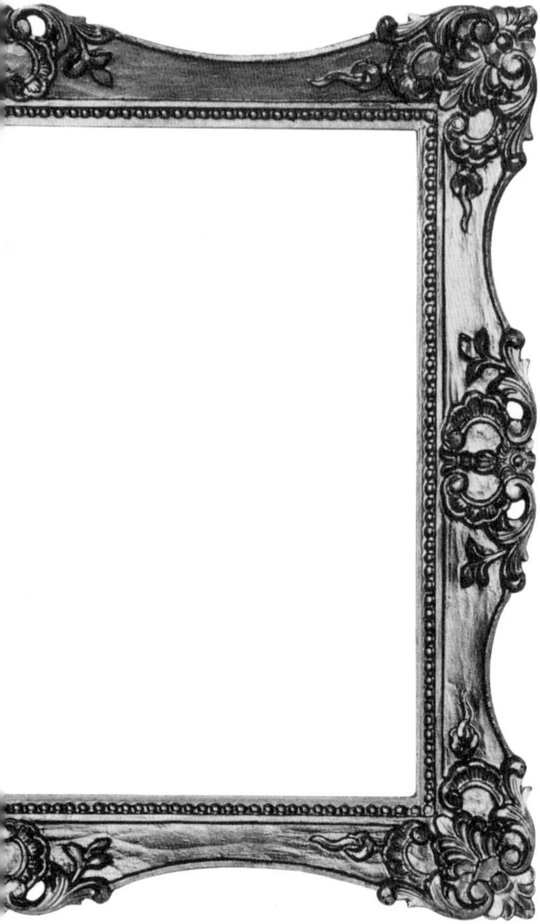

7장 — 마케팅

1. 예술상품의 마케팅

1) 예술조직과 마케팅

예술상품의 마케팅을 논의하기에 앞서 먼저 마케팅이라는 개념이 어떻게 현대 경영의 주요 개념으로 자리 잡았는지 살펴볼 필요가 있다. 생산 중심의 기업 환경이 시장 중심으로 변한 것은 무척 오래된 일이다. 자본주의 초기의 기업은 좋은 상품을 효율적인 방법으로 생산만 하면, 시장이 이에 자동적으로 반응해 그 상품을 소비할 것이라는 전제를 갖고 있었다. 그러나 1920~1930년대 대공황 같은 예기치 못한 상황을 겪으면서 시장을 대하는 기업의 기본자세가 바뀌었다. 현대 경영에 있어서 중요시되던 조직, 인사, 재무관리 같은 정태적인 부분 이상으로 동태적인 마케팅의 중요성이 강조되기 시작한 것은 대략 이 무렵부터다. 이후 자본주의 시장경제에서는 소비자 혹은 고객이라고 하는 요소가 경영의 중요한 변수로 등장했고, 어떻게 하면 이들과 효과적으로 관계를 형성해 상품을 판매할 수 있는지가 중요한 의사결정 범주로 부각되어 왔다.

하지만 이러한 마케팅 개념이 비영리 부문에까지 영향을 미치는 데는 더욱 많은 시간이 필요했다. 특히 예술 분야는 1960년대 미국에서 현대적인 예술경영이 출발하기 전까지는 체계적인 마케팅 전략이 활용되지 못했다. 그러나 1960년대 중반 이후 경영학에서 발전한 다양한 기법이 예술 현장에 적용되면서 예술 분야 고유의 마케팅 전략과 이론이 발전했다. 초기에 산발적으로 활용되던 마케팅 기법은 1970년대 대니 뉴먼이 주창한 시즌티켓 제도가 주요 공연장과 예술단체에 확산되면서 체계화되었고,[1] 1990년대 말 마케팅 분야의 세계적인 석학으로 인정받는 필립 코틀러가 공연[2]과 전시[3] 분야에 대해 각각 방대한 양의 연구 내용을 담은 이론서를 출간하면서 정점에 이르렀다.

코틀러는 마케팅에 관해 "기업, 비영리조직, 정부조직 등이 그 고객의 욕구를 파악하고 그에 부합하는 상품이나 서비스를 기획·개발하여 최소한의 비용으로 최대한의 고객 만족을 이룸으로써, 최대한의 가치를 창출할 수 있도록 상품 및 서비스를 제공하는 행위다"라고 언급했다.[4] 코틀러가 말하는 마케팅은 마케팅의 주체로서 우리가 흔히 생각하는 기업뿐 아니라 비영리조직과 정부조직까지도 포함하여 규정하고 있다는 점에서 더 광의의 개념이다. 물론 마케팅에서 중요한 것은 마케팅의 주체보다는 고객, 욕구, 효율성 등의 개념이다. 즉, 마케팅의 객체로서 존재하는 고객이라는 개념과 함께 그들이 시장을 통해 보여주는 욕구와 수요에 효율적으로 대응하는 방법에 관심을 두어야 한다. 이런 점에서 마케팅은 어느 분야에나 적용할 수 있는 중립적인 개념이 될 수 있다.

예술 분야에 마케팅 이론과 기법을 적용하는 것에 대해 예술을 상품화하여 돈벌이 수단으로 전락시킨다는 이유로 부정적인 견해를 펴는 시각도 있다. 그러나 이는 마케팅이 갖고 있는 중립적인 특성을 간과하고 마케팅이 그저 금전적인 이득을 많이 달성하기 위한 수단이라고만 생각하기 때문이다. 하지만 오늘날의 마케팅은 기업뿐 아니라 예술조직을 비롯하여 시민운동, 교육, 자선, 행정, 정치, 나아가 종교까지도 포괄하는 모든 부문에 적용할 수 있는 지극히 도구적인 개념이다. 이러한 비영리조직의 경우 이윤의 최대화보다는 고유의 설립 취지를 실현하기 위해 운영된다. 따라서 그 설립 취지의 실현을 통해 이익을 얻는 수혜 계층이 존재한다. 이에 비영리조직은 수혜 계층이 누리는 사회적 이익 혹은 공익을 어떻게 하면 효율적으로 달성할 것인지 고민하게 되며, 바로 그 지점에서 마케팅이 시작된다. 다만 국내 예술조직의 경우 영리 부문과 비영리 부문이 혼재하고 있으며, 법인화되지 않은 채 임의단체로 활동하는 경우가 대부분이기 때문에 그 성격을 명확히 규정짓기 힘들다. 아울러 예술조직의 마케팅이 궁극적으로 지향해야 할 미션에 대한 사회적 공감대도 아직 형성되지 못했고, 예술조직의 마케팅 담당자 스스로 마케팅에 대해 뚜렷한 목표 의식이 없는 경우가 많다. 그러나 어느 경우가 되었든 예술조직이 설립 취지를 효율적으로 달성하기 위해 다양한 마케팅 기법을 활용할 필요성이 있다는 점에는 이론의 여지가 없다.

예술조직이 마케팅을 도입하는 이유는 무엇보다도 설립 취지를 효율적으로 달성하기 위한 유용한 수단이기 때문이다. 즉, 마케팅이라는 도구를 활용해 갖고 있는 프로그램을 소비자에게 좀 더 효율적인 방법으로 전달함으로써 그 설립 취지를 실현해가는 것이다. 이러한 예술조직의 마케팅은 결과적으로 그 조직만이 아니라 사회 이익으로 작용한다. 설사 비영리를 표방하는 예술조직이더라도 결국은 시장을 통해 예술상품을 공급하기 때문에 필연적으로 마케팅이라는 방법을 통해 스스로 관객을 찾아내야 한다. 적어도 전문 예술조직이라면 누군가로부터 주어진 관객을 만나는 것이 아니라 스스로 자신만의 관객을 찾아내고 육성할 수 있어야 한다. 마케팅은 이를 위한 유용한 도구가 된다.

이러한 마케팅은 역사적으로 몇 차례 큰 변화를 겪어왔다. 그중 가장 최근의 변화로는 필립 코틀러의 마켓 3.0과 마켓 4.0 이론을 들 수 있다. 코틀러는 2010년 무렵 마켓 3.0 이론을 통해 시장의 변화와 이에 대응한 마케팅 전략의 변화를 언급했다. 그로부터 10년이 지날 무렵 코틀러는 다시 마케 4.0을 제안했다. 코틀러는 제품 중심의 마켓 1.0에서 소비자 중심의 마켓 2.0을 거쳐 인간 중심의 마켓 3.0을 제안했으며, 이제 디지털경제에서의 고객 경로customer path 변화에 대응하여 마켓 4.0이 필요하다는 것이다. 코틀러는 마켓 4.0 시대의 마케터 역할은 "고객이 브랜드 인지에서 출발하여 궁극적으로는 브랜드를 옹호하도록 인도하는 것"이 되어야 한다고 주장한다.[5]

2) 국내 예술조직의 마케팅

예술조직의 마케팅은 두 가지 요소에 의해 성공 여부가 결정된다. 하나는 예술조직의 활동 기반이 되는 커뮤니티의 잠재관객 규모이고, 다른 하나는 잠재관객 가운데 실제 관객을 만들어낼 수 있는 마케팅 능력이다.[6] 2장에서 살펴본 것처럼 국내 예술시장에서 잠재관객은 1980~1990년대를 거치며 큰 폭으로 확대되었다. 그러나 이들을 실제 관객으로 전환시켜 나갈 수 있는 마케팅 분야의 노력은 매우 미약했다. 대학생 시절에 연극을 보기 위해 소극장을 찾던 사람이 직장에 들어가고 결혼을 하면서 공연 현장과 멀어지는 것을 그저 당연하게 여겼던 것이 현실이었다. 예술조직이 이들을 지속적인 관객으로 유지하기 위한 마케팅 능력을 제대로 갖추지 못한 점이 이런 결과를 초래하는 데 일정 부분 영향을 끼쳤다고 할 수 있다.

국내 예술시장의 마케팅 여건을 보면 1990년대 초까지만 하더라도 예술 분야에서 마케팅이라는 용어를 사용하는 경우가 찾아보기 힘들 정도였다. 공급자 위주로 형성된 시장 여건 속에서 예술조직은 소수의 애호가 중심으로 티켓을 판매하거나, 초대권 관객에 의지해 객석 채우기에 급급한 경우가 많았다. 일반 기업처럼 고객을 중심으로 적극적 마케팅을 하는 것은 예술을 상업화하는 것이라는 식의 편견도 있었다. 특히 국공립 문화공간은 국가 혹은 지방자치단체의 소속 기관으로 운영되었기에 굳이 마케팅에 나서지 않더라도 안정적인 예산 규모가 유지되었다. 이에 따라 표면적으로는 공공성을 내세우는 가운데 실제적으로는 마케팅 부재의 상황이 지속되었다. 여기에서 일하는 인력 역시 예술경영인의 시각보다는 관리자의 시각이 더 강했다. 민간 예술조직도 극히 일부의 대중적 인지도를 갖고 있는 단체를 제외하면 대부분 한두 명의 명망가나 대학교에 재직 중인 교수를 중심으로 구성·운영되었다. 이러한 민간 예술조직은 체계적으로 관객을 개발하기보다는 안면에 의한 티켓 판매, 즉 학생이나 지인을 통한 티켓 판매와 초대권 배포에만 의지해 관객을 동원해왔다.

상황이 바뀐 것은 1990년대 중반에 이르러서였다. 당시 유의미한 변화가 여러 곳에서 나타나기 시작했다. 우선 정부에서 정동극장을 건립한 후 독립적인 재단법인으로 경영하게 하면서 변화의 조짐이 시작되었다. 정동극장은 공연계에서는 처음으로 마케팅 전담 부서를 설치하며 적극적으로 관객 개발에 나서기 시작했다. 관객 개발을 위한 다양한 프로그램을 만들어 언론으로부터 크게 주목을 받기도 했다. 당시 정동극장에서는 공공공연장으로서는 드물게 재정자립도 100퍼센트를 달성하는 기록을 남기기도 했는데, 이는 쉽지 않은 성과였지만 이후 예술의전당 등 다른 공공공연장에 큰 부담을 주기도 했다. 특히 공공공연장이 과연 재정자립도 100퍼센트를 달성하는 방향으로 운영하는 것이 바람직한지에 대한 논쟁도 발생했다. 또한 1990년대 후반 국립발레단에서는 발레학교의 운영과 함께 국립발레단 동호회를 크게 활성화했고, 이는 국내 무용계에 이제껏 볼 수 없던 새로운 열성적인 관객층을 출현시키는 계기가 되었다.

이러한 변화를 바탕으로 2000년대에 들어서자 예술경영의 이론과 실무가 함께 발전하기 시작했고, 예술시장에서도 비로소 본격적인 마케팅 전략을 수립하고 시도하는 작업이 이루어졌다. 이전까지는 관객 조사 한 번

해보지 않은 공연장이나 박물관·미술관에서 정기적으로 관객 조사를 하며 정기회원 관리를 하게 되었고, 가격할인 제도를 비롯한 온갖 마케팅 전략이 우후죽순처럼 활용되면서 국내 예술마케팅은 서서히 만개하기 시작했다.

이런 변화와 함께 이제 국내 예술시장에서도 관객을 예술상품의 소비자로 파악하는 태도가 서서히 자리 잡았다. 새로운 예술상품을 기획하는 과정에서도 예술가의 의도와 함께 시장의 변화 추이와 관객 취향을 고려하고, 관객이 원하는 부분도 세심하게 배려하게 되었다. 물론 여전히 일부 대형 문화공간이나 상업적으로 성공을 거둔 전문 예술단체 일부에 한정된 현상이지만, 관객을 우선적으로 고려하는 마케팅적 접근이 우리나라 예술계에서도 피할 수 없는 큰 흐름을 형성하고 있다.

3) 마케팅 지향적 조직의 구성

예술조직에 마케팅이 적용되려면 먼저 그 조직을 환경 변화에 민감한 마케팅 지향적 조직으로 바꿔야 한다. 코틀러의 개념에 따르면 마케팅 지향적 조직이란 "한정된 범위 내에서 고객의 필요를 이해하고 그것에 반응하여 그들이 만족하도록 노력하는 조직"이다.[7] 이런 조직은 시장으로 대표되는 환경 변화에 신속하게 반응한다. 마케팅 지향적 조직을 더 잘 이해하려면 마케팅 지향적이지 않은 조직에 대해 살펴보는 것이 도움이 된다. 코틀러는 마케팅 지향적이지 못한 조직을 다음 세 가지로 분류한다.[8]

첫째, 고객을 잘 응대하려 하지만 갖고 있는 유·무형의 자원과 종사원의 경험·역량이 부족한 조직이다. 대부분의 예술조직이 여기에 속한다고 볼 수 있는데, 이런 조직은 효율적인 마케팅 기법을 도입해 상당한 성과를 낼 수 있다.

둘째, 고객 만족보다 다른 일에 관심을 기울이는 조직이다. 내부적인 신념체계의 실현을 중요시하는 종교단체나 시장과 무관하게 자원을 조달하며 존재할 수 있는 공공기관이 여기 속한다. 대체로 외부 반응에는 큰 관심이 없다.

셋째, 의도적으로 고객에게 반응하지 않으려는 조직이다. 고객과의 교류나 환경 변화에 대한 적극적인 반응이 자기 조직이나 프로그램에 변화를 가져와 자신 혹은 자신이 속한 조직이 변하는 것을 두려워한다. 일거리가 늘어나는 것을 두려워하는 공공조직이 대표적이다. 이러한 조직은 의식적으로 고객 의견을 수렴하지 않거나 혹은 무시한다.

이 중에 의미 있는 유형은 물론 첫 번째 조직이다. 이러한 조직은 약간의 기술적인 기법의 습득만으로도 한정된 자원을 활용해 다양한 마케팅 노력을 기울일 수 있다. 이런 조직이 마케팅에 나서기 위해 필요한 전제는 다음과 같다.[9]

첫째, 고객이라는 개념에 친숙해져야 한다. 예술조직의 마케팅에서 고객은 보통 관객 혹은 관람객이라는 명칭으로 불린다. 마케팅 지향적 조직과 그렇지 못한 조직의 가장 큰 차이점은 바로 이 고객으로서의 관객을 의사결정의 중요한 요소로 포함하느냐의 여부에 있다. 내부적인 논리에 따라서만 움직이며 환경 변화에 반응하지 않는 폐쇄된 조직은 의사결정 시 관객을 고려하지 않는다. 과거 많은 공공 예술조직이 마케팅에 나서지 못했다는 비판을 받았는데, 이는 공공 예술조직의 경우 시장 혹은 고객과의 교류가 그 조직의 생존이나 발전에 크게 영향을 미치지 못하기 때문이다. 따라서 의사결정 역시 폐쇄적인 구조 속에서 이루어지며 결과적으로 관객의 입장을 고려하지 않은 프로그램이 기획되거나 운영되는 결과를 가져오는 것이다.

둘째, 명확한 미션이 필요하다. 누구를 위해 혹은 무엇을 이루기 위해 어떤 일을 하는가에 관한 질문에 답하는 것이다. 이에 대한 명확한 답을 갖지 않고서는 마케팅이 힘들며, 설령 마케팅을 하더라도 그 방향이 지엽적인 요소로 인해 왜곡될 수 있다. 이러한 미션을 설정할 때 반드시 고려해야 할 것은 고객이 누구며, 그들이 갖고 있는 기대와 요구가 무엇인가이다. 또한 장래에 이루려는 지향점이 있더라도 그것을 달성하기 위해 실제 활용 가능한 자원이나 능력도 고려해야 한다. 미션이 지나치게 현실적일 필요는 없지만 반대로 현실의 제약을 너무 무시해서도 곤란하다.

셋째, 마케팅 지향적인 조직이 되려면 교환을 통한 자원 획득에 익숙해져야 한다. 자원을 획득하는 방법에는 자체 능력에 의한 생산, 법이나 그 밖의 권력 혹은 영향력에 의한 획득, 상대방의 동의에 의한 획득, 등가의 가치에 대한 교환으로 얻는 것 등 여러 가지가 있다. 이 가운데 마케팅에서 특히 의미 있는 것은 교환에 의한 자원 획득이다. 교환을 위해서는 기본적으로 둘 이상의 당사자, 쌍방이 상호 가치 있는 것을 소유, 상호 의사소통과 배달, 쌍방 요청의 수용과 거부의 자유 등이 필요하다. 마케팅은 바로 이러한 교환 행위가 원활히 이루어질 수 있는 방법을 고민하는 행위다. 교환이 이루어질 때는 쌍방이 갖는 효용이나 이익을 극대화하기 위한 것이 보통이지만, 양측 간에 공평한 분배가 이루어지는 것도 중요한 이유가 된다. 또한 양 당사자가 갖고 있는 교섭력이나 영향력에 따라서도 교환의 결과가 달라질 수 있다. 일반적인 기업의 경우 이러한 교환 행위의 대상은 고객으로 명확하게 설정된다. 하지만 비영리조직으로 활동하는 예술조직은 여러 이해관계자를 고려하는 가운데 다양한 성격의 이해관계자 그룹과 각기 복합적인 관계를 맺으며 자원을 교환한다.

4) 마케팅 기획

마케팅 기획이란 적절한 마케팅 목표를 설정하고 이를 달성하기 위한 전략을 형성하며 이에 따른 세부적인 프로그램, 전술, 예산을 수립하는 과정이다.[10] 앞서 기획 부분에서 살펴본 것처럼 마케팅 기획에서도 SWOT 분석 등을 통한 조직 내·외부의 마케팅 환경 분석이 선행되어야 한다. 여기서 중요한 것은 정교한 관객 조사를 통해 잠재관객의 특성과 성향 그리고 타깃 관객의 욕구와 희망을 분석하는 것이다. 이를 바탕으로 시장세분화와 타깃 시장 설정 그리고 포지셔닝 전략을 수립한다. 그다음으로는 구체적인 마케팅 목표를 설정한다.

더글러스 에이트은 마케팅 목표를 다음 다섯 가지 방향으로 구분해 접근할 것을 제안한다.[11] 첫째, 관객 유지다. 기존 정기회원의 자격 갱신, 관객과의 관계 형성 프로그램을 통한 지속적인 유대 형성, 관객의 참여 빈도 제고를 위한 전략 등이 여기 포함된다. 둘째, 관객 확대다. 이는 타깃 관객의 확대를 의미한다. 즉, 기존 타깃 관객 범위를 확대해 아직까지 관객으로 적극적으로 고려하지 못했던 계층까지 마케팅 대상을 넓혀가는 것이다. 셋째, 관객 개발이다. 이는 주로 신규 관객이 쉽게 접근할 수 있는 프로그램의 개발을 의미하는데, 동호회 운영을 통한 관객 간 교류 프로그램 확대, 시설 투어, 일반 대중이 부담 없이 참여할 수 있는 이벤트 개최, 학생 대상 프로그램 개발, 기업체 직원 등 특정 그룹을 대상으로 한 프로그램 개발 등이 여기에 포함된다. 넷째, 관객의 질 제고다. 기존 관객의 예술 향유 수준을 높이고 관심을 향상시키기 위해서는 프로그램 내용 강화, 소식지 발송, 워크숍과 심포지엄 개최 등의 방법을 활용할 수 있다. 다섯째, 관객 규모와 티켓 판매 수입 제고다. 관객 유지나 개발과 달리 한 시즌 혹은 개별 사업별로 구체적인 참여 관객의 숫자를 확대하고 수입을 높이는 전략이다.

이러한 에이트의 마케팅 목표 구분은 다소 개념적인 접근이기 때문에 실제로 마케팅 목표를 수립하는 과정에서는 이러한 방향들이 혼합되어 나타나며, 그중 어디에 더 집중할 것인지 판단해야 한다.

마케팅 목표를 수립한 후에는 관객 조사를 진행한다. 관객이 이미 충분히 파악되어 있거나 관객 조사가 정기적으로 이루어지는 조직이라면 기존에 확보한 자료와 경험을 활용할 수 있다. 이런 관객 정보를 바탕으로 이른바 STP 전략으로 불리는 3단계 과정을 밟게 된다. 시장세분화Market Segmentation, 타깃 시장 설정Targeting, 포지셔닝Positioning 등 3단계로 구성되는 STP 전략은 구체적인 마케팅 수단으로 무엇을 어떻게 활용할지 판단하기 위한 방향과 가이드라인을 제공하는 역할을 한다. 따라서 이 부분을 소홀히 하면 많은 자원을 투입해 열심히 일하고도 정작 성과가 없는 마케팅이 될 수 있다.

STP 전략을 수립하고 나면 비로소 4P를 중심으로 마케팅믹스를 기획한다. 마케팅믹스는 다양한 마케팅 수단을 활용하여 마케팅 실행 계획을 짜 나가는 것이다. 마케팅 수단은 전통적으로 상품Product, 장소·유통Place, 가격Price, 홍보Promotion 등 4P로 구분해 접근한다. 여기에 사람People을 더해 5P로 접근하거나 전혀 다른 방법에 의한 접근을 제안하는 경우도 있으나, 이 책에서는 전통적인 4P를 기준으로 마케팅 수단을 설명했다.

마케팅 기획 단계에서는 이러한 STP와 4P에 대한 전략 수립과 아울러 마케팅 추진 일정과 소요 예산 및 부서별·담당자별 역할 분담 등에 관한 내용을 포함하는 포괄적인 세부 추진계획을 마련한다.

마케팅 예산은 공연이나 전시 등 개별 프로그램 예산과는 기본적으로 다르다. 즉, 반드시 집행해야 하는 필수적인 항목이 사전에 설정되어 있지 않으며, 특정한 마케팅 예산을 집행할 경우 어느 정도 효과가 있을 것인지 예상해 예산 편성의 필요성을 판단한다. 말하자면 절대적으로 필요한 마케팅 예산은 없다. 다만 효과적인 마케팅 예산이 있을 뿐이다. 모든 마케팅 예산은 예상되는 효과로서 집행의 정당성을 확보한다. 따라서 집행 후 평가 시에도 당초 편성했던 의도대로 마케팅 예산이 효과를 발휘했는지 집중 검토해야 한다.

5) 관객 조사

관객 조사의 의의 관객 조사는 그 중요성에도 불구하고 대다수의 예술조직에서 가장 간과되고 있는 업무 중 하나다. 많은 예술조직의 마케팅 담당자가 경험적으로 잠재관객을 설정하고 이들을 대상으로 전략을 짜지만, 설문조사 등의 방법을 통해 실제 관객을 조사하면 평소 생각과는 전혀 다른 결과가 나올 수 있다. 또 다른 문제는 간혹 탁월한 마케팅 담당자가 경험적으로 축적한 데이터가 실제 사실과 일치한다 해도, 그 데이터가 다른 부서에서 일하는 동료나 후임자와 공유되기 힘들다는 점이다.

관객 조사가 필요한 가장 중요한 이유는 자원의 낭비를 막고 유효한 잠재관객에게 마케팅 역량과 자원을 집중하기 위해서다. 예술조직이 가진 자원은 예산이든, 시간이든, 예술적 역량이든 모두 한정되어 있다. 그것으로 모든 사람을 만족시킬 수는 없다. 아무리 큰 조직이라도 모든 사람을 관객으로 설정해 예술상품을 기획하고 마케팅할 수는 없다. 관객 조사는 관객의 구성과 욕구를 객관적인 자료 형태로 보여주기 때문에 예술조직이 갖고 있는 자원을 효율적으로 활용할 수 있게 해준다. 나아가 관객이 원하는 형태의 예술상품을 만들고 그것을 효과적인 방법으로 전달하도록 해준다. 앞에서 말한 마케팅 지향적인 조직인지의 여부는 관객 조사를 정기적으로 실시하고 있는가로 간단하게 판단할 수 있다.

관객 조사에서 가장 중요한 내용은 인구 통계적 요소에 기초한 객관적인 정보다. 따라서 나이, 성별, 거주지역, 직업, 교육 수준, 가구소득 등에 관한 정보를 파악해야 한다. 나아가 가족구성, 라이프스타일, 다른 예술에 대한 참여도, 마케팅 대상이 되는 예술조직이나 프로그램에 대한 인지도와 선호도 등도 조사하면 마케팅 전략 수립에 도움이 된다. 인지도 조사의 경우 인지 여부에 대한 파악과 더불어 어떤 경로를 통해 인지하게 되었는지에 관한 조사도 중요하다. 선호도 조사의 경우 호감을 갖고 있는 경우나 불쾌감을 갖고 있는 경우를 구분해 파악하고 각각의 이유도 함께 조사해야 한다.

관객 조사를 할 때 유의할 것은 조사 대상의 선택이다. 정기회원 등 충성도가 높은 관객의 경우 조사 과정은 간편할 수 있지만 전체 잠재관객에 대한 것과는 결과가 다를 수 있다는 점을 고려해야 한다. 신뢰할 만한 조사 대상을 확보하지 못하면 아무리 정교하게 관객 조사지를 구성해도 선택오류로 인해 결과를 활용하기 어려울 수 있다. 아울러 관객 조사 항목을 구성할 때는 통계 분석을 염두에 두고 설문과 선택 항목을 작성해야 하며, 가급적 조사할 때마다 같은 설문을 사용함으로써 시계열분석이 가능하도록 해야 한다.

설문조사 설문조사는 가장 간단하게 시도할 수 있는 방법이면서 가장 도움이 되는 객관적인 통계자료를 제공한다. 설문지는 가급적 간단하게 작성하는 것이 좋다. 일단 설문지를 받아든 사람이 작성에 부담을 느껴서는 안되기 때문이다. 아울러 질문 자체도 간단명료하게 만들어 답안 작성을 위해 추가적인 설명이 필요하지 않도록 해야 한다. 설문조사 방법은 크게 오프라인 방식과 온라인 방식으로 구분할 수 있다. 설문지를 작성하여 직접 대면해 진행하는 오프라인 방식은 전통적으로 가장 널리 사용되어 왔으나 최근에는 다양한 온라인 설문조사 도구가 새롭게 등장하면서 오프라인 방식을 대체하고 있다.

오프라인 설문조사는 대개 공연이나 전시 관람 전후 혹은 휴식 시간을 활용하여 공연장이나 박물관·미술관 로비에서 진행한다. 대부분의 사람은 설문조사를 귀찮아하기 때문에 응하는 사람에 대한 약간의 혜택을 제공할 필요가 있다. 예를 들어, 공연 프로그램이나 전시 포스터, 기념 볼펜, 음료수, 머그컵 등 간단한 선물 제공, 다음 공연이나 전시 할인 티켓 제공, 추첨을 통한 무료 티켓 제공 등 비용이 많이 들지 않으면서도 적절한 인센

티브 방법을 활용할 수 있다. 또한 어떤 식이든 설문 작성자가 불편을 느끼지 않게 해야 한다. 예를 들어, 설문조사지를 배포할 때 필기구를 같이 제공함으로써 설문 회수율을 높일 수 있다. 필기구는 소요 비용 및 분실 가능성 등을 고려해 염가의 볼펜이나 연필을 준비하여 재활용하거나, 처음부터 기념품으로 제작하여 사용 후 선물로 제공하는 방식을 활용할 수 있다. 공연장이나 전시장 외의 장소에서 일반인을 대상으로 설문조사를 할 때도 있는데, 이런 경우 설문지에 예술조직이나 프로그램을 소개하는 자료를 함께 제공하며 약간의 설명을 곁들이는 것이 좋다.

온라인 설문조사는 이메일과 연계한 온라인 설문조사 도구를 활용하는 것이 일반적이다. 대표적인 도구로는 구글설문지, 네이버폼, 서베이몽키 등이 있다. 온라인 설문조사 도구는 설문 대상자가 부담 없이 응답할 수 있는 양식으로 설계되어 있어서 간편하게 사용할 수 있다. 아울러 과거의 통계패키지 프로그램과 달리 복잡한 처리 과정 없이도 설문 결과를 다양한 방식의 통계표나 그래프로 구현해준다. 따라서 별다른 전문성이나 학습 경험을 갖추고 있지 않아도 누구나 쉽게 활용이 가능하다. 이처럼 온라인 방식은 비용, 인력, 시간, 편의성 등 거의 모든 면에서 오프라인 조사 방식에 비해 압도적인 우위를 갖고 있다.

다만 온라인 방식은 대량메일 형태로 발송됨에 따라 자칫 수신자가 거부감을 가질 수 있으므로 설문지 작성에 세심한 주의를 기울여야 하며, 오프라인 방식과 마찬가지로 설문 참여자에게 일정한 혜택을 제공하는 것이 좋다. 아울러 불특정 다수에게 이메일을 보낼 때는 개인정보보호 관련 사항을 검토하여 자칫 법령을 위배하지 않도록 유의해야 한다. 온라인 설문조사를 할 때는 기존 정기회원 목록을 활용하거나 관련 분야 동호회 등의 공식적인 협조를 얻어 진행하는 것이 바람직하다. 동호회를 활용할 때도 무작정 이메일을 보내면 자칫 스팸메일로 여겨져 반발을 사거나 문제 제기를 당할 수 있다. 따라서 공연이나 전시 프리뷰 초청, 초대권이나 할인 티켓 제공 등을 통해 동호회와 지속적인 협력관계를 맺으면서 공식적으로 정기적인 설문조사를 의뢰하는 것이 바람직하다.

심층 인터뷰 설문조사는 많은 사람을 대상으로 할 수 있고 통계 처리를 통해 비교적 객관적인 자료를 얻을 수 있다는 장점이 있는 반면, 개개인이 구체적으로 무슨 생각을 하는지 알아내기는 힘들다. 즉, 특정 사안에 대한 견해나 의견을 묻는 것에 한계가 있다. 따라서 설문조사에 곁들여 다른 조사 방법을 함께 활용하는 것이 좋다. 그중 대표적인 것이 심층 인터뷰in-depth interview다.

인터뷰 방법으로는 이메일 인터뷰, 전화 인터뷰, 대면 인터뷰 등이 있다. 이메일 인터뷰는 이메일 설문조사에서와 마찬가지로 일정한 관계를 맺고 있거나 관심이 있는 사람에게 구체적인 내용의 심도 있는 질문을 하는 것이다. 그러나 이메일로 인터뷰할 때는 인터뷰어interviewer와 인터뷰이interviewee 사이의 상호 커뮤니케이션에 한계가 있다. 이를 보완할 수 있는 것이 전화 인터뷰다. 전화 인터뷰는 이메일 인터뷰와 달리 전화로 추가 질의를 할 수 있고 더욱 심층적인 답변을 유도할 수 있다. 하지만 전화 인터뷰는 대면하지 않은 상태에서 질문을 받기 때문에 거부감이 클 수 있으므로, 사전에 연락해 양해를 구해야 한다.

대면 인터뷰는 이메일 인터뷰나 전화 인터뷰의 한계를 극복할 수 있는 좋은 방법이지만, 시간과 비용이 막대하게 소요되는 문제가 있다. 또한 대면 인터뷰에서는 인터뷰어의 능력이 무엇보다 중요하다. 훈련받지 않은 자원봉사자나 시간제 인력을 활용하여 많은 사람을 인터뷰하기보다는 오히려 예술조직이나 프로그램을 잘 아는 직원이 직접 참여해 적은 수의 사람이라도 심도 있게 인터뷰하는 것이 더 효과적이다.

인터뷰를 통한 관객 조사를 할 때는 포괄적인 견해를 듣기보다는 각 인터뷰 대상에게 공통적으로 질문할 항목을 질문서 형태로 사전에 작성해 그에 따라 질문하는 것이 효과적이다. 필요한 경우 인터뷰 대상에게 질문서를 미리 보낼 수도 있다. 의견을 정리하거나 관련 자료를 미리 볼 기회를 주기 때문이다. 인터뷰 결과를 설문조사처럼 통계 분석할 필요는 없지만 항목별로 어떤 의견이 있는지 일목요연하게 정리하면 향후 자료로 활용하는 데 편리하다.

포커스그룹인터뷰 포커스그룹인터뷰Focus Group Interview(FGI)는 일정한 집단을 대표할 만한 사람을 선정해 한자리에 모은 후, 구체적인 질문이나 토론 주제를 제시하여 이들이 함께 의견을 나눌 수 있도록 하는 것이다. FGI로 불리기도 하는 포커스그룹인터뷰는 설문조사와 심층 인터뷰의 중간 형태라 할 수 있다. 통상적으로 간담회 혹은 자문위원회라는 명칭으로 진행되는 의견 수렴 절차 역시 FGI의 변형된 형태라고 할 수 있다.

FGI를 할 때 반드시 그 예술조직이나 프로그램을 잘 아는 사람을 대상으로 할 필요는 없다. 그러나 잠재관객으로부터 서비스의 방향이나 프로그램 운영에 대한 의견을 듣고자 한다면, 그들을 대표할 만한 사람을 선정하는 것이 중요하다. 그리고 처음 만나는 사람이 특정 주제에 관해 스스럼없이 이야기하기는 쉽지 않으므로, 상황을 잘 알고 있는 사람이 사회자 역할을 해야 한다. 비공식적인 간담회 형식의 자리를 마련할 때는 특히 사회자의 역할이 중요하다. 참석자가 대화에 부담을 느끼지 않도록 편안한 분위기를 만들어주는 동시에 특정 사안에 대한 솔직한 의견을 털어놓게 해야 하기 때문이다. 참석자 한두 명이 너무 분위기를 주도하지 않도록 적절한 수준에서 제어할 필요도 있다. 그러지 않으면 의견이 있더라도 굳이 이야기하지 않고 그냥 듣기만 하다가 돌아가는 참석자가 나올 수 있다. 따라서 FGI나 유사 성격의 간담회를 마련할 때는 가급적 해당 주제에 대해 아주 잘 알고 있거나 책임 있는 이야기를 할 수 있는 사람이 참석해 전체적인 분위기와 대화를 이끄는 것이 좋다.

심층 연구 및 토론 과제

- 마케팅 지향적 조직과 그렇지 않은 조직은 어떤 차이가 있을까?
- 예술에 마케팅 이론과 기법의 적용하는 것에 거부감을 보이는 태도의 이유를 설명하고 이에 대한 반론을 생각해보자.
- 예술상품의 마케팅과 일반상품의 마케팅은 어떤 점에서 유사하고 어떤 점에서 차이가 있을까? 차이가 나는 이유는 무엇일까?
- 예술조직 마케팅에서 관객 조사가 중요한 이유는 무엇인가?
- 구글설문지, 네이버폼, 서베이몽키 등 온라인 설문조사 도구들이 각각 어떤 특징을 갖고 있는지 조사해보자.
- FGI를 기획할 때 유의할 점은 무엇인가?

2. STP 전략

1) 시장세분화

가. 시장세분화의 방향

시장세분화는 시장을 비슷한 속성을 가진 작은 단위로 나누는 것이다. 나누는 기준은 다양하다. 쉽게는 나이, 성별, 거주지역, 교육 수준, 소득수준 등 인구 통계적인 내용으로 세분할 수 있다. 그 밖에 소비 행태, 특정 예술 상품에 대한 관심이나 견해, 사회계층, 가족구성, 라이프스타일, 특정 동호회 가입 여부 등의 단위로 세분화할 수도 있다. 이렇게 일정한 공통적 속성에 따라 세분화된 시장을 세분시장으로 표현한다.

시장세분화를 하는 이유는 무엇보다 예술조직이 마케팅에 활용할 수 있는 자원이 한정되어 있기 때문이다. 한정된 인력과 시간과 예산을 가장 반응도가 높을 것으로 예상되는 세분시장에 집중함으로써 그 효과를 높이려는 것이다. 따라서 시장을 더 구체적으로 세분할수록 마케팅 자원을 더 효율적으로 활용할 수 있게 된다. 예를 들어, 같은 인구 통계적 집단에 속한 사람이라 하더라도 해당 예술상품을 1년에 4회 이상 구입하는 소비자와 생애 처음으로 구입하는 소비자는 당연히 필요로 하는 정보나 서비스에 차이가 있다. 전자의 소비자에게는 출연 예술가, 프로그램, 티켓 가격 등 실용적 정보를 제공하면 되지만, 후자의 소비자에게는 그 예술상품이 과연 시간과 비용을 들여 소비할 만한 가치나 재미가 있는지를 알려주는 포괄적 정보를 제공해야 한다.

코틀러와 셰프는 시장세분화를 할 때 유의할 요소로 다음과 같은 다섯 가지를 제시했다.[12]

- 상호배제성: 각 세분시장이 다른 세분시장과 겹치지 않아야 한다.
- 포괄성: 모든 잠재적인 타깃 관객이 세분시장 중 하나에 반드시 속하도록 해야 한다.
- 측정 가능성: 마케팅 담당자가 세분시장별 규모, 구매력, 구성의 특성 등을 쉽게 측정할 수 있어야 한다.
- 실재성: 각 세분시장이 시장으로서 접근할 수 있을 만큼 충분한 실재적 규모를 갖추고 있어야 한다. 또한 상당 기간 그 특성을 유지하고 있어야 한다.
- 행동 가능성: 각 세분시장에 대해 효과적으로 접근해 서비스를 제공할 수 있어야 한다.

이러한 요소를 고려한 시장세분화를 주장했던 코틀러이지만, 최근에는 마켓 4.0에 관한 이론을 전개하면서 시장세분화에서 더 나아가 커뮤니티화를 고려해야 한다고 역설한다. 상품을 판매하는 기업이 시장을 세분화하고, 이 가운데 일정한 특성을 공유하는 세분시장을 묶어서 타깃을 설정하는 전통적인 시장세분화는 '수직적' 마케팅 기법으로서 한계가 있다는 것이다. 세분화의 기준을 소비자가 아닌 기업이 일방적으로 결정하기 때문이다. 하지만 이제 소비자는 다양한 소셜미디어 플랫폼을 기반으로 자신의 취향을 공유하고 타인의 취향을 흡수함으로써 고립된 관점에서 탈피하여 스스로 자신에게 맞는 커뮤니티를 형성하고 있다. 이에 따라 코틀러는 마켓 4.0 시대에는 소비자가 수동적 위치에서 기업의 마케팅과 홍보 대상에 머물지 않고 자신만의 취향과 개성을 가진 능동적 주체의 위치에 서게 된다는 점을 고려해야 한다고 주장한다. 그리고 마케팅 담당자는 스스로 구성한 커뮤니티를 기반으로 움직이는 소비자를 대상으로 '수평적' 마케팅을 추구해야 한다는 것이다.[13] 이 같은 코틀러의 관점이 전통적인 시장세분화 자체가 무용하다는 것을 의미하지는 않는다. 다만 예술조직의 입장에서 일방적으로 시장을 세분하고 타깃 시장을 설정하기보다는 스스로 커뮤니티를 형성하는 잠재소비자를 찾아내고 그 커뮤니티에서 선호하는 예술상품에 관한 정보를 통해 접근하는 노력이 필요하다는 점을 시사한다. 이에 관하여는 소셜마케팅 부분에서 좀 더 구체적으로 다룰 것이다.

나. 시장세분화의 기준[14]

성별에 따른 세분화 가장 대표적인 시장세분화다. 서구나 우리나라 모두 예술시장에서는 남성보다 여성 소비자가 차지하는 비중이 크다. 예술 장르에 따라 편차가 있지만 대체로 여성이 3분의 2 정도를 차지한다. 3분의 1을 차지하는 남성도 여성 소비자의 의사결정에 따라 동행하는 경우가 많기 때문에 마케팅의 우선순위에서는 하위에 두기도 한다.

지리적 위치에 따른 세분 주 활동 지역은 잠재관객 여부를 판단하는 중요한 요소가 된다. 주 활동 지역은 개인별 라이프스타일에 따라 주거지일 수도 있고 직장일 수도 있다. 이러한 지리적 세분화는 시·군·구 등 행정구역의 구분이나 물리적인 거리보다는 교통 여건에 따라 달라진다. 물리적인 거리가 가깝더라도 교통 여건이 불편하면 접근성이 떨어지며, 반대로 물리적인 거리는 다소 멀더라도 지하철이나 버스 등 대중교통망과 바로 연결되는 경우 접근성이 좋은 것으로 볼 수 있다. 즉, 지리적 위치에 따른 세분화는 교통망과 접근성을 포괄적으로 고려하여 판단해야 한다.

미학적 관심에 따른 세분화 어떤 예술상품이든 그것에 대해 미학적으로 상당한 지식과 관심을 갖고 있는 소비자와 그렇지 않은 소비자가 있다. 어느 정도의 미학적 감상 능력을 갖춘 사람들에게는 그 예술상품의 우수성을 설명할 필요가 없다. 이들에게 필요한 것은 오히려 정확한 시간과 장소 및 예술상품의 구매에 필요한 구체적인 정보다. 그러나 그렇지 못한 소비자라면 일단 그 예술상품이 무엇이고 그것을 감상하는 것이 얼마나 의미 있고 재미있는지부터 설명해야 한다. 즉, 이들에게는 예술가 소개를 비롯하여 상당한 정도의 배경지식 소개나 부연 설명이 필요하다. 2장에서 살펴본 애버크롬비와 롱허스트의 예술 소비자 집단 분류도 이런 맥락에서 예술시장을 세분화한 것이라 할 수 있다. 그와 유사한 연구로 앨런 브라운은 미국의 나이트재단Knight Foundation에서 의뢰한 연구에서 15개 오케스트라 공연에 참석하는 관객을 조사하여 이들을 11~13퍼센트의 선도관객initiators과 나머지 추종관객responders으로 구분했다. 선도관객은 삶에서 예술 활동을 중요시할 뿐 아니라 직접 참석할 공연을 탐색하고 주변 사람을 적극적으로 초청하는 사람이다. 이러한 선도관객에 대해서는 별도의 세분시장으로 분류하여 특별한 네트워킹 노력을 통해 새로운 마케팅 성과를 거둘 수 있다는 것이다.[15]

편익에 따른 세분화 어떤 관객은 연주단체나 출연 예술가의 명성 혹은 출연자, 지휘자나 연출가의 역량을 따진다. 이른바 예술상품의 질을 고려하는 소비자다. 반면 티켓 가격을 주로 고려하는 소비자도 있다. 이들은 어디에서 어떻게 사면 티켓 가격을 할인받는지, 좌석에 따라 티켓 가격이 어떻게 달라지는지 관심이 많다. 예술상품과 직접 관련이 없는 외적 환경이나 서비스 내용에 관심을 갖는 소비자도 있다. 이들은 모처럼의 외출이나 데이트의 목적으로 예술상품을 활용하기 때문에 정작 그 질이나 티켓 가격보다는 주차 편의성, 로비 공간의 쾌적성, 탁아시설, 공연장이나 박물관·미술관 주변의 식당이나 카페 등의 정보에 관심이 많다. 또한 아이와 함께 공연장이나 박물관·미술관을 찾는 학부모라면 프로그램의 교육성을 따질 수도 있을 것이다. 이처럼 어떤 편익에 관심을 두는가에 따라 예술상품 소비자를 세분화할 수 있다.

시기에 따른 세분화 공연이 이루어지는 시기에 따라 시장을 세분화할 수 있다. 예를 들어, 일반적인 시즌에 공연을 관람하는 관객과 12월 크리스마스나 밸런타인데이 같은 특정 시즌에 공연을 관람하는 관객을 구분할 수 있다. 그 밖에도 설이나 추석, 어버이날, 어린이날 등에 진행하는 공연에 대해서는 별도로 시장을 세분화할 수 있다. 매년 크리스마스가 되면 전 세계적으로 공연되는 발레공연 〈호두까기 인형〉은 대표적인 절기상품이다. 연말을 맞아 모처럼 어린 자녀와 함께 특별한 나들이를 하려는 부모가 세분시장이 되는 것이다.

충성도에 따른 세분화 열성적이고 집중적인 구매력을 보이는 관객층을 보유한 공연예술도 있다. 클래식기타 콘서트는 기타를 직접 연주하는 아마추어 동호인이 많이 찾는다. 말러의 교향곡이 연주되면 말러 마니아가 공연장을 찾는다. 미국과 같은 다인종사회에서는 히스패닉계나 아프리카계 예술가의 공연이나 전시에 같은 인종의 관객이 주를 이루는 경우가 종종 있다. 이처럼 어떤 이유에서건 특정 내용의 공연에 충성도loyalty가 높은 관객층은 별도의 세분시장이 될 수 있다.

2) 타깃 시장 설정

타깃 시장 설정의 방향 시장세분화를 하고 나면 다음에는 타깃 시장을 설정한다. 타깃 시장의 설정은 각각 공통의 속성을 가진 여러 세분시장을 대상으로 마케팅 측면의 장단점을 분석한 뒤 가장 가능성이 높을 것으로 예상되는 세분시장을 타깃으로 설정하는 것이다. 타깃 시장이 제대로 설정되어야 각 타깃에 맞는 포지셔닝과 마케팅 전략을 세우며, 세분시장별로 얼마나 많은 자원을 투입할지 결정할 수 있다. 코틀러는 타깃 시장 설정 시 고려할 요소로 각 세분시장의 규모, 성장잠재력, 경쟁우위, 경쟁 상황 등 네 가지를 제시했다.[16]

첫째, 세분시장의 규모는 해당 세분시장이 예술조직의 관점에서 마케팅을 해볼 만큼 충분한 규모를 갖고 있는지 판단하는 것이다. 예를 들어, 어느 극단에서 5~7세 미취학 어린이를 타깃으로 제작한 인형극으로 순회공연을 기획하는 상황을 가정해보자. 이 경우 타깃 연령층이 공연장 주변에 충분히 살고 있는지 검토할 필요가 있다. 아이를 둔 젊은 부부가 많이 살고 있는 대도시 공연장이라면 큰 문제가 없겠지만, 타깃 연령대 어린이가 많지 않은 농어촌 지역 공연장이라면 세분시장의 규모가 작아서 타깃으로 삼기에 적합하지 않다.

둘째, 성장잠재력은 현재는 작은 시장이지만 가까운 미래에 충분히 성장할 만한 잠재력을 갖고 있는지 판단하여 타깃으로 삼는 것을 말한다. 예를 들어, 대학생을 타깃으로 오페라나 발레 티켓을 마케팅하는 상황을 가정해보자. 대학생의 경제적 여건상 대부분 고가의 티켓을 구매하기는 쉽지 않다. 하지만 오페라에 애정이 있는 대학생은 졸업 후 취업을 하고 나면 잠재관객으로 성장할 가능성이 있다. 따라서 대학생을 타깃으로 하는, 파격적으로 할인된 티켓을 판매할 경우 당장에는 큰 시장으로 보기 어렵지만 중장기적으로는 성장잠재력이 크기 때문에 충분히 이유 있는 투자가 될 수 있다.

셋째, 경쟁우위는 마케팅하려는 예술상품이 해당 세분시장에서 요구하는 니즈를 충족시킬 만한 역량과 전문성을 확보하고 있는가를 고려하는 것이다. 예를 들어, 경복궁에 위치한 국립민속박물관의 경우 외국인 관광객을 주요 타깃 시장 중 하나로 삼고 있다. 이는 우선적으로 한국을 찾는 외국인이 흥미를 가질 수 있는 한국의 민속문화 관련 다양한 전시를 보여줄 수 있기 때문이다. 아울러 도심에 위치하여 시내의 다른 명소와 함께 둘러보는 코스로 접근하기에 편리하며, 동시에 국립기관 특성상 티켓 가격이 무료이기 때문에 여행사 입장에서는 단체 관광 코스로 넣기에 부담이 없다. 이러한 특성으로 인해 국립민속박물관은 외국인 관광객이라는 세분시장에서 충분한 경쟁우위를 확보할 수 있다.

넷째, 경쟁 상황은 타깃으로 삼으려는 시장에서 동종의 예술상품이 얼마나 경합하고 있는지 고려하는 것이다. 1990년대 말 시작했던 트라이포트록페스티벌이 2000년대 중반 펜타포트록페스티벌로 부활한 후 10여 년간 국내에서는 10여 개의 록페스티벌이 만들어지며 한때 시장이 크게 확장된 바 있다. 하지만 타깃이 되는 록 음악 팬은 더 이상 늘어나지 않는 상황에서 초청 뮤지션의 라인업에 큰 차별성이 없는 페스티벌이 우후죽순으로 생겨 경합하게 되자, 결국 마케팅에 실패하여 사라지는 페스티벌이 등장하기 시작했다. 그리하여 2010년대에 와서는 몇몇 록페스티벌만 겨우 명맥을 유지한 채 이전과 같은 붐은 찾아보기 힘든 상황이 되었다.

타깃 시장을 설정하는 과정에서는 각 세분시장의 특성에 대한 질적 판단과 더불어 선택된 타깃 시장별로 어떤 예술상품을 어떤 장소에서 제공하고, 가격은 어떻게 하며, 어떠한 홍보 방법을 사용할지에 대한 판단도 이루어져야 한다.

타깃 시장을 설정할 때 한 시장만 선택해 집중할 수도 있고, 여러 개의 시장을 선택해 각각 다양한 마케팅 전략을 구사할 수도 있다. 예술시장의 마케팅에서는 이러한 타깃 시장의 확장 여부가 중요한 성공 변수로 작용한다.[17] 좀 더 폭넓은 지역과 연령과 소득수준과 교육 수준의 관객을 타깃 시장으로 삼을수록 예술상품 마케팅의 성공 가능성은 높아진다. 문제는 욕심대로 무작정 타깃 시장을 넓힐 수 없다는 점이다. 타깃 시장을 얼마나 넓게 설정할 수 있느냐는 마케팅을 위해 투입할 수 있는 자원의 양과 직접 연계되어 있다. 넓어진 타깃 시장에 매력을 줄 수 있는 예술상품을 보유하고 있어야 하고, 타깃 시장 전체를 커버할 수 있는 충분한 마케팅 자원을 갖춰야 한다. 따라서 자원이 빈약한 단체일수록 타깃 시장의 선택 범위가 제한될 수밖에 없으며, 이에 따라 가장 효율적으로 접근할 수 있는 타깃 시장을 설정하여 한정된 마케팅 자원을 집중해야 한다.

이와 관련하여 2장에서 살펴본 미국 공연예술 관객에 대한 앤드리선의 연구 결과를 되새겨볼 필요가 있다. 앤드리선의 연구 결과에서 가장 흥미로운 점은, 예술에 대한 무관심과 불참석을 의미하는 제1단계 응답자와 다른 다섯 단계의 응답자 간에는 넘어설 수 없는 현저히 다른 특징이 발견된다는 점이다. 이들은 어린 시절에 예술 경험을 훨씬 덜 했거나, 대학교육의 이수 비율이 훨씬 낮거나, 라디오, TV, 음반 등 다른 매체를 통한 공연예술 경험 혹은 예술 강좌의 수강 같은 취미에 별로 관심이 없다는 결과가 나왔다. 앤드리선은 제1단계와 나머지 단계 사이에는 그저 뚜렷한 정도가 아니라 도저히 메울 수 없는 깊은 간극이 있으며, 제1단계 응답자가 이 간극을 넘도록 하는 시도는 엄청난 비용이 들고 성공률도 매우 낮다고 주장한다. 앤드리선은 이를 건널 수 없는 심연이라고 표현한다. 미국에서는 이러한 제1단계 응답자가 47퍼센트를 차지하는 것으로 나타났다. 제1단계 응답자는 효율성의 관점에서 본다면 관객 개발 프로그램 등 마케팅 계획을 세우는 데 있어서 가장 낮은 고려 대상이다. 이들을 공연장으로 이끄는 것은 단지 예술에 대한 관심을 북돋우는 것만이 아니라 이들의 생활양식 자체를 바꾸는 것이기 때문이다. 앤드리선은 이것이 사실상 불가능하다고 말한다.

이러한 앤드리선의 주장은 키스 디글이 말하는 가용관객available audience 개념과도 일맥상통한다. 디글은 잠재관객을 파악할 때 겉으로 드러난 행동과 태도에 주목해야 한다고 강조한다.[18] 최종적인 순간에 예술상품을 구매할 것인가, 하지 않을 것인가에 태도 변수가 작용하기 때문에 어느 정도 예술에 긍정적인 태도를 갖고 있는 관객만 가용관객으로 파악해야 한다는 것이다. 이런 측면에서 앤드리선이 말하는 제1단계의 응답자는 그 태도가 변화될 가능성이 없는 그룹으로 볼 수 있다. 앤드리선의 주장에 대해 비판의 여지가 없진 않지만 실제로 인력과 재원 등 갖고 있는 자원이 한정된 예술조직의 입장에서는 타깃 관객 설정 시 이러한 주장을 주의 깊게 음미할 필요가 있는 것도 사실이다. 현실적으로 태도가 변화될 가능성이 거의 없는, 즉 시간과 비용을 들여 예술 현장을 찾을 가능성이 거의 없는 집단을 타깃 관객의 우선순위에서 제외함으로써 마케팅 자원을 효율적으로 활용해야 하는 것이다.

타깃 시장의 설정 방향을 정리해보면 어떤 예술상품에 대한 타깃 시장을 설정할 때는 무엇보다 타깃 시장의 범위가 넓어지고 다양해질수록 그만큼 많은 마케팅 비용과 자원이 소요된다는 점을 염두에 두어야 한다. 그러나 조직의 경험이 많아지고 자원이 풍부해질수록 더욱 넓은 범위, 더 여러 개의 타깃 시장을 선택하여 타깃 시장별로 특화된 상품을 제공하거나 차별화된 마케팅 전략을 구사할 수 있다.

타깃 시장 설정 시의 고려 요소 타깃 시장을 설정하는 것은 단순히 몇 개의 세분시장 가운데 어떤 것을 선택할지의 문제가 아니다. 타깃 시장 설정 및 마케팅 전략 수립과 관련하여 코널리와 케이디는 다음과 같은 네 가지 과제를 고려하여 현재 마케팅 여건에 맞는 최적의 선택을 해야 한다고 주장한다.[19]

첫째, 새로운 타깃 시장을 개발한다. 이는 어떤 타깃 시장을 대상으로 어떠한 마케팅 전략을 수립해야 이제까지 해당 예술상품을 구매한 경험이 없는 사람이 구매자가 될 수 있는가를 고려하는 것이다. 예를 들어, 중상위 이상 소득계층만을 타깃 시장으로 삼던 오페라가 티켓 가격의 차등화 폭을 넓혀 낮은 가격대의 티켓을 판매하고 이와 함께 다양한 할인 프로그램을 도입함으로써, 티켓 가격에 대한 부담으로 오페라를 감상하지 못했던 계층을 오페라 공연으로 유도할 수 있다.

둘째, 타깃 시장의 다양성을 확대한다. 같은 규모의 타깃 시장이라고 하더라도 그 구성에서의 다양성이 확대될수록 중장기적으로 안정성과 성장 가능성이 높아지기 때문이다. 예를 들어, 주로 20대 미혼 여성이 절대다수를 차지하는 뮤지컬 시장의 타깃 관객을 결혼 후 자녀가 성장하여 활동이 자유로워진 30~40대 여성, 이른바 '문화회식'에 관심을 갖고 있는 30~40대 직장인 단체 관람객, 뮤지컬에 출연하는 연예인에 관심이 높은 10대 학생 등으로 다양화할 수 있다.

셋째, 현재 타깃 시장의 예술에 대한 이해도를 높인다. 잠재소비자의 예술에 대한 이해와 감상의 폭과 깊이를 더해줌으로써 더욱 적극적으로 예술상품을 구매하도록 유도할 수 있는 것이다. 오케스트라에서 현대음악을 주요 프로그램으로 하는 연주회를 개최하는 경우 사전에 작곡가와 함께하는 연주곡 해설 시간을 마련함으로써 생소한 연주곡에 대한 부담으로 참석을 꺼리던 기존 타깃 관객의 참석 욕구를 높일 수 있다.

넷째, 예술에 대한 관객 참여 기회를 제공한다. 관객이 예술의 창작과 발표의 과정을 더 밀접하게 경험하도록 유도하여 충성도를 높이는 것이다. 기존 관객층 가운데 정기회원 등 일정한 재구매 빈도를 갖고 있는 집단을 선별해 출연 예술가와의 만남이나 백스테이지 투어 등 특별한 경험을 제공함으로써, 이들의 참석 빈도와 충성도를 더욱 높일 수 있다.

국립국악원 토요어린이국악동화

국립국악원에서는 2015년 말 다음 연도 공연을 기획하면서 130석의 좌식 공연장인 풍류사랑방의 토요일 공연시리즈로 〈토요어린이국악동화〉를 기획했다. 이 시리즈는 국내 공연시장에서 이미 작품성을 확인하며 성공을 거둔 어린이극과 인형극 가운데 전래동화를 소재로 한 작품을 발굴하고 여기에 국립국악원 소속 연주단체가 합류하여 극 중에서 국악기가 연주하는 음악을 함께 들을 수 있도록 한 것이었다.

이 시리즈를 기획하면서 국립국악원은 '5~7세의 아동과 아버지'라는 명확한 타깃 시장을 설정했다. 이는 맞벌이를 하는 많은 가정에서 주말에 아이들을 데리고 나들이 갈 계획을 함에도 불구하고 마땅한 곳이 많지 않다는 점에 착안한 것이었다. 그중에서도 특히 아버지에 주목한 것은 맞벌이 가정의 경우 가사노동이나 육아에서 아버지보다는 어머니가 부담을 많이 지는 현실적 여건을 고려하여 어머니는 집에서 쉬고 그 시간에 아버지가 아이들을 데리고 나와 토요일 한 나절을 즐겁게 보낼 수 있도록 한 것이었다. 말하자면 소비자의 여건과 수요를 구체적인 수준까지 파악하여 이에 부응한 상품을 개발한 것이었다.

이러한 수요를 갖고 있는 맞벌이 가정에서 선택할 수 있는 주말 나들이 상품은 사실 그리 많지 않다. 도시 외곽으로 나갈 경우 교통 체증에 대한 부담이 있으며, 품질이 어느 정도 보장된 어린이 공연의 경우 5만 원 내외의 가격으로 경제적 부담이 되었다. 더욱이 여기에 식사비용까지 포함하면 한 가족의 주말 나들이에 드는 비용이 10만 원을 훌쩍 넘어갈 수밖에 없었다. 이에 국립국악원에서는 주말에 직원들이 많이 출근하지 않는 점을 고려하여 직원식당의 식사단가를 조사하여 1인당 2,500원 정도면 식재료 구매가 가능한 점을 파악하고, 2만 원 티켓에 국립국악원 식당에서의 무료 점심을 포함하여 패키지를 구성했다. 더욱이 어린이 관객은 50% 할인이 제공되기 때문에 1만 원에 티켓을 판매한 점을 고려하면, 아이 둘과 아버지가 같이 공연장을 찾더라도 티켓 구매에 드는 비용은 점심식사까지 포함하여 총 4만 원에 불과했다. 주차 요금도 관객에게는 무료였기 때문에 그 밖에 부대경비도 들지 않았다.

게다가 공연 후에는 널찍한 공연장 앞마당을 활용하여 널뛰기, 줄다리기, 투호던지기, 제기차기 등 민속놀이를 경험할 수 있도록 했다. 공연은 오전 11시에 시작하여 1시간 내외의 공연이 끝난 후 바로 식사를 할 수 있도록 했다. 이를 통해 저녁에는 별도의 다른 공연을 위한 대관도 할 수 있었다. 이처럼 타깃 시장의 명확히 설정하고 그에 맞는 정교한 패키지를 구성한 덕분에 연간 매주 토요일마다 총 40여 회를 기획한 공연은 연초에 곧바로 전 공연이 전석 매진되는 큰 성공을 거두었고, 이후에도 국립국악원의 가장 인기 있는 기획공연 시리즈로 자리매김을 했다.

3) 포지셔닝

가. 포지셔닝의 의의

포지셔닝이란 어떤 상품이 시장에서 소비자의 마음속에 다른 상품과 차별성을 갖고 특정한 위상으로 인지되도록 하는 것이다. 포지셔닝의 핵심은 인지화와 차별화다. 즉, 타깃 시장이 설정되면 그 시장에 제공하려는 상품을 우선 잠재소비자에게 인지시켜야 하며, 나아가 그 상품이 다른 상품에 비해 어떤 차별적 특성을 갖는지 알려주어야 한다. 포지셔닝은 특정한 상품의 구매 행동에 큰 영향을 미친다. 실제로 어떤 상품의 구매 결정은 그 상품의 본질적 가치보다는 소비자 개개인의 마음속에 어떤 상품으로 자리잡고 있는가에 의해 좌우되기 때문이다.

문제는 어떤 예술상품이 특정한 포지셔닝에 적합한 특성을 고유하게 갖고 있느냐 하는 점이다. 때로는 고유의 특성을 정확하게 드러내는 것만으로도 포지셔닝이 이루어질 수 있다. 그러나 수많은 경쟁상품 가운데 명확한 포지셔닝을 하기 위해서는 고유의 특성을 드러내는 것만으로는 부족하다. 이 경우 마케팅 담당자는 그 예술상품의 특성 가운데 몇 가지 요소를 부각하여 특정한 이미지를 전략적으로 형성해야 한다. 말하자면 타깃 시장의 소비자가 특별하게 기억할 수 있도록 예술상품을 포장하는 것이다. 어떤 특성을 부각하여 어떤 이미지를 형성할 것인가는 전적으로 마케팅 전략에 따라 달라진다. 마케팅 담당자가 상품 자체의 고유한 특성을 바꿀 수는 없지만 상품 포장에 관해서는 거의 전권을 가질 수 있다. 이러한 포지셔닝의 결과, 예술상품은 타깃 시장의 소비자에게 특정한 이미지로 각인된다. 여기서 이미지란 어떤 대상에 대해 사람들이 갖는 인상이나 아이디어의 집합체다. 따라서 포지셔닝은 상품의 본질적 특성에 인위적으로 형성된 이미지가 결합하여 형성된다고 할 수 있다.

나. 포지셔닝과 이미지 측정

포지셔닝에서 중요한 것은 어떤 예술상품이 갖고 있는 이미지이다. 이미지에 대해서는 막연히 떠올리기보다는 구체적인 요소로 분석해보아야 한다. 이미지의 측정을 위해 가장 쉽게 접근할 수 있는 방법은 인지도와 호감도 측정이다. 인지도와 호감도의 측정에는 다음과 같은 5점 척도법이 많이 사용된다.

인지도와 호감도를 측정한 후에는 이를 그래프에 옮겨볼 수 있다. 여기서 호감도는 수직선상, 인지도는 수평선상에 위치한다. 따라서 영역별로 네 가지 차원의 분석이 가능하다.

이러한 분석 결과 A그룹의 경우, 기존의 호감도와 인지도를 활용하여 비교적 쉽게 마케팅 전략을 수립할 수 있다. B그룹의 경우, 호감도는 높지만 인지도가 낮으므로 관련 동호인 그룹이나 소셜미디어의 인플루언서 등 여론 주도층을 중심으로 집중적인 입소문마케팅을 전개할 필요가 있다. C

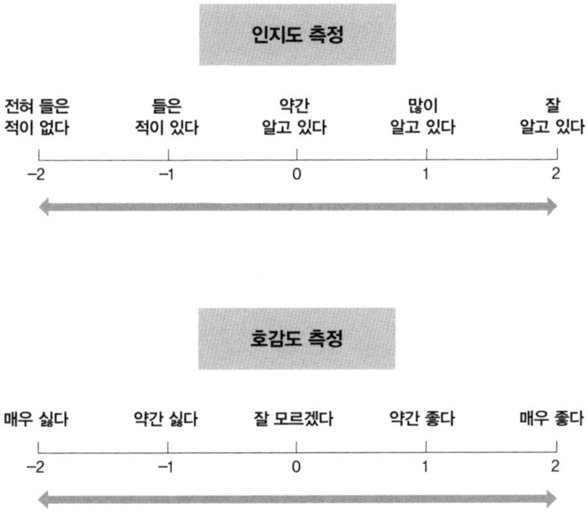

〈도표 7–1〉 5점 척도법에 의한 인지도와 호감도 측정

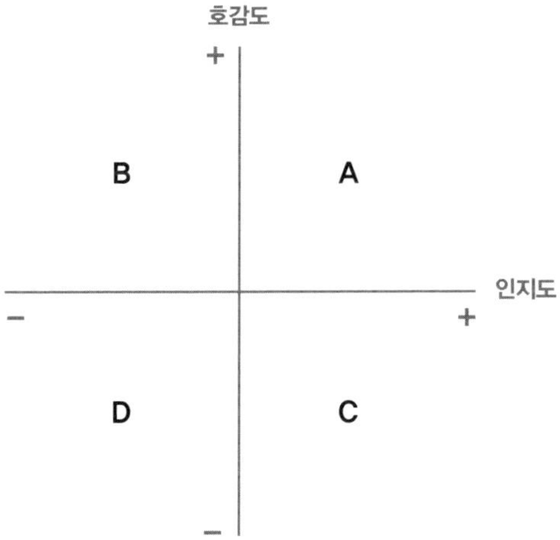

〈도표 7–2〉 인지도와 호감도에 의한 이미지 구성

공연의 질	수준이 낮다	수준이 높다
공연장 시설	낙후된 시설이다	최신 시설이다
공연장 규모	작은 편이다	큰 편이다
공연 내용	대중 지향적이다	마니아 지향적이다

〈도표 7-3〉 예술상품의 특성 분석

그룹의 경우, 인지도는 높지만 호감도가 낮으므로 이들의 변화된 모습을 강조하여 새로운 이미지를 만들어가야 한다. D그룹의 경우, 인지도와 호감도가 모두 낮으므로 가급적 타깃 시장을 새롭게 설정하여 단계적으로 새로운 이미지 창출을 위한 리포지셔닝repositioning 전략을 추진해나가야 한다.

다음으로 의미미분법은 어떤 상품이 갖고 있는 여러 가지 복합적인 특성을 세분화하여 각 특성에 대한 소비자의 태도를 알아보는 것이다. 이를 위해서는 먼저 예술상품이 갖고 있는 특성을 〈도표 7-3〉에 나타난 것과 같이 일련의 분석 요소로 세분화할 필요가 있다. 이처럼 분석 요소를 세분화한 뒤에는 잠재소비자 가운데 표본을 추출해 이들을 대상으로 각 분석 요소에 대한 태도를 측정한다. 마지막으로 분석된 내용을 바탕으로 어떠한 요소를 부각시켜 중점적인 포지셔닝 전략으로 가져갈지 정한다.

다. 포지셔닝의 유형

포지셔닝의 유형은 앞서 설명한 세분시장의 기준과 매우 유사하다. 그러나 세분시장의 기준이 시장 자체를 쪼개서 서로 구분하기 위한 기준인 데 반해, 포지셔닝의 유형은 같은 세분시장 안에서 예술상품에 대해 어떤 이미지를 부여하여 어떻게 인지화하고 차별화할 것인가를 말해준다.

기능적 특성에 의한 포지셔닝 가장 고전적인 포지셔닝에 속한다. 말 그대로 상품 자체의 특성을 드러내는 방향으로 포지셔닝하는 것이다. 다음 홍보 내용은 소리꾼 이자람의 신작 판소리 〈노인과 바다〉가 다른 공연들과 다른 기능적 특성, 즉 희곡이나 근현대소설을 원작으로 만든 창작 판소리라는 점을 전면에 부각했다.

> "〈노인과 바다〉는 제6회 두산연강예술상 수상자 이자람의 신작이다. 이자람은 〈사천가〉, 〈억척가〉, 〈이방인의 노래〉, 〈추물/살인〉 등의 작품으로 국내외에서 활발하게 활동 중인 판소리 창작자다. 희곡이나 근현대 소설을 판소리의 다양한 소재와 형식으로 개발하는 작업을 꾸준히 선보이고 있다. 어니스트 헤밍웨이의 『노인과 바다The Old Man and the Sea』를 판소리로 재창작한 이번 작품에서 이자람은 자신만의 판소리 만들기에 집중하여 오롯이 소리만으로 무대를 채운다."
>
> (두산아트센터 홈페이지 doosanartcenter.com)

상징적 속성에 의한 포지셔닝 이는 어떤 예술상품의 새로운 상징을 부여하여 그러한 상징이 예술상품의 본질을 정확하게 표현하도록 포지셔닝하는 것이다. 다음 보도자료는 재즈 보컬리스트 나윤선의 한국 순회공연에 관한 내용이다. 프랑스 문화훈장 수훈 등 유럽 무대에서의 활약에 관한 소개를 통해 국제적으로 명성이 높은 세계 정상급 아티스트라는 상징적 속성을 부각시켰다.

> "대한민국을 넘어 유럽 최고의 보컬리스트로 인정받으며, 매년 100회에 가까운 무대를 소화하고 있는 보컬리스트 나윤선이 11월 28일 프랑스 문화

예술공로훈장 오피시에장(Officier de l'Ordre des Arts et des Lettres)을 수훈한다. 예술가에게 최고의 영예라고 일컬어지는 프랑스의 문화예술공로훈장은 세계 문화, 예술 발전에 기여한 공로를 인정해 프랑스 정부에서 수여하는 훈장으로 국내 보컬리스트로서는 나윤선이 최초로 수상한다. 보컬리스트 나윤선은 올해 4월 세계적인 메이저 음반사 워너뮤직 그룹과 월드와이드 계약으로 10집 〈Immersion〉(이머젼)을 발매했고, 이후 미국과 유럽의 주요 도시를 돌며 월드투어를 진행 중이다. 그리고 오는 12월 12일 부터 이번 월드투어의 일환으로 서울, 천안, 부산, 광주 등 11개 도시에서 2년 만에 국내 팬들을 만날 예정이다. (…) 문화예술공로훈장 오피시에는 제정 이래 재즈 색소포니스트 덱스터 고든(1986), 가수 엘튼 존(1993), 영화감독 팀 버튼(2010) 등이 수훈했으며 (…) 나윤선이 명실상부한 세계 정상급의 아티스트로서 프랑스로부터 얼마나 큰 사랑을 받고 있는지 알 수 있는 특별한 계기이기도 하다.

(나윤선 2019.11.15 보도자료 인용 – 보도자료 전문은 권말 부록으로 게재)

사용 상황에 의한 포지셔닝 어떤 예술상품은 특정한 상황에서 소비될 수 있다. 예를 들어, 무더운 날씨가 이어지는 한여름에 개막하는 전시의 경우 전시의 내용과는 별개로 관람객이 박물관·미술관까지 방문토록 하는 것 자체가 쉽지 않을 수 있다. 오가는 시간 동안에 겪어야 할 무더위를 부담스럽게 여길 수 있기 때문이다. 박물관·미술관 전시의 핵심적 속성은 물론 전시작품의 관람이지만, 이런 경우 쾌적한 공간에서 시원한 시간을 보낼 수 있는 색다른 피서 장소라는 이미지를 부각시켜 포지셔닝을 할 수 있다. 박물관·미술관이 꼭 진지한 전시 소개만으로 홍보할 필요는 없는 것이다.

상품 소비자 특성에 의한 포지셔닝 사용 상황과는 조금 다른 관점에서 어떤 예술상품에는 특정 유형의 소비자가 존재한다. 일반적인 소비자의 유형이라고 하기는 힘들지만, 예술상품이 갖는 특별한 측면으로 인해 소비자가 형성되는 경우다. 즉, 앞의 사용 상황은 예술상품 자체는 중립적인 특성이지만 그것을 적절한 상황에 맞는 상품으로 포지셔닝하여 포장한 것인데 반해, 이 경우는 예술상품 자체가 특정한 타깃을 대상으로 만들어진 것이다. 예를 들어, 서울시립교향악단에서는 생애주기별 교육 프로그램의 일환으로 〈우리아이 첫 콘서트〉라는 프로그램을 마련하고, "공연장 출입에 제한이 있는 영·유아와 부모를 대상으로 올바른 예술교육 및 공연문화를 체험할 수 있도록 하는 클래식 교육 공연"으로 홍보하면서, "오감을 발달시키는 예술 체험 활동과 감상을 통해 창의력을 길러주고 어린이들이 클래식 음악을 보다 가깝게 즐길 수 있도록 하는 예술교육 프로그램"으로 설명했다. 이러한 홍보 문구는 출연진이나 연주곡 등 프로그램 자체에 대한 설명보다는 이 프로그램의 타깃 시장이 되는 영·유아 부모의 입장에서 관심을 가질만한 프로그램의 방향에 중점을 두고 마련한 것으로 볼 수 있다.

(서울시립교향악단 홈페이지 참조 seoulphil.or.kr)

경쟁상품에 대비한 포지셔닝 이미 시장에서 소비자에게 잘 알려진 상품이 있는 경우 이와 대비하여 어떤 특성이 있는지 부각하는 방향으로 포지셔닝할 수 있다. 다음 홍보 문구는 2018년에 1727석의 공연장으로 새로 문을 연 아트센터 인천이 홈페이지에 게재한 공연장 소개 내용이다. 다른 무엇보다도 서울의 어떤 공연장도 갖고 있지 못한, 바다가 보이는 수려한 입지와 클래식음악에 특화된 음향적 특성에 대한 점을 부각시켰다. 이러한 소개 문구 외에 바다에 면한 입지를 보여주는 비디오자료도 함께 배치했다. 이는 경쟁상품이라 할 수 있는 서울의 공연장에 비해 어떤 특성과 장점을 갖고 있는가를 알려주는 내용이라 할 수 있다.

Arts Center Incheon By the Sea

'아트센터 인천'은 송도국제도시에 새롭게 문을 연 글로벌 복합문화공간

입니다. 마에스트로의 지휘하는 손 모습에서 영감을 얻어 설계된 독특한 외관과 바다를 잇는 전망 세계적 수준의 음향 시스템과 미려한 내외부 공간을 갖춘 '아트센터 인천'은 세계적 경쟁력의 문화예술 도시 인천을 향한 비전을 제시하고 있습니다. (중략) '아트센터 인천'은 빈야드Vineyard와 슈박스Shoebox 스타일 각각의 장점을 혼합한 객석 설계, 측벽 반사음 효과의 극대화와 정교한 소음·진동 차단 시스템으로 관객과의 거리는 좁히고 음악적 몰입감을 높였습니다.

심층 연구 및 토론 과제

- 창작 뮤지컬을 제작하면서 활용할 수 있는 시장세분화 기준으로는 어떤 것이 있을까?
- 타깃 시장을 선택할 때 고려해야 하는 요소는 무엇인가?
- 예술상품 마케팅에서 포지셔닝이 필요한 이유는 무엇인가?
- 지난 3년 이내에 새로 문을 연 공연장이나 박물관·미술관 중 한 곳을 선택하여 지역사회에 어떤 방향으로 포지셔닝하여 홍보하는 것이 가장 효과적일지 생각해보자.

3. 마케팅믹스

마케팅믹스란 관객 조사와 STP 결과를 기반으로 여러 마케팅 도구를 혼합하여 마케팅 목표 달성을 위한 최적의 전략을 수립하는 것을 말한다. 여기서 마케팅 도구로는 상품Product, 가격Price, 장소·유통Place, 홍보Promotion 등 네 가지 요소를 주로 활용하는데, 이 4요소의 영문 머리글자를 따서 보통 4P 전략이라고 말하기도 한다.

1) 상품

가. 예술상품의 발전주기

마케팅믹스를 구성하는 네 가지 P 가운데 첫 번째 P는 상품이다. 다른 상품과 마찬가지로 예술상품도 영구적인 상품가치를 갖지는 못한다. 물론 바흐나 베토벤의 음악작품 혹은 다빈치나 렘브란트의 미술작품처럼 거의 영구적 상품가치를 갖는 경우도 있기는 하다. 이처럼 수백 년 이상 상품가치

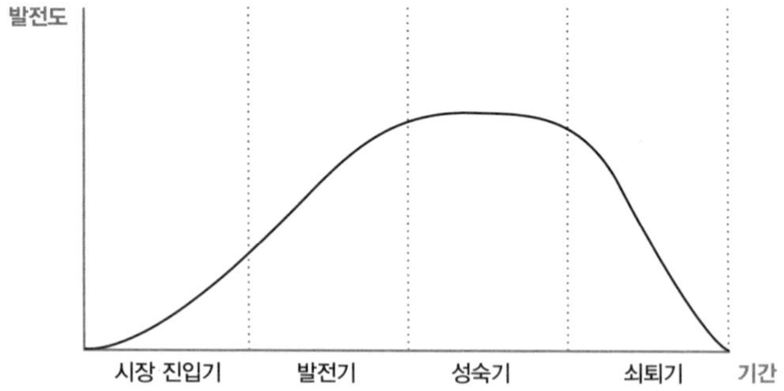

〈도표 7-4〉 예술상품의 발전주기

를 유지하는 예술상품을 이른바 '클래식'이라 말한다. 하지만 클래식의 반열에 오르지 못한 대부분의 예술상품은 다른 상품과 마찬가지로 시장에 등장하여 소비자와 만난 후 시장 진입기-발전기-성숙기-쇠퇴기의 4단계를 거치며 결국 시장에서 사라진다. 〈도표 7-4〉는 이러한 예술상품의 발전주기를 보여준다. 물론 이러한 발전주기는 개념적인 틀을 말하는 것이며, 현실적으로는 이 가운데 어떤 단계가 생략되거나 반대로 상당 기간 지속될 수 있다. 때로는 미처 성숙기에 이르기도 전에 쇠퇴기로 접어들기도 한다. 예술조직 입장에서는 어떤 예술상품이건 그 발전주기를 상정하여 가능한 한 시장 진입기를 신속하게 거쳐 발전기에 이르도록 하고, 성숙기가 가능한 한 오래 지속될 수 있도록 예술상품 전략을 짜야 한다.

시장 진입기 시장 진입기는 예술상품이 제작되어 처음으로 소비자와 만나는 단계다. 이는 온갖 불확실성과 위험이 도사린 시장에 새로운 도전을 하는 것이다. 이제껏 소비자가 만난 적 없는 새로운 예술상품을 기획하게 되면 우선적으로 잠재소비자에게 인지시키는 것이 중요하다. 예를 들어 창작희곡을 연극으로 제작하여 무대에 올리는 경우라면 타깃 관객을 명확히 설정해 이들에게 작품이 무대에 오른다는 사실을 알리고, 시간과 돈을 써

가며 공연장을 찾아가 볼 만한 작품이라는 것을 인식시켜야 한다. 창작희곡이라면 작품 자체보다는 연출가나 배우에 비중을 두어 타깃 관객이 연출가나 배우에 대해 기존에 갖고 있는 선호나 신뢰를 바탕으로 공연장을 찾도록 하는 전략을 수립할 수 있다.

발전기 발전기는 예술상품이 잠재소비자에게 점차 호응을 얻으면서 시장에서 소비되는 규모가 커지는 단계다. 이때 예술상품에 대해서는 기존의 타깃 시장 외에 새로운 타깃 시장으로 마케팅 대상을 확대하는 노력이 필요하다. 타깃 시장의 확대는 지역, 연령, 관심도 등 다양한 측면에서 시도할 수 있다. 예를 들어, 초기에는 10대 후반에서 20대 초반 관객에게 인기가 높은 아이돌 스타의 출연으로 주목받은 뮤지컬이 나중에는 완성도와 작품성을 인정받으면서 연령별 타깃 시장을 확대하여 20대 후반에서 30대까지 관객 기반을 넓힐 수 있다. 또한 서울의 미술관에서 인기를 끈 전시에 대해 지리적 타깃 시장을 확대하여 다른 지역 미술관에서 순회전시를 할 수 있다. 이러한 발전기의 예술상품은 시장 진입기와는 달리 단순히 인지도를 높이는 것 외에 질적인 부분을 비롯하여 특화된 강점을 부각함으로써 지속적으로 화젯거리를 만들어내는 노력이 필요하다.

성숙기 성숙기는 시장 규모가 어느 정도 정점에 이르러 더 이상 유의미하게 확대되지 않지만, 그럼에도 지속적인 소비계층이 형성되어 안정적인 규모의 매출이 꾸준하게 발생하는 시기다. 이 단계의 예술상품은 이미 타깃 시장에 충분히 인지된 상태이기 때문에 마케팅 노력도 최소한의 수준으로 유지할 수 있다. 그러나 이러한 성숙기를 오래 지속시키기 위해서는 예술상품의 신선미를 계속 유지할 수 있도록 출연 예술가를 교체하거나 그 밖의 서비스를 통해 지속적인 유인체계를 만들어가는 것이 필요하다.

쇠퇴기 쇠퇴기는 소비 규모가 줄어들어 같은 시장에서 경쟁하는 다른 유사한 상품들에 비해 경쟁력이 떨어짐으로써 점차 소비자의 관심에서 멀어져 끝내 시장에서 사라지는 단계다. 대개의 예술상품은 상품을 제작 후에 가능한 한 신속히 시장에 진입시키고, 발전시키며, 최대한 오랫동안 성숙기의 상태를 유지해나가는 것을 마케팅 목표로 삼는다. 이에 따라 쇠퇴기에 대한 전략은 별도로 수립하지 않는 경우가 많다. 그러나 시장의 선택에 따라 쇠퇴기가 임박해진 상품에 대해서도 체계적인 전략 수립을 통해 부정적인 영향을 최소화할 수 있도록 노력할 필요가 있다.

나. 발전주기별 마케팅 전략

보스턴컨설팅그룹Boston Consulting Group(BCG)의 설립자 브루스 헨더슨이 1968년 창안한 이른바 BCG 매트릭스는 미국의 〈포천〉지 선정 500대 기업 중 절반 가까이에서 채택되며 대부분의 경영학 교과서에 실릴 만큼 널리 활용되어 왔다.[20] 이 분석에 따르면 상품은 시장점유율과 성장률에 따라 〈도표 7-5〉와 같이 네 개로 구분된다. 헨더슨은 이 중 시장점유율과 성

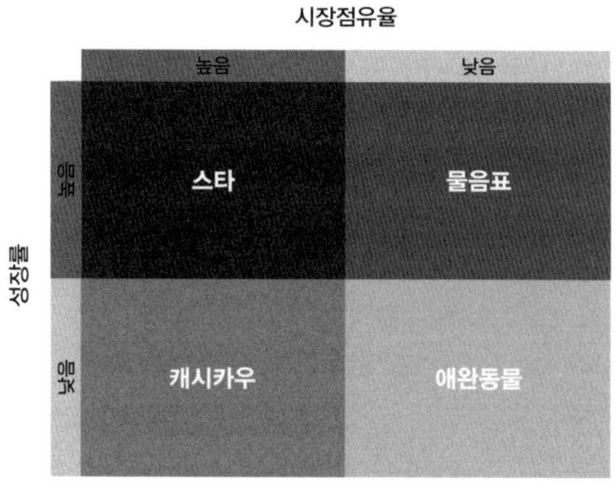

〈도표 7-5〉 BCG 매트릭스

장률이 모두 높은 상품은 스타Star, 시장점유율은 높지만 성장률이 낮은 상품은 캐시카우Cash Cow, 시장점유율은 낮지만 성장률이 높은 상품은 물음표Question Mark, 시장점유율과 성장률이 모두 낮은 상품은 애완동물Pet로 명명하고, 각각의 유형별로 취할 상품 전략을 다음과 같이 제안했다.

첫째, 물음표는 상품 발전주기의 시장 진입기에 있는 상품으로서, 다른 상품의 비중이나 상품 발전주기상의 위치 등을 고려하여 어느 정도 마케팅 자원을 투입할 것인지 판단해야 한다. 유의미한 시장점유율을 확보할 수 있도록 잠재소비자를 대상으로 다양한 마케팅 도구를 활용한 적극적인 홍보가 필요하며, 이를 위해 선도적인 소비자 그룹을 적극적으로 활용해야 한다.

둘째, 스타는 발전기에 있는 상품으로서, 시장점유율을 지속적으로 높여가기 위한 마케팅 전략이 필요하다. 기존의 타깃 시장 외에 새로운 타깃 시장을 발굴하여 지속적으로 시장을 확장해야 한다.

셋째, 캐시카우는 성숙기에 있는 상품으로서, 시장점유율을 유지하면서 제작비용을 절감하기 위한 마케팅 전략이 필요하다. 성숙기는 가능한 한 길게 지속되어야 하는데, 제작비용이 많이 소요되면 그 부담으로 인해 지속 가능성이 줄어들기 때문이다.

넷째, 애완동물은 쇠퇴기의 상품으로서 신속하게 회수하는 전략이 필요하다. 쇠퇴기의 상품에 대한 전략으로는 다음과 같이 몇 가지 선택 대안이 있다.

지속 전략 쇠퇴기에 있는 상품을 개량하여 종래 성숙기의 시장을 유지하고자 하는 전략이다. 어떤 식으로든 상품의 핵심 요소는 유지한 채 유형 요소와 주변 요소를 최대한 개선하여 종래의 시장을 유지하는 것이다. 이런 전략은 상품 자체의 잠재적 발전 가능성이 크거나, 공공성이나 지원기관과의 관계 등의 이유로 그 상품을 어떤 식으로든 시장에 존재시켜야 할 의

의나 필요성이 있을 때 시도한다.

집중 전략 한정된 시장을 대상으로 제한적인 노력을 기울이는 전략이다. 지속 전략과의 차이는 종래의 시장 전체에 대한 미련을 버리고, 그중 판매가 확실한 일부만 대상으로 공략하는 점이다. 당연히 매출 규모는 줄어들 수밖에 없지만, 시장에서 그 상품이 없어지지 않고 한정된 타깃을 대상으로 지속적인 판매 수준을 유지할 수 있다.

회수 전략 판매를 감소시켜 마침내는 상품을 시장에서 퇴출시키는 전략이다. 시장에서 상품을 회수하는 것도 쉬운 일이 아니다. 특히 국공립 예술조직의 경우 상당 기간 지속하던 레퍼토리 공연이나 상설전시를 갑작스레 중단하는 결정을 내리는 것은 성과평가나 예산편성 절차 등 내·외부 여건으로 인해 쉽지 않다. 이런 경우 상품의 제공을 일시에 중단하기보다는 자연스럽게 퇴출될 기회를 마련하거나, 새로운 대체상품을 제작해 단계적으로 교체될 수 있도록 전략을 짜야 한다.

다. 브랜드마케팅

2010년 초, LG아트센터의 개관 10주년에 즈음하여 여러 신문이 LG아트센터의 10년간 성과를 소개하는 기사를 실었다. 실제로 매년 말 LG아트센터에서 다음 시즌의 기획공연에 대한 패키지티켓 판매를 시작하는 날이면 언제나 수많은 열성적인 LG아트센터 팬이 몰려들어 좋은 좌석부터 순식간에 수백 장을 구매한다. 이처럼 상품의 가치를 꾸준히 유지함으로써 그 이름만으로도 신뢰감을 갖고 기꺼이 상품을 구매하는 이른바 '묻지마 팬'을 확보하는 전략이 바로 브랜드마케팅이다.

국내 예술계에서 이만한 브랜드파워를 갖고 있는 예술상품은 그리 많지 않다. 공연장 중에서 LG아트센터가 브랜드마케팅에 성공했다면 박물관·미술관 중에서는 대림미술관이 비슷한 성공을 이루었다. 소비자는 LG아트센터의 공연이나 대림미술관의 전시에 대해서는 대체로 일정 수준 이상의 품질을 갖고 있으리라 기대한다. 기대와 충족이 반복됨에 따라 점점 탄탄한 신뢰가 쌓이고 그것이 곧 브랜드파워가 된 것이다. 브랜드마케팅이 성공하는 첩경은 소비자의 기대를 충족시킬 수 있는 품질관리quality control다. 공연장이든 박물관·미술관이든 품질관리가 제대로 이루어지지 않고는 결코 브랜드파워를 형성할 수 없다. 아울러 공연이건 전시건 단순 대관 중심의 공간 운영으로는 이러한 브랜드파워를 형성하기 힘들다. 제작 과정에서 비용이 많이 들고 일정한 실패의 위험성을 감수해야 하지만 자체적으로 공연이나 전시를 기획하거나 최소한 일정한 방향성을 갖고 외부의 예술작품을 주도적으로 섭외하지 않고서는 브랜드마케팅에 나서기 어렵다.

브랜드마케팅을 적절히 활용하는 예술상품의 또 다른 예는 스타 파워 활용이다. 2009년 말 공연 1000회를 넘긴 히트 뮤지컬 〈헤드윅〉은 조승우라는 스타급 연기자의 브랜드를 통해 결정적으로 성장했다. 이제는 특정한 배우가 아닌 다른 배우가 출연하더라도 충분히 마케팅에 성공할 만큼 공연 자체의 브랜드 가치가 높아졌지만, 2005년 초기 흥행에 있어서는 조승우 개인의 브랜드파워가 상당 부분 기여한 것으로 평가된다. 이러한 스타 파워의 활용은 특히 연극이나 뮤지컬에 많은 편이다. 특히 국내시장에 아직까지 인지도가 높지 않은 작품을 처음으로 무대에 올리는 경우에는 TV 등 대중매체를 통해 이미 브랜드 가치를 획득한 스타를 출연시킴으로써 기존에 갖고 있는 브랜드 가치를 적절히 활용할 수 있다. 물론 이러한 스타 출연자의 브랜드파워가 제대로 공유되고 유지되려면 당연히 공연 자체의 전체적 완성도와 품질관리가 전제되어야 한다.

예술상품에서 이러한 브랜드마케팅이 필요한 이유는 앞서 2장에서 설명한 예술상품의 무형성과 이질성 때문이다. 직접 경험하기 전에는 예술상품의 진가를 제대로 파악하기 어렵기 때문에 소비를 망설이는 잠재소비자에게 브랜드마케팅은 가장 유력한 마케팅 전략이 될 수 있다. 결국 브랜드 전략의 핵심은 차별화에 있다. 차별화 없는 브랜드 전략은 공허할 뿐이며 오래 지속되기 어렵다.[21] 앞서 이야기했던 몇 가지 브랜드 예시는 단순히 마케팅과 홍보를 잘했기 때문에 형성된 것이 아니다. 유사 경쟁상품과 차별화된 질적 내용이 확보되지 않은 상태에서의 브랜드마케팅은 성과를 거두기 어려우며, 설사 일시적 성과를 거둔다 할지라도 지속적으로 유지하기 어렵다. 더욱이 경쟁상품이 등장하면 일거에 그 힘을 잃고 만다.

2) 가격

두 번째 마케팅 도구는 가격이다. 예술상품에 대한 적정한 가격 책정으로 예술시장에서의 판매를 확대하거나 이익을 늘릴 수 있다. 여기서는 먼저 전통적인 가격책정 방법에 대해 이해하고 이를 바탕으로 수요의 가격탄력성에 따른 가격차별화 전략과 할인정책 등에 대해 살펴볼 것이다. 다만 전시상품의 경우 현실적으로 무료이거나 낮은 수준의 단일가격을 채택하는 경우가 대부분이어서 가격전략의 실효성이 높지 않기 때문에 대부분의 내용은 공연상품을 중심으로 서술했다.

가. 가격책정의 방법

비용 중심 가격책정 가장 기초적인 가격책정 원리는 소요된 비용, 즉 원가에 일정한 수준의 이윤을 덧붙이는 방식이다. 일반 기업경영에서는 이윤 추구가 가장 큰 목표이기 때문에 이러한 가격책정 원리를 다양한 형태로 발전시켰고, 원가가산 가격책정cost-plus pricing, 가산치 가격책정markup pricing, 목표수익률 가격책정target-rate-of-return pricing 등 다양한 방법을 활용하고 있다.[22]

그러나 실제로 예술경영 현장에서 이처럼 소요 비용만 고려해 가격을 책정하는 경우는 드물다. 이는 예술상품의 가격이 기본적으로 비용과 아울러 시장에서의 수요나 경쟁상품의 가격 등 다른 요소의 영향을 더 많이 받아 책정되기 때문이다. 하지만 비용 중심 가격책정은 모든 상품의 가격 책정의 기초가 되므로 기본적인 원리를 이해하는 것이 가격전략을 세우는 데 도움이 된다.

비용 중심 가격책정 방식이 가장 극명하게 드러나는 사례는 스타 캐스팅을 하는 공연작품이다. TV나 영화 혹은 음원 등을 통해 이미 대중에게 확실하게 인지되어 있는 스타를 캐스팅하면 마케팅 측면에서 효과를 보게 되지만, 비싼 개런티로 인해 제작비가 높아지고 결과적으로 티켓 가격을 올려야 하는 상황이 초래된다. 이런 경우 예술상품의 가격책정 방식 중에서는 비용 중심 가격책정에 대한 이해가 필요하다.

공연상품의 경우 가장 간단한 방식은 전체 제작비용을 좌석당 단가로 환산하는 것이다. 공연장에서 기획공연으로 소규모 창작뮤지컬을 제작하면서 다음과 같은 조건으로 가격책정을 하는 상황을 가정해보자. 이 공연의 제작비용은 일반 경상비용을 제외하고 총 2억 7000만 원이 소요된다. 창작뮤지컬을 초연하기 때문에 아직은 관객 기반이 불확실하여 수익 발생은 예상하지 않는다. 이 공연장에서 지난해 이루어진 유사한 뮤지컬의 유료관객점유율은 평균 60퍼센트였다. 이 작품은 1000석의 대극장에서 평일 1회, 주말 2회 공연으로 11일간 총 15회 무대에 오르게 된다. 이런 조건에서 먼저 매출 좌석당 비용을 계산하면, 총매출 좌석은 1000석×15회로 1만 5000석이다. 그러나 평균 유료관객점유율을 60퍼센트로 예상하기 때문에 실제 매출 좌석은 9000석이다. 그렇다면 매출 좌석당 비용은 2억

7000만 원÷9000석=3만 원이 된다. 물론 여기서 실제 매출 좌석을 총좌석 수인 1만 5000석으로 산정할 수도 있지만, 유료관객점유율이 100퍼센트가 되는 경우가 드물기 때문에 실제 매출과의 차이로 인해 오히려 계산이 복잡해질 수 있다.

여기서 스타 캐스팅의 효과를 고려해보자. A라고 하는 스타가 팬클럽을 통해 매회 300명 정도의 관객을 동원할 수 있는 티켓 파워를 갖고 있다고 가정해보자. 이 경우 위의 계산식에서 매회 유료관객점유율은 60퍼센트에서 90퍼센트로 높아지게 되며, 총매출 좌석 수도 1만 3500석이 된다. 따라서 같은 제작비라면 매출 좌석당 비용이 낮아지기 때문에 동일한 티켓 가격을 설정하는 경우 더 많은 수익을 확보할 수 있다. 스타 캐스팅을 하는 경우 출연료로 인해 제작비는 불가피하게 높아지는데, 이때 1일 출연료로 900만 원까지 추가 지급하더라도 스타 캐스팅으로 인해 늘어나는 제작비는 늘어난 수익으로 상쇄할 수 있다. 객석점유율이 90퍼센트가 아니라 100퍼센트까지 올라갈 수 있는 경우라면 다음에서 이야기할 수요 중심 가격책정의 원리에 따라 티켓 가격의 인상까지도 가능해질 수 있다.

수요 중심 가격책정 제작에 소요되는 비용과는 상관없이 시장의 수요에 따라 가격을 책정할 수 있다. 시장가격은 결국 공급과 수요가 만나는 지점에서 형성되는 것이므로 공급이 한정된 상품에 수요가 폭넓게 형성되어 있거나 특정한 계기로 수요가 폭발적으로 증가하는 경우 가격을 높일 수 있다. 또한 만날 기회가 희귀하거나 마니아층이 폭넓게 형성된 예술상품은 준비 과정에 소요된 비용과 상관없이 수요에 대응하여 가격을 높일 수 있다. 물론 이와 반대로 해당 예술상품이 쇠퇴기에 접어들거나 다른 외부적 요인으로 수요가 줄어들면 당연히 그에 맞춰 가격을 내려야 한다. 이처럼 예술시장의 수요를 고려하여 가격을 결정하는 것을 수요 중심 가격책정이라 한다. 이러한 수요 중심 가격책정이 단순히 시장에서의 양적인 수요와 공급만을 고려하는 것은 아니다. 더 나아가 소비자가 해당 상품의 가치를 어떻게 인식하고 그에 대해 어느 정도의 가격을 지불할 용의를 갖고 있는가, 즉 소비자 입장에서의 가치와 효용을 고려하여 가격 책정하는 측면에 주목하여 이를 가치 중심 가격책정value-based pricing으로 설명하기도 한다.[23] 가치 중심 가격책정 역시 큰 범주에서는 수요 중심 가격책정의 한 유형으로 볼 수 있다.

〈니벨룽의 반지〉 공연

지휘자 게르기예프가 이끄는 러시아 마린스키극장 오케스트라와 오페라 제작진은 2005년 9월 세종문화회관에서 바그너의 오페라 〈니벨룽의 반지〉를 국내에서 처음으로 무대에 올렸다. '라인의 황금', '발퀴레', '지크프리트', '신들의 황혼' 등 4부작으로 구성되어 4일간 16시간에 걸쳐 진행되는 이 작품은 공연 전부터 크게 화제가 되었는데, 티켓 가격도 이에 상응하여 R석으로 4부작을 모두 볼 경우 100만 원 이상을 지불하도록 고가로 책정했다. 물론 여기에는 당시 100명이 넘는 오케스트라 단원을 비롯하여 솔리스트, 합창단, 무용수 등 300여 명의 출연진이 내한하여 상당한 제작비가 소요된 것도 요인이었다. 하지만 그 방대함으로 인해 전 세계적으로도 4부작이 한꺼번에 무대에 오르는 사례가 매우 드물었고, 국내에서 근시일 내에 다시 보기 힘든 희소성이 있었기 때문에 음악 애호가로서는 놓칠 수 없는 공연이었다. 이에 따라 이 공연은 높은 티켓 가격에도 불구하고 거의 매진되는 성과를 거두었다.

수요 중심 가격책정에서 또 한 가지 염두에 둘 것은 공연상품의 경우 같은 공연이더라도 좌석에 따라 수요가 달라진다는 점이다. 같은 공연이더라도 좌석에 따라 즐길 수 있는 내용의 질이 달라지기 때문에 좌석을 몇 개의 등급으로 구분하여 각기 다른 가격을 책정한다. 이처럼 좌석에 의한 가격차별화를 할 때는 대개 가장 고가의 좌석과 가장 저가의 좌석이 먼저 판매된다. 또한 공연장과 공연 내용에 따라 관객이 선호하는 좌석의 위치가 달라진다. 어떤 관객은 예술가를 가까이서 볼 수 있는 무대 바로 앞의 좌석을 선호하는 반면, 다른 어떤 관객은 음향이 뛰어나고 무대 전체를 조망할 수 있는 2층 앞좌석을 선호한다. 따라서 좌석의 등급 설정 방향은 공연의 성격이나 잠재관객의 선호도에 따라 달라질 수 있다. 이러한 점과 함께 가격대별 타깃 관객의 티켓 가격에 대한 탄력성까지 고려하여 등급별로 어느 정도 비율의 좌석을 배정하고, 어느 정도 가격으로 책정할지 정해야 한다.

그러나 앞서의 비용 중심 가격책정 방식과 마찬가지로 수요 중심 가격책정 역시 그 자체만으로 예술상품 가격책정의 유일한 방식이 되지는 않는다. 현실적으로는 이러한 두 가지 방식에 다음에서 설명할 경쟁 중심 가격책정 방식까지 복합적으로 가미하여 실제 예술상품의 가격을 책정한다.

앞서 설명한 창작뮤지컬에 대한 가격책정 과정을 조금 더 발전시키면 다음과 같다. 우선 앞에서와 같이 모든 좌석을 단일가격으로 책정하면 더는 고민할 필요 없이 티켓 가격을 3만 원으로 책정하면 된다. 그러나 좌석을 2등급으로 구분할 경우 A등급을 4만 원, B등급을 2만 원으로 책정할 수도 있고, 좌석 간 편차를 좀 더 두어 A등급을 5만 원, B등급을 1만 원으로 책정할 수도 있다. 여기에는 여러 가지 변수가 작용한다. 우선 몇 개의 등급으로 나눌지 고민해야 하고, 등급을 구분한다 해도 각각 좌석을 몇 퍼센트씩 배정할 것인지 고려해야 한다. A등급을 30퍼센트, B등급을 70퍼센트로 배정할 수도 있고 그 반대로 혹은 다른 비율로 정할 수도 있다. 아울러 이렇게 정해진 등급별 좌석은 각각 유료관객객석점유율이 달라지기 때문에 과거의 경험 혹은 다른 공연의 사례 등을 참고하여 등급별 유료관객객석점유율이 얼마나 될지 예측해야 한다. 이렇게 등급별 좌석 수를 정하고, 등급별 티켓 가격이 책정되었다 해도 모두 마무리된 것은 아니다. 변수를 더 복잡하게 해볼 수 있다. 즉, 평일과 주말의 관객 수요가 달라지는 점을 고려하여 평일 티켓과 주말 티켓의 가격을 달리할 수 있다. 협찬사나 특정 카드 고객, 공연장의 정기회원, 학생이나 고령자 등을 대상으로 한 다양한 할인 판매 가능성을 고려하면 티켓 가격의 계산법은 훨씬 더 복잡해진다. 그러나 이렇게 여러 가지 변수를 고려할수록 그만큼 정교하게 마케팅 계획을 짜나갈 수 있다는 점은 분명하다.

이처럼 수요 중심 가격을 책정하면 상한선은 어떻게 될까? 극단적으로 말하면 소비자가 더 이상 부담할 수 없는 수준이 바로 상한선이 된다.[24] 즉, 소비자가 지불할 수 있는 최대의 금액 수준으로 가격을 책정하는 것이 수요 중심 가격책정의 이상적 수준이다. 물론 현실적으로는 그렇게 하기 어렵다. 우선 가격 상승에 따른 수요탄력성으로 인해 소수의 구매자만 남은 채 다수의 구매자가 티켓 구매를 포기하게 될 수 있다는 점이 제약이 된다. 또한 다음 설명처럼 경쟁상품이 있을 경우 그 상품과 무관하게 높은 가격을 책정하기 어렵다. 또한 예술상품 생산에 어떤 형태든 공공지원이 있는 경우 공공성에 따른 윤리적 제약으로 가격을 일정 수준 이상 높이기 어렵다.

수요 중심 가격책정에서 또 한 가지 고려할 사항은 과시용 소비 수요의 존재다. 특히 해외 유명 연주자 내한공연의 경우 유독 최고가의 VIP 티켓을 선호하는 현상이 두드러지게 나타난다. 이는 베블런이 말하는 '사치재의 소비 현상'으로 설명할 수 있다. 이처럼 비싼 티켓이 오히려 잘 팔리는 현상에 따라 불필요하게 최고가 티켓의 가격이 높아지거나 전체 객석 중 VIP 좌석의 비율이 기형적으로 많은 비중을 차지하는 일이 벌어지기도 한다.

경쟁 중심 가격책정 이처럼 어떤 상품의 가격은 그 상품의 공급과 수요 여건을 기초로 형성되지만, 더 넓게 생각하면 단순히 그 상품 자체의 공급과 수요만으로 결정되지 않는 면도 있다. 동일한 시장에서 그 상품과 경쟁하는 다른 상품이 존재하기 때문이다. 이 경우 어느 상품의 가격이 적정가격보다 높게 형성되면 그 상품의 수요자는 다른 상품을 선택한다. 그 결과 상품 가격을 결정할 때는 불가피하게 경쟁상품의 가격을 고려하여 결정한다. 이를 경쟁 중심 가격책정이라 한다.

대학로에 있는 소극장 무대에 오른 어느 중견 극단의 창작극을 보러 간다고 하면, 관객은 비슷한 공연의 티켓 가격이 대개 얼마 정도인지 생각하며 티켓 가격을 예상하게 마련이다. 몇 개월 전 보았던 비슷한 작품이 기준이 될 수도 있고, 같은 시기에 다른 소극장 무대에 오른 비슷한 작품이 기준이 될 수도 있다. 이러한 유사 상품을 생각하면서 비슷한 성격의 작품 티켓을 3만 원 정도로 예상하고 있는 관객에게 5만 원을 지불하라고 하면 당연히 망설이게 된다. 그다음에는 이 작품이 과연 2만 원을 더 지불할 가치가 있는지 살핀다. 관객이 선호하는 특별한 배우가 출연한다든가, 극장이 최근에 새로 건립되어 시설이 좋다든가 하는 등의 추가적인 매력 요소가 없다면 관객은 티켓 구입을 망설일 것이다. 그리고 그 작품에 왜 그렇게 높은 가격이 매겨졌는지 의아해할 것이다. 해외에서 들여오는 블록버스터 공연도 마찬가지다. 세계 클래식 시장을 이끌고 있는 유명 아티스트나 브로드웨이에서 폭발적인 인기를 끌고 있는 뮤지컬 작품을 들여온다고 해도 관객은 역시 비슷한 성격의 공연을 어느 공연장에서 얼마에 보았는지 떠올리게 된다. 경쟁 중심 가격책정은 이처럼 관객의 기억 속에 남아 있는, 그것도 최근의 기억으로 남아 있는 유사한 성격의 작품을 고려하여 티켓의 가격을 책정하는 것이다.

그러나 여기서 비교 대상을 좀 더 폭넓게 확대할 수 있다. 예를 들어, 토요일에 아이와 함께 저녁 시간을 어떻게 하면 즐겁게 보낼 수 있을지 고민 중인 30대 중반의 부부를 대상으로 마케팅을 한다고 가정해보자. 부부는 아이와 함께 극장에서 최근 개봉한 만화영화를 볼 수도 있고, 놀이공원이나 테마파크로 나들이 갈 수도 있다. 근교의 소문난 맛집을 찾아 나설 수도 있다. 만화영화나 놀이공원이나 맛집은 공연 그 자체와는 상관없는 것일 수 있지만, 아이와 함께 한정된 시간과 돈을 소비하며 즐거운 주말 시간을 보내려는 사람의 입장에서 보면 공연 역시 이런 활동과 함께 선택 가능한 대안 중 하나일 뿐이다. 즉, 마니아층을 대상으로 한 특별한 공연상품이 아니면, 이러한 다른 여가 상품과 상호대체재 역할이라는 점을 고려해야 한다.

과거에는 20대 초반의 대학생을 주 대상으로 하는 대중적인 연극이나 뮤지컬 공연의 경우 영화관의 티켓 가격이 주된 비교 대상이었다. 대개 이들 공연 티켓 가격은 영화관 티켓 가격의 두세 배 범위 내에서 책정되는 것이 보통이었다. 이들 젊은 관객층에게 연극이나 뮤지컬을 보는 것은 친구와 만나 즐거운 저녁 시간을 보낼 수 있는 놀이 방법의 하나로서 영화와 대체재적인 성격을 지녔기 때문이다. 이러한 경향은 상당히 오랫동안 공연상품의 가격 상승을 억제하는 요인으로 작용했다. 그러나 최근에는 뮤지컬을 중심으로 공연장 티켓 가격이 상당한 비율로 상승함에 따라 이러한 단순 비교가 무의미해지고 있다. 공연을 관람하는 활동이 영화를 보는 것과는 상당히 다른 종류의 특별한 경험이라는 인식이 자리 잡고 있는 것이다. 이때 중요한 것은 자신의 예술상품이 다른 상품과 비교할 때 얼마나 매력 있는지, 얼마나 충성도 높은 관객층을 형성하고 있는지가 된다. 그런 특별한 매력이 없는 상품이라면 시장에서 형성된 경쟁상품의 가격수준을 따라가는 것이 안전한 선택이 될 수 있다. 이렇게 시장에서 자신이 제공하는 상품과 가장 유사한 내용의 상품들이 책정한 가격을 고려하여 그와 비슷한 가격을 책정하는 방식은 가장 간편하고 현실적으로 많이 활용되는 가격책정 전략이라고 할 수 있다.

다만 중요한 것은 경쟁상품의 가격을 고려하는 것이지, 반드시 경쟁상품과 비슷한 수준의 가격대를 책정해야 하는 것은 아니라는 사실이다. 시장진입을 하는 상품의 경우 의도적으로 경쟁제품보다 가격을 낮추어 소비자들의 선택을 이끌어내는 전략을 취할 수 있다. 반대로 높은 가격의 상품이 높은 품질이라고 판단하는 소비자를 대상으로 의도적인 고가전략을 취해 소비자의 관심을 유발할 수도 있다. 상품 자체가 일정한 독점성을 갖고 있다면, 즉 유사 상품과 차별화되는 특별한 장점이나 매력을 갖고 있다면 이를 이용해 가격을 더욱 독자적인 기준으로 책정할 수 있다. 이는 공연상품의 경우에 많이 나타나는데, 특히 공연을 하는 배우나 연주자 등이 유일무이한 존재로 스타 파워를 갖고 있다면 유사 상품의 가격책정으로부터 상대적으로 영향을 덜 받을 수 있다.

나. 예술상품의 가격탄력성

가격탄력성의 의의 예술상품의 가격을 책정할 때 가장 중요한 이론적 기초는 수요의 가격탄력성 개념이다. 수요의 가격탄력성이란 가격이 변할 때 이에 따라 수요가 변하는 정도를 말한다. 일반적으로 가격이 오르면 수요가 줄어들지만 상품에 따라 그 변화폭이 다르다. 가격 변화의 폭이 작아도 수요가 민감하게 반응해 큰 폭으로 변하는 경우 탄력성이 높다고 말한다. 반대로 가격 변화의 폭이 커도 수요가 둔감하게 반응하여 별로 변하지 않고 일정 수준으로 유지되는 경우 탄력성이 낮다고 말한다.

예를 들어, 공연상품 자체의 특별한 매력보다는 방학 과제로 공연장에 어쩔 수 없이 가야 하는 중고생을 대상으로 기획을 할 경우 가격책정은 중요한 전략 중 하나가 된다. 이 경우 수요의 가격탄력성이 높아서 경쟁상품에 비해 약간만 높아져도 수요층은 민감하게 반응해 티켓 판매량이 크게 줄 수 있다. 반면 세계적인 명성을 가진 노령의 음악가가 은퇴를 앞두고 마지막 순회공연을 하며 내한 연주회를 갖는 경우라면 어느 정도의 가격 변동에는 크게 좌우되지 않는, 즉 가격탄력성이 낮은 진지한 마니아층이

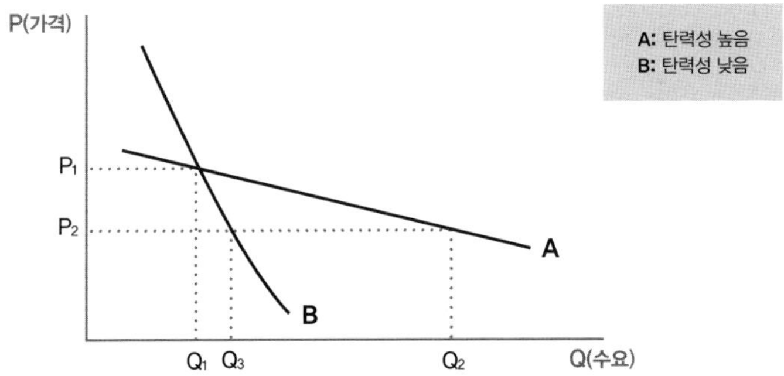

〈도표 7-6〉 예술상품 수요의 가격탄력성 비교

주요 타깃이 됨으로써 티켓 가격을 상당한 수준까지 높일 수 있다.

이처럼 탄력성 개념은 예술상품의 가격을 책정할 때 유용하게 사용된다. 즉, 가격탄력성이 낮은 예술상품은 최대한 가격을 높여 수익을 극대화하는 전략을 취할 수 있고, 반대로 가격탄력성이 높은 상품은 가능한 한 가격을 낮추어 판매량을 늘림으로써 수익을 극대화할 수 있기 때문이다. 위 〈도표 7-6〉은 가격탄력성이 높은 예술상품 A와 가격탄력성이 낮은 예술상품 B를 비교한 것이다. 가격이 P1에서 P2로 낮아지는 경우 A의 판매량은 Q1에서 Q2로 크게 늘어나게 된다. 반면 B의 판매량은 Q1에서 Q3로 거의 늘어나지 않는다. 예술상품이 갖고 있는 이 같은 가격탄력성을 이해하게 되면 최적의 가격을 책정하는 데 도움이 될 수 있다.

예술상품은 대개 어느 정도 경제적 여유가 있을 경우에 소비하는 사치재적인 상품으로 생각되기 때문에 가격에 무척 민감하여 탄력성이 높을 것이라는 선입관이 있다. 그러나 예술상품의 가격탄력성에 의문을 제기하는 학자도 있다. 특히 키스 디글은 예술상품 가격이 대체로 너무 낮게 책정되어 있다고 말한다. 디글은 예술상품의 가격탄력성이 그리 높지 않기 때문에 가격을 상당 수준 높이더라도 수요 수준이 크게 변하지 않는다고 주장한다.[25] 이처럼 예술상품에 대한 가격탄력성이 높지 않은 이유는 예술상품의 특성상 소비를 결정하는 데 가격이 차지하는 비중이 높지 않으며 오히려 그 상품의 내적 특징, 즉 주요 내용, 출연 예술가, 표현 양식 등에 대한 선호가 많은 영향을 주기 때문이다. 아울러 이러한 선호는 오랜 기간에 걸친 경험과 교육으로 형성되기 때문에 설사 가격이 일정 부분 변하더라도 이에 따라 즉각적으로 민감하게 반응하지 않는다. 따라서 예술상품의 가격탄력성을 이해하려면 탄력성에 영향을 미치는 다양한 요인을 살펴볼 필요가 있다.

가격탄력성에 영향을 미치는 요인 모든 예술상품의 가격탄력성이 일률적으로 낮다고 이야기할 수는 없다. 가격탄력성은 수요자의 소득계층, 예술에 대한 선호 수준, 예술상품의 종류에 따라 달라지기 때문이다.

첫째, 소득 면에서는 저소득층의 경우 예술상품의 소비가 가처분소득에서 차지하는 비중이 상대적으로 높기 때문에 기본적인 의식주를 좌우할 수 있을 정도의 예술상품 소비를 지속적으로 해나가기 힘들다. 따라서 설사 특정 예술상품에 대해 강한 선호가 형성되어 있다 하더라도 고소득층에 비하면 가격에 민감하게 반응할 수밖에 없기 때문에 가격탄력성이 높다.

둘째, 예술에 대한 선호 수준 면에서는 높은 사람이 낮은 사람에 비해 가격탄력성이 낮다. 어떤 예술상품에 대한 선호가 강하게 형성될수록 가격과는 상관없이 소비가 늘어난다. 이와 관련하여 경제학자 앨프리드 마셜은 이미 일찍이 19세기 말에 "훌륭한 음악은 들으면 들을수록 예외 없이 그 음악에 대한 기호가 더욱더 강화된다"고 말했다.[26] 이는 오늘날까지도 여전히 유효한 주장이다. 예술상품은 소비할수록 이에 대한 선호가 강하게 형성됨으로써 가격탄력성이 낮아져 설사 가격이 높아지더라도 소비 수준을 줄이지 않는다는 것이다.

셋째, 두 번째 이유와 연계하여 예술상품의 종류에 따라 탄력성이 달라진다. 예를 들어, 강한 선호에 따른 낮은 탄력성은 유행이 빨리 변하는 대중음악보다는 오랜 기간에 걸쳐 질적인 평가가 이루어져 온 순수예술 상품에 더 잘 적용된다. 즉, 대중음악에 비하면 클래식 음악의 가격탄력성이 비교적 낮다고 할 수 있다. 예술상품이 갖는 유일무이한 특성 또한 탄력성이 낮아지게 하는 요인이다. 각각의 예술상품이 갖고 있는 고유의 특성으로 인해 다른 상품으로 대체되기 어렵기 때문이다.

넷째, 예술상품 가격에 부수되는 소비지출이 예술상품의 가격탄력성을 낮춰준다. 이는 생산자 입장에서 책정하는 예술상품의 가격을 볼 것이 아니라 소비자 입장에서의 체감가격을 고려해야 한다는 것이다. 생산자가 책정하는 가격은 티켓 가격뿐이지만 소비자는 티켓 구매에 부수하여 교통비, 주차비, 저녁 외식비 등을 추가로 지출한다. 또한 어린 자녀가 있는 부부의 경우 자녀를 누군가에게 맡겨야 하기 때문에 금전적인 비용 혹은 금전적인 것은 아니더라도 가족이나 친지 중에 자녀 맡길 사람을 찾아야 하는 수고와 에너지가 추가로 든다. 따라서 소비자의 입장에서는 티켓 가격뿐 아니라 이와 같은 부수적인 비용을 모두 종합한 지출과 그에 상응하여 얻게 되는 예술상품의 편익을 비교해 티켓 구매 여부를 판단한다. 결과적으로 예술상품의 생산자는 소비자가 느끼는 이러한 체감비용을 낮춰줄 수 있는 방안을 강구해야 한다. 이에 따라 지하철역까지의 셔틀버스 운영, 인근 음식점과의 패키지 마케팅, 공연장 내 탁아시설 설치 등에 일정한 예산을 책정하고 노력을 기울이는 것이 논리적 타당성을 갖는다.

다. 가격차별화 전략

가격차별화의 개념 가격차별화Price Discrimination란 수요층을 구매 능력과 가격에 대한 수요의 탄력성에 따라 몇 개의 시장으로 세분화하여 각각의 세분시장에 대해 다른 가격을 적용함으로써 이익을 최대화하는 전략이다. 가격차별화가 가능한 이유는 세분화된 시장별로 수요의 강도, 즉 탄력성에 차이가 있기 때문이다. 어떤 사람은 가격이 높든 낮든 상관없이 그 상품을 소비하려는 욕구가 있는 반면, 어떤 사람은 가격이 낮아지면 소비하지만 가격이 조금만 올라가도 소비를 중단하거나 다른 대체상품을 소비한다. 이런 경우 가격할인으로 수요를 늘릴 수 있다. 상품의 질에 있어서도 어떤 소비자는 가격에 상관없이 가장 좋은 조건, 예를 들어 공연장의 R석에서 상품을 소비하고 싶어 하지만 어떤 소비자는 조금 조건이 열악하더라도 가격이 싼 티켓을 선호한다. 이처럼 기본적으로 동일한 상품이더라도 제공하는 조건에 따라 가격을 차별화할 수 있다.

가격차별화의 조건 첫째, 차별화를 하는 기준에 따라 시장을 물리적으로 세분할 수 있어야 한다. 예를 들어, 수요의 가격탄력성이 높은 학생들의 티켓 구매를 확대하기 위해 '학생'이라고 하는 세분시장에 대해서만 할인 혜택을 제공하는 경우, 학생증 소지 여부로 시장을 명확히 구분할 수 있다. 그러나 미학적 관심도에 따라 시장을 세분화할 경우 현실적으로 세분시장을 명확하게 구분할 만한 방법을 찾기가 쉽지 않다.

둘째, 세분화된 시장이 상당 기간 변화 없이 안정된 형태로 존속되어야 한다. 이를 학생의 사례에 적용해보면, 대학생이나 초·중·고생의 경우 적어도 수년간 학생 신분을 유지하기 때문에 세분시장의 가치가 있다. 그러나 학원생의 경우 1~2개월짜리 단기 과정을 수강하는 경우가 많기 때문에 학원생이라는 신분이 학생에 비해 자주 바뀔 수 있다. 이에 따라 학원생의 경우 학생과 달리 별도의 세분시장으로 설정해 할인 혜택을 제공하기 어렵다.

셋째, 세분시장 간에 상품의 재판매가 이루어질 수 없어야 한다. 그렇지 않은 경우 낮은 가격의 시장에서 예술상품을 구매하여 이를 높은 가격의 시장에 재판매하는 상황이 발생함으로써 가격차별화의 의미가 없어진다. 이를 공연장의 학생 할인 사례에 적용하면, 학생이 할인 가격에 구입한 티켓을 성인에게 되파는 경우다. 그러나 학생은 학생증이나 외모 차이로 인해 성인 시장과는 구분이 비교적 용이한 편이어서 이러한 재판매를 막는 것이 비교적 용이하다.

넷째, 시장을 세분화하여 가격을 차별화하는 데 소요되는 부가비용이 차별화로 인한 이익보다 크지 않아야 한다. 가격차별화를 위해 시장세분화가 필요하다고 해서 무리해서 시장을 나누다 보면 실제로 세분시장 간의 구분이 어려워질 수 있다. 신분증 등으로 확인이 가능한 경우 비교적 용이하게 시장세분화를 할 수 있다. 또한 특정 카드 소지자와 비소지자 간의 가격차별화도 신용카드사와 제휴마케팅을 하면 어렵지 않게 할 수 있다. 반면 해당 공연에의 관심도나 감상 수준 같은 주관적이고 가변적인 것으로 시장을 세분화하는 것은 마케팅 현장에서 실제로 적용하기 어렵다. 각 사람의 관심도를 확인하기 위해 티켓 예매 시마다 설문조사를 하거나 시험을 볼 수는 없기 때문이다. 이러한 경우 가격차별화로 인한 이익보다 오히려 부가적으로 소요되는 시간과 비용이 더 커질 수 있다.

가격차별화의 유형 구매자의 나이, 구매 능력, 가격탄력성, 멤버십 등 구매자가 가진 여러 가지 조건을 고려하여 각기 다른 가격을 책정할 수 있다. 온라인 티켓 구매 시 특정 멤버십 보유에 따른 가격차별이 그 대표 사례다. 온라인 티켓 판매사 중에는 유료회원 제도를 운영하면서 유료회원에 대해서는 특정한 공연의 할인 혜택을 제공하는 경우가 있다. 또한 신용카드사 간 경쟁으로 카드사마다 회원에게 더욱 차별화된 혜택을 제공하려는 수요가 많아지고 있는데, 이에 따라 제휴마케팅을 통해 특정한 카드로 티켓을 예매할 경우 20~30퍼센트 정도 할인된 가격을 적용할 수 있다. 공연기획자 입장에서는 이러한 할인 혜택을 통해 해당 멤버십을 갖고 있는 사람들에게 특별한 홍보의 기회를 만들 수 있고, 또한 티켓 가격의 부담을 덜어줌으로써 추가 매출을 기대할 수 있다.

다른 한편으로 어떤 예술상품에 대한 수요 정도에 따라 가격차별화를 시도할 수 있다. 일정한 조건에 따라 달라지는 수요 특성을 파악하여 차별적인 가격을 책정하는 것이다. 공연상품을 예로 들면 같은 내용의 공연이라도 공연 시기, 요일, 시간대를 기준으로 가격차별화를 시도할 수 있다. 이제는 국내 공연장에서도 보편화된 공연 형식인 마티네 콘서트는 저녁 시간에 이루어지는 일반적인 공연과는 달리 토요일이나 일요일 낮 시간에 열린다. 이때는 일반 저녁 공연에 비해 티켓 가격을 낮게 책정하여 가격부담으로 인해 구매를 망설이던 관객, 즉 가격탄력성이 높은 관객이 추가로 구매에 나서도록 할 수 있다. 반대로 관객의 수요가 상대적으로 높은 금요일과 토요일 저녁의 공연에 대해서는 평일 저녁에 비해 높은 가격을 책정하기도 한다. 이러한 주말 저녁 공연은 가족 나들이나 데이트 수요 등으로 인해 다른 요일에 비해서 수요는 많고 탄력성은 상대적으로 낮다는 점을 고려한 것이다. 또한 12월 등 공연 관객이 몰리는 시기에는 다른 시기에 비해 티켓 가격을 높게 책정하기도 한다. 최근에는 국내에서도 장기공연을 하는 뮤지컬 등의 경우 월별로 혹은 요일별로 다양한 할인 방식을 도입하여 공연 비수기나 화요일, 수요일 등 관객이 많이 찾지 않는 요일 공연을 할인해주거나 주말 공연의 가격을 조금 높게 책정하는 식으로 가격차별화를 하는 사례가 점차 많아지고 있다.

라. 티켓 가격할인

티켓 가격할인의 필요성 티켓 가격의 할인은 다양한 조건에 따라 할인 혜택을 제공함으로써 티켓 가격에 대한 탄력성이 높은 계층에 대해 티켓 판매 규모를 늘리려는 것이다. 이는 모든 종류의 예술조직에서 마케팅을 할 때 가장 쉽게 취할 수 있는 전략 중 하나다. 할인을 해서라도 티켓을 판매하는 이유는 간단하다. 공연상품의 경우 관객에게 판매되지 않은 좌석은 그냥 공석으로 사라질 뿐이며 재고로 남지 않기 때문이다. 또한 공연 시 객석이 비어 있으면 공연자가 제 기량을 발휘하기 어렵기 때문에 할인 판매를 해서라도 객석을 채울 필요가 있다. 전시상품의 경우도 추가로 관람객이 오는 것은 다른 부담 없이 수익만 증대시킨다.

대상별 할인 청소년이나 65세 이상의 노인 등 특정 연령층에 대한 할인은 가장 보편적으로 활용하는 할인 판매 방식이다. 표면적으로는 문화복지적인 관점에서 혜택을 제공한다고 홍보하기도 하지만 그 원리를 살펴보면 결국 가격차별화에 의한 수익최대화 전략에 가깝다. 티켓 가격 변화에도 민감하게 반응하리라는 예상, 즉 가격에 대한 수요의 탄력성이 높을 것이라는 예상 때문에 티켓 가격할인 혜택을 제공하여 추가 구매를 유도하는 것이다. 물론 청소년의 경우에는 할인 티켓 제공을 통해 미래 관객을 확보한다는 측면도 있다. 이 밖에 실업급여 수령자, 협찬 기업 임직원 등 특정한 계층을 위해서도 할인 티켓을 제공할 수 있다.

기간 · 요일 · 시간대별 할인 국가적인 대규모 스포츠 행사나 명절 등 여러 가지 요인으로 인해 티켓 판매가 부진해지는 시기가 있다. 이러한 시기에는 앞서 가격차별화의 유형에서 설명한 것처럼 티켓을 할인 판매하여 관객 수준을 유지할 수 있다. 요일별 할인의 경우 티켓 판매율이 상대적으로 낮은 월요일~수요일 공연은 30퍼센트, 목요일~토요일 공연은 정가 판매하는 형식으로 요일에 따라 할인율에 차등을 둘 수 있다. 낮 시간의 마티네 공연도 이러한 관점에서 티켓 가격을 낮출 수 있다.

제휴마케팅에 따른 할인 특정한 티켓 예매 사이트에 유료 멤버십을 갖고 있는 회원에 대해 일정한 할인 혜택을 제공할 수도 있다. 이러한 할인으로 인한 손실에 대해서는 해당 사이트에서 배너광고 등으로 보상하는 방식을 제공하기도 한다. 이 밖에도 다른 형태의 멤버십에 가입되어 있는 회원을 대상으로 하여 일정한 할인 혜택을 제공할 수 있다. 인터넷 예매의 경우 대부분 신용카드를 통해 이루어지기 때문에 특정 신용카드사와의 제휴로 이용자에게 할인 혜택을 제공할 수 있다.

단체 할인 단체로 일정 매수 이상 구매 시 할인 혜택을 제공할 수 있다. 단체 할인은 특히 유치원과 초·중·고 학생의 단체 관람 유도에 도움이 된다. 또한 최근에는 문화회식이나 연말의 문화송년회 등 직장 회식문화가 점차 음주보다는 문화예술 이벤트를 선호하는 방향으로 변화하고 있기 때문에 이를 타깃으로 하여 단체 구매 할인을 홍보할 수 있다. 이 경우 직장에서의 일반적인 팀 규모를 고려해 단체 구매 할인 기준을 10명 내외로 낮추는 것이 좋다. 어린이나 가족 대상 공연에서 어린이 동반 3인 이상 가족에게 할인 혜택을 제공하는 것도 단체 할인의 변형된 형태로 볼 수 있다.

단체 할인은 좀 더 능동적인 형태로 판매될 수도 있다. 예를 들어, 500석 극장의 좌석 평균 단가 5만 원의 티켓을 3만 원으로 할인해 1500만 원의 단일 티켓으로 판매하는 것이다. '이런 고가의 티켓을 누가 살까?' 하는 의문이 제기될 수 있지만 마케팅 노력에 따라서는 기업이나 학교 등이 가능성 높은 잠재구매자가 될 수 있다. 고객이나 임직원 혹은 학생을 위한 단체 티켓 수요는 늘 존재하기 때문이다.

또 다른 단체 할인은 인터넷 커뮤니티 대상의 단관 행사다. 여기서 '단관'이란 단체 관람의 줄임말로 주로 인터넷에서 운영되는 음악, 연극, 무용, 뮤지컬 등 공연 분야 동호회에서 희망 회원을 모집해 단체 관람을 하는 것을 말한다. 동호회의 여러 회원이 함께 모여 다수의 티켓을 단체 티켓 형태로 한꺼번에 구입해 단체 할인을 받는 것이다. 그러나 티켓 구매력을 내세워 공연장이나 공연단체에 티켓 구매 사이트에서 제공하는 단체 구매 할인율보다 더 큰 폭의 할인을 요구하는 경우도 있다. 단기간의 수익 증대를 위해 어쩔 수 없이 응할 수도 있지만, 자칫 이런 행태가 반복되면 기존의 공식 티켓 가격체계가 무의미해질 수 있기 때문에 할인 판매 티켓의 매수나 비율에 제한을 둘 필요가 있다.

구매 시점에 따른 할인 장기공연에 대한 사전홍보를 위해 티켓 발매 초기에는 사전구매 할인 등을 제공해 관객을 확보할 수 있다. 이처럼 초반에 많은 관객을 확보하면 이후 입소문마케팅에도 도움이 된다. 이와 유사한 형태로 대폭 할인된 가격에 프리뷰 공연 티켓을 판매하기도 한다. 이는 공연 완성도가 조금 떨어지는 프리뷰에 대해 티켓 가격을 할인해주는 측면과 더불어, 시장에 나오는 공연상품에 대한 입소문마케팅을 기대한 것이라고 할 수 있다. 뉴욕의 오프브로드웨이에도 이러한 프리뷰 할인 티켓이 자주 등장하는데, 공연 품질이 미흡해 입소문이 기대에 미치지 못하는 경우 할인 가격이 폐막 때까지 사실상 정가로 굳어지는 경우도 종종 발생한다.

공연 당일까지 판매되지 않은 티켓을 할인 판매하는 러시티켓rush ticket 역시 구매 시점에 따른 할인 방식이다. 서구의 공연장은 대부분 공연 당일 일정 시간까지 판매되지 않은 티켓을 공연 두세 시간 전에 러시티켓이라는 이름으로 할인 판매한다. 이에 따라 서구의 공연장에서는 공연 시간에 임박하여 매표소 앞으로 길게 줄이 늘어서는 것을 흔하게 볼 수 있다. 이러한 러시티켓은 일반인을 대상으로 판매하는 경우도 있지만 대개는 학생에 한하여 판매한다. 그러나 우리나라의 경우 서구의 공연장과 달리 공연 관객 중에 대학생층이 차지하는 비율이 높기 때문에 자칫 러시티켓으로 인해 기존에 정가 티켓을 구매하는 관객이 러시티켓 관객으로 옮겨갈 가능성이 높아서 러시티켓을 판매하는 사례는 그리 많지 않은 편이다.

이벤트성 할인 티켓 가격할인은 화제를 불러일으킬 수 있는 여러 조건과 결합해 하나의 프로모션 이벤트로 활용할 수도 있다. 예를 들어, 1월 공연에서 그해의 띠인 관객, 특정 색상의 의상이나 액세서리 착용 관객, 수능시험 후 수험표를 가져온 관객에게 할인 혜택을 제공하는 것이다. 이런 이벤트성 할인은 그 자체만으로 재미있는 화젯거리가 되어 입소문을 타거나 언론매체의 기사 소재가 될 수 있다.

티켓 가격할인의 유의사항 티켓 가격할인 제도는 이처럼 다양하게 활용된다. 그러나 할인을 남발하면 기존 가격체계가 신뢰성을 잃고 무너질 수 있기 때문에 할인의 조건과 대상을 예외적인 경우로 엄격히 제한할 필요가 있다. 가격을 할인할 때는 다음 같은 사항에 유의하여 할인체계를 마련하는 것이 좋다.[27]

첫째, 할인 티켓 수량을 제한해야 한다. 특정 대상에 할인 티켓을 제공하더라도 무한정 제공하기보다는 수량을 제한해야 하며, 이를 사전에 공지해 티켓 구매 욕구를 불러일으킬 수 있다.

둘째, 가능하다면 가격할인보다는 다른 혜택을 제공하는 것이 좋다. 단체 할인을 제공하기보다는 사전에 예약하는 단체 관객에게 지하철 등 인근 대중교통까지의 무료 셔틀버스 제공, 공연 전후 연출가나 출연진과의 대화 시간 참여, 공연장 백스테이지 투어 서비스 등을 제공해 가격할인 이상의 유인 효과를 낼 수 있다.

셋째, 인근 호텔이나 레스토랑 등과 연계한 가격할인 서비스를 개발한다. 티켓 액면가격 자체를 할인하기보다는 관객의 나들이 동선이나 관람 전후의 활동 등을 검토해 저녁 식사, 교통수단 이용, 호텔 숙박 등과 연계한 패키지 할인 혜택을 제공할 수 있다. 이럴 경우 관객 입장에서는 두 종류의 할인이 결합함으로써 단순한 티켓 가격할인보다 큰 심리적 만족을 얻을 수 있다.

넷째, 멤버십에 대한 혜택으로 가격할인 혜택을 제공한다. 유료로 연간 회원이 되거나 시즌티켓을 구입하는 등 일정한 멤버십으로 가입한 관객에게 할인 혜택을 제공할 수 있다. 다만 이러한 할인은 충성도를 유지해줄 수 있는 반면 해당 관객의 구매 금액 수준을 고정적으로 낮추는 부대 효과가 있기 때문에 기대수입에 대한 면밀한 비교 검토가 필요하다.

다섯째, 외부 지원기관이나 협찬 기업에 가격을 할인해준다. 외부 지원기관이나 협찬 기업에 대해서는 사전에 할인 티켓을 제공할 수 있지만, 티켓 판매가 부진해 여유 티켓이 있다면 이를 정기적으로 제공하는 협약을 맺는 것도 지속적인 관계 형성에 유리하다. 이런 서비스는 공연장의 빈 좌석을 방지하는 데도 도움이 된다.

여섯째, 특정 계층에 대해 모든 공연 할인을 제공하지는 않는다. 가격할인 없이 일반 판매만으로도 충분한 티켓 판매가 이루어질 수 있는 공연이 있다. 따라서 노인, 청소년 등 특정 계층에 대한 할인 여부 및 할인율은 공연에 따라 적절히 조절해야 한다.

일곱째, '원플러스원' 혜택을 고려한다. 티켓 한 장을 구입하면 한 장을 추가로 제공하는 할인 방식은 추가 관객 확보가 보장되기 때문에 일률적으로 개별 티켓 가격을 50퍼센트 할인하는 것보다 효과가 좋다. 이런 할인 방식은 장기공연의 경우 입소문마케팅에도 도움이 된다.

여덟째, 타깃 관객을 대상으로 할인권을 제공한다. 전반적인 티켓 판매가 부진하면 특정 타깃 관객을 정해 이들에게 이메일이나 모바일 메시지 등으로 온라인할인권을 제공하는 것이 티켓 판매에 도움을 줄 수 있다.

마. 티켓 가격 할증

티켓 가격은 대체로 예술상품의 공급과 관련된 소요 비용이나 유사한 다른 공연과의 비교 및 수요의 수준, 예술상품의 질적 가치 등에 따라 책정되는 것이 원칙이다. 그러나 전혀 다른 이유가 가격책정에 영향을 미치는 경우가 있다. 대표적인 경우가 협찬사에 제공하는 법인 판매 티켓으로 인한 최고가 티켓 가격 할증 현상이다. 예술조직은 기업에 제공하는 티켓 수량을 줄이기 위해 고가의 티켓을 남발하는 유혹을 받기도 한다. 기업 협찬이 순수한 예술지원 형태를 띠기보다는 기업의 문화마케팅 일환으로 이루어져, 예술조직에서 협찬 금액에 상응하는 반대급부를 제공하는 것이 우리나라의 특이한 현상이기 때문이다.

예를 들어, 어떤 공연장이 기업으로부터 2000만 원의 협찬금을 받으면서 이에 상응하는 티켓을 제공하기로 했다고 가정해보자. 최고가인 VIP석 티켓 가격을 10만 원으로 책정하면 티켓 200장을 제공해야 한다. 그러나 20만 원으로 책정하면 100장만 제공하고 나머지 100장은 일반 판매를 통해 추가 수익을 누릴 수 있다. 이로 인해 기업 협찬의 비중이 큰 예술조직이나 예술상품은 최고가 티켓 가격을 한없이 높이고 싶은 유혹에 빠진다. 특히 해외 유명 오케스트라의 내한공연을 비롯한 오페라, 발레 등 기업의 문화마케팅에서 인기 높은 공연에 이런 문제가 빈번하게 일어난다. 문제는 이런 경우 일반 관객이 공연상품의 질에 상응하지 않는 과도한 티켓 가격을 부담해야 한다는 점이다. 그 결과 같은 공연을 좋은 좌석에서 보고 싶은 관객이 있어도 과도하게 높게 책정된 티켓 가격 때문에 구입을 포기하는 결과를 초래할 수 있다. 따라서 티켓 가격을 선정할 때는 법인 판매와 개인 판매의 비중을 신중하게 고려해야 한다.

바. 초대권 제공

초대권은 국내 공연계에서 오랫동안 뜨거운 감자였다. 분명 여러 가지 해악이 있는 마케팅 수단임에도 불구하고 수많은 공연장과 공연단체가 여전히 초대권을 활용한다. 관행적인 이유도 있지만 초대권이 주는 긍정적인 측면이 있다고 생각하기 때문이다.

국내에서는 드물게 초대권을 없애는 데 성공한 LG아트센터의 경우 그 자체가 화젯거리로 언론에 기사화될 만큼 한국의 현실에서는 공연장이나 예술단체에서 초대권을 없애는 것이 '선언'해야 할 만큼 중요하고 이례적인 사안이다. 공공부문을 비롯하여 다양한 이해관계자와의 관계 형성이 필요한 입장에서 공연장이나 예술단체는 온갖 요구에 시달리는 처지에 있기 때문에 초대권을 100퍼센트 없애기란 결코 쉽지 않다. 다만 지난 2015년 부정청탁 및 금품 등 수수의 금지에 관한 법률, 속칭 김영란법의 제정 이후 초대권을 제공하는 관행은 상당 부분 사라진 편이다.

흔히 초대권을 제공하는 논리로 내세우는 것이 케이블카 이론이다. 높은 산에 케이블카를 설치하면 사람들이 케이블카로 산에 올라가 정상에 섰을 때의 기쁨을 맛보면서, 나중에는 등산을 좋아하게 되리라는 이론이다. 마찬가지로 초대권을 통해 공연장을 찾으면 공연 관람을 좋아하게 되어 나중에는 직접 티켓을 사서 공연장을 찾게 되리라는 기대가 있다. 하지만 이러한 기대와는 달리 케이블카를 타고 산에 올랐던 사람은 케이블카가 설치된 산만 찾고, 초대권으로 공연장을 찾던 사람은 초대권을 주는 공연장만 찾게 마련이다. 따라서 불가피한 상황이 아니면 가급적 초대권 발행을 자제하고, 반드시 초청해야 하는 사람에 대해서는 자체 예산으로 티켓을 구매하여 제공하는 형식을 갖추는 것이 바람직하다.

사. 국공립 예술조직의 가격책정 전략

예술상품의 가격은 앞서 설명한 것처럼 상품 생산과 유통에 소요되는 비용과 더불어 상품의 수요 및 경쟁상품 가격을 고려하여 책정하는 것이 원칙이다. 민간 조직이라면 이러한 원칙의 기반 위에서 궁극적으로는 수익을 극대화하는 방향으로 가격을 책정한다. 이 밖에 고려할 것은 총판매 수량에 대한 고려다. 어떤 공연 티켓을 5만 원에 2000장을 판매하는 것과 10만 원에 1000장을 판매하는 것은 총수익 면에서 똑같이 1억 원이다. 그러나 예술상품을 마케팅하는 입장에서는 전자의 대안이 후자의 대안보다 훨씬 우월하다.[28] 예술상품의 마케팅에서 성공을 평가하는 요소에는 단순히 총수익만이 아니라 관객의 규모도 있기 때문이다. 아울러 이러한 전자의 대안에서는 더 폭넓은 잠재관객을 확보하게 함으로써, 중장기적으로 새로운 마케팅을 하는 기반을 확대할 수 있다.

국공립 예술조직은 이러한 일반적인 가격책정 전략을 그대로 채택하기에는 다소 무리가 따른다. 이는 다음과 같은 요소에 대한 추가적 고려가 필요하다.

첫째, 설립과 운영에 세금이 사용되기 때문에 높은 가격에 대한 수요자의 거부감이 크다. 따라서 비슷한 예술상품의 시장가격에 비해 낮은 수준으로 가격을 책정하는 경우가 많고, 심지어 무료로 예술상품을 제공하는 경우도 있다. 특히 공공공연장에서는 지역 문화복지를 이유로 유명 공연을 유치하면서 관람료는 대폭 낮추는 정책을 취하고 있다. 이러한 정책은 당장의 관객 수를 늘리고 혜택을 주는 데는 도움이 되지만 장기적으로는 예술시장에 부정적인 영향을 미칠 수 있다는 점을 염두에 두어야 한다. 무엇보다 시장가격을 왜곡함으로 인하여 민간 시장을 잠식하고, 민간 예술조직의 공공 의존성이 심화되어 산업 생태계가 파괴되며, 저렴한 티켓이나 무료 공연에 소비자가 익숙해짐에 따라 자발적 관객 개발이 어려워질 수 있다.

둘째, 예술상품 판매에 따른 이윤극대화보다는 얼마나 많은 관객에게 그 예술상품이 제공되었는지가 더욱 중요한 평가 요소가 된다. 이에 국공립 공연장의 경우에는 이윤의 극대화보다는 객석점유율 극대화가 더 중요한 요소로 작용한다. 문예회관 같은 시설은 좌석별로 여러 단계의 차등을 두어 이익을 극대화하기보다는 1~2만 원 수준으로 시장가격보다 훨씬 낮은 가격대의 단일가격만을 책정해 티켓을 판매하는 경우가 많다. 가격책정 전략에 따른 이익 최대화를 목표로 하지 않고 저렴한 가격에 가능한 한 많은 지역민이 올 수 있도록 하는 것을 목표로 하기 때문이다.

셋째, 비용과 수익을 연계하여 고려하지 않는다. 가격책정은 시장진입이나 점유율 제고 등을 위해 필요한 특별 상황이 아니라면, 원가에 고정비용과 가변비용을 가산하고 여기에 이윤을 덧붙여 최소한의 가격하한을 책정하는 것이 기본이다. 그러나 국공립 예술조직에서는 수입과 지출을 직접 연계하지 않고 각각 별도의 논리와 절차에 따라 세입과 세출 예산 형식으로 편성하기 때문에 지출한 비용에 맞추어 가격을 책정하지 않는다. 일반 기업의 경우라면 손해가 발생하여 당연히 생산을 멈추어야 하는 상황에서도 공공기관으로서의 성격으로 인해 예술상품의 생산을 계속하는 경우가 흔히 발생한다. 민간 부문의 비영리 예술조직의 경우에도 티켓 판매 수익만으로는 공연 프로그램을 제작하기 어렵기 때문에 정부든 기업이든 외부로부터의 재원 조성에 의한 수입에 상당 부분 의지하는데, 이 경우도 비용은 상대적으로 가격책정의 중심 요소가 되지 못한다.

3) 장소 · 유통

장소·유통은 예술상품이 생산자에서 소비자로 전달되는 경로를 말한다. 다만 일반 상품과 달리 공연이나 전시상품은 그 자체로서 전달되는 것과 더불어 티켓 형태로 판매되어 티켓을 매개로 전달된다. 따라서 전달 경로로서의 장소·유통도 상품 그 자체를 제공하는 장소와 티켓을 판매하는 유통경로라는 이중적 의미를 갖는다.

가. 예술상품의 제공 장소

장소의 의의 마케팅믹스에서 말하는 Place는 일차적으로 장소라는 개념으로 이해할 수 있지만 더 넓게 보면 유통 채널로 해석할 수도 있다. 공연예술 상품이 유통되는 장소는 대표적으로 공연장이 있다. 그러나 현대적인 의미의 공연장은 물리적인 건물보다는 관객과 만나 공연이 이루어지는 장소라는 넓은 의미로 해석하는 것이 바람직하다. 실제로 1990년대 들어서는 많은 공연이 관객과 더 가까이 만나기 위해 종래의 무대를 벗어나 생활공간 속으로 들어가고 있다. 1990년대 이후 시작된 세종문화회관의 분수대 광장축제, 예술의전당 야외무대 공연, 과천의 국립현대미술관 야외 조각공원 음악축제 등이 대표적인 행사다. 1990년대 말부터는 거의 모든 공연장이 야외무대나 로비 공간 등을 통해 관객과 한층 밀접하게 만나려 노력하고 있다. 이런 야외무대뿐 아니라 거리나 공원이나 광장 같은 공공적인 공간 역시 공연 장소로 활용되고 있다.

공연장의 영역이 공공공간으로 확대된 것은 1990년대 중반 '연극의해', '춤의해' 등 '예술의해' 사업이 주요 계기가 되었다. 당시 많은 행사가 일반 거리나 고궁 같은 곳을 공연과 이벤트 장소로 채택해 일반 대중과 적극적으로 만나기 시작했고, 이후 이러한 추세가 꾸준히 확산되어 이제는 대형 건물 로비라든가 백화점 행사장 등 다양한 장소에서 공연 활동이 이루어지고 있다. 서울 시청 앞 광장에서의 공연이나 지하철 예술무대처럼 대중이 모이는 공간을 활용한 공연도 늘고 있다. 이처럼 공연상품을 관객에게 제공하기 위한 장소로서의 공연장은 이전의 물리적인 공간의 범위를 넘어섰다. 이는 전시공간의 경우에도 마찬가지다. 공공미술은 말할 것도 없고 여러 형태로 기획된 전시가 이제는 전통적인 박물관·미술관의 전시장에서 벗어나 다양한 생활공간 속에서 펼쳐지고 있다.

기존 공연장도 다양하게 활용된다. 정동극장은 극장 공간을 활용해 청소년을 위한 문화특활이라든가 정오의 예술무대 같은 행사를 열어 종래의 극장이 갖고 있는 저녁 공연 중심의 제약을 벗어나는 모습을 보여주었다. 같은 공간이 점심시간에는 간이공연을 보며 차를 마시는 장소가 되고 오후에는 학생을 위한 문화특활 공간이 되었다가, 저녁이면 다시 전통 공연이 이루어지는 공연장으로 탈바꿈하는 것이다. 게다가 정동극장에서는 문화향우회라든가 문화동창회라는 형식, 즉 공연장을 활용한 만남의 장까지 마련해 극장이라는 공간에 대한 선입관을 벗으려는 노력을 다양한 방향에서 보여주기도 했다. 마케팅 관점에서는 공연장이 갖고 있는 이처럼 다양한 변형과 응용 가능성을 염두에 두고 어떤 공연에 대해서든 잠재관객에게 가장 잘 다가갈 수 있는 공연 장소가 어딘지 고민해야 한다. 필요하다면 기존 공간을 벗어나 어디에서든 관객과 만날 수 있어야 하며, 기존 공연공간에 대해서도 관객과 친숙하게 만나기 위해 다양한 장치를 만드는 노력을 아끼지 말아야 한다.

장소 선택 시 고려 요인 예술상품의 제공 장소를 선택할 때 주로 고려할 요소는 환경의 적합성, 규모, 대관료, 타깃 소비자 등이다. 첫째, 환경의 적합성에 대한 고려가 필요하다. 다른 조건이 충족되더라도 정작 환경이 예술상품 특성에 적합하지 않으면 작품 자체가 제대로 표현되지 못할 수 있다. 공연의 경우 무대구조와 조명 등 시설장비를 먼저 점검해야 한다. 2장에서 살펴본 것처럼 공연장은 용도에 따라 극장, 콘서트홀, 다목적홀이 구분되며 각각 무대구조와 음향 특성이 다르다. 따라서 구체적 현황을 점검하여 공연 내용에 적합한 곳을 찾아야 한다. 그러나 초청공연처럼 공연에 맞는 무대를 찾는 것이 아니라 무대에 공연작품을 맞춰야 하는 경우도 발생할 수 있다. 이런 경우 음향이나 조명 등 필요 장비의 반입 및 설치 가능성을 먼저 검토해야 한다. 전시의 경우 바닥 면적도 중요하지만 천장의 높이가 전시작품 설치에 큰 영향을 미친다. 아울러 전시용 조명, 항온항습장치 등 전시 설치에 필요한 최소한의 시설장비가 갖추어져 있는지 파악해야 하며, 대형 전시작품을 설치하는 경우에는 출입문이나 엘리베이터의 크기 등 전시장으로의 반입 경로도 고려해야 한다.

둘째, 적정한 규모를 고려해야 한다. 공연의 경우 무대 규모와 객석 규모를 함께 고려한다. 객석의 경우 수지타산의 측면만 고려하면 1회 공연에 많은 관객이 들어올수록 유리하지만 관객 입장에서는 지나치게 큰 객석 규모로 인해 최선의 감상이 어려워질 때도 있다. 과거에는 티켓 판매를 늘리려는 욕심에 3000석이 넘는 세종문화회관 대극장에서 실내악이나 독주회 공연을 개최하고, 클래식 성악 독창회를 잠실실내체육관에서 여는 웃지 못할 상황이 빈번했다. 이런 공연은 공연 특성에 적합하지 않은 객석 규모나 공연 환경으로 인해 관객으로부터 비판을 받을 수 있으며 이는 장기적으로 그 예술가나 예술조직 혹은 공연기획자에 대한 불신으로 이어진다. 반면에 전시의 경우 가급적 여유 있는 공간을 확보하는 것이 좋다. 실제로 작품을 설치하다 보면 설치공간이나 관람객 동선 문제로 인해 당초의 계획보다 공간이 부족해지는 경우가 빈번하기 때문이다. 아울러 전시공간은 작품의 설치와 감상에 더하여 관람객의 휴식공간까지도 같은 공간 내에 배치하기 때문에 전시 규모에 비해 넉넉한 규모를 확보하는 것이 관람의 쾌적성을 높이는 데 도움이 된다.

공연의 경우 객석 규모를 결정할 때는 공연상품의 관객 기반도 고려해야 한다. 욕심을 부려 무작정 큰 공연장을 선택했다가 텅 빈 객석만 바라보며 공연해야 하는 경우도 발생한다. 대개 과거 경험이나 유사 공연의 관객을 고려해 적정 규모를 산정하지만, 문제는 정확한 관객 규모를 예측하는 것이 쉽지 않다는 점이다. 예를 들어, 요일별로 수요의 변동 폭이 큰 장기공연의 경우 어느 쪽에 맞춰 규모를 산정할 것인지 고려해야 한다. 마케팅에 의해 수요를 확대할 수 있으리라는 낙관적 전망과 혹시라도 수요가 몰릴 경우 잠재수입의 기회를 상실할 수 있다는 탐욕적 기대가 맞물려 비극적 결과를 초래하는 경우가 빈번하다. 마케터의 입장에서는 이런 상황에서 보수적인 방향의 선택, 즉 낮은 수요를 상정하여 장소를 선택하는 것이 바람직하다.

이 같은 보수적 선택에는 몇 가지 장점이 있다. 가장 큰 장점은 객석이 비는 상황을 최소화할 수 있다는 점이다. 아울러 전석 매진이 거듭되어 티켓을 구하기 어렵다는 소문이 나기 시작하면, 그 사실 자체가 공연의 질에 대한 간접적인 평가로 작용하여 역설적으로 티켓 수요를 더욱 촉발할 수 있다. 이런 행복한 상황을 맞게 되면 기획자 입장에서는 공연 기간을 늘리거나 재공연을 추진할 수 있다. 다른 한편으로 객석이 비면 무대 위의 예술가가 심리적으로 크게 위축될 수 있다. 결론적으로 공연장의 객석은 남는 것보다는 모자라는 상태로 만드는 것이 훨씬 더 현명한 선택이다.

객석 규모와 아울러 무대 규모도 고려해야 한다. 앞서 전시의 경우와 달리 무대 규모는 크다고 무조건 좋은 것은 아니다. 어떤 식으로든 무대를 채워야 하기 때문이다. 무대 규모를 보수적으로 선택할수록 무대를 채우기 쉽다. 특히 연극이나 무용처럼 무대디자인과 배경이 중요한 요소로 작용하는 예술상품의 경우 무대가 커지면 무대가 비어 보이지 않도록 출연진이나 무대디자인으로 채워야 한다. 이는 곧바로 제작비의 상승으로 연결되어 또 다른 부담이 될 수 있다.

셋째, 대관료에 대한 실질적 고려가 필요하다. 특히 장기공연이나 장기전시의 경우 대관료에 따라 티켓 가격도 달라진다. 대관료는 규모나 시설 여건에 따라 대략적인 수준이 정해져 있지만 일부 공공기관에서는 민간에 비해 월등하게 저렴한 대관료를 책정하기도 한다. 이런 경우 대관 경합이 심하기 때문에 매년 1~2차례 대관 신청을 받아 엄격한 심의 과정을 거쳐서 대관 대상을 선정한다. 따라서 충분한 시간을 두고 관련 서류를 철저히 준비하여 대관 신청에 만전을 기해야 한다. 그러나 민간 공연장이나 전시장은 시기나 대관료 등 여러 면에서 더 유연하게 협의할 수 있다. 대관료 부담을 낮추는 방법 중 하나는 공동주최를 추진하는 방안이다. 특히 어느 정도 상업적인 성공이 예견되는 예술상품은 티켓 판매 수입을 일정 비율로 나누는 조건으로 별도의 대관료 없이 공동 주최하는 방식을 검토할 수 있다.

넷째, 주요 타깃 관객에 대한 고려가 필요하다. 이는 주로 접근성과 인지도의 문제다. 접근성 면에서는 무엇보다 타깃 관객이 손쉽게 접근할 수 있는 장소를 선택해야 한다. 그러나 접근성 문제는 단순한 지리적 위치나 물리적 거리보다는 교통 여건에 의해 결정된다. 따라서 대중교통 노선과 주차장 환경을 점검해야 한다. 또한 타깃 관객에게 어느 정도의 인지도를 갖고 있는지도 중요하다. 관객의 성향에 따라 장소가 달라질 수 있다. 공연장이나 전시장이 공연이나 전시 자체의 품격과 가치를 형성하는 주요 요인이 되기도 한다.

나. 티켓의 유통경로

장소·유통의 또 다른 측면은 티켓 유통경로다. 예술상품을 경험하려면 무료 상품이 아닌 한 어떤 식으로든 티켓을 구매해야 한다. 따라서 어떤 경로와 채널을 통해 티켓을 구매하게 할 것인지 검토해야 한다.

자체 시스템 운영과 외부 대행사 활용 인터넷을 통해 티켓 유통 시스템이 발전하면서 국내 예술시장에서는 인터넷을 통한 사전예매가 보편적인 문화로 자리 잡았다. 인터넷 티켓 판매는 자체 시스템을 통한 운영법과 외부의 전문 판매대행 서비스 회사를 통한 운영법이 있다. 외부 대행사를 활용하는 경우 티켓 판매량에 따라 티켓당 일정액을 수수료로 지급해야 하는 부담이 있기는 하지만, 관련 기능의 아웃소싱에 따라 티켓 발매 시스템 구축 운영비와 관련 콜센터 등의 운영을 위한 인건비를 절감할 수 있고 외부 대행사의 자체적인 고객 기반을 활용한 홍보가 가능하다는 이점이 있다.

예약판매와 현장판매 국내 예술시장에서는 예약판매가 보편화되어 현장판매를 통해 티켓을 유통하는 경우는 많지 않다. 예술 장르에 따라 차이가 있지만, 공연시장은 대부분의 관객이 사전에 인터넷을 통해 티켓을 구매하는 데 반해, 미술시장은 티켓 가격이 상대적으로 저렴하고 균일하며 공연장과 달리 매진에 따른 입장 제한 가능성이 크지 않기에 현장판매 비율이 높다. 그러나 미술시장도 이른바 블록버스터 전시에는 관람객이 몰리기 때문에 줄 서는 시간을 절약하기 위해 인터넷을 통한 티켓 예약이 보편화되는 추세이다.

인터넷을 통한 예약판매가 중심이 되는 경우, 현장에서는 티켓 판매와 더불어 인터넷 등을 통해 사전 예매한 티켓을 효율적으로 배포하기 위한 매표소 운영이 중요해진다. 현장 매표소의 운영 시스템이 효율적으로 구축되지 않으면 티켓 수령 대기 시간이 길어지기 때문에 공연 시작 시간에 차질이 빚어지기도 한다. 대부분의 매표소는 과거처럼 폐쇄형으로 운영하지 않고, 은행 창구와 같이 판매자와 구매자가 마주 볼 수 있는 공개형으로 운영한다. 소극장처럼 관객 수가 많지 않으면 창구를 단일화하여 한 명의 판매자가 전담하기도 하지만, 중극장 이상의 규모라면 대개 예매 경로별로 배포 창구를 구분해 운영한다. 예매 경로 중 특정 예매처에 구매자가 몰릴 수 있기 때문에 기계적으로 창구를 구분하지 말고 예매 현황에 따라 유연하게 구분하는 것이 좋다. 때로는 예매 경로가 아닌 관객 이름 가나다순으로 구분하는 것이 더 효율적일 수도 있다.

개인 판매와 단체 판매 티켓 판매라고 하면 일차적으로 개인에 대한 판매를 생각하지만 최근에는 단체 판매 비중이 점차 높아지고 있다. 단체 판매에도 여러 가지 유형이 있는데, 대상에 따라 구분하면 기업 중심의 법인 판매, 유치원생과 초등학생 등 단체 관람 유치, 동호회 중심의 단관 판매 등이 있다.

법인 판매는 기업 협찬이 많은 공연일수록 비중이 높아진다. 이전에는 기업 지원금에 대한 감사의 뜻으로 주요 임직원 몇 명에게 초대권을 제공했다면 이제는 지원금에 상응하는 티켓을 제공하는 것이다. 이는 기업에서 '지원'을 받다가 이 기업고객에게 '특별한 가격'의 티켓을 대량 판매하는 형태로의 전환을 의미한다. 5000만 원을 지원받았다면 5000만 원어치의 티켓을 제공해야 하는 상황이 관례가 되었고, 기업의 협찬 형식이 티켓을 매개로 한 거래로 변한 경우가 점차 확산되고 있다. 이런 법인 판매의 문제점은 공연을 정말 보고 싶은 '진지한 관객'이 아니라 단지 우연한 기회에 초대권을 얻게 된 '공짜 관객'으로 객석이 찰 가능성이 커진다는 점이다.

이에 따라 티켓을 구입해 참석한 개인 관객은 두 가지 피해를 입는다. 하나는 법인 판매로 인해 단가가 높아진 티켓 가격을 고스란히 지불해야 한다는 점이다. 실제로 문화마케팅이 활성화된 2000년대 이후 10여 년간 법인 판매 인기 품목인 오페라 티켓 가격은 2.5배, 해외 유명 오케스트라 내한공연 가격은 1.5배나 상승해 소비자물가지수 상승폭(35.5퍼센트)을 크게 웃돌았다. 다른 하나는 초대권을 갖고 참석하는 일부, 때로는 상당수의 초대 관객으로 인해 어수선한 객석 분위기를 개인 관객이 떠안아야 한다는 점이다. 기업에서는 예술에 별 관심이 없는 임직원이나 VIP 고객에게 티켓을 제공하는데, 이런 경우 기본 관람 예절에 익숙하지 않은 관객의 비중이 높아지면서 필연적으로 공연장의 객석 분위기가 망가지는 것이다. 기업 협찬에 따른 초대권 관객 비율이 높은 해외 유명 오케스트라나 연주자 공연에서 이런 특성이 두드러지게 나타난다. 이로 인해 음악 애호가 사이에서는 기업 협찬이 부각되는 연주회는 기피하는 기현상까지 발생했다. 공연은 공연자의 실연만이 아니라 공연자와 관객의 교감을 통해 최종적으로 완성되기 때문에 이런 행태가 반복될 경우 자발적으로 티켓을 구매하는 '진지한 관객'이 공연장을 기피하는 상황이 벌어질 수 있다.[29]

유치원생과 초등학생 단체 관람은 인형극이나 어린이극의 일정 비율을 차지한다. 이러한 단체 관람은 교사나 학부모를 통한 섭외가 중요한 비중을 차지하며 정기적으로 반복 구매가 이루어지기 때문에 잠재구매 기관과의 지속적인 관계 형성을 위해 노력해야 한다.

인터넷 동호회를 통한 단관 판매는 티켓 판매 규모만 보면 큰 비중은 아닐 수 있다. 하지만 열성적인 마니아 관객이 상당수를 차지하기 때문에 입소문마케팅이 필요한 장기공연 작품은 단관 판매를 마케팅 수단 중 하나로 받아들여 적극적으로 활용할 필요가 있다.

다. 시즌티켓과 패키지티켓

시즌티켓의 의의와 특성 시즌티켓subscription system[30] 제도는 미국 공연장에서는 흔히 볼 수 있는 예매 방식이며, 뉴욕필하모닉이나 아메리칸발레시어터 등 대규모 공연단체가 대부분 시즌티켓 제도를 운영하고 있다. 시즌티켓 제도는 국내에서 많이 활용하는 정기회원제와는 다르다. 정기회원제가 일정한 가입비나 연회비를 내고 공연 예매 시 할인 등의 혜택을 받는 데 반해, 시즌티켓 제도는 공연장 혹은 공연단체에서 한 시즌 동안 제작해 선보이는 공연 전체 혹은 그중 몇 개가 묶인 패키지를 일정 혜택과 함께 사전에 일괄로 예매하는 방식이다. 미국이나 서구의 공연장의 시즌은 보통 9월에 시작하여 이듬해 5~6월에 끝난다. 예를 들어, 2020~2021 시즌은 2020년 9월에 시작해 2021년 5월 무렵에 끝난다. 국내에서는 이와 달리 1월부터 12월까지를 한 시즌으로 구성하는 경우가 대부분이다.

미국 공연예술계에 이러한 시즌티켓 제도가 도입된 것은 1960년대 초반이다. 이후 1960년대와 1970년대를 거치며 본격적으로 확산되어 1990년대 중반에 이르기까지 30여 년간 가장 중요한 공연 마케팅 수단 중 하나로 활용되었다. 당시는 미국 공연예술계가 전례 없는 호황을 누린 시기였다. 1966년에 시즌티켓 제도를 도입한 뉴욕시티발레단은 첫 시즌에만 2

만 8000명에게 시즌티켓을 판매했다고 한다.

시즌티켓 제도를 사실상 체계화하고 확산시킨 주역으로 알려진 대니 뉴먼은 몇 가지 논리로 시즌티켓의 필요성을 주장한다.[31]

첫째, 관객 충성도를 확보할 수 있다는 점이다. 시즌티켓을 판매함으로써 '케이크에서 건포도만 골라 먹는' 관객보다는 꾸준히 공연장을 찾는 관객을 확보할 수 있게 된다는 것이다. 둘째, 시즌티켓을 판매하여 든든한 관객층을 확보하고 나면 개별 작품에 대한 평가에 전전긍긍하지 않고 실험성 높은 작품 제작을 과감하게 시도할 수 있다는 점도 매력적이다. 셋째, 경제적인 면에서도 이익이다. 운영자금을 미리 확보하게 되어 현금흐름이 원활해지기 때문이다. 넷째, 기존의 시즌티켓 구매자에 대한 재판매에는 마케팅 비용도 거의 들지 않는다.

이렇게 보면 시즌티켓 제도가 마치 공연장과 공연단체만 위한 것 같지만, 사실 관객이 얻는 실질적인 이익도 이에 못지않다. 우선 원하는 좌석을 먼저 확보할 수 있다. 특히 공연장이나 공연단체의 지명도가 높고 잠재수요층이 많아 티켓 구매 경쟁이 심할 때 유용하다. 게다가 개별 티켓에 비해 30~40퍼센트까지 할인 혜택을 받을 수 있다. 다만 가격할인이 그다지 관객 유인 효과가 높지 않다는 주장도 있어서 미국의 공연장에서는 점차 할인 폭을 축소하는 추세다. 그 대신에 특별 이벤트나 리허설 초대, 주차료 할인, 교육 프로그램 참가 등의 혜택을 제공하기도 한다.

시즌티켓 제도의 발전과 변화 이처럼 누이 좋고 매부 좋은 시즌티켓이지만, 1990년대 이후 미국의 시즌티켓 판매량은 정체하거나 줄어들고 있어서 전통적인 시즌티켓 제도에 대한 반론이 많이 제기되었다. 코틀러는 시즌티켓의 인기가 없어지는 가장 큰 이유로 사람들의 생활양식이 바뀌면서 더는 1년 치 공연을 예매하여 정해진 날짜에 가지 않고 기분 내킬 때마다 공연장을 찾게 된 점을 꼽는다. 특히 젊은 세대일수록 시즌티켓보다 개별 티켓을 선호한다고 한다.[32] 2001년 조사된 자료에 따르면 공연 티켓 예매자 중 75세 이상 연령층에서는 시즌티켓 선호자가 56퍼센트인데, 18~34세 연령층에서는 15퍼센트뿐이었다고 한다. 이에 따라 앨런 브라운 같은 컨설턴트는 시즌티켓 제도가 더는 먹히지 않는 마케팅 수단이 되고 있다고 비판하기도 한다.

이처럼 상황이 바뀌면서 미국 공연장과 예술조직도 더 이상 옛날처럼 시즌 전체의 공연에 대한 시즌티켓을 발매하기보다는 유연하고 다양한 대안을 만들어냈다. 카네기홀의 경우 시즌티켓을 오케스트라, 실내악, 리사이틀 등 총 일곱 개의 카테고리로 나누고 카테고리별로 10여 종의 각기 다른 패키지를 제공하는 등 총 50여 종의 패키지로 다양하게 묶어서 판매한다. 패키지마다 대개 3~5개의 공연을 포함함으로써 시즌티켓 구매자가 큰 부담을 느끼지 않도록 한다. 또한 링컨센터는 시즌티켓을 10여 종으로 구분하며 그중 일부 패키지에서는 관객이 원하는 것만 자유롭게 몇 가지를 선택하여 구매할 수 있도록 한다. 뉴욕의 대표적인 무용 공연장인 조이스시어터에서는 시즌 자체를 봄 시즌과 가을 시즌으로 나누어 별도로 멤버십 제도를 운영한다. 시즌별로 이어지는 수십 편의 무용공연 중 일정 편수 이상만 일괄 예매하면 멤버십을 부여하여 혜택을 제공하는 방식이다.

한국의 공연예술시장과 시즌티켓 제도 선도적으로 시즌티켓 제도를 운영한 미국에서도 이제 대안을 강구하는 현실에서 과연 우리 공연시장에 시즌티켓을 도입할 필요가 있을까? 이를 판단하려면 우선 국내 공연시장이 1980년대의 관객 형성기와 1990년대의 성장기를 거쳐, 2000년대 이후 20여 년을 넘는 기간 동안 미국의 30년 호황에 못지않은 르네상스의 시기를 지나고 있다는 점을 주목해야 한다. 1000석 이상의 대규모 공연장도 전 세계적으로 유례없을 만큼 빠른 속도로 속속 건립되어 왔다. 게다가 국내 공연장은 전 세계적으로 드물게 상대적으로 젊은 관객이 다수를 차지한다. 또한 1990년대 공연장으로 쏟아져 들어온 20대 관객이 이제는 40~50대 중장년 관객으로 성장하여 새로운 수요를 형성하고 있다. 이들은 단편적인 공연 체험을 넘어서 공연을 통한 자존감 회복과 자아실현의 경험을 원한다. 과거 수많은 소극장이 젊은 연극 관객을 잃어버린 전철을 밟지 않으려면 이렇게 성장하고 있는 관객과 더욱 밀도 높은 관계를 맺어야 할 필요가 있다. 그 방법으로 시즌티켓 제도는 충분히 설득력 있다. 이제 과제는 관객이 믿고 구매할 수 있도록 충실한 프로그램으로 채워진 시즌티켓을 기획해 다양하고 매력적인 패키지로 묶어내는 일이다.

시즌티켓 제도의 대안으로서의 패키지티켓 한국형 시즌티켓으로 주목받고 있는 것은 패키지티켓이다. 공연시장의 발전 역사가 전혀 다른 한국에 미국식 시즌티켓 제도가 그대로 이식되기는 어려웠는데, 이에 따라 변형된 형태의 패키지티켓이 자리 잡았다. 패키지티켓 제도를 처음 도입해 안착시킨 곳은 LG아트센터였다. LG아트센터에서는 2000년 개관과 함께 패키지티켓을 도입해 큰 인기를 끌었는데, 외국 시즌티켓과 마찬가지로 새로운 시즌 전에 해당 시즌의 기획공연을 여러 패키지로 묶어 할인 가격에 구매할 수 있도록 한 것이다. 2019년에는 연극과 무용 장르 일곱 편을 모두 선택한 경우 30퍼센트 할인을, 연극 네 편을 선택한 경우 20퍼센트 할인을 제공했다.

LG아트센터에서 패키지티켓이 성공적으로 정착한 이후 이제는 여러 공연장과 예술단체가 패키지티켓을 판매하고 있다. 국립국악원은 자체 기획공연 세 개를 선택하면 20퍼센트, 네 개 이상을 선택하면 30퍼센트 할인해주는 패키지티켓을 도입했다. 두산아트센터는 2019 시즌에 자체 기획·제작 공연 10편을 묶은 '매니아' 패키지티켓을 정가 35만 원에서 할인하여 17만 5000원에 판매했다. 또한 그중 세 편을 묶은 '인문극장' 패키지티켓을 정가 10만 5000원에서 할인하여 6만 3000원에 판매했다.

세종문화회관은 2019/2020 시즌의 43개 공연 중 네 개 작품을 선택하면 35퍼센트, 10개 작품을 선택하면 40퍼센트 할인 혜택을 제공했으며, S씨어터 공연 여섯 개를 묶어서 19만 원 정가 티켓을 10만 원에 할인 판매했다. 또한 2017년에는 청소년을 위해 공연 일곱 편을 2만 4000원에 즐길 수 있는 '대극장 올패스' 패키지티켓을 판매하기도 했는데, 이 티켓은 특히 16만 원에 달하는 티켓을 파격적으로 할인하여 판매한 것이었다. 내용적으로는 무대와의 거리가 멀어 선호도가 떨어지는 3층 객석을 패키지티켓으로 판매함으로써 청소년 관객 개발과 객석 활용도 제고를 함께 추구한 형태였다.

4) 홍보

가. 홍보의 의의

4P의 마지막은 홍보Promotion다. 경영학에서는 이를 판매촉진 혹은 줄여서 촉진이라고 하거나 영어 그대로 프로모션으로 지칭하기도 한다. 비슷한 의미로 판촉 활동이라는 용어도 있지만 이는 상품 판매를 위한 일시적이고 다양한 이벤트 활동을 말한다. 또 다른 용어로 선전propaganda도 있다. 홍보는 엄밀하게는 선전과 구분되지만 실제적인 의미나 지향점을 들여다보면 크게 다르지 않다. 선전이라는 말 자체는 1622년 교황 그레고리우스 15세가 개신교의 급속한 확산에 대응해 신대륙과 그 외 지역에 적극적으로 가톨릭을 전파하라고 내린 문서에서 처음 사용된 것으로 전해진다. 따라서 원래 의미는 진실을 왜곡하거나 과장하여 알리는 것이 아니라 오늘날 말하는 홍보와 거의 유사하다. 미국 공보위원회에서 일했던 에드워드 버네이스가 남긴 선전에 관한 고전적인 저작은 이후 홍보산업의 발전을

가져온 계기가 되기도 했다.[33]

디지털마케팅과 홍보 21세기 디지털혁명은 산업 환경과 시장구조 및 활동 주체 간의 상호 관계를 급속하게 변화시켰다. 이는 18세기의 산업혁명은 물론 20세기에 새롭게 등장한 TV 등 대중매체의 확산과도 비교할 수 없을 만큼 빠른 속도였다. 이처럼 시장과 사회의 모든 요소를 변화시킨 디지털혁명에 적절히 대응하여 이를 적극적으로 활용하는 것은 이제 조직의 성장만이 아니라 생존 그 자체를 위한 필수적인 덕목이 되었다. 예술시장도 예외는 아니다. 디지털혁명은 예술시장에 있어서도 도전인 동시에 기회가 되었다. PC와 모바일 기기를 활용한 갖가지 게임과 실감형 콘텐츠의 발전은 실연 중심의 예술시장에 직접적인 위협이 되었지만, 소셜미디어의 확산은 이제까지의 마케팅과 홍보 방법론을 근본적으로 뒤흔들어 잠재소비자에게 다가갈 수 있는 새로운 방법을 제공해주었다.

이와 관련하여 코틀러는 2010년 출간했던 《마켓 3.0》에서 제품 위주의 마케팅(마켓 1.0)에서 고객(소비자) 중심의 마케팅(마켓 2.0)을 거쳐 인간 중심의 마케팅(마켓 3.0)으로 시장과 마케팅이 변해왔다는 점을 지적했다.[34] 이후 코틀러는 7년 만인 2017년에 《필립 코틀러의 마켓 4.0》을 출간하면서 기업과 소비자 간의 상호작용에 따른 '연결성'을 강조했다. 코틀러가 말하는 연결성은 연결 자체만이 아니라 관련 주체 간 상호작용이 활발해졌다는 것을 의미한다. 이는 소비자 상호 간을 손쉽게 연결할 수 있는 디지털 플랫폼이 만들어졌기 때문이다. 이에 따라 기업과 고객 간의 상호작용을 주도하는 힘이 디지털 플랫폼을 통해 형성된 가상의 고객 커뮤니티로 이동한다는 것이다.[35] 따라서 이 장에서는 홍보의 기반을 근본적으로 변화시킨 디지털마케팅의 양상에 대해 먼저 정리한 후 이를 바탕으로 예술조직이 시도할 수 있는 홍보 전략에 대해 이야기할 것이다.

디지털마케팅이란 디지털 기술, 그중에서도 특히 인터넷과 모바일 기술을 활용하는 다양한 마케팅 기법을 말한다. 경우에 따라서는 인터넷마케팅 혹은 온라인마케팅이라는 용어와 혼용되기도 한다. 어떤 특징을 강조하느냐의 문제이지 개념 자체나 포괄하는 범위에서 큰 차이는 없다. 디지털마케팅은 기존의 마케팅 이론에서 발전시킨 아날로그 마케팅을 근본적으로 변화시켰다. 물론 그렇다고 해서 기존의 STP 전략이나 4P의 틀에서 벗어나 모든 것을 새로운 방법으로 접근하는 것은 아니다. 디지털마케팅이 아무리 발전해도 그것이 곧 아날로그 마케팅을 대체하는 것을 의미하지는 않는다. 오히려 기존의 아날로그 마케팅에서는 여러 제약으로 인해 시도하지 못했거나 중요하게 다루지 않았던 여러 요소를 전혀 새로운 의미로 다룰 수 있게 되었다는 것을 의미한다. 따라서 발전하는 디지털 기술에 의해 새롭게 등장한 고객 경로 환경에서 아날로그 마케팅의 부족한 점과 아쉬운 점을 보완하고, 궁극적으로는 아날로그와 디지털 영역이 융합된 통합적 접근을 하는 것이 마케터 입장에서 가장 현실적 방향이 될 수 있을 것이다.

디지털마케팅은 발전 과정에서 매 시기에 마케팅 양상을 크게 변화시켰다. 가장 초기의 변화는 1980년대 후반~1990년도 초반 PC의 보급과 더불어 주소록을 비롯한 여러 마케팅 자원을 좀 더 효율적으로 관리할 수 있게 된 것이었다. 디지털화된 데이터베이스의 구축 운영으로 고객관계관리 Customer Relationship Management(CRM)를 비롯한 전통적 마케팅 기법의 혁신이 이루어졌다. 하지만 디지털마케팅이 본격적으로 의미를 찾기 시작한 계기는 인터넷의 보급이었다. 특히 2000년을 전후하여 광대역 인터넷 보급으로 가정에서도 인터넷 접속이 원활해지면서 기업은 저마다 홈페이지를 통해 상품을 홍보하기 시작했고, 잠재소비자가 원하는 정보를 수요에 맞춰 개인화된 형태로 제공할 수 있게 되었다. 잠재소비자로서의 개인은 인터넷을 통해 자신이 원하는 상품을 찾아보면서 동시에 이메일, 블로그, 카페 등 다양한 인터넷 채널을 통해 정보를 나누며 온라인 커뮤니티를 형성했다. 이러한 과정에서 기존의 전문 마케터 외에도 파워 블로거를 비롯하여 온라인 커뮤니티의 자발적 리더가 잠재소비자에게 새로운 영향력을 확보하게 되었다. 마케팅의 새로운 시대가 열린 것이다.

그로부터 20여 년이 흘렀다. 그동안 가장 큰 변화는 모바일 기기의 보편화와 소셜미디어의 확산이었다. 모바일 기기는 시간과 공간의 제약 없이 언제 어느 때나 인터넷에 접속하게 해주었고, 이는 새로운 마케팅 플랫폼을 대거 등장시켰다. 아울러 트위터, 페이스북, 인스타그램, 유튜브 등으로 대표되는 소셜미디어의 발전은 전통적 언론매체나 기업이 운영하는 일방향적 홈페이지와는 전혀 다른 차원의 다자간 참여형 커뮤니케이션 채널을 만들어냈다. 각각의 소셜미디어는 저마다의 특성을 바탕으로 이용자 기반을 확대해왔다.

트위터는 단문 위주의 서비스이지만 기존에 사회적 명성을 갖고 있는 인플루언서의 영향력을 더욱 큰 폭으로 확대시켰다. 이들이 간략한 정보나 그에 대한 감상 형태로 올리는 메시지는 거의 실시간으로 수많은 사람에게 리트윗으로 공유되며 사람들의 생각과 행동을 바꾸는 역할을 하고 있다.

페이스북은 좀 더 문자 친화적인 계층의 지지를 얻었다. 오프라인 인연이 전혀 없는 사람과 페이스북 친구라는 새로운 온라인 공동체를 형성함으로써 공동의 관심사나 취향의 커뮤니티가 형성되었으며, 서로의 소비를 자극하는 비교적 장문의 글이 공유되고 확산되는 통로가 되었다.

인스타그램은 글보다는 사진 위주로 새로운 정보를 공유함으로써 영상에 좀 더 익숙한 젊은 세대의 지지를 얻었다. 다른 사람이 미처 발견하지 못했던 새로운 장소나 콘텐츠를 것을 먼저 알아채고 경험한 후 이를 인스타그램에 올림으로써 취향과 소비를 선도하는 역할을 즐기는 것이다.

유튜브는 2000년대 중반부터 시작되었지만 초기에는 단순한 흥밋거리 동영상을 올리고 공유하는 채널에 지나지 않았다. 하지만 2010년대를 지나면서 유튜브는 모든 소셜네트워크를 넘어서는 최상위 포식자의 위치에 올라서게 되었다. 온갖 상품의 홍보 영상은 물론이고 음악과 교육, 나아가 검색 서비스까지도 유튜브를 통해 이루어지게 된 것이다.

그리하여 이제는 이러한 몇 가지 소셜미디어가 저마다의 특성을 내세우며 느슨하게 연결되어 거대한 디지털마케팅의 플랫폼을 형성하고 있다. 여기에 더하여 AI 스피커 확산을 비롯한 새로운 디바이스의 발전과 또 다른 소셜미디어 채널의 등장으로 디지털마케팅 환경은 하루하루가 다르게 변해가고 있다.

예술조직의 입장에서 이러한 변화는 새로운 도전의 기회가 되었다. 수익을 기반으로 움직이는 기업과 달리 예술조직은 마케팅과 홍보 예산의 책정이 쉽지 않아 광고처럼 대규모 예산이 수반되는 마케팅 활동은 극히 제한적으로만 가능했다. 하지만 디지털환경 변화와 더불어 과거에는 감히 시도해보기 어려웠던 다양한 마케팅 수단의 활용이 가능해졌다. 앞서 소개한 온라인 관객 조사와 같은 것도 과거에는 수백만 원 이상의 예산을 들여 전문업체에 용역을 맡겨야 하는 일이었지만, 이제는 반나절이면 누구나 큰 부담 없이 시도할 수 있는 가벼운 프로젝트가 되었다.

이러한 디지털마케팅의 확산에 따른 가장 큰 변화라면 바로 소비자의 위상 변화다. 급변하는 디지털 생태계의 핵심은 소비자가 자발적으로 참여하는 다자간 커뮤니케이션의 확산이었다. 이전까지 소비자는 수동적 위치에서 마케팅의 대상에 불과했다. 소비자를 배려하고 중요시해도 이러한 수동적 위치 자체가 변하는 것은 아니었다. 하지만 디지털마케팅은 모든 것을 변화시켰다. 소비자는 이제 더는 수동적 위치에 머물지 않는다. 적극적으로 특정한 예술조직이나 예술상품에 관한 정보를 스스로 생산하고 공유한다. 그리고 특정한 예술상품에 대한 개인 소비자의 체험과 판단은 거의 실시간으로 그 주변에 공유된다. 이는 예술상품을 판매하는 주체가 전파하는 정보와는 질이 다르며 때로는 훨씬 더 큰 신뢰감으로 다른 소비자에게 전해진다. 전통적인 아날로그 기반의 홍보가 생산자의 시각을 반영한 것이었다면 디지털 환경에서의 홍보는 소비자와 같은 위치에서 그 상품을 소비하는 익명의 동료집단의 시각을 담은 것으로 바뀌었다.

소셜미디어 확산 초기에는 파워 블로거가 이러한 역할을 했다. 하지만 수년이 지나지 않아 많은 파워 블로거가 사실은 해당 기업으로부터 물건을 협찬받거나 광고료를 받고 마치 일반 소비자인 양 위장하여 평가 의견을 만들어냈다는 사실이 알려지기 시작했다. 이후 이들의 영향력은 급속도로 퇴조해갔다. 하지만 페이스북과 같은 새로운 소셜미디어는 상품에 대한 평가 이전에 수많은 일상과 생각을 매일매일 장기간 공유해오면서 그 전문성이나 태도에 대한 신뢰가 형성된 상태이기 때문에 포스팅하는 글에 대해서도 이전의 파워 블로거 글과는 다른 차원의 신뢰를 새롭게 형성했다. 이는 입소문마케팅의 디지털 버전이라고 할 수 있다. 디지털 플랫폼을 이용하여 입소문이 좀 더 폭넓고, 빠르고, 신뢰감 있게 형성되는 것이다. 그리하여 이제 소비자는 새로운 마케팅 커뮤니케이션의 중심에 서게 되었다. 코틀러는 이를 '홍보에서 대화로'의 이행으로 설명했다.[36]

그렇다면 이제 이러한 소비자 중심의 마케팅 시대에 예술조직의 홍보는 어떻게 해야 할까? 기본 방향은 소비자 스스로 콘텐츠를 만들어 확산시킬 수 있도록 돕는 것이다. 마케팅과 홍보의 목표는 단순한 판매를 넘어서 주변에 그 상품을 추천할 수 있도록 하는 것으로 전환되어야 한다. 더 이상 양적으로 메시지의 양과 노출 빈도를 높인다고 해서 그것이 유의미한 마케팅 성과로 나타나지 않게 되었다.[37] 오히려 소비자가 의미 있게 받아들일 수 있는 연결고리를 찾아내어 이를 통해 소비자 스스로 판단하고 움직일 수 있도록 만들어야 한다.

이를 위해 마케터는 때로는 컨설턴트가 되어야 하고 때로는 사서가 되어야 한다. 소비자 스스로 마케팅 메시지를 만들어낼 때 소비자에게 무엇이 필요한지 고민하고, 이를 손쉽게 얻을 수 있도록 하는 데 모든 마케팅 노력을 기울여야 한다. 예를 들어, 어떤 소비자가 자신이 좋아하는 공연이나 전시에 대한 감상을 그 사진과 함께 친구들과 공유하려고 할 때 홈페이지에서 쉽게 사진을 얻도록 하면 된다. 그런데 여전히 많은 예술조직이 저작권을 내세우며 사진을 공유하지 못하도록 제한하고, 때로는 사진과 여러 페이지의 텍스트를 하나의 JPG 파일로 길게 묶어놓아 가볍게 공유하고자 하는 소비자를 난감하게 만든다. 사소한 일 같지만 소비자를 피곤하게, 나아가 좌절하게 만드는 이러한 상황이 하나둘 쌓여 마케팅과 홍보를 실패로 몰아간다.

이러한 장애와 난관을 제거하여 소비자가 스스로 움직일 수 있게 만들었다면, 다음으로는 소비자와의 직접 대화를 해나가야 한다. 그것이 반드시 직접적인 만남일 필요는 없다. 홈페이지 게시판이나 소셜미디어를 통해 개별 소비자의 욕구와 필요에 부응하여 예술조직이 반응하고 있다는 유의미한 메시지를 보내주면 된다. 이러한 커뮤니케이션 과정을 통해 그 소비자는 적극적이고 지속적인 옹호자로 변해갈 것이다.

다음에서는 예술조직의 홍보를 매체 홍보, 광고, PR로 나누어 설명할 것이다. 설명의 틀은 전통적인 홍보 방식을 전제로 하고 있으나 실행 과정에서는 디지털 환경에 맞춰 새롭게 적용해볼 수 있다.

나. 매체 홍보

매체 홍보의 의의 매체 홍보publicity는 신문, 잡지, 라디오, 텔레비전, 인터넷 등의 언론매체에 기사 소재로 다루어질 만한 정보와 자료를 배포해 무상으로 실릴 수 있도록 하는 홍보 방법이다. 여기에는 가장 기본적인 보도자료 배포를 비롯하여 사진 배포, 인터뷰, 기고, 기자회견, 프레스콜, 프레스투어 등 언론매체를 대상으로 이루어지는 다양한 활동이 포함된다. 매체 홍보는 비용이 거의 들지 않기 때문에 예산 부족에 허덕이는 예술조직에는 전통적으로 가장 중요한 홍보 수단이었다. 비록 이제는 그 역할의 상당 부분을 디지털 홍보에 내주었지만 전통적 매체가 가진 신뢰성과 영향력 및 비용 대비 효과를 고려할 때 여전히 그 역할을 소홀히 할 수 없는 가장 비중 있는 홍보 수단 중 하나다.

하지만 매체 홍보는 광고와 달리 비용을 지불하지 않기 때문에 보도의 시기와 분량과 내용을 통제하기 어려우며, 수많은 예술조직이 제공하는 엄청난 양의 보도자료와의 경쟁에서 살아남아야 한다. 대부분의 언론매체는 갖고 있는 지면과 시간자원이 한정되어 있기 때문에 예술조직이 원하는 지면 위치와 시간대에 원하는 내용으로 기사화되는 것이 쉽지 않다. 따라서 매체 홍보 전략은 예술조직의 바람대로 매체가 기사를 보도하도록 하는 방법에 초점이 맞춰진다. 이를 위해서는 1) 차별성 있는 정보와 자료를, 2) 매체의 수요와 관심에 맞게 다듬고 포장하여, 3) 적절한 방법으로 전달해야 한다.

하루에도 수십에서 수백 개의 공연과 전시가 공연장과 박물관·미술관에서 소비자와 만나는 현실에서 차별성을 갖기 위해서는 준비하는 예술상품이 다른 예술상품과 어떻게 다른지 설명할 수 있어야 한다. 예술적인 면에서 큰 차별성이 없다면 참여하는 예술가의 지명도를 활용하여 작품 외의 색다른 이야깃거리를 내세울 수도 있다. 또는 사회적 논쟁의 대상이 되는 이슈와 작품의 주제나 소재를 엮어서 홍보 포인트를 부각할 수도 있다. 예를 들어, 청년실업 문제가 사회적 관심이 된 상황이라면 이를 소재로 다룬 작품이 예술 외적인 이유에서 언론의 주목을 받을 수 있다.

중요한 것은 언론매체의 관점과 눈높이다. 기본적으로 언론매체는 예술조직의 대변인이 아니며 예술조직의 관점에서 기사를 다루지 않는다. 언론매체마다 고유의 관점을 갖고 있으며, 언론매체의 눈높이는 평균적인 독자의 눈높이보다 약간 높은, 그러나 너무 높지는 않은 곳에 형성된다. 따라서 흔히 대중으로 지칭되는 언론매체의 독자나 시청자의 관심과 너무 동떨어진 내용은 당연히 다루지 않는다. 따라서 독자나 시청자의 관심과 눈높이를 대변하는 보도 담당자의 요구에 부합하는 정보를 제공하는 것이 효과적인 매체 홍보의 첩경이다. 언론매체는 독립적 존재가 아니며, 그 매체를 소비하는 독자와 시청자의 정보 수요에 부응하여 지면과 시간을 구성하고 독자들이 원하는 방향으로 정보를 제공한다. 이를 파악하여 이에 부응한 정보를 제공하는 것이 예술조직의 과제다.

매체의 유형 신문은 전통적으로 예술조직 홍보의 가장 중요한 매체였다. 신문에 실리는 공연이나 전시 소개 기사는 잠재소비자의 예술상품 구매에 영향을 미치는 가장 중요한 기준 가운데 하나였다. 그러나 이러한 영향력은 몇 가지 이유로 크게 축소되었다. 무엇보다 인쇄된 신문을 읽는 독자가 크게 줄었다. 물론 여전히 많은 사람이 인터넷 포털에 실린 기사를 읽지만 과거와 같이 특정 신문이나 기자의 이름에 큰 비중을 두지는 않는다. 더욱이 페이스북을 비롯한 소셜미디어의 확산은 인플루언서 역할을 하는 비전문 필자의 글이 오히려 전문 기자의 글에 비해 더 큰 영향력을 갖도록 만들어주었다. 온라인 기반의 수많은 매체와 플랫폼이 경쟁하는 가운데 전통적 신문은 그동안 갖고 있던 차별적 영향력을 조금씩 상실해온 것이다. 하지만 그럼에도 신문이 오랜 세월 동안 쌓아온 권위를 바탕으로 다른 온라인 매체나 플랫폼이 갖지 못한 콘텐츠의 경쟁력을 상당 부분 유지하고 있으며, 이를 존중하는 문화가 여전히 존재한다. 신문이 갖고 있는 현재의 과도기적 위상은 아마도 향후 10~20년간 신문이 다른 매체나 플랫폼과의 경쟁 속에 얼마나 그 경쟁력을 유지할 것인가에 따라 크게 달라질 것으로 보인다.

주간지나 월간지 등 정기간행물과 전문지의 위상 역시 신문 이상으로 위축된 상황이다. 열독률이 떨어지고 매체의 지속 기간이 길지 않은 신문에 비해 나름의 장점을 갖고 있던 정기간행물과 전문지는 독자가 지속적으로 감소하면서 광고시장이 무너졌다. 게다가 내용 면에서도 다양한 온라인 플랫폼에 올라오는 글에 비해 차별성을 내세우지 못함으로써 예술시장에서도 여러 매체가 폐간을 해왔으며, 남아 있는 매체도 경영상 어려움을 겪는 곳이 많다. 그럼에도 불구하고 예술 장르별로 발간되는 전문지는 예술조직 입장에서는 아직까지는 여러 홍보 채널 중 하나로 활용할 여지가 있다.

이러한 상황은 방송도 다르지 않다. 종편과 케이블 채널을 비롯하여 OTT나 온라인 플랫폼이 인기를 얻으면서 지상파 방송의 영향력은 예전에 비해 많이 위축되었다. 더욱이 유튜브의 부상은 지상파 방송의 미래가 과연 어떻게 변해갈 것인가에 대해 많은 사람이 의문을 품게 만들었다. 특히 젊은 세대로 갈수록 전통적인 지상파보다는 OTT나 온라인 플랫폼을 훨씬 더 가깝게 생각하며 자주 접하기 때문에 방송매체를 보는 예술조직의 관점 역시 상당 부분 수정되어야 할 것으로 보인다. 물론 아직은 과도기적 상황으로 지상파 방송의 영향력이 사라진 것은 아니므로 예술조직 입장에서는 앞으로도 상당 기간 전통적인 매체와 새로운 온라인 매체 간에 균형을 맞춰야 할 것이다.

매체 홍보의 도구

보도자료

보도자료는 가장 기본적인 홍보 도구로서, 보도자료의 작성과 배포는 홍보 담당자의 주요 업무 중 하나다. 보도자료는 보통 한 가지를 만들어 활용하지만 때로는 매체별 기사 수요에 따라 맞춤형 보도자료를 만들기도 한다. 예를 들어, 어느 예술단체가 외국 공연장의 초청을 받아 해외공연을 한 경우 문화부 기자는 국내 예술단체의 해외 활동 관점에서 접근하겠지만, 경제부 기자라면 현지에 진출한 국내 기업이 이 행사를 후원하는 점에 주목하여 국내 기업이 공연 한류를 활용해 현지 소비자에게 다가간다는 방향으로 접근할 수도 있다. 그러므로 필요하다면 매체나 기자가 원하는 접근 방향에 따라 핵심 메시지와 주요 내용을 다르게 구성할 수 있다.

보도자료는 활용 방향에 따라 몇 가지로 구분할 수 있다. 흔히 작성하는 보도자료는 보통 스트레이트 기사라고 불리는 사실 중심의 뉴스 게재를 전제로 작성한다. 그러나 실제로 언론매체는 그런 스트레이트 기사만 다루지 않는다. 신문은 스트레이트 기사와 함께 기획기사나 해설기사를 싣는다. 기획기사나 해설기사는 단편적인 사실 중심의 스트레이트 기사와는 달리 심층적인 관점으로 세부 내용에 접근한다. 예술조직 입장에서는 예술작품에 참여하는 예술가의 삶이라든가, 새롭게 영입한 예술감독의 작품 세계 혹은 공연장의 리노베이션에 관한 내용 등 다양한 측면을 부각하여 기획기사나 해설기사의 소재로 제공할 수 있다. 이런 기사는 해당 예술조직이나 예술작품뿐 아니라 그런 예술작품이 속한 분야의 트렌드를 소개하는 형식으로 기획하기도 한다. 방학이 시작할 무렵에는 청소년을 위한 공연이나 부모와 아이가 함께 가는 전시 수요에 초점을 맞춰 보도자료를 작성할 수도 있다. 다른 한편으로 기획기사는 인간적인 감동을 받을 수 있는 이야깃거리에 주목하기도 한다. 예술작품을 만들게 된 배경이라든가 작품 제작 과정에 참여한 어느 예술가나 스태프에 관한 이야기 혹은 작품 제작 과정에 있었던 재미있는 에피소드 등을 자세히 소개하여 독자의 공감을 불러일으키는 것이다. 이러한 이야기는 흔히 다루어지지 않지만 일반 스트레이트 기사와는 차별적인 내용을 다루기 때문에 오히려 널리 공유되며 마케팅 효과를 불러일으키기도 한다.

종합보도자료

대규모 행사나 축제를 할 때는 간단한 안내 편지나 보도자료와 함께 행사를 소개하는 브로슈어, 프로그램, 출연자 소개, 행사일정표, 표제사진, 행사의 배경자료, 종전의 보도 스크랩 등을 함께 묶어 종합보도자료로 배포하기도 한다. 프레스키트press kit라고도 하며 대개 기자회견 시에 함께 준비하여 배포한다.

편지

딱딱한 형식의 보도자료 외에 편지 형식의 글을 보낼 수도 있다. 이런 자료는 기사로 다루어지기보다는 칼럼 소재나 다른 형식의 기획기사 소재로 다루어지는 경우가 많다. 특히 일간지 논설위원 중에는 해당 일간지 문화부에서 오랫동안 전문 분야를 담당한 위원이 반드시 한두 명씩 있게 마련이다. 문제는 대부분의 예술조직이 보도자료를 문화부의 담당 기자에게만 발송할 뿐 논설위원에게까지는 보내지 않는다는 점이다. 그러나 논설위원은 대개 매주 자신의 고정 칼럼을 쓰게 되므로 이러한 논설위원을 언론사별로 파악해 함께 편지 형식의 보도자료를 보냄으로써 칼럼 기사를 기대할 수 있다.

방송안내자료

방송안내자료Public Service Announcement(PSA)는 일반 보도자료와는 다르게 방송 안내를 위한 자료를 10초, 30초, 60초로 표준화된 시간 안에 소개할 수 있도록 짤막한 메모 형태의 문구를 만들어 배포하는 것이다. 따라서 정해진 시간 내에 꼭 필요한 내용만 소개할 수 있도록 단어 선택에 세심한 신경을 써야 한다. 다만 방송안내자료는 라디오 홍보가 활발한 미국에서는 많이 활용하지만, 우리나라는 보도자료와 별도로 작성하는 경우가 드문 편이다.

보도자료 작성 방법 보도자료를 작성하는 방법에 절대적인 규칙이 있는 것은 아니다. 그러나 기본적으로 보도자료라고 할 때에 최소한으로 갖춰야 할 요건이나 피해야 할 부분은 있다. 보도자료는 크게 제목, 본문, 첨부 자료,

사진으로 구성되는데, 본문은 보통 두 매를 넘지 않는 것이 좋다. 불가피하게 양이 많아지는 경우 공연자 정보나 프로그램의 구체적인 내용은 첨부 자료 형식으로 분리하여 작성하는 것이 바람직하다. 그리고 앞부분에 작성자의 이름과 연락처를 명기하여 기자들이 추가적인 정보를 필요로 할 때 쉽게 연락할 수 있도록 해주어야 한다.

제목과 소제목 작성

제목은 보통 한 줄 이내로 작성한다. 미리 작성하기보다는 본문 작성 후 이를 요약하거나 대표할 수 있는 것으로 뽑는다. 제목은 보통 본문을 요약하는 방식으로 만들지만 단번에 읽는 사람의 관심을 끌 만한 신선한 문구를 사용할 수도 있다. 보도자료에 제목을 붙이는 것은 본문 내용 이상으로 중요한데, 제목만으로 전체 내용을 읽어야 할지 판단하는 경우가 많기 때문이다. 더욱이 이메일로 보내는 보도자료는 제목에서부터 관심을 끌지 못하면 아예 읽히지 않고 방치되거나 삭제된다. 제목을 작성하는 방법은 훈련이 필요한데, 가장 좋은 방법은 인터넷이나 관련 언론매체를 검색해 유사한 예술작품의 기사 제목을 살펴보는 것이다. 소제목을 활용하는 것도 유용하다. 특히 본문이 길어질 때는 두세 단락마다 소제목을 활용하면 본문 내용을 신속하게 전달할 수 있다. 다만 너무 자주 활용하면 오히려 산만해질 수 있으니 작성된 본문을 기준으로 한 페이지에 한두 개 정도의 소제목을 활용하는 것이 적당하다.

본문 작성

보도자료 본문은 핵심 내용을 먼저 요약문 형식으로 제시하고 세부 내용을 차근차근 서술해가는 방식과 흥미를 끌 만한 내용을 먼저 제시하고 이에 대한 사실관계를 부연하면서 정리하는 방식이 있다. 보편적인 방식으로는 전자가 많이 사용된다. 보도자료를 배포하는 홍보 담당자에게 보도자료는 매우 중요하지만, 받아보는 사람은 하루에도 적게는 수십 건에서 많게는 수백 건에 이르는 보도자료를 받는다. 그런 상황에서 내용의 핵심을 제시하지 않은 채 장황하게 이런저런 주변 이야기를 서술하는 보도자료는 무시되기 쉽다. 물론 아주 유려한 문장으로 도입부를 흥미롭게 끌어나가 다른 보도자료와 차별적인 특성을 부각할 수도 있지만, 뉴스적인 가치가 아주 높거나 문장 구성이 엄청나게 뛰어나지 않다면 가급적 초반에 간결한 요약문을 제시하는 방식이 안전하다.

본문을 시작하는 요약문은 보통 6하 원칙에 의한 문장으로 구성한다. 예를 들어 '○○○교향악단이 ○○○의 지휘로 차이콥스키의 〈비창 교향곡〉을 들려준다. ○○○교향악단은 ○월 ○일 △△문예회관, ○월 ○일 ㅁㅁ문예회관에서 이탈리아 출신 객원 지휘자 ○○○와 함께 차이콥스키 등 겨울 러시아 음악으로 무대를 꾸민다'와 같은 기사 서두는 전형적인 보도자료의 요약문이라 할 수 있다. 이러한 요약문 이후에는 주요 내용을 중심으로 한 단락씩 서술하면 된다. 주요 내용은 수시로 다르다. 예술작품 자체가 중요할 수도 있고, 참여하는 예술가나 예술조직이 중요 내용이 되기도 한다. 그 밖에 예술작품이 만들어진 경위나 목적 혹은 공연 시기나 공연 장소가 중심 내용이 될 수도 있다. 이는 마케팅과 홍보 전략을 어떤 방향으로 짜서 핵심 메시지를 어떻게 가져갈지에 따라 달라진다.

문장을 서술하는 방식으로는 우선 문장이 간결해야 한다. 글을 쓰다 보면 한 문장이 4~5줄을 넘는 경우가 흔히 발생하는데, 보도자료에서는 절대적으로 피해야 할 사항이다. 긴 문장은 쉽게 이해하기 어렵고, 핵심이 무엇인지 모호하게 만든다. 따라서 간결하고 정확한 문장을 작성하는 훈련을 할 필요가 있다. 굳이 경어체를 쓸 필요는 없지만 필요에 따라 사용할 수도 있다. 그러나 주관적인 감상이나 판단 혹은 지나치게 과장된 표현은 배제해야 한다. 꼭 필요한 경우에는 과거에 다른 해외 매체나 평론가 등이 표현한 내용을 인용문 형태로 밝히는 것도 도움이 된다.

보도자료를 쓸 때 고민 중 하나는 문장 서술을 홍보조직 기준으로 할지 아니면 언론매체 기준으로 할지의 판단이다. 상식적으로는 홍보조직 기준이 당연하지만 실제로는 언론매체에서 기자가 기사를 쓰는 것처럼 보도자료를 작성하는 경우가 많다. 이는 국내 언론매체의 여건과도 관계있다. 한 명의 기자가 특정 분야에 관하여 수십 년간 글을 써오는 해외 유명 언론매체와는 달리, 국내 언론매체들은 순환보직으로 근무하는 경우가 대부분이다. 이에 따라 어느 날 갑자기 사회부나 경제부에서 문화부로 옮겨와 클래식 음악에 관한 기사를 써야 하는 기자의 입장에서 스스로 취재하여 기사를 작성하기보다는 배포된 보도자료를 그대로 기사로 옮기기도 한다. 기자를 기준으로 하여 마치 기사를 쓰듯 문장을 작성하는 이유는 바로 이러한 상황 때문이라고 할 수 있다. 그러나 어설프게 기사체로 작성하는 것보다는 오히려 솔직하게 기관이나 단체를 기준으로 서술하는 것이 더 호감을 줄 수도 있다.

사소한 부분이지만 아무리 강조해도 지나치지 않은 것은 맞춤법과 문법에 어긋나지 않아야 한다는 것이다. 맞춤법과 문법은 사실 가장 기본적인 부분인데도 실제로 많은 보도자료가 틀린 맞춤법과 어긋난 문장을 무수히 담은 채 매체로 발송된다. 문제는 맞춤법과 문법이 부실하면 내용의 질과 상관없이 보도자료 자체에 신뢰가 가지 않는다는 점이다. 숫자와 도표의 경우에도 가급적 작성자 외에 다른 사람이 한 번 더 검토해 실수를 방지해야 한다. 작성자가 여러 번 봐도 찾지 못하던 실수를 의외로 다른 사람은 쉽게 발견한다. 사람 이름은 국내 인물이면 동명이인에 대한 혼동이 없도록 한자를 괄호 안에 병기하는 것이 좋으며, 해외 인물은 원어 이름을 병기하는 것이 좋다. 기관 명칭도 해외 기관은 한국어로 번역된 명칭과 함께 원어 명칭을 병기하는 것이 좋다. 전문용어 사용에도 유의해야 한다. 관련 분야에서는 흔히 쓰는 용어일지라도 언론매체에서는 익숙하지 않은 것이 많다. 따라서 전문용어의 사용은 가급적 피하고, 불가피하게 사용할 경우에는 괄호 안에 뜻을 명기하는 것이 좋다. 줄임말을 사용할 때에도 외래어로 정착된 단어가 아니라면 괄호 안에 전체 단어를 함께 병기하는 것이 바람직하다.

마지막으로 보도자료를 작성할 때는 글자 크기가 너무 작지 않게 해야 한다. 특히 이메일을 보내거나 팩스로 보낼 때, 너무 작은 포인트의 글자는 가독성을 방해한다. 또한 글자색이나 폰트에 너무 많은 변화를 주면 읽기 혼란스러워 오히려 보도자료 내용의 신뢰성을 해칠 수 있으니 주의해야 한다.

첨부 자료

첨부 자료는 성격에 따라 몇 가지로 구분할 수 있는데, 예술조직에서 배포하는 보도자료는 예술 프로그램 내용의 구체적 소개나 예술가의 개인 이력에 관한 내용 등을 주로 첨부한다. 이와 달리 사실관계 자료Fact Sheet를 배포하기도 하는데, 본문과 관련 있는 통계나 참고사항을 일목요연하게 정리해놓은 자료다. 사실관계 자료에서는 본문과 달리 문장 형식을 사용하지 않는 것이 보통이며, 간략한 개조식 문장이나 표 형식으로 작성한다. 공연의 경우 일시, 장소, 주최, 연출, 출연 예술가, 티켓 판매처, 판매가격 등의 정보를 담는다. 첨부 자료와는 좀 다르지만 보도자료의 내용이 길어질 경우 요약문을 별도로 배포하기도 한다. 이는 기사 본문의 핵심 내용을 개조식 문장으로 간략하게 정리한 것인데, 보도자료 표지에 박스 형태로 요약문을 게재하기도 한다.

사진

사진은 보통 보도자료에 첨부하여 배포한다. 사진은 부가 설명 없이도 독자의 관심을 끌 수 있고 일정 크기 이상의 지면을 차지하기 때문에 효과가 높은 편이다. 사진을 배포할 때는 사진의 캡션caption, 즉 사진에 등장한 인물이나 환경 등에 대한 설명을 반드시 덧붙여야 한다. 캡션은 간단한 문구나 짧은 문장으로 정리한다. 아울러 사진 촬영자나 제공기관 등 사진 저작권에 대한 사항도 명기해야 한다. 사진 배포 시 유의할 점은 일반적으로 말하는 잘 나온 사진과 신문 등 매체에서 선호하는 사진이 다르다는 점이다. 따라서 가급적 유사한 내용의 기사에 실린 사진을 참고하여 매체에서 어떤 사진을 선호하는지 판단해 선택하며, 여러 스타일의 사진을 함께 제공해 매체가 필요에 맞게 선택할 수 있도록 하는 것이 좋다. 사진의 용량이 클 때는 작은 용량 사진을 첨부하고, 대용량 사진은 클라우드 서비스나 플리커 등을 활용하여 배포하기도 한다.

부가정보 작성

보도자료 작성에 있어서 마지막으로 유의할 부분은 부가정보의 기입이다. 부가정보라는 용어를 쓰기는 했지만 그 중요성을 고려하면 오히려 필수정보에 가깝다. 부가정보에 포함되는 요소는 기관명을 밝히는 레터 헤드, 보도자료 작성 일시, 작성 책임자 이름과 연락처, 첨부 자료 목록 등이다.

일정 규모 이상의 예술조직에서는 자신들만의 문구류를 개발하는 경우가 많으며, 이 과정에서 고유의 레터 헤드를 개발해 활용한다. 대개는 조직을 상징하는 로고와 특별한 글자체로 구성된다. 보도자료를 작성할 때는 이러한 레터 헤드가 인쇄되어 있는 용지를 활용하며 이메일을 보낼 때도 마찬가지다. 레터 헤드를 사용하면 내용을 보기 전에 그 형식만으로도 일단 어느 조직에서 작성한 것인지 알기 때문에 즉각 주목을 끌 수 있고 신뢰감을 줄 수 있다.

보도자료의 작성 책임자 이름과 연락처는 보도자료의 중요한 부분 중 하나다. 보도자료 자체만으로는 기사 작성에 충분하지 않을 때가 많기 때문이다. 따라서 작성자 이름을 쓸 때는 기자가 추가적인 취재를 요청할 때 정확한 정보를 책임 있게 답변할 수 있는 사람의 이름을 써야 한다. 전화를 받은 담당자가 보도자료 내용을 제대로 파악하지 못하고 있거나, 불명확한 내용을 전달하거나, 책임 있는 답변을 하지 못하면 주요 기사로 다뤄질 기회를 놓칠 수 있다. 연락처도 조직의 대표번호가 아니라 작성 책임자가 직접 받을 수 있는 직통이나 휴대전화 번호를 기록해야 한다.

보도자료의 작성 일시는 어느 시점에 작성된 것인가에 대한 정보를 주기 위해 필요하다. 특히 축제를 비롯하여 시시각각으로 변하는 상황에 대해 여러 차례 보도자료를 내야 하는 경우에는 작성 일자나 작성 시간이 중요한 의미를 갖는다. 마지막으로 첨부 자료 목록은 보통 첫 페이지나 마지막 페이지에 기록하는데, 추가적으로 제공된 자료를 빠뜨리지 않기 위해서다. 아울러 이메일로 보도자료를 보낼 때도 사진 자료 등 별첨 파일로 보내는 자료 목록을 반드시 기록해야 한다.

보도자료 배포 보도자료 배포의 출발점은 수신자 목록 관리다. 이를 위해 오프라인과 온라인 주요 매체 기자 이름, 전화번호, 이메일주소 등을 언제나 최신 내용으로 관리해야 한다. 이메일도 마찬가지지만 특히 우편이나 팩스를 이용한 오프라인 보도자료의 경우 수신자란에 '담당 기자님께'라고 쓰는 것은 '휴지통으로'라고 쓰는 것과 같은 효과를 낸다는 점을 명심해야 한다. 담당 기자의 이름을 쓰지 않은 우편물은 겹겹이 쌓여 있다가 결국 휴지통으로 가는 운명을 맞는 경우가 많다. 언론매체의 기자 한 명이 받는 오프라인과 온라인 우편물이 하루에 적어도 수십 건에서 수백 건에 이른다는 사실을 염두에 두어야 한다. 보내는 입장에서는 소중한 보도자료지만 받는 입장에서는 그저 수백 통의 우편물 중 하나일 따름이다.

보도자료를 '잘' 배포하는 것은 그것을 '잘' 작성하는 것 이상으로 쉽지 않다. 언론매체의 담당 기자와 이메일주소를 파악해 보도자료를 단순히 보내는 것은 간단하지만, '잘' 배포하려면 생각보다 복잡하고 세심하게 고려할 요소가 많다.

보도자료의 배포는 과거에는 직접 만나서 전달하지 못하는 경우 우편이나 팩스를 이용했지만 이제는 대부분 이메일로 발송한다. 기자회견이 아니라면 직접 만나 인쇄된 보도자료를 전달하는 경우는 매우 드물다. 하지만 주요 신문사라면 기자와의 대면접촉을 통해 친숙한 관계를 형성하는 것이 아무래도 지면을 얻는 데 유리하다.

배포 시기는 그 내용에 따라 달라질 수 있다. 통상적으로 사회면이나 경제면처럼 급박한 변화나 사건 사고가 잇따르는 분야의 경우 매일의 마감 시간에 대한 고려가 매우 중요하다. 그러나 문화면 기사의 경우 예술에 관심 없는 사람도 알 만한 유명 예술인의 급작스러운 사망이나 국내 연주자의 세계적인 경연 우승 정도의 기사가 아니라면 보통 주간 단위로 기획된다. 또한 문화면을 요일마다 장르별로 배정하기 때문에 문화부 기자들은 자신의 지면에 실릴 기사를 주간 단위로 기획하여 취재한다. 목요일이나 금요일 자에는 문화면이 종합적으로 크게 실리며, 여기에는 주로 주말에 찾아볼 만한 공연이나 전시에 대한 내용이 많이 다루어진다. 그리고 정해진 요일마다 공연, 전시, 책 등 문화예술 장르별로 특정한 주제를 정하여 기획기사를 싣는 것이다.

그렇다면 보도자료는 언제 배포하는 것이 가장 바람직할까? 우선 문화예술 관련 기사는 시의적으로 급하게 다루어야 할 내용이 많지 않으므로 적어도 공연이나 전시 오픈 2~3주 이전에 기사가 나올 수 있도록 보도자료를 배포하는 것이 바람직하다. 티켓 발매 시기에 맞추는 것도 좋다. 이를 통해 필요한 경우 기자가 기사 작성과 추가 취재에 필요한 시간을 배려할 수 있다.

보도자료의 배포 시점과 관련한 엠바고embargo 방식도 알아둬야 한다. 엠바고란 사전보도 금지를 의미하는 언론 용어이며, 어떤 내용의 기사가 특정 시점보다 먼저 보도될 경우 문제가 되는 상황에서 사전에 보도자료를 배포하면서 해당 시점 이전에는 보도 제한을 해달라고 요청하는 것이다. 이러한 방식은 주로 국가적으로 혹은 특정 기업에서 대단히 중요한 사항을 발표할 때 활용하며 예술조직에서 흔히 활용되지는 않는다.

기자와의 관계 형성

기자와의 관계 형성에서 잊지 말아야 할 것은 이들이 예술조직을 위해 일하지 않는다는 사실이다. 예술조직 종사자는 흔히 자신의 작품이나 예술가에 대한 기사가 제대로 나오지 않았다며 분통을 터뜨린다. 그러나 언론매체는 예술조직과는 다른 목적과 논리로 기사를 작성한다. 이들에게 중요한 것은 독자나 시청자지 보도자료를 배포하는 조직이 아니다. 따라서 이들은 끊임없이 독자와 시청자가 관심을 가질 만한 주제와 소재를 찾는다. 즉, 이들이 관심 갖지 않는 보도자료는 그 내용이 독자나 시청자의 관심을 끌지 못한다고 판단한 것이다. 이러한 기본적인 관점의 차이를 염두에 두지 않으면 기울이는 노력에도 불구하고 매체 홍보가 성과를 거두기 어렵다.

기자를 응대하는 것은 보도자료 배포 전후에 집중된다. 배포하는 과정에서는 통상 보도자료의 전달 방법을 문의하거나 전달 여부를 확인하기 위해 연락을 한다. 또한 배포 후에는 보도자료를 읽고 나서 기자가 그 내용에 대한 의문 사항을 묻거나 추가 취재를 하기 위해 연락할 때가 있다. 이에 따라 보도자료에는 반드시 추가적인 질의에 대한 답변을 책임지고 있는 사람의 이름과 직함, 연락처를 명기해야 한다. 중요한 보도자료라면 휴대전화 번호까지 명기하여 기자의 질의를 놓치지 않아야 한다. 이때 답변 과정에서 혼선을 빚지 않도록 하는 것이 중요하다. 이러한 추가적인 대응은 오보를 막아주고 기사 내용이 더욱 심층적으로 작성되도록 해준다.

기자를 접촉하면서 유의할 것은 보도되지 말아야 할 내용이나 정확히 모르는 내용에 대해 이야기하지 말아야 한다는 것이다. 특히 특정 내용에 비보도off the record를 요청하는 것은 사실상 말하는 사람의 자기만족 외에는 별다른 효과가 없는 경우가 대부분이다. 즉, 기자는 스스로 판단하여 보도 여부를 결정하지, 비보도를 요청한다고 해서 무조건 따르지 않는다는 것이다. 따라서 기자를 직접 만나거나 전화 통화 등으로 추가 정보를 제공하는 경우 일단 그중 어떤 내용이든 발췌되어 기사화될 수 있다는 사실을 염두에 두고 불필요한 말을 하지 않도록 주의해야 한다. 아울러 정확히 알지 못하는 내용에 대해 추측이나 짐작을 말하는 것은 그로 인해 다른 문제를 야기할 수 있으며, 오보의 원인이 될 수도 있다. 따라서 홍보 담당자가 다루기 어려운 사안이라면 차라리 조직 대표나 책임 있는 부서장이 직접 언론에 답변하는 것이 낫다.

위기 상황에서의 언론매체 대응 언론매체에서는 의도하지 않게 예술 프로그램이나 예술조직에서 진행하는 여러 사업과 관련한 오보나 부정적 보도를 낼 수 있다. 오보는 예술작품의 내용 혹은 예술가의 이름이나 이력 등 간단한 사실관계 오류가 많다. 하지만 때로는 오보는 아니더라도 관련 예술작품이나 예술가에 대한 편향된 정보나 부정적인 평가 내용이 보도될 수도 있다. 이러한 오보나 부정적 보도가 나올 때 먼저 유의할 것은 감정적으로 대응하지 말아야 한다는 점이다. 이러한 기사는 단순히 기자의 부주의 때문일 수도 있지만, 특정 관점을 반영하여 의도적으로 작성된 기사일 수도 있다. 경쟁단체나 부정적인 시각을 가진 평론가 혹은 특정한 개인이나 조직이 제공한 그릇된 정보에 근거한 내용일 수도 있다. 따라서 우선은 이러한 기사가 나온 경위에 대한 사실관계를 파악해 단순히 관점이 다른 부분에 대해서는 지나치게 대응하지 않고 반성과 개선의 계기로 삼는 것이 바람직하다. 물론 사실관계 자체가 다르게 보도되었다면 해당 기자나 편집국에 연락해 이에 대한 정정이나 추가 취재를 요청할 수 있다.

이러한 오보나 편향된 보도는 현실적으로 보도자료를 배포한 예술조직의 업무 혼선으로 발생하는 경우도 있다. 따라서 보도자료를 작성할 때는 반드시 작성 책임자의 이름을 명기해야 하며, 언론 접촉은 홍보 담당 부서에서 일관되게 담당하는 것이 바람직하다. 홍보 담당 부서에서는 보도자료 작성 시 반드시 예술가나 제작 담당 부서와 그 내용에 대해 의논해야 하며 완성된 보도자료를 공유할 수 있어야 한다.

이러한 오보에서 더 나아가 매체 보도로 인해 발생한 예기치 않은 위기 상황에 대응해야 할 때도 있다. 단순한 사실관계의 오보에 대해서는 정정 청구 정도로 끝날 수 있지만 심각한 위기 상황의 경우에는 예술조직이나 예술가의 활동이 의도와는 전혀 다르게 해석되어 왜곡 보도됨으로 인해 이미지나 활동 면에서 지대한 타격을 받는 상황이 있을 수 있다. 예를 들어, 어떤 지역의 공공 문화재단이 지방자치단체로부터 지원을 받아 공공미술 작품을 설치했는데, 정작 언론에서는 이 사업에 대해 전시행정의 전형으로서 예산 낭비만 일삼는다는 식의 비판적인 방향으로 다룰 수 있다. 이 같은 보도가 나오면 대개 당황하여 부적절하게 대응하다가 오히려 상황을 더 악화시키는 일이 발생할 수 있다. 이처럼 예기치 않은 위기 상황은 의도와 달리 언제 어떤 식으로든 발생할 수 있기 때문에 어떤 경우에도 상황을 정확히 파악하여 신속하게 적절한 대응을 할 수 있는 업무 매뉴얼을 만들어놓는 것이 좋다. 위기 상황에서의 대응 전략에 대해 비영리조직의 PR 전문가인 부스는 다음과 같이 제안한다.[38]

첫째, 상황의 중대성을 판단한다. 그리고 매체에 보도한 내용으로 초래될 수 있는 여러 가지 가능한 상황을 가정하여 이에 대한 대응 전략을 짠다. 보도 내용으로 인해 지원기관이나 지원자가 지원을 철회하거나 줄일 수도 있고, 조직의 대외적인 이미지가 훼손될 수도 있다. 심한 경우 외부로부터 감사를 받거나 소송을 당할 수도 있다. 이러한 상황이 지속되는 동안 일상적으로 진행한 사업을 어떻게 처리할지도 결정해야 한다. 그리고 아직까지 보도를 하지 않은 매체가 있다면 그 매체가 다른 방향으로 사안을 다룰 수 있을지 판단해야 한다.

둘째, 사안이 더 불거지기 전에 조직의 입장을 정리한다. 제기될 가능성이 있는 질문을 가정하여 응답 자료를 마련하고 조직의 입장을 적극적으로 설명할 수 있도록 사실관계를 정리한다. 가능한 한 사안과 관련된 사실관계 정보를 폭넓게 수집하되 응답 자료는 핵심 위주로 간결하게 작성한다. 외부에 공식적으로 배포하는 자료는 명료한 내용으로 작성되어야 하며, 필요하다면 외부 PR 전문가에게 사전검토를 받거나 법률 자문을 받도록 한다. 작성된 문건은 적절한 시점이 도래할 때까지는 공개하지 않는다. 외부에 알리는 방법은 사안의 성격에 따라 달라진다. 불가피하게 대응해야 하는 상황이 아니면 외부에 알리지 않는 것이 좋을 수도 있고, 공격적으로 입장을 표명하는 것이 중요할 때도 있다.

셋째, 주요 이해관계자에게 알린다. 우선적으로는 이사진에게 알려 가능한 한 신속하게 의견을 구해야 한다. 최소한 이사진이 외부 매체의 보도가 아닌 조직 내부로부터의 설명을 듣고 위기 상황을 파악할 수 있도록 해야 한다. 또한 주요 지원기관이나 지원자에게도 사실을 알려야 하며, 조직 내부의 경영진과 주요 직원에게도 정확한 사실을 알려야 한다. 그리고 외부 인사 중에 조직에 우호적 입장인 사람의 명단을 정리해 필요한 경우 사실관계 자료를 배포할 수 있도록 한다. 외부에 자료를 배포할 때는 모든 사람에게 동시에 자료가 갈 수 있도록 해야 한다.

넷째, 공식 대변인을 한 명 지정하여 모든 매체와의 접촉을 전담하도록 한다. 즉, 위기 상황과 관련된 조직의 공식 입장이나 사실관계에 대한 발표는 이 대변인만 할 수 있도록 해야 한다. 이러한 대변인 역할은 조직 대표나 관련 부서장이 맡을 수도 있는데, 어떤 경우든 매체의 속성을 비롯하여 기자에게 응대하는 법을 충분히 이해하고 있어야 한다.

다섯째, 사전에 마련된 위기 대응 매뉴얼의 절차를 따른다. 위기 대응 매뉴얼은 정기적으로 점검하여 필요한 내용을 수정 보완해야 한다. 보도 내용을 매일 점검하여 기존에 마련해놓은 공식 입장이나 사실관계 해명자료가 이에 적합한지 검토해야 한다. 외부 이해관계자나 내부 직원에 대해 알리는 작업도 지속해야 한다.

여섯째, 위기 상황이 해소되면 후속 조치를 실행한다. 해당 위기 상황과 관련된 모든 이해관계자를 접촉하여 최근 상황을 알린다. 위기 상황이 조직 내부의 문제에서 초래되었고 그 원인이 된 내부 문제가 해결되었다면 이에 관한 내용을 외부에서 알 수 있도록 널리 알려야 한다.

그리고 마지막으로 위기 상황 대응 과정에서 도움을 준 모든 사람에게 감사의 표시를 한다. 부스는 이와 아울러 위기 상황에서는 언론매체 기자를 응대할 때도 각별히 주의해야 한다고 강조했다.

다음은 부스가 말하는, 기자를 대할 때의 주의사항이다.[39]

- 기자가 취재를 요청할 경우 거절하지 않는다.
- 취재 데드라인을 파악하여 그 안에서 취재가 이루어질 수 있도록 협조한다.
- 다루어야 할 핵심 포인트를 파악하여 인터뷰 중에 이를 짚고 넘어가도록 한다.
- 어떤 질문에 대답하기에 앞서 기자가 사전에 알고 있는 내용이 무엇인지 파악한다.
- 모든 인터뷰는 녹음될 수 있다는 점을 인식하고 답변한다. 인터뷰 때 말한 내용은 어떤 부분이든 "관계자에 따르면…"이라는 말과 함께 보도될 수 있다. 비보도를 원한다면 반드시 인터뷰 전에 이를 알려야 한다.
- 질문을 정확히 파악하지 못했을 경우 다시 한번 확인한다.
- 질문에 대한 답을 갖고 있지 못하다면 이를 알리고 사후에 파악해 알려주겠다고 제안한다.
- 사안에 대해 긍정적인 답변을 해줄 수 있는 조직 외부의 다른 취재원을 소개해준다.
- 기자가 부정적인 입장을 갖고 있어서 응답하기 어려운 경우에는 절대로

구체적인 설명이나 변명을 늘어놓지 말고 '예, 아니오' 형식으로 간단하게 대답한다.

다. 광고

광고의 의의 광고는 특정한 매체를 통해 유료로 상품이나 프로그램 정보를 제공하는 것이다. 매체 홍보와 마찬가지로 신문, 잡지, 방송, 인터넷 등의 매체를 대상으로 하지만 유·무료 여부에서 대비된다. 광고는 유료지만 실리는 매체의 크기와 시간 그리고 내용을 정확하게 통제할 수 있기 때문에 다른 홍보도구에 비해 더 효과적으로 활용할 수 있다. 다만 비용 문제로 인해 일반적인 공연이나 전시의 경우 일간지나 방송 광고는 많이 활용하지 않는 편이다. 대개 장기공연을 하는 뮤지컬이나 연극 혹은 블록버스터 전시회의 경우 종종 광고를 활용한다.

일간지나 방송의 경우 직접 광고를 위한 지면이나 시간대를 구입하여 광고하기보다는 협찬이나 후원을 받아 광고를 게재하는 경우가 많다. 이는 막대한 매체 비용을 감당하기 어렵기 때문이다. 이러한 협찬이나 후원을 받는 것은 두 가지로 구분할 수 있다. 우선은 매체를 통한 노출 효과를 고려한 기업의 협찬을 받는 방식이 있을 수 있다. 이런 경우 인쇄매체에 대해서는 어떤 매체의 어느 지면에 어느 정도의 크기와 비중으로 광고 내용이 실리게 될 것인가를 제시하여 협찬에 대한 협의를 해야 한다. 방송의 경우 광고 시간대와 함께 기업의 협찬 내용을 어떤 형식으로 삽입할 것인가에 대해 정확히 제시하여야 한다. 기업으로부터 협찬을 받게 되면 일상적으로 생각할 수 있는 언론매체 외에 전혀 다른 성격의 지면을 통한 홍보도 가능해진다. 예를 들어, 신용카드 회사로부터 협찬을 받을 경우 회원에게 매월 발송하는 카드 관련 고지서의 첨부 광고물에 예술작품에 대한 광고를 실을 수 있다. 또한 대부분의 대기업은 직원 대상의 사내보社內報 혹은 고객 대상의 사외보社外報를 발간하는데, 이러한 사내보나 사외보에 광고 삽입을 협찬 내용으로 요청할 수도 있다.

또 한 가지 방식은 광고가 실리는 신문사나 방송사 등 매체 자체로부터 광고 지면이나 시간 후원을 받는 방식이다. 때때로 언론매체에서는 '후원'보다는 '주최'라는 명칭을 요청하기도 한다. 이런 경우 해당 프로그램을 주최하는 기관 자체가 변경되어 실제 준비해온 예술조직은 해당 언론매체와 함께 공동주최가 되거나 때로는 주관하는 입장으로 바뀌기도 한다. 물론 이럴 때도 프로그램의 내용 자체가 바뀌는 것은 아니므로 설사 주최기관 변경의 요청을 받았을지라도 이에 대해 부정적인 시각으로만 볼 필요는 없다. 언론매체가 직접 주최사가 됨으로써 지명도가 낮은 예술조직에서는 해당 프로그램의 신뢰도를 높여 다른 기업 협찬을 얻을 가능성을 높일 수 있을 뿐 아니라, 광고 후원과 함께 기사로 다뤄지는 덤까지 얻을 수도 있기 때문이다. 다만 특정 언론매체가 주최사가 될 경우 그와 경쟁 입장에 있는 다른 언론매체로부터는 거의 기사로 다루어지지 않는 점을 고려해 신중하게 판단해야 한다. 일단 언론매체를 주최기관으로 하는 방향에 합의하면 구체적인 내용을 협의한다. 그 내용으로는 신문의 경우 어느 지면에 어느 정도 어떤 크기로 해당 프로그램 사고社告•가 실리는지 협의하며, 방송의 경우 어느 시간대 어떤 프로그램의 전후에 어느 정도 시간과 내용으로 스폿광고가 나가는지 협의해야 한다.

광고기획 광고는 비용을 들여 하는 것이므로 효과적인 추진을 위해 정확한 광고의 목표를 설정하고 메시지를 만드는 데 많은 노력을 기울여야 한다. 그리고 광고 예산에 따라 가장 효과가 높은 매체를 선정해야 한다. 매체

• 해당 언론사의 공식적인 공고

를 선정할 때는 단순히 독자 수를 고려하기보다는 수요층과 독자층이 가급적 일치하는 매체를 선정한다. 예를 들어, 잡지 광고를 한다고 하면 흔히 해당 예술 분야의 대표 전문지에 대한 광고만을 고려한다. 이런 경우 해당 예술 분야에 대해 행사 자체를 알리는 효과는 있지만 실제 마케팅에서의 티켓 판매에는 큰 도움이 되지 않을 수도 있다. 국내의 경우 전문지의 독자 저변이 그다지 넓지 않기 때문이다. 오히려 전혀 다른 분야의 잡지이더라도 독자층이 일치하는 잡지를 대상으로 할 경우 효과가 더 높아질 수 있다. 예를 들어, 초등학교 어린이를 대상으로 하는 공연이라면 이러한 어린이를 키우는 30대의 주부 혹은 직장 여성이 많이 보는 다른 잡지를 대상으로 할 수 있다.

광고비용 산정 시에는 제작비와 매체비를 별도로 책정한다. 단순한 텍스트 위주의 광고는 신문사 등 매체에서 직접 광고 내용을 무료로 제작해주기도 하지만, 광고 효과를 높이기 위해 여러 가지 사진이나 그래픽 요소를 가미하려면 광고 제작비를 별도로 책정해야 한다. 또한 보다 전문화된 광고를 위해 광고대행사나 기획사에 광고 관련 업무를 대행시키기도 하는데 이런 경우 대행료를 별도로 편성해야 한다. 광고기획을 할 때는 어떠한 목표를 위해 광고를 하는지 명확히 해야 한다. 단순한 정보 광고는 잠재소비자에게 인지도를 높이고 예술조직이나 프로그램에 관한 지식과 정보를 주기 위한 광고를 말한다. 이 경우 가격, 출연진, 할인권, 주차 등 서비스 정보를 제공한다. 이러한 정보 광고 외에 관객의 기호와 구매욕을 자극하여 상품을 구매하게 하기 위한 설득 광고를 할 수도 있다. 아울러 일단 보도된 내용을 다시 기억시키기 위한 상기 광고를 하기도 하며, 이미 선택한 사람들에게 그 선택이 옳았음을 확신시키는 확신 광고를 할 수도 있다.

디지털 광고와 리타기팅 디지털 광고는 예술조직의 광고 전략에 새로운 장을 열어주었다. 기존의 예술상품 마케팅에서 광고는 비용 문제로 인해 일부

매체	장점	단점
TV	높은 효과, 관객 선택, 스케줄 선택, 빠른 효과 협찬 가능	고가, 순간성
라디오	저렴한 비용, 관객 선택, 스케줄 선택	효과 미약, 청취자 수 미약, 시각효과 부재, 총비용 과다
잡지	소비자 선택, 긴 생명력, 다채로운 구성, 낭비 최소화	시간 과다 소요, 독자층 한정
신문	넓은 독자층, 즉각적인 접근, 짧은 소요 기간	대상의 축소 곤란, 낭비 과다, 비용 과다, 차별화 곤란
포스터, 광고탑	넓은 소비자층, 높은 빈도, 낭비 최소화, 지역화, 유연한 스케줄	얕은 메시지, 높은 비용, 위치 선점의 어려움, 소비자 선택 곤란, 지역 한계
인터넷	소비자 선택, 직접적인 접근, 비용 최소화, 멀티미디어 효과	광고 간 과다 경쟁

〈도표 7-7〉 광고 매체별 장단점 비교

뮤지컬이나 블록버스터 전시 등 상업적 성공 가능성이 비교적 높은 상품에 대해서만 부분적으로 활용되었으며, 일반 예술조직에서는 많이 활용되지 못했다. 특히 TV나 신문 등 전통적인 매체의 경우 감당하기 힘든 매체비로 인해 기업 협찬 광고나 언론사 후원 광고 등 극히 예외적인 경우를 제외하고는 거의 시도하기 어려웠다.

하지만 이제 디지털 광고 시대를 맞아 예술조직은 훨씬 더 저렴한 방법으로 이전과는 비교할 수 없을 만큼 정교하게 타깃 소비자를 대상으로 광고를 할 수 있게 되었다. 디지털 광고는 어느 광고가 누구에게 얼마나 노출되고 그 결과 어느 정도 구매로 연결되었는지를 객관적인 데이터로 측정하여 분석할 수 있기 때문에 어떤 매체나 플랫폼에 광고를 할지 판단하기 쉽다. 따라서 전통적인 매체에 비하면 비용을 크게 들이지 않고도 훨씬 정교하고 효율적인 광고를 시도할 수 있다. 디지털 광고의 기회는 거의 모든 인터넷 플랫폼과 소셜미디어에 열려 있다. 예술조직으로서는 이 가운데 마케팅 대상이 되는 예술상품의 타깃 시장에 가장 부합하는 곳을 선택하면 될 뿐이다. 각종 인터넷 포털사이트, 관련 웹진, 커뮤니티, 티켓 판매 사이트 등은 이용자에 대한 분석 자료를 근거로 하여 광고단가를 책정하기 때문에 쉽게 비용 대비 광고 효과를 예상할 수 있다.

게다가 이제는 디지털 광고 매체의 선택마저도 고민의 대상에서 제외할 수 있게 되었다. 디지털 광고의 작동원리인 리타기팅re-targeting 광고 서비스 때문이다. 리타기팅 광고란 어떤 소비자가 최근에 방문한 웹사이트나 검색했던 단어를 매개로 해당 웹사이트나 단어에서 유추한 관심 분야의 상품 광고를 반복적으로 노출시키는 것이다. 소비자의 온라인 행동이 설사 직접 구매 행위까지 이르지는 않았더라도 관심 분야를 보여주는 것이기 때문에 연계된 광고가 반복될 경우 이에 반응할 확률이 높다는 점에 착안한 것이다. 결과적으로 소비자의 정보 탐색이 연관 상품에 대한 구매로 연결되도록 하는 것이 바로 리타기팅 광고의 원리다. 이러한 리타기팅 기법은 때로는 개인정보가 노출된 듯하여 불쾌감을 유발하기도 하지만, 광고를 하는 입장에서 보면 불특정 다수를 대상으로 한 광고에 비해 그 단가를 현저히 낮춰주었다. 그 결과 이제 예술조직도 광고를 유의미한 마케팅 수단으로 활용하는 것이 가능해졌다. 이러한 리타기팅 광고는 비단 웹사이트 방문이나 검색만이 아니라 티켓 예매 사이트나 특정 커뮤니티를 통해서도 시도할 수 있다. 그뿐 아니라 광고 후에는 어느 사이트를 통해 검색어가 유입되었는지 분석할 수 있기 때문에 광고를 반복할수록 그 비용 대비 효과를 더욱 높일 수 있다.

라. PR

PR의 의의 마케팅은 행동의 변화를 가져오고, PRPublic Relations은 태도의 변화를 가져온다.[40] 커널리와 케이디가 언급한 이 말은 마케팅과 PR의 차이점을 보여주는 동시에 마케팅에서 PR의 역할을 잘 설명한다. 예술조직에게 PR이란 예술조직의 활동에 일정한 이해관계를 갖고 있거나 영향을 미칠 수 있는 사람을 대상으로 하여 예술조직의 활동을 알려나가는 홍보활동을 말한다. 이러한 PR을 통해 예술조직은 사람들의 태도와 인식을 우호적으로 바꿀 수 있다. PR은 학문 분야에 따라 홍보, 섭외, 대외관계, 공공관계 등 다양하게 지칭된다. 여기서는 PR이라는 용어를 어느 정도 정착된 외래어로 판단하여 그대로 사용했다.

PR 활동에서 가장 중점을 두어야 할 점은 장기적인 관점으로 접근해야 한다는 것이다. PR은 달리 말하면 장기적인 관점에서 이해관계 집단이나 잠재소비자와 관계를 형성해가는 활동이라 할 수 있다. 가시적으로 티켓을 몇 장 더 판매하기 위한 마케팅 활동과 달리 당장의 필요나 이익과 상관없이 장기적인 관점에서 긍정적인 이미지를 형성하고 우호적인 협력관계를 맺어나가는 것이다.

지역사회 PR PR은 특히 일정한 지역을 바탕으로 활동하는 예술조직의 경우 중요한 의미를 갖는다. 이러한 지역사회 PR과 관련하여 홍보산업 발전에 선구자 역할을 했던 버네이스는 20세기 초반에 일찍이 예술 분야 가운데 미술관을 예로 들어 미술관의 성공은 단순히 관람객의 숫자를 늘리는 것이 아니라 미술관이 속한 지역사회에 미술관 자체와 미술관이 상징하는 의미를 투사하는 데 있다고 말했다.[41]

어떤 지역이든 지역 내에서 예술 활동에 중요한 영향력을 발휘하는 이해관계 조직이 있다. 이는 지방자치단체나 지역 의회가 될 수도 있고, 지역 내에 자리 잡은 문화공간이나 지역축제 조직위원회 혹은 대학이 될 수도 있다. 때로는 지역 내의 대기업이나 대형 공장 혹은 백화점이 될 수도 있다. 이러한 지역 기반 조직은 예술 활동에 어떤 식으로든 영향을 미치게 되며, 지역 내에서 활동하는 이상 싫든 좋든 이들과 협력해야 하는 경우가 자주 발생한다. 설사 같은 분야의 조직이 아니더라도 상호 협력을 해야 하는 경우가 있으므로 어떤 식으로든 평소에 우호적인 관계를 맺는 것이 예술조직의 장기적인 발전에 도움이 된다.

지역 내 직능단체에 대한 PR도 예술조직에 도움이 된다. 예를 들어, 지역 내 교사단체에 대한 PR을 고려할 수 있다. 최근 문화예술교육에 대한 인식 확대와 더불어 학교 밖 현장 체험 프로그램이 점차 확대되는 추세에 있는데, 교사만으로 이런 프로그램을 기획하고 운영하기에는 한계가 있다. 또한 학생과 함께 단지 현장에 단체로 가는 것만으로 교육적인 체험을 할 수는 없기 때문에 현장 체험 행사 등을 위해 사전에 예술조직에서 학교와 협력할 필요성이 높아진다. 이러한 경우 교사와의 협력은 가장 필수적인 요소다. 따라서 지역 내 교사 모임 등과 지속적으로 관계를 형성하면 향후 개별 학교와 구체적인 협력사업을 개발하는 데 큰 도움이 될 수 있다.

지역사회 내의 여러 이해관계 조직이 예술조직의 활동에 대해 일단 부정적인 선입견을 갖게 되면 단순한 홍보활동으로는 긍정적인 방향으로 설득하기 쉽지 않다. 이해관계 집단이 직접 티켓을 구매하는 관객이 되지는 않는다 하더라도 공공부문의 예산 지원이나 주요 활동을 위한 협력 등에 결정적인 장애 요소로 작용하는 것은 흔히 발생하는 일이다. 이들은 단편적인 매체 홍보나 광고에 영향을 받아 움직이기보다는 해당 예술조직과 자신의 조직과의 지속적인 관계를 고려하여 협력 방향을 결정한다. 따라서 이러한 이해관계 조직에 대해서는 급박한 필요가 없더라도 평소에 다양한 PR 방법을 통해 예술 활동의 성과를 널리 알리고 지속적인 관계 형성을 해야 한다. 지역사회와의 관계 형성을 위해서 틸만은 다음과 같은 방법을 제안한다.[42]

- 예술 프로그램 해설 강의 시간을 마련한다.
- 프로그램 후에 대화 시간을 마련한다.
- 예술가의 시연 행사를 갖는다.
- 초급·중급·고급 등 단계별 강좌 프로그램을 운영한다.
- 교사를 위해 학교 현장 방문 교육 프로그램을 제공한다.
- 체험형 강좌 프로그램을 마련한다.
- 소규모 공연을 기획한다.
- 공개 리허설을 갖는다.
- 학생을 위한 워크숍 기회를 마련한다.
- 이전에 향유 경험이 없었던 이들을 워크숍에 초대한다.
- 학교 방문 공연을 한다.
- 브라운백 런치 강연을 마련한다.
- 체험형 워크숍·활동을 제공한다.
- 토론 포럼과 패널 토론 시간을 마련한다.
- 예술을 소개하는 전시 행사를 갖는다.
- 심화학습을 위한 가이드북을 만든다.
- 소식지와 홍보자료를 발송한다.
- 주요 이벤트에 초청한다.

공공부문 PR 지역을 기반으로 활동하는 예술조직이 특히 어려움을 겪는 것은 공공부문에 대한 PR이다. 대부분의 예술조직이 상업적인 활동만으로는 그 활동을 유지해나가기 어려운 현실을 고려한다면 싫든 좋든 어쩔 수 없이 맞닥뜨려야 하는 현실 중 하나라고 할 수 있다.

공공부문이라고 하면 비단 시·도나 시·군·구의 문화예술정책 부서만 지칭하는 것은 아니다. 실제로 많은 경우 이러한 문화예술정책 부서 외에 다른 부서에서도 다양한 형태로 예술 활동에 영향을 미치게 된다. 예산편성 부서에서는 문화예술 분야에 대한 지원 예산의 편성에 결정적인 영향을 미친다. 사회복지 부서에서는 특정한 사회계층, 예를 들어 노인이나 장애인 등의 문화예술 향유 활동에 대해 관심을 갖고 있다. 최근에는 교육이나 청소년 부서에서도 다양한 형태로 문화예술 분야와 관계를 맺고 때로는 지원 예산을 편성하기도 한다. 이러한 중앙정부 및 지방자치단체의 관련 부서와 더불어 국회나 지방의회 역시 공공부문을 구성하는 중요한 기관이다. 따라서 국회나 지방의회에서 문화예술 부문을 담당하고 있는 문화관광위원회 등의 상임위원회를 구성하는 의원 혹은 그 보좌진 역시 중요한 PR 대상이 된다.

이러한 공공부문의 관련 기관 종사자에 대해서는 당장 특별한 지원을 받아야 하는 경우가 아니더라도 지속적인 관계 형성을 할 필요가 있다. 문제는 이런 공공부문 종사자 대부분이 문화예술에 대한 전문가가 아니라는 사실이다. 이들은 순환근무에 따라 2~3년마다 문화예술과는 전혀 상관없는 보직으로부터 이동해오거나, 4년마다 선거에 의해 새로이 임명된다. 따라서 이들이 어떤 특정한 분야의 예술 프로그램에 대해 몰이해한 태도를 보이더라도 이를 아쉬워할 필요는 없다. 오히려 더욱 적극적으로 이러한 공공부문 종사자에 대해 꾸준한 관계 형성과 홍보활동 노력으로 예술조직의 여건과 활동 성과에 대해 알려나가는 것이 필요하다.

많은 경우 예술조직은 불가피하게 공공부문의 지원에 크게 의지하면서도 해당 업무 담당자와의 관계는 소홀히 여긴다. 지원을 받기 전까지는 적극적으로 접촉하다가도 지원을 받고 난 후에는 전혀 교류를 하지 않는다. 이는 그만큼 예술 활동에 전력을 다하기 때문이기도 하겠지만 마케팅 담당자의 입장이라면 큰 부분을 놓치는 것일 수 있다. 공공부문은 그 특성상 설사 어느 시점에서 담당자가 바뀌더라도 내부적으로는 정보를 공유하는 경우가 많다. 따라서 예술조직에 대해 일단 부정적인 선입관이 형성되면 이를 바꿔나가는 것은 매우 어렵다고 할 수 있다. 그렇다고 매번 관련 업무 담당자와 개인적인 친분 관계를 맺어나가야 하는 것은 아니다. 다만 자신의 예술 활동과 그 성과에 대해 지속적으로 이메일이나 우편 등을 활용하여 알려나가는 노력은 필요하다. 또한 공공부문의 지원으로 이루어진 예술 활동에 대해서는 행사 시작 전에 그리고 행사를 마친 후에 이메일이나 편지 등을 통해 지원 결과에 대한 감사의 뜻을 전하는 것이 좋다. 이는 사소한 일일 수 있지만 때로는 그 활동에 대한 내용을 각인시키는 효과를 내며 향후 유사한 사업을 해나갈 때도 도움이 된다.

기업 PR PR 대상은 예술조직의 필요나 여건에 따라 다양하게 확대될 수 있다. 기업 역시 그중 하나다. 예를 들어, 국내 한 수입차 업체에서 고객을 대상으로 오페라 강좌를 진행한 경우가 있다. 이를 음악단체 입장에서 보자면 수입차 업체와 정기적인 협력관계를 맺고 해당 자동차의 고객을 대상으로 강좌를 정기적으로 개최해줌으로써 잠재고객을 늘려가는 데 도움이 될 수 있다. 또한 이러한 오페라 강좌 프로그램 등을 통해 해당 수입차 고객에게 공연 초대권을 제공하는 조건으로 협찬을 얻는 등 다양한 형태의 다른 협력관계가 만들어질 수 있다. 이러한 사례는 수입차 시장이 확대되기 시작하던 2000년대 후반의 상황이라 현재 시점에서는 여건이 바뀌었지만, 이른바 럭셔리 마케팅이 어떻게 예술과 결합할 수 있는지를 잘 보여준다. 따라서 이런 사례를 응용하여 다른 기업과도 다양한 협력관계를 형성할 수 있다.

개별 소비자 PR 매체 홍보 등 불특정 다수를 대상으로 한 홍보와 아울러 특정한 개별 소비자를 대상으로 DM을 통해 구체적인 정보와 내용을 전달하는 방식으로 PR을 할 수 있다. DM은 전통적으로 개별 소비자에게 직접 다가가는 가장 대표적인 PR 수단이었다. DM은 기존 대중을 대상으로 한 대량마케팅의 한계로 인해 등장했는데, 내용이 복잡하거나 신상품을 판매하는 경우 효과적이다. 또한 경쟁상품이 많으면 소비자들은 선택에 혼란을 겪게 되는데, 이때 DM은 효과적으로 이들을 설득할 수 있는 수단이 된다. 과거 DM은 대량 우편발송을 위한 비용으로 인해 활용에 한계가 있었지만, 이제는 이메일을 활용하기 때문에 큰 비용 부담 없이 적극적인 활용이 가능하다. DM은 또한 고객관계관리의 기본이 된다. 예술조직에서의 DM 활용은 다음과 같은 이점이 있다.

- 선택성: 잠재관객에게 선택적으로 접근할 수 있다. 첫 정기회원, 장기 정기회원, 일회성 관객을 구분해 각각에게 맞는 홍보 내용을 전달할 수 있다.
- 개인 지향성: 개인을 대상으로 한 차별화된 메시지 전달이 가능하다.
- 관계 형성: 잠재소비자와 밀접한 관계를 형성하여 개인별 기호와 필요에 맞는 홍보와 마케팅을 할 수 있다.
- 적시성: 적절한 시점별로 타깃 시장에 홍보할 수 있다.
- 관심성: 일반 광고에 비해 열독률이 높다. 소비자는 자신을 직접 대상으로 삼은 홍보물에 더 많은 관심을 보이기 때문이다.
- 조사성: 대안이 되는 홍보 수단이나 메시지에 대한 테스트가 가능하기 때문에 가장 효과적인 접근 방법을 탐색할 수 있다.

개별 소비자에게 보내는 DM은 길지 않은 분량에 내용을 효율적으로 구성하여 담아야 한다. 다음은 PR이나 마케팅을 위한 DM의 일반적인 구성 형식이다.

- 구체적인 혜택을 먼저 내세운다.
- 가장 중요한 이익이나 혜택을 강조한다.

- 주요 상품의 내용을 상세히 설명한다.
- 증거자료를 제시한다.
- 행동해야 하는 이유를 제시한다.
- 마지막에 이익이나 혜택을 다시 강조한다.
- 행동 촉구문으로 마무리한다.

아울러 DM을 보낼 때는 일방적으로 홍보 메시지만 전하는 경우 그 피로감으로 인해 일정 기간 이후에는 스팸메일로 분류될 수 있다. 따라서 DM에 정기적으로 세일즈 프로모션에 해당하는 이벤트를 결합하는 것이 좋다. 예를 들어 할인쿠폰이나 경품 제공, 이벤트 무료 초대, 마일리지나 적립금 제공, 관련 사이트와의 제휴 프로그램 안내 등은 DM을 통한 새로운 관객 창출의 훌륭한 수단이 될 수 있다.

잠재소비자 PR 잠재소비자 전체를 대상으로 한 PR을 위해서는 포스터, 현수막, 전단, 리플릿, 브로슈어, 연례보고서 등 다양한 형태의 홍보자료를 활용할 수 있다. 이러한 홍보자료는 제작단가 사항이 중요하지만 아울러 제작된 홍보자료를 어떤 내용으로 구성해 어떤 장소에서 어떤 방법으로 대상에게 전달할지를 결정하는 것이 매우 중요한 전략이 된다.

잘 만든 포스터 하나만으로도 얼마나 예술작품의 콘셉트에 맞는 차별적이고 창의적인 내용으로 구성하는가에 따라 그 효과가 달라진다. 포스터에서 제시하는 이미지와 메시지에 이끌려 잠재소비자의 티켓 구매 욕구가 유발될 수 있는 것이다. 전단 같은 홍보자료는 보통 수천에서 수만 장씩 제작하지만 내용과 아울러 전달 방식도 충분히 고려해야 한다. 정확한 타깃 관객을 대상으로 한 DM 방식이 아니라면, 그 물량에 부응하는 효과를 기대하기 어렵다. 따라서 프로그램의 특성에 맞게 타깃 관객을 설정하여 의도하는 메시지와 홍보 내용을 전달할 수 있는 유통 방식을 개발하는 노력이 필요하다.

온라인 PR 온라인을 통한 PR은 다양한 형태로 발전해왔다. 가장 전통적인 형태는 홈페이지 운영이다. 홈페이지는 소셜미디어를 비롯한 다양한 플랫폼의 발전에도 불구하고 예술조직에서 만들어낸 공식적인 정보와 자료를 제공하는 경로로서 여전히 그 의미가 있다. 최근의 홈페이지는 단순히 공연이나 전시 관련 정보만을 전달하는 것이 아니라, 티켓을 예매하고, 지나간 공연 프로그램이나 전시 도록의 아카이브를 확인하며, 동호인과 커뮤니티 활동을 하고, 때로는 예술조직에 대해 공개적으로 불만을 제기할 수 있는 플랫폼으로서의 역할을 한다. 이에 따라 일방적인 정보와 메시지만을 전달하는 것이 아니라 이용자가 자신의 의견을 내보일 수 있는 개방적인 게시판을 운영하는 것이 좋다. 이런 경우 물론 실시간으로 적절한 응대가 이루어지지 않으면 오히려 부정적 의견이 확산되는 진원지가 될 수도 있기 때문에 운영에 신중을 기해야 한다.

홈페이지만큼이나 보편적으로 활용되는 온라인 PR 도구는 뉴스레터다. 뉴스레터는 예술조직에서 앞으로 선보일 공연이나 전시에 대한 구체적인 정보와 더불어 다양한 소식과 이야깃거리를 전달하는 유용한 채널이 된다. 어느 정도 규모가 있는 조직은 주 1회 정도 뉴스레터를 제작하지만 월 1~2회 정도라 하더라도 관심을 유지하고 관계를 지속하는 데는 무리가 없다. 과거 유료로 가입하던 정기회원은 이제 사실상 뉴스레터 수신회원으로 대부분 대체되고 있다고 보아도 과언이 아니다.

홈페이지와 뉴스레터의 중간 형태로 운영할 수 있는 것은 블로그이다. 최근에는 새롭게 주류로 자리 잡은 소셜미디어에 밀려 인기가 떨어지기는 했지만, 블로그는 다소 딱딱하게 운영되는 홈페이지와는 달리 수시로 유연하게 정보를 올릴 수 있기에 홈페이지를 보완하는 커뮤니케이션 경로 역할을 한다. 블로그에 올린 글은 공유가 쉽고 다른 블로그나 소셜미디어를 통해 손쉽게 전파됨으로써 입소문마케팅의 발신처 역할을 하기도 한다. 그뿐 아니라 이미 다수의 방문객을 확보한 블로거와의 관계를 통해 예술조직에서 원하는 정보나 자료를 확산시킬 수도 있다. 블로거는 자신의 주관적 경험을 기반으로 글을 쓰기 때문에 똑똑해진 소비자는 예술조직보다 오히려 자신이 신뢰하는 블로거에 대해 동료의식을 느끼며 기꺼이 정보를 공유한다.

네이버나 다음 등 포털사이트를 통해 예술 프로그램의 정보를 검색하면 해당 예술조직의 홈페이지보다 오히려 블로그에 실린 내용이 검색되는 경우가 더 많다. 그리하여 블로그는 공식적인 홈페이지 이상의 효과를 내기도 한다. 이에 따라 공연이나 전시 등 새로운 프로그램을 기획하면 전용 블로그를 개설하는 것이 이제는 필수 홍보 항목이 되었다. 블로그 하나만 제대로 꾸며놓아도 이를 통해 꼬리에 꼬리를 물고 입소문마케팅이 전개될 수 있다. 일단 어느 정도 인지도를 확보하고 나면 추가 비용 없이 꾸준히 홍보 효과를 거둘 수 있는 것이 바로 블로그다.

블로그 운영의 핵심은 신선한 콘텐츠의 지속적인 공급과 꾸준한 관리다. 적어도 일주일에 두세 차례 정도는 꾸준하게 새로운 콘텐츠를 업데이트하여 쉽게 찾아보거나 공유할 수 있도록 해야만 방문객 수를 일정하게 유지할 수 있다. 또한 방문객에게 참여하는 즐거움을 주려면 댓글에 반응을 보여주는 것도 중요하다. 자체적인 블로그 운영과 함께 영향력이 큰 인기 블로거에게 보도자료와 사진 자료를 보내주거나 초대권을 보내 예술상품을 경험하고 자발적인 마케팅에 나설 기회를 주는 것이 필요하다.

이러한 온라인 PR의 가장 큰 장점은 비용이 많이 들지 않는다는 것이다. 다만 그럼에도 담당자가 지정되어 매일 일정 시간을 투입해야 하는 것은 필수적이다. 홈페이지건, 뉴스레터건, 블로그건 애정을 갖고 지속적으로 시간과 노력을 투입하여 관리하는 담당자가 없이는 제대로 운영되기 어렵다.

디지털 커뮤니티 PR 소비자는 어떤 경로를 거쳐 상품을 구매할까? 엘모 루이스는 소비자가 이른바 AIDA의 경로를 따라 구매를 한다고 주장했다. AIDA는 주의Attention, 관심Interest, 욕구Desire, 행동Action의 머리글자를 따서 만든 용어다. 코틀러는 여기에서 한 걸음 더 나아가 인지Aware, 호감Appeal, 질문Ask, 행동Act, 옹호Advocate 등 5단계로 이어지는 5A 이론을 주장했다.[43] 여기서 주목할 것은 질문 단계에서 개인적 경로가 사회적 경로로 전환된다는 점이다. 이를 통해 우리는 커뮤니티의 의미를 새롭게 받아들일 수 있다. 개인 차원의 정보 습득과 판단을 넘어서 사회적 커뮤니티의 연결망 안에서 의미 있는 판단이 이루어지고 그에 따라 행동과 옹호가 이어지기 때문이다. 따라서 마케터의 역할은 소비자가 커뮤니티를 통해 인지와 호감 단계에서 행동과 옹호 단계로 발전해갈 수 있도록 돕는 것이 되어야 한다. 특히 최근에 인터넷과 모바일의 여러 플랫폼을 통해 크게 영역이 확장된 디지털 커뮤니티는 가장 중요한 PR 경로로 부각되었다. 디지털 커뮤니티는 크게 동호회형 커뮤니티와 추종형 커뮤니티의 두 가지 유형으로 나눌 수 있다.

첫째, 포털사이트에 자리 잡은 동호회형 커뮤니티는 회원으로 가입하여 수시로 게시판을 통해 정보와 의견을 교환하는 장이 된다. 대개 수십 명 정도로 출발하지만 활성화되면 수만 명에 이르는 대규모 집단으로 발전하여 중요한 이해관계 집단의 역할을 하기도 한다. 이러한 동호회 집단은 대개 자발적으로 포털사이트 등에 카페를 만들어 형성하지만, 때로는 예술조직에서 직접 자체 홈페이지에 동호회 게시판을 구성하여 정기적으로 모임을 주선하거나 온라인 활동공간을 제공하는 방식으로 운영할 수도 있다. 동호회형 커뮤니티는 무엇보다 특정 예술상품에 대한 체계적인 정보의 공유와 확산의 통로로 활용할 수 있으며, 단관 구매 형태의 대량소비가 이루어지는 장이 되기도 한다. 현실적으로 고객관계관리를 개별적으로 하기 어렵다면 동호회 단위로 고객을 관리하는 것이 대안이 될 수 있다.

동호회는 나아가 그 구성원들에 의해 자체적으로 풍부한 정보를 만들기도 하기 때문에 이를 통해 기존 예술상품 판매뿐 아니라 고객의 요구사항을 파악하거나 새로운 시장을 창출할 수 있다. 즉, 티켓 판매의 대상이 될 뿐 아니라 관객 조사를 할 수 있는 중요한 자원이 되며, 주요한 불편 사항이나 개선 사항을 수렴할 수 있는 창구가 된다. 따라서 이러한 동호회에 대해서는 예술조직의 활동에 대해 정기적으로 소식을 전할 수 있도록 하고, 예술 프로그램의 프리뷰 혹은 개막 행사 등에는 반드시 핵심 운영진을 초대하여 초기의 긍정적인 입소문을 형성할 필요가 있다. 이러한 동호회와 긴밀한 협력관계를 맺기 위해서는 특히 오피니언 리더 역할을 하는 동호회 운영진과의 관계 형성이 중요하다. 아울러 동호회의 일정한 자격을 갖춘 회원에 대해서는 공동구매 등의 형식으로 일정한 비율의 할인 혜택을 제공한다거나 공연장이나 박물관·미술관의 프로그램, 도록, 기념품 등을 무료 제공하는 방법을 시도해볼 수 있다. 이를 통해 동호회는 예술조직에 고객관리와 충성도 제고만이 아니라 수익 창출의 장이 될 수도 있다.

둘째, 소셜미디어를 통해 느슨하게 형성되는 추종형 커뮤니티는 예술조직 PR의 새로운 거점이다. 이는 다양한 소셜미디어를 통해 영향력이 큰 인플루언서의 포스팅을 좋아하는 사람 간에 서로 네트워킹이 이루어지면서 가상의 커뮤니티를 형성하는 것을 말한다. 소셜미디어는 인터넷과 모바일 플랫폼을 통해 사람과 사람을 연결해주면서 이들에게 가상의 커뮤니티 공간을 만들어 하나의 네트워크로 맺어준다. 이를 통해 이미 알고 있는 사람과의 관계를 강화해줄 뿐 아니라 오프라인에서는 전혀 모르는 사람과 새로운 관계망을 열어주기도 한다. 페이스북이나 인스타그램의 '좋아요' 기능은 이러한 추종형 커뮤니티를 이끌어가는 핵심 동인 역할을 한다. 자신이 올린 공연 리뷰나 전시 사진에 붙는 수백 개의 '좋아요'를 즐기는 인플루언서는 이제까지 전통적인 매체의 기자나 전문지의 평론가가 해오던 역할을 사실상 대체했다. 이들이 올린 포스팅이 글이나 사진이 그 가치와 품질에 따라 수많은 '좋아요'를 받으며 온라인상의 친구들에 의해 수백 회까지 공유가 되고 나면 이는 어느 매체 홍보나 광고보다 큰 효과를 발휘한다.

이러한 추종형 커뮤니티는 앞서의 동호회형 커뮤니티와는 성격이 다르다. 동호회형 커뮤니티가 특정 예술상품에 대한 선호를 공유하는 동호인 간에 형성되는 어느 정도 결속력을 갖고 있는 커뮤니티라면, 추종형 커뮤니티는 양적으로 이와 비교할 수 없을 만큼 거대한 영향력을 발휘하는 느슨한 연대라고 할 수 있다. 이러한 추종형 커뮤니티의 추종자는 자신이 좋아하는 포스팅에 '좋아요'를 누르지만 그렇다고 해서 일방적으로 추종하기만 하는 것은 아니다. 자신이 판단하기에 납득할 만한 내용의 글과 사진에 대해서만 선택적인 추종을 하는 것이다. 이 과정에서 예술상품의 생산자로부터 발신되는 메시지는 더 이상 끼어들 틈이 없다. 이러한 추종형 커뮤니티가 중요한 이유는 연결고리가 되는 플랫폼을 통해 서로 정보와 의견을 교환하면서 이른바 입소문마케팅의 핵심 진원지로 작용하기 때문이다.

이제 디지털 커뮤니티에 익숙한 예술 소비자는 예술상품 생산자의 일방향적 메시지에는 더 이상 예전처럼 귀를 기울이지 않는다. 하지만 자신과 일상, 취향 등 여러 가지 측면을 공유하는 동호회원이나 소셜미디어 친구의 평가와 추천은 신뢰한다. 이것이 곧 새로운 디지털 커뮤니티 마케팅의 핵심이다. 따라서 생산자 입장에서 신경 써야 할 것은 직접적인 메시지의 전달이 아니라 커뮤니티를 통한 간접적인 경험과 메시지의 전달과 공유이다. 이것이 효율적으로 그리고 반복적으로 이루어질 수 있다면 사실 다른 마케팅은 굳이 필요하지 않다고 해도 과언이 아니다. 커뮤니티는 이제 단순한 정보의 공유를 넘어서 심지어 개인의 취향을 형성해주고 확신시키는 단계에 이르게 되었다. 예술 소비자는 일방적인 홍보 전단이나 광고 문구가 아니라 디지털 커뮤니티를 통해 자발적으로 공유한 내용과 경험에 공감하며 원하는 예술상품을 선택하는 시대가 된 것이다.

심층 연구 및 토론 과제

- 시장진입기, 발전기, 성숙기, 쇠퇴기 등 예술상품의 발전주기 각 단계에 위치해 있는 예술상품의 사례를 찾아보고, 그 상품에 대해 어떠한 마케팅 전략이 필요한지 생각해보자.
- 예술상품에서 브랜드 마케팅이 중요한 이유는 무엇인가?
- 예술상품의 가격책정에 가장 큰 영향을 미치는 요인은 무엇인가? 특정한 예술상품 사례를 두고 생각해보자.
- 다른 상품에 비해 가격탄력성이 높은 혹은 낮은 예술상품의 사례로는 어떤 것이 있는가?
- 초대권에 따른 부작용에도 불구하고 여전히 초대권이 활용되고 있는 이유는 무엇인가? 이에 대한 대안으로는 어떤 것이 있을까?
- 암표 외에 공식적으로 운영되는 티켓가격의 할증 사례로는 어떤 것이 있을까?
- 국공립 예술조직의 가격책정이 다른 예술조직의 가격책정과 달라야 하는 이유는 무엇인가?
- 공연상품 마케팅에서 시즌티켓이 필요한 이유는 무엇인가?
- 국내에서 운영되고 있는 패키지티켓의 사례를 찾아보고 그 특징을 정리해보자.
- 지역기반으로 활동하는 예술조직의 PR 대상으로는 어떤 것이 있을까?
- 마케팅 이론에서 4P 이후 등장한 7P, 4C, 4E 등이 각각 어떤 의미이며, 어떤 배경에서 등장한 것인지 알아보자.
- 예술조직 마케팅에서 소셜마케팅이 갖는 장점은 무엇인가?

심화학습을 위한 참고자료

1. 예술상품의 마케팅 전략

《트렌드코리아》 | 김난도 외 | 미래의창 | 매년 발간

마케팅의 기본은 소비자의 수요 트렌드를 읽어내는 것이다. 이 책은 소비자 라이프 스타일과 소비행태 변화를 꾸준히 연구해온 서울대학교 소비트렌드분석센터의 김난도 교수와 공동연구진이 매년 출간하는 책으로서, 당해 연도의 다양한 소비현상을 수집, 분석하여 다음 해에 주목해야 할 소비 트렌드의 키워드를 예측·소개한다. 문화예술에 특화된 내용은 아니지만 소비자의 변화에 늘 민감해야 하는 마케팅 담당자는 매년 잊지 말고 읽어야 할 책이다.

2. STP 전략

《전석 매진》 | 필립 코틀러·조앤 셰프 | 용호성 역 | 김영사 | 2007

공연예술 분야의 바이블로 인정받는 책. 미국에서의 예술경영학 발전이 이 책의 출간을 기점으로 나뉠 수 있을 만큼 큰 반향을 불러일으킨 책이다. 마케팅 분야 전반의 이론을 체계적으로 담고 있어 시대와 장소를 초월하여 깊은 시사점을 준다. 비단 마케팅뿐 아니라 예술조직을 이끌어가면서 부딪힐 수 있는 조직과 인력 관리 전반에 대한 내용을 다루고 있다. 공저자 조앤 셰프가 이후에 별도로 출간한 《문화예술마케팅》(커뮤니케이션북스, 2007), 《공연예술마케팅》(커뮤니케이션북스, 2016)도 추가적으로 읽어볼 만하다.

《Subscribe Now!》 | Danny Newman | Theatre Communications Group | 1977

인터넷을 기반으로 한 예술마케팅 환경에서도 과연 시즌티켓이 필요한지에 대해서는 논쟁이 분분하다. 그러나 예술경영에 관심을 두고 있다면 1960년대 이후 수십 년간 미국의 공연장과 예술단체가 관객개발의 첩경으로 활용한 시즌티켓 제도를 구체적으로 연구할 필요가 있다. 시즌티켓 제도를 널리 확산시킨 주역 대니 뉴먼이 시즌티켓 제도의 필요성과 구체적인 방법론을 서술한 책이다. 출간연도와는 상관없이 '현재'의 한국 예술시장에서도 충분히 설득력을 가질 수 있는 내용을 담고 있다.

《Arts Marketing》 | Keith Diggle | Rhinegold Publishing Group | 1976

예술상품 마케팅 분야의 고전적인 저작이다. 발간된 지 오래된 책이지만 예술상품을 마케팅해야 하는 이유에서 시작하여 관객개발, 티켓판매, 가격책정, 홍보 등 예술마케팅의 각 영역에 대해 소개한 이론 대부분이 여전히 유효하다.

3. 마케팅 믹스

《필립 코틀러의 마켓 4.0》 | 필립 코틀러 · 허마원 카타자야 · 이완 세티아완 | 이진원 역 | 더퀘스트 | 2017

필립 코틀러가 마켓 3.0에 이어 10여 년 만에 다시 발표한 마켓 4.0 이론을 소개한 책이다. 4차 산업혁명을 주요 변수로 상정하여 디지털 경제 시대의 마켓 트렌드와 이에 대응한 마케팅 전략을 제안했다.

〈홍보〉 | 서울문화재단 문화네트워크부 기획 · 정재왈 책임편집 | 서울문화재단 | 2004

서울문화재단에서 발간한 예술현장 실무매뉴얼 시리즈의 첫 번째 책이다. 언론홍보의 의의와 범위를 비롯하여 보도자료 작성, 기자간담회 및 제작발표회 준비, 홍보전략과 예산 등 예술조직의 홍보활동에 필요한 전반적인 실무에 참고할 수 있는 실용적인 매뉴얼이다.

《디지털 마케팅》 | 조창환 · 이희준 | 청송미디어 | 2018

빠르게 변화하는 디지털 환경 속에서의 마케팅 전략을 정리한 책이다. 학계와 업계를 각각 경험한 두 저자가 함께 쓴 책이어서 이론적인 측면과 실무적인 측면을 균형적으로 다루고 있다. 디지털 혁명에 따른 마케팅 패러다임 변화에서 디지털 광고와 인터랙티브 미디어 캠페인에 이르기까지 디지털마케팅의 주요 이슈를 상세히 소개했다.

1 D. Newman, *Subscribe Now!: Building Arts Audiences through Dynamic Subscription Promotion*, Theatre Communications Group, 1977.

2 필립 코틀러·조앤 셰프, 용호성 역, 《전석 매진: 필립 코틀러의 공연예술 마케팅 전략 *Standing Room Only*》, 김영사, 2007(원저 1997).

3 필립 코틀러·닐 코틀러, 한종훈·이혜진 역, 《박물관 미술관학 *Museum Strategy & Marketing*》, 박영사, 2005(원저 1998).

4 필립 코틀러, 정익준 역, 《비영리조직 마케팅 *Strategic Marketing for Nonprofit Organization*》, 영풍문고, 1999, p.16.

5 필립 코틀러·허마원 카타자야·이완 세티아완, 이진원 역, 《필립 코틀러의 마켓 4.0 *Marketing 4.0: Moving From Traditional to Digital*》, 더퀘스트, 2017(원저 2016), pp.16~19.

6 K. Diggle, *Arts Marketing*, Rhinegold Publishing Limited, 1994, p.29.

7 필립 코틀러, op. cit., p.27.

8 필립 코틀러, op. cit., pp.27~28.

9 필립 코틀러, op. cit., pp.27~67.

10 필립 코틀러·조앤 셰프, op. cit., p.727.

11 D. Eichten, "The Marketing Plan", *Market the Arts!: An Anthology of Effective Research, Planning, Implementation and Follow-Up*, Joseph V. Melillo ed., Arts Action Issues, 1995, p.43.

12 필립 코틀러·조앤 셰프, op. cit., pp.187~188.

13 필립 코틀러·허마원 카타자야·후이 덴 후안, 김민주·이엽 역, 《이기는 마케팅 *Marketing for Competitiveness*》, 한국경제신문, 2017(원저 2017), pp.243~263

14 여기서 시장세분화의 기준은 앞의 책에 실린 코틀러와 셰프의 분석틀(pp.169~187)을 한국적 상황에 응용하여 필자의 시각으로 재구성한 것이다.

15 A. Brown, "Initiators and Responders: A New Way to View Orchestra Audiences", Knight Foundation, 2004.

16 필립 코틀러·허마원 카타자야·후이 덴 후안, op. cit., pp.257~258.

17 K. Diggle, op. cit., p.25.

18 Ibid., p.27.

19 P. Connolly & M. H. Cady, *Increasing Cultural Participation: An Audience Development Planning Handbook for Presenters, Producers, and Their Collaborators*, Illinois State University-The Unit for Contemporary Literature, 2001, p.43.

20 https://www.bcg.com/about/our-history/growth-share-matrix.aspx.

21 필립 코틀러·허마원 카타자야·후이 덴 후안, op. cit., p.214.

22 박충환·오세조, 《마케팅 관리》, 박영사, 1995, pp.459~463.

23 필립 코틀러·허마원 카타자야·후이 덴 후안, op. cit., pp.278~279.

24 K. Diggle, op. cit., pp.69~70.

25 K. Diggle, op. cit., pp.69~70.

26 A. Marchall, *Promoting Issues & Ideas*, Macmillan, 1891; 데이비드 트로스비, 성제환 역, 《문화경제학*Economics and Culture*》, 한울아카데미, 2004(원저 2001), p.170에서 재인용.

27 C. Raymond, *Essential Theatre: The Successful Management of Theatres and Venues Which Present the Performing Arts*, Arts Council of England, 1999, pp.24~25.

28 K. Diggle, op. cit., p.67.

29 용호성, "화성에서 온 기업인 금성에서 온 예술인", 〈예술의전당지〉 2008. 12월호.

30 시즌티켓 제도에 관한 설명은 필자의 글 "시즌티켓, 안성맞춤을 위한 현재진행형을 생각한다" (〈예술의전당지〉 2007. 5월호)의 내용을 일부 발췌하여 수정 보완한 것이다.

31 D. Newman, op. cit., pp.15~18.

32 필립 코틀러·조앤 셰프, op. cit., pp.467~471.

33 에드워드 버네이스, 강미경 역, 《프로파간다*Propaganda*》, 공존, 2009(원저 1928), pp.13~14.

34 필립 코틀러·허마원 카타자야·이완 세티아완, op. cit., p.91.

35 필립 코틀러·허마원 카타자야·이완 세티아완, op. cit., pp.48~64.

36 필립 코틀러·허마원 카타자야·후이 덴 후안, op. cit., pp.283~286.

37 필립 코틀러·허마원 카타자야·이완 세티아완, op. cit., pp.109

38 M. Booth & Associates, Inc., *Promoting Issues & Ideas: A Guide to Public Relations for Nonprofit Organization*(2nd ed.), The Foundation Center, 1995, pp.152~155.

39 Ibid., pp.154.

40 P. Connolly & M. H. Cady, op. cit., p.59.

41 에드워드 버네이스, op. cit., pp.235~244.

42 R. E. Tilghman, *Audience Development: A Planning Toolbox for Partners*, Associations of Performing Arts Presenters, 1994, pp.45~47.

43 필립 코틀러·허마원 카타자야·이완 세티아완, op. cit., p.110~128.

부록

보도자료의 예

NPLUG ㈜엔플러그	보컬리스트 나윤선 보도자료(2019년 11월 15일)
	홍보담당 ○○○ □□□@□□□.com 000-000-0000

보컬리스트 나윤선, 프랑스 최고 영예 '문화예술공로훈장 오피시에장' 수훈

2009년 프랑스 문화예술공로훈장 슈발리에장에 이어 10년 만에 다시 오피시에장 수훈
워너뮤직 그룹에서 발매한 10집 [Immerison]으로 월드 투어 중
12월 전국투어 진행으로 2년 만에 국내 팬들과 만남

대한민국을 넘어 유럽 최고의 보컬리스트로 인정받으며, 매년 100회에 가까운 무대를 소화하고 있는 보컬리스트 나윤선이 11월 28일 프랑스 문화예술공로훈장 오피시에장(Officier de l'Ordre des Arts et des Lettres)을 수훈한다. 예술가에게 최고의 영예라고 일컬어지는 프랑스의 문화예술공로훈장은 세계 문화, 예술 발전에 기여한 공로를 인정해 프랑스 정부에서 수여하는 훈장으로 국내 보컬리스트로서는 나윤선이 최초로 수상한다. 보컬리스트 나윤선은 올해 4월 세계적인 메이저 음반사 워너뮤직 그룹과 월드와이드 계약으로 10집 [Immersion](이머전)을 발매했고, 이후 미국과 유럽의 주요 도시를 돌며 월드투어를 진행 중이다. 그리고 오는 12월 12일부터 이번 월드투어의 일환으로 서울, 천안, 부산, 광주 등 11개 도시에서 2년 만에 국내 팬들을 만날 예정이다.

이번 나윤선이 수훈하게되는 프랑스 문화예술공로훈장은 1957년 프랑스 문화부(Ministère de la Culture)에서 제정되었으며 예술과 문학 분야에서 탁월한 창작성을 발휘하였거나, 프랑스 및 세계 문화 예술 발전에 기여한 공로를 인정하여 프랑스 정부에서 수여하는 훈장이다. 문화예술공로훈장은 최고등급 순으로 꼬망되르(Commandeur), 오피시에 (Officier), 슈발리에(Chevalier)의 세 가지 등급이 있으며, 나윤선은 이미 2009년 슈발리에를 수훈한 바 있는데 10년 만에 그 상위 등급인 오피시에를 다시 수훈하게 되어 그동안의 지속적인 음악활동과 문화예술 발전에 이바지한 공로를 다시금 인정받는 계기가 되었다.

문화예술공로훈장 오피시에는 제정 이래 재즈 색소포니스트 덱스터 고든(1986), 가수 엘튼 존(1993), 영화감독 팀 버튼(2010) 등이 수훈했으며 국내 문화예술계에서는 배우 윤정희(2011), 영화감독 봉준호(2016), 화가 김창열(2017) 등이 수훈한 바 있다. 이번 나윤선의 오피시에 훈장 수훈은 대한민국 보컬리스트로는 최초로, 그녀의 거침없는 음악적 행보와 끊임없는 도전의 결과물이며 나윤선이 명실상부한 세계 정상급의 아티스트로서 프랑스로부터 얼마나 큰 사랑을 받고 있는지 알 수 있는 특별한 계기이기도 하다.

멈추지 않는 도전, 2019년 열 번째 음반 [Immersion] 발매와 미국 진출
세계적인 음반사 워너뮤직에서 발매된 나윤선의 10집 [Immersion]

나윤선은 1994년 뮤지컬 '지하철 1호선'으로 데뷔 이후, 20여 년간 보컬리스트로 전 세계를 무대로 활동하며 지금까지 10장의 음반을 발표했다. 2010년 그녀의 7집 앨범 [Same Girl]로 프랑스 골든디스크를, 2013년 8집 앨범 [Lento]로 프랑스뿐만 아니라 독일에서 동시에 골든디스크를 수상하는 쾌거를 이루기도 했으며 2011년 독일의 그래미라 일컫는 '에코 재즈(Echo Jazz)'를 수상하는 등, 유럽의 많은 관객들에게 지속적인 사랑을 받아왔다. 스위스 몽트뢰, 프랑스 니스, 캐나다 몬트리올, 네덜란드 노스씨 등 전세계 메이저 재즈 페스티벌에서 꾸준한 러브콜을 받고 있는 나윤선은, 2017년 쿠바 아바나에서 개최된, 유네스코 세계 재즈의 날 글로벌 올스타 콘서트에 공식 초청되어, 이 시대를 대표하는 재즈 거장들과 함께 무대에 올라 뜨거운 호응을 얻기도 했다.

한편 국내에서도 나윤선은 한국대중음악상에서 무려 네 차례나 재즈 & 크로스오버 부문 최고 음반상을 수상했으며, 세종문화상, 한국대중문화예술상을 수상하기도 하였고, 유네스코지정 세계 재즈의 날 홍보대사, 강원도 아리랑 홍보대사, 국립극장 여우락 페스티벌 예술감독으로 활동하기도 하며 그녀의 음악만큼이나 다양한 활동으로 많은 국내의 음악 애호가들에게 큰 사랑을 받아왔다.

나윤선은 지난 3월 메이저 음반사인 워너뮤직 그룹과 월드와이드 계약을 통해 열번째 정규음반 [Immersion]을 발표했다. 프랑스의 유력 주간지 텔레라마(Télérama)는 파리에서 이뤄진 그녀의 음반 발매 공연 리뷰에서 '그녀는 재즈보컬의 역사와 전설을 이어갈 운명을 지닌 유일무이한 아티스트'라고 극찬하였으며, 프랑스 신문 르 파리지엥 (Le Parisien)은 '이머젼(Immersion)은 나윤선 최고의 앨범!' 이라는 평을 싣기도 했다. 다양한 음악적 시도와 사운드를 담아낸 이번 정규 음반은 유럽을 시작으로 4월에는 한국, 9월 미국과 캐나다에서 순차적으로 발매되었고 10집 발매와 동시에 프랑스, 독일, 스페인, 터키, 스위스 등 유럽과 미국 뉴욕, 워싱턴DC, 로스앤젤레스, 시애틀 등의 주요도시 및 캐나다에서 60여 회의 월드 투어를 이어가며 전세계의 팬들을 직접 만나고 있다.

훈장 수훈 이후 나윤선은 지난 3월부터 이어온 10집 [Immersion]발매기념 월드투어의 일환으로, 오는 12월 '[Immersion] 월드투어 인 코리아'라는 제목으로 11개 도시에서 전국투어를 이어간다.

이번 [Immersion] 전국투어는 2017년 연말 투어 이후 2년 만에 개최되는 국내 공연이자, 국내에서 나윤선 트리오의 연주로 10집을 라이브로 감상할 수 있는 최초의 기회이다. 이번 투어에서는 [Immersion]에 수록된 'In My Heart', 'HereToday''Mystic River'와 같은 나윤선의 자작곡을 비롯하여, 조지 해리슨의 'Isn'tIt a Pity', 레오나드 코헨의 'Hallelujah'마빈 게이의 'Mercy Mercy Me' 등 나윤선만의 독특한 음악적 어법으로 해석된 명곡들을 감상할 수 있다.

특히 이번 공연에서 나윤선은 다재다능한 멀티 연주자들과 함께 한다. 뉴욕 브루클린을 기반으로 연주자, 프로듀서 등 전 방위 활동 중인 토멕 미에르나우스키(Tomek Miernowski / 기타, 피아노, 신디사이저, 프로그래밍)와 프랑스 출신 연주자로 다양한 아티스트의 100장이 넘는 음반에 참여한 레미 비뇰로(Rémi Vignolo / 드럼, 어쿠스틱&일렉트릭 베이스, 프로그래밍)가 한 무대에 오른다. 월드 투어 멤버로서 나윤선과 밀도 있는 호흡을 선보이고 있는 두 아티스트는 멀티 연주자로서의 장점을 살려 나윤선과 함께 음반에서 선보인 강렬하고 입체적인 사운드를 라이브로 구현할 예정이다.

그녀의 전국 투어는 오는 12월 12일 제주(제주아트센터)를 시작으로 13일 부산(영화의전당), 15일 청주(청주예술의전당), 17일 강릉(강릉아트센터), 19일 천안(천안예술의전당), 22일 춘천(춘천문화예술회관), 24일 울산(현대예술관), 25일 고양(고양아람누리), 27일 인천(아트센터인천), 28일 서울 (롯데콘서트홀), 30일 광주(광주문화예술회관)에서 개최된다. 전국투어 티켓관련 정보는 인터파크 티켓 및 각 공연장 티켓 사이트에서 확인할 수 있다. (티켓링크 : https://bit.ly/2NM2KB7)

보도자료 내려받기: 웹하드™ (http://www.webhard.co.kr)
GUEST 폴더 〉 내리기 전용 〉 ID:○○○ / PW:□□□

관객 조사설문의 예

안녕하세요.

○○○○페스티벌이 금년으로 ○○회를 맞습니다. ○○○○페스티벌에서는 그동안 국내외를 아울러 대표적인 예술작품들을 매년 초청하여 국내 관객과 만날 수 있도록 해왔습니다. 해다마 더 나은 페스티벌을 만들어나가기 위해 관객 여러분의 의견에 귀를 기울이고자 합니다.

응답해주신 의견은 통계 목적으로만 이용하게 되오니 생각하고 느끼신 대로 편하게 답변해주시기 바랍니다.

감사합니다.

관객 조사 주관: ○○○○ 페스티벌 사무국

◎ 문화예술 경험

①클래식 음악회 ②오페라 ③미술 전시회 ④전통예술(국악 · 민속놀이) ⑤연극 ⑥무용 ⑦대중가요 콘서트 ⑧뮤지컬 ⑨영화

G1. 위 보기 중 선호하는 장르를 3개만 골라 번호를 적어주세요.

1.__________ 2.__________ 3.__________

G2. 기회가 된다면 좀 더 즐겨보고 싶은 장르를 3개만 골라 번호를 적어주세요.

1.__________ 2.__________ 3.__________

* 이 관객 조사 설문지는 〈문화리서치피오〉에서 국내 대표적인 페스티벌의 관객 조사를 위해 실제 사용했던 것을 일부 변형시켜 정리한 것이다.

G3. 관람하실 예술작품을 선택할 때 가장 중요하게 고려하는 점은 무엇인가요?

① 관심 장르 여부 ② 작품의 지명도 ③ 연출가·안무가 또는 배우·무용수의 명성 ④ 공연장 ⑤ 전문가 평론 ⑥ 인터넷 후기 ⑦ 티켓 가격
⑧ 작품 내용 또는 프로그램 구성 ⑨ 기타: ___________

◎ **페스티벌에 대한 생각**

S1. 다음 중 어느 경로를 통해 ○○○○ 페스티벌에 대해 알게 되셨나요?

① 거리포스터·현수막 ② 뉴스·언론 보도 ③ 포털사이트
④ 소셜미디어 ⑤ 동호회 ⑥ 전단·리플릿 등 홍보인쇄물
⑦ 지면광고(무가지포함) ⑧ 버스래핑광고 ⑨ 주변사람을 통해
⑩ 학교 수업 중 소개 ⑪ 기타: ___________

S2. 이전에 ○○○○ 페스티벌 행사에 참여하신 경험이 있으신가요?

① 올해가 처음 ② 2회~4회 참여 ③ 거의 매년 참여

S3. ○○○○ 페스티벌 행사 중 가장 관심이 가는 분야는 무엇입니까?

① 해외연극 ② 해외무용 ③ 국내연극 ④ 국내무용 ⑤ 클래식음악
⑥ 월드뮤직 ⑦ 기타: ___________

S4. 오늘 공연을 관람하시게 된 계기는 무엇인가요?

① 학교 수업의 일환 ② 초대권이 있어서 ③ 주변인의 추천
④ 개인적인 관심·호기심 ⑤ 기타: ___________

다음 문항은 "④ 개인적인 관심 · 호기심"에 답하신 분만 답변해주세요.

S4-1. 오늘 관람하실 작품을 선택한 이유는 무엇인가요?

① 공부에 도움을 얻고자 ② 장르에 대한 관심 ③ 주제에 대한 관심
④ 관심 있는 공연단체여서 ⑤ 관심 있는 연출 · 안무가여서
⑥ 관심 있는 출연자가 있어서 ⑦ 해당 국가에 대한 관심
⑧ 기타: ____________________

S5. 오늘 관람하신 공연에 대한 여러분의 느낌을 ○로 표시해주세요.

여쭙는 말	전혀 그렇지 않다	그렇지 않은 편이다	보통이다	그런 편이다	매우 그렇다
공연 내용 · 주제가 흥미로웠다	①	②	③	④	⑤
공연에 대해 이해 · 공감할 수 있었다	①	②	③	④	⑤
공연 출연진에 대해 호감 · 관심이 생겼다	①	②	③	④	⑤
무대장치 · 음향 · 조명 · 특수효과 등이 좋았다	①	②	③	④	⑤
공연장 내 편의시설 이용이 편리했다	①	②	③	④	⑤
공연 전 대기서비스가 좋았다	①	②	③	④	⑤
공연 팸플릿 · 리플릿의 구성이 좋았다	①	②	③	④	⑤
공연의 진행이 차질없이 매끄러웠다	①	②	③	④	⑤
전반적으로 공연에 대해서 만족한다	①	②	③	④	⑤

S6. 내년에 개최되는 ○○○○ 페스티벌에서도 공연을 관람하고 싶으신가요?

① 다시 관람하고 싶지 않다 ② 관람하지 않을 것 같다 ③ 잘 모르겠다
④ 기회가 된다면 관람하고 싶다 ⑤ 반드시 관람하고 싶다

S7. 만약 관람하고 싶지 않으시다면 그 이유는 무엇입니까?

① 공연 내용이 재미없거나 어렵다 ② 티켓 가격이 비싸다
③ 공연장 이용이 불편하다 ④ 기타: ________________

S8. 현재 ○○○○ 페스티벌의 공연 티켓 가격은 해외초청작이 5만 원, 국내초청작이 3만 원 내외 수준이며 다양한 할인정책이 마련되어 있습니다. 현재 티켓 가격에 대해 어떻게 생각하십니까?

① 적절한 수준이다 ② 작품 수준에 비해 입장료가 비싼 편이다
③ 작품 수준에 비해 입장료가 싼 편이다 ④ 잘 모르겠다

S9. 그 밖에 ○○○○ 페스티벌에서 불편하셨던 점이나 내년도 페스티벌에 대해 바라는 점을 자유롭게 적어주세요.

- 답변에 감사드립니다. -

◎ **통계 사항**

다음 사항은 설문조사 결과의 통계 처리를 위한 내용이오니 빠짐없이 작성해주시기 바랍니다.

성별 : ① 여 ② 남
출생년도: ____________________
직업 : ① 학생 ② 문화예술관계자 ③ 회사원 ④ 주부 ⑤ 전문직
⑥ 자영업 ⑦ 무직 ⑧ 기타( )

앞으로 ○○○○ 페스티벌에서 제공하는 뉴스레터와 그 밖의 공연 소식을 받아보길 원하시면 아래에 이름과 이메일을 남겨주세요. 30분을 추첨하여 내년도 ○○○○ 페스티벌의 개막 공연 초대권 2매를 보내드립니다. 감사합니다.

이름 : ____________________________
이메일: ____________________________

참고문헌

외국도서

Abbing, H., *Why Are Artists Poor?: The Exceptional Economy of the Arts*, Amsterdam University Press, 2002. (박세연 역, 《왜 예술가는 가난해야 할까》, 21세기북스, 2009.)

Abercrombie, N. & Longhurst, B. J., *Audiences: A Sociological Theory of Performance and Imagination*, Sage, 1998.

Allison, M. & Kaye, J., *Strategic Planning for Nonprofit Organization: A Practical Guide and Workbook*, Wiley, 1997.

Andreasen, A. R., *Expanding the Audience for the Performing Arts*, NEA, 1991.

Barranger, M. S., *Theatre Past and Present: An Introduction Paperback*, Wadsworth, 1984. (우수진 역, 《서양 연극사 이야기》, 평민사, 2009.)

Battin, M. P., *Puzzle about Art: An Aesthetics casebook*, St. Martin's, 1992. (윤자정 역, 《예술이 궁금하다》, 현실문화연구, 2004)

Baumol, W. J. & Blinder, A. S., *Economics: Principles and Policy* (12th ed.), South-Western College, 1988.

Baumol, W. J. & Bowen, W., *Performing Arts: The Economic Dilemma*, MIT Press, 1966.

Bazin, G., *The Museum Age*, Universe Press, 1967. (백승길 역, 《서양박물관의 역사》, 한국박물관협회, 2000.)

Belcher, M., *Exhibitions in Museums, Smithsonian*, 1993. (신자은·박윤옥 역, 《박물관 전시의 기획과 디자인》, 예경, 2006.)

Benedict, S. ed., *Public Money and the Muse*, W. W. Norton, 1991.

Bernays, E. L., *Propaganda*, Horace Liveright, 1928. (강미경 역, 《프로파간다》, 공존, 2009.)

Bernstein, J. S., *Arts Marketing Insight*, Jossey-Bass, 2007.

____________, *Standing Room Only*, Palgrave Macmillan, 2014. (용호성·임연철 역, 《공연예술마케팅》, 커뮤니케이션북스, 2016.)

Bjorkergen, D., *The Culture Business*, Focal Press, 1996.

Booth M. & Associates, Inc., *Promoting Issues & Ideas: A Guide to Public Relations for Nonprofit Organization* (2nd ed.), The Foundation Center, 1995.

Bourdieu, P., *La Distinction*, Routledge, 1979. (최종철 역, 《구별짓기: 문화와 취향의 사회학》(상, 하), 새물결, 1995.)

Broce, T., *Fund Raising* (2nd ed.), The University of Oklahoma Press, 1986.

Brockett, O. G., *History of the Theatre*, Holt-Rinehart and Winston, 1977. (김윤철 역, 《연극개론》, 한신문화사, 2009.)

Brown, J. R., *What Is Theatre?: An Introduction and Exploration*, Focal Press, 1997.

Bryson, J. M., *Strategic Planning for Public and Nonprofit Organizations: A Guide to Strengthening and Sustaining Organizational Achievement* (Revised ed.), Jossey-Bass, 1995.

Burcaw, E., *Introduction to Museum Work*, Rowman & Littlefield, 1997. (양지연 역, 《큐레이터를 위한 박물관학》, 김영사, 2001.)

Byrnes, W. J., *Management and the Arts* (2nd ed.), Focal Press, 2008. (송성완 역, 《예술을 경영하라》, RHK, 2013.)

Campbell, D., *Technical Theatre for Nontheatrical People*, Allworth Press, 1997.

Carmel, J. H., *Exhibition Techniques: Travelling and Temporary*, Reinhold, 1963.

Carnegie Hall, *2017-2018 Annual Report*, Carnegie Hall, 2019.

Chong, D., *Arts Management*, Routledge, 2002.

Connolly, P. & Hinand C. M., *Increasing Cultural Participation: An Audience Development Planning Handbook for Presenters, Producers, and Their Collaborators*, Illinois State University, 2001.

Connors, T. D., *The Volunteer Management Handbook*, VMSystems, 1995.

Conte, D. M. & Langley, S., *Theatre Management: Producing and Managing the Performing Arts*, EntertainmentPro/QSM, 2007. (임연철 외 역, 《극장경영: 공연예술의 제작과 유통》, 커뮤니케이션북스, 2011.)

Cowen, T., *In Praise of Commercial Culture*, Harvard University Press, 1998. (임재서 · 이은주 역, 《상업문화 예찬》, 나누리, 2003)

Csikszentmihalyi, M., *Flow: The Psychology of Optimal Experience*, Harper and Row, 1990. (최인수 역, 《몰입》, 한울림, 2004)

Danto, A. C., *What Art Is*, Yale University Press, 2013. (김한영 역, 《무엇이 예술인가》, 은행나무, 2015.)

Diggle, K., *Arts Marketing*, Rhinegold Publishing Limited, 1994.

DiMaggio, P., *Managers of the Arts*, NEA Research Division Report, NEA, 1987.

Dorrell, P., *Living the Artist's Life*, Hillstead, 2004. (김보름 역, 《미술가로 살아가기》, 김영사, 2008.)

Dreeszen, C. & Korza P. ed., *Fundamentals of Local Arts Management* (2nd ed.), 1994. (용호성 · 이은옥 역, 《예술경영, 어떻게 할 것인가》, 민음사, 1997)

Dropkin, M. & LaTouche, B., *The Budget: Building Book for Nonprofits*, Jossey-Bass, 1998.

Edson, G. & Dean, D., *The Handbook for Museum* (Revised ed.), Routledge, 1996. (이보아 역, 《21세기 박물관 경영》, 시공사, 2001.)

Lavender, P. ed., *Market the Arts!* (Revised ed.), Arts Action Issues, 1995.

European Parliament, *The Status of Artists in Europe*, European Parliament, 2006.

FEDAPT, *Rethinking and Restructuring the Arts Organizations*, FEDAPT, 1990.

Florida, R., *The Flight of the Creative Class*, Collins, 2007.

_________, *The Rise of the Creative Class*, Basic Books, 2002.

Foster, K. J., *Performing Arts Presenting: From Theory to Practice*, Association of Performing Arts Presenters, 2006.

Frascogna Jr., X. & Hetherington, L., *Successful Artist Management*, Billboard, 1990.

Freakley, V. & Sutton, R., *Business in the Performing Art*, Hodler & Stoughton, 1996.

Frey, B. S., *Arts & Economics*, Springer, 2003. (주수현 외 역, 《문화예술경제학》, 시그마프레스, 2007.)

Gallagher, K., Rose, E., McClelland, B., Reynolds, J., Tombs, S., *People in Organizations*, The Open Learning Foundations, 1997.

Geever, J. C. & McNeill, P., *Guide to Proposal Writing*, The Foundation Center, 1997.

George, A., *The Curator's Handbook*, Thames & Hudson, 2015. (문수민 역, 《큐레이터》, 안그라픽스, 2016.)

Greene, M., *Variations on a Blue Guitar*, (문승호 역, 《블루 기타 변주곡》, 다빈치, 2011.)

Grout, D. J., *The History of Western Music*, W. W. Norton & Compan, 1972. (서우석 역, 《서양음악사》, 심설당, 1986.)

Hagoort G., *Art Management Entrepreneurial Style*, Eburon, 2005.

Hauser, A., *The Social History of Art* (4 Volume Set), Vintage Books, 1951. (백낙청 외 역, 《문학과 예술의 사회사》(1, 2, 3, 4), 창비, 1974/1999.)

_________, *Kunst und Gesellshaft*, Beck, 1973. (한석종 역, 《예술과 사회》, 기린원, 1990)

_________, *Methoden Moderner Kunstbetrachtung*, 1975. (황지우 역, 《예술사의 철학》, 돌베개, 1983)

_________, *Soziologie der Kunst*, Beck, 1978. (최성만·이병진 역, 《예술의 사회학》, 한길사, 1983.)

Heilbrun, J. & Gray, C. M., *The Economics of Art and Culture*, 1993. (이홍재 역 《문화예술 경제학》, 살림, 2000.)

Heim, H. S., *The Museum in Transition: A Philosophical Perspective*, Smithsonian Institution, 2000.

Heinrichs, W., *Kulturmanagement: Eine praxisorientierte Einführung*, Nomos Verlagsgesellschaft, 2002. (김화임 역, 《컬처 매니지먼트》, 인디북, 1999.)

Hopkins, K. B. & Friedman, C. S., *Successful Fundraising for Arts and Cultural Organizations*, Oryx Press, 1997.

Hutchison, R. & Forrester, S., *Arts Centre in the United Kingdom*, Policy Studies Institute, 1987.

Illich, I., *Deschooling Society*, Marion Boyars, 1970. (박홍규 역, 《학교 없는 사회》, 생각의나무, 2009.)

Ivey, B., *Arts, Inc.: How Greed and Neglect Have Destroyed Our Cultural Rights*,

University of California Press, 2008.

Jeffri, J., *The Emerging Arts*, PRAEGER Special Studies, 1980.

_______, *Arts Money*, Neal Schuman, 1983.

Jeffri, J., Greenblatt, R., Sessions, C., *The Artist Training and Career Project: Actors, The Research Center for Arts and Culture*, Columbia University Press, 1992.

Kaiser, M. M., *The Art of the Turnaround*, Brandeis University Press, 2008.

__________, *Leading Roles: 50 Questions Every Arts Board*, Brandeis University Press, 2010.

__________, *Strategic Planning in the Arts*, Brandeis University Press, 2018.

Kaiser, M. M. & Egan, B. E., *The Cycle: A Practical Approach to Managing Arts Organizations*, Brandeis University Press, 2013.

Kotler, P., *Marketing for Nonprofit Organizations*, Prentice-Hall. (필립 코틀러, 정익준 역, 《비영리조직마케팅》, 영풍문고, 1999.)

Kotler, P., Kartajaya, H. & Huan, H. D., *Marketing for Competitiveness*, World Scientific Publishing Company, 2016. (김민주·이엽 역, 《마켓 4.0 시대 이기는 마케팅》, 한국경제신문, 2017.)

Kotler, P., Kartajaya, H., Setiawan, I., *Marketing 4.0: Moving From Traditional to Digital*, 2016. (이진원 역, 《필립 코틀러의 마켓 4.0》, 더퀘스트, 2017.)

Kotler, P. & Keller, L. K., *A Framework for Marketing Management* (3rd ed.), Prentice Hall, 2007.

Kotler, P. & Kotler N., *Museum Strategy and Marketing*, Jossey-Bass, 1998. (한종훈 · 이혜진 역, 《박물관 미술관학 뮤지엄 경영과 전략》, 박영사, 2005.)

Kotler, P. & Lee, N., *Marketing in the Public Sector*, Wharton School Publishing, 2007.

Kotler, P. & Scheff, J., *Standing Room Only*, HBS Press, 1997. 용호성 역, 《전석 매진: 필립 코틀러의 공연예술 마케팅 전략》, 김영사, 2007.)

Krieger, V., *Was ist ein Künstler?*, Verena Krieger, 2007. (조이한·김정근 역, 《예술가란 무엇인가》, 휴머니스트, 2010.)

Kurtz, D. L., *Board Liability: Guide for Nonprofit Directors*, Moyer Bell Limited, 1988.

Kuyper, J., *Volunteer Program Administration: A Handbook for Museums and Other Cultural Institutions*, American Council for the Arts, 1993.

Langer, S. K., *Problems of Art*, Charles Scribner's Sons, 1957. (박용숙 역, 《예술이란 무엇인가》, 문예출판사, 1985.)

Langley, S., *Theatre Management and Production in America*, Drama Book, 1990.

Latham, K. F. & Simmons, J. E., *Foundation of Museum Studies*, Libraries Unlimited, 2014. (배기동 역, 《박물관학의 기초》, 주류성, 2019.)

Lavender, P. ed., *Market the Arts!*, Arts Action, 1995.

Liberatori, E., *Guide to Getting Arts Grants*, Allworth Press, 2006.

Marlene, W., *The Effective Management of Volunteer Programs*, Volunteer Management Associates, 1976.

McCracken, G., *Culture and Consumption,* Grant David McCracken, 1990. (이상률 역, 《문화와 소비》, 문예출판사, 1996.)

McCurley, S. & Vineyard, *101 Ideas for Volunteer Program*, Heritage Arts Publishing, 1986.

McCurley, S. & Lynch, R., *Volunteer Management: Mobilizing All the Resources of the Community*, Heritage Arts Publishing, 1996.

McDaniel, N. & Thorn, G., *Arts Boards: Creating a New Community Equation*, ARTS Action Issues, 1994.

Mixer, J. R., *Principles of Professional Fundraising*, Jossey-Bass, 1993.

NEA, *Arts Manager's Toolbox: Fundraising*, NEA, 1995.

_____, *Arts Manager's Toolbox: Personnel*, NEA, 1995.

_____, *National Endowment for the Arts 1965-1995: A Brief Chronology of Federal Involvement in the Arts*, NEA, 1995.

Nelson, R., *How to Start Your Own Theater Company*, Chicago Review Press, 2010.

Newman, D., *Subscribe Now!: Building Arts Audiences through Dynamic Subscription Promotion*, Theatre Communications Group, 1977.

Pick, J., *Arts Administration*, Spon, 1980. (이주혁 역, 《예술행정론》, 현암사, 1984.)

Pink, D., *Whole New Mind, Riverhead Books*, 2005. (김명철 역, 《새로운 미래가 온다》, 한국경제신문, 2006)

Rader, M. & Jessup, B., *Art and Human Values*, Prentice-Hall, 1976. (김광명 역, 《예술과 인간가치》, 이론과실천, 1987.)

Raymond, C., *Essential Theatre: The Successful Management of Theatres and Venues Which Present the Performing Arts*, Arts Council of England, 1999.

Read, H., *The Meaning of Art,* Pelican books, 1931. (박용숙 역, 《예술의 의미》, 문예출판사, 1985.)

Reid, F., *Designing for the Theatre*, Theatre Arts, 1996.

Reiss, A. H., *Cash In!*, Theatre Communications Group, 1986.

__________, *The Arts Management Reader*, Audience Arts, 1979.

__________, *Don't Just Applaud: Send Money*, Theater Communications Group, 1995.

Rhine, A., *Theatre Management*, Red Globe Press, 2017.

Robinson, K., *Out of Our Minds*, John Wiley & Sons, 2001. (유소영 역, 《내 안의 창의력을 깨우는 일곱 가지 법칙》, 한길아트, 2007.)

Rosewall, E., *Arts Management*, Oxford University Press, 2011. (장웅조 외 6인 공역, 《21세기 예술경영》, 한울, 2019.)

Rosso, H. A., *Achieving Excellence in Fundraising*, Jossey-Bass, 1991.

Roche, N. & Whitehead, J. ed., *The Art of Governance: Boards in the Performing Arts*, Theatre Communications Group, 2005.

Salmen, W., *Beruf : Musiker*, Bärenreiter, 1997. (홍은정 역, 《음악가의 탄생》, 심산, 2008.)

Seltzer, M., *Securing Your Organizations Future*, The Foundation Center, 1987.

Shagan, R., *Booking & Tour Management for the Performing Arts* (3rd ed.), Allworth Press, 2001.

Schermerhorn Jr., J. R., *Management for Productivity* (2nd ed.), John Wiley & Sons, 1986.

Shiner, L. E., *The Invention of Art*, University of Chicago Press, 2001. (조주연 역, 《순수예술의 발명》, 인간의기쁨, 2015.)

Shore, H., *Arts Administration and Management*, Quorum Books, 1987.

Stein, T. S. & Bathurst, J., *Performing Arts Management: A Handbook of Professional Practice*, Allworth Press, 2008.

Thompson, D., *The $12 Million Stuffed Shark: The Curious Economics of Contemporary Art*, St. Martin's Griffin, 2010. (김민주·송희령 역, 《은밀한 갤러리》, 리더스북, 2010.)

Throsby, C. D., *Economics and Culture*, Cambridge University Press, 2001. (성제환 역, 《문화경제학》, 한울아카데미, 2004.)

Throsby, C. D. & Withers, G. A., *The Economics of the Performing Arts*, Edward Arnold, 1979.

Tilghman, R. E., *Audience Development: A Planning Toolbox for Partners*, Associations of Performing Arts Presenters, 1994.

Tolstoy, L, *What Is Art?*, 1897. (이철 역, 《예술이란 무엇인가》, 범우사, 1988.)

Tucker, M., Lou, L. ed., *A Short Life of Trouble: Forty Years in the New York Art World*, University of California Press, 2010. (배은경 역, 《뉴욕 큐레이터 분투기》, 아트북스, 2012.)

Vasey, J., *Concert Tour Production Management: How to Take Your Show on the Road*, Focal Press, 1998.

Veblen, T. *The Theory of the Leisure Class*, Macmillan, 1899. (원용찬 역, 《유한계급론》, 살림, 1995.)

Vogel, F. & Hodges, B. Ed., *Guide to Producing Plays and Musicals*, The Commercial Theater Insitute, 2006. (용호성·배연경 역, 《공연기획》, 김영사, 2013.)

Watanabe, H., 聽衆の誕生 ポスト.モダン時代の音樂文化, 春秋社, 2004. (윤대석 역, 《청중의 탄생》, 도서출판 강, 2006.)

Werner-Jensen, A., *Das Reclam Buch der Musik*, 2001. (이수영 역, 《음악의 역사》, 예경, 2006.)

Wilson, M., *The Effective Management of Volunteer Programs*, Volunteer Management Associates, 1976.

Wolf, T., *Managing Nonprofit Organization*, Simon & Schuster, 1984.

———, *Presenting Performances* (6th Revised ed.), ACA Books, 1991.

Yale, D. R., *The Publicity Handbook*, NTC, 1991.

국내도서

강윤주 외, 《한국의 예술소비자》, 룩스문디, 2008.

강일중, 《공연예술축제를 만드는 사람들》, 연극과인간, 2009.

곽덕주 외, 《미적체험과 예술교육》, 이음스토리, 2014.

곽수일 외, 《문화예술 분야에 마케팅 기법의 도입과 적용》, ACA Books, 1996.

곽의영, 《경영학원론》, 학문사, 2000.

국립현대미술관, 《미술관은 무엇을 수집하는가》, 국립현대미술관, 2019.

김난도 외, 《트렌드 코리아 2020》, 미래의창, 2019.

김보름, 《뉴욕 미술시장》, 미술문화, 2010.

김성규, 《문화예술단체 설립과 관리 실무》, 문자향, 2002.

김성규, 《예술경영조직론》, 역사넷, 2008.

김성규, 《문화예술단체 재원조성》, 이음스토리, 2015.

김융희, 《예술, 인문학과 통하다》, 웅진지식하우스, 2008.

김정수, 《문화행정론》(개정2판), 집문당, 2017.

김창남, 《대중문화의 이해》(전면개정2판), 한울, 2010.

김형숙, 《미술, 전시, 미술관》, 예경, 2001.

김홍희 역, 《큐레이터 본색》, 한길아트, 1998.

남정숙 외, 《문화기업의 비밀 컬쳐노믹스 시대의 문화 마케팅》, 한국메세나협의회, 2008.

문화관광부, 〈문화기반시설 관리운영 평가 보고서〉, 1998.

문화체육관광부, 〈2018 예술인실태조사〉, 2019.

____________, 〈2018 전국문화기반시설 총람〉, 2018.

문화체육관광부 · 한국문화관광연구원, 〈2018 문화정책백서〉, 2019.

박남수 외, 《한국의 예술지원사》, 미메시스, 2009.

박명희 외, 《생각하는 소비문화》, 교문사, 2008.

박양우 외, 〈공연예술 활성화를 위한 대토론회〉, 한국공연예술매니저협회, 1998.

박충환 · 오세조, 《마케팅관리》, 박영사, 1995.

삼일회계법인, 《비영리 법인과 이해관계자와의 커뮤니케이션》, 삼일회계법인, 2008.

서울문화재단, 〈홍보〉(예술현장 실무매뉴얼 시리즈 1), 서울문화재단, 2004.

____________, 〈2013 대학로 연극 실태조사 보고서〉, 서울문화재단, 2013.

서울발레시어터, 〈2009 연차보고서〉, 서울발레시어터, 2009.

소홍삼, 《무대의 탄생》, 미래의창, 2013.

쌈지스페이스, 〈대안공간의 과거와 한국 미술의 미래〉(강연회 자료집), 2009.

양건열 외, 《공연예술 발전을 위한 공공지원 정책방안 연구》, 문화정책개발원, 1998.

양정무, 《상인과 미술》, 사회평론, 2011.

예술경영지원센터, 〈문화예술단체 연차보고서 작성 매뉴얼〉, 2009.

————————, 〈인사관리 실무 채용에서 퇴직까지〉, 2008.
————————, 〈문화예술 분야 세무회계 실무: 입문편 · 심화편〉, 2015.
————————, 〈2020년 (재)예술경영지원센터 지원사업〉(설명회 자료집), 2019.
————————, 〈2019 공연계 주목해야 할 키워드 6〉, 2019.
————————, 〈젊은 축제 기획자를 위한 안내서〉, 2013.
————————, 〈대학로 소극장 공연제작 사례집〉, 2010.
————————, 〈문화예술단체 연차보고서 작성 매뉴얼〉, 2009.
————————, 〈2019 전문예술법인 · 단체 백서〉, 2019.
————————, 〈2018 공연예술실태조사〉, 2019.
————————, 〈2018 미술시장실태조사〉, 2019.
————————, 〈공연예술단체 세무회계 실무〉, 2009.
————————, 〈공연예술 분야 기획경영 전문인력 수요 및 공급 실태조사〉, 2008.
————————, 〈공연저작권 계약 실무〉, 2009.
————————, 〈공연콘텐츠 기획〉, 2009.
————————, 〈국공립 문화예술단체 재무인사관리〉, 2009.
————————, 〈문화예술 기관단체 기부금 모집 전략 수립에서 성과 측정까지〉, 2009.
————————, 〈보도자료 작성과 미디어 트레이닝〉, 2009.
————————, 〈비영리 문화예술기관 조직관리〉, 2009.
————————, 〈스폰서십 전략 기획〉, 2008.
————————, 〈인터넷 마케팅과 온라인 홍보〉①②, 2008.
————————, 〈인터넷 마케팅과 온라인 홍보 실무집중코스〉, 2009.
————————, 〈인터넷 마케팅과 온라인 홍보 핵심과정〉, 2009.
————————, 〈지역문화자원의 창조적 재구성〉, 2008.
————————, 〈지역문화 창조 워크숍〉, 2009.
————————, 〈티켓 매니지먼트 실무〉, 2009.
————————, 〈홍보마케팅 전략 수립〉, 2008.
용호성 · 이은옥, 《문화예술단체의 재원조성》, 김영사, 2007.
유민영, 《우리 시대의 연극운동사》, 단국대학교출판부, 1997.
유필화 외, 《현대마케팅론》 (제9판), 박영사 2019.
이규석 외, 《예술인 복지 증진을 위한 정책 연구》, 예술경영지원센터, 2007.
이문희 외, 《공연제작의 과정과 실무》, 연극과인간, 2007.
이미혜, 《예술의 사회경제사》, 열린책들, 2012.
이승렬 외, 《공연예술분야 기획경영 전문인력 수요 및 공급실태 조사》, 문화체육관광부 · 예술경영지원센터, 2008.
이승엽, 《극장경영과 공연제작》, 역사넷, 2001.

이용관, 《관객을 만드는 예술경영》, 커뮤니케이션북스, 2013.

이재희 · 이미혜, 《예술의 역사: 경제적 접근》, 경성대학교출판부, 2004.

_____________, 《예술과 경제: 예술 속의 경제, 경제 속의 예술》, 경성대학교 출판부, 1998.

이재희, 《공연예술경제학》, 탑북스, 2009.

______, 《무대의 경제학》, 삼영사, 2013.

______, 《현대미술관 경제학》, 탑북스, 2017.

이종인 외, 《국공립 공연장 운영의 새로운 접근》, 한국공연예술매니저협회, 1999.

이중한 · 정갑영, 《국민 창의력을 위한 자원봉사》, 현암사, 2003.

인재진, 《청춘은 찌글찌글한 축제다》, 연극과인간, 2009.

임근혜, 《창조의 제국: 영국 현대미술의 센세이션》, 지안, 2009.

임학순, 《문화예술교육사업과 파트너십》, 북코리아, 2007.

전원경, 《예술, 역사를 만들다》, 시공아트, 2016.

정재왈, 《예술경영 이야기》, 안나푸르나, 2019.

정재왈 편, 《홍보》, 서울문화재단, 2004.

조창환 · 이희준, 《디지털 마케팅 4.0》(제2판), 청송미디어, 2018.

주성혜, 《음악학》, 루덴스, 2008.

철학아카데미, 《철학, 예술을 읽다》, 동녘, 2006.

최준호 외, 《공연예술시장 연구》, 한국문화정책개발원, 1999.

최창현 · 박정배, 《수식 없는 예술경영 조사방법론》, 박영사, 2019.

최혜실 외, 《토털스노브》, 박문사, 2010.

한국문화예술교육진흥원, 〈한국문화예술교육진흥원 연차보고서 2018〉, 한국문화예술교육진흥원, 2019.

____________________, 〈문예회관 운영 표준모델 연구〉, 한국문화정책개발원, 2000.

____________________, 〈문예회관 표준모델 개발 연구〉, 한국문화정책개발원, 2001.

논문 · 에세이

강석홍, 〈한국 교향악단의 발전방향에 관한 연구 : 국내 교향악단과 미 · 영 · 일 오케스트라의 운영활동 비교 분석 중심〉, 중앙대학교 석사학위논문, 2000.

강하나 · 진현정, "뮤지컬에 대한 관객의 사전지식이 공연 몰입도 및 만족도, 충성도에 미치는 영향", 〈예술경영연구〉 35집, 한국예술경영학회, 2015.

곽정연, "독일 문화정책과 예술경영의 현황", 〈독일어문학〉 72집, 한국독일어문학회, 2016.

권혁인 외, "공연예술 산업 생태계 육성을 위한 발전방안에 관한 연구: 뮤지컬 산업을 중심으로", 〈서비스경영학회지〉 16권 1호, 한국서비스경영학회, 2015.

김보름 · 천혜정, "국악공연 관람객의 관람동기 및 관람만족도가재관람의도에 미치는 영향", 〈여가학연구〉 14권 1호, 여가문화학회, 2016.

김성주, 〈전통음악분야 공연예술단체 기획경영인력의 직무특성이 직무만족에 미치는 영향에 관한 연구: 소규모 민간공연예술단체를 중심으로〉, 경희대학교 석사학위논문, 2012.

김세준, "박물관 자원봉사자의 참여동기와 참여강도 및 참여행동과의 관계연구", 〈예술경영연구〉 33집, 한국예술경영학회, 2015.

김유리, "공연장 브랜드파워가 티켓 구매행동에 미치는 영향: 예술의 전당을 중심으로", 〈예술경영연구〉 22집, 한국예술경영학회, 2012.

김정연, 〈효율적인 축제 마케팅을 통한 예술 축제의 발전 방안: 서울국제공연예술제와 서울여성영화제의 사례 비교 분석 중심으로〉, 서강대학교 석사학위논문, 2007.

김현철·박현승, "전통공연예술 관람의사결정 과정에서 문화예술 관여도의 영향력", 〈서비스경영학회지〉 17권 2호, 한국서비스경영학회, 2016.

김화임, "지속가능성의 문화적 차원: 독일의 문화정책과 문화예술경영을 중심으로", 〈비교문화연구〉 41집, 비교문화연구소, 2015.

남인용·백경옥, "공연소비자의 관람행태와 미디어 이용", 〈예술경영연구〉 21집, 한국예술경영학회, 2012.

남정미·유소이, "공연장 및 예술단체에서 제공하는 SNS 품질특성이 고객만족, 구전의도 및 구매의도에 미치는 영향", 〈예술경영연구〉 27집, 한국예술경영학회, 2013.

문혜정, 〈공연예술조직 운영을 위한 예술경영인의 리더십 연구〉, 단국대학교 석사학위논문, 2011.

민현, 〈문화예술단체 경영상의 전략적인 포인트 추출에 관한 연구: 전문예술법인·단체 경영 우수사례를 중심으로〉, 추계예술대학교 석사학위논문, 2016.

박정배, "기업의 공연스폰서십 참여결정요인 연구", 〈예술경영연구〉 22집, 한국예술경영학회, 2012.

박중현, "소득 상-하10% '月 문화비' 28만 vs 3만원", 동아일보, 2005.11.8.

신용창, 〈기업협력을 위한 공연예술단체의 마케팅 전략 연구〉, 단국대학교 석사학위논문, 2012.

양지연, "미술관 마케팅을 위한 관람객 연구: 덕수궁미술관 관람객 설문조사(visitor survey)를 중심으로", 〈예술경영연구〉 1집, 한국예술경영학회, 2001.

_____, "뮤지엄의 성공 기준과 성과 지표에 대한 연구", 〈예술경영연구〉 22집, 한국예술경영학회, 2012.

오수정, 〈공연예술기관의 소셜 미디어 마케팅 전략의 문제점과 개선방안에 대한 연구: 국립극장과 영국 국립극장의 사례 비교분석을 중심으로〉, 경희대학교 석사학위논문, 2015.

오지원, 〈공연예술분야의 최고경영자 리더십유형이 구성원의 조직몰입에 미치는 영향에 관한 연구〉, 경희대학교 석사학위논문, 2011.

용호성, "공공문화공간 운영의 현황과 과제: 전문인력 활용방안을 중심으로", 〈예술경영연구〉 1집, 한국예술경영학회, 2001 .

_____, "우리나라 예술경영의 현황과 과제", 〈민족예술〉, 민예총, 1999.

_____, "미국의 공연예술 인력구조와 정책 지원", 〈공연예술 전문인력 구조와 정책 지원, 한국노동연구원, 2008.

_____, "공연예술 지원을 위한 미국 정부의 개입방식", 〈문화정책논총〉, 2008.

_____, "시즌티켓 안성맞춤을 위한 현재진행형을 생각한다", 〈예술의전당지〉, 2007.5월호.

_____, "미국의 공연단체는 어떻게 먹고 사는가", 〈예술의전당지〉, 2007.7월호.

______, "예술교육은 부록이 아니다", 〈예술의전당지〉, 2007.9월호.

______, "빈사의 백조와 빈사의 무용수", 〈예술의전당지〉, 2007.11월호.

______, "화성에서 온 기업인 금성에서 온 예술인", 〈예술의전당지〉, 2008.12월호.

______, "지원금은 유리지갑으로", 〈예술의전당지〉, 2009.1월호.

______, "재원조성 전략으로서의 네이밍", 〈예술의전당지〉, 2009.2월호.

______, "1억원보다 큰 10만원", 〈예술의전당지〉, 2009.3월호.

______, "이름을 남겨 예술계를 키우다", 〈예술의전당지〉, 2009.4월호.

______, "현물 협찬을 통한 예술단체 지원", 〈예술의전당지〉, 2009.5월호.

______, "펀드레이징 파티 – 재원조성을 위한 특별 이벤트", 〈예술의전당지〉, 2009.6월호.

이영선·신은주, "문화예술상품에 대한 소비자의 가치인식과 추구혜택에 관한 질적 연구", 〈한국마케팅저널〉 12권 4호, 한국마케팅학회, 2011.

이용관, "공연예술경영의 과제와 학문적 접근", 성균관대학교 공연예술연구소 공연예술저널좌담회 자료집, 2009.

이용관·장구보, "공연관람객 구조 비교를 통해 본 관객개발 방식", 〈예술경영연구〉 21집, 한국예술경영학회, 2012.

이은미·정영기, "공연장 예술경영 전문인력의 역량체계에 관한 연구: 공공 공연장 운영 전문화를 중심으로", 〈예술경영연구〉 21집, 한국예술경영학회, 2012.

이창기, 〈문화예술경영분야 국가직무능력표준(NCS) 자격인증제 도입방안 연구〉, 한양대학교 박사학위논문, 2019.

이창진·김재범, "문화예술수요 결정요인에 대한 국가 간 비교 연구: 노동시간과 가계지출, 그리고 문화서비스 지출의 상관관계를 중심으로", 〈예술경영연구〉 26집, 한국예술경영학회, 2013.

이한석, "문화도시마케팅으로서 지역문화예술축제의 가치와 발전방향에 관한 질적 연구: 부산국제연극제를 중심으로", 〈한국항공경영학회지〉 9권 4호, 한국항공경영학회, 2011.

임학순, "문화예술교육프로그램의 파트너쉽 구축 요인에 관한 연구: 학교와 지역사회 연계 문화예술교육사업을 중심으로", 〈기초조형학연구〉 7권 3호, 한국기초조형학회, 2006.

______, "사회문화예술교육지원사업 성과평가모형 개발에 관한 연구", 〈디지털콘텐츠와 문화정책〉 Vol.6, 가톨릭대학교 콘텐츠산업과 문화정책연구소, 2012.

______, "문화예술교육과 지역사회의 관계에 대한 문화예술교육단체의 인식연구: 지역특성화 문화예술교육 지원 사업을 중심으로", 〈예술경영연구〉 36집, 한국예술경영학회, 2016.

______, "지역 문화예술교육 네트워크 구축사업의 네트워크 성과 유형에 관한 시론적 연구", 〈문화정책논총〉, 한국문화관광연구원, 2010.

장유진, 〈문화예술분야 사회적기업의 지속경영 발전을 위한 방향성 연구〉, 추계예술대학교 석사학위논문, 2011.

장해영, 〈공연예술상품의 공익연계마케팅 전략 연구〉, 중앙대학교 석사학위논문, 2018.

전성률 외, "문화예술 후원활동(mécénat)이 기업의 브랜드 이미지에 미치는 영향", 〈마케팅연구〉 31권 2호, 한국마케팅학회, 2016.

정달영, "비영리 공연단체의 손익 산정에 관한 연구: 한국과 미국을 중심으로", 〈예술경영연구〉 26집, 한국예술경영학회, 2013.

정영찬 외, "한국 중 · 하위계층의 고급예술 소비 연구: 클래식 및 국악 장르 공연 반복 관람자를 대상으로", 〈예술경영연구〉 30집, 한국예술경영학회, 2014.

조덕원, 〈문화예술기반경영의 프로그램 성과에 관한 연구: 크라운해태 문화예술 프로그램 분석을 중심으로〉, 추계예술대학교 박사학위논문, 2015.

조수진, "오스트리아 문화정책과 예술경영 현황: 공공예술기관의 운영형태 및 재원조성을 중심으로", 〈독일어문학〉 72집, 한국독일어문학회, 2016.

조윤혜, 〈지역문화예술공연을 위한 스폰서십 마케팅 프로그램 개발〉, 경희대학교 박사학위논문, 2012.

채지연, 〈문화예술을 활용한 VIP 마케팅: 금융사, 명품 브랜드, 수입 자동차 사례를 중심으로〉, 홍익대학교 석사학위논문, 2018.

최연식 · 변혁, "〈앙상블 디토〉 관객세분화에 따른 관람형태를 중심으로 본 새로운 클래식 음악 관객에 관한 연구", 〈예술경영연구〉 32집, 한국예술경영학회, 2014.

최은, 〈극장의 경영전략을 위한 예술마케팅 도입 방안 연구: LG아트센터의 사례를 중심으로〉, 단국대학교 석사학위논문, 2005.

최종석, "공동제작 기획공연 뮤지컬로 영역 넓힌다", 조선일보, 2010.1.20.

한선연 외, "뮤지컬 공연의 온라인 구전 특성이 소비자 태도에 미치는 영향: 구전전달자와 구전 방향성을 중심으로", 〈예술경영연구〉 38집, 한국예술경영학회, 2016.

한아름 · 이재신, "국내 뮤지엄의 페이스북 PR 활동 현황 및 전략 분석", 〈예술경영연구〉 27집, 한국예술경영학회, 2013.

한유리, 〈고객만족을 위한 복합 문화예술 공간의 서비스 경영 전략 연구〉, 단국대학교 석사학위논문, 2011.

황국상, "10억 이상 부자들, 연평균 600만원 기부", 머니투데이, 2009.4.29.

황낙건, "문화마케팅 유형이 기업이미지에 미치는 영향에 관한 연구", 〈예술경영연구〉 27집, 한국예술경영학회, 2013.

황용철 · 홍원석, "문화예술상품 소비자의 라이프스타일에 따른 체험요소, 체험만족도, 전반적 만족, 구매 후 행동 간의 영향에 관한 연구", 〈경영교육논총〉 68집, 한국경영교육학회, 2011.

웹사이트

경기문화재단 www.ggcf.or.kr

국제박물관협회 icom.museum

기업과 예술의 만남 www.aandb.or.kr

문화체육관광부 www.mcst.go.kr

사회적기업 www.socialenterprise.or.kr

서울문화재단 www.sfac.or.kr

예술경영지원센터 www.gokams.or.kr

오마이컴퍼니 www.ohmycompany.com

와디즈 www.wadiz.kr

위키백과 ko.wikipedia.org
인천문화재단 www.ifac.or.kr
전통공연예술진흥재단 kotpa.org
텀블벅 tumblbug.com
한국국제문화교류진흥원 kofice.or.kr
한국메세나협회 www.mecenat.or.kr
한국문화관광연구원 www.kcti.re.kr
한국문화예술위원회 www.arko.or.kr
한국사회적기업진흥원 www.socialenterprise.or.kr
한국예술경영학회 www.kartsnet.org
한국은행 경제통계시스템 ecos.bok.or.kr
Actor's Equity www.actorsequity.org
Arts Council England www.artscouncil.org.uk
Americans for the Arts www.americansforthearts.org
Compendium: Cultural Policies and Trends www.culturalpolicies.net
Department for Digital, Culture, Media & Sport
www.gov.uk/government/organisations/department-for-digital-culture-media-sport
The Broadway League www.broadwayleague.com
Foundation Center foundationcenter.org
ICOM icom.museum
National Endowment for the Arts www.nea.gov
New York Foundation for the Arts www.nyfa.org
New York State Council on the Arts www.nysca.org
President's Committee on the Arts and the Humanities www.pcah.gov
Theatre Communications Group www.tcg.org

찾아보기

ㅇ

ㅈ

기타